Die Strafverfahrenswirklichkeit am Khmer Rouge Tribunal

im völkerstrafprozessualen Kontext

Frankfurter kriminalwissenschaftliche Studien

Bd./Vol. 153

Zu Qualitätssicherung und Peer Review der vorliegenden Publikation

Die Qualität der in dieser Reihe erscheinenden Arbeiten wird vor der Publikation durch Herausgeber der Reihe geprüft.

Notes on the quality assurance and peer review of this publication

Prior to publication, the quality of the work published in this series is reviewed by editors of the series.

Madeleine Arens

Die Strafverfahrenswirklichkeit am Khmer Rouge Tribunal im völkerstrafprozessualen Kontext

Eine Analyse der strafprozessualen Verfahrenspraxis an den ECCC und ihre Bedeutung für zukünftige Völkerstrafprozesse

PL ACADEMIC RESEARCH

Bibliografische Information der Deutschen Nationalbibliothek
Die Deutsche Nationalbibliothek verzeichnet diese Publikation in der Deutschen Nationalbibliografie; detaillierte bibliografische Daten sind im Internet über http://dnb.d-nb.de abrufbar.

Zugl.: Frankfurt (Main), Univ., Diss., 2015

D 30
ISSN 0170-6918
ISBN 978-3-631-66727-9 (Print)
E-ISBN 978-3-653-06293-9 (E-Book)
DOI 10.3726/ 978-3-653-06293-9

PL Academic Research ist ein Imprint der Peter Lang GmbH.

Peter Lang – Frankfurt am Main · Bern · Bruxelles · New York · Oxford · Warszawa · Wien

Diese Publikation wurde begutachtet.

www.peterlang.com

„Nothing is possible without men,
but nothing is lasting without institutions."
-Jean Monnet-

Vorwort

Die vorliegende Abhandlung wurde im Sommersemester 2013 als Dissertation an der rechtswissenschaftlichen Fakultät der Johann Wolfgang Goethe-Universität Frankfurt eingereicht. Berücksichtigt wurde die überwiegend englischsprachige Literatur und Rechtsprechung bis einschließlich Mai 2013. Die Disputation fand am 23. April 2015 in Frankfurt a. M. statt. Die Dissertation wurde mit der Note summa cum laude bewertet.

Danken möchte ich vor allem meinem Doktorvater, *Herrn Prof. Dr. jur. Cornelius Prittwitz, M.P.A. (Harvard)*, Professor für Strafrecht, Strafprozess, Kriminologie und Rechtsphilosophie an der Johann Wolfgang Goethe-Universität Frankfurt, für die Möglichkeit der freien Umsetzung dieses Dissertationsvorhabens und seine vielfältige Unterstützung bei dessen Erstellung.

Herrn Prof. Dr. Dres.h.c. Ulfrid Neumann, Inhaber der Professur für Strafrecht, Strafprozessrecht, Rechtsphilosophie und Rechtssoziologie an der Johann Wolfgang Goethe-Universität Frankfurt möchte ich als meinem Zweitgutachter herzlich für eine rasche und gründliche Korrektur dieser Dissertation und eine anregenden Diskussion anlässlich der Disputation danken.

Mein Dank gilt des Weiteren *Herrn Prof. Dr. Dr. Rainer Hofmann*, Professor für Öffentliches Recht mit Schwerpunkt im Völkerrecht an der Johann Wolfgang Goethe-Universität Frankfurt, als Vorsitzendem der Prüfungskommission.

Mein besonderer Dank gilt dem jetzigen sowie dem ehemaligen strafrechtlichen Direktor des Max-Planck-Instituts für ausländisches und internationales Strafrecht für seine außergewöhnliche Förderung: *Herrn Prof. Dr. Dr. h.c. mult. Ulrich Sieber* sowie *Herrn Prof. Dr. Dr. h.c. mult. Albin Eser, M.C.J.*. Ihnen habe ich es zu verdanken, dass ich die vielseitigen Aspekte internationaler strafrechtlicher Forschung kennenlernen und schon früh mit der spannenden Rechtsmaterie des Völkerstrafrechts in Berührung kommen durfte. Die zahlreichen Gespräche mit ihnen und auch dem ehemaligen Institutsmitarbeiter *Herrn Dr. Phillip W. Brunst* haben mir wertvolle Anregungen während der letzten zehn Jahre gegeben.

Herzlich danken möchte ich dem stellvertretenden internationalen Staatsanwalt an den ECCC, *Herrn William Smith*, für seine umfangreiche praktische Ausbildung in der Verfolgung von Kriegsverbrechen am JStGH und an den ECCC sowie für eine vertrauensvolle und spannende Zusammenarbeit während meiner Tätigkeit für ihn.

Dankbar bin ich allen Mentoren, die mich während meiner bisherigen juristischen Laufbahn begleitet und gefördert haben. Namentlich erwähnen möchte ich vor allem *Herrn Dr. Gunther Pleuger*, *Herrn Dr. Ingo Winkelmann*, *Herrn Dr. Ulrich Karpenstein* und *Herrn Prof. Dr. Hanspeter Gondring, FRICS*, sowie die Partner der Kanzlei Norton Rose Fulbright, *Herrn Thomas Hopf*, *Herrn Dr. Frank Peter Regelin* und *Frau Nadine Bourgeois*.

Mein tiefer Dank gilt meinen Eltern, *Rita und Heinrich Wilhelm Arens*, und meiner Schwester, *Prof. Dr. rer. pol. Jenny Arens*, für ihre jahrelange Förderung sowie ihr entgegengebrachtes Verständnis. Mein Dank gilt ebenso meinen Freunden für ihre vielfältige Unterstützung, insbesondere *Frau Dr. Sandra Stahl-Bock*, für das Korrekturlesen dieser Arbeit.

Frankfurt a. M., im Mai 2013 Madeleine Arens

Inhaltsübersicht

Inhaltsverzeichnis

Abschließender, gesamtbetrachtender und ausblickender Teil

Abkürzungsverzeichnis

a. M.	am Main
Abs.	Absatz
AJIL	The American Journal of International Law
Am. J. Comp. L.	American Journal of Comparative Law
ARC	American Refugee Commitee
ASEAN	Association of Southeast Asian Nations
ASP	Assembly of States Party
Aufl.	Auflage
BAKC	Bar Association of the Kingdom of Cambodia
BVerGE	Entscheidung des Bundesverfassungsgerichts
bzw.	beziehungsweise
CAT	United Nations Convention against Torture and Other Cruel, Inhuman or Degrading Treatment or Punishment
CCP	Cambodian Law on Criminal Procedure
CIC	Code d'instruction
CMS	Court Management Section
Colum. J. Transnat'l L.	Columbia Journal of Transnational Law
Conn. J. Int'l L.	Connecticut Journal of International Law
CP	Civil Parties
CPK	Communist Party of Kampuchea
CPP	Cambodian People's Party
DC-Cam	Documentation Center of Cambodia
Doc.	Document
DSS	Defence Support Section
Duke J. Comp. & Int'l L.	Duke Journal of Comparative & International Law
ECCC	Extraordinary Chambers in the Courts of Cambodia
ECCC Gesetz	Law on the Establishment of Extraordinary Chambers in the Court of Cambodia for the Prosecution of Crimes Committed during the Period of Democratic Kampuchea
EGMR	Europäischer Gerichtshof für Menschenrechte
EMRK	Europäische Menschenrechtskonvention
ERN	Evidence Reference Number
EUR. J. Int'L L.	European Journal of International Law
ff.	fortfolgende
FLN	Front National de Libération
Fßn	Fußnote
FUNCINPEC	National United Front for an Independent, Neutral, Peaceful, and Cooperative Cambodia

Harv. Hum. Rts. J.	Harvard Human Rights Law Journal
Harv. Int'l L. J.	Harvard International Law Journal
Hum. Rts. Brief	Human Rights Brief
HuV-I	Humanitäres Völkerrecht-Informationsschriften
i.V.m.	in Verbindung mit
ICCJHR	International Criminal Chamber for Judicial Human Rights
ICLS	International Criminal Law Services
IGMR	Interamerikanischer Gerichtshof für Menschenrechte
ILSA J. Int'l & Comp. L.	Journal of International & Comparative Law
Int'l Crim. L. Rev.	International Criminal Law Review
IPbpR	Internationaler Pakt über bürgerliche und politische Rechte
IPWSKR	Internationaler Pakt über wirtschaftliche, soziale und kulturelle Rechte
IStGH	Internationaler Strafgerichtshof
J. Int. Criminal Justice	Journal of International Criminal Justice
J. L. & Soc. Challenges	Journal of Law & Social Challenges
JAC	Judicial Administration Committee
JCE	Joint Criminal Enterprise
JLCR	Journal of Law and Conflict Resolution
JStGH	Internationaler Strafgerichtshof für das ehemalige Jugoslawien
JuS	Juristische Schulung
JZ	Juristen Zeitung
lit.	littera
LJIL	Leiden Journal of International Law
Max Planck UNYB	Max Planck Yearbook of United Nations Law
Melb. J. Int'l Law	Melbourne Journal of International Law
N.C. J. Int'l L. & Com. Reg.	North Carolina Journal of International Law and Commercial Regulation
NGO	Nichtregierungsorganisation
NJW	Neue Juristische Wochenschrift
No.	Numero Sign
Nr.	Nummer
NStZ	Neue Zeitschrift für Strafrecht
Nw. U. J. Int'l Hum.	Northwestern Journal of International Human Rights
OCIJ	Office of the Co-Investigating Judges
OCP	Office of the Co-Prosecutors
OIOS	United Nations Office of Internal Oversight Services
OLA	Office of Legal Affairs
Para.	Paragraph
PDK	Party of Democratic Kampuchea
PRT	Peoples Revolutionary Tribunal

RAK	Revolutionary Army of Kampuchea
Rn.	Randnummer
RPE	Rules of Procedure and Evidence
RStGH	Internationaler Strafgerichtshof für Ruanda
S.	Seite
s. o.	siehe oben
Santa Clara J. Int'l L.	Santa Clara Journal of International Law
SCSL	Special Court for Sierra Leone
Sess.	Session
SNC	Supreme National Council
SPSC	Special Panels for Osttimor
St. Louis U. L. J.	Saint Louis Law Journal
Stan. L. Rev.	Stanford Law Review
STL	Special Tribunal for Lebanon
StV	Strafverteidiger
SYBIL	Singapore Year Book of International Law
U.C. Davis J. Int't L. & Pol'y	UC Davis Journal of International Law and Policy
UCLA J. Int'l L. Foreign Aff.	UCLA Journal of International Law and Foreign Affairs
UCLA Pac. Basin L. J.	University of California UCLA Pacific Basin Law Journal
UN	United Nations
UNDP	United Nations Development Programme
UN-RGC Abkommen	Agreement between the United Nations and the Royal Government of Cambodia Concerning the Prosecution Under Cambodian Law of Crimes Committed During the Period of Democratic Kampuchea
UNTAC	United Nations Transitional Authority in Cambodia
v.	versus
vgl.	vergleiche
VN	Vereinte Nationen
Vol.	Volume
VSS	Victims Support Section
Wash. U. J. L. & Pol'y	Washington University Journal of Law & Policy
WCC	War Crimes Chamber of Bosnia and Herzegovina
WESU	Witness and Expert Support Unit
WÜV	Wiener Übereinkommen über das Recht der Verträge
Yale J. Int'l L.	The Yale Journal of International Law
z.B.	zum Beispiel
ZaöRV	Zeitschrift für ausländisches öffentliches Recht und Völkerrecht
ZIS	Zeitschrift für internationale Strafrechtsdogmatik
ZStW	Zeitschrift für die gesamte Strafrechtswissenschaft

A. Einleitung

„Jedermann hat Anspruch darauf, dass über eine gegen ihn erhobene strafrechtliche Anklage [...] durch ein zuständiges, unabhängiges, unparteiisches und auf Gesetz beruhendes Gericht in billiger Weise und öffentlich verhandelt wird."[1] Dies sind die zentralen Verfahrensrechte des Internationalen Paktes über bürgerliche und politische Rechte (IPbpR) zur Durchführung eines fairen, effektiven und transparenten Verfahrens. Welchen Rahmenbedingungen, Chancen und Herausforderungen die Institution der Außerordentlichen Kammern an den Gerichten von Kambodscha (Extraordinary Chambers in the Courts of Cambodia, ECCC) bei ihrem Auftrag der juristischen Aufarbeitung der Verbrechen der Roten Khmer in Kambodscha zwischen 1975 und 1979, denen circa 1,7 Millionen Menschen zum Opfer gefallen sind, bei der Gewährleistung dieser Rechte in den bisherigen Strafverfahren unterliegen und wie sich die Strafverfahrenswirklichkeit an den ECCC gestaltet, wird in dieser Dissertation untersucht.

I. Der Anlass der Untersuchung

Die juristische Aufarbeitung von Kriegsverbrechen gehört inzwischen zur Politik der Staatengemeinschaft im Umgang mit Post-Konflikt-Situationen und das materielle Völkerstrafrecht ist fester Bestandteil der internationalen Rechtsordnung geworden. Ob aber auch das Völkerstrafprozessrecht bereits eine Rechtsordnung des Völkerrechts darstellt, wird uneinheitlich beurteilt.[2] Bisher existiert zumindest keine allein gültige, dezidierte Prozessordnung für alle internationalen Tribunale, sodass sich die Verfahrenspraxis vor den Gerichten stark unterscheidet. Ursächlich ist die unterschiedliche Konzeption der Gerichte, ihre verschiedenen zugrunde liegenden Rechtstraditionen sowie die divergierenden, tribunalspezifisch getroffenen Verfahrensentscheidungen, welche z. B. bei der Ausgestaltung der Hauptverhandlung, zu anderen Verfahrenswirklichkeiten an den Tribunalen führen.[3] Trotz der Unterschiede in den Prozessordnungen und der Verfahrenspraxis der internationalen Tribunale ist allen das Ziel der Gewährleistung des Rechts auf ein faires, effizientes und transparentes Verfahren und gewisser

1 Artikel 33 ECCC Gesetz i.V.m. Artikel 14 IPbpR.

2 Cassese, Antonio, International Criminal Law, Oxford, 2008, S. 378. Sluiter, Göran, The Law of International Criminal Procedure and Domestic War Crimes Trials, 6 Int'l Crim. L. Rev., 2006, S. 606.

3 Boas, Gideon/Bischoff, James L./Reid, Natalie L./Taylor III, B. Don, The International Criminal Law Practitioner Library Volume III, International Criminal Procedure, Cambridge, 2011, S. 5.

Mindestgarantien aus Artikel 14 IPbpR gemeinsam.[4] Hierdurch ist eine „Rechtsordnung sui generis" entstanden.[5]

Das Völkerstrafprozessrecht kann somit definiert werden als „die sich aus den Rechtsquellen des Völkerrechts ergebenden Verfahrensregeln, nach denen internationale Gerichtshöfe Völkerstrafrecht durchsetzen".[6] Die wesentlichen Regeln enthalten die Statute der Gerichte, die Verfahrens- und Beweisregeln (Rules of Procedure and Evidence, RPE), die Regeln zur Berufung von Richtern und Staatsanwälten, zur Bereitstellung der Verteidiger sowie das Disziplinarrecht.[7]

Die Literatur zum materiellen Völkerstrafrecht ist in den letzten Jahrzehnten stetig gewachsen.[8] Im Vergleich hierzu gibt es aber nach Kenntnis der Verfasserin nur wenige Untersuchungen, welche das internationale Strafprozessrecht für Ausbildung, Praxis und Wissenschaft analysieren, wenn gleich es doch der tatsächlichen Durchsetzung des materiellen Strafrechts dient.[9] Die Mehrzahl dieser Arbeiten untersucht wiederum die strafprozessualen Regeln der großen Tribunale, wie die des Internationalen Strafgerichtshofs für das ehemalige Jugoslawien (JStGH), des Internationalen Strafgerichtshofs für Ruanda (RStGH), des Sondergerichtshofs für Sierra Leone (Special Court for Sierra Leone, SCSL) und des ständigen Internationalen Strafgerichtshofs (IStGH). Auf das Strafprozessrecht der ECCC wird darin, wenn überhaupt, meist nur in Bezug auf das in Völkerstrafprozessen neue Institut der Nebenklage eingegangen.[10] Das an den ECCC angewendete Prozessrecht

4 UN-RGC Abkommen, Artikel 12, IStGH Statut, Artikel 20, JStGH Statut, Artikel 21, RStGH Statut, Artikel 20, SCSL Statut, Artikel 17.

5 Boas, Gideon/Bischoff, James L./Reid, Natalie L./Taylor III, B. Don, The International Criminal Law Practitioner Library Volume III, International Criminal Procedure, Cambridge, 2011, S. 470.

6 Safferling, Christoph, Internationales Strafrecht, Berlin, 2011, S. 42.

7 Boas, Gideon/Bischoff, James L./Reid, Natalie L./Taylor III, B. Don, The International Criminal Law Practitioner Library Volume III, International Criminal Procedure, Cambridge, 2011, S. 17.

8 Werle, Gerhard, Menschenrechtsschutz durch Völkerstrafrecht, ZStW 109, 1997, S. 813.

9 Lüderssen, Klaus, Die strafrechtsgestaltende Kraft des Beweisrechts, ZStW 85, 1973, S. 290.

10 Beispielhaft Boas, Gideon/Bischoff, James L./Reid, Natalie L./Taylor III, B. Don, The International Criminal Law Practitioner Library Volume III, International Criminal Procedure, Cambridge, 2011, S. 19 („Occasional reference is made to the ECCC"). Safferling, Christoph, International Criminal Procedure, Oxford, 2011. Cryer, Robert, International Criminal Law and Procedure, Cambridge, 2010.

wird darüber hinaus nur durch einzelne am Tribunal beschäftigte Juristen[11] oder Monitoring-Gruppen[12] aufgearbeitet. Deutschsprachige Literatur findet sich kaum.[13]

Der Mangel fundierter Analysen des Strafprozessrechts der ECCC könnte auf die Tatsache zurückzuführen sein, dass die Bedeutung der Rechtsprechung solcher internationalisierten Tribunale „deutlich hinter derjenigen der (internationalen) Strafgerichtshöfe" zurückbleibt.[14] Allerdings darf nicht verkannt werden, dass die ECCC seit der rasanten Fortentwicklung des materiellen und formellen Völkerstrafrechts durch die angloamerikanisch[15] geprägten Ad-hoc Tribunale JStGH und RStGH neben dem IStGH zu den ersten Gerichten gehören, die im Wesentlichen dem kontinentaleuropäischen[16] Rechtsverständnis folgen. So gibt es an den ECCC neben dem Institut der Nebenklage nicht nur ein durch Ermittlungsrichter geleitetes

---

11 Z. B. Petit, Robert/Ahmed, Anees, A Review of the Jurisprudence of the Khmer Rouge Tribunal, 8 (2) Nw. U. J. Int'l Hum., Spring 2010, S. 166–189. Bates, Alex, Atlas Project, Armed Conflicts – Peacekeeping – Transitional justice, Law as Solution, Transitional Justice in Cambodia: Analytical Report, Oktober 2010. Gibson, Kate/Rudy, Daniella, A new model of international criminal procedure? The progress of the Duch Trial at the ECCC, 7 J. Int. Criminal Justice, 2009, S. 1005–1022.

12 Z. B. Monitoring-Projekte des Forschungs- und Dokumentationszentrums für Kriegsverbrecherprozesse, des UC Berkeley War Crimes Studies Centers oder des Cambodia Tribunal Monitors, abrufbar unter http://www.cambodiatribunal.org/.

13 Zum Entstehungszeitpunkt der wenigen, bereits vorhandenen Dissertationen zu den ECCC waren die Verfahren an den ECCC nicht so weit fortgeschritten, als dass eine Analyse des Prozessrechts und der Verfahrenspraxis hätte erfolgen können. Vgl. Schulz, Sabine, Transitional Justice und hybride Gerichte: Zur strafrechtlichen Verfolgung von völkerstrafrechtlichen Verbrechen unter besonderer Berücksichtigung des kambodschanischen Sondergerichts (Extraordinary Chambers), Berlin, 2009. Dyrchs, Susanne, Das hybride Khmer Rouge-Tribunal, Frankfurt, 2008.

14 Werle, Gerhard, Völkerstrafrecht, Tübingen, 2012, S. 32.

15 In dieser Dissertation wird für Strafverfahren, die sich am Rechtskreis des Common Laws orientieren, der Begriff der adversatorischen Verfahren verwendet. In der Literatur werden die Begriffe des adversatorischen und akkusatorischen Verfahrens allerdings meist gleichbedeutend verwendet. Teilweise wird versucht, einen Unterschied herzustellen durch die Definition von „adversatorisch" als einem Weg der Tatsachenfeststellung und Normimplementierung und „akkusatorisch" als ein über die adversatorische Verfahrensstruktur hinausgehendes Konzept der Neutralität des Staates in Streitigkeiten. Goldstein, Abraham S., Reflections on Two Models: Inquisitorial Themes in American Criminal Procedure, 26 Stan. L. Rev., 1974, S. 1009, 1017. Vgl. des Weiteren die Kritik von Eser, der sich für eine Änderung des Begriffs „adversatorisch" in „kontradiktorisch" sowie „inquisitorisch" in „instruktorisch" ausspricht. Eser, Albin, Vorzugswürdigkeit des adversatorischen Prozesssystems in der internationalen Strafgerichtsbarkeit?, in Müller-Dietz, Heinz, Festschrift für Heike Jung, Baden-Baden, 2007, S. 186.

16 Zur Begriffsbezeichnung Wilhelmi, Theresa, Die Verfahrensordnung des Internationalen Strafgerichtshofs – Modell eines universalen Strafverfahrensrechts?, Rechtspolitisches Forum, Nr. 24, IRP, Trier, 2004, S. 20. Danach gehören Deutschland,

Ermittlungsverfahren, sondern auch eine das Hauptverfahren pro-aktiv leitende Verfahrenskammer. Im Hauptverfahren wird des Weiteren auf ein im angloamerikanischen Recht übliches verkürztes Beweisverfahren aufgrund eines Schuldgeständnisses, die Aufteilung der Beweisaufnahme in die Beweispräsentation der Staatsanwaltschaft und der Verteidigung oder die Vorbereitung der Zeugen auf ihre Aussage durch eben diese Parteien verzichtet.[17] Ob sich diese, der kontinentaleuropäischen Rechtsfamilie entstammende Strafverfahrensstruktur bei der Aufarbeitung völkerstrafrechtlicher Verbrechen bewährt hat, wird diese Arbeit zeigen.

Festzuhalten ist bereits, dass inzwischen in das Verfahrensrecht der vom angloamerikanischen Recht (Common Law) dominierten Ad-hoc Tribunale verstärkt Elemente des kontinentaleuropäischen Rechts (Civil Law) integriert wurden. Die Einbeziehung des Civil Laws wurde vor allem aufgrund des Erfordernisses der Durchführung effizienter und zügiger Verfahren notwendig. So sind an den einzelnen Tribunalen jeweils Prozessordnungen „sui generis" entstanden. Diese Entwicklung zeigt bereits, dass der Rückgriff auf eine einzige nationale Verfahrensordnung zur Bewältigung internationaler komplexer Strafverfahren nicht ausreichend ist.[18] Somit können die an den ECCC gewonnenen Erfahrungen über von den bisherigen Tribunalen abweichende strafprozessuale Strukturelemente für die Fortentwicklung und Vereinheitlichung des Völkerstrafprozessrechts hilfreich sein. Daher sollte bei der Weiterentwicklung und Optimierung des Völkerstrafprozessrechts nicht nur ein Blick auf die größten internationalen Strafgerichte, sondern auch auf Hybridtribunale wie die ECCC[19] geworfen werden.

II. Das Ziel und der Gang der Untersuchung

Das Ziel der vorliegenden Dissertation ist es, anhand der Untersuchung der rechtlichen Regelungen und der bisherigen Strafverfahren an den ECCC die Strafverfahrenswirklichkeit vor diesem hybriden Gericht im völkerstrafprozessualen Kontext an den ECCC und zum anderen ihre Bedeutung für zukünftige Völkerstrafprozesse herauszuarbeiten.

Die Untersuchung beginnt mit einem einführenden Teil „Die ECCC und ihre Strafverfahren" (Kapitel B-G), gefolgt vom Hauptteil „Die Verfahrensstufen der

Österreich, Frankreich, Belgien, die Niederlande, Spanien, Portugal und die Türkei zum inquisitorischen System.

17 Safferling, Christoph, International Criminal Procedure, Oxford, 2011, Einleitung S. XV.

18 Guariglia, Fabricio, The Rules of Procedure and Evidence – An Overview, in Cassese, Antonio/Gaeta, Paola/Jones, John R.W.D., The Rome Statute of the International Criminal Court: a commentary, Vol. VI, Oxford University Press, Oxford, 2002, S. 1112.

19 Wie z. B. der aufgrund eines bilateralen Abkommens mit den VN geschaffene SCSL, die ECCC, das Sondertribunal für den Libanon (Special Tribunal for Lebanon, STL), die als Teil einer Übergangsverwaltung geschaffene War Crimes Chamber of Bosnia and Herzegovina (WCC) oder die Special Panels for Osttimor (SPSC).

ECCC" (Kapitel H-L), und endet mit einem abschließenden, gesamtbetrachtenden und ausblickenden Teil (Kapitel M und N).

Für ein umfassendes Verständnis der prozessualen Strukturen und der Verfahrenswirklichkeit vor den ECCC bedarf es zunächst einer Einbettung der Arbeit in den historischen und politischen Kontext der Entstehung des Gerichts (Kapitel B). Die grundsätzliche Konzeption des Völkerstrafprozessrechts an den ECCC wird im Wesentlichen durch die Rechtsnatur des Gerichts, die Funktion des völkerstrafrechtlichen Verfahrens in Kambodscha und die zentralen Strafverfahrensrechte (Kapitel C) geprägt.[20] Dabei werden insbesondere die Ziele und Zwecke internationaler Völkerstrafprozesse sowie ihre Geltung für die Sondersituation der Aufarbeitung der kambodschanischen Kriegsverbrechen, die mehr als 30 Jahre zurückliegen, zu untersuchen sein. Anschließend ist das Mandat der ECCC zur Durchführung von Strafverfahren einzugehen, welches durch rechtliche Zuständigkeitskriterien begrenzt wird (Kapitel D).[21] Nach einer allgemeinen Einführung zum Ablauf des Strafverfahrens an den ECCC (Kapitel E) wird der Stand der bisherigen Verfahren 001 bis 004 (Kapitel F) dargestellt. Der einführende Teil wird abgeschlossen durch das Kapitel über die Regelungen zur Sicherung der Verfahrensintegrität (Kapitel G), welche die Durchführung eines fairen Verfahrens gewährleisten sollen und somit für die Anerkennung der ECCC in der internationalen und nationalen Gemeinschaft unabkömmlich sind. Im folgenden Hauptteil wird der aktuelle Stand des Völkerstrafprozessrechts und der tatsächlichen Verfahrenspraxis an den ECCC entlang der einzelnen Strafverfahrensabschnitte chronologisch analysiert (Kapitel H-L). Das Strafverfahren beginnt dabei mit dem Vorermittlungsverfahren der Staatsanwaltschaft (Kapitel H), gefolgt vom richterlich geleiteten Ermittlungsverfahren (Kapitel I) und dem Rechtsmittelverfahren vor der Vorverfahrenskammer (Kapitel J). Daran schließt sich das Hauptverfahren (Kapitel K) sowie das Rechtsmittelverfahren an (Kapitel L).

Im Mittelpunkt der vorliegenden Dissertation werden dabei zum einen die Durchführung eines fairen, effektiven und transparenten Verfahrens sowie das Erreichen der in Kapitel C identifizierten völkerstrafrechtlichen Ziele der Wahrheitsfindung, des Opferschutzes[22] und der Versöhnung[23] stehen. Ein weiterer Schwerpunkt wird

---

20 Riess, Peter, Prolegomena zu einer Gesamtreform des Strafverfahrensrechts, in Hassenpflug, Hellwig, Festschrift für Karl Schäfer, Berlin, 1980, S. 169.

21 Zur ausführlichen Analyse des materiellen Rechts wird auf die zahlreich vorhandene Literatur verwiesen. Exemplarisch Cryer, Robert, International Criminal Law and Procedure, Cambridge, 2010. Safferling, Christoph, International Criminal Procedure, Oxford, 2011. Ambos, Kai, Internationales Strafrecht, München, 2008.

22 Möller, Christina, Völkerstrafrecht und Internationaler Strafgerichtshof-kriminologische, straftheoretische und rechtspolitische Aspekte, Münster, 2003, S. 601.

23 Schomburg, Wolfgang, Internationalisierte Strafgerichtsbarkeit-Eine Einführung, in Kirsch, Stefan, Internationale Strafgerichtshöfe, Baden-Baden, 2005, S. 15. Möller, Christina, Völkerstrafrecht und Internationaler Strafgerichtshof-kriminologische, straftheoretische und rechtspolitische Aspekte, Münster, 2003, S. 606.

zudem auf zwei für den Verfahrensablauf wesentlichen Strukturmerkmalen,[24] nämlich der Rolle der Verfahrensbeteiligten sowie dem Verfahrensmanagement, liegen. Diese weichen insbesondere von der Verfahrenspraxis bisheriger Tribunale ab, was sich vor allem auf die Art und Weise der Wahrheitsfindung und die Verfahrensökonomie an den ECCC auswirkt. Die in Kambodscha gesammelten Erfahrungen sollen schließlich für die Verfahren an den ECCC selbst und zukünftige internationale Strafverfahren nutzbar gemacht werden. Innerhalb der Untersuchung werden daher Ähnlichkeiten und Diskrepanzen zum zugrunde liegenden kambodschanischen und französischen Prozessrecht und den Verfahrensordnungen anderer Tribunale aufgezeigt. Hierbei wird ein Grundverständnis des Ablaufs völkerstrafrechtlichen Prozesse, insbesondere am IStGH, JStGH, RStGH sowie SCSL, vorausgesetzt. Auf dieser Grundlage sollen Vorschläge für eine Weiterentwicklung des Prozessrechts an den ECCC erarbeitet[25] und Ansätze für weitere völkerstrafrechtliche Forschungsarbeiten entwickelt werden.[26]

Abgeschlossen wird die Untersuchung im abschließenden, gesamtbetrachtenden und ausblickenden Teil mit einer Gesamtbetrachtung der Strafverfahrenswirklichkeit an den ECCC im völkerstrafprozessualen Kontext (Kapitel M). Im Anschluss daran wird ein möglicher Ansatz zur Harmonisierung des Völkerstrafprozessrechts auf Grundlage des zukünftigen Verhältnisses hybrider Tribunale wie den ECCC zum IStGH skizziert. Abgerundet wird dies durch eine Anregung zur Optimierung der Organisation der Verfahrensbeteiligten an den verschiedenen internationalen Tribunalen (Kapitel N).

III. Der Umfang der Untersuchung

Das Strafprozessrecht der ECCC, welches sich aus den das Gericht konstituierenden Abkommen, den Internal Rules,[27] den Gerichtsentscheidungen und Verfahrensprotokollen ergibt, kann in dieser Dissertation nicht alle in Gänze erläutert werden. Dies resultiert aus verschiedenen Umständen: Zum einen wurden diverse Regeln mangels Relevanz in den bisherigen Verfahren vor den ECCC entweder noch nicht weiter ausgelegt bzw. ausgestaltet oder es hat sich aus diesem Grund zu bestimmten Fragenstellungen noch keine Verfahrenspraxis entwickelt. Zum anderen stehen detaillierte Entscheidungen der Kammern zu einigen Fragestellungen aus und der Lösungsweg ist, insbesondere aufgrund der Mehrheitsfindung im Wege einer Supermajority,[28] kaum vorhersehbar. Andere Fragestellungen können mangels vor-

24 Vgl. zu dieser Struktur Eser, Albin, Vorzugswürdigkeit des adversatorischen Prozesssystems in der internationalen Strafgerichtsbarkeit?, in Müller-Dietz, Heinz, Festschrift für Heike Jung, Baden-Baden, 2007, S. 176 ff.

25 Vgl. Kapitel K. VIII.

26 Vgl. Kapitel C. V., I. III., Kapitel K. VII. 2) und Kapitel M. II.

27 Die Verfahrens- und Beweisordnung der ECCC, vgl. Kapitel C. II.

28 Für eine Entscheidung der Kammern ist eine einfache Mehrheit plus eins (Supermajority) erforderlich. Diese Mehrheitsregelung wird als Kerry-Kompromiss bezeichnet.

handener Informationen aufgrund der weitgehenden Geheimhaltung des richterlich geführten Ermittlungsverfahrens, vor allem in Verfahren 003/ 004, oder der nicht öffentlichen Plenarsitzungen[29] nicht umfassend diskutiert werden. Ferner kann die Frage nach den Prinzipien der Strafzumessung nur an Hand des ersten Urteils des Gerichts nachvollzogen werden. Sie hängen weitestgehend vom Vorliegen der materiellen Straftatbestände ab[30] und betreffen damit nicht den Untersuchungsgegenstand der vorliegenden Dissertation.

Des Weiteren wäre die umfassende Analyse anderer Regeln, vor allem solcher, die die Nebenklage betreffen, das Thema einer separaten Untersuchung. Dieses Institut wird daher nur insoweit erörtert, als dass es für das Verständnis der Grundstrukturen der Verfahrenspraxis notwendig ist.

Romano, Cesare P.R., The Judges and Prosecutors of Internationalized Criminal Courts and Tribunals in Cambodia, in Romano, Cesare P.R./Nollkaemper, Andre/ Kleffner, Jann K., Internationalized Criminal Courts: Sierra Leone, East Timor, Kosovo, and Cambodia, Oxford, 2004, S. 243.

29 Vgl. Kapitel C. II. 2).

30 Safferling, Christoph, International Criminal Procedure, Oxford, 2011, S. 6.

Einführender Teil: Die ECCC und ihre Strafverfahren

B. Die Entstehung der ECCC

Die Kenntnis des historischen und politischen Hintergrunds der durch die Roten Khmer (Khmer Rouge) in Kambodscha zwischen 1975 und 1979 begangenen Verbrechen sowie der Entstehungsgeschichte des Tribunals[31] bilden die Basis für das Verständnis der Konzeption der ECCC.

I. Der historische und politische Hintergrund Kambodschas

Die Geschichte der in Kambodscha begangenen Verbrechen reicht bis in die Zeit des Vietnamkriegs zurück. Die Darstellung der historischen und politischen Entwicklung Kambodschas bis zur Entstehung der ECCC wird daher in die Zeit vor den Verbrechen (1953–1975), den Verbrechenszeitraum (1975–1979) sowie die darauf folgende Periode (1979–2013) unterteilt.

1) Die Geschichte Kambodschas von 1953–1975

Nach dem Ende der französischen Kolonialherrschaft im Jahr 1953 versuchte der ehemalige König Kambodschas, Norodom Sihanouk,[32] eine dem Kalten Krieg gegenüber neutrale Politik umzusetzen.[33] Jedoch kam es im Jahr 1967 in Kambodscha zu einem Bürgerkrieg. In diesem kämpfte die damalige Regierung Lon Nol's mit der Unterstützung der USA[34] gegen die von Pol Pot angeführten Roten Khmer, unterstützt durch China, um die Macht.[35] Unter der Führung der USA wurde der kambodschanische Osten, wo sich Kämpfer der vietnamesischen Untergrundarmee der Nationalen Front für die Befreiung Südvietnams (Front National de Libération, FLN) versteckten, systematisch bombardiert. Schließlich wurde König Norodom Sihanouk im April 1970 von General Lon Nol entmachtet. Der ehemalige König verbündete sich daraufhin im chinesischen Exil mit den Roten Khmer. Lon Nol stand der weiterhin umkämpften kambodschanischen Republik bis 1975 als Präsident vor.

---

31 Zur Entstehungsgerichte der anderen internationalen Strafgerichtshöfe vgl. Safferling, Christoph, International Criminal Procedure, Oxford, 2011, S. 8–52.

32 Der König Norodom Sihanouk verstarb im Oktober 2012 und wurde in Phnom Penh beigesetzt.

33 Kiernan, Ben, Historical and political background to the Conflict in Cambodia, 1945–2002, in Ambos, Kai, New Approaches in International Criminal Justice: Kosovo, East Timor, Sierra Leone and Cambodia, Freiburg, 2003, S. 176.

34 Die USA bombardierten Kambodscha großflächig und bis heute gibt es unzählige Landminen.

35 Glaspy, Padraic J., Justice delayed? Recent developments at the Extraordinary Chambers in the Courts of Cambodia, 21 Harv. Hum. Rts. J., 2008, S. 143, 144.

Unter seiner Führung wurde die vietnamesische Minderheit verfolgt und massakriert, mehr als 300.000 Menschen flohen nach Vietnam.[36]

2) Die Herrschaft der Roten Khmer 1975–1979

Der Einmarsch der Roten Khmer in die Hauptstadt Phnom Penh am 17. April 1975 brachte den Sieg für die Kommunisten (Communist Party of Kampuchea, CPK). Ministerpräsident des „Demokratischen Kampuchea" wurde Saloth Sar, bekannt als Pol Pot oder „Brother No. 1". Binnen einer Woche nach dem Sieg der Roten Khmer wurden die 2,5 Millionen Einwohner der Hauptstadt Phnom Penh in die Arbeitslager auf den Dörfern vertrieben. Die Führung des Machtapparates rund um Pol Pot und seiner Kommunistischen Partei Kambodschas (Deckname Angka)[37] versuchte bis 1979 die Ideologie einer klassenlosen Arbeiter- und Bauerngesellschaft nach maoistisch und marxistisch-leninistischem Vorbild umzusetzen. Daher wurden soziale Bindungen und familiärer Strukturen zerstört, religiöse Symbole vernichtet und privates Vermögen enteignet.[38]

In den vier Jahren der Herrschaft der Roten Khmer fanden zwischen 1,7 und 2,2 Millionen Menschen[39] den Tod.[40] Große Teile der Bevölkerung wurden erschlagen, erschossen, erstickt, willkürlich hingerichtet, zu Tode gefoltert und versklavt.[41] Viele

---

36 Glaspy, Padraic J., Justice delayed? Recent developments at the Extraordinary Chambers in the Courts of Cambodia, 21 Harv. Hum. Rts. J., 2008, S. 143, 144.

37 Der Übersetzung nach bedeutet dies „die Organisation, welche von umfassender Geheimhaltung geprägt war". Erst in einer Rede vom 27. September 1977 gab Pol Pot zu, dass sich hinter Angka die Kommunistische Partei Kampuchea verbarg. Adam, Dawne, The Tuol Sleng Archives and the Cambodian Genocide, Archivaria 45, 1998, S. 9.

38 Report of the Group of Experts for Cambodia Pursuant to General Assembly Resolution 52/135, 18. Februar 1999, Annex des United Nations Documents, Identical Letters, 15. März 1999 des Generalsekretärs an die Präsidenten der Generalversammlung und des Sicherheitsrats, UN GAOR, 53rd Sess., Agenda Item 110(b), UN Doc. A/53/850 and S/1999/231 (1999), S. 23.

39 Die Schätzungen zur Zahl der Todesopfer schwanken zwischen 1,5 und 3 Millionen Menschen. Report of the Group of Experts for Cambodia Pursuant to General Assembly Resolution 52/135, 18. Februar 1999, Annex des United Nations Documents, Identical Letters, 15. März 1999 des Generalsekretärs an die Präsidenten der Generalversammlung und des Sicherheitsrats, UN GAOR, 53rd Sess., Agenda Item 110(b), UN Doc. A/53/850 and S/1999/231 (1999), Para. 35.

40 Introduction to the ECCC, abrufbar unter http://www.eccc.gov.kh/english/about_eccc.aspx.

41 Report of the Group of Experts for Cambodia Pursuant to General Assembly Resolution 52/135, 18. Februar 1999, Annex des United Nations Documents, Identical Letters, 15. März 1999 des Generalsekretärs an die Präsidenten der Generalversammlung und des Sicherheitsrats, UN GAOR, 53rd Sess., Agenda Item 110(b), UN Doc. A/53/850 and S/1999/231 (1999), S. 23.

starben an Hunger, Krankheit und Erschöpfung. Verschiedene Minderheiten, die Intellektuellen des Landes und später auch ehemalige Mitglieder der Roten Khmer wurden in Gefangenenlagern – das Bekannteste war das Gefängnislager S-21 in der Hauptstadt Phnom Penh[42] – interniert und getötet.

3) Die vietnamesische Herrschaft, die VN-Übergangsverwaltung 1979–1999 und das heutige Königreich Kambodscha

Dem Regime der Roten Khmer wurde durch den Einmarsch der vietnamesischen Truppen 1979[43] ein Ende gesetzt und die Khmer Rouge flohen in den Dschungel Kambodschas. Die von den Vietnamesen aus abtrünnigen Roten Khmer gebildete Regierung der Volkspartei Kampuchea (Cambodian People's Party, CPP)[44] und die neu gegründete, vom Warschauer Pakt unterstützte Volksrepublik Kambodscha (1979–1989, zuletzt angeführt durch den Premierminister Hun Sen) wurden vom Westen mangels ausreichender demokratischer Legitimation in Form von Wahlen nicht anerkannt. Vielmehr unterstützten der Westen und China weiterhin die Roten Khmer. Diese bildeten ab dem Jahr 1982 mit ihrer Nachfolgepartei Demokratisches Kampuchea (Party of Democratic Kampuchea, PDK) eine Exilregierung mit der royalistischen FUNCINPEC[45] unter der Leitung von Norodom Ranariddh, dem Sohn des ehemaligen kambodschanischen Königs. Die offizielle Vertretung des Landes bei den Vereinten Nationen (VN) wurde bis 1992 durch diese Exilregierung der Roten Khmer wahrgenommen.[46]

Der zwischen den Regierungen entfachte Bürgerkrieg dauerte bis zum Abschluss der Pariser Friedensverträge von 1991. Zu dem Vertragsabschluss war die CPP erst aufgrund des Verlustes der vietnamesischen und sowjetischen Unterstützung nach Ende des Kalten Krieges bereit. Die daraufhin im Jahre 1993 angesetzten und von den VN überwachten Parlamentswahlen gewann die FUNCINPEC.[47] Nach einem Staatsstreich Hun Sens (CPP) wurde die PDK im Jahr 1995 von der Koalitionsregierung

---

42 Chandler, David, A History of Cambodia, Boulder, 2008, S. 268.

43 Die Vietnamesen entschlossen sich zur Intervention aufgrund fortwährend eskalierender Grenzkonflikte sowie den Massakern der Khmer Rouge an der vietnamesischen Bevölkerung in Kambodscha, vgl. Chandler, David, A History of Cambodia, Boulder, 2008, S. 274.

44 Etcheson, Craig, The Politics of Genocide Justice in Cambodia, in Romano, Cesare P.R./Nollkaemper, Andre/Kleffner, Jann K., Internationalized Criminal Courts: Sierra Leone, East Timor, Kosovo, and Cambodia, Oxford, 2004, S. 183.

45 National United Front for an Independent, Neutral, Peaceful, and Cooperative Cambodia. Etcheson, Craig, The Politics of Genocide Justice in Cambodia, in Romano, Cesare P.R./Nollkaemper, Andre/Kleffner, Jann K., Internationalized Criminal Courts: Sierra Leone, East Timor, Kosovo, and Cambodia, Oxford, 2004, S. 185.

46 Chandler, David, A History of Cambodia, Boulder, 2008, S. 283.

47 United Nations Transitional Authority in Cambodia (UNTAC).

unter der Leitung des Ministerpräsidenten Norodom Ranariddhs verboten.[48] Da die PDK jedoch weiterhin Widerstand leistete, wurden ab dem Jahr 1996, beginnend mit Ieng Sary, führende Mitglieder der Roten Khmer amnestiert. Hierdurch kam es zu einer Spaltung der Roten Khmer.

Im Juli 1997 brach erneut ein Bürgerkrieg zwischen der Partei FUNCINPEC und der CPP aus. Letztere befürchtete einen Putsch des ehemaligen Partners der Roten Khmer, der FUNCINPEC, aufgrund der Vergabe von Amnestien. Als Sieger ging die CPP hervor. Norodom Ranariddh wurde als Ministerpräsident abgesetzt und eine Übergangsregierung eingerichtet. Nach den Wahlen von 1998 wurde eine neue Koalitionsregierung aus der CPP und der FUNCINPEC unter Führung von Ministerpräsident Hun Sen gebildet. Dieser führte die Amnestiepolitik fort, wovon die ehemaligen Führungspersonen der Roten Khmer Ke Pauk sowie die heute vor den ECCC Angeklagten Khieu Samphan und Nuon Chea profitierten.[49]

Heute ist Kambodscha mit circa 14,3 Millionen Einwohnern eine formal konstitutionelle Monarchie und wird durch die CPP regiert. Diese gewann zuletzt die Parlamentswahlen im Jahr 2008 mit 73% der Stimmen. Die CPP ist auch auf Distrikt- und Provinzebene unangefochten.[50] Kambodscha steht auf Rang 139 von 187 Ländern des Index für menschliche Entwicklung der VN (Human Development Index). Die Lebenserwartung der Staatbürger liegt bei 63,1 Jahren, das durchschnittliche Pro-Kopf-Einkommen bei 801 USD und die Alphabetisierungsrate unter Erwachsenen bei 77,6 %.[51] Die Weltbank hat seit dem Jahr 2011 ihre Hilfen aufgrund der weitverbreiteten Korruption sowie geplanten Landenteignungen ausgesetzt.[52] Nachdem die Wirtschaft Kambodschas in den letzten Jahren stetig gewachsen ist, besuchte US-Präsidenten Barak Obama anlässlich eines Gipfels der Vereinigung südostasiatischer Staaten (Association of Southeast Asian Nations, ASEAN) am 19. November 2012 Hun Sen in Phnom Penh.[53] Dies war der erste Besuch eines amerikanischen Präsidenten in Kambodscha seit der amerikanischen Bombardierung des Landes.

---

48 Chandler, David, A History of Cambodia, Boulder, 2008, S. 289, 290.

49 Chandler, David, A History of Cambodia, Boulder, 2008, S. 291.

50 Chandler, David, A History of Cambodia, Boulder, 2008, S. 291.

51 United Nations Development Programme's Human Development Report 2011.

52 BBC, World Bank blocks Cambodia loans amid Boeung Kak row, 9. August 2011, abrufbar unter http://www.bbc.co.uk/news/world-asia-pacific-14457573.

53 Fähnders, Till, Obama in Kambodscha – Unangenehmer Besuch beim Autokraten, FAZ, 20. November 2012, abrufbar unter http://www.faz.net/aktuell/politik/ausland/obama-in-kambodscha-unangenehmer-besuch-beim-autokraten-11966034.html.

II. Die Entstehungsgeschichte der ECCC

Vor Errichtung der ECCC gab es verschiedene andere Initiativen zur Aufarbeitung der Verbrechen der Roten Khmer.

1) Die Initiativen zur Aufarbeitung der Verbrechen der Roten Khmer

Bereits während des Bürgerkrieges im August 1979 errichtete die Regierung der Volksrepublik Kampuchea das sogenannte Revolutionäre Volkstribunal zur Verfolgung der Verbrechen der Roten Khmer (Peoples Revolutionary Tribunal, PRT)[54]. Vor diesem wurden Pol Pot und Ieng Sary in Abwesenheit wegen Genozids zum Tode verurteilt.[55] Die Strafen wurden allerdings nicht vollstreckt.[56] Dem Tribunal mangelte es an internationaler Anerkennung, da internationale Verfahrensprinzipien[57] missachtet wurden und es mit Mitgliedern des Propagandaministeriums und altem Khmer Rouge Kader besetzt war.[58]

Pol Pot wurde im Jahr 1997 vor das durch die Khmer Rouge errichtete Along-Veng-Tribunal gestellt. Die Anklage lautete nicht auf Genozid oder Verbrechen gegen die Menschlichkeit, sondern auf Mord an mehreren Personen sowie die Blockade der Verhandlungen mit der FUNCINPEC.[59] Vor seinem Tod im Jahr 1998 erging kein Urteil gegen Pol Pot.

Darüber hinaus gab es internationale Initiativen wie die Renakse-Kommission zur Wahrheitsfindung aus dem Jahr 1980,[60] die aber von der kambodschanischen Regierung nicht anerkannt wurde.[61]

---

54 People's Revolutionary Tribunal, Decree Law No. 1, 15. Juli 1979.

55 Etcheson, Craig, The Politics of Genocide Justice in Cambodia, in Romano, Cesare P.R./Nollkaemper, Andre/Kleffner, Jann K., Internationalized Criminal Courts: Sierra Leone, East Timor, Kosovo, and Cambodia, Oxford, 2004, S. 191.

56 Etcheson, Craig, The Politics of Genocide Justice in Cambodia, in Romano, Cesare P.R./Nollkaemper, Andre/Kleffner, Jann K., Internationalized Criminal Courts: Sierra Leone, East Timor, Kosovo, and Cambodia, Oxford, 2004, S. 191.

57 Selbmann, Frank/Wesemann, Dorette, Der Pol Pot-Ieng Sary-Prozess revisited – Anmerkung zum Prozess gegen führende Rote Khmer im Jahr 1979, ZIS 2/2010, S. 116.

58 Gottesman, Evan R., Cambodia after the Khmer Rouge: Inside the politics of nation building 15, New Heaven, 2003, S. 63.

59 Kashyap, Subhash C., The framework of the prosecutions in Cambodia, in Ambos, Kai, New Approaches in International Criminal Justice: Kosovo, East Timor, Sierra Leone and Cambodia, Freiburg, 2003, S. 190.

60 Gordon, Amy, The Renakse Petitions: Background and Suggestions for Future Use, Phnom-Penh, 2007.

61 Ciorciari, John D./Ly, Sok-Kheang, The ECCC's Role in Reconciliation, in Ciorciari, John D./Heindel, Anne, On Trial: The Khmer Accountability Process, Phnom Penh, 2009, S. 309 f.

2) Die Errichtung der ECCC

Die ECCC beruhen auf dem Abkommen zur Schaffung außerordentlicher Kammern in den Gerichten Kambodschas zur Strafverfolgung der Verbrechen während der Periode des Demokratischen Kampuchea (Agreement between the United Nations and the Royal Government of Cambodia Concerning the Prosecution Under Cambodian Law of Crimes Committed During the Period of Democratic Kampuchea, UN-RGC Abkommen), also in der Zeit vom 17. April 1975 bis 6. Januar 1979. Das Abkommen wurde zwischen den VN und Kambodscha am 6. Juni 2003 geschlossen.[62] Dem Abkommen waren Verhandlungen von fast acht Jahren vorausgegangen. In den Verhandlungen bereiteten vor allem die Souveränitätsbeschränkung Kambodschas durch das Tribunal und seine rechtliche Ausgestaltung Schwierigkeiten.[63] Die VN waren darauf bedacht, die Anwendung internationaler Rechtsstandards zu gewährleisten, die kambodschanische Regierung forderte dagegen die Beibehaltung kambodschanischer Standards.[64]

Den Verhandlungen ging ein Bericht des VN-Sonderbeauftragten für Menschenrechte, Thomas Hammarberg, für die Menschenrechtskommission der VN voraus. In diesem wurde ein Zusammenhang zwischen den aktuellen Menschenrechtsverstößen in Kambodscha und ihrer Straflosigkeit sowie den nicht aufgearbeiteten Verbrechen der Roten Khmer festgestellt.[65] Die Kommission forderte daraufhin den VN-Generalsekretär zur Unterstützung der kambodschanischen Regierung bei der Wahrung der Menschenrechte auf.[66] Die Initiative zur Schaffung des Tribunals ging aber von der kambodschanischen Regierung aus. Diese bat die VN im Jahr 1997, vor dem Ausbruch des Bürgerkriegs, durch einen Brief des Premierministers Prinz Norodom Ranariddh (FUNCINPEC) und seines Stellvertreters Hun Sen (CPP) um Unterstützung bei der rechtlichen Verfolgung der ehemaligen Roten Khmer.[67] Die

---

62 Agreement between the United Nations and the Royal Government of Cambodia Concerning the Prosecution Under Cambodian Law of Crimes Committed During the Period of Democratic Kampuchea, abrufbar unter http://www.eccc.gov.kh/english/cabinet/agreement/5/Agreement_between_UN_and_RGC.pdf.

63 Etcheson, Craig, The Politics of Genocide Justice in Cambodia, in in Romano, Cesare P.R./Nollkaemper, Andre/Kleffner, Jann K., Internationalized Criminal Courts: Sierra Leone, East Timor, Kosovo, and Cambodia, Oxford, 2004, S. 199.

64 Etcheson, Craig, The Politics of Genocide Justice in Cambodia, in Romano, Cesare P.R./Nollkaemper, Andre/Kleffner, Jann K., Internationalized Criminal Courts: Sierra Leone, East Timor, Kosovo, and Cambodia, Oxford, 2004, S. 199.

65 Report of the Special Representative on the situation of human rights in Cambodia, UN Doc. E/CN.4/1997/85, 31. Januar 1997, abrufbar unter http://daccess-dds-ny.un.org/doc/UNDOC/GEN/G97103/74/PDF/G9710374.pdf?OpenElement.

66 Situation of human rights in Cambodia, UN Doc. E/CN.4/Res/1997/49, 11. April 1997, abrufbar unter http://ap.ohchr.org/documents/alldocs.aspx?doc_id=4500.

67 Brief von Norodom Ranariddh und Hun Sen an Generalsekretär Kofi Annan, 21. Juni 1997.

VN boten der kambodschanischen Regierung ihre Hilfe an[68] und beriefen eine Expertenkommission. Diese favorisierte die Errichtung eines Ad-hoc Tribunals nach dem ruandischen oder jugoslawischen Modell, die Angliederung einer Sonderkammer an den JStGH oder die Einrichtung einer Wahrheitskommission außerhalb Kambodschas.[69] Diesen Vorschlag lehnten sowohl der Sicherheitsrat, insbesondere China, als auch Hun Sen, nunmehr alleiniger Regierungschef ab. Nach der Ansicht Chinas gab es keine Bedrohung für den internationalen Frieden oder die internationale Sicherheit, sodass es für die Errichtung eines Ad-hoc Tribunals nach Kapitel VII der VN Charta keine Grundlage gab.[70] Dagegen forderte Hun Sen, von der Angst des Ausbruchs eines erneuten Bürgerkrieges beeinflusst, die Autorität über die Strafverfolgung zu behalten und schlug stattdessen die Einrichtung von außerordentlichen Kammern innerhalb des kambodschanischen Gerichtswesens vor, wodurch auch die Rechtsstaatlichkeit innerhalb Kambodschas gefördert werden sollte.[71] Die VN beharrten dagegen auf die Errichtung eines unabhängigen Tribunals, um die Einhaltung internationaler Verfahrensgarantien zu sichern. Die Vorstellung der Beteiligten waren so konträr, dass die Verhandlungen von den VN unterbrochen wurden[72] und es danach aussah, dass Kambodscha ein eigenes Tribunal errichten würde.[73]

68 Report of the Group of Experts for Cambodia Pursuant to General Assembly Resolution 52/135, 18. Februar 1999, Annex des United Nations Documents, Identical Letters, 15. März 1999 des Generalsekretärs an die Präsidenten der Generalversammlung und des Sicherheitsrats, UN GAOR, 53rd Sess., Agenda Item 110(b), UN Doc. A/53/850 and S/1999/231 (1999), Para. 310 ff.

69 Report of the Group of Experts for Cambodia Pursuant to General Assembly Resolution 52/135, 18. Februar 1999, Annex des United Nations Documents, Identical Letters, 15. März 1999 des Generalsekretärs an die Präsidenten der Generalversammlung und des Sicherheitsrats, UN GAOR, 53rd Sess., Agenda Item 110(b), UN Doc. A/53/850 and S/1999/231 (1999).

70 Scheffer, David, The Extraordinary Chambers in the Courts of Cambodia, in Bassiouni, M. Cherif , International Criminal Law, Martinus Nijhoff Publishers, Leiden, 2008, S. 221.

71 Ein weiterer Grund war das neu gewonnene Selbstvertrauen der Regierung, den Umgang mit den Khmer Rouge selbst zu regeln, an die sie zu dieser Zeit wiederholt Amnestien vergab. Etcheson, Craig, Accountability beckonds during a year of worries for the Khmer Rouge Leadership, 6 ILSA J. Int'l & Comp. L., 2000, S. 507.

72 Corell, Hans, Press Briefing, UN Legal Counsel, Negotiations between the UN and Cambodia regarding the establishment of the court to try Khmer Rouge Leaders, 8. Februar 2002, abrufbar unter http://www.un.org/news/dh/infocus/cambodia/corell-brief.htm.

73 Etcheson, Craig, Accountability beckonds during a year of worries for the Khmer Rouge Leadership, 6 ILSA J. Int'l & Comp. L., 2000, S. 515.

Auf Druck der USA, Frankreichs und Japans hin[74] einigten sich die Parteien jedoch auf den Kompromiss eines hybriden Tribunals.[75] Anders als von der VN-Expertenkommission vorgeschlagen[76] befindet sich das Tribunal nun in der Hauptstadt Kambodschas.[77] Die Generalversammlung der VN[78] verabschiedete am 13. Mai 2003 die Resolution A/RES/57/228 B, in der sie den Entwurf des Abkommens zwischen den VN und Kambodscha über die Errichtung des Tribunals billigte. Das am 6. Juni 2003 geschlossene UN-RGC Abkommen ratifizierte die kambodschanische Nationalversammlung am 4. Oktober 2004. Umgesetzt wurde es durch das Gesetz Law on the Establishment of Extraordinary Chambers in the Court of Cambodia for the Prosecution of Crimes committed during the Period of Democratic Kampuchea (ECCC Gesetz).[79] Damit waren im November 2004 die notwendigen rechtlichen Rahmenbedingungen für die Errichtung der ECCC erfüllt. Der Generalsekretär der VN

---

74 Jain, Neha, Between the Scylla and charybdis of prosecution and reconciliation: The Khmer Rouge trials and the promise on international criminal justice, 20 Duke J. Comp. & Int'l L., 2009, S. 255.

75 Tribunal Memorandum of Understanding between the United Nations and the Royal Government of Cambodia, abrufbar unter http://www.yale.edu/cgp/mou_v3.html.

76 Report of the Group of Experts for Cambodia Pursuant to General Assembly Resolution 52/135, von Ninian Stephen, Chairman, Rajsoomer Lallah, and Steven R. Ratner, 18. Februar 1999, Annex des United Nations Documents, Identical Letters, 15. März 1999 Brief des Generalsekretärs an den Präsidenten der Generalversammlung und des Sicherheitsrats, UN GAOR, 53rd Sess., Agenda Item 110(b), UN Doc. A/53/850 and S/1999/231 (1999).

77 ECCC Gesetz, Artikel 43. Das Tribunal wurde außerhalb des Zentrums in den Gebäuden eines als Militärstützpunkt geplanten Areals in Kambol, dem Royal Cambodian Armed Forces Headquarters, angesiedelt. Die Lage der ECCC behindert die tägliche Arbeit am Tribunal, denn gravierende Verkehrsproblemen führen zu massiven Verspätungen. Die Nebenklage ist zudem seit Juli 2010 in der Innenstadt Phnom Penhs untergebracht. Gegen diese räumliche Trennung vom übrigen Tribunal setzte sich die Nebenklage erfolglos zur Wehr. Decision on appeal against the response of the Co-Investigating Judges on the motion on confidentiality, equality and fairness, A410/2/6, 29. Juni 2011, abrufbar unter http://www.eccc.gov.kh/sites/default/files/documents/courtdoc/A410_2_6_EN_0.PDF.

78 Im Gegensatz dazu war bei den bisherigen Tribunalen der Sicherheitsrat involviert. Bei der Errichtung der ECCC handelte die Generalversammlung auf Grundlage von Artikel 10 ff. VN-Charta, da die Verbrechen bereits lange Zeit zurücklagen. Ein Handeln des Sicherheitsrats gemäß Artikel 39 VN-Charta war nicht möglich, da keine aktuelle Gefährdung des internationalen Friedens vorlag.

79 Das Gesetz passierte das kambodschanische Parlament bereits am 2. Januar 2001. Die daran vom Senat vorgenommenen Änderungen wurden am 23. Juli 2001 nach Rückverweisung an das Parlament wirksam, sodass es am 10. August 2001 durch den König verkündet werden konnte. Es wich jedoch so gravierend vom Memorandum of Understanding ab, dass sich die VN beinahe erneut aus den Verhandlungen zurückgezogen hätten. Die VN akzeptierten erst die modifizierte Version vom 27. Oktober 2004.

verkündete am 29. April 2005 das Inkrafttreten des Abkommens.[80] Im Juli 2006 konnten die ECCC nach der Sicherstellung ihrer Finanzierung die Arbeit aufnehmen.

III. Zusammenfassung

Die Errichtung des Tribunals ist das Ergebnis langwieriger Verhandlungen zwischen den VN und der kambodschanischen Regierung. Schwierigkeiten entstanden zum einen daraus, dass sich die Mitglieder im Sicherheitsrat nicht auf die Einigung eines Ad-hoc Tribunals gemäß Kapitel VII der VN-Charta einigen konnten und die kambodschanische Regierung, besetzt mit ehemaligen Parteimitgliedern der Roten Khmer, gesteigerten Wert auf die Wahrung der kambodschanischen Autorität über die Strafverfolgung legten. Daher erwogen die VN zwischenzeitlich einen Rückzug aus den Verhandlungen. Als Alternative zur Errichtung der ECCC in ihrer heutigen Form hätten die VN die Strafverfolgung Kambodscha selbst überlassen können. Es bestand jedoch die Gefahr, dass das Justizsystem Kambodschas hierzu nicht in der Lage gewesen wäre oder internationale Rechtsstandards in den Verfahren nicht eingehalten worden wären. Die heutige Konzeption der ECCC stellte damit den einzig erzielbaren Kompromiss in einer historisch, politisch, kulturell und sozial komplexen Situation dar.

80 Lindblad, Johanna, The Incorporation of International Justice Standards into the Extraordinary Chambers in the Courts of Cambodia, Lund, 2005, S. 9.

C. Die Rechtsnatur und Funktion der ECCC

Die ECCC bedürfen zur Ausübung internationaler Strafgewalt einer ausreichenden Legitimationsgrundlage. Diese bildet ein ins nationale Recht umgesetzter völkerrechtlicher Vertrag. Aus diesem sowie einer kurzen Internen Satzung (Internal Rules) ergeben sich die wesentlichen prozessualen Regeln zur Durchführung der Strafverfahren,[81] auf deren Grundlage innerhalb kürzester Zeit eine funktionierende Verfahrenspraxis geschaffen werden musste.[82] Im folgenden Kapitel werden die entscheidenden Maßstäbe[83] für die Ausgestaltung der Verfahrenspraxis erörtert. Dies sind zum einen die Ziele und Zwecke des Völkerstrafrechts, zum anderen die sich aus der zugrunde liegenden Rechtstradition und den justiziellen Menschenrechten ergebenden zentralen Verfahrensrechte.

I. Die Legitimationsgrundlage und Rechtsnatur der ECCC

Die Durchführung völkerstrafrechtlicher Prozesse unter internationaler Beteiligung an den ECCC bedarf einer eigenständigen Legitimationsgrundlage, denn es wird „eine besondere internationale Zuständigkeit" begründet, die neben den Individualrechtsgütern „supraindividuelle Interessen" schützt.[84] Die zwei Dokumente, die die Tätigkeit der ECCC legitimieren, sind das Abkommen zwischen den VN und der kambodschanischen Regierung (UN-RGC Abkommen) und ein Gesetz des kambodschanischen Parlaments (ECCC Gesetz). Die vertragliche Übereinkunft, das UN-RGC Abkommen, ist ein bilateraler Vertrag, der die internationale Zusammenarbeit und Kooperation regelt und in dem die materielle Zuständigkeit der ECCC anerkannt wird. Die eigentliche Grundlage für die Errichtung der ECCC wird nach Artikel 1 UN-RGC Abkommen erst durch nationales Recht, das bereits erwähnte ECCC Gesetz, geschaffen. In diesem wird das UN-RGC Abkommen umgesetzt und konkretisiert. Nach Artikel 1 ECCC Gesetz soll in einem fairen Verfahren die Verletzung der im Gesetz genannten völkerrechtlichen Rechtsgüter abgeurteilt werden. Im Gegensatz hierzu basiert der IStGH auf einem multilateralen Vertrag

81 Das Völkerstrafprozessrecht wird daher auch als „Subsidary Treaty Law" bezeichnet. Vgl. Boas, Gideon/Bischoff, James L./Reid, Natalie L./Taylor III, B. Don, The International Criminal Law Practitioner Library Volume III, International Criminal Procedure, Cambridge, 2011, S. 11.

82 Aus diesem Grund wird teilweise bezweifelt, dass das Völkerstrafprozessrecht ein kohärenter und legitimer Rechtskorpus ist. Vgl. Boas, Gideon/Bischoff, James L./Reid, Natalie L./Taylor III, B. Don, The International Criminal Law Practitioner Library Volume III, International Criminal Procedure, Cambridge, 2011, S. 11.

83 Riess, Peter, Prolegomena zu einer Gesamtreform des Strafverfahrensrechts, in Hassenpflug, Helwig, Festschrift für Karl Schäfer, Berlin, 1980, S. 169.

84 Vgl. Safferling, Christoph, Internationales Strafrecht, Berlin, 2011, S. 67.

(IStGH Statut) und seine Zuständigkeit ist komplementär gegenüber der nationalen Strafgewalt.[85] Die beiden großen Ad-hoc Tribunale JStGH und RStGH und das STL wurden durch eine Resolution des Sicherheitsrates gemäß Kapitel VII VN-Charta errichtet und sind eine Unterorganisation der VN. Die Panels in Ost-Timor und im Kosovo sind Teil einer VN-Peacekeeping-Operation. Nur der SCSL basiert, ebenso wie die ECCC, auf einem völkerrechtlichen Vertrag, der zwischen Sierra Leone und den VN geschlossen wurde.[86]

Schon der Name des Tribunals, die Außerordentlichen Kammern an den Gerichten von Kambodscha, impliziert die spezielle Rechtsnatur. Formell handelt sich bei den ECCC um in das kambodschanische Gerichtssystem integrierte Kammern mit internationalen Komponenten[87] ohne eigene Rechtspersönlichkeit.[88] Das Personal setzt sich aus nationalen und internationalen Mitarbeitern zusammen. Materiell und prozessual wird internationales und nationales Recht angewendet. In den Kammern haben die nationalen Richter die Mehrheit.[89] Im Vergleich zu anderen Tribunalen haben sie damit die größte Ähnlichkeit zum SCSL. Allerdings hat letzterer eine eigene Rechtspersönlichkeit und weist einen stärkeren internationalen Charakter aufgrund der Priorität von internationalem gegenüber nationalem Recht und der Mehrheit internationaler Richter in den Kammern auf.[90]

Das Gericht hat selbst in mehreren Entscheidungen zu seiner Rechtsnatur Stellung genommen. Die Ermittlungsrichter bezeichneten das Tribunal in ihrer ersten Entscheidung als ein „special internationalized tribunal".[91] Unter Bezugnahme auf die Entscheidung des SCSL im Fall Taylor definierte die Vorverfahrenskammer die Kriterien für die Einordnung als internationales Tribunal wie folgt: Ein internationales Tribunal sei Ausdruck des Willens der internationalen Gemeinschaft, werde als Teil des Systems internationaler Justiz betrachtet und seine Zuständigkeit beinhalte die Verfolgung der schwersten internationalen Verbrechen.[92] Auch die ECCC seien „a court of special and independent character within the Cambodian

85 IStGH Statut, Artikel 17, 20.

86 Die Errichtung der SCSL wurde durch den VN-Sicherheitsrat vorgeschlagen. UN Doc. S/RES/1315 (2000), 14. August 2000, abrufbar unter http://daccess-dds-ny.un.org/doc/UNDOC/GEN/N00/605/32/PDF/N0060532.pdf?OpenElement.

87 ECCC Gesetz, Artikel 2.

88 Ambach, Philipp, Laufen Hybride Tribunale dem Internationalen Strafgerichtshof den Rang ab? Eine Bestandsaufnahme, HuV-I (18) 2/2005, S. 106, 110.

89 Ambos, Kai/Steiner, Christian, Vom Sinn des Strafens auf innerstaatlicher und supranationaler Ebene, JuS 2001, S. 9, 10.

90 SCSL Statut.

91 Order of Provisional Detention, C3, 31. Juli 2007, Para. 20, abrufbar unter http://www.eccc.gov.kh/sites/default/files/documents/courtdoc/Order_of_Provisional_Detention-DUCH -EN.pdf.

92 Decision on Appeal Against Provisional Detention Order of Kaing Guek Eav alias Duch, C5/45, 3. Dezember 2007, Para. 20, abrufbar unter http://www.eccc.gov.kh/sites/default/files/documents/courtdoc/PTC_decision_appeal_duch_C5-45_EN_0_0.pdf.

legal system [...] designed to stand apart from existing Cambodian courts and rule exclusively on a narrowly-defined group of defendants for specific crimes committed within a limited period".[93] Ferner seien die ECCC „entirely self contained from the commencement of investigation through to the determination of appeals" und eine „independent entity".[94] Die Hauptverfahrenskammer bezeichnete das Tribunal als einen „separately constituted, independent and internationalized court".[95]

Die ECCC können daher als ein internationalisiertes Gericht oder auch mixed/ hybrid Court/ Tribunal bezeichnet werden.[96]

II. Die Konzeption des Strafprozessrechts an den ECCC

Die Primärquelle des Strafverfahrensrechts der ECCC sind die konstituierenden Abkommen, also das UN-RGC Abkommen und das ECCC Gesetz. Aus diesen Quellen ergeben sich grundsätzliche Regelungen über den Verfahrensablauf, das Beweisrecht sowie über die Strafvollstreckung. Die konstituierenden Abkommen enthalten aber keine abschließenden prozessualen Regeln. Das UN-RGC Abkommen beinhaltet einige Verfahrensgrundsätze, um die Durchführung eines fairen, den internationalen Standards entsprechenden Verfahrens sicherzustellen.[97] Im ECCC Gesetz sind z. B. das Ermittlungsverfahren, der Zeugenschutz, die Öffentlichkeit des Verfahrens, ausgesuchte fundamentale Rechte des Angeklagten, das Rechtsmittelverfahren und die Arbeitssprache des Gerichts angesprochen.[98] Das UN-RGC Abkommen und das ECCC Gesetz unterscheiden sich teilweise, so z. B. bei der Formulierung der Straftatbestände. Bei Konflikten genießt nach herrschender Meinung das völkerrechtliche UN-RGC Abkommen Vorrang vor dem nationalen ECCC Gesetz.[99]

---

93 Decision on Request for Release, E39/5, 15. Juni 2009, Para. 10, abrufbar unter http://www.eccc.gov.kh/sites/default/files/documents/courtdoc/E39_5_EN.pdf.

94 Decision on Appeal Against Provisional Detention Order of Kaing Guek Eav alias Duch, C5/45, 3. Dezember 2007, Paras. 18, 19, abrufbar unter http://www.eccc.gov.kh/sites/default/files/documents/courtdoc/PTC_decision_appeal_duch_C5-45_EN_0_0.pdf.

95 Decision on Request for Release, E39/5, 15. Juni 2009, Para. 10, abrufbar unter http://www.eccc.gov.kh/sites/default/files/documents/courtdoc/E39_5_EN.pdf.

96 Cassese, Antonio, International Criminal Law, Oxford, 2008, S. 333.

97 UN-RGC Abkommen, Artikel 12 (2), 13.

98 ECCC Gesetz, Artikel 23-24, 33-37, 45.

99 Dyrchs, Susanne, Das hybride Khmer Rouge-Tribunal, Frankfurt, 2008, S. 122. Schulz, Sabine, Transitional justice und hybride Gerichte: zur strafrechtlichen Verfolgung von völkerstrafrechtlichen Verbrechen unter besonderer Berücksichtigung des kambodschanischen Sondergerichts, Berlin, 2009, S. 162.

Weitere detaillierte, aber nicht abschließende Regelungen enthalten die Internal Rules.[100] Diese sind in der Normenhierarchie unter den Primärdokumenten angesiedelt.[101] Die Bezeichnung als Internal Rules, im Gegensatz zu den Rules of Procedure and Evidence (RPE) anderer Tribunale, resultiert daraus, dass in Kambodscha nur die Nationalversammlung befugt ist, das Strafverfahrensrecht für die kambodschanischen Gerichte, zu den auch die ECCC gehören, zu erlassen.[102] Die Internal Rules konsolidieren das kambodschanische Prozessrecht für die Verfahren vor den ECCC und bilden damit das normative Kernstück des Strafverfahrensrechts des Tribunals.[103] Dieses „self-contained regime of procedural law related to the unique circumstances of the ECCC“[104] ist in die allgemeine Vorschriften, die Gerichtsorganisation, das Vorermittlungsverfahren, das richterliches Ermittlungsverfahren, das Hauptverfahren vor der Strafkammer und das Rechtsmittelverfahren untergliedert. In der Normenhierarchie existieren unterhalb der Internal Rules noch verschiedene Regeln zur Verfahrensorganisation (Practice Directions).[105]

---

100 Die Verhandlungen über die Ausgestaltung der Internal Rules dauerten über sieben Monate. Am 12. Juni 2007 traten sie in Kraft.

101 „Now therefore the ECCC have adopted the following Internal Rules, the purpose of which is to consolidate applicable Cambodian procedure for proceedings before the ECCC and, pursuant to Articles 20 new, 23 new, and 33 new of the ECCC Law and Article 12(1) of the Agreement, to adopt additional rules where these existing procedures do not deal with a particular matter, or if there is uncertainty regarding their interpretation or application, or if there is a question regarding their consistency with international standards.“ Internal Rules, Präambel.

102 Linton, Suzannah, Putting Cambodia's Extraordinary Chambers into Context, 11 SYBIL, 2007, S. 225.

103 Decision on Nuon Chea's preliminary objection alleging the unconstitutional character of the ECCC Internal Rules, E51/14, 8. August 2011, Para. 7, abrufbar unter http://www.eccc.gov.kh/sites/default/files/documents/courtdoc/E51_14_EN.PDF.

104 Decision on Khieu Samphan's interlocutory Application for an immediate and final stay of Proceedings for abuse of process, 2, 12. Januar 2011, Para. 20, abrufbar unter http://www.eccc.gov.kh/sites/default/files/documents/courtdoc/2_EN-1.PDF.

105 Practice Direction on Classification and Management of Case-Related Information, Practice Direction on Filing Documents before the ECCC, Procedures for Electronic Filling at the ECCC, Guidelines and Procedures for the Processing and Management of Case File and Related Records at the ECCC und die Guideline on Courtroom Utilization sowie die Practice Direction on Victims Participation oder die Practice Direction on Protective Measures. Daneben gibt es die Standard Operation Procedures (Death in Custody) of the ECCC Detention Facility und die Rules Governing Detention of Persons Awaiting for Trial or Appeal before the ECCC (Detention Facility Rule).

1) Die Rechtsfortbildung der Internal Rules

Im Fall von Regelungslücken in den Internal Rules erfolgt zunächst ein Rückgriff auf das kambodschanische Strafverfahrensrecht.[106] Dies ist eine wesentlich andere Regelung als an den Ad-hoc Tribunalen, die keinen Rückgriff auf nationales Recht vorsehen. Hierdurch soll die kambodschanische Verfahrenstradition gewahrt bleiben. Das kambodschanische Strafverfahrensrecht wurde im Zuge der Errichtung der ECCC dafür umfasst reformiert. Zuvor enthielten die Verfassung Kambodschas[107] sowie verschiedene nationale Gesetze strafprozessuale Regelungen.[108] Daneben gab es das Cambodian Law on Criminal Procedure von 1993 (CCP 1993).[109] Diese wurden durch den im August 2007 in Kraft getretenen Code of Criminal Procedure of Cambodia (CCP) abgelöst, der den Internal Rules der ECCC angeglichen wurde und nun für die ECCC maßgeblich ist. Das kambodschanische Recht wurde hierdurch an internationale Standards angepasst. So enthält es Regelungen zu Durchsuchungen bei Anwälten, Untersuchungshaft oder Entschädigung bei Justizirrtümern.[110] Trotz der Reform weist das nationale Prozessrecht jedoch weiterhin gravierende Regelungslücken auf, wie z.B. betreffend die Effektivität des Zeugenschutzes, den Zugang zu Beweisen und Gerichtsakten, das Recht auf einen Verteidiger und das Recht, Zeugen ins Kreuzverhör zu nehmen.[111] Für die ECCC ist daher selten weder der Rückgriff auf den CCP, noch auf die kambodschanische Rechtsprechung ergebnisreich, da Erfahrungen mit dem neuen CCP fehlen.[112] Des Weiteren eignet sich das nationale Prozessrecht angesichts der Komplexität der Völkerstrafrechtsprozesse und der besonderen Strukturen der

106 UN-RGC Abkommen, Artikel 12; ECCC Gesetz, Artikel 33. Das Rechtsmittel der Verteidigung gegen den Vorrang der Internal Rules vor dem CCP wurde zurückgewiesen, da der CCP nur bei Fragen anwendbar ist, die nicht von den Internal Rules behandelt werden. Decision on Nuon Chea's Appeal Against Order Refusing Request for Annulment, 26. August 2008, Para. 15, abrufbar unter http://www.eccc.gov.kh/sites/default/files/documents/courtdoc/D55_I_8_EN_0.pdf.

107 Verfassung vom 21. September 1993.

108 1956 Penal Code; 1980 Decree-Law Against Betraying the Revolution and other Offences; 1986 Decree-Law 27 Concerning Arrest Holding in Custody Temporary Detention, Release and Search of Domicile, Possessions, and the Person; Provisions Relating to the Judiciary and Criminal Law and Procedure Applicable in Cambodia during the Transitional Period vom 21. September 1992.

109 Während der Verwaltung durch die UNTAC (1991–1993) erließ der Supreme National Council (SNC) das SNC-Gesetz, die regierende CPP-Partei verabschiedete daraufhin ihr eigenes Gesetz. Beide wurden seit 1993 angewendet. Gesetz vom 8. Februar 1993, abrufbar unter http://www.bigpond.com.kh/council_of_jurists/penal/pen002g.htm.

110 Montesano, Marea, Current International Efforts in Cambodia: Developing a court system to protect human rights, 71 J. L. & Soc. Challenges, Spring 2009, S. 88 ff.

111 Ohlin, Jens David, Meta-Theory of International Criminal Procedure: Vindicating the Rule of Law, 14 UCLA J. Int'l L. Foreign Aff., 2009, S. 112.

112 Ohlin, Jens David, Meta-Theory of International Criminal Procedure: Vindicating the Rule of Law, 14 UCLA J. Int'l L. Foreign Aff., 2009, S. 113.

ECCC nur selten für eine Übernahme. Anders als im kambodschanischen Recht gelten z.B. die in der Ermittlungsakte enthaltenen Dokumente aufgrund der hohen Anzahl an Beweismitteln nicht automatisch als in den Prozess eingeführte Beweismittel.[113]

Ist der Rückgriff auf das kambodschanische Strafrecht unergiebig, bestehen Unsicherheiten bezüglich seiner Auslegung und Anwendung oder steht es im Widerspruch zu internationalen Standards sind internationale strafprozessuale Regeln, die Artikel 14 und 15 IPbpR entsprechen, heranzuziehen.[114] In den Entscheidungen der ECCC werden daher internationale Übereinkünfte, Entscheidungen internationaler und regionaler Rechtsprechungsorgane wie dem Europäischen Gerichtshof für Menschenrechte[115] oder die Verfahrenspraxis vergleichbarer nationaler Rechtssysteme beleuchtet.[116] Dabei entfalten die Entscheidungen anderer internationaler Tribunale aber keine Bindungswirkung für die ECCC,[117] sodass die gewonnenen Erkenntnisse an die spezifische Situation der ECCC angepasst werden können.[118] Allerdings kann auch das Prozessrecht der übrigen internationalen Tribunale meist nicht auf die Strukturen der ECCC transferiert werden, denn es beruht auf den wesentlich anderen Verfahrensstrukturen des Common Laws. Beispielsweise findet an anderen Tribunalen keine richterliche Beweissammlung im Ermittlungsverfahren statt, der ein erhöhter Beweiswert im Hauptverfahren zukommen würde.[119] Des Weiteren ist das Verfahren Beweisaufnahme an den ECCC nicht in einen Prosecution und

---

113 Creifelds, Carl, Rechtswörterbuch, Verhandlungsgrundsatz, München, 2011, S. 1475.

114 Zu einer kritischen Analyse der Ausgestaltung der Internal Rules ultra vires vgl. Starygin, Stan, Internal rules of the extraordinary chambers in the courts of Cambodia (ECCC): Setting an example of the rule of law by breaking the law?, 3 (2) JLCR, 2011, S. 20–42.

115 Decision on Ieng Sary's Appeal against the OCIJ Order on Translation Rights and Obligations of the Parties, A190/II/9, 20. Februar 2009, abrufbar unter http://www.worldcourts.com/eccc/eng/decisions/2009.02.20_Co_Prosecutors_v_Ieng_Sary.pdf.

116 So aus Frankreich oder Großbritannien. Decision on Ieng Sary's Appeal against the OCIJ Order on Translation Rights and Obligations of the Parties, A190/II/9, 20. Februar 2009, Paras. 23, 31, abrufbar unter http://www.worldcourts.com/eccc/eng/decisions/2009.02.20_Co_Prosecutors_v_Ieng_Sary.pdf.

117 Decision on Nuon Chea's Appeal Regarding Appointment of an Expert, D54/V/6, 22. Oktober 2008, Para. 21, abrufbar unter http://www.eccc.gov.kh/sites/default/files/documents/courtdoc/D54_V_6_EN.pdf; Decision on Appeal Against Provisional Detention Order of Kaing Guek Eav alias Duch, C5/45, 3. Dezember 2007, Para. 20, abrufbar unter http://www.eccc.gov.kh/sites/default/files/documents/courtdoc/PTC_decision_appeal_duch_C5-45_EN_0_0.pdf; Decision on Appeal Concerning Contact between the Charged Person and his Wife, A104/II/7, 30. April 2008, Para. 16, abrufbar unter http://www.worldcourts.com/eccc/eng/decisions/2008.04.30_Co_Prosecutors_v_Ieng_Sary.pdf.

118 Kamardi, Christiane, Die Ausformung einer Prozessordnung sui generis durch das ICTY unter Berücksichtigung des Fair-Trial-Prinzips, Berlin, 2009, S. 161.

119 Die Einführung eines Ermittlungsrichters widerspricht am JStGH z.B. dem parteigesteuerten Ermittlungsverfahren.

Defense Case aufgeteilt, sondern wird durch den Vorsitzenden Richter geleitet. Hierdurch ergibt sich z. B. eine andere Rolle der Verfahrensbeteiligten bei den Zeugenbefragungen. Allerdings ähnelt die Verfahrenspraxis an den ECCC teilweise aufgrund der Komplexität der völkerstrafrechtlichen Verfahren und der Besonderheiten der Beweisführung bei den völkerstrafrechtlichen Tatbestände und Beweisformen im Ergebnis der Praxis anderer Tribunale.[120] Dies zeigt sich vor allem bei der Möglichkeit zur Einführung von Vernehmungsprotokollen als Beweismittel in die Hauptverhandlung. In diesem Fall entspricht die Rechtsprechung der ECCC im Wesentlichen den am JStGH entwickelten Grundsätzen.[121]

2) Das Plenum als Organ der Rechtsetzung

Die Internal Rules können durch ein mindestens zwei Mal jährlich tagendes Plenum (Plenary Session) ergänzt werden.[122] Sie liegen inzwischen in ihrer achten Fassung vor.[123]

---

120 Auch wenn die Orientierung an den Grundsätzen des JStGH's auch darin begründet liegt, dass das französische Rechtssystem in diesem Punkt Schwachstellen aufweist, deren Übernahme nicht von Vorteil wäre. Barth, Holger, Landesbericht Frankreich, in Perron, Walter, Die Beweisaufnahme im Strafverfahrensrecht des Auslands, Freiburg, 1995, S. 134.

121 Vgl. Kapitel I. V. 2) d) gg).

122 An anderen internationalen Tribunalen wird das Plenum als „Rules und Procedure Committee" bezeichnet. Die folgenden Zusammenkünfte des Plenums sind bekannt: 1. Plenary Session: 20.–25. November 2006; 2. Plenary Session: 31. Mai–13. Juni 2007; 3. Plenary Session: 28. Januar–1. Februar 2008; 4. Plenary Session: 5. September 2008; 5. Plenary Session: 6. März 2009; 6. Plenary Session: 11. September 2009; 7. Plenary Session: 9. Februar 2010; 8. Plenary Session: 17. September 2010; 9. Plenary Session: 21.–23. Februar 2011; 10. Plenary Session: 1.–3. August 2011.

123 In der ersten Plenary Session konnte keine erste Fassung der Internal Rules aufgrund von Differenzen zwischen den Beteiligten verabschiedet werden. Hauptgrund waren Verzögerungstaktiken seitens des kambodschanischen Personals. Human Rights Watch, Cambodia: Government Interferes in Khmer Rouge Tribunal, 5. Dezember 2006, abrufbar unter http://www.hrw.org/english/docs/2006/12/05/cambod14752.htm. Daher wurde ein spezielles Komitee (Rules Committee), bestehend aus fünf nationalen und vier internationalen Richtern, gebildet. Dieses arbeitete im Januar und März 2007 einen Entwurf der Regeln aus. Kaufmann, Christine/Marschner, Laura, Eine kritische Bestandsaufnahme aktueller Entwicklungen der Außerordentlichen Kammern an den Gerichten von Kambodscha, ZIS 10/2011, S. 811. Die zweite Plenarsitzung wurde aufgrund einer Auseinandersetzung mit der kambodschanischen Rechtsanwaltskammer (BAKC) vertagt, um diese an der Erhebung unverhältnismäßig hoher Beiträge von den internationalen Anwälten zu hindern. Der Streit wurde beigelegt, indem statt den ursprünglichen 4.900 USD nur noch 500 USD von den internationalen Anwälten verlangt wurden. Press Release, Statement from the International Judges of the Extraordinary Chambers in the Courts of Cambodia, 30. April 2007, abrufbar unter http://www.eccc.gov.kh/english/cabinet/press/25/2007-04-30_Judges_Statement.pdf. In der nachgeholten Sitzung konnte der

Das Plenum hat eine regelimmanente[124] Kompetenz als Quasi-Gesetzgeber zu fungieren.[125] An dessen Sitzungen nehmen die Richter, Reserverichter, die Staatsanwaltschaft, das Büro der Verteidigung (Defence Support Section, DSS), die Zeugenabteilung (Victims Unit) und die Verwaltungsabteilung mit Stimmrechten teil.[126] Kein Teilnahmerecht haben die Verteidiger und die Nebenklagevertreter. Sie können allerdings versuchen, Vorschläge für Regeländerungen über die Defense Support Section bzw. Victims Unit ins Plenum einzubringen. Des Weiteren darf das Komitee der Justizverwaltung (Judicial Administration Committee, JAC)[127] Vorschläge für Regelergänzungen im administrativen Bereich unterbreiten.[128] Entscheidungen über eine Änderung der Kernartikel 21 bis 114 Internal Rules sind aber ausschließlich den Richtern vorbehalten. Die neuen Regeln werden vom Rules and Procedure Committee[129] entworfen. Vorschläge der Beteiligten sind direkt an dieses Komitee zu richten. Nicht geklärt ist bislang, ob dieses Vorschläge ablehnen darf oder ob alle Vorschläge in den Plenumssitzungen zu diskutieren sind.[130]

Die Rechtsetzungskompetenz des Plenums könnte kritisiert werden, da das Plenum nicht ausreichend zum Erlass von Strafverfahrensrecht für die ECCC, die Teil der Judikative des kambodschanischen Staates sind, legitimiert ist. Zuständig wären eigentlich die Generalversammlung der VN und die kambodschanische Nationalversammlung als Legislativorgane. Daher stelle der Erlass von Strafverfahrensrecht durch das Plenum zum einen Eingriff in die Souveränität des kambodschanischen Staates dar.[131] Zum anderen widerspreche die Übertragung der Rechtsetzungskompetenz auf das Plenum dem Gewaltenteilungsgrundsatz. Aufgrund dieser Überlegungen kann z. B. die Verfahrensordnung am IStGH nur von der Staatenversammlung

Entwurf der Internal Rules angenommen werden. Starygin, Stan, Internal rules of the extraordinary chambers in the courts of Cambodia (ECCC): Setting an example of the rule of law by breaking the law?, 3 (2) JLCR, 2011, S. 37.

124 Die Statute anderer Tribunale verleihen diese Kompetenz explizit. JStGH Statut, Artikel 15, RStGH Statut, Artikel 14.

125 Internal Rules, Regeln 3, 18.

126 Internal Rules, Regel 18.

127 Internal Rules, Regel 19.

128 Remarks to the meeting of the group of interested states by his Excellency Sean Visoth, Director of the Office of Administration, New York, 27. März 2008, abrufbar unter http://www.eccc.gov.kh/english/cabinet/speeches/9/DOA_remarks_for_GIS_March_2008_final.pdf.

129 Internal Rules, Regel 20. Dieses besteht aus fünf nationalen und vier internationalen Richtern.

130 Note of the International Reserve Co-Investigating Judge to the Parties on the Egregious Dysfunctions within the ECCC Impeding the Proper Conduct of Investigations in Case 003 and 004, D114, 12. März 2012, Para. 51 ff., abrufbar unter http://www.eccc.gov.kh/sites/default/files/documents/courtdoc/D114_EN.PDF.

131 Weeramantry, Christopher G., The Function of the International Court of Justice in the Development of International Law, 10 LJIL 1997, S. 309, 311.

(Assembly of States Party, ASP)[132] mit einer Zweidrittelmehrheit geändert werden.[133] Hier sind die Hürden für Regeländerungen von vorneherein wesentlich höher, was nicht nur die Legitimationsgrundlage, sondern auch die Rechtssicherheit der Angeklagten stärkt. Allerdings können die Richter am IStGH die Geschäftsordnung und die darin enthaltenden prozessualen Regeln abändern.[134] Würden an einem hybriden Tribunal wie den ECCC die originären Legislativorgane die Änderungen der Internal Rules beschließen, würde dies einen praktisch nicht umsetzbaren Abstimmungsbedarf zwischen der VN-Generalversammlungen und der kambodschanischen Nationalversammlung erfordern und enorme Verfahrensverzögerungen bedeuten. Eine Delegation der Kompetenz durch das bilaterale UN-RGC Abkommen auf das Plenum ist somit zweckmäßig. Schließlich wissen die Verfahrensbeteiligten durch ihre Arbeit an den Verfahren am besten um die tatsächliche Notwendigkeit neuer Regeln.[135] Auch an den Ad-hoc Gerichtshöfen JStGH und RStGH[136] obliegt die Aufgabe zur Weiterentwicklung der Verfahrens- und Beweisordnung den Verfahrensbeteiligten.[137] Allerdings steht die erforderliche Kompetenz hier allein den Richtern zu.[138] Im Gegensatz hierzu wurde die Legitimationsgrundlage an den ECCC durch

132 Diese setzt sich gemäß Artikel 112 IStGH Statut aus Vertrags- und Beobachterstaaten zusammen.

133 Allerdings bleiben die Richter durch eine weite Auslegung von Rechtsbegriffen flexibel. Vgl. mit Beispielen Boas, Gideon/Bischoff, James L./Reid, Natalie L./Taylor III, B. Don, The International Criminal Law Practitioner Library Volume III, International Criminal Procedure, Cambridge, 2011, S. 472.

134 IStGH Statut, Artikel 52.

135 Von großem Einfluss auf die Weiterentwicklung der Internal Rules ist der rechtsfamiliäre Hintergrund und die juristische Ausbildung der Beteiligten. Byrne, Rosemary, The new public international lawyer and the hidden art of international criminal trial practice, Conn. J. Int'l L., Vol. 25, 2004, S. 244.

136 Die RPE des RStGH's basieren hauptsächlich auf denen des JStGH's. Der SCSL hat die Verfahrensordnung des RStGH's weitgehend übernommen, aber unter Orientierung am nationalen Recht weiterentwickelt. Braun, Leonie von, Internationalisierte Strafgerichte: eine Analyse der Strafverfolgung schwerer Menschenrechtsverletzungen in Osttimor, Sierra Leone und Bosnien Herzegowina, Berlin, 2008, S. 422.

137 Diese Kompetenz zur Rechtsetzung wird aus Gewohnheitsrecht hergeleitet. Prosecutor v. Tadic, Decision on the Defence Motion for Interlocutory Appeal on Jurisdiction, Appeals Chamber, Case No. IT-94-I-T, 2. Oktober 1995, Para. 45ff, abrufbar unter http://www.icty.org/x/cases/tadic/acdec/en/51002.htm.

138 JStGH Statut, Artikel 15, RStGH Statut, Artikel 14. Die RPEs wurden in nicht öffentlichen Sitzungen mehrfach geändert. Dabei wurde nach dem „try and error" Prinzip vorgegangen. Die Richter haben ihre Kompetenz sehr weitreichend genutzt und sogar eine Entscheidung der Rechtsmittelkammer betreffend der Anwesenheitspflicht der Richter durch eine Änderung der RPEs rückgängig gemacht. Boas, Gideon, A Code of Evidence and Procedure for International Criminal Law? The Rules of the ICTY, in Boas, Gideon/Schabas, William A., International Criminal Law Developments in the Case Law of the ICTY, Leiden, 2004, S. 1–33.

die Verteilung der Teilnahme- und Stimmrechte auf verschiedene Gerichtsorgane verbessert. Ebenso wie an den anderen Gerichten wurden daher Anfechtungen der Rechtmäßigkeit der Internal Rules an den ECCC zurückgewiesen.[139] Insbesondere sei die Vorgehensweise der Rechtsgewinnung und -auslegung für die Angeklagten an den ECCC vorhersehbar gewesen, da zum Zeitpunkt des Verfahrensbeginns das UN-RGC Abkommen und die Internal Rules bereits in Kraft getreten waren.

Für eine zurückhaltende Rechtsetzungstätigkeit des Plenums wird in der Literatur geworben. Ansonsten könnten Neuregelungen eventuell nicht die Zustimmung der internationalen Rechtsgemeinschaft finden.[140] An den ECCC wird daher versucht, die eventuelle Übernahme bzw. Änderung der bisherigen internationalen Verfahrenspraxis einer sorgfältigen Abwägung zu unterziehen. Änderungen können dabei durchaus zur Rechtsfortbildung des Völkerstrafprozessrechts insgesamt beitragen, wenn die unterschiedlichen an den Tribunalen gesammelten Erfahrungen genutzt werden, um langfristig die bestmöglichen übergreifenden Rechtsprinzipien entwickeln zu können.[141] Die ECCC haben daher teilweise sogar einen aktiven Austausch mit Akteuren anderer Tribunale gesucht, so z.B. bei der Entwicklung von Regeln betreffend das Institut der Nebenklage. Bei der Ausgestaltung dieses im Völkerstrafrecht neuen Instituts steht nämlich auch der IStGH vor der Herausforderung ein praxistaugliches Modell entwickeln zu müssen. Die Ausgestaltung dieses Instituts hat sich an den Tribunalen inzwischen angenähert.

Zu bemängeln bleibt an den ECCC die fehlende Transparenz des Rechtsetzungsverfahrens für neue Regeln in den Internal Rules.[142] Die Plenumssitzungen finden nämlich unter Ausschluss der Öffentlichkeit statt und die Protokolle werden nicht

---

139 Decision on Nuon Chea's Appeal Against Order Refusing Request for Annulment, D55/I/8, 26. August 2008, Para. 14, abrufbar unter http://www.eccc.gov.kh/sites/default/files/documents/courtdoc/D55_I_8_EN_0.pdf; Written Version of the Oral Decision on Application by the Co-Lawyers for the Civil Parties Concerning Oral Submissions, C22/5/24, 4. Dezember 2008, Para. 2, abrufbar unter http://www.eccc.gov.kh/sites/default/files/documents/courtdoc/C22_5_24_EN.pdf; Decision on Civil Party Co-Lawyers' Joint Request for Reconsideration, D55/1/13, 25. Februar 2009, abrufbar unter http://www.eccc.gov.kh/sites/default/files/documents/courtdoc/D55_I_13_EN.pdf; Decision on Nuon Chea's preliminary objection alleging the unconstitutional character of the ECCC Internal Rules, E51/14, 8. August 2011, Para. 7, abrufbar unter http://www.eccc.gov.kh/sites/default/files/documents/courtdoc/E51_14_EN.PDF.

140 Schachter, Oscar, Creativity and Objectivity in International Tribunals, in Bernhadt, Rudolf/Geck, Karl Wilhelm/Jaenicke, Günter/Steinberger, Völkerrecht als Rechtsordnung – internationale Gerichtsbarkeit – Menschenrechte: Festschrift für Hermann Mosler, Berlin, 1983, S. 813.

141 Ausführlich hierzu Kamardi, Christiane, Die Ausformung einer Prozessordnung sui generis durch das ICTY unter Berücksichtigung des Fair-Trial-Prinzips, Berlin, 2009, S. 110.

142 Ambos, Kai, Zur Rechtsgrundlage des Internationalen Strafgerichtshofs, ZStW 111, 1999, S. 175, 178. Die mangelnde Flexibilität soll durch Artikel 51 (3) IStGH

veröffentlicht. Bisher werden nur die Ergebnisse in einer kurzen Zusammenfassung publiziert. Für die völkerstrafprozessuale Rechtsfortbildung wäre es aber nützlich, wenn auch die Argumente der Verfahrensbeteiligten und die Gründe für die Einführung neuer Regelungen dargelegt werden würden.[143] Eine solche Steigerung der Verfahrenstransparenz würde auch die getroffenen Entscheidungen für die Öffentlichkeit nachvollziehbar machen, sodass die Legitimation der Rechtsfortbildung durch das Plenum gestärkt würde. Vorgeschlagen wird daher, die Protokolle der Plenumssitzungen zu veröffentlichen.[144]

III. Die Funktion der Strafgerichtsbarkeit der ECCC

Um eine umfassende Analyse des Völkerstrafprozessrechts vor den ECCC durchzuführen, müssen zunächst die Funktionen des Völkerstrafrechts identifiziert werden. An diesen orientieren sich die Organisations- und Verfahrensstrukturen eines internationalen Gerichts, um eine gesellschaftlich und juristisch bestmöglich Form der Aufarbeitung von Kriegsverbrechen zu ermöglichen. In einem zweiten Schritt ist zu untersuchen, ob die ermittelten Ziele und Zwecke für die Aufarbeitung der mehr als 30 Jahre zurückliegenden kambodschanischen Kriegsverbrechen ebenso gelten.

Die Quelle für die Ziele und Zwecke internationaler Strafverfahren sind die Statute der internationalen Tribunale sowie völkerrechtliche Verträge wie die VN-Charta und Abkommen über den Menschenrechts- und Minderheitenschutz. Die Funktionen des Völkerstrafrechts lassen sich des Weiteren aus straftheoretischen und kriminologischen Überlegungen sowie der Strafanwendungspraxis der einzelnen Tribunale ableiten,[145] welche in diesem Abschnitt dargestellt werden. Grundsätzlich dient das Völkerstrafrecht „dem Schutz des friedlichen Zusammenlebens der Völker in Ermöglichung der Ausübung fundamentaler Menschenrechte, insbesondere im

---

Statut ausgeglichen werden, der in dringenden Fällen die Aufstellung vorläufiger Regeln durch die Richter mit Zweidrittelmehrheit erlaubt.

143 Die mangelnde Darlegung der den Entscheidungen zugrunde liegenden Überlegungen mag zum einen aus dem Mangel rechtsvergleichender wissenschaftlicher Arbeiten hierzu resultieren (obwohl insbesondere der JStGH zu einzelnen Fragestellungen bereits rechtsvergleichende Gutachten in Auftrag gegeben hat). Zum anderen werden nationale Rechtsordnungen bei den Entscheidungen meist nur als Erkenntnishilfe für die sachgerechte Lösung eines Problems genutzt. Bothe, Michael, Die Bedeutung der Rechtsvergleichung in der Praxis internationaler Gerichte, ZaöRV 36, 1976, S. 280, 289.

144 Transcript of Proceedings, Trial Management Meeting, E1/114.1, 17. August 2012, abrufbar unter http://www.eccc.gov.kh/sites/default/files/documents/courtdoc/E_114.1_EN.pdf; Transcript of Proceedings, Trial Management Meeting, E1/114.2, 27. August 2012, abrufbar unter http://www.eccc.gov.kh/sites/default/files/documents/courtdoc/E1_114.2_TR002_20120827_Final_en_Pub.pdf.

145 Braun, Leonie von, Internationalisierte Strafgerichte: eine Analyse der Strafverfolgung schwerer Menschenrechtsverletzungen in Osttimor, Sierra Leone und Bosnien Herzegowina, Berlin, 2008, S. 62.

Hinblick auf den Schutz von Minderheiten".[146] Relativiert wird dieses Ziel durch den Umstand, dass der Einsatz von Völkerstrafrecht ein Machtinstrument darstellt, dessen Einsatz vom politischen Willen der Beteiligten abhängt.[147] Allerdings ist der Gedanke des Völkerstrafrechts inzwischen im Bewusstsein der Weltöffentlichkeit angelangt und die Weltgemeinschaft und die betroffenen Staaten drängen vermehrt auf die Bestrafung hochrangiger Täter.[148] Somit kann das Völkerstrafrecht im besten Fall eine gewisse „Kontrolle der Mächtigen durch die Gesellschaft" ermöglichen.[149]

1) Die Strafzwecke

Bei der Analyse der völkerstrafrechtlichen Strafzwecke muss bedacht werden, dass sich das Völkerstrafrecht erst im letzten Jahrhundert entwickelt hat[150] und die Reflexion über den Sinn des Strafens in diesem Rechtsgebiet daher noch ungenügend ist.[151] Dennoch lassen sich die nachfolgenden Funktionen des Strafens festhalten.

a) Die Verhinderung der Straflosigkeit

Die Bestrafung der Täter steht im Interesse der Verbrechensopfer und der internationalen Gemeinschaft (i.S.d. absolute Straftheorie).[152] Jedoch ist die Verhinderung der Straflosigkeit kein ausreichender Zweck der völkerstrafrechtlichen Verbrechensverfolgung,[153] denn Verbrechen wie Genozid oder Verbrechen gegen die Menschlichkeit sind zu gravierend „als dass sie einer Vergeltung durch Strafe

146 Vgl. Safferling, Christoph, Internationales Strafrecht, Berlin, 2011, S. 74.

147 Burkhardt, Sven/Graebsch, Christine, Völkerstrafrechtlicher Umgang mit Makrokriminalität, in Prittwitz, Cornelius/Böllinger, Lorenz/Jasch, Michael/Krasmann, Susanne/Peters, Helge/Reinke, Herbert/Rzepka, Dorothea/Schumann, Karl F., Kriminalität der Mächtigen, Baden-Baden, 2008, S. 212.

148 Schomburg, Wolfgang, Internationalisierte Strafgerichtsbarkeit-Eine Einführung, in Kirsch, Stefan, Internationale Strafgerichtshöfe, Baden-Baden, 2005, S. 17.

149 Vgl. Safferling, Christoph, Internationales Strafrecht, Berlin, 2011, S. 73.

150 Gleiches gilt für die Tätigkeit der Tribunale allgemein. So we will never forget, A population-based survey, Human Rights Center University of California Berkeley, Januar 2009, S. 3. Nach dieser Umfrage sind 47,4% der Befragten der Meinung, dass das Geld besser für die ECCC als für andere Zwecke ausgegeben werden soll.

151 Zolo, Danilo, Peace trough Criminal Law?, 2 J. Int. Criminal Justice, 2004, S. 728.

152 „The punishment must therefore reflect both the calls for justice from the persons who have – directly or indirectly – been victims of the crimes, as well as respond to the call from the international community as a whole to end impunity for massive human rights violations and crimes committed during armed conflicts." Prosecutor v. Blagojević and Jokić, Sentencing Judgment, Trial Chamber, Case No. IT-02-60-T, 17. Januar 2005, Para. 814, abrufbar unter http://www.icty.org/x/cases/blagojevic_jokic/tjug/en/bla-050117e.pdf.

153 Die Straflosigkeit der Täter wird durch die örtliche, zeitliche, personelle und sachliche Zuständigkeit der Tribunale begrenzt. Vgl. Kapitel D.

zugänglich wären".[154] Selbst wenn die Verurteilung der Täter einen gewissen Heilungsprozess bei den Opfern bewirken kann.[155]

Trotzdem hat auf internationaler Ebene der Vergeltungsgedanken eine gewisse Berechtigung. Die Verfolgung der Verbrechen soll eine „Vergeltung für das Unrecht ausdrücken und damit zugleich Racheakte überflüssig machen".[156] Dieser Vergeltungsgedanke darf aber nicht im Sinne einer absoluten Straftheorie „als Rachepostulat der Völkergemeinschaft missverstanden werden, sondern [dient] als Hinweis auf die strikte Verfolgung und Nichtduldung makrokrimineller Taten".[157] Die festgesetzte Strafe soll dabei das Maß der Verurteilung dieser grausamen Verbrechen im Verhältnis zum individuellen Tatbeitrag des Verurteilten durch die internationale Gemeinschaft festhalten.[158]

aa) Geltung für die ECCC

Die Aufgabe der ECCC wird in der Präambel der Internal Rules beschrieben als „bringing to trial senior leaders of Democratic Kampuchea and those who were most responsible for the crimes and serious violations of Cambodian penal law, international humanitarian law and custom, and international conventions recognized by Cambodia, that were committed during the period from 17 April 1975 to 6 January 1979".[159] Die Nichtduldung dieser Taten durch die internationale Gemeinschaft wird dabei als Beweggrund für die Errichtung des Tribunals in der Präambel der Internal Rules genannt, wonach „the serious violations of Cambodian and international humanitarian law during the period of Democratic Kampuchea from 1975 to 1979 continue to be matters of vitally important concern to the international community as a whole".[160]

---

154 Burkhardt, Sven/Graebsch, Christine, Völkerstrafrechtlicher Umgang mit Makrokriminalität, in Prittwitz, Cornelius/Böllinger, Lorenz/Jasch, Michael/Krasmann, Susanne/Peters, Helge/Reinke, Herbert/Rzepka, Dorothea/Schumann, Karl F., Kriminalität der Mächtigen, Baden-Baden, 2008, S. 214.

155 Möller, Christina, Völkerstrafrecht und Internationaler Strafgerichtshof-kriminologische, straftheoretische und rechtspolitische Aspekte, Münster, 2003, S. 601 ff.

156 Safferling, Christoph, Internationales Strafrecht, Berlin, 2011, S. 70.

157 Mehlich, Andreas, Die Bedeutsamkeit der Strafzwecklehre im Völkerstrafrecht, in Friedrichs, Christian/Mehlich, Andreas/Müller, Natascha Ivonne, Völkerstrafrecht, München, 2010, S. 20.

158 „[Retribution] is not to be understood as fulfilling a desire for revenge but as duly expressing the outrage of the international community at these crimes." Prosecutor v. Aleksovski, Appeals Chamber Judgement, Case No. IT-95-14/1-A, 24. März 2000, Para. 185, abrufbar unter http://www.icty.org/x/cases/aleksovski/acjug/en/ale-asj000324e.pdf.

159 Internal Rules, Präambel. Vgl. auch Kapitel D. I.

160 Internal Rules, Präambel.

Einen gewissen Heilungsprozess bei den Opfern durch die Strafverfolgung zu erreichen,[161] benennt die Staatengemeinschaft als Zweck der Errichtung der ECCC, indem sie „recognizing also that the accountability of individual perpetrators of grave human rights violations is one of the central elements of any effective remedy for victims of human rights violations."[162]

b) Die Stigmatisierung der Täter

Ein eigenständiger Strafzweck ist es, durch die Anklage vor einem internationalen Tribunal die kriminellen Schlüsselfiguren von Kriegsverbrechen zu stigmatisieren. Mit der Identifizierung dieser Schlüsselfiguren geht eine Dekollektivierung der Schuld einer Nation einher,[163] denn die Verantwortung für die Verbrechen wird individualisiert und es wird den Tätern erschwert, sich hinter einer Kollektivschuld zu verstecken.[164]

aa) Geltung für die ECCC

Das Ziel der Stigmatisierung der Täter spiegelt sich im Ergebnis von Umfragen in Kambodscha wieder, wonach 69% der Befragten einen positiven Effekt der Tätigkeit des Tribunals erwarten, den 37% wiederum in der Bestrafung, also der Stigmatisierung, der Täter sehen.[165] Die Notwendigkeit der Dekollektivierung der Schuld nach mehr als 30 Jahren der Tatbegehung verdeutlichen empirische Untersuchungen, nach denen 40% der kambodschanischen Bevölkerung über 18 Jahren immer noch an direkten oder indirekten posttraumtischen Belastungsstörungen aufgrund der Kriegsverbrechen leiden.[166]

---

161 Diesen Zweck der Bestrafung der Täter bestätigen auch Umfragen in der kambodschanischen Bevölkerung, wonach sich 48,9% der Befragten dafür aussprechen, dass die Täter vor Gericht gestellt werden. So we will never forget, A population-based survey, Human Rights Center University of California Berkeley, Januar 2009, S. 32.

162 Resolution der Generalversammlung A/RES/57/228A, 27. Februar 2003, abrufbar unter http://www.un.org/ga/search/view_doc.asp?symbol=A/RES/57/228&Lang=E.

163 „[B]y holding individuals responsible for the crimes committed, it was hoped that a particular ethnic or religious group (or even political organisation) would not be held responsible for such crimes by members of other ethnic or religious groups, and that the guilt of the few would not be shifted to the innocent." Prosecutor v. Nikolić, Sentencing Judgment, Trial Chamber, Case No. IT-02-60/1-S, 2. Dezember 2003, Paras. 58-60, 82, abrufbar unter http://www.icty.org/x/cases/nikolic/tjug/en/mnik-sj031202-e.pdf.

164 Möller, Christina, Völkerstrafrecht und Internationaler Strafgerichtshof-kriminologische, straftheoretische und rechtspolitische Aspekte, Münster, 2003, S. 528 ff.

165 So we will never forget, A population-based survey, Human Rights Center University of California Berkeley, Januar 2009, S. 41.

166 Transcript of Proceedings – "DUCH" Trial (Trial Day 64), E1/68.1, 25. August 2009, S. 9, 17, abrufbar unter http://www.eccc.gov.kh/sites/default/files/documents/courtdoc/E1_68.1_TR001_20090825_Final_EN_Pub.pdf.

c) Die negative General- und Spezialprävention

Die negative Spezialprävention, also eine individuelle Abschreckung des Täters durch eine gesteigerte Entdeckungs- und Sanktionierungswahrscheinlichkeit,[167] spielt im Vergleich zur nationalen Strafverfolgung im Völkerstrafrecht eine sekundäre Rolle.[168] Sie ist als Strafzweck eher untauglich, da eine Rückfallgefahr für den Täter meist ausgeschlossen ist.[169] Schon die Wiederholung der Ereignisse ist in der Regel nicht zu befürchten, da der Konflikt zum Zeitpunkt der juristischen Aufarbeitung meist schon beendet ist.[170]

Auch die generalpräventive Abschreckung zukünftiger Täter wird als Ziel internationaler Strafgerichtsbarkeit formuliert.[171] Sie ist jedoch aufgrund weiterhin stattfindender Makrokriminalität und der faktisch-politischen Weltordnung kein Ziel, das tatsächlich erreichbar erscheint. Insbesondere hängt die tatsächliche Bestrafung

---

167 Schwind, Hans-Dieter, Kriminologie-Eine praxisorientierte Einführung in Beispielen, Heidelberg, 2008, § 3 Rn. 88.

168 „The Trial Chamber correctly referred to deterrence and retribution as the main purposes of sentencing and correctly considered rehabilitation as a relevant factor that should not be given undue weight." Prosecutor v. Deronjić, Judgment on Sentencing Appeal, Appeals Chamber, Case No. IT-02-61-A, 20. Juli 2005, Para. 136, 137, abrufbar unter http://www.icty.org/x/cases/deronjic/acjug/en/der-aj050720.pdf.

169 „The rationale behind individual deterrence is that the sentence should be adequate to discourage an accused from recidivism after the sentence has been served and he has been released." Prosecutor v. Nikolic, Judgement on Sentencing Appeal, Appeals Chamber, Case No. IT-94-02-A, 4. Februar 2005, Para. 45, abrufbar unter http://www.icty.org/x/cases/dragan_nikolic/acjug/en/nik-jsa 050204e.pdf. Allerdings Prosecutor v. Kordić and Čerkez, Judgment, Appeals Chamber, Case No. IT-95-14/2-A, 17. Dezember 2004, Para. 1078, abrufbar unter http://www.icty.org/x/cases/kordic_cerkez/acjug/en/cer-aj041217e.pdf: „[T]his sentencing factor [deterrence] must not be given 'undue prominence' when determining a sentence."

170 Stolle, Peer/Singelnstein, Tobias, On the Aims and Actual Consequences of International Prosecution, in Kaleck, Wolfgang, International Prosecution of Human Rights Crimes, Berlin, 2007, S. 37, 40.

171 „It was further hoped that by highlighting breaches of obligations under international humanitarian law, and in particular the Geneva Conventions, that the parties to the conflict would recommit themselves to observing and adhering to those obligations, thereby preventing the commission of further crimes." Prosecutor v. Nikolić, Sentencing Judgment, Trial Chamber, Case No. IT-02-60/1-S, 2. Dezember 2003, Paras. 58-60, 82, abrufbar unter http://www.icty.org/x/cases/nikolic/tjug/en/mnik-sj031202-e.pdf. Z. B. IStGH Statut, Präambel, VN-Sicherheitsratsresolution UN Doc. S/RES/827 (1993), 25. Mai 1993 (JStGH), UN Doc. S/RES/955 (1994), 8. November 1994 (RStGH).

einer Partei meist von ihrer militärischen Niederlage ab.[172] Daher kann die negative Generalprävention nur ergänzend herangezogen werden.[173]

aa) Geltung für die ECCC

Zur Zeit der Verbrechensbegehung zwischen 1975–1979 war das Völkerstrafprozessrecht noch nicht auf dem heutigen Stand. Die Täter waren bekannt, mussten aber auch aufgrund des Kalten Krieges und der politischen Situation in Kambodscha kaum Sanktionen befürchten.[174] Auch bestand keine Rückfallgefahr potenzieller vor den ECCC angeklagter Personen. Zum einen waren viele zum Zeitpunkt der Errichtung des Gerichts teilweise schon verstorben bzw. sehr hohen Alters.[175] Zum anderen lagen der Tatzeitpunkt mehr als 30 Jahre zurück.

d) Die positive Spezialprävention

Die Resozialisierung des Täters ist im Völkerstrafrecht als Strafzweck anerkannt. Die Täter büßen allerdings meist schon mit Verlust ihrer Machtposition ihre Gefährlichkeit ein und leben in der Gesellschaft weiter.[176] Die individuelle Besserung eines Täters kann aber eintreten, wenn er durch im Prozessverlauf gezeigte Einsicht und Reue[177] das tätereigene Unrecht nicht länger neutralisiert.[178]

aa) Geltung für die ECCC

Eine individuelle Besserung war beim bisher Ersten von den ECCC verurteilten Kaing Guek Eav in Verfahren 001 erkennbar. Er förderte nicht nur die Wahrheitssuche durch seine umfassende Aussage, sondern zeigte wiederholt seine Reue durch Entschuldigungen bei den Opfern.[179] Die anderen Angeklagten vor dem Gericht haben einen solchen Schritt bisher nicht gewagt.[180]

---

172 Ambos, Kai/Steiner, Christian, Vom Sinn des Strafens auf innerstaatlicher und supranationaler Ebene, JuS 2001, S. 13.

173 Möller, Christina, Völkerstrafrecht und Internationaler Strafgerichtshof-kriminologische, straftheoretische und rechtspolitische Aspekte, Münster, 2003, S. 487 ff.

174 Vgl. Kapitel B. II.

175 Vgl. Kapitel F.

176 So auch Kaing Guek Eav, der in Verfahren 001 verurteilt wurde. Möller, Christina, Völkerstrafrecht und Internationaler Strafgerichtshof-kriminologische, straftheoretische und rechtspolitische Aspekte, Münster, 2003, S. 473.

177 Vgl. die Zusammenfassung der Entschuldigungen des Angeklagten Duch in Verfahren 001, Kapitel D. III. 1) e) bb) bbb), F. I.

178 Neubacher, Frank, Strafzwecke und Völkerstrafrecht, NJW 2006, S. 966, 968.

179 Vgl. Kapitel D. III. 1) e) bb) bbb), F. I.

180 Vgl. Kapitel F. II., III.

e) *Die positive Generalprävention*

Die Verfolgung internationaler Kriegsverbrecher sendet ein „Signal der Nichtakzeptanz“[181] der schwerwiegenden Verletzungen von Menschenrechten. Dieses Zeichen kann[182] bereits der Förderung der Menschenrechte dienen, indem Tribunale als Institution zu ihrem Schutz geschaffen werden.[183] Ferner kann die konsequente Ausübung internationaler Strafjustiz ein internationales Rechtsbewusstsein für den Schutz der Menschenrechte schaffen und festigen,[184] sodass der internationalen Rechtsordnung auf Dauer ein ebenso bindender Charakter wie einer nationalen verliehen wird.[185]

Zur positiven Generalprävention gehört[186] auf internationaler Ebene ebenfalls das Ziel, die historische Wahrheit über die begangenen Verbrechen herauszufiltern.[187] Durch die Historiografie der Ereignisse und die unanfechtbare Feststellung

---

181 Dyrchs, Susanne, Das hybride Khmer Rouge-Tribunal, Frankfurt, 2008, S. 279.

182 Dieser Effekt ist empirisch kaum nachweisbar.

183 Schomburg, Wolfgang, Internationalisierte Strafgerichtsbarkeit-Eine Einführung, in Kirsch, Stefan, Internationale Strafgerichtshöfe, Baden-Baden, 2005, S. 17.

184 Allerdings sollte die Herstellung individueller Verantwortlichkeit durch das Völkerstrafrecht nicht dem völkerrechtlichen Menschenrechtsschutz, zu dem die Staaten verpflichtet sind, schaden. Vgl. zur kritischen Diskussion Prittwitz, Cornelius, Die Rolles des Strafrechts im Menschenrechtsregime, in Pilgram, Arno/Böllinger, Lorenz/Jasch, Michael/Krasmann, Susanne/Prittwitz, Cornelius/Reinke, Herbert/Rzepka, Dorothea, Einheitliches Recht für die Vielfalt der Kulturen?: Strafrecht und Kriminologie in Zeiten transkultureller Gesellschaften und transnationalen Rechts, Wien, 2012, S. 23–39.

185 Stolle, Peer/Singelnstein, Tobias, On the Aims and Actual Consequences of International Prosecution, in Kaleck, Wolfgang, International Prosecution of Human Rights Crimes, Berlin, 2007, S. 37, 41: „Finally, it was hoped that this commitment to end impunity in the former Yugoslavia would promote respect for the rule of law globally.“ Prosecutor v. Nikolić, Sentencing Judgment, Trial Chamber, Case No. IT-02-60/1-S, 2. Dezember 2003, Para. 58-60, 82, abrufbar unter http://www.icty.org/x/cases/nikolic/tjug/en/mnik-sj031202-e.pdf.

186 Die Dokumentation historischer Ereignisse und die Solidarität mit den Opfern wird teilweise als eigenständiger Strafzweck gewertet. Neubacher, Frank, Grund und Zweck von Strafe im internationalen Strafrecht, in Prittwitz, Cornelius/Böllinger, Lorenz/Jasch, Michael/Krasmann, Susanne/Peters, Helge/Reinke, Herbert/Rzepka, Dorothea/Schumann, Karl F., Kriminalität der Mächtigen, Baden-Baden, 2008, S. 121.

187 Die Hauptverfahrenskammer „in addition to its mandate to investigate, prosecute and punish serious violations of international humanitarian law, has a duty, through its judicial functions, to contribute to the settlement of the wider issues of accountability, reconciliation and establishing the truth behind the evils perpetrated in the former Yugoslavia.“ Prosecutor v. Erdemović, Sentencing Judgment, Trial Chamber, Case No. IT-96-22-Tbis, 5. März 1998, Para. 21, abrufbar unter http://www.icty.org/x/cases/erdemovic/tjug/en/erd-tsj980305e.pdf.

von Tatsachen im Prozess wird ein wesentlicher Beitrag[188] für eine „nachhaltige Versöhnung ethnischer Feindseligkeiten geschaffen, welche oft auf ideologischen und ethnozentrischen Verirrungen, Mythen und damit falschen Sachverhalten beruhen".[189] Diese umfassende Wahrheitssuche wird allerdings durch die Notwendigkeit der „prozessbezogenen Wahrheitsfindung" beschränkt.[190] Dabei muss eine Abwägung erfolgen, inwieweit und zu welchem Zeitpunkt die Veröffentlichung der Prozessmaterialien erfolgt.[191]

Die Suche nach der historischen Wahrheit im Rahmen der Gerichtsverfahren dient des Weiteren den Opfern der Verbrechen, indem ihre persönliche Leidensgeschichte offiziell anerkannt wird.[192] Innerhalb der Prozesse werden nämlich unanfechtbare Feststellungen getroffen, die individuelle Schicksale betreffen.[193] Dieser Aspekt der „Opfergerechtigkeit" [194] wird verstärkt, wenn Opfer als Zeugen

---

188 „The Trial Chamber further accepts that the discovery of the truth is an important objective to the Tribunal. This institution was established pursuant to Security Council Resolution 827 of 1993 in order to contribute to the re-establishment of peace and security in the former Yugoslavia. The Prosecution recalled that after adopting the resolution that established the Tribunal, the Security Council observed that 'it is only the truth that can cleanse the ethnic and religious hatreds and begin the healing process.' The United Nations General Assembly stressed in a resolution in 1996 'the importance and urgency of the work of the International Tribunal as an element of the process of reconciliation" Prosecutor v. Babić, Sentencing Judgment, Trial Chamber, Case No. IT-03-72-S, 29. Juni 2004, Para. 68, abrufbar unter http://www.icty.org/x/cases/babic/tjug/en/bab-sj040629e.pdf.

189 Bohlander, Michael/Winter, Renate, Internationale Strafgerichte auf nationaler Ebene, in Kirsch, Stefan, Internationale Strafgerichtshöfe, Baden-Baden, 2005, S. 261. So we will never forget, A population-based survey, Human Rights Center University of California Berkeley, Januar 2009, S. 27. Nach dieser Umfrage sind 64,2% der Befragten der Meinung, dass eine Versöhnung ohne Wahrheitsfindung nicht möglich ist.

190 Safferling, Christoph, Internationales Strafrecht, Berlin, 2011, S. 71, 75.

191 Ohlin, Jens David, A Meta-Theory of International Criminal Procedure: Vindicating the Rule of Law, 14 UCLA J. Int'l L. & Foreign Aff., 2009, S. 77, 86.

192 „Acting under Chapter VII of the Charter of the United Nations, this Tribunal is not only mandated to search for and record, as far as possible, the truth of what happened in the former Yugoslavia, but also to bring justice to both victims and their relatives and to perpetrators. Truth and justice should also foster a sense of reconciliation between different ethnic groups within the countries and between the new States on the territory of the former Yugoslavia" Prosecutor v. Deronjić, Sentencing Judgment, Trial Chamber, Case No. IT-02-61-S, 30. März 2004, Para. 133, abrufbar unter http://www.icty.org/x/cases/deronjic/tjug/en/sj-040330e.pdf.

193 Schomburg, Wolfgang, Internationalisierte Strafgerichtsbarkeit-Eine Einführung, in Kirsch, Stefan, Internationale Strafgerichtshöfe, Baden-Baden, 2005, S. 15.

194 Safferling, Christoph, Internationales Strafrecht, Berlin, 2011, S. 72.

vor Gericht aussagen oder als Nebenkläger am Prozess beteiligt sind.[195] Hierdurch wird es ihnen ermöglicht, ihre persönliche Geschichte aktiv in den Prozess der Wahrheitsfindung mit einfließen zu lassen.

aa) Geltung für die ECCC

Positiv generalpräventive Zwecke werden in der Präambel der Internal Rules durch den „legitimate concern of the Government and the people of Cambodia in the pursuit of justice and national reconciliation, stability, peace and security" hervorgehoben.[196]

Das Erreichen einer Opfergerechtigkeit[197] wird an den ECCC insbesondere durch die Beteiligung der Nebenkläger am Verfahren gefördert. Auch können im Strafurteil Reparationsleistungen an die Opfer festgesetzt werden.[198]

f) Die Aussöhnung und Demokratisierung

Eine umfassende Vergangenheitsbewältigung und Unrechtsvergeltung gehen als Zielsetzung internationaler Strafjustiz wohl über das hinaus, was die Initialisierung von Strafverfahren und das Strafrecht auf makrokrimineller Ebene leisten können.[199] Trotzdem erbringen die Tribunale einen Beitrag zur Förderung eines friedlichen Zusammenlebens[200] und zur Wiederherstellung von Frieden und Sicherheit.[201] Denn durch die deutliche Zäsurwirkung, die das Ende der Straflosigkeit solcher Verbrechen mit sich bringt, kann die nationale Versöhnung der Gesellschaft gefördert werden.[202] Vor allem geht die nationale und internationale Öffentlichkeitswirksamkeit der Arbeit völkerstrafrechtlicher Tribunale z.B. durch die initiierten

195 Ohlin, Jens David, Meta-Theory of International Criminal Procedure: Vindicating the Rule of Law, 14 UCLA J. Int'l L. Foreign Aff., 2009, S. 84.

196 Internal Rules, Präambel.

197 Umfragen zeigen, dass auch 74% der Befragten der Meinung sind, die Arbeit der ECCC bringe Gerechtigkeit für die Opfer und ihre Familien, wobei der Weg zum Erreichen von Gerechtigkeit mehrheitlich durch historische Wahrheitsfindung gesehen wird. Vgl. So we will never forget, A population-based survey, Human Rights Center University of California Berkeley, Januar 2009, S. 40.

198 Vgl. ausführlicher Kapitel D. III. 1) e) aa).

199 Möller, Christina, Völkerstrafrecht und Internationaler Strafgerichtshof-kriminologische, straftheoretische und rechtspolitische Aspekte, Münster, 2003, S. 437, 455, 459.

200 „[I]t was hoped that through criminal proceedings, the Tribunal would contribute to peace and reconciliation." Prosecutor v. Nikolić, Sentencing Judgment, Trial Chamber, Case No. IT-02-60/1-S, 2. Dezember 2003, Paras. 58-60, 82, abrufbar unter http://www.icty.org/x/cases/nikolic/tjug/en/mnik-sj031202-e.pdf.

201 Ohlin, Jens David, A Meta-Theory of International Criminal Procedure: Vindicating the Rule of Law, 14 UCLA J. Int'l L. & Foreign Aff., 2009, S. 77, 89.

202 Möller, Christina, Völkerstrafrecht und Internationaler Strafgerichtshof-kriminologische, straftheoretische und rechtspolitische Aspekte, Münster, 2003, S. 606 ff.

Outreach-Programme weit über die nationaler Gerichtsverfahren hinaus, wodurch leichter ein längerfristiger Beitrag zur Befriedung geleistet werden kann.[203]

Die gesellschaftliche Demokratisierung und Rechtsstaatlichkeit können durch die Gerichte gefördert werden.[204] Sie dienen nämlich oft als Initialzündung zur Errichtung neuer nationaler justizieller Institutionen, die errichtete temporäre Tribunale überdauern. Ferner können gerade hybride Tribunale durch die intensive Einbindung nationaler Experten, insbesondere von Juristen, die Ausbildung von nationalen Wissenschaftlern vorantreiben.

aa) Geltung für die ECCC

Der Zweck der Aussöhnung und Demokratisierung ist in der Resolution der Generalsversammlung der VN genannt, in der die Staatengemeinschaft sich für die Errichtung der ECCC aussprach. Darin heißt es: „Recognizing also that the accountability of individual perpetrators of grave human rights violations is one of the central elements of any effective remedy for victims of human rights violations and a key factor in ensuring a fair and equitable justice system and, ultimately, reconciliation and stability within a State."[205]

Um dieses Ziel zu erreichen und die nationale und internationale Gemeinschaft über die Gerichtsarbeit entsprechend aufzuklären, wurde am Tribunal eine Öffentlichkeitsabteilung eingerichtet. Diese führt breitangelegte Kampagnen unter Beachtung der Lebenswirklichkeit in Kambodscha durch, die zur Verbreitung der Menschenrechte und zur Förderung des Rechtsbewusstseins beitragen sollen.[206] Aufgrund der Arbeit der Öffentlichkeitsabteilung sind z.B. die Besucherzahlen der ECCC hoch.[207] Ferner werden die Gerichtsverhandlungen, wie schon von der

---

203 Schomburg, Wolfgang, Internationalisierte Strafgerichtsbarkeit-Eine Einführung, in Kirsch, Stefan, Internationale Strafgerichtshöfe, Baden-Baden, 2005, S. 15.

204 Möller, Christina, Völkerstrafrecht und Internationaler Strafgerichtshof-kriminologische, straftheoretische und rechtspolitische Aspekte, Münster, 2003, S. 606 ff.

205 Resolution der Generalversammlung UN Doc. A/RES/57/228A, 27. Februar 2003, abrufbar unter http://www.un.org/ga/search/view_doc.asp?symbol=A/RES/57/228&Lang=E.

206 In Kambodscha leben circa 85% der Menschen auf dem Land und nur circa 37% der Bevölkerung haben eine Schulbildung. Um trotzdem möglichst viele Menschen zu erreichen, wurden einfach strukturierte Broschüren und Plakate entworfen, auf denen die Funktionsweise des Gerichts bildlich dargestellt und welche in den Provinzen verteilt werden. Montesano, Marea, Current International Efforts in Cambodia: Developing a court system to protect human rights, 71 J. L. & Soc. Challenges, Spring 2009, S. 87 ff.

207 Allein zwischen dem 16. Februar 2009 und dem 31. Dezember 2011 besuchten mehr als 111.000 Menschen die ECCC. Darunter waren Besucher aus allen kambodschanischen Provinzen, die teilweise im Rahmen eintägiger Studienreisen sowohl das Tribunal als auch das Toul Sleng Genocide Museum besuchten. Diese werden zweimal wöchentlich für 300-450 Dorfbewohner und Schulklassen durch

Experten-Kommission des Generalsekretärs der VN vorgeschlagen,[208] durch Funk und Fernsehen übertragen, da die meisten Kambodschaner hierüber ihre Informationen beziehen.[209] Ausgebaut wurde auch die Internetpräsenz.[210] Die Berichterstattung in den internationalen Medien über die ECCC hat ebenso zur Information der internationalen Gemeinschaft über die Taten der Khmer Rouge beigetragen.[211]

Einen positiven Effekt für das kambodschanische Justizsystem soll die intensive Einbindung und Fortbildung nationalen Personals an den ECCC haben. Ferner werden die Richter und Staatsanwälte der ECCC angehalten, Trainingseinheiten für nationale Rechtsexperten zu organisieren und einen standardisierten Lehrplan für die juristische universitäre Ausbildung zu entwickeln.[212] Dies ist allerdings aufgrund von unzureichenden finanziellen und personellen Ressourcen schwer umzusetzen.[213]

Des Weiteren soll das kambodschanische Justiz- und Rechtssystem gefördert werden, indem Regelungslücken der Internal Rules durch einen Rückgriff auf das kambodschanische Strafverfahrensrecht gefüllt werden.[214] Hierfür erfolgte umfassende Reform des kambodschanischen Strafverfahrensrechts. Ist der Rückgriff allerdings unergiebig werden internationale Rechtsstandards angewendet. Die ECCC

---

die ECCC angeboten. ECCC Surpasses 100,000 Visitors Milestone, abrufbar unter http://www.eccc.gov.kh/en/articles/eccc-surpasses-100000-visitors-milestone.

208 Etcheson, Craig, Accountability Beckons During a Year of Worries for the Khmer Rouge Leadership, 6 Ilsa J. Intl & Comp. L. 2000, S. 507, 508.

209 After the first trial, A Population-Based Survey on Knowledge and Perception of Justice and the ECCC, Human Rights Center University of California Berkeley, Juni 2011, S. 3.

210 Begrüßenswert ist vor allem die übersichtlichere Strukturierung der Dokumente seit Mitte des Jahres 2012, geordnet nach Verfahren und unterteilt nach Neuigkeiten, Entscheidungen, Gerichtsdokumente, Protokollen und Informationen zu Zeugen sowie Fotos. Auch ist das Tribunal inzwischen im Social Media Bereich vertreten.

211 Circa 70% der in Kambodscha befragten Personen erwarten, dass die ECCC helfen, das Vertrauen der internationalen Gemeinschaft in Kambodscha wiederherzustellen. So we will never forget, A population-based survey, Human Rights Center University of California Berkeley, Januar 2009, S. 40.

212 The Court Report, Moving forward through justice, Oktober 2012, abrufbar unter http://www.eccc.gov.kh/sites/default/files/articles/October%202012%20Court%20Report.pdf.

213 In Treffen mit Beamten der Orts- und Kreisverwaltung und der Bevölkerung in Pailin, einer Hochburg der Khmer Rouge bis in die späten 1990er Jahre, wurde potenziellen Zeugen die Funktionsweise des Gerichts nahe gebracht, nachdem sie nicht mit den Ermittlern des Tribunals zusammenarbeiten wollten. Gillison, Douglas/Sisovan, Pin, ECCC Judges to Hold Public Forum in Pailin, The Cambodia Daily, 15. Januar 2008.

214 UN-RGC Abkommen, Artikel 12; ECCC Gesetz, Artikel 33.

können so eine Vorbildfunktion für nationale Gerichte übernehmen,[215] wenn sie die entwickelten Rechtslösungen in den Gerichtsentscheidungen methodisch gut nachvollziehbar darlegen,[216] sodass die nationale Justiz diese übernehmen kann.[217] Dies war beispielsweise der Fall, als das Urteil in Verfahren 001 aus einem Provinzgericht des Landes angefordert wurde, damit die dortigen Justizbeamten hieraus wertschöpfen können.[218]

IV. Die zentralen Verfahrensrechte an den ECCC

Notwendige Bedingung für das Erreichen der Ziele und Zwecke völkerstrafrechtlicher Verfahren ist, dass die Wahrheitsermittlung im Rahmen eines fairen, transparenten und effektiven Verfahrens erfolgt, indem die zentralen Verfahrensrechte beachtet werden.[219] Ansonsten finden die Urteile der Gerichte weder Akzeptanz in der Bevölkerung noch der internationalen Gemeinschaft und können nicht zum Erreichen z. B. von Opfergerechtigkeit, Versöhnung oder Demokratisierung beitragen. Daher bedarf zunächst die Frage der Klärung, was unter Wahrheitssuche im internationalen Strafverfahren zu verstehen ist und welcher Weg für ihre Ermittlung gewählt wird.

---

215 Der internationale Co-Prosecutor William Smith fasste diese Auswirkungen folgendermaßen zusammen: „And by applying fair process or fair trial rights, protecting the interest of the Accused, making sure civil parties' interests are protected, and also making sure that Your Honours get to see all of the evidence, you can adopt those principle that are the same at the National Courts, and so it can be very instructive for the National Courts as to how trials should progress". KRT Trial Monitor, Case 002, Issue No. 9, Hearing on Evidence Week 4, 16–19 January 2012, S. 1, abrufbar unter http://wcsc.berkeley.edu/wp-content/uploads/documents/9.Wk%204.16-20Jan2012.pdf.

216 Ähnliche methodische Kritik gibt es an anderen internationalen Tribunalen, vgl. Safferling, Christoph, Internationales Strafrecht, Berlin, 2011, S. 76.

217 Die ECCC sollen einen „positive long-term impact on national justice efforts" haben. Victims Support Section of the ECCC and the International Center for Transitional Justice, Leaving a Lasting Legacy for Victims: Practical Workshop for ECCC Victims' Representatives, S. 7, abrufbar unter http://ictj.org/sites/default/files/ICTJ-ECCC-Cambodia-Victims-Workshop-2009-English. pdf.

218 Duch's verdict to serves as reference for Kandal Provincial Court, abrufbar unter http://www.eccc.gov.kh/en/articles/duchs-verdict-serves-reference-kandal-provincial-court.

219 IPbpR, Artikel 14.

1) Der Begriff der Wahrheit im Strafverfahren

Das Völkerstrafprozessrecht speist sich aus dem angloamerikanischen und kontinentaleuropäischen Verfahrensrecht und ist durch die individuelle Fortentwicklung des Rechts auf der Ebene der einzelnen Tribunale geprägt.[220] Überwiegend folgen die Verfahrensordnungen der Tribunale dem angloamerikanischen Prozessmodell, haben jedoch auch Teile des Civil Laws übernommen. Aufgrund dieses Mischsystems sind die Verfahrensordnung internationaler Tribunale[221] als Prozessordnungen sui generis zu qualifizieren.[222]

Den beiden großen Rechtsfamilien ist das Ziel der Feststellung des wahren Sachverhalts gemeinsam, sie verfolgen jedoch unterschiedliche Ideen von der strafprozessualen Wahrheitssuche.[223] Das wesentliche Charakteristikum des adversatorischen Modells[224] ist das Ziel, die prozessuale Wahrheit[225] zu ermitteln, das inquisitorische System strebt hingegen eine materielle Wahrheitsfindung[226] an.

Aus diesem Verständnis resultieren unterschiedliche strafverfahrensrechtliche Ansätze, welche das prozedurale Machtverhältnis unter den Prozessbeteiligten

---

220 Eser, Albin, Reflexionen zum Prozesssystem und Verfahrensrecht internationaler Strafgerichtsbarkeit, in Sieber, Ulrich u. A., Strafrecht und Wirtschaftsstrafrecht – Dogmatik, Rechtsvergleich, Rechtstatsachen – München, 2008, S. 1457.

221 Cassese, Antonio, International Criminal Law, Oxford, 2008, S. 378. Die RPEs wurden an den Ad-hoc Tribunalen JStGH und RStGH unzählige Male durch die Richterschaft verändert, um eine rasche Anpassung an die neuartigen Probleme des internationalen Strafverfahrens zu ermöglichen.

222 Robinson, Patrick L., Ensuring Fair and Expeditious Trials at the International Criminal Tribunal for the Former Yugoslavia, 11 EUR. J. Int'L L., 2000, S. 569, 588. Haveman, Roelof, The Context of the Law, Common Law v. Civil Law, in Kavran, Olga/Nicholls, Julian/Haveman, Roelof, Supranational criminal law: A System sui generis, Antwerp, 2003, S. 33–37.

223 Die unterschiedliche Entwicklung der beiden Rechtsfamilien reicht bis ins 13. Jahrhundert zurück. Esmein, Adhemar, A history of continental criminal procedure with Special Reference to France, New Jersey, 2000.

224 Dieses Model unterscheidet sich zusätzlich in den verschiedenen angloamerikanischen Ländern. So gibt es allein in den USA für jeden der 50 Bundesstaaten eine Strafprozessordnungen und ein übergreifendes Bundesstrafprozessrecht für die Federal Criminal Courts. Hay, Peter, US-Amerikanisches Recht, Ein Studienbuch, München, 2011, Rn. 699.

225 Stamp, Frauke, Die Wahrheit im Strafverfahren, Baden-Baden, 1999, S. 18.

226 Arzt, Gunther, Der Internationale Strafgerichtshof und die formelle Wahrheit, in Arnold, Jörg/Burkhardt, Björn, Menschengerechtes Strafrecht: Festschrift für Albin Eser zum 70. Geburtstag, München, 2005, S. 692. Dies gilt auch für das französische Strafverfahren. Kühne, Hans-Heiner, Strafprozessrecht: Eine systematische Darstellung des deutschen und europäischen Strafverfahrensrechts, Heidelberg, 2010, Rn. 1230.

wesentlich prägen.[227] Am stärksten treten die Differenzen bei der Ausgestaltung der Hauptverhandlung zutage, denn sie ist das „eigentliche Forum der Wahrheitsfindung".[228] In ihr wird der Sachverhalt in einer Weise endgültig aufgeklärt, welche „die größte Gewähr für die Erforschung der Wahrheit und zugleich für die bestmögliche Verteidigung des Angeklagten und damit für ein gerechtes Urteil bietet".[229] In internationalen Strafverfahren ist die Hauptverhandlung sogar der Ort, wo sich die über nationale Gerichte hinausgehende Wahrheitsermittlungspflicht der Tribunale am stärksten entfaltet, denn in ihr erfüllen die Tribunale ihre Aufgabe zur Versöhnung der Gesellschaft durch Geschichtsermittlung beizutragen.[230] Allerdings wird die Wahrheitssuche im internationalen Strafverfahren stärker als in nationalen Strafsystemen durch die Notwendigkeit der Verfahrenseffizienz beeinflusst. Aufgrund des begrenzten zeitlichen und finanziellen Rahmens der Tribunale müssen nämlich innerhalb kürzester Zeit funktionierende Institutionen geschaffen werden.

a) Das angloamerikanische Verständnis

Die prozessuale Wahrheit ist vereinfachend gesagt, diejenige, welche aus der in einem Wettstreit[231] ausgetragenen Sachdarstellung der Parteien folgt. Für die Hauptverhandlung im adversatorischen System bedeutet dies, dass es den Parteien überlassen bleibt, den Prozess zu führen und die Wahrheit durch die Vorlage von Beweisen ans Licht zu bringen oder sich über diese im Rahmen einer Absprache zu verständigen.[232] In der Beweisaufnahme präsentiert zunächst die Anklage ihre Beweise. Daraufhin kann die Verteidigung mittels eines Zwischenantrags die

---

227 Die Ermittlungen werden im kontinentaleuropäischen Recht hauptsächlich vom Staatsanwalt durchgeführt, die Verteidigung hat kaum Einflussmöglichkeiten. Dies spiegelt sich auch in der institutionellen Kompetenzverteilung wieder. Dervieux, Valérie, The French System, in Delmas-Marty, Mireille/Spencer, John R., European Criminal Procedures, Cambridge, 2002, S. 250.

228 Krauß, Detlef, Richter und Sachverständige im Strafverfahren, ZStW 85, 1973, S. 323.

229 BVerfGE 74, 358, 372 in NStZ 87, 421.

230 Eser, Albin, Vorzugswürdigkeit des adversatorischen Prozesssystems in der internationalen Strafjustiz?, in Müller-Dietz, Heinz, Festschrift für Heike Jung, Baden-Baden, 2007, S. 187.

231 Harding, Christopher, Überblick über die verschiedenen Formen des Strafverfahrens, in Eser, Albin/Rabenstein, Christiane, Strafjustiz im Spannungsfeld von Effizienz und Fairness, Berlin, 2004, S. 11.

232 Kreß, Claus/Wannek, Felicitas, Von den beiden internationalen Ad-Hoc-Tribunalen zum internationalen Strafgerichtshof, in Kirsch, Stefan, Internationale Strafgerichtshöfe, Baden-Baden, 2005, S. 252, Fßn. 119. Cassese, Antonio, International Criminal Law, Oxford, 2008, S. 362.

Abweisung der Anklage fordern. Im Falle seiner Zurückweisung erfolgt die Beweispräsentation der Verteidigung.[233]

Der Richter bzw. die Jury hat vor Verhandlungsbeginn keine Kenntnis der Ermittlungsergebnisse,[234] damit die Unvoreingenommenheit bewahrt bleibt.[235] Den Richter trifft keine Aufklärungspflicht und seine Rolle ähnelt der eines neutralen Verfahrensleiters, also eines Schiedsrichters[236] zwischen ansonsten gleichgestellten Parteien. Im Rahmen dieses Wettkampfes bleibt kein Raum für das Institut der Nebenklage.[237] Im adversatorischen Rechtssystem sind die Zeugen sind nicht solche des Gerichts, sondern solche der Parteien, da sie den Vortrag der sie benennenden Partei unterstützen sollen. Daher bleibt das „Testen" der Beweismittel den Parteien überlassen, dem Richter bzw. der Jury dürfen den Zeugen nur in geringem Umfang selbst befragen.[238]

In der angloamerikanischen Hauptverhandlung gibt es detaillierte Beweisregeln und es gilt ein strenges Mündlichkeitsprinzip. Grund hierfür ist, dass die Jury, bestehend aus Laien, nicht die Kompetenz zugesprochen wird im Wahrheitsgehalt der Beweise zu differenzieren.[239] Daher hat der Richter die parteiische Beweispräsentation vor der Jury anhand detaillierter Beweisregeln zu überwachen. Ein Vorteil der strengen Anwendung des Mündlichkeitsprinzips ist, dass der zeitintensive Umgang mit schriftlichen Beweisen vermieden wird.[240]

---

233 Im Fall eines Schuldgeständnisses geht das Verfahren im Common Law direkt in die Strafzumessungsphase über, da der Disput zwischen den Parteien durch das Geständnis beendet ist.

234 Jede Partei kann ihre eigenen Ermittlungen durchführen, eine Verpflichtung der Staatsanwaltschaft zur Erhebung be- und entlastender Beweise gibt es nicht. Cassese, Antonio, International Criminal Law, Oxford, 2008, S. 358, 360 ff.

235 Kreß, Claus/Wannek, Felicitas, Von den beiden internationalen Ad-Hoc-Tribunalen zum internationalen Strafgerichtshof, in Kirsch, Stefan, Internationale Strafgerichtshöfe, Baden-Baden, 2005, S. 253.

236 Einem zu aktiven Richter wird vielmehr mit Skepsis begegnet, denn ein solches Verhalten könnte auf eine eventuelle Befangenheit hindeuten. Harding, Christopher, Überblick über verschiedene Formen des Strafverfahrens, in Eser, Albin/ Rabenstein, Christiane, Strafjustiz im Spannungsfeld von Effizienz und Fairness, Berlin, 2004, S. 11.

237 Damaška, Mirjan R., The Faces Of Justice And State Authority: A Comparative Approach to the Legal Process, New Haven, 1986, S. 201.

238 Damaška, Mirjan R., The Faces Of Justice And State Authority: A Comparative Approach to the Legal Process, New Haven, 1986, S. 201.

239 Kamardi, Christiane, Die Ausformung einer Prozessordnung sui generis durch das ICTY unter Berücksichtigung des Fair-Trial-Prinzips, Berlin, 2009, S. 341.

240 Eser, Albin, Zur Sache Völkerstrafrecht: Wo die Welt zu ihrem Recht kommt, in MaxPlanckForschung 3/2008, S. 16. Damaška, Mirjan R., The Faces Of Justice And State Authority: A Comparative Approach to the Legal Process, New Haven, 1986, S. 201.

b) Das kontinentaleuropäische Verständnis

In kontinentaleuropäisch geprägten Rechtssystemen dominieren der Staatsanwalt und der Richter das Strafverfahren. Die aktive Rolle des Richters basiert auf seiner Verpflichtung zur Suche nach der „objektiven Wahrheit".[241] Aus dem die Hauptverhandlung wesentlich prägenden Amtsermittlungsgrundsatz[242] folgt seine Aufgabe, über den Umfang der Beweisaufnahme zu entscheiden und durch seine Vernehmung der Zeugen, Sachverständigen und des Angeklagten[243] die „materielle Wahrheit"[244] vor dem Hintergrund seiner detaillierten Kenntnis über die Ermittlungsergebnisse selbstständig zu erforschen.[245] Staatsanwaltschaft und Verteidigung stehen Mitwirkungsrechte zu wie das Beweisantragsrecht und das Fragerecht bei der Vernehmung der Zeugen und Sachverständigen im Anschluss an die Befragung durch die Kammer.

Ferner gibt es kaum Beweisregeln, sondern es sind grundsätzlich alle Beweise zulässig. Der professionell ausgebildete Richter kann berücksichtigt ihren Beweiswert in der freien Beweiswürdigung entsprechend. Anders als im angloamerikanischen Recht kann ein Geständnis des Angeklagten nicht alleiniges Beweismittel für einen Schuldspruch sein, ihm kommt nur starke Beweiskraft zu.[246] Deswegen gibt es kein verkürztes Beweisverfahren wie im Common Law, wonach ein vor der Hauptverhandlung abgelegtes Geständnis automatisch zur Verurteilung führt. Im

---

241 Jörg, Nico, Pitfalls of the Convergence of Criminal Procedure Systems, in Eser, Albin/Rabenstein, Christiane, Strafjustiz im Spannungsfeld von Effizienz und Fairness, Berlin, 2004, S. 228.

242 Gleß, Sabine, Funktion und Zusammensetzung des Gerichts, in Eser, Albin/Rabenstein, Christiane, Strafjustiz im Spannungsfeld von Effizienz und Fairness, Berlin, 2004, S. 339. Der Untersuchungsgrundsatz, also der Auftrag zur Suche belastenden und entlastenden Umständen, gilt auch für die Staatsanwaltschaft im Ermittlungsverfahren. Beulke, Werner, Strafprozessrecht, Heidelberg, 2010, Rn. 21.

243 Im adversatorischen Verfahren ist dies auf die Parteien verteilt, im Civil Law jedoch vereint sich die Autorität beim Richter. Daher hängt es hauptsächlich von seiner Person ab, wie geschickt er die Beweisaufnahme führt, welche Beweisanträge er zulässt und inwiefern er die Beweiserhebung kritisch überprüft. Er kann z.B. die Verfahrensbeteiligten, insbesondere die Verteidigung, unterbrechen, wenn eine Frage nach seiner Ansicht repetitiv ist. Hermann, Joachim, Der amerikanische Strafprozess, in Jung, Heike, Der Strafprozess im Spiegel ausländischer Verfahrensordnungen, Berlin, 1990, S. 156.

244 Zur Diskussion der materiellen Wahrheitstheorie vgl. Neumann, Ulfrid, Funktionale Wahrheit im Strafverfahren, in Philipps, Lothar/Frommel, Monika, Jenseits des Funktionalismus: Arthur Kaufmann zum 65. Geburtstag, Heidelberg, 1989, S. 73–83.

245 Eser, Albin, Reflexionen zum Prozesssystem und Verfahrensrecht internationaler Strafgerichtsbarkeit, in Sieber, Ulrich u. A., Strafrecht und Wirtschaftsstrafrecht – Dogmatik, Rechtsvergleich, Rechtstatsachen – München, 2008, S. 1459.

246 Roxin, Claus, Strafverfahrensrecht: ein Studienbuch, München, 2012, § 15, Rn. 19.

Civil Law gibt es dagegen das Institut der Nebenklage, sodass die Opfer einer Straftat Prozessbeteiligte sein können.

c) *Das Wahrheitsverständnis an internationalen Tribunalen und den ECCC*

Das Prozessrecht der internationalen Ad-hoc Tribunale JStGH und RStGH ähnelt dem adversatorischen Prozessmodell.[247] In der Hauptverhandlung stehen sich die Parteien konträr gegenüber durch die Aufteilung des Verfahrens in die Beweispräsentation der Staatsanwaltschaft und der Verteidigung (Prosecution und Defense Case).[248] Die Verantwortung für die Wahrheitssuche im Hauptverfahren kommt den Parteien und nicht dem Richter zu.[249] Allerdings sind in diesen Verfahrensordnungen inzwischen auch Verfahrensweisen des kontinentaleuropäischen Prozessrechts zu finden. So nehmen die Richter im Vergleich zum angloamerikanischen Recht inzwischen eine aktivere Rolle ein, um das Verfahren effizienter steuern zu können. Auch die Zulässigkeit von schriftlichen Beweissurrogaten in der Hauptverhandlung wurde ausgeweitet.[250] Weiterhin kann die Staatsanwaltschaft ein freisprechendes Urteil mit Rechtsmittel angreifen.[251] Im Ermittlungsverfahren hat die Staatsanwaltschaft die Pflicht zur Suche nach entlastenden Beweisen.[252] Daher darf die Verteidigung Einsicht in alle im Vorverfahren erstellten Dokumente nehmen, die zur Vorbereitung der Anklage und der Verteidigung genutzt werden können (Disclosure).[253] Teilweise Einsicht kann dem angloamerikanischen Recht entsprechend aber auch die Staatsanwaltschaft in die Verteidigungsunterlagen nehmen.[254] Zeitpunkt für die Einsichtnahme der Staatsanwaltschaft ist am RStGH der Verfahrensbeginn, am

247 Ausführlich hierzu Safferling, Christoph, Internationales Strafrecht, Berlin, 2011, S. 44 ff. Als Lehre aus den Prozessen von Nürnberg und Tokyo sollten die Rechte des Angeklagten am JStGH und RStGH durch die Einführung adversatorischer Grundstrukturen besser geschützt werden. Allerdings wurden am Prozessrecht über die Jahre zur Steigerung der Verfahrensökonomie signifikante Änderungen vorgenommen, welche aus inquisitorischen Verfahrensordnungen bekannt sind. Cassese, Antonio, International Criminal Law, Oxford, 2008, S. 384, 387.

248 Sachverhaltshypothese der Staatsanwaltschaft, gefolgt von der Gegenhypothese der Verteidigung. JStGH RPE, Regel 84, 85.

249 Kreß, Claus/Wannek, Felicitas, Von den beiden internationalen Ad-Hoc-Tribunalen zum internationalen Strafgerichtshof, in Kirsch, Stefan, Internationale Strafgerichtshöfe, Baden-Baden, 2005, S. 247.

250 Cassese, Antonio, International Criminal Law, Oxford, 2008, S. 441. Langer, Máximo, The Rise of Managerial Judging in International Criminal Law, 53 Am. J. Comp. L., 2005, S. 835, 840.

251 Ohlin, Jens David, A Meta-Theory of International Criminal Procedure: Vindicating the Rule of Law, 14 UCLA J. Int'l L. & Foreign Aff., 2009, S. 77, 80.

252 IStGH Statut, Artikel 54 (1) (a), JStGH/RStGH/SCSL RPE, Regel 68.

253 JStGH RPE, Regel 66 (A), (B), 68 (A), (B), 94 (B).

254 JStGH RPE, Regel 67 (A).

JStGH die Beendigung der Beweispräsentation der Staatsanwaltschaft.[255] Im Konfliktfall entscheidet der Vorverfahrensrichter. Eine fehlende Offenlegung seitens der Verteidigung präkludiert diese allerdings nicht in ihrem Vortrag der Beweise in der Hauptverhandlung. Ob der Hauptverfahrenskammer das Material offengelegt wird, liegt am JStGH im Ermessen der einzelnen Kammer.[256] Sollten die Offenlegungsregeln verletzt werden, kann das Verfahren im Zweifel neu eröffnet und dadurch Gelegenheit zur Einführung neuer Beweismittel gegeben werden.

Am IStGH ist die Staatsanwaltschaft ebenfalls Herrin des Ermittlungsverfahrens.[257] Die eher inquisitorische Ausrichtung des IStGHs zeigt sich bereits an der Rolle der Vorverfahrenskammer, welche die Anklagen der Staatsanwaltschaft überwacht und bestätigt.[258] Die Struktur der Hauptverhandlung vor dem IStGH wird sich erst im Laufe der Zeit herauskristallisieren, denn die diesbezüglichen Regelungen wurden im IStGH Statut aufgrund eines nicht auflösbaren „rechtsfamiliären Dissens"[259] bei den Vorbereitungsverhandlungen offen formuliert. Nicht geklärt ist z.B. die Frage, ob dem Richter bei der Vorbereitung der Hauptverhandlung eine Verfahrensakte zur Verfügung steht[260] oder wie die Hauptverhandlung, insbesondere die Beweispräsentation, geordnet ist.[261] Allerdings ist zu erwarten, dass die Hauptverfahrenskammern eine im Vergleich zu den Ad-hoc Tribunalen aktiverer Rolle einnehmen und die Beweisaufnahme verstärkt leiten werden, was dem Civil Law entspricht.[262] Allerdings sind die Parteien – dem angloamerikanischen Recht entsprechend – grundsätzlich für die Beibringung der Beweismittel verantwortlich[263] und unterbreiten der Kammer die Beweise in einer ihnen sinnvoll erscheinenden Art und Weise.[264] Zeugen wiederum kann die Kammer vor oder nach der Vernehmung

---

255 JStGH/RStGH RPE, Regel 67.
256 Prosecutor v. Blagojevic, Judgement, Appeals Chamber, Case No. IT-02-60-A, 9. Mai 2007, Para. 11–19, abrufbar unter http://www.icty.org/x/cases/blagojevic_jokic/acjug/en/blajok-jud 070509.pdf.
257 IStGH Statut, Artikel 54.
258 IStGH RPE, Regeln 121–126.
259 Kreß, Claus/Wannek, Felicitas, Von den beiden internationalen Ad-Hoc-Tribunalen zum internationalen Strafgerichtshof, in Kirsch, Stefan, Internationale Strafgerichtshöfe, Baden-Baden, 2005, S. 252.
260 Kreß, Claus/Wannek, Felicitas, Von den beiden internationalen Ad-Hoc-Tribunalen zum internationalen Strafgerichtshof, in Kirsch, Stefan, Internationale Strafgerichtshöfe, Baden-Baden, 2005, S. 252.
261 Regel 140 IStGH RPE eröffnet den Kammern einen großen Konzeptionsspielraum. Ambos, Kai, Internationales Strafrecht, München, 2008, S. 305.
262 IStGH Statut, Artikel 69 (3).
263 IStGH Statut, Artikel 64 (3) (c), (6) (d), (8) (b), 67 (1) (e), (2), 69 (3).
264 IStGH RPE, Regel 140 (1).

durch die Parteien selbst befragen.[265] Eine Aufteilung des Verfahrens in Schuld- und Strafspruch ist nur unter besonderen Umständen vorgesehen.[266]

Die ECCC verfolgen[267] einen für das internationale Strafprozessrecht neuen Strukturansatz.[268] Das Verfahrensrecht beinhaltet zum einen ein Mischsystem aus beiden Rechtsfamilien,[269] allerdings haben die Internal Rules ihren Ursprung im nationalen kambodschanischen Verfahrensrecht.[270] Diese basiert auf dem französischen Rechtssystem und ist somit verstärkt an inquisitorischen Prozessstrukturen ausgerichtet. Tiefgreifende Strukturunterschiede zum Strafverfahren anderer Tribunale treten an den ECCC schon im Ermittlungsstadium zutage, welches die im französischen Recht wurzelnde Besonderheit von Ermittlungsrichtern vorsieht, welche die Ermittlungen sowohl für Staatsanwaltschaft als auch Verteidigung leiten.[271] Das Institut wurde geschaffen, um die gravierenden Nachteile des angloamerikanischen Verfahrenssystems, wie z. B. die übermäßige Länge und die hohen Kosten des Verfahrens zu vermeiden.[272] In der Hauptverhandlung[273] ist der Richter für die Sachverhaltsermittlung und die Gestaltung der Beweisaufnahme zuständig (Untersuchungsgrundsatz). Ihm steht die Ermittlungsakte zur Verfügung,[274] die den Gang und die Ergebnisse der durch den objektiven Ermittlungsrichter durchgeführten Ermittlungen dokumentiert. Es gilt wie am IStGH[275] ein materieller Wahrheitsbegriff.[276] In der Hauptverhandlung trägt die Staatsanwaltschaft die Beweislast.[277] allerdings gibt es keine Aufteilung in Prosecution und Defense Case. Auch gibt es nicht die Möglichkeit, das Verfahren frühzeitig durch Absprachen zu beenden.[278]

Die am ECCC zugelassene Nebenklage ist ebenso neuartig. Auch am IStGH gibt es dieses Institut, jedoch ist es bisher fraglich, in welchem Umfang die Nebenkläger am Prozess beteiligt sein werden.[279] Praktische Erfahrungen mit diesem Institut

---

265 IStGH RPE, Regel 140 (2) (c).

266 Eine zusätzliche Strafzumessungsverhandlung kann aus eigener Initiative und soll auf Antrag des Staatsanwalts anberaumt werden. IStGH Statut, Artikel 76 (2), (3), IStGH RPE, Regel 143.

267 Jaques, Mallesons Stephen, Humanitarian Law Perspectives 2001 The ECCC – from Case 001 to Case 002 – Findings and the future, Australian Red Cross, Mai 2011, S. 22.

268 Cassese, Antonio, International Criminal Law, Oxford, 2008, S. 374.

269 Vgl. Kapitel K VII. 1).

270 Draft Agreement, Artikel 12.

271 ECCC Gesetz, Artikel 23–28.

272 Cassese, Antonio, International Criminal Law, Oxford, 2008, S. 374.

273 Vgl. Kapitel K I., II., V. 1) d).

274 Internal Rules, Regel 55 (6).

275 IStGH Statut, Artikel 69 (3).

276 Gordon, Gregory S., Toward an International Criminal Procedure: Due Process Aspirations and Limitations, 45 (3) Colum. J. Transnat'l L., 2007, S. 697.

277 Gleß, Sabine, Beweisrechtsgrundsätze einer grenzüberschreitenden Strafverfolgung, Baden-Baden, 2006, S. 206.

278 Vgl. Kapitel K. III. 1).

279 IStGH Statut, Artikel 68 (3).

konnte in alle Instanzen bisher nur an den ECCC gesammelt werden, wobei die Rechte dieser „Dritten“[280] trotz anfänglicher sehr weitgehender Befugnisse[281] mit der Zeit immer weiter eingeschränkt wurden.[282]

2) Die Anforderungen an das formelle Verfahren

Trotz des unterschiedlichen Wahrheitsverständnisses besteht ein Konsens, dass im Rahmen eines Strafverfahrens eine ergebnisoffene, möglichst zuverlässige Wahrheitsermittlung innerhalb eines förmlichen Verfahrens zu erfolgen hat. [283] An den ECCC soll dieses Verfahren durch die am kambodschanischen Recht orientierte und zugleich „von den Errungenschaften der großen Rechtsfamilien der Welt profitierende, jedoch am Ende hiervon emanzipierte Völkerstrafprozessordnung, die den internationalen Menschenrechtsstandards entspricht,“ gewährleistet werden.[284] Die relevanten Verfahrensstandards enthält daneben das UN-RGC Abkommen, insbesondere durch den Verweis auf Artikel 14 und 15 IPbpR.[285] Aufgrund der Ratifizierung des IPbpR durch Kambodscha gelten aber auch die anderen Regeln des IPbpR, wie z.B. Artikel 6, 7, 9, 10, 21 und 26 IPbpR. Sie beinhalten das Recht auf ein faires, transparentes und zügiges Verfahren, in dem die Wahrheit vor einem unparteiischen und unabhängigen Gericht unter der Trennung von relevanten und irrelevanten Beweismitteln und der Beachtung wesentlicher Rechte des Angeklagten und der Opfer ermittelt wird und so die Schuldigen von den nicht Schuldigen unterschieden werden.[286] Im Verfahren muss die Waffengleichheit zwischen den beteiligten Parteien gewährleistet werden. Diese zentralen Verfahrensgrundsätze werden im Folgenden näher erläutert.

280 Wigginghaus, Nils, Synergieeffekte zwischen Straf- und Zivilprozess: eine Untersuchung zur prozessökonomischen Verbindung von Straf- und Zivilprozess unter besonderer Berücksichtigung des Problems doppelter Beweiserhebungen, Konstanz, 2007, S. 81.

281 Gemäß Regel 23 (1) (a) Internal Rules hat die Nebenklage die Aufgabe, die Staatsanwaltschaft zu „unterstützen“.

282 Transcript of Proceedings – "DUCH" Trial (Trial Day 66), E1/70.1, 27. August 2009, S. 41 ff., 74, abrufbar unter http://www.eccc.gov.kh/sites/default/files/documents/courtdoc/E1_70.1_TR001_20090827_Final_EN_Pub.pdf.

283 Im IStGH Statut sind detaillierte Ausformungen zu finden während das Statut des JStGH hierzu eher schweigt. Eser, Albin, Vorzugswürdigkeit des adversatorischen Prozesssystems in der internationalen Strafjustiz? Reflektionen eines Richters, in Müller-Dietz, Heinz, Festschrift für Heike Jung, Baden-Baden, 2007, S. 170.

284 Kreß, Claus in Grützner, Heinrich/Pötz, Paul-Günter, Internationaler Rechtshilfeverkehr in Strafsachen: die für die Rechtsbeziehungen der Bundesrepublik Deutschland mit dem Ausland in Strafsachen maßgeblichen Bestimmungen, Heidelberg, 2007, vor III 26, Rn. 95.

285 UN-RGC Abkommen, Artikel 12 (2), ECCC Gesetz, Artikel 33.

286 Ohlin, Jens David, A Meta-Theory of International Criminal Procedure: Vindicating the Rule of Law, 14 UCLA J. Int'l L. & Foreign Aff., 2009, S. 77, 90.

Zwischen diesen Verfahrensstandards besteht ein komplexes Spannungsverhältnis, das nicht vollkommen auflösbar ist. Daher muss ein Ausgleich zwischen den zentralen Verfahrensrechten gefunden werden, in dessen Mittelpunkt das Recht auf ein faires Verfahren steht und der die Verschiedenartigkeit der Prozessrollen der Verfahrensbeteiligten berücksichtigt.[287]

a) Das Recht auf ein faires Verfahren

Das Prinzip des fairen Verfahrens[288] ist eine völkervertragliche jus cogens Norm, also zwingendes Völkerrecht, das weder durch völkerrechtlichen Vertrag noch durch Völkergewohnheitsrecht abbedungen werden kann.[289] In einem fairen Verfahren ist ein Ausgleich zwischen dem Interesse der Allgemeinheit an einer effizienten Strafverfolgung zu finden und dem Interesse des Beschuldigten, nicht unschuldig verurteilt zu werden. Ausdruck der Fairness ist im angloamerikanischen Recht die Berücksichtigung der Gleichberechtigung dieser Interessen. Im kontinentaleuropäischen Recht wird die Fairness als Ausgleich der umfassenden Wahrheitssuche mit der Wahrung der Individualinteressen verstanden.

Das Prinzip wird in Artikel 12 (2) UN-RGC Abkommen i.V.m. Artikel 14 (3) IPbpR durch Mindestgarantien konkretisiert, welche „für das gesamte Verfahren, also ab dem Zeitpunkt, zu dem der Beschuldigte von den gegen ihn eingeleiteten Ermittlungen [...] erfährt, bis zum rechtskräftigen Verfahrensabschluss" gelten.[290] Die letztendliche Beurteilung der Verfahrensfairness ergibt sich erst aus einer Gesamtschau des Prozesses, die sporadische Verletzung einzelner Garantien führt noch nicht im Ganzen zu einem unfairen Verfahren.[291]

b) Das Prinzip der Waffengleichheit

Das Prinzip der Waffengleichheit fordert das Gleichgewicht der Rechte der Parteien. Es beinhaltet, „dass ein Teilnehmer am Verfahren seine Meinung vor Gericht

---

287 Bohlander, Michael/Winter, Renate, Internationale Strafgerichte auf nationaler Ebene, in Kirsch, Stefan, Internationale Strafgerichtshöfe, Baden-Baden, 2005, S. 278.

288 Die Idee des fairen Verfahrens stammt aus der englischen Magna Charta aus dem 13. Jahrhundert. Damaška, Mirjan R., The Competing Visions of Fairness: The Basic Choice for International Criminal Tribunals, N.C. J. Int'l L. & Com. Reg. Vol. 36, 2011, S. 367.

289 Boas, Gideon/Bischoff, James L./Reid, Natalie L./Taylor III, B. Don, The International Criminal Law Practitioner Library Volume III, International Criminal Procedure, Cambridge, 2011, S. 12.

290 Kreicker, Helmut, § 51 Strafrechtliche Garantien der EMRK, in Sieber, Ulrich/Böse, Martin/Brüner, Franz H./Heintschel-Heinegg, Bernd von/Satzger, Helmut, Europäisches Strafrecht, Baden-Baden, 2011, § 51, Rn. 16.

291 Safferling, Christoph, International Criminal Procedure, Oxford, 2011, S. 381.

darstellen kann, ohne dass er gegenüber einem anderen benachteiligt wird",[292] also ebenbürtigen „Partizipationschancen" der Parteien im gesamten Verfahren.[293] Es hat beispielsweise zum Inhalt, dass Staatsanwaltschaft und Verteidigung gleichermaßen der Zugang zu Ressourcen und Beweismaterial eröffnet wird.[294] Es wird als verletzt angesehen, wenn z. B. der Angeklagte nicht in vollem Umfang die Möglichkeit hatte, sich zu verteidigen bzw. ihm anwaltlicher Beistand verwehrt wurde.[295] Weiter muss der Angeklagte die Möglichkeit haben, seine Verteidigung in angemessener Zeit vorbereiten zu können und die Vernehmung der Entlastungszeugen unter den für die Belastungszeugen geltenden Bedingungen zu erwirken.[296]

Problematisch ist in internationalen Strafverfahren, dass der Verteidigung wesentlich geringere personelle und finanzielle Ressourcen zur Verfügung stehen als der Staatsanwaltschaft. Eine solche Pflicht zur Gewährleistung der materiellen Waffengleichheit wurde von den Tribunalen bisher verneint.[297] Aufgrund dieser Situation ist der über die sowieso im IPbpR enthaltenen Rechte des Beschuldigten hinausgehende Mehrwert dieses Prinzips zu bezweifeln, da es keine völlige Identität der Rechte der Beteiligten bedeutet und es eine Gleichheit der Parteien in Strafverfahren nicht gegeben kann.[298] Diese ist auch angesichts der unterschiedlichen Positionen, Funktionen und Interessen der Parteien im Strafprozess nicht erstrebenswert.[299]

---

292 Henrion, Hervé, Der Einführungsartikel des französischen Code de procédure pénale: Versuch einer Exegese, ZStW 113, 2001, S. 929.

293 Henrion, Hervé, Der Einführungsartikel des französischen Code de procédure pénale: Versuch einer Exegese, ZStW 113, 2001, S. 929.

294 „Each party must have the opportunity to present its case, both with respect to fact and to law. Each must furthermore have the opportunity to comment on the opponent party's case." Safferling, Christoph, Towards an international criminal procedure, München, 1999, S. 265–268. Sowie Prosecutor v. Tadić, Judgement, Appeals Chamber, Case No. IT-94-1-A, 15. Juli 1999, Para. 48, 49, abrufbar unter http://www.icty.org/x/cases/tadic/acjug/en/tad-aj990715e.pdf: „This principle means that the Prosecution and the Defense must be equal before the Trial Chamber. It follows that the Chamber must provide every practicable facility it is capable of granting under the Rules and Statute when faced with a request by a party for assistance in presenting its case".

295 Lindblad, Johanna, The Incorporation of International Justice Standards into the Extraordinary Chambers in the Courts of Cambodia, 2005, S. 26.

296 IPbpR, Artikel 14 (3) (e), ECCC Gesetz, Artikel 35 (e). Das Recht „to examine evidence against them and obtain the presentation and examination of evidence on their behalf under the same conditions as evidence against them".

297 Safferling, Christoph, International Criminal Procedure, Oxford, 2011, S. 414.

298 Decision on Ieng Sary's appeal against trial chamber's decision on Co-Prosecutors' request to exclude armed conflict nexus requirement from the definition of crimes against humanity, E95/8/1/4, 19. März 2012, Para. 9, abrufbar unter http://www.eccc.gov.kh/sites/default/files/documents/courtdoc/E95_8_1_4_EN.PDF.

299 Safferling, Christoph, International Criminal Procedure, Oxford, 2011, S. 415.

Vielmehr ist der Schutz der Rechte des Beschuldigten nach dem Prinzip des fairen Verfahrens durch die Richter von größerer Relevanz.[300]

c) *Die Verfahrensökonomie und Zügigkeit des Verfahrens*

Das Verfahren ist ohne unangemessene Verzögerung durchzuführen[301] und innerhalb eines angemessenen Zeitraums zu beenden.[302] Die Verfahrenslänge bemisst sich ab dem Zeitpunkt, in welchem dem Beschuldigten die Anklagepunkte gegen ihn eröffnet werden, bis zum Erlass eines rechtskräftigen Urteils.[303] Die Angemessenheit der Verfahrensdauer wird bestimmt durch Kriterien wie die Komplexität des Verfahrens, also die Schwierigkeit der rechtlichen Fragestellungen, den Umfang der Beweise, das Erfordernis der Ladung ausländische Zeugen und Experten oder die Anzahl der Angeklagten.[304] Auch die Kooperationsbereitschaft des Angeklagten und der staatlichen Behörden sind von Relevanz.[305] Das Verfahren darf weder zu lang noch zu kurz sein, sondern muss „prozessadäquat" durchgeführt werden.[306] Die Frage, ob ein Verfahren in angemessener Länge durchgeführt wurde, ist daher immer im Einzelfall zu beurteilen.

An den ECCC kommt als verfahrensverlängernder Faktor neben dem Aspekt der Komplexität der Sachverhalte und ihrer rechtlichen Bewertung die Notwendigkeit der Koordinierung von Mitarbeitern aus unterschiedlichen Rechtsfamilien unter dem Dach eines hybriden Rechtssystems hinzu.[307] Ferner richten sich die Verfahren nicht nur gegen mehrere Angeklagte und es sind umfangreiche Übersetzungen erforderlich, sondern es ist im laufenden Verfahren eine den Fair Trial-Grundsätzen entsprechende Verfahrenspraxis zu entwickeln. Daher ist ein effizientes Verfahrensmanagement von herausragender Bedeutung. Unangemessene Verfahrensverzögerungen sind nach der Rechtsprechung der ECCC in der Strafzumessung zu berücksichtigen.[308]

---

300 Safferling, Christoph, International Criminal Procedure, Oxford, 2011, S. 416.

301 „Without undue delay", vgl. ECCC Gesetz, Artikel 33, 35 (c), UN-RGC Abkommen, Artikel 12 (2), 13 (1) i.V.m. Artikel 14 (1), (3) IPbpR.

302 Internal Rules, Regel 21 (4).

303 Safferling, Christoph, International Criminal Procedure, Oxford, 2011, S. 385.

304 Safferling, Christoph, International Criminal Procedure, Oxford, 2011, S. 385.

305 Safferling, Christoph, International Criminal Procedure, Oxford, 2011, S. 386.

306 Henrion, Hervé, Der Einführungsartikel des französischen Code de procédure pénale: Versuch einer Exegese, ZStW 113, 2001, S. 940.

307 Cassese, Antonio, International Criminal Law, Oxford, 2008, S. 443.

308 Judgement in Case 001, E188, 26. Juli 2010, Para. 623–627, abrufbar unter http://www.eccc.gov.kh/sites/default/files/documents/courtdoc/20100726_Judgement_Case_001_eng_PUBLIC.pdf. Dies entspricht der Rechtslage im deutschen Recht, vgl. BVerfG NJW 1984, 968. Hiernach kann es im Einzelfall sogar zu einer Verfahrenseinstellung kommen.

d) *Die Öffentlichkeit des Verfahrens und der Zeugenschutz*

Artikel 14 (1) IPbpR hält fest, dass „jedermann hat Anspruch darauf, dass über eine gegen ihn erhobene strafrechtliche Anklage [...] durch ein zuständiges, unabhängiges, unparteiisches und auf Gesetz beruhendes Gericht in billiger Weise und öffentlich verhandelt wird." Zweck des Öffentlichkeitgrundsatzes ist die Kontrolle der Justiz durch die Öffentlichkeit.[309]

Einschränkungen der Verfahrensöffentlichkeit können sich aus Gesichtspunkten des Schutzes von Opfern und Zeugen ergeben.[310] Ihr Schutz vor einer möglichen Bedrohung, Strafverfolgung und Beschränkung ihrer Freiheit durch die nationale Justiz ist in Artikeln 12, 22, 24 UN-RGC Abkommen verankert. Die Staatsanwälte, Ermittlungsrichter sowie die Kammern sind je nach Prozessstadium befugt, Zeugenschutzmaßnahmen aus der nicht abschließenden Liste des Artikels 23 UN-RGC Abkommen anzuordnen.[311] Mögliche Maßnahmen sind der Ausschluss der Öffentlichkeit oder die Unterbringung an einem sicheren Ort. Die Maßnahmen können auch die Angabe der anwaltlichen Kontaktadresse, die Benutzung eines Pseudonyms oder die Schwärzung des Namens in den Akten beinhalten.[312]

Der Schutz der Identität erfolgt nach einer Risikoanalyse durch die Witness and Expert Support Unit (WESU). Sie besitzt ein weitreichendes Mandat[313] und wurde geschaffen, um die Zeugen des Gerichts auf die Aussagesituation in der Hauptverhandlung vorzubereiten. Die WESU ist zudem zuständig für eine medizinische, psychologische und soziale Betreuung der Zeugen, um deren mögliche Retraumatisierung durch die Befragung vor Gericht zu verhindern.[314] Ferner repräsentiert sie die Opfer im Rahmen der Outreach-Programme. Über einen generellen Schutz vor Strafverfolgung entscheidet die WESU.[315] Zusätzlich hat die Staatsanwaltschaft ein Formular entwickelt, welches die Notwendigkeit des Zeugenschutzes im Vorhinein abklären soll. Das Formular kann nicht Gegenstand einer adversatorischen Auseinandersetzung der Parteien sein. Vielmehr obliegt der Kammer aufgrund ihrer

309 UN-RGC Abkommen, Artikel 12 (2), ECCC Gesetz, Artikel 34. So we will never forget, A population-based survey, Human Rights Center University of California Berkeley, Januar 2009, S. 40.

310 Z. B. bei der Diskussion über eine mögliche Gefahr der Selbstbelastung von Zeugen.

311 UN-RGC Abkommen, Artikel 23, ECCC Gesetz, Artikel 33, Practice Direction on Protective Measures.

312 Transcript of Proceedings – "DUCH" Trial (Initial Hearing Day 1), E1/3.1, 17. Februar 2009, S. 20, abrufbar unter http://www.eccc.gov.kh/sites/default/files/documents/courtdoc/E1_3.1_TR001_20090217_Final_EN_Pub.pdf.

313 Internal Rules, Regel 12.

314 Bock, Stefanie, Das Opfer vor dem internationalen Strafgerichtshof, ZStW 119, 2007, S. 666 ff.

315 Trial Chamber memorandum entitled Permitted form of assurances of non-prosecution, E200/4, 19. Juli 2012, Para. 4, abrufbar unter http://www.eccc.gov.kh/sites/default/files/documents/courtdoc/E200_4_EN.PDF.

Verfahrensmanagementkompetenz die Beurteilung der Informationen. Trotzdem erhobenen Einwendungen der Verteidigung hat die Kammer aber bisher Gehör gewährt.[316]

Je nach Verfahrensstadium ist die Gewährleistung der Öffentlichkeit an den ECCC unterschiedlich streng ausgestaltet. Um ein abgestuftes System des Zugangs der Öffentlichkeit zu ermöglichen, wurden für Dokumente[317] drei Klassifizierungsstufen eingeführt, nämlich öffentlich, vertraulich und streng vertraulich.[318] Der Zugang zu öffentlichen Dokumenten ist unbeschränkt. Kenntnis vom Inhalt vertraulicher Dokumente können nur Richter, Staatsanwälte, Verteidiger, Anwälte der Nebenklage, autorisiertes Gerichtspersonal oder andere explizit autorisierte Personen erlangen.[319] Streng vertrauliche Dokumente dürfen nur durch die Richter und Personen, welche den Zugang zur Erfüllung ihrer Aufgaben benötigen, eingesehen werden.[320] Eine Klassifizierung eines Dokuments kann nach einer Anhörung der Parteien nachträglich geändert werden.[321] Die entscheidungserheblichen Faktoren für sind die Integrität und Fairness des Verfahrens, die öffentliche Ordnung, die Verfahrenstransparenz und der Zeugenschutz.[322] Eine Verletzung der Geheimhaltungspflichten kann durch das Aussprechen einer Verwarnung, das Weiterleiten des

316 Trial Chamber memorandum entitled Permitted form of assurances of non-prosecution, E200/4, 19. Juli 2012, Para. 1, abrufbar unter http://www.eccc.gov.kh/sites/default/files/documents/courtdoc/E200_4_EN.PDF.

317 „Any record of information (whether physical or electronic), including, but not limited to, any written or paper record, audio/visual records, photographs, plans, drawings and maps." Practice Direction on Classification and Management of Case-Related Information, Regel 2 (c).

318 Practice Direction on Classification and Management of Case-Related Information, Regel 2 (d): „"Public" means open to the public and not subject to any restrictions on public distribution.
ii. "Confidential" means open only to the Judges, the Co- Prosecutors, lawyers for the civil parties, defence counsel, authorised court staff and any other person expressly given access by the Court.
iii. "Strictly confidential" means open only to the Judges and such other persons, including court staff who require access in the discharge of their duties, expressly given access by the Court".

319 Practice Direction on Classification and Management of Case-Related Information, Regel 2 (d) (ii).

320 Practice Direction on Classification and Management of Case-Related Information, Regel 2 (d) (ii).

321 Practice Direction on Classification and Management of Case-Related Information, Regeln 9 (1), 10.

322 Directive on classification of Pre-Trial Chamber documents, 4, 9. September 2010, Para. 7, abrufbar unter http://www.eccc.gov.kh/sites/default/files/documents/courtdoc/4_EN-1.PDF.

Vorfalls an andere zuständige Behörden oder weitere Sanktionen gemäß Regeln 35, 38 Internal Rules sanktioniert werden.[323]

aa) Die Öffentlichkeit im Ermittlungsverfahren

Das Ermittlungsverfahren findet grundsätzlich nicht öffentlich statt.[324] Zum einen ist ein Beschuldigter gegenüber der Öffentlichkeit zu schützen, da eine öffentliche Anklage erst am Ende des Ermittlungsverfahrens ergeht. Zum anderen ist einer Gefährdung der Ermittlungen und potenzieller Zeugen vorzubeugen, welche durch die Weitergabe von Informationen entstehen könnte. Die Dokumente und Entscheidungen, die das Ermittlungsverfahren betreffen,[325] sind grundsätzlich vertraulich.[326] Die Parteien sind zur Geheimhaltung aller Ermittlungen und ihrer Ergebnisse, auch der von den Parteien selbst verfassten Akten, verpflichtet.[327]

Die Geheimhaltungspflicht entsteht, sobald die Ermittlungsrichter Dokumente als Teil der Ermittlungen betrachten, also durch Anlegung der ermittlungsrichterlichen Verfahrensakten nach Eingang der Introductory Submission der Staatsanwaltschaft. Sie besteht über das Ende des Ermittlungsverfahrens hinaus fort.[328] Die Entscheidung über eine eventuelle Veröffentlichung obliegt den Ermittlungsrichtern, nicht den Parteien.[329] Letzteren obliegt nur ein Vorschlagsrecht zur Veröffentlichung.[330]

---

323 Practice Direction on Classification and Management of Case-Related Information, Regel 11, Internal Rules, Regeln 35 (1), 38 (1), (2).

324 Practice Direction on Classification and Management of Case-Related Information, Regel 5.

325 Z. B. nicht Befangenheitsanträge gemäß Regel 34 Internal Rules. Directive on classification of Pre-Trial Chamber documents, 4, 9. September 2010, Para. 9, abrufbar unter http://www.eccc.gov.kh/sites/default/files/documents/courtdoc/4_EN-1. PDF.

326 Z. B. Beschwerden gegen die Ablehnung von Ermittlungsanträgen gemäß Regel 74 (3) (b) Internal Rules. Directive on classification of Pre-Trial Chamber documents, 4, 9. September 2010, Para. 8, abrufbar unter http://www.eccc.gov.kh/sites/default/files/documents/courtdoc/4_EN-1. PDF.

327 Internal Rules, Regel 56 (1).

328 Practice Direction on Classification and Management of Case-Related Information, Regel 8 (2). Directive on classification of Pre-Trial Chamber documents, 4, 9. September 2010, Para. 5, abrufbar unter http://www.eccc.gov.kh/sites/default/files/documents/courtdoc/4_EN-1.PDF.

329 Internal Rules, Regel 56 (2). Letter from the Co-Investigating Judges to Defense Teams Regarding Confidentiality, A238/1/Corr.1, 15. Januar 2009, zitiert in Order on Breach of Confidentiality of the Judicial Investigation, D138, 3. März 2009, Para. 3, abrufbar unter http://www.eccc.gov.kh/sites/default/files/documents/courtdoc/D138_EN.pdf. Order issuing warnings under Rule 38, D367, 25. Februar 2010, Para. 3 ff, abrufbar unter http://www.eccc.gov.kh/sites/default/files/documents/courtdoc/D367_EN.pdf.

330 Practice Direction on Filing of Documents, Regeln 3 (2) (g), 12, 13, Practice Direction on Classification and Management of Case-Related Information.

Dieser Grundsatz[331] wurde eingeführt, nachdem in einem Zeitungsartikel geheime Informationen öffentlich gemacht wurden.[332] Daher ist die Staatsanwaltschaft auch nicht befugt, Zusammenfassungen der Introductory, Supplementary und Final Submissions[333] zur besseren Information der Öffentlichkeit zu publizieren.[334] In einem anderen Fall verstieß die Verteidigung Ieng Sarys gegen die Pflicht, indem sie auf ihrer Webseite ohne Erlaubnis Dokumente aus der Verfahrensakte publizierte.[335] Die Anwaltskammern der Verteidiger wurden über das Verhalten der Anwälte informiert.[336]

Ebenso unterliegt das Verfahren vor der Vorverfahrenskammer,[337] welche die Rechtsmittelinstanz im Ermittlungsverfahren ist, der Geheimhaltung.[338] Allerdings sind die Entscheidungen der Kammer sowie abweichende Meinungen einzelner Richter zu veröffentlichen. Ferner kann ein Antrag auf Öffentlichkeit des Verfahrens von jeder Partei oder durch jeden Richter gestellt werden.[339] Die letztendliche Entscheidung über den Umfang der Geheimhaltungspflicht im Ermittlungsverfahren

---

331 CCP, Artikel 121.

332 Ieng Sary's Appeal Against the OCIJ Order on Breach of Confidentiality of the Judicial Investigation & Request for Expedited Filing Schedule and Public Oral Hearing, D138/I/1, 10. März 2009, abrufbar unter http://www.eccc.gov.kh/sites/default/files/documents/courtdoc/D138_1_1_EN.pdf. Decision on Admissibility on Appeal Against the Co-Investigating Judges' Order on Breach of Confidentiality of the Judicial Investigation, D138/1/8, 13. Juli 2009, abrufbar unter http://www.eccc.gov.kh/sites/default/files/documents/courtdoc/D138_1_8_EN.pdf.

333 Vgl. zur Begriffserläuterung Kapitel E. I.

334 Internal Rules, Regel 54. Eine am 09. Mai 2011 veröffentlichte Aussage über Details der bisherigen und zukünftigen Ermittlungen im Verfahren 003 musste der internationale Staatsanwalt wieder zurückziehen wegen Verstoßes gegen Regeln 56 (1), 35 (1) Internal Rules. Nach anderer Ansicht wurde die Situation hinfällig, da die Ermittlungsrichter den Inhalt der geheimen Informationen selbst in einer öffentlichen Erklärung wiederholten. Vgl. Presserklärung, abrufbar unter http://www.eccc.gov.kh/en/articles/statement-co-investigating-judges-0.

335 Order on Breach of Confidentiality of the Judicial Investigation, D138, 3. März 2009, Para. 5, abrufbar unter http://www.eccc.gov.kh/sites/default/files/documents/courtdoc/D138_EN.pdf.

336 Order on Breach of Confidentiality of the Judicial Investigation, D138, 3. März 2009, S. 7, abrufbar unter http://www.eccc.gov.kh/english/cabinet/courtDoc/248/D138_EN.pdf.

337 Vgl. Kapitel J. Internal Rules, Regel 77 (6). Vgl. auch Decision on Khieu Samphan's Request for a Public Hearing, A190/I/8, 4. November 2008, abrufbar unter http://www.eccc.gov.kh/sites/default/files/documents/courtdoc/A190_I_8_EN.pdf.

338 Internal Rules, Regel 77 (5) bzgl. des Verfahrens vor der Vorverfahrenskammer, UN-RGC Abkommen, Artikel 21 (3). Directive on classification of Pre-Trial Chamber documents, 9. September 2010, Para. 1, abrufbar unter http://www.eccc.gov.kh/sites/default/files/documents/courtdoc/4_EN-1.PDF.

339 Practice Direction on Filing of Documents before the ECCC, Regeln 3 (12), 5 (l) (h).

obliegt damit der Vorverfahrenskammer.[340] Die Kammer hat in ihre Entscheidung über den Umfang der Geheimhaltung mit einzubeziehen, dass an den ECCC nur wenige, hochrangige Führungspersonen für mehr als 30 Jahre zurückliegenden Verbrechen verfolgt werden.[341] Daher ist fraglich, wie strikt die Geheimhaltungspflichten sein müssen, um Rechte des Beschuldigten im Ermittlungsstadium tatsächlich zu wahren. Es stellt sich die Frage, ob nicht durch die hohe Anzahl der Opfer andere Maßstäbe als in nationalen Verfahren gelten müssten. Gerade in Kambodscha wäre es aufgrund des geringen Vertrauens der Bevölkerung in das Justizwesen angebracht, verstärkt auf die Durchführung eines transparenten Verfahrens zu achten.

bb) Die Öffentlichkeit im Hauptverfahren

Die Hauptverhandlung und die Urteilsverkündung finden öffentlich statt (Open-Session). Die Öffentlichkeit kann gemäß Artikel 12 (2) UN-RGC Abkommen[342] und Artikel 34 ECCC Gesetz[343] von einem Teil des Verfahrens ausgeschlossen werden, wenn dies nach dem Ermessen der Kammer unter besonderen Umständen zur Wahrung des Interesses der Gerechtigkeit erforderlich ist (Closed-Session). Zunächst besteht die Möglichkeit, den Gerichtssaal beim Ein- und Ausgang des Zeugen gegenüber der Öffentlichkeit zu schließen, einen Sichtschutz um den Zeugen zu bauen sowie bei der Videoübertragung in den Saal Stimme und Bild zu verfremden.[344] Die zweite Stufe beinhaltet, dass sich der Zeuge nicht im Gerichtssaal, sondern in einem anderen Raum oder im Ausland aufhält, wobei die gleichen Verfremdungsmechanismen wie auf der ersten Stufe genutzt werden können. Erfolgt eine solche Anonymisierung der Zeugen auch gegenüber dem Angeklagten, darf eine Verurteilung nicht allein auf diesen anonymisierten Aussagen beruhen,[345] um das Recht des Angeklagten auf Konfrontation mit den Zeugen zu wahren.[346]

---

340 Decision on Ieng Sary's request to reclassify all PTC08 documents as public, 30, 3. Mai 2011, Para. 8, abrufbar unter http://www.eccc.gov.kh/sites/default/files/documents/courtdoc/30_redacted_EN.PDF.

341 Zumindest sobald ihre Namen bekannt geworden sind.

342 Nach UN-RGC Abkommen, Artikel 12 (2) kann die Öffentlichkeit ausgeschlossen werden „in accordance with the provisions of Article 14 of the Covenant shall only be to the extent strictly necessary in the opinion of the Chamber concerned and where publicity would prejudice the interests of justice".

343 Nach ECCC Gesetz, Artikel 34 kann die Öffentlichkeit ausgeschlossen werden „in exceptional circumstances [...] for good cause in accordance with existing procedures in force where publicity would prejudice the interests of justice".

344 Internal Rules, Regel 29.

345 Internal Rules, Regel 29 (6).

346 ECCC Gesetz, Artikel 33, 35, UN-RGC Abkommen, Artikel 13 (1). Der Angeklagte hat das Recht, „to examine or have examined the witnesses against him or her".

cc) Die Nachverfahrensöffentlichkeit

Die Internal Rules enthalten keine Regeln zur Öffentlichkeit nach rechtskräftigem Abschluss eines Verfahrens. Nach der bisherigen Rechtsprechung zur Nachverfahrensöffentlichkeit von Dokumenten ist davon auszugehen, dass diese nach Abschluss der Verfahren an den ECCC grundsätzlich als öffentlich deklariert werden.[347] Ausnahmen gibt es im Bereich des Zeugenschutzes, denn dieser muss auch nach einem Ende der Arbeit des Tribunals aufrechterhalten bleiben.[348]

Solange die Verfahren an den ECCC laufen, behält das Tribunal die Kompetenz über deren Veröffentlichung, sodass ein Schutz für vertrauliche Dokumente gegeben ist. Es muss geklärt werden, wie mit den Materialien eventueller nicht abgeschlossener Ermittlungen in Verfahren 003 und 004 umzugehen ist. Denkbar wäre es, bei der Materialaufbewahrung und dessen weiterer Aufarbeitung Nichtregierungsorganisationen (NRO, resp. NGO) wie das Documentation Center of Cambodia (DC-Cam) mit einzubeziehen, um den Erhalt der Dokumente für die kommenden Generationen zu sichern.[349] Des Weiteren wäre die Benennung eines Ansprechpartners zu überlegen für den Fall, dass es zu Bedrohungen von Zeugen kommt.[350]

e) Die Unschuldsvermutung

Nach Artikel 14 (2) IPbpR hat „jeder wegen einer strafbaren Handlung Angeklagte [...] Anspruch darauf, bis zu dem im gesetzlichen Verfahren erbrachten Nachweis seiner Schuld als unschuldig zu gelten."[351] Die Unschuldsvermutung gewährleistet als zentrales Verfahrensprinzip nicht nur die Förmlichkeit des Verfahrens, sondern beinhaltet auch die Verteilung der Beweislast zu Lasten der Staatsanwaltschaft und den in dubio pro reo Grundsatz.[352] Die Pflicht der Verhältnismäßigkeit von Zwangsmaßnahmen folgt ebenso aus der Unschuldsvermutung.

---

347 Decision on guidelines for reclassification of documents on case file, F30/2, 26. Juli 2012, Para. 5, abrufbar unter http://www.eccc.gov.kh/sites/default/files/documents/courtdoc/F30_2_EN.pdf.

348 Heller, Kevin Jon, Completion Strategies, Melbourne Law School, 2009, S. 32, 41 abrufbar unter http://www.ipp.ghum.kuleuven.be/publications/heller.pdf.

349 Heller, Kevin Jon, Completion Strategies, Melbourne Law School, 2009, S. 40, abrufbar unter http://www.ipp.ghum.kuleuven.be/publications/heller.pdf.

350 Heller, Kevin Jon, Completion Strategies, Melbourne Law School, 2009, S. 44, abrufbar unter http://www.ipp.ghum.kuleuven.be/publications/heller.pdf.

351 ECCC Gesetz, Artikel 35, UN-RGC Abkommen, Artikel 13 (1), Internal Rules, Regel 21 (1) (d).

352 Nach dem Grundsatz muss das Gericht für eine Verurteilung des Angeklagten von dessen Schuld überzeugt sein. Dieser gilt vollumfänglich im materiellen Strafrecht, im Prozessrecht jedoch nicht. Vgl. Wigginghaus, Nils, Synergieeffekte zwischen Straf- und Zivilprozess: eine Untersuchung zur prozessökonomischen Verbindung von Straf- und Zivilprozess unter besonderer Berücksichtigung des Problems doppelter Beweiserhebungen, Konstanz, 2007, S. 74.

aa) Die Entscheidungsfindung nach der Supermajority-Regel

Ausfluss der Unschuldsvermutung ist auch der Grundsatz, dass Entscheidungen der Kammern prinzipiell einheitlich ergehen sollen.[353] Denn die Unschuldsvermutung ist gefährdet, wenn eine Mehrheitsentscheidung die Schuldfrage betrifft, da die Überzeugung von der Schuld des Angeklagten ohne vernünftigen Zweifel gegeben sein muss. Weniger gefährdet ist sie bei Mehrheitsentscheidungen über verschiedenen Rechtsauslegungsmöglichkeiten. Bei diesen können abweichende Meinungen vielmehr die Fortentwicklung des Völkerstrafrechts ermöglichen.[354]

Auch an den ECCC sollen die Entscheidungen der Kammer grundsätzlich einstimmig ergehen.[355] Ansonsten bedarf es für eine Entscheidung einer qualifizierten Mehrheit in den Kammern entsprechend der sogenannten Supermajority-Regel. Danach ist für eine Entscheidung eine einfache Mehrheit plus eins erforderlich. Im Fall voneinander abweichender Meinungen sind beide schriftlich darzulegen.[356] Es kann also keine Entscheidung ohne mindestens eine Stimme der internationalen Seite getroffen werden.[357] Wird die erforderliche Mehrheit nicht erreicht, so bleibt die ursprüngliche Entscheidung einer Kammer aufrecht erhalten.[358] Darüber hinaus ist nur für den Fall einer Meinungsverschiedenheit zwischen den Staatsanwälten geregelt, dass das Ermittlungsverfahren fortgesetzt wird.[359] Die Internal Rules enthalten aber keine Regelung für den Fall, dass die Vorverfahrenskammer keine Mehrheitsentscheidung bei einer Meinungsverschiedenheit zwischen den Ermittlungsrichtern trifft.[360]

Diese Mehrheitsregelung war einer der entscheidenden Punkte der kambodschanischen Regierung und der VN, um der Errichtung der ECCC zu zustimmen. Denn weder die internationalen, noch die nationalen Richter können von der anderen Seite überstimmt werden. Die Supermajority-Regelung wurde jedoch schon vor Errichtung der ECCC, so auch vom ehemaligen Generalsekretär der VN, Kofi Annan, kritisch beurteilt, da die internationalen Richter in der Kammer letztlich nur eine Art Vetorecht haben.[361]

---

353 UN-RGC Abkommen, Artikel 4 (1).
354 Safferling, Christoph, International Criminal Procedure, Oxford, 2011, S. 407.
355 UN-RGC Abkommen, Artikel 4 (1).
356 UN-RGC Abkommen, Artikel 4 (2).
357 UN-RGC Abkommen, Artikel 4 (1), 6 (4), 7 (4), ECCC Gesetz, Artikel 20, Internal Rules, Regel 71 (4).
358 Internal Rules, Regeln 71 (4) (c), 108 (4).
359 Vgl. Kapitel H. III.
360 Vgl. Kapitel I. VI.
361 UN General Assembly, Khmer Rouge Trials: Report of the Secretary General, 1. April 2003, A/57/769, abrufbar unter http://www.unhcr.org/refworld/docid/3f4e33d94.html.

bb) Das Schweigerecht des Angeklagten

Aufgrund der Unschuldsvermutung ist der Angeklagte nicht verpflichtet, sich selbst zur Sache einzulassen.[362] Daher ist in den Internal Rules das Gebot verankert, dass jedes Interview frei von Zwang erfolgen muss. Bei einem Verstoß hiergegen ist ein Beweisverwertungsverbot normiert.[363] Dieses gilt nicht nur für den Beschuldigten, sondern ebenso für Zeugen. Die Aufklärung über dieses Recht muss gemäß Regel 21 Internal Rules zu Beginn eines jeden neuen Verfahrensabschnitts[364] erfolgen. Allerdings besteht kein gesetzliches Verwertungsverbot bei einem Verstoß gegen die Aufklärungspflicht.[365]

In Verfahren 001 hat der Angeklagte nicht von seinem Schweigerecht Gebrauch gemacht. Dagegen haben die Angeklagten in Verfahren 002 ihr Schweigerecht zu unterschiedlichen Zeitpunkten ausgeübt. Ieng Sary erklärte zu Prozessbeginn, das Schweigerecht während des gesamten Verfahrens auszuüben. Dem schloss sich der Angeklagte Khieu Samphan unter dem Vorbehalt, nach der Beweispräsentation der Staatsanwaltschaft Stellung zu nehmen, an.[366] Nuon Chea nahm sein Schweigerecht in Anspruch, nachdem die Kammer den zweiten Abschnitt des Verfahrens eröffnet und seinen Antrag auf weitere Beweisaufnahmen im ersten Abschnitt abgelehnt hatte.[367]

Es stellt keinen Verstoß gegen dieses Recht dar,[368] wenn die Kammer den Angeklagten trotz der erklärten Ausübung des Schweigerechts zur Abgabe von Aussagen

362 IPbpR, Artikel 14 (3) (g), ECCC Gesetz, Artikel 35neu (g), Internal Rules, Regeln 21 (1) (d), 57 (1).

363 Internal Rules, Regel 21 (3).

364 Ein neuer Verfahrensabschnitt ist der Beginn der Voruntersuchungen, des Ermittlungsverfahrens sowie des Haupt- und Berufungsverfahrens. Order refusing a request of annulment, D55/I, 24. Januar 2008, Para. 13, abrufbar unter http://www.eccc.gov.kh/en/documents/court/order-refusing-request-annulment-submitted-lawyers-nuon-chea.

365 Dieses müsste als unselbständiges Beweisverwertungsverbot von der Rechtsprechung hergeleitet werden. In welchem Umfang dies geschehen würde, ist allerdings fraglich, da bei einer zu erwartenden Orientierung an der französischen Rechtsprechung kein Verbot besteht, das Schweigen des Angeklagten zu dessen Lasten zu werten. Gleß, Sabine, Beweisrechtsgrundsätze einer grenzüberschreitenden Strafverfolgung, Baden-Baden, 2006, S. 206.

366 KRT Trial Monitor, Case 002, Issue No. 15, Hearing on Evidence Week 10, 19–21 March 2012, S. 7, abrufbar unter http://krttrialmonitor.files.wordpress.com/2011/11/15-wk-10-19-22march_final.pdf.

367 KRT Trial Monitor, Case 002, Issue No. 15, Hearing on Evidence Week 10, 19–21 March 2012, S. 7, abrufbar unter http://krttrialmonitor.files.wordpress.com/2011/11/15-wk-10-19-22march_final.pdf.

368 KRT Trial Monitor, Case 002, Issue No. 8, Hearing on Evidence Week 3, 10-12 January 2012, S. 9, abrufbar unter http://krttrialmonitor.files.wordpress.com/2011/11/8-wk-3_13-15dec_final.pdf.

einlädt.[369] Fraglich ist, welche Konsequenzen aus der Ausübung des Schweigerechts gezogen werden dürfen. Es ist nicht normiert, dass das Schweigen im Rahmen der freien Beweiswürdigung nicht verwertet werden darf,[370] allerdings entspricht es der Praxis internationaler Tribunale, dass eine Auslegung zu Lasten des Angeklagten verboten ist.[371] Übt der Angeklagte das Schweigerecht allerdings selektiv aus, darf nach einer Entscheidung der Hauptverfahrenskammer das Schweigen im Rahmen der Bewertung der Glaubwürdigkeit des Angeklagten zu seinen Lasten verwendet werden.[372] Allerdings kann ein Urteil nicht allein auf solche Schlussfolgerungen gestützt werden.[373]

cc) Der Schutz der Unschuldsvermutung gegenüber Dritten

Das Gericht hat die Unschuldsvermutung in bedingtem Rahmen auch gegenüber Dritten zu verteidigen. Daher veröffentlichte die Hauptverfahrenskammer als Reaktion auf eine Äußerung des Premierministers Kambodschas gemäß Regel 35 (2) Internal Rules eine öffentliche Erinnerung hinsichtlich des Rechts des Angeklagten als unschuldig zu gelten. Danach haben Regierungsbeamte Äußerungen zu unterlassen, welche die Integrität der ECCC gefährden könnten.[374] Des Weiteren wies sie die Medien, nachdem die Verteidigung vertrauliche Dokumente rechtswidrig veröffentlicht hatte, auf die Folgen der Weitergabe dieser Informationen für die zu schützenden Zeugen sowie die Notwendigkeit der Wahrung des Rechts auf ein faires Verfahren und der Unschuldsvermutung hin. Darüber hinaus benannte die Kammer einen Ansprechpartner für Fragen bezüglich der Vertraulichkeit von Informationen, um den Schutz der Unschuldsvermutung besser gewährleisten zu können.[375]

---

369 KRT Trial Monitor, Case 002, Issue No. 12, Hearing on Evidence Week 9, 6-9 February 2012, S. 5, abrufbar unter http://krttrialmonitor.files.wordpress.com/2012/07/12-wk-7-6-9feb2012_final.pdf.

370 Eser, Albin, Entwicklung des Strafverfahrensrechts in Europa, ZStW 108, 1996, S. 117, anders IStGH Statut, Artikel 55 (2) (b).

371 Normiert ist dies aber nur in Artikel 67 1 (g) IStGH Statut. Lampell, Zachery, Handbook on Establishing an International War Crimes Tribunal, The Public International Law & Policy Group, S. 107.

372 Wenn er z.B. einmal auf eine Frage antwortet, dann aber die Aussage verweigert. KRT Trial Monitor, Case 002, Issue No. 19, Hearing on Evidence Week 14, 18-20 April 2012, S. 4, abrufbar unter http://krttrialmonitor.files.wordpress.com/2012/05/19-wk-14_18-20-april-2012.pdf.

373 KRT Trial Monitor, Case 002, Issue No. 19, Hearing on Evidence Week 14, 18-20 April 2012, S. 4, abrufbar unter http://krttrialmonitor.files.wordpress.com/2012/05/19-wk-14_18-20-april-2012.pdf.

374 Decision on Rule 35 applications for summary action, E176/2, 11. Mai 2012, abrufbar unter http://www.eccc.gov.kh/sites/default/files/documents/courtdoc/E176_2_EN.PDF.

375 Decision on Nuon Chea defence counsel misconduct, E214, 29. Juni 2012, abrufbar unter http://www.eccc.gov.kh/sites/default/files/documents/courtdoc/E214_EN.PDF.

f) Das Recht auf eine unabhängige Verteidigung

Aus dem Recht auf ein faires Verfahren folgt das Recht auf eine unabhängige[376] Verteidigung,[377] um Waffengleichheit mit der Staatsanwaltschaft herzustellen.[378] Ein Verteidiger muss vor den ECCC zugelassen sein. Das Zulassungsverfahren regeln die Verwaltungsvorschriften des Verteidigerbüros (DSS Administrative Regulations).[379] Zur Aufnahme in die Verteidigerliste der ECCC muss ein kambodschanischer Anwalt bei der nationalen Rechtsanwaltskammer (Bar Association of the Kingdom of Cambodia, BAKC) registrierst sein, ein internationale Anwalt bei einer international anerkannten Verteidigerorganisation und der BAKC.[380] Die Durchführung eines fairen, transparenten und zügigen Zulassungsverfahrens war in der Praxis problematisch,[381] da die BAKC unverhältnismäßig hohe Beitragssätze von den internationalen Anwälten forderte.[382] Um den Druck auf die BAKC in den zähen Verhandlungen von Seiten des Tribunals zu erhöhen, verweigerten sogar die internationalen Richter ihre Teilnahme an einer Plenarsitzung.[383] Die Beitragssätze konnten schließlich im Laufe der Arbeit des Tribunals angepasst werden. Zusätzlich wurden immer wieder Vermutungen der Beeinflussung der kambodschanischen Rechtsanwaltskammer durch die nationale Regierung laut, wodurch die Bereitstellung einer unabhängigen Verteidigung gefährdet erschien.[384]

376 UN-RGC Abkommen, Artikel 21 (1) verleiht dem Verteidiger einen gewissen ‚Schutz vor Strafverfolgung.

377 Dieser muss in der Verteidigerliste eingetragen sein gemäß Internal Rules, Regel 12 (2) (b), (c),

378 UN-RGC Abkommen, Artikel 13 (2), 21 (3). An den ECCC hat der Grundsatz der Waffengleichheit andere Auswirkungen als an anderen internationalen Strafgerichthöfen, denn an den ECCC ist der Ermittlungsrichter verpflichtet auch entlastendes Beweismaterial zu sammeln, sodass die Verantwortung hierfür nicht alleine bei der Verteidigung liegt.

379 Internal Rules, Regel 4, DSS Administrative Regulations. Ausführlich zu den Qualifikationsvoraussetzungen Starygin, Stan, Internal rules of the extraordinary chambers in the courts of Cambodia (ECCC): Setting an example of the rule of law by breaking the law?, 3 (2) JLCR, 2011, S. 7.

380 Internal Rules, Regel 12 (2) (c).

381 Internal Rules, Regel 12 (5).

382 Press Release issued at the request of the national judges of the ECCC, 5. April 2007, abrufbar unter http://www.eccc.gov.kh/english/cabinet/press/24/press_release_eng.pdf.

383 Press Release issued at the request of the national judges of the ECCC, 5. April 2007, abrufbar unter http://www.eccc.gov.kh/english/cabinet/press/24/press_release_eng.pdf.

384 Es gab Vermutungen über Drohungen gegen nationale Verteidiger, wenn diese an internationalen Schulungen teilnehmen wollten. Schulz, Sabine, Transitional justice und hybride Gerichte: zur strafrechtlichen Verfolgung von völkerstrafrechtlichen Verbrechen unter besonderer Berücksichtigung des kambodschanischen Sondergerichts, Berlin, 2009, S. 188.

Die Aufgabe der Verteidigung ist es, den Angeklagten während des Verfahrens zu unterstützen und die Einhaltung seiner Rechte sicherzustellen.[385] Daher muss die Verteidigung in angemessener Zeit und mit angemessenen Ressourcen vorbereitet werden können.[386] Hierfür darf der Verteidiger beispielsweise dem Beschuldigten Kopien der Ermittlungsakte zugänglich machen.[387] Gesichert ist auch die freie Kommunikation zwischen dem Beschuldigten und dem Verteidiger,[388] die Bereitstellung von Dolmetschern und von Räumen für die Verteidigung.[389] Die Verteidigung darf bei ihrer Tätigkeit die Arbeit des Gerichts nicht vollständig blockieren.[390] Darauf wies die Kammer hin, nachdem sie die Verteidigung im Laufe der Verfahren wiederholt aufgrund von verbalen Entgleisungen,[391] repetitiven Antragsstellungen oder Verletzungen der Geheimhaltungspflichten abgemahnt hatte.[392]

Der Beschuldigte wird durch einen Anwalt seiner Wahl vertreten.[393] Wählt er einen internationalen Verteidiger muss dieser mit einem nationalen zusammenarbeiten.[394] Ein Verzicht des Beschuldigten auf die Anwesenheit eines Anwalts während

385 Decision on Civil Party Co-lawyers' joint request for a ruling on the standing of Civil Party lawyers to make submissions on sentencing and directions concerning the questioning of the accused, experts and witnesses testifying on character, E72/3, 9. Oktober 2009, Para. 24, abrufbar unter http://www.eccc.gov.kh/sites/default/files/documents/courtdoc/E72_3_EN.pdf.

386 ECCC Gesetz, Artikel 35, UN-RGC Abkommen, Artikel 13 (1), Internal Rules, Regel 21 (1) (d).

387 Internal Rules, Regel 12 (3).

388 Internal Rules, Regel 22 (3).

389 Internal Rules, Regel 30, IPbpR Artikel 14 (3) (f), wonach der Angeklagte die freie Unterstützung eines Dolmetschers erhält, wenn er die Gerichtssprache nicht versteht oder spricht.

390 Decision on Civil Party Co-lawyers' joint request for a ruling on the standing of Civil Party lawyers to make submissions on sentencing and directions concerning the questioning of the accused, experts and witnesses testifying on character, E72/3, 9. Oktober 2009, Para. 24, abrufbar unter http://www.eccc.gov.kh/sites/default/files/documents/courtdoc/E72_3_EN.pdf.

391 Jackson, Charles C., Progress and problems: defense counsel at the Extraordinary Chambers in the Courts of Cambodia, Mai 2010, S. 29. Case of Khieu Samphan, Pre-Trial Chamber, Warning to International Co-Lawyer (Jacques Vergès), 19. Mai 2009, S. 10, abrufbar unter http://www.eccc.gov.kh/english/cabinet/courtDoc/324/C26_5_22_EN.pdf.

392 Jackson, Charles C., Progress and problems: defense counsel at the Extraordinary Chambers in the Courts of Cambodia, Mai 2010, S. 36 ff..

393 ECCC Gesetz, Artikel 24neu. In Verfahren 003 wurden die Angeklagten nicht bzw. sehr spät über Ermittlungen gegen sie informiert und ihnen wurde kein Anwalt zugeteilt. Vgl. Open Society Justice Initiative, Recent Developments at the Extraordinary Chambers in the Courts of Cambodia, Juni 2011 Update, S. 18, 19.

394 Internal Rules, Regel 22 (1).

seinen Vernehmungen ist in den Internal Rules nicht niedergeschrieben.[395] Nach internationalen Standards ist ein Verzicht aber möglich,[396] wenn dieser ausdrücklich und „voluntary, knowing, unequivocal, informed, and intelligent" ist.[397] Der Beschuldigte kann sich auch selbst verteidigen.[398] Dieses Recht ist grundsätzlich von Artikel 14 (3) (d) IPbpR umfasst.[399] Allerdings kann das Gericht entsprechend der internationalen Verfahrenspraxis eine anwaltliche Unterstützung anordnen, wenn diese im „interest of administration of justice" erforderlich ist.[400]

395 Kritisch hierzu Cambodian Human Rights Action Committee, Comments on the ECCC Draft Internal Rules, Phnom Penh, 17. November 2006, S. 4.

396 Order Refusing a Request for Annulment, 25. Januar 2008, abrufbar unter http://www.eccc.gov.kh/english/cabinet/courtDoc/30/OCIJ_refusing_decision_D55-I_EN.pdf.

397 Prosecutor v. Krajišnik, Reasons for oral decision denying Mr. Krajisnik's request to proceed unrepresented by counsel, Trial Chamber, Case No. IT-00-39-T, 18. August 2005, S. 2 abrufbar unter http://www.eccc.gov.kh/english/cabinet/courtDoc/44/Response_by_Lawyers_of_the_Civil_Parties_C11_48_EN.pdf. Prosecutor v. Bagosora, Decision on the Prosecutor's motion for the admission of certain materials under Rule 89 (c), Trial Chamber, ICTR-98-41-T, 14. Oktober 2004, Para. 18, abrufbar unter http://unictr.org/Portals/0/Case%5CEnglish%5CKabiligi%5Cdecisions%5C141004.pdf.

398 Im Common Law ist das Recht Ausfluss des Selbstbestimmungsrechts des Anklagten, was in dieser Rechtsfamilie von größerer Bedeutung ist, da dem Angeklagten wegen der Aufspaltung in des Verfahrens in Prosecution und Defense Case eine höhere Verantwortung zur eigenen Verteidigung zukommt als bei einem aktiv nach der Wahrheit forschenden Richter. Daher hat der Richter zumindest zu prüfen, ob der Verzicht in Kenntnis der Folgen und unter vernünftiger Abwägung der Umstände erfolgte. Hermann, Joachim, Der amerikanische Strafprozess, in Jung, Heike, Der Strafprozess im Spiegel ausländischer Verfahrensordnungen, Berlin, 1990, S. 144.

399 Es wird nicht durch das im Civil Law System bestehende Prinzip der Pflichtverteidigung beeinträchtigt. Nuon Chea, Order refusing a request of annulment, D55/I, 24. Januar 2008, Para. 12, abrufbar unter http://www.eccc.gov.kh/en/documents/court/order-refusing-request-annulment-submitted-lawyers-nuon-chea.

400 Temminck Tuinstra, Jarinde P. W., Defence Counsel in International Criminal Law, Den Haag, 2009, S. 249–259. Frühere Ansätze beinhalteten die Unterstützung durch „Amicus Curiae" oder einen „Stand-by Counsel". Cryer, Robert, International Criminal Law and Procedure, Cambridge, 2010, S. 438.

Verfügt der Beschuldigte nicht über ausreichende finanzielle Mittel zur Bezahlung seiner Verteidigung,[401] kann er aus der Pflichtverteidigerliste[402] des Verteidigerbüros einen Anwalt wählen.[403] Am JStGH besteht eine solche Wahlmöglichkeit nicht. Hier wird ihm ein Verteidiger beigeordnet.[404] Daher haben Angeklagte versucht die Abberufung der beigeordneten Verteidiger zu erzwingen, indem sie die Kommunikation verweigert oder Vorwürfe gegen dessen standesrechtliches Verhalten erhoben haben.[405] An den ECCC wird diese Situation durch die Regelung vermieden. Ein Anwalt wird in die Pflichtverteidigerliste aufgenommen, wenn er nicht standes- oder disziplinarrechtlich sanktioniert worden ist. Darüber hinaus muss ein internationaler Anwalt über eine anerkannte Befähigung im nationalen oder internationalen Strafrecht, Berufserfahrung im Strafverfahrensrecht über mindestens 10 Jahre als Anwalt, Richter oder Staatsanwalt verfügen und die englische oder französische Sprache beherrschen.[406] Eine solche Vorgabe gibt es für die nationalen Anwälte nicht, da in Kambodscha nur wenige Juristen über solche Qualifikationen überhaupt verfügen.[407] Sie müssen nur eine anerkannte Befähigung im nationalen oder internationalen Strafrecht aufweisen.

Im Hauptverfahren bedurfte die Frage der Klärung, in welchem Umfang sich ein Angeklagter während der Verhandlung mit seinem Anwalt konsultieren darf. Ein Recht auf Anwesenheit des Anwalts während einer medizinischen Untersuchung zur Feststellung seines Gesundheitszustands besteht zumindest nicht.[408] Grund hierfür ist, dass der Anwalt keine medizinische Fachkenntnis besitzt und die Unabhängigkeit der medizinischen Untersuchung durch seine Anwesenheit

401 Gemäß DSS Administrative Regulations, Artikel 11 stellt das Verteidigerbüro die Mittellosigkeit fest, die Entscheidung hierüber obliegt jedoch gemäß Regeln 4, 20 Internal Rules den Ermittlungsrichtern. Decision on Defence Support Section Request for a stay in Case 004 Proceedings before the Pre-Trial Chamber and for measures pertaining to the effective representation of suspects in Case 004, 3, 20. Februar 2012, Para. 11, abrufbar unter http://www.eccc.gov.kh/sites/default/files/documents/courtdoc/3_Redacted_EN-1.PDF.

402 Internal Rules, Regel 11 (2) (d). Eine Mindestanzahl an Verteidigern auf dieser Liste fordernd Cambodian Human Rights Action Committee, Comments on the ECCC Draft Internal Rules, Phnom Penh, 17. November 2006, S. 4.

403 Internal Rules, Regel 22 (2).

404 JStGH RPE, Regel 45 (A), (B).

405 Kirsch, Stefan, Tätigkeit vor internationalen Strafgerichtshöfen, in Ahlbrecht, Heiko/Böhm, Klaus Michael/Esser, Robert/Hugger, Heiner/Kirsch, Stefan/Rosenthal, Michael, Internationales Strafrecht in der Praxis, Heidelberg, 2008, S. 507.

406 Internal Rules Regel 12 (4).

407 DSS Administrative Regulations, A (2.1).

408 Transcript of Proceedings, Trial Management Hearing, E1/114.2, 27. August 2012, S. 35, abrufbar unter http://www.eccc.gov.kh/sites/default/files/documents/courtdoc/E1_114.2_TR002_20120827_Final_EN_Pub.pdf.

nicht gefährdet werden soll.[409] Die Ergebnisse können nur im Nachhinein angefochten werden.[410]

aa) Das Verteidigerbüro

Die Verteidiger eines Beschuldigten werden bei der Wahrung des Rechts des Angeklagten auf ein faires Verfahren durch je einen Rechtsexperten und einen Case Manager sowie das Verteidigerbüro unterstützt, z. B. durch die Beantwortung analytischer und rechtlicher Fragen.[411] Die DSS hat aber kein Recht, Anträge zu stellen.[412] Zusätzlich kann sich die Verteidigung der pro bono Arbeit der Washington and Lee Law School sowie der Pariser Anwaltsvereinigung bedienen. Dies ist insbesondere von Interesse, wenn es um den Umgang mit Regelungen des kambodschanischen und französischen Rechtssystems geht.

Des Weiteren kümmert sich das DSS-Büro um administrative Angelegenheiten wie die Bereitstellung der Verteidigerliste für die Beschuldigten und die Zulassung und Besoldung der Anwälte.[413] Es kontrolliert auch gemäß Artikel 10 Leitfaden zum ECCC Rechtsbeistandssystem (Guide to the ECCC Legal Assistance Scheme), dass überflüssige Arbeit der Anwälte nicht bezahlt wird.[414] Ferner vertritt es die Verteidigung bei Veranstaltungen, in den Medien, vor anderen Tribunalen oder NGOs und bietet zusammen mit der BAKC Trainingskurse für nationale Verteidiger an.

Die DSS wurde zunächst von einer nationalen und internationalen Doppelspitze geleitet, inzwischen gibt es nur noch einen Direktor, der einen nationalen und einen

---

409 Transcript of Proceedings, Trial Management Hearing, E1/114.2, 27. August 2012, S. 35, abrufbar unter http://www.eccc.gov.kh/sites/default/files/documents/courtdoc/E1_114.2_TR002_20120827_Final_EN_Pub.pdf.

410 KRT Trial Monitor, Case 002, Issue No. 15, Hearing on Evidence Week 10, 19–21 March 2012, S. 8, abrufbar unter http://krttrialmonitor.files.wordpress.com/2011/11/15-wk-10-19-22march_final.pdf.

411 Sollte der Verteidiger gemäß Regel 22 (2) Internal Rules ausgesucht worden sein, so hat er sein Team aus der Liste der Defense Support Section zu wählen. Internal Rules, Regeln 12 (2) (i), 22 (5).

412 Decision on Motion for reconsideration of the Decision on the Defence Support Section Request For a stay in case 003 proceedings before the Pre-trial Chamber and for measures pertaining to the effective representation of suspects in case 003, 5, 4. Oktober 2012, abrufbar unter http://www.eccc.gov.kh/sites/default/files/documents/courtdoc/5_EN.PDF.

413 Internal Rules, Regel 11 (2) (h).

414 Decision on Ieng Sary's motions regarding judicial notice of adjudicated facts from Case 001 and facts of common knowledge being applied in case 002, E 69/1, 4. April 2011, S. 3, abrufbar unter http://www.eccc.gov.kh/sites/default/files/documents/courtdoc/E69_1_EN_0.pdf. Decision on Ieng Sary's motion for a hearing on the conduct of the judicial investigations, E 71/1, 8. April 2011, abrufbar unter http://www.cambodiatribunal.org/sites/default/files/resources/e71_1_en.pdf.

internationalen Stellvertreter hat.[415] Die Mitarbeiter des Büros sind internationale Strafrechtler sowie administratives Personal und Übersetzer.

g) *Das Anwesenheitsrecht des Angeklagten*

Ein wesentlicher Verfahrensgrundsatz[416] ist die Anwesenheit des Angeklagten in der Hauptverhandlung.[417] Zweck des Verbots[418] eines Trials in absentia[419] ist, dass der Angeklagte Kenntnis von den gegen ihn erhobenen Tatvorwürfen erlangt, seine Verteidigung effektiv vorbereiten und seine Verteidigungsrechte ausüben kann.[420] Die Kehrseite des Prinzips beinhaltet die grundsätzliche Verpflichtung des Angeklagten zur Anwesenheit in der Hauptverhandlung.[421] Beispielsweise muss er bei Verlesung der Anklageschrift im Gerichtssaal anwesend sein.[422]

Die Hauptverhandlung kann in Abwesenheit des Angeklagten durchgeführt werden, wenn Gerechtigkeitserwägungen oder ansonsten eintretende Verfahrensverzögerungen dies erfordern.[423] Dementsprechend sieht Regel 81 Internal Rules inzwischen Ausnahmen von der Anwesenheitspflicht vor. Das Hauptverfahren kann z. B. gemäß Regel 81 (4) Internal Rules nach dem Initial Hearing in Abwesenheit des Angeklagten fortgesetzt werden, wenn der Angeklagte sich weigert am Verfahren teilzunehmen oder von diesem ausgeschlossen wurde. Es ist ausreichend, dass er durch einen der Verteidiger vertreten wird.[424]

---

415 Internal Rules, Regel 11 (1). Die Doppelbesetzung des Amtes durch einen nationalen und internationalen Direktor wurde aufgelöst.

416 Dies ist kein Recht im klassischen Sinn, sondern ein Verfahrensprinzip, vgl. Safferling, Christoph, International Criminal Procedure, Oxford, 2011, S. 400.

417 IPbpR, Artikel 14 (3) (d), ECCC Gesetz, Artikel 35 (d), Internal Rules, Regel 81.

418 Diese sind in den meisten Civil Law Systemen, zu denen auch Kambodscha zählt, erlaubt. Vgl. CCP, Artikel 114–117.

419 Trials in absentia sind generell verboten gemäß Artikel 63 (1) IStGH Statut, 21 (4) (d) JStGH Statut, 20 (4) (d) RStGH Statut, 17 (4) SCSL Statut.

420 KRT Trial Monitor, Case 002, Issue No. 23, Hearing on Evidence Week 18, 21, 23 May 2012, S. 3, abrufbar unter http://krttrialmonitor.files.wordpress.com/2012/06/23-week-18_2123may2012_final_.pdf.

421 Internal Rules, Regel 81 (1).

422 KRT Trial Monitor, Case 002, Issue No. 14, Hearing on Evidence Week 9, 12–15 March 2012, S. 4, abrufbar unter http://krttrialmonitor.files.wordpress.com/2012/07/14-wk9-12-15march2012_final.pdf.

423 Report of the Group of Experts for Cambodia Pursuant to General Assembly Resolution 52/135, 18. Februar 1999, Annex des United Nations Documents, Identical Letters, 15. März 1999 des Generalsekretärs an die Präsidenten der Generalversammlung und des Sicherheitsrats, UN GAOR, 53rd Sess., Agenda Item110(b), UN Doc. A/53/850 and S/1999/231 (1999), Para. 25.

424 KRT Trial Monitor, Case 002, Issue No. 28, Hearing on Evidence Week 23, 18–20 July 2012, S. 12, abrufbar unter http://krttrialmonitor.files.wordpress.com/2012/08/28-week-23_18-20-july_03aug_final.pdf.

Bleibt der Verteidiger der Verhandlung unentschuldigt fern, kann die Hauptverfahrenskammer das Verfahren vertagen oder fortsetzen. Beantragt der Angeklagte dann die Beiordnung eines Pflichtverteidigers, ist diesem ausreichend Zeit zu gegeben, sich mit dem Fall vertraut zu machen.[425]

aa) Die Krankheit des Angeklagten

Die Frage nach der Fortsetzung der Hauptverhandlung ohne den Angeklagten stellt sich, falls dieser krankheitsbedingt daran nicht teilnehmen kann. Bei einer leichten Erkrankung muss der Angeklagte zunächst jeden Morgen vor Gericht erscheinen,[426] damit über seinen aktuellen Gesundheitszustand befunden werden kann. Ihm kann dann die Möglichkeit geben werden am Verfahren via Audio- und Videolink aus einer Arrestzelle des Wartebereichs des Gerichts (Holding Cell) teilzunehmen.[427] Ob die Hauptverfahrenskammer einen Unterschied zwischen der physischen Anwesenheit des Angeklagten im Gerichtsraum oder in der Holding Cell macht, ist nicht ersichtlich.[428] Für einen Differenzierung zwischen den Beteiligungsformen spricht, dass der Angeklagte beantragen muss, aus der Holding Cell heraus teilzunehmen.[429] Des Weiteren wurde die Verhandlung vertagt, als ein Angeklagter bei der Aussage eines Schlüsselzeugen nicht im Gerichtsraum anwesend sein konnte.

Der Angeklagte kann auch seine Verbringung in die eigentliche Arrestzelle beantragen und sich im Gerichtssaal durch seinen Verteidiger vertreten lassen. Dies stellt gemäß Regel 81 (5) Internal Rules einen Verzicht auf sein Teilnahmerecht dar. Um zu entscheiden, ob eine Verbringung in die Arrestzelle notwendig ist oder der Angeklagte von der Holding Cell aus am Verfahren teilnehmen kann, ordnet die Kammer eine medizinische Untersuchung an.[430] Diese führt gemäß Regel 32 Internal Rules

---

425 Internal Rules, Regel 81 (7).

426 KRT Trial Monitor, Case 002, Issue No. 1, Initial Hearing, 27 – 30 June 2011, S. 7, abrufbar unter http://krttrialmonitor.files.wordpress.com/2011/11/1-initial-hearing_27-30june2011.pdf.

427 The Court Report, Accused Ieng Sary hospitalized, June 2012, S. 3 abrufbar unter http://www.eccc.gov.kh/sites/default/files/publications/June%202012%20Court%20Report_0.pdf.

428 Nach der Rechtsprechung anderer internationaler Gerichte ist die Teilnahme via elektronischer Mittel nicht dauerhaft mit der persönlichen Teilnahme gleichzusetzen. Prosecutor v. Zigiranyirazo, Decision on Interlocutory Appeal, Appeals Chamber, ICTR-2001-73-AR73, 30 Oktober 2006, Para. 12, abrufbar unter http://www.unictr.org/Portals/0/Case%5CEnglish%5CZigiranyirazo%5C decisions%5C061030.pdf.

429 KRT Trial Monitor, Case 002, Issue No. 14, Hearing on Evidence Week 9, 12–15 March 2012, S. 2, abrufbar unter http://krttrialmonitor.files.wordpress.com/2012/07/14-wk9-12-15march2012_final.pdf.

430 KRT Trial Monitor, Case 002, Issue No. 6, Hearing on Evidence Week 2, 5-9 December 2011, S. 14, http://krttrialmonitor.files.wordpress.com/2011/11/6-week-1_5-9dec2011-2.pdf.

ein Sachverständiger durch.[431] Der Angeklagte trägt die Beweislast für das Fehlen seiner Verhandlungsfähigkeit.[432] In der Hauptverhandlung kann die Öffentlichkeit bei der Erörterung der medizinischen Ergebnisse ausgeschlossen werden, um die Privatsphäre des Angeklagten zu schützen.[433]

Die medizinische Untersuchung erfolgt anhand der „Strugar-Kriterien".[434] Es muss eine überwiegende Wahrscheinlichkeit[435] der Fähigkeit des Angeklagten festgestellt werden „to plead, understand the nature of the charges, understand the course of the proceedings, understand the details of the evidence, instruct counsel, understand the consequences of the proceedings, and testify. An accused person will be considered fit to stand trial when he or she possesses these capacities, viewed from a general perspective and in a reasonable and commonsensical manner."[436] Für die Durchführung einer solchen Untersuchung während des Ermittlungsverfahrens muss ein nennenswerter Grund vorliegen, wie z. B. ein Verhalten des Beschuldigten, das Anlass für Zweifel an seinen Fähigkeiten gibt.[437]

Sollte ein Aufenthalt im Krankenhaus notwendig sein, kann die mündliche Verhandlung gemäß Regel 81 (5) Internal Rules unterbrochen werden, wenn dies im Gleichgewicht zum Recht auf ein zügiges Verfahren steht. Alternativ kann das Verfahren mit der Zustimmung des Angeklagten in seiner Abwesenheit fortgesetzt werden. Beispielsweise verzichtete Ieng Sary während eines Krankenhausaufenthalts auf seine Anwesenheit bei Zeugenvernehmungen, die ihn nicht betreffen. Die Verhandlung wurde daher, nachdem sich die Kammer beim betreuenden Arzt über seinen tatsächlichen Zustand rückversichert hatte,[438] fortgesetzt. Willigt der

431 Zitiert in Open Society Justice Initiative, Recent Developments at the Extraordinary Chambers for the Courts of Cambodia, 16.-17. Mai 2008, Para. 27.

432 Prosecutor v. Strugar, Judgment, Appeals Chamber, Case No. IT-01-42-A, 17. Juli 2008, Para. 55, abrufbar unter http://www.icty.org/x/cases/strugar/acjug/en/080717.pdf.

433 KRT Trial Monitor, Case 002, Issue No. 2, Fitness to Stand Trial I, 29-31 August 2011, S. 4, abrufbar unter http://krttrialmonitor.files.wordpress.com/2011/11/2-fitness-to-stand-trial_29-31aug 2011.pdf.

434 KRT Trial Monitor, Case 002, Issue No. 4, Fitness to Stand Trial II, 19-20 October 2011. S. 3, abrufbar unter http://krttrialmonitor.files.wordpress.com/2012/01/4-fitness-to-stand-trial-ii_19-20 oct2011-2.pdf.

435 Prosecutor v. Strugar, Decision on Defense Motion to Terminate Proceedings, Case No. IT-01-42-T, 26. Mai 2004, Para. 38, abrufbar unter http://www.un.org/icty/strugar/trialc1/decision-e/040526.pdf.

436 KRT Trial Monitor, Case 002, Issue No. 4, Fitness to Stand Trial II, 19–20 October 2011. S. 3, abrufbar unter http://krttrialmonitor.files.wordpress.com/2012/01/4-fitness-to-stand-trial-ii_19-20 oct2011-2.pdf.

437 Open Society Justice Initiative, Recent Developments at the Extraordinary Chambers for the Courts of Cambodia, 16.-17. Mai 2008, Paras. 35, 41.

438 KRT Trial Monitor, Case 002, Issue No. 23, Hearing on Evidence Week 18, 21, 23 May 2012, S. 3, abrufbar unter http://krttrialmonitor.files.wordpress.com/2012/06/23-week-18_2123may2012_final__.pdf.

Angeklagte nicht in die Fortsetzung der Hauptverhandlung in seiner Abwesenheit ein, kann die Kammer eine audio-visuelle Übertragung in das Krankenzimmer anordnen.[439] Dort kann auch im Beisein der Parteien eine Anhörung des Angeklagten durchgeführt werden.[440] Nach seiner Genesung kann der Angeklagten zunächst von der Arrestzelle aus am Verfahren teilnehmen.[441]

bb) Die Verfahrensaussetzung und Freilassung

Die Möglichkeit der Verfahrensaussetzung, also einer Verschiebung oder Einstellung des Verfahrens,[442] ist in den Internal Rules nicht geregelt. Sie ist aber nach kambodschanischem Prozessrecht möglich, wenn ein langanhaltendes Verfahrenshindernis vorliegt.[443] Während der Aussetzung muss die Kammer prozedurale Schritte zur Beseitigung des Verfahrenshindernisses ergreifen. Dies folgt aus der Strafverfolgungspflicht des Gerichts und dem Recht des Angeklagten auf ein zügiges Verfahren.[444] Besteht die Aussicht, dass das Verfahrenshindernis in der Zukunft beseitigt werden könnte, folgt aus der Verfahrensaussetzung nicht notwendigerweise die bedingungslose Freilassung des Angeklagten.[445] Diese wird nur im Einzelfall aus humanitären Gründen angeordnet.[446] Kann das Verfahrenshindernis nicht beseitigt

---

439 Internal Rules, Regel 81 (5).

440 Internal Rules, Regel 81 (6).

441 KRT Trial Monitor, Case 002, Issue No. 23, Hearing on Evidence Week 18, 21, 23 May 2012, S. 3, abrufbar unter http://krttrialmonitor.files.wordpress.com/2012/06/23-week-18_2123may2012_final__.pdf.

442 „A "stay" refers to "[t]he postponement or halting of a proceeding, judgment, or the like" and to "[a]n order to suspend all or part of a judicial proceeding or a judgment resulting from that proceeding." Vgl. Decision on immediate appeal against Trial Chamber's order to release the accused Ieng Thirith, E138/1/7, 13. Dezember 2011, Para. 18, abrufbar unter http://www.eccc.gov.kh/sites/default/files/documents/courtdoc/E138_1_7_EN-1.PDF.

443 Z. B. wenn ein anderes Gericht über das Vorliegen eines materiellen Tatbestandsmerkmals entscheiden muss oder wenn der Angeklagte nicht zur Verhandlung erscheint. Decision on immediate appeal against Trial Chamber's order to release the accused Ieng Thirith, E138/1/7, 13. Dezember 2011, Para. 17, abrufbar unter http://www.eccc.gov.kh/sites/default/files/documents/courtdoc/E138_1_7_EN-1.PDF.

444 Decision on immediate appeal against Trial Chamber's order to release the accused Ieng Thirith, E138/1/7, 13. Dezember 2011, Para. 18, abrufbar unter http://www.eccc.gov.kh/sites/default/files/documents/courtdoc/E138_1_7_EN-1.PDF.

445 Decision on immediate appeal against Trial Chamber's order to release the accused Ieng Thirith, E138/1/7, 13. Dezember 2011, Para. 25, abrufbar unter http://www.eccc.gov.kh/sites/default/files/documents/courtdoc/E138_1_7_EN-1.PDF.

446 Decision on immediate appeal against Trial Chamber's order to release the accused Ieng Thirith, E138/1/7, 13. Dezember 2011, Para. 25, abrufbar unter http://www.eccc.gov.kh/sites/default/files/documents/courtdoc/E138_1_7_EN-1.PDF.

werden, wird das ausgesetzte Verfahren durch den Tod des Angeklagten oder den Ablauf der Verjährungsfristen beendet.[447]

An den ECCC stellte sich die Frage, ob die an Demenz erkrankte Angeklagte Ieng Thirith während der Verfahrensaussetzung freizulassen oder zunächst medizinisch zu behandeln war.[448] Die Mehrheit der nationalen Richter favorisierte aufgrund eines Rekurses auf Entscheidungen des JStGH's[449] eine Behandlung, die Minderheit der internationalen Richter eine Freilassung.[450] Nach der Mindermeinung eignete sich der Vergleich zur Rechtsprechung des JStGH's im vorliegenden Fall nicht, da sich die Parteien am JStGH über die Behandlungsbedürftigkeit einig waren und es hinreichende tatsächliche Anhaltspunkte für eine mögliche Heilung des Angeklagten gab. Da bei der Entscheidung die an den ECCC erforderliche Supermajority nicht erreicht wurde, entschied die Kammer, dass im Zweifel die für die Angeklagte beste Lösung zu wählen sei. Die Inhaftierung einer Angeklagten stelle die Ausnahme zur Regel ihrer Freiheit dar, sodass sie freizulassen sei.[451] Die Beschwerde der Staatsanwaltschaft gegen diese Entscheidung gemäß Regel 104 (4) (b) Internal Rules war erfolgreich und die Angeklagte verblieb in Untersuchungshaft. Daraufhin ordnete die Hauptverfahrenskammer gemäß Regel 32 Internal Rules eine erneute Kontrolle[452] des Gesundheitszustands der Angeklagten nach sechs Monaten medizinischer

---

447 Decision on immediate appeal against Trial Chamber's order to release the accused Ieng Thirith, E138/1/7, 13. Dezember 2011, Para. 18, abrufbar unter http://www.eccc.gov.kh/sites/default/files/documents/courtdoc/E138_1_7_EN-1.PDF.

448 Für eine Behandlung wurde ein Zeitraum von sechs Monaten vorgesehen. Decision on immediate appeal against Trial Chamber's order to release the accused Ieng Thirith, E138/1/7, 13. Dezember 2011, abrufbar unter http://www.eccc.gov.kh/sites/default/files/documents/courtdoc/E138_1_7_EN-1.PDF.

449 Entscheidend für die Verfahrensaussetzung ist am JStGH, dass zum Entscheidungszeitpunkt keine Perspektive auf die Durchführung eines fairen Verfahrens besteht. Das Gericht ist nicht dauerhaft an der Strafverfolgung gehindert, wenn die Aussetzung unter Bedingungen stattfand und reversibel ist. Bei einer Aussetzung unter Bedingungen kann daher der Angeklagte in Haft verbleiben. Allerdings ist diese in kurzen Abständen zu überprüfen. Decision on immediate appeal against Trial Chamber's order to release the accused Ieng Thirith, E138/1/7, 13. Dezember 2011, Para. 19 ff., abrufbar unter http://www.eccc.gov.kh/sites/default/files/documents/courtdoc/E138_1_7_EN-1.PDF.

450 Decision on immediate appeal against Trial Chamber's order to release the accused Ieng Thirith, E138/1/7, 13. Dezember 2011, Para. 9, abrufbar unter http://www.eccc.gov.kh/sites/default/files/documents/courtdoc/E138_1_7_EN-1.PDF.

451 Decision on immediate appeal against Trial Chamber's order to release the accused Ieng Thirith, E138/1/7, 13. Dezember 2011, Para. 9, abrufbar unter http://www.eccc.gov.kh/sites/default/files/documents/courtdoc/E138_1_7_EN-1.PDF.

452 Dem mitangeklagten Ehemann wurde die Möglichkeit eingeräumt, einen Antrag auf Teilnahme an dieser Überprüfungssitzung zu stellen. Scheduling of reassessment and hearing on Ieng Thirith fitness to stand trial, E138/117/13, 22. Juni 2012, a.

Behandlung in einem Krankenhaus an.[453] Ihr Krankheitsverlauf stellte sich dabei als irreversibel heraus und die Kammer verfügte ihre Freilassung.[454] Die Rechtsmittelkammer entschied auf die erneute Beschwerde der Staatsanwaltschaft hin zunächst vorläufig, dass die Freilassung unter Bedingungen gemäß Regel 82 (6) Internal Rules zu erfolgen habe.[455] Die Angeklagte müsse auf Ladungen der Kammer reagieren, ihren Pass abgeben, die Kammer über ihren Aufenthaltsort informieren und dürfe diesen ohne Erlaubnis der Kammer nicht ändern.[456] In ihrer endgültigen Entscheidung nahm die Rechtsmittelkammer die Einziehung des Passes zurück und ordnete eine medizinische Untersuchung der Angeklagten im sechs-monatigen Abstand an. Die Gerichtspolizei überprüft die Einhaltung der Bedingungen und die Sicherheit der Angeklagten monatlich. Alternativ kann die Kammer einen monatlichen Bericht der Tochter der Angeklagten, welche sie bewacht, akzeptieren.[457] Der medizinische Bericht über den Gesundheitszustand Ieng Thirith's, der zur Freilassung führte, wurde zur Information der Öffentlichkeit im Nachhinein publiziert.[458]

cc) Der Tod des Angeklagten

Wird im Rahmen eines Verfahrens gegen mehrere Angeklagte das Verfahren gegen einen dieser Angeklagten durch dessen Tod beendet,[459] wird das Verfahren gegen die anderen Angeklagten fortgesetzt. Das den verstorbenen Angeklagten betreffende

---

E., abrufbar unter http://www.eccc.gov.kh/sites/default/files/documents/courtdoc/E138_1_7_13_EN.PDF.

453 Decision on immediate appeal against Trial Chamber's order to release the accused Ieng Thirith, E138/1/7, 13. Dezember 2011, Para. 49, abrufbar unter http://www.eccc.gov.kh/sites/default/files/documents/courtdoc/E138_1_7_EN-1.PDF.

454 Press release trial chamber decision on Ieng Thirith's fitness to stand trial, 18. November 2011, abrufbar unter http://www.cambodiatribunal.org/sites/default/files/reports/Press%20Release% 20Ieng%20Thirith%20release%20ENGLISH.pdf.

455 Decision on Co-Prosecutors' Request for Stay of Release Order of Ieng Thirith, E138/1/1 0/1/2/1, 16. September 2012, S. 1, abrufbar unter http://www.eccc.gov.kh/sites/default/files/documents/courtdoc/E138_1_10_1_2_1_EN.pdf.

456 Decision on Co-Prosecutors' Request for Stay of Release Order of Ieng Thirith, E138/1/1 0/1/2/1, 16. September 2012, S. 2, abrufbar unter http://www.eccc.gov.kh/sites/default/files/documents/courtdoc/E138_1_10_1_2_1_EN.pdf.

457 Decision on Immediate Appeal against the Trial Chamber's Order to unconditionally release the Accused Ieng Thirith, E138/1/10/1/5/7, 14. Dezember 2012, abrufbar unter http://www.eccc.gov.kh/sites/default/files/documents/courtdoc/20121217%2015:46/E138_1_10_1_5_7_EN.pdf.

458 Summary Expert Report on Mrs. Ieng Thirith, E138/1/7/13/2, 29. August 2012, abrufbar unter http://www.eccc.gov.kh/sites/default/files/documents/courtdoc/E138_1_7_13_2_Redacted_EN.PDF.

459 Eine Autopsie nicht zwingend erforderlich. Decision on immediate appeal against Trial Chamber's order to release the accused Ieng Thirith, E138/1/7, 13. Dezember 2011, Para. 18, abrufbar unter http://www.eccc.gov.kh/sites/default/files/documents/courtdoc/E138_1_7_EN-1.PDF.

Beweismaterial muss nicht ausgesondert werden. Die Kammer kann nämlich ein Urteil gegen die verbleibenden Angeklagten unter Bezugnahme auf alle vorliegenden Beweise erlassen, wenn die Hauptverhandlung bereits abgeschlossen ist, aber nur noch der Urteilsspruch aussteht.[460]

V. Zusammenfassung

Die ECCC stellen ein durch einen völkerrechtlichen Vertrag errichtetes und in die kambodschanische Strafjustiz integriertes hybrides Gericht dar. Das zu Beginn der Strafverfahren nur in Grundzügen vorhandene Strafprozessrecht, welches in dem ins nationale Recht umgesetzten völkerrechtlichen Abkommen und den Internal Rules enthalten ist, wird durch ein rechtssetzendes Plenum fortlaufend weiterentwickelt. Das Plenum ist ausreichend zu einer solchen Rechtsetzung legitimiert. Die Legitimationsgrundlage wird an den ECCC, im Gegensatz zu anderen Tribunalen und soweit es nicht bestimmte Kernartikel der Internal Rules betrifft, noch verstärkt, in dem an dem Plenum nicht nur die Richter, sondern auch die übrigen Gerichtsorgane mit Stimmrechten teilnehmen.

Die das Völkerstrafprozessrecht auf allgemeiner Völkerstrafrechtsebene prägenden Strafzwecke gelten ebenso für die ECCC. Dabei ist auf internationaler Ebene die negative und positive Spezialprävention gegenüber nationalen Strafzwecklehren von geringerer Bedeutung.[461] Dagegen spielt anders als in nationalen Strafprozessen die Dokumentation der historischen Ereignisse, also die umfassende Wahrheitsermittlung der von der Anklage erfassten Sachverhalte, eine herausragende Rolle.[462] Darüber hinaus lässt sich eine Rangordnung der Strafzwecke an den ECCC nur schwer bilden.[463] Betont wird z.B. das Streben nach „Opfergerechtigkeit“, welches durch das an den ECCC, ebenso wie am IStGH und STL, vorgesehene Institut der Nebenklage in der Strafverfahrenswirklichkeit umgesetzt wird.[464] Im Vordergrund stehen des Weiteren generalpräventive Strafzwecke, wie z.B. die Abschreckung, die durch die Aburteilung der in Kambodscha zwischen 1975 und 1979 begangenen Verbrechen erreicht werden soll, welche „die Menschheit als Ganzes über nationale

460 Decision on Registrar's submission of evidence of death of accused Samuel Hinga Norman and consequential issues, Case No. SCSL-04-14-T-776, 21. Mai 2007, abrufbar unter http://web.archive.org/web/20081217111812/http://www.sc-sl.org/Documents/CDF/SCSL-04-14-T-776.pdf.

461 Safferling, Christoph, Internationales Strafrecht, Berlin, 2011, S. 69.

462 Burkhardt, Sven/Graebsch, Christine, Völkerstrafrechtlicher Umgang mit Makrokriminalität, in Prittwitz, Cornelius/Böllinger, Lorenz/Jasch, Michael/Krasmann, Susanne/Peters, Helge/Reinke, Herbert/Rzepka, Dorothea/Schumann, Karl F., Kriminalität der Mächtigen, Baden-Baden, 2008, S. 214.

463 Umfangreich hierzu Möller, Christina, Völkerstrafrecht und Internationaler Strafgerichtshof-kriminologische, straftheoretische und rechtspolitische Aspekte, Münster, 2003.

464 IStGH RPE, Regel 85 und STL Statut, Artikel 17, 25.

Grenzen hinaus betreffen".[465] Ferner ist die Förderung des nationalen Werte- und Rechtssystems eine wichtige Funktion der Prozesse vor den ECCC, welche insbesondere durch die Ansiedlung des internationalisierten Tribunals im Tatortstaat, seine Eingliederung in die nationale Justiz und die Anwendung internationalen und nationalen Strafrechts gefördert werden soll.

Die Zwecke des Völkerstrafrechts ergänzen sich teilweise, wie beispielsweise das Ziel der Opfergerechtigkeit oder der Versöhnung. Allerdings ist die gleichrangige Verfolgung aller Ziele in einem Strafverfahren kaum vorstellbar. Insbesondere das Ziel der umfassenden Wahrheitsermittlung, welche sich in einem Strafverfahren zwangsläufig auf eine prozessbezogene Wahrheitssuche reduziert, kann Spannungen verursachen zu anderen Zielen, wie z.B. der Opfergerechtigkeit oder Versöhnung. Mögliche Ziel- oder Prinzipienkonflikte sind im Völkerstrafrecht in Abhängigkeit zur individuellen Entstehungsgeschichte, der zugrunde liegenden Rechtsfamilie und der sich etablierenden Verfahrenspraxis eines Tribunals zu lösen. Dadurch entstehen an den ECCC, wie auch an anderen Tribunalen, Verfahrensordnungen sui generis, an den ECCC die Internal Rules. Diese enthalten gemäß der Vorgaben des UN-RGC Abkommens die wesentlichen Mindestgarantien aus Artikel 14 IPbpR zur Durchführung eines öffentlichen, fairen, zügigen und effizienten Verfahrens unter Beachtung der Rechte des Beschuldigten bzw. Angeklagten.

Diese Mindestgarantien lassen einen weiten Spielraum für eine prozessuale Ausgestaltung. Daraus ergeben sich Ansätze für weitere wissenschaftliche Studien. Beispielsweise ist die Ausgestaltung und Beachtung des Öffentlichkeitsgrundsatzes in den jeweiligen Strafverfahrensabschnitten eines völkerstrafrechtlichen Verfahrens sowohl für den Schutz der Unschuldsvermutung, den Schutz von Opfern und Zeugen und zur Wahrung der Integrität des Verfahrens entscheidend. Daher wäre eine Untersuchung wertvoll, wie mit Geheimhaltungspflichten an internationalen Tribunalen und in nationalen Rechtsordnungen während des Ermittlungsverfahrens, des Hauptverfahrens aber vor allem nach rechtskräftigem Verfahrensabschluss umgegangen wird. Die Ausgestaltung des Öffentlichkeitsgrundsatzes wirkt sich des Weiteren auf den Umfang der Verfahrenstransparenz aus. Um diese zu verbessern sollten die Protokolle der Plenumssitzungen, in denen die Fortentwicklung der Internal Rules diskutiert wird, veröffentlicht werden. Die sich daraus ergebende Nachvollziehbarkeit der Inhalte dieser Sitzungen könnte auch den Völkerstrafprozessrechtsdiskurs bereichern.

465 Dyrchs, Susanne, Das hybride Khmer Rouge-Tribunal, Frankfurt, 2008, S. 280.

D. Die Zuständigkeit der ECCC

Notwendige Voraussetzung für die Durchführung eines Strafprozesses vor den ECCC ist die Eröffnung des Rechtswegs. Das Mandat der ECCC ist durch territoriale und zeitliche, personelle sowie sachliche Zuständigkeitskriterien beschränkt, welche nachfolgend erläutert werden.

Da der Schwerpunkt der vorliegenden Arbeit auf der Analyse des für die Strafverfahren an den ECCC geltenden Prozessrechts liegt und weniger auf der grundsätzlichen gegenseitigen Bedingtheit von materiellem und prozessualem Strafrecht, wird bei der Darstellung der sachlichen Zuständigkeit der ECCC auf die materiellen Straftatbestände und die einzelnen prozessualen Beweisprobleme, wie z.B. die Anforderungen an den Nachweis subjektiver Tatbestandsmerkmale, nicht umfassend eingegangen.[466] Weiter ist die Darstellung der Strafzumessungskriterien auf die Anwendung der im Völkerstrafrecht geltenden Strafzwecke im ersten Urteil des Gerichts in Verfahren 001 gegen den Angeklagten Kaing Guek Eav begrenzt.[467]

I. Die territoriale und zeitliche Zuständigkeit

An den ECCC können Verbrechen verfolgt werden, die im Zeitraum vom 17. April 1975 (Einmarsch der Roten Khmer in Phnom Penh) bis 6. Januar 1979 (Sturz der Roten Khmer) innerhalb des kambodschanischen Territoriums von den Roten Khmer begangenen wurden.[468] Nicht erfasst sind also außergerichtliche Folter, Inhaftierungen und Hinrichtungen der „Revolutionsfeinde" durch die Khmer Rouge in den frühen 1970er Jahren, das amerikanische Bombardement von Ostkambodscha zwischen 1969 und 1973 sowie die Rolle ausländischer Staaten bei der Unterstützung der Khmer Rouge im Exil in den 1980er und 1990er Jahren.[469]

II. Die personelle Zuständigkeit

Das Mandat der ECCC umfasst die Untersuchung der Verbrechen von Personen, die zum Führungskreis der Roten Khmer gehörten (Senior Leaders)[470] und

466 Vgl. z.B. Lüderssen, Klaus, Die strafrechtsgestaltende Kraft des Beweisrechts, ZStW 85, 1973, S. 290.

467 Diese Einrichtungen sind materiellen und prozessualen Charakters. Peters, Karl, Die strafrechtsgestaltende Kraft des Strafprozesses, Recht und Staat, Heft 276/277, Tübingen, 1963, S. 6.

468 ECCC Gesetz, Artikel 1.

469 Glaspy, Padraic J., Justice delayed? Recent developments at the Extraordinary Chambers in the Courts of Cambodia, 21 Harv. Hum. Rts. J., 2008, S. 143, 144.

470 Eine Regelung zum Jugendstrafrecht ist damit entbehrlich. Das kambodschanische Strafrecht würde aber eine Regelung bereit halten. CCP, Artikel 76.

gleichzeitig für die Verbrechen „hauptverantwortlich“ waren (those who where most responsible).[471] Zur Auslegung des Begriffs der Senior Leaders griff die Hauptverfahrenskammer im Urteil in Verfahren 001[472] auf die von der VN-Expertengruppe vorgeschlagene Definition zurück,[473] wonach hierzu „senior leaders with responsibility over the abuses *as well as* those at lower levels who are directly implicated in the most serious atrocities“ zählen.[474] In die Beurteilung fließen die Schwere der Verbrechen und das Maß der Verantwortung der Personen mit ein.[475]

Das Gericht ist auch zuständig für die Verfolgung von „Non-Senior Leaders“, welche die Hauptverantwortung für die begangenen Verbrechen tragen.[476] Hierzu zählen alle „Khmer Rouge Officials“.[477] Die Subsumption der Staatsanwaltschaft, ob

---

471 ECCC Gesetz, Artikel 2. Weiterführend Heder, Steve, A Review of the Negotiations Leading to the Establishment of the Personal Jurisdiction of the Extraordinary Chambers in the Courts of Cambodia, London/Paris, 1. August 2011.

472 Judgement in Case 001, E188, 26. Juli 2010, Paras. 19, 20, abrufbar unter http://www.eccc.gov.kh/sites/default/files/documents/courtdoc/20100726_Judgement_Case_001_ENG_PUBLIC.pdf.

473 Den Begriff „Leaders“ definierte die VN-Expertengruppe wie folgt: „The Group does not believe that the term leaders should be equated with all persons at the senior levels of Government of DK or even of the CPK. The list of top governmental and party officials may not correspond with the list of persons most responsible for serious violations of human rights in that certain top governmental leaders may have been removed from knowledge and decision-making; and others not in the chart of senior leaders may have played a significant role in the atrocities. This seems especially true with respect to certain leaders at the zonal level, as well as officials of torture and interrogation centres such as Tuol Sleng.“ Report of the Group of Experts for Cambodia Pursuant to General Assembly Resolution 52/135, 18. Februar 1999, Annex des United Nations Documents, Identical Letters, 15. März 1999 des Generalsekretärs an die Präsidenten der Generalversammlung und des Sicherheitsrats, UN GAOR, 53rd Sess., Agenda Item110(b), UN Doc. A/53/850 and S/1999/231 (1999), Para. 109–110.

474 Report of the Group of Experts for Cambodia Pursuant to General Assembly Resolution 52/135, 18. Februar 1999, Annex des United Nations Documents, Identical Letters, 15. März 1999 des Generalsekretärs an die Präsidenten der Generalversammlung und des Sicherheitsrats, UN GAOR, 53rd Sess., Agenda Item110(b), UN Doc. A/53/850 and S/1999/231 (1999), Para. 110.

475 Judgement in Case 001, E188, 26. Juli 2010, Paras. 22, 25, abrufbar unter http://www.eccc.gov.kh/sites/default/files/documents/courtdoc/20100726_Judgement_Case_001_ENG_PUBLIC.pdf.

476 Summary of Appeal Judgement Kaing Guek Eav, F26/3, 3. Februar 2012, Para. 9, abrufbar unter http://www.eccc.gov.kh/sites/default/files/documents/courtdoc/03022012Summary-Eng.pdf.

477 Summary of Appeal Judgement Kaing Guek Eav, F26/3, 3. Februar 2012, Para. 10, abrufbar unter http://www.eccc.gov.kh/sites/default/files/documents/courtdoc/03022012Summary-Eng.pdf.

jemand zu diesem Personenkreis gehört, ist rechtlich voll überprüfbar,[478] denn das Kriterium stellt eine Zuständigkeitsbegrenzung dar.[479]

In Verfahren 001 legte der nationale Verteidiger[480] des Angeklagten gegen dessen Einstufung als hauptverantwortlich[481] Rechtsmittel mit der Begründung ein, dass der Angeklagte in der Hierarchie weit unten gestanden und nur Befehle befolgt habe. In der Rechtsmittelanhörung argumentierte er, die Begriffe Senior Leader und Hauptverantwortlicher gehörten zusammen. Da Duch kein Senior Leader sei, könne er auch nicht hauptverantwortlich für die Verbrechen sein.[482] Hauptverantwortlich seien nur die höchstrangigsten Führer der Khmer Rouge gewesen.[483] Die Rechtsmittelkammer entschied, dass hauptverantwortlich nicht nur die Senior Leaders des Regimes gewesen seien.[484] Des Weiteren könne die Einstufung als Hauptverantwortlicher im Haupt- und Rechtsmittelverfahren nicht überprüft werden.[485] Diese Beurteilung stehe im Ermessen der Staatsanwaltschaft, da das Maß an Verantwortung nicht hierarchisch verglichen werden könne und nicht durch den Einwand des Handelns auf höheren Befehl gemildert werde.[486]

Diese Auswahl der Personen steht damit im Wesentlichen im selektiven Ermessen der Staatsanwaltschaft und es besteht kein Verfolgungszwang für alle potenziellen

---

478 Case 001 Appeal Judgement, F28, 3. Februar 2012, Para. 79, abrufbar unter http://www.eccc.gov.kh/sites/default/files/documents/courtdoc/Case%20001AppealJudgementEn.pdf.

479 UN-RGC Abkommen, Artikel 2 (1).

480 Duch hat seinen internationalen Verteidiger Francois Roux kurz vor Veröffentlichung des Urteils von seinem Mandat entbunden.

481 Die Hauptverfahrenskammer sah Duch als „most responsible" an und ließ die Frage, ob er „Senior Leader" sei, offen. Judgement in Case 001, E188, 26. Juli 2010, Para. 22, 25, abrufbar unter http://www.eccc.gov.kh/sites/default/files/documents/courtdoc/20100726_Judgement_Case_001_eng_PUBLIC.pdf.

482 Transcript of appeal proceedings – Kaing Guek Eav "Duch" on 28 March 2011, F1/2.1, 28. März 2011, S. 53–57, abrufbar unter http://www.eccc.gov.kh/sites/default/files/documents/courtdoc/F1_2.1_TR001_20110328_Final_en_Pub.pdf.

483 Open Society Justice Initiative, Recent Developments at the Extraordinary Chambers in the Courts of Cambodia, Dezember 2010 Update, S. 10.

484 Case 001 Appeal Judgement, F28, 3. Februar 2012, Para. 57, abrufbar unter http://www.eccc.gov.kh/sites/default/files/documents/courtdoc/Case%20001AppealJudgementEn.pdf.

485 Order scheduling appeal hearing, F20, 4. März 2011, abrufbar unter http://www.eccc.gov.kh/en/documents/court/order-scheduling-appeal-hearing. Transcript of appeal proceedings – Kaing Guek Eav "Duch" on 28 March 2011, F1/2.1, 28. März 2011, S. 90–91, 106, abrufbar unter http://www.eccc.gov.kh/en/document/court/transcript-appeal-proceedings-kaing-guek-eav-duch-28-march-2011.

486 Summary of Appeal Judgement Kaing Guek Eav, F26/3, 3. Februar 2012, Para. 10, abrufbar unter http://www.eccc.gov.kh/sites/default/files/documents/courtdoc/03022012Summary-Eng.pdf.

Täter.[487] Die Feststellung der individuellen Verantwortlichkeit nur weniger Akteure kann jedoch nach Meinung der Verteidigung im Verfahren gegen Duch dazu führen, dass wenige Täter zum „Scapegoat“[488] gemacht werden. Dies sei insbesondere vor dem Hintergrund des fragilen Rechtssystems in Kambodscha und der politischen Machtstrukturen kritisch zu bewerten. Der „Eindruck einer gewissen Willkürlichkeit solcher Globaljustiz“ ist schwer zu entkräften.[489] Die „notwendige Selektivität“ der juristischen Aufarbeitung in völkerstrafrechtlichen Prozessen an den ECCC ist jedoch Konsequenz der beschränkten finanziellen und personellen Ressourcen, der tatsächlichen politischen und gesellschaftlichen Gegebenheiten vor Ort[490] sowie der Tatsache, dass die Errichtung des Gerichts bereits den kleinsten machbaren Nenner in den internationalen Beziehungen darstellte.[491]

---

487 Judgement in Case 001, E188, 26. Juli 2010, Para. 24, abrufbar unter http://www.eccc.gov.kh/sites/default/files/documents/courtdoc/20100726_Judgement_Case_001_eng_PUBLIC.pdf. Report of the Group of Experts for Cambodia Pursuant to General Assembly Resolution 52/135, 18. Februar 1999, Annex des United Nations Documents, Identical Letters, 15. März 1999 des Generalsekretärs an die Präsidenten der Generalversammlung und des Sicherheitsrats, UN GAOR, 53rd Sess., Agenda Item110(b), UN Doc. A/53/850 and S/1999/231 (1999), S. 111: „[T]he decision on whom to indict should rest solely with the prosecutor [...]. A fortiori, the Group opposes the creation of a tribunal that would explicitly be limited in advance to the prosecution of named individuals."

488 Transcript of Proceedings – "DUCH" Trial (Trial Day 2), E1/6.1, 31. März 2009, S. 68, abrufbar unter http://www.eccc.gov.kh/sites/default/files/documents/courtdoc/E1_6.1_TR001_20090331_Final_ENG_Pub.pdf.

489 Prittwitz, Cornelius, Skizzen zu Strafrecht und Kriminalpolitik in Zeiten der Globalisierung, in Prittwitz, Cornelius/Manoledakis, Ioannis, Strafrechtsprobleme an der Jahrtausendwende: deutsch-griechisches Symposium, Baden-Baden, 2000, S. 174.

490 Danach ist die Untersuchung der Rolle der USA, Chinas, Vietnams und Thailands in die Verbrechen nicht gewünscht. Auch sollen eventuelle Verbindungen der Regierung Hun Sens zu den Verbrechen nicht thematisiert werden. Karbaum, Markus, Kambodscha unter Hun Sen, Informelle Institutionen, politische Kultur und Herrschaftlegitimität, Berlin, 2008, S. 153 f.

491 Prittwitz, Cornelius, Die Rolles des Strafrechts im Menschenrechtsregime, in Pilgram, Arno/Böllinger, Lorenz/Jasch, Michael/Krasmann, Susanne/Prittwitz, Cornelius/Reinke, Herbert/Rzepka, Dorothea, Einheitliches Recht für die Vielfalt der Kulturen?: Strafrecht und Kriminologie in Zeiten transkultureller Gesellschaften und transnationalen Rechts, Wien, 2012, S. 39.

III. Die sachliche Zuständigkeit

Die angeklagten Straftatbestände und völkerstrafrechtlichen Zurechnungsregeln[492] müssen vom Recht der ECCC explizit oder implizit erfasst sein. Des Weiteren darf nach dem Grundsatz nullum crimen sine lege[493] niemand „wegen einer Handlung oder Unterlassung verurteilt werden, die zur Zeit ihrer Begehung nach inländischem oder nach internationalem Recht nicht strafbar war".[494] Durch dieses Prinzip wird sowohl die Bildung unzulässiger Analogien als auch eine rückwirkende strafrechtliche Gesetzgebung verhindert.[495] Dies ist an den ECCC vor allem unter dem Aspekt relevant, da das Recht nach Tatbegehung erlassen wurde.

Im Folgenden wird zunächst der allgemeine Teil des Völkerstrafrechts an den ECCC dargestellt. Im besonderen Teil folgen Erläuterungen zu den verschiedenen Tatbeständen der Artikel 3 bis 8 ECCC Gesetz.

1) Der allgemeine Teil

Im allgemeinen Teil wird zunächst das Verständnis des Straftatbegriffs an den ECCC analysiert, bevor auf die Straffreistellungsgründe, die strafrechtlichen Zurechnungsregeln sowie die Konkurrenzen und Strafzumessung eingegangen wird.

a) Der Straftatbegriff

Der Tatbestandsbegriff umfasst alle rechtlichen Voraussetzungen, bei deren Vorliegen ein Sachverhalt strafrechtlich relevant ist. Er umschreibt das einzelne verbots- oder gebotswidrige Verhalten, auf das sich eine konkrete Strafandrohung bezieht.[496] Für die Beantwortung der Frage, wie der Tatbestandsbegriff an den ECCC

---

492 Die Zurechnungsregeln sind wie auch an anderen Tribunalen weit gefasst und bedürfen der Konkretisierung durch die Rechtsprechung. Zum kriminologischen Hintergrund vgl. Prittwitz, Cornelius, Regierungskriminalität und Kriminalität der Mächtigen, in Prittwitz, Cornelius/Böllinger, Lorenz/Jasch, Michael/Krasmann, Susanne/Peters, Helge/Reinke, Herbert/Rzepka, Dorothea/Schumann, Karl F., Kriminalität der Mächtigen, Baden-Baden, 2008, S. 185–199.

493 Judgement in Case 001, E188, 26. Juli 2010, Para. 28, abrufbar unter http://www.eccc.gov.kh/sites/default/files/documents/courtdoc/20100726_Judgement_Case_001_eng_PUBLIC.pdf.

494 IStGH Statut, Artikel 22. Keine Strafe ohne zum Tatzeitpunkt existierendes Gesetz, Creifelds, Carl, Nullum crimen (nulla poena) sine lege, Rechtswörterbuch, München, 2002, S. 974.

495 Zum Problem der rückwirkenden Rechtsprechungsänderung von Strafgerichten vgl. Neumann, Ulfrid, Wahrheit im Recht, Zu Problematik und Legitimität einer fragwürdigen Denkform, Würzburger Vorträge zur Rechtsphilosophie, Rechtstheorie und Rechtssoziologie, Heft 32, Baden-Baden, 2004, S. 60 ff.

496 Stratenwerth, Günter/Kuhlen, Lothar, Strafrecht Allgemeiner Teil, München, 2011, § 7, Rn. 7.

zu verstehen ist, ist zunächst ein Blick auf das unterschiedliche Verständnis in den beiden großen Rechtskulturen notwendig.

Im Civil Law wird von einem materiellen Straftatbegriff ausgegangen, der unabhängig von der prozessualen Durchsetzbarkeit der strafrechtlichen Verantwortlichkeit ist.[497] Beim dreigliedrigen Deliktsaufbau wird zwischen der Tatbestandmäßigkeit sowie den Unrechtselementen Rechtswidrigkeit und Schuld unterschieden.[498] Wurden die Tatbestandmerkmale willentlich erfüllt, wird dadurch bereits meist das Unrecht positiv begründet. Allerdings kann es durch einen Rechtfertigungsgrund wieder entfallen. Das Handeln muss dem Täter weiter persönlich vorwerfbar, ihm also zuzurechnen sein.[499] Dies überprüft das Gericht in der Schuld. Die Unschuldsvermutung wird mit dem rechtskräftigen Urteil widerlegt.[500] Im angloamerikanischen Recht herrscht dagegen der prozessuale Tatbegriff. Bei diesem wird die Durchsetzbarkeit der Verantwortlichkeit im Verfahren stärker berücksichtigt, was das Herstellen einer Einzelfallgerechtigkeit ermöglichen soll.[501] Entsprechend der Aufteilung in Prosecution und Defense Case ergibt sich ein zweigliedriges Tatverständnis.[502] Die willentliche Tatbestandsverwirklichung ist strafbegründend. Danach werden die Straffreistellungsgründe (Defences) geprüft, wobei nicht zwischen Rechtswidrigkeit und Schuld unterschieden wird.

Im Völkerstrafrecht hat sich eine letztgültige Straftatlehre bisher nicht entwickelt.[503] An den meisten Tribunalen ist das Verfahren in Prosecution und Defense Case aufgeteilt und es wurde der zweistufige Deliktsaufbau übernommen. Am IStGH gab es keine direkte Übernahme eines nationalen Modells. Hier wird von einem selbständigen Tatbegriff ausgegangen. Einerseits muss entsprechend dem materiellen Straftatbegriff des Civil Laws die Staatsanwaltschaft auch zu Gunsten des Verdächtigen ermitteln.[504] Andererseits hat sich ein zweigliedriger Verbrechensbegriff wie im Common Law herausgebildet.[505] Nach diesem ist die willentliche Verwirklichung des Tatbestands strafbegründend. In einem zweiten Schritt werden die Straffreistellungsgründe geprüft, wobei nicht zwischen Rechtfertigungs- und Entschuldigungsgründen differenziert wird.[506] Diese Zweigliedrigkeit des Tatbegriffs findet sich auch an den ECCC, wobei die angloamerikanische Terminologie

---

497 Stratenwerth, Günter/Kuhlen, Lothar, Strafrecht Allgemeiner Teil, München, 2011, § 7, Rn. 7.

498 In Frankreich erfolgt eine Gliederung nach dem élément légal, dem élément matériel und dem élement moral. Vgl. Helmert, Volker, Der Straftatbegriff in Europa, Berlin, 2011, S. 52 ff., 131.

499 Helmert, Volker, Der Straftatbegriff in Europa, Berlin, 2011, S. 71 ff.

500 Safferling, Christoph, Internationales Strafrecht, Berlin, 2011, S. 96.

501 Safferling, Christoph, Internationales Strafrecht, Berlin, 2011, S. 96.

502 Helmert, Volker, Der Straftatbegriff in Europa, Berlin, 2011, S. 93 ff.

503 Safferling, Christoph, Internationales Strafrecht, Berlin, 2011, S. 94.

504 Safferling, Christoph, Internationales Strafrecht, Berlin, 2011, S. 94.

505 Safferling, Christoph, Internationales Strafrecht, Berlin, 2011, S. 96.

506 Safferling, Christoph, Internationales Strafrecht, Berlin, 2011, S. 98.

übernommen wurde. Allerdings wurde das Verfahren nicht in Prosecution und Defense Case aufgeteilt. Des Weiteren sind nicht die Staatsanwälte, sondern die Ermittlungsrichter zur Sammlung be- und entlastender Beweise zuständig. An den ECCC kann somit auch von einem Straftatbegriff sui generis ausgegangen werden.

b) Die Straffreistellungsgründe

Für eine Verurteilung dürfen keine Straffreistellungsgründe vorliegen. Straffreistellungsgründe sind in den Dokumenten des Tribunals nicht aufgeführt. Allerdings ist eine Straffreistellung aufgrund von Immunitäten gemäß Artikel 29 (4) ECCC Gesetz[507] explizit ausgeschlossen. Im ECCC Gesetz ist, anders als das IStGH Statut, auch nicht das sogenannte Handeln auf Befehl normiert.[508] In diesem Fall kennt der Angeklagte die Rechtswidrigkeit des Befehls nicht und deren Vorliegen war auch nicht offensichtlich.[509] Es ist umstritten, ob dies tatsächlich einen Straffreistellungsgrund darstellt oder ob der Umstand in der Strafzumessung zu berücksichtigen ist.[510] In Verfahren 001 lagen jedoch schon die notwendigen inhaltlichen Voraussetzungen hierfür nicht vor, sodass die Kammer in ihrem Urteil keine Aussage dazu treffen musste.[511] Allerdings enthält das kambodschanische Strafgesetzbuch Regelungen, wie z. B. zur Unzurechnungsfähigkeit, beschränkten Strafmündigkeit, Notwehr (auch zu Gunsten Dritter)[512] oder zum Nötigungsnotstand[513] (Necessity).[514]

---

507 Ebenso wie die Nürnberg Charta und die Statute des JStGH's und RStGH's.

508 An den Ad-hoc Gerichtshöfen stellt dies nur ein fakultativer Strafmilderungsgrund dar. JStGH Statut, Artikel 7 (4), RStGH Statut, Artikel 6 (4).

509 IStGH Statut, Artikel 33.

510 Judgement in Case 001, E188, 26. Juli 2010, Para. 552, abrufbar unter http://www.eccc.gov.kh/sites/default/files/documents/courtdoc/20100726_Judgement_Case_001_eng_PUBLIC.pdf.

511 Judgement in Case 001, E188, 26. Juli 2010, Paras. 552, 558, abrufbar unter http://www.eccc.gov.kh/sites/default/files/documents/courtdoc/20100726_Judgement_Case_001_eng_PUBLIC.pdf.

512 Linton, Suzannah, Putting Cambodia's Extraordinary Chambers into Context, 11 SYBIL, 2007, S. 242.

513 Im Völkerstrafrecht wird nicht zwischen der angloamerikanischen „Necessity" und „Duress" unterschieden. Ebenso wird nicht zwischen rechtfertigendem und entschuldigendem Notstand bzw. Aggressiv- und Defensivnotstand differenziert. Vgl. Werle, Gerhard, Völkerstrafrecht, Tübingen, 2012, S. 261 ff.

514 CCP von 1956, Artikel 97 (2). „Absolute necessity exists where the perpetrator of the offence, faced with an inevitable and imminent danger could only avoid it by committing the offence and, in addition, the danger did not arise from an act within his or her control, committed in order to create the danger." Judgement in Case 001, E188, 26. Juli 2010, Para. 553, abrufbar unter http://www.eccc.gov.kh/sites/default/files/documents/courtdoc/20100726_Judgement_Case_001_eng_PUBLIC.pdf.

In Verfahren 001 konnte sich der Angeklagte allerdings nicht auf einen Notstand berufen, da er willentlich und aktiv am Aufbau des Regimes beteiligt gewesen war.[515]

Umstritten ist, welche Auswirkung Amnestien[516] und Begnadigungen[517] auf die Strafverfolgung haben. Nach dem Verbot der Doppelbestrafung (ne bis in idem) darf ein Täter wegen einer Straftat nämlich nur einmal verurteilt werden.[518] Zwar hat sich die kambodschanische Regierung verpflichtet, keine neuen Amnestien oder Begnadigungen für vor den ECCC Beschuldigte zu gewähren. Allerdings wurden solche vor der Errichtung des Tribunals erlassen.[519] So wurde z.B. Ieng Sary im Jahr 1994 amnestiert[520] und 1996 vom kambodschanischen König begnadigt, nachdem er die Khmer Rouge verlassen hatte.[521] Zuvor war er im August 1979 in Abwesenheit wegen Genozids durch das People's Revolutionary Tribunal (PRT)[522] zum Tode verurteilt worden.[523] Über den Umgang mit diesen müssen die ECCC

---

515 Judgement in Case 001, E188, 26. Juli 2010, Para. 557, abrufbar unter http://www.eccc.gov.kh/sites/default/files/documents/courtdoc/20100726_Judgement_Case_001_eng_PUBLIC.pdf.

516 Amnestie ist der Straferlass für eine Vielzahl von Tätern durch ein Gesetz, das entweder den Erlass bereits rechtskräftig verhängter Strafen oder die Einstellung der Strafverfolgung oder eines bereits anhängigen Verfahrens bestimmt. Creifelds, Carl, Amnestie, Rechtswörterbuch, München, 2002, S. 52.

517 Begnadigung ist der völlige oder teilweise Straferlass durch das Staatsoberhaupt zugunsten eines Täters nach einem rechtskräftigen Strafurteil. Creifelds, Carl, Gnadenrecht, Rechtswörterbuch, München, 2002, S. 613.

518 UN-RGC Abkommen, Artikel 12 (2), 13 (1). Artikel 33, 35 neu ECCC Gesetz i.V.m. Artikel 14 (7) IPbpR. „Niemand darf wegen einer strafbaren Handlung, wegen der er bereits nach dem Gesetz und dem Strafverfahrensrecht des jeweiligen Landes rechtskräftig verurteilt oder freigesprochen worden ist, erneut verfolgt oder bestraft werden." Nach Artikel 20 (3) IStGH Statut ist ein neuer Prozess erlaubt, wenn der erste Prozess mit der Absicht abgehalten wurde, um den Angeklagten vor weiterer Strafverfolgung zu schützen oder keinen fairen Prozess darstellte.

519 Vgl. Kapitel B. II.

520 Die Amnestie wurde aufgrund des Gesetzes vom 14. Juli 1994 über das Verbot des Regimes des Demokratischen Kampuchea erteilt (Law to Outlaw the Democratic Kampuschea Group), abrufbar unter http://www.cambodia.gov.kh/krt/english/legislation.htm.

521 Cambodian Royal Decree No. NS/RKT/0996/72, 14. September 1996.

522 Vgl. Kapitel B. II. 1). Open Society Justice Initiative, Recent Developments at the Extraordinary Chambers in the Courts of Cambodia, Februar 2009 Update, S. 11.

523 Die Definition des Völkermords aus der Völkermordkonvention von 1948 wurde für das PRT abgewandelt, um die begangenen Verbrechen verfolgen zu können. Erfasst waren das geplante Massaker an unschuldigen Individuen, die erzwungene Evakuierung von städtischen und ländlichen Gebieten, um die Bewohner in Zwangsarbeitslager zu vertreiben, die zu ihrer psychischen und physischen Zerstörung führten, die Ausrottung der Religion, die Zerstörung politischer, kultureller und sozialer Strukturen sowie die Zerstörung sozialer und familiärer Beziehungen. People's Revolutionary Tribunal, Judgment, August 1979.

nun befinden.[524] Die Ermittlungsrichter entschieden zunächst, dass das Prinzip ne bis in idem[525] nicht anwendbar sei, da die Anklage gegen Ieng Sary vor den ECCC bisher nicht auf Genozid laute. Ferner habe der Prozess im Jahr 1979 nicht den internationalen Prinzipien eines fairen Prozesses entsprochen und es wurden nicht alle Taten, für die Ieng Sary vor den ECCC angeklagt wurde, verfolgt. Auch verhindere die gewährte Amnestie bzw. Begnadigung nicht die Verfolgung eines in die Zuständigkeit des Tribunals fallenden Verbrechens.[526] Die frühere Verurteilung könne in der Strafzumessung berücksichtigt werden.[527] Auch nach Ansicht der Staatsanwaltschaft verleiht die Amnestie Ieng Sary keine Immunität vor den ECCC, da das Tribunal an die Amnestie nicht gebunden sei. Die von der Zuständigkeit des Tribunals umfassten Tatbestände gehörten zu den zwingenden Normen des Völkerrechts (jus cogens), sodass eine Amnestie deren Verfolgung nicht verhindere.[528] In seinem vor der Vorverfahrenskammer eingereichten Rechtsmittel argumentierte die Verteidigung Ieng Sarys, die ECCC seien aufgrund seiner Verurteilung wegen Genozids nicht zu weiteren Ermittlungen gegen ihn befugt, da vom Tatbestand des Genozids alle in die Zuständigkeit des Tribunals fallenden Tatbestände umfasst seien.[529] Sollte die Kammer das Prinzip ne bis in idem im vorliegenden Fall jedoch als nicht anwendbar betrachten, so binde die erlassene Amnestie bzw. Begnadigung

524 ECCC Gesetz, Artikel 40.

525 „No one shall be liable to be tried or punished again for an offence for which he has already been finally convicted or acquitted in accordance with the law and penal procedure of each country." Dies ist kein absolut geltendes Prinzip, sondern kann in Ausnahmesituationen abgeändert werden, wie beispielsweise wenn Zweck des früheren Verfahrens die Abschirmung des Beschuldigten von der strafrechtlichen Verantwortung war oder das Verfahren nicht unabhängig und fair durchgeführt wurde und nicht darauf abzielte den Beschuldigten zur Rechenschaft zu ziehen. Provisional Detention Order (Ieng Sary), C22, 14. November 2007, Para. 7, abrufbar unter http://www.eccc.gov.kh/sites/default/files/documents/courtdoc/Provisional_detention_order_Ieng_Sary_ENG_0.pdf.

526 Provisional Detention Order (Ieng Sary), C22, 14. November 2007, Para. 7, abrufbar unter http://www.eccc.gov.kh/sites/default/files/documents/courtdoc/Provisional_detention_order_Ieng_Sary_ENG_0.pdf.

527 Prosecution's Response to Ieng Sary's Submission on Jurisdiction, C22/I/32, 16. Mai 2008, Para. 6, abrufbar unter http://www.eccc.gov.kh/sites/default/files/documents/courtdoc/Prosecution_Response_to_Jurisdiction_submission_C22_I_32_EN.pdf.

528 Prosecution's Response to Ieng Sary's Submission on Jurisdiction, C22/I/32, 16. Mai 2008, Paras. 22, 23, abrufbar unter http://www.eccc.gov.kh/sites/default/files/documents/courtdoc/Prosecution_Response_to_Jurisdiction_submission_C22_I_32_EN.pdf.

529 Ieng Sary's Submission Pursuant to the Decision on Expedited Request of Co-Lawyers for a Reasonable Extension of Time to File Challenges to Jurisdictional Issues, C22/I/15, 7. April 2008, Para. 9, abrufbar unter http://old.eccc.gov.kh/english/cabinet/courtDoc/42/PTC_decision_expedited_request_of_CoLawyers_C22_I_15_EN.pdf.

das Gericht.[530] In ihrer Entscheidung traf die Vorverfahrenskammer keine Aussage zur Wirksamkeit der Amnestien vor den ECCC. Es sei nicht sicher, ob diese im anhängigen Verfahren zu berücksichtigen seien. Daher sei unklar, ob sie einer Verurteilung wegen Genozids entgegenstünde. Die Vorverfahrenskammer ließ die Abschlussverfügung der Ermittlungsrichter (Closing Order) zu und überließ die Beantwortung der Frage der Hauptverfahrenskammer.[531] Diese hat noch nicht zur Sache entschieden.

c) *Täterschaft und Teilnahme*

Die ECCC wenden, wie andere Tribunale, das funktionale Einheitstätermodell an.[532] Danach sind keine Rechtsfolgen, wie etwa eine Strafrahmenverschiebung, an die unterschiedlichen Beteiligungsformen geknüpft.[533] Gemäß Artikel 29 ECCC Gesetz wird die individuelle Verantwortlichkeit einer Person begründet, wenn diese einen vom Statut erfassten Tatbestand eigenhändig begangen, geplant, dazu angestiftet[534] oder Beihilfe geleistet[535] oder angeordnet[536] hat. Von Artikel 29 ECCC Gesetz ist weiter die Vorgesetztenverantwortlichkeit erfasst. Danach kann eine Zurechnung erfolgen, wenn der Vorgesetzte wusste oder wissen konnte, dass ein Untergebener einen der strafbaren Tatbestände begehen würde oder begangen hat und es unterlassen hat, dies zu verhindern oder den Täter zu bestrafen.

---

530 Ieng Sary's Submission Pursuant to the Decision on Expedited Request of Co-Lawyers for a Reasonable Extension of Time to File Challenges to Jurisdictional Issues, C22/I/15, 7. April 2008, Para. 9, abrufbar unter http://old.eccc.gov.kh/english/cabinet/courtDoc/42/PTC_decision_expedited_request_of_CoLawyers_C22_I_15_EN.pdf.

531 Public Decision on Appeal Against Provisional Detention Order of Ieng Sary, C22/I/74, 17. Oktober 2008, Para. 57-59, abrufbar unter http://www.eccc.gov.kh/sites/default/files/documents/courtdoc/C22_I_74_EN.pdf.

532 Die völkerstrafrechtliche Zurechnungslehre folgt bisher nationalen Zurechnungsmodellen. Safferling, Christoph, Internationales Strafrecht, Berlin, 2011, S. 93.

533 Kirsch, Stefan, Tätigkeit vor internationalen Strafgerichtshöfen, in Ahlbrecht, Heiko/Böhm, Klaus Michael/Esser, Robert/Hugger, Heiner/Kirsch, Stefan/Rosenthal, Michael, Internationales Strafrecht in der Praxis, Heidelberg, 2008, S. 474.

534 Dies umfasst die akzessorische Teilnahme an einer fremden Haupttat. Der Täter bestimmt die Teilnahme an der Tat, ohne dass ein Hierarchieverhältnis besteht. Dabei handelt er mit doppeltem Anstiftervorsatz. Safferling, Christoph, Internationales Strafrecht, Berlin, 2011, S. 134.

535 Der Beitrag muss die Haupttat physisch oder psychisch-moralisch wesentlich beeinflusst, sie allerdings nicht kausal herbeigeführt haben. Der Täter muss die Tatbegehung erleichtern wollen. Safferling, Christoph, Internationales Strafrecht, Berlin, 2011, S. 134.

536 Ein Untergebener wird unter Ausnutzung eines faktisch bestehenden Über-Unterordnungsverhältnisses zur Straftatbegehung überzeugt/gezwungen. Safferling, Christoph, Internationales Strafrecht, Berlin, 2011, S. 133.

An den ECCC musste geklärt werden, ob die systemische Zurechnungsfigur der Beteiligung an einem gemeinsamen kriminellen Vorhaben (Joint Criminal Enterprise, JCE) Anwendung findet. Diese wurde am JStGH eingeführt, um die kollektive Begehungsweise völkerstrafrechtlicher Verbrechen und die Verantwortlichkeit von Schreibtischtätern erfassen zu können.[537] Durch die Zurechnungsregel wird die Beteiligung an einer gemeinsamen Unternehmung oder einem kriminellen Zweckverbund strafbar, innerhalb dessen es zu Straftaten kommt. Es gibt drei unterschiedliche Formen der JCE, die sich in ihren Anforderungen an den objektiven und subjektiven Tatbestand unterscheiden.[538] Die JCE I umfasst die Normalform der Mittäterschaft, d. h. alle Teilnehmer an der Tat agieren aufgrund eines gemeinsamen Zwecks mit dem gemeinsamen Vorsatz zur Tatbegehung. Die betreffende Person leistet im Rahmen des gemeinsamen Zwecks einen Beitrag zu Verbrechen, die innerhalb des Tatplans liegen. Die JCE II erfasst die sogenannten Konzentrationslager-Fälle. Hier existiert im Unterschied zur JCE I ein organisiertes System von Misshandlungen und diesbezüglicher Förderungsvorsatz. Die Person handelt in Kenntnis der Situation des Konzentrationslagers und mit Förderungsvorsatz, der meistens aus der Beteiligung an dem System oder der hierarchischen Stellung abgeleitet werden kann. Die weitestgehende Form, JCE III, erfasst die Zurechnung von Tatbeiträgen, die außerhalb des gemeinsamen Tatentschlusses liegen (Exzesstaten). Voraussetzungen sind die Absicht, den kriminellen Zweck des Unternehmens zu fördern und die Vorhersehbarkeit der möglichen Exzesstaten im Sinne einer Inkaufnahme des Risikos ihrer Verwirklichung. Diese Form ist besonders umstritten, da sich der subjektive Tatbestand allgemein und abstrakt auf die Begehung vom Tatplan nicht mehr umfasster Taten bezieht. Dies ist vor allem problematisch, wenn es sich um Taten handelt, die eine spezifische Absicht verlangen, wie etwa die Völkermordabsicht beim Genozid.[539]

Die Staatsanwaltschaft beantragte in ihrer Introductory Submission in Verfahren 001, sämtliche fünf Beschuldigte nach allen Formen der JCE zu verfolgen, denn das Wort „committed" in Artikel 29 neu ECCC Gesetz umfasse diese Formen der Zurechnung.[540] Die Ermittlungsrichter entschieden in Verfahren 001 ohne weitere Begründung, die Grundsätze der JCE nicht in die Anklageschrift aufzunehmen.[541] Die Vorverfahrenskammer erklärte im Rechtsmittelverfahren, der Angeklagte könne nicht nach den JCE-Grundsätzen verfolgt werden, da er keine Kenntnis davon

537 Prosecutor v. Tadic, Judgement, Appeals Chamber, Case No. IT-94-1-A, 15. Juli 1999, Para. 185–229, abrufbar unter http://www.icty.org/x/cases/tadic/acjug/en/tad-aj990715e.pdf.

538 Cassese, Antonio, International Criminal Law, Oxford, 2003, S. 187 ff.

539 Safferling, Christoph, Internationales Strafrecht, Berlin, 2011, S. 133.

540 Statement of the Co-Prosecutors, 18. Juli 2007, abrufbar unter http://www.eccc.gov.kh/en/articles/co-prosecutors-file-first-introductory-submission-co-investigating-judges-see-statement.

541 Closing Order indicting Kaing Guek Eav alias Duch, D99, 8. August 2008, Para. 153 ff., abrufbar unter http://www.eccc.gov.kh/english/cabinet/courtDoc/115/Closing_order_indicting_Kaing_Guek_Eav_ENG.pdf.

hatte, dass gegen ihn auch nach diesen Grundsätzen gegen ihn ermittelt wurde.[542] Die Hauptverfahrenskammer entschied erst im Endurteil aufgrund eines Antrags der Staatsanwaltschaft[543] über die Anwendbarkeit der JCE. Der Antrag stützte sich auf Regel 98 (2) Internal Rules, nach der die Verfahrenskammer nicht an die rechtliche Würdigung der Verbrechen durch die Ermittlungsrichter in der Anklageschrift gebunden ist.[544] Im Urteil nahm die Kammer eine Strafbarkeit des Angeklagten aufgrund von JCE I und II an.[545] Ausführungen zur völkergewohnheitsrechtlichen Anerkennung der Zurechnungsfigur im Tatzeitraum von 1975–1979 unterblieben jedoch.[546] Auch wurde nicht über die Anwendbarkeit der dritten Form der JCE entschieden.[547]

In Verfahren 002 erklärten die Ermittlungsrichter ohne weitere Begründung alle Formen der JCE für anwendbar.[548] Im Rechtsmittelverfahren erkannte die Vorverfahrenskammer nur die zwei ersten Formen der JCE bezüglich der Verfolgung der internationalen Verbrechenstatbestände als Zurechnungsformen an.[549] Diese seien aber nicht bei den Verbrechen nach dem kambodschanischen Strafgesetzbuch von 1956 anwendbar.[550] Die Anwendbarkeit von JCE III lehnte sie ganz ab, da diese

---

542 Decision on Appeal against Closing Order indicting Duch, Pre-Trial Chamber, D99/3/42, 5. Dezember 2008, Para. 142, abrufbar unter http://www.eccc.gov.kh/french/cabinet/courtDoc/187/D99_3_42_EN.PDF.

543 Co-Prosecutors' Request for the Application of Joint Criminal Enterprise, E73, 8. Juni 2009, Para. 41, abrufbar unter http://www.eccc.gov.kh/en/documents/court/co-prosecutors-request-application-joint-criminal-enterprise.

544 Co-Prosecutors' Request for the Application of Joint Criminal Enterprise, E73, 8. Juni 2009, Paras. 6, 7, abrufbar unter http://www.eccc.gov.kh/sites/default/files/documents/courtdoc/E73_EN.pdf.

545 Judgement in Case 001, E188, 26. Juli 2010, Para. 514, abrufbar unter http://www.eccc.gov.kh/sites/default/files/documents/courtdoc/20100726_Judgement_Case_001_eng_PUBLIC.pdf.

546 Judgement in Case 001, E188, 26. Juli 2010, Para. 513, abrufbar unter http://www.eccc.gov.kh/sites/default/files/documents/courtdoc/20100726_Judgement_Case_001_eng_PUBLIC.pdf.

547 Transcript of Proceedings – "DUCH" Trial (Trial Day 35), 29. Juni 2009, S. 8–9, abrufbar unter http://www.eccc.gov.kh/sites/default/files/documents/courtdoc/E1_39.1_TR001_20090629_Final_eng_Pub.pdf.

548 Order on the Application at the ECCC of the Form of Liability Known as Joint Criminal Enterprise, D97/13, 8. Dezember 2009, Para. 39, abrufbar unter http://www.eccc.gov.kh/sites/default/files/documents/courtdoc/D97_13_EN.pdf.

549 Order on the Application at the ECCC of the Form of Liability Known as Joint Criminal Enterprise, D97/13, 8. Dezember 2009, Para. 21, abrufbar unter http://www.eccc.gov.kh/sites/default/files/documents/courtdoc/D97_13_EN.pdf.

550 Allerdings gilt dies nicht bezüglich der nationalen Verbrechenstatbestände, da es im nationalen Strafrecht keine entsprechende Rechtsfigur gibt. Public Decision on the Appeals Against the Co-Investigating Judges Order on Joint Criminal Enterprise (JCE), D97/15/9, 20. Mai 2010, Para. 98–102, abrufbar unter http://www.eccc.gov.kh/sites/default/files/documents/courtdoc/D97_15_9_EN.pdf.

Zurechnungsregel nicht Teil des Völkergewohnheitsrechts zwischen 1975 und 1979 gewesen sei und ihre Anwendung somit dem Legalitätsgrundsatz wiederspräche.[551] Die Hauptverfahrenskammer bestätigte dies im Ergebnis.[552]

d) Die Konkurrenzen

Die kumulative Anklage von mehreren Tatbeständen ist möglich, wenn eine Handlung zwei (oder mehr) Tatbestände erfüllt. Deren Konkurrenzverhältnis wird nach dem am JStGH entwickelten Čelebići-Test beurteilt.[553] Danach werden im Urteil beide Tatbestände nebeneinander aufgeführt, wenn zwischen ihnen ein sie unterscheidendes materielles Element vorliegt, welches mit anderen Tatsachen bewiesen werden muss (Idealkonkurrenz bei Verwirklichung durch eine Handlung, Realkonkurrenz bei Verwirklichung durch mehrere Handlungen).[554] Enthält ein Tatbestand alle Merkmale des anderen und beinhaltet darüber hinaus noch ein eigenes Tatbestandsmerkmal, gilt der Grundsatz der Spezialität. Daher stellt z.B. der Tatbestand des Völkermords kein lex specialis zu den Tatbeständen der Verbrechen gegen die Menschlichkeit und der Kriegsverbrechen dar.[555] Erfüllt eine Handlung mehrere Einzeltaten eines Tatbestands, stehen diese regelmäßig zueinander in Tateinheit, wenn

551 Decision on the Appeals against the Co-Investigating Judges Order on Joint Criminal Enterprise (JCE), D97/15/9, 20. Mai 2010, abrufbar unter http://www.eccc.gov.kh/sites/default/files/documents/courtdoc/D97_15_9_EN.pdf. Anders als das STL sieht die Kammer durch die Dachauer Prozesse nur die Anwendung von JCE I und II bestätigt. Decision on the applicability of joint criminal enterprise, E100/6, 12. September 2011, Para. 32 ff., abrufbar unter http://www.eccc.gov.kh/sites/default/files/documents/courtdoc/E100_6_EN.PDF.

552 Decision on the applicability of joint criminal enterprise, E100/6, 12. September 2012, abrufbar unter http://www.eccc.gov.kh/sites/default/files/documents/courtdoc/E100_6_EN.PDF.

553 Case 001 Appeal Judgement, F28, 3. Februar 2012, Para. 287–300, abrufbar unter http://www.eccc.gov.kh/sites/default/files/documents/courtdoc/Case%20001Appeal JudgementEn.pdf.

554 Dieser Grundsatz stammt aus dem Common Law. Judgement in Case 001, E188, 26. Juli 2010, Para. 361–366, abrufbar unter http://www.eccc.gov.kh/sites/default/files/documents/courtdoc/20100726_Judgement_Case_001_ENG_PUBLIC.pdf. „The chamber applied jurisprudence from the ICTY with respect to cumulative convictions and endorsed the standard that multiple convictions under different statutory provision, but based on the same conduct, are permissible only if each statutory provision involved has a materially distinct element not contained in the other. Further, where the charged facts fit within more than one crime, the conviction should be entered under the most specific and detailed provision." Werle, Gerhard, Principles of international criminal law, Cambridge, 2005, S. 178–183.

555 Werle, Gerhard, Völkerstrafrecht, Tübingen, 2012, S. 886.

sie sachlich, zeitlich und räumlich zusammenhängen und nicht deckungsgleich sind, also nicht dieselbe Angriffsrichtung haben.[556]

Tatbestände können auch alternativ angeklagt werden, wenn unsicher ist, welchen Tatbestand die Tatsachen stützen, nachdem ihr Vorliegen bewiesen wurde (echte Wahlfeststellung). Hierfür besteht jedoch meist nur Bedarf, wenn es um verschiedene Zurechnungsmodi geht, da die Tatbestände meist kumulativ angeklagt werden.[557]

e) Die Strafzumessung

Nach dem Grundsatz nulla poena sine lege[558] darf keine Strafe verhängt werden, die über den zum Tatzeitpunkt vorgesehenen Strafrahmen hinausgeht. Daher ist als Höchststrafe die lebenslange Freiheitsstrafe, als Mindestfreiheitsstrafe sind fünf Jahre vorgesehen.[559] Die Strafhöhe bemisst sich nach den begangenen Verbrechen, unabhängig davon, ob andere Regimemitglieder schwerwiegendere Taten verübt haben.[560] Die Höchststrafe ist also nicht nur den obersten Anführern eines Regimes vorbehalten. Die Höhe der Strafe kann durch strafmildernde oder strafschärfende Faktoren beeinflusst werden. Das Vorliegen strafmildernder Umstände steht grundsätzlich nicht der Verhängung einer lebenslangen Freiheitsstrafe entgegen.[561] In Verfahren 001 begründete die Kammer die Verhängung der Höchststrafe damit, dass die Verbrechen zu den schlimmsten der Menschheitsgeschichte zählen. Daher bedürfe es der Verhängung der Höchststrafe als eine faire und angemessene Antwort auf die Schäden, die diese Verbrechen bei den Opfern, deren Angehörigen, dem kambodschanischen Volk und der internationalen Bevölkerung angerichtet haben.[562]

---

556 Die Hauptverfahrenskammer hatte die Einzeltaten murder, extermination, enslavement, imprisonment, other inhumane acts, und persecution als bewiesen angesehen. Diese jedoch unter einer Verurteilung wegen persecution zusammengefasst. Hiergegen legte die Staatsanwaltschaft erfolgreich Rechtsmittel ein. Case 001 Appeal Judgement, F28, 3. Februar 2012, Para. 336, abrufbar unter http://www.eccc.gov.kh/sites/default/files/documents/courtdoc/Case%20001 AppealJudgementEn.pdf.

557 Cryer, Robert, International Criminal Law and Procedure, Cambridge, 2010, S. 459.

558 ECCC Gesetz, Artikel 33 i.V.m. IPbpR, Artikel 15.

559 UN-RGC Abkommen, Artikel 10, ECCC Gesetz, Artikel 38, 39. Dieses Prinzip verdrängt die in Artikel 95 CCP vorgesehene Möglichkeit, dass im Fall der Anerkennung strafmildernder Faktoren die lebenslange Freiheitsstrafe auf 15–30 Jahre verkürzt wird.

560 Summary of Appeal Judgement Kaing Guek Eav, F26/3, 3. Februar 2012, Para. 39, abrufbar unter http://www.eccc.gov.kh/sites/default/files/documents/courtdoc/03022012Summary-Eng.pdf.

561 Summary of Appeal Judgement Kaing Guek Eav, F26/3, 3. Februar 2012, Para. 34, abrufbar unter http://www.eccc.gov.kh/sites/default/files/documents/courtdoc/03022012Summary-Eng.pdf.

562 Summary of Appeal Judgement Kaing Guek Eav, F26/3, 3. Februar 2012, Para. 41, abrufbar unter http://www.eccc.gov.kh/sites/default/files/documents/courtdoc/03022012Summary-Eng.pdf.

Auf die verhängte Strafe wird die in Untersuchungshaft der ECCC verbrachte Zeit angerechnet. Zusätzlich wurde im Fall Kaing Guek Eav's auch die Zeit in der Untersuchungshaft angerechnet, die der Verurteilte wegen der Anklage ähnlicher Verbrechen im nationalen Militärgefängnis seit 1999 abgesessen hatte.[563] Erst 2007 wurde er an die ECCC überstellt.

Die Hauptverfahrenskammer ordnet an, wo die Haftstrafe abzusitzen ist. Der Verurteilte aus Verfahren 001 wurde zunächst aufgrund seiner Rolle als Zeuge in Verfahren 002 in der Haftanstalt der ECCC untergebracht, danach soll eine andere adäquate Haftanstalt für ihn gefunden werden.[564] Die Möglichkeit einer vorzeitigen Haftentlassung ist nicht im Recht der ECCC, wohl aber im kambodschanischen Strafverfahrensrecht vorgesehen. Die Rechtsmittelkammer hat bereits klargestellt, dass das zum Beantragungszeitpunkt geltende Recht anzuwenden wäre.[565]

Zusätzlich zur Haftstrafe kann illegal erlangtes Vermögen konfisziert werden. Dieses wird nach dem UN-RGC Abkommen an den kambodschanischen Staat weitergeleitet.

aa) Reparationsleistungen an die Nebenkläger

Zweck der Einrichtung der Nebenklage (Civil Parties, CP) ist es, dass die Nebenkläger durch die Partizipation am Strafverfahren auf zeit- und kostenschonende Weise kollektive und moralische Reparationsleistungen erlangen können.[566] Die Reparationen sollen gemäß Regel 25quinquies Internal Rules Ausdruck der Anerkennung

563 Summary of Appeal Judgement Kaing Guek Eav, F26/3, 3. Februar 2012, Para. 51, abrufbar unter http://www.eccc.gov.kh/sites/default/files/documents/courtdoc/03022012Summary-Eng.pdf. Judgement in Case 001, E188, 26. Juli 2010, Paras. 623–627, abrufbar unter http://www.eccc.gov.kh/sites/default/files/documents/courtdoc/20100726_Judgement_Case_001_eng_PUBLIC.pdf.

564 The Court Report, Initiate Duch Sentencing, April 2012, S. 3, abrufbar unter http://www.eccc.gov.kh/sites/default/files/publications/April%202012%20Court%20Report_0.pdf.

565 Summary of Appeal Judgement Kaing Guek Eav, F26/3, 3. Februar 2012, Para. 45, abrufbar unter http://www.eccc.gov.kh/sites/default/files/documents/courtdoc/03022012Summary-Eng.pdf.

566 Internal Rules, Regel 23 (11). Decision on Civil Party Co-lawyers' joint request for a ruling on the standing of Civil Party lawyers to make submissions on sentencing and directions concerning the questioning of the accused, experts and witnesses testifying on character, E72/3, 9. Oktober 2009, Para. 18, abrufbar unter http://www.eccc.gov.kh/sites/default/files/documents/courtdoc/E72_3_EN.pdf. Auch im kambodschanischen Strafrecht ist es vorgesehen, dass in einem Verfahren sowohl die strafrechtliche Verurteilung als auch die Absicherung zivilrechtlicher Ansprüche der Opfer behandelt werden.

des Leids der Opfer sein und dieses mildern.[567] Geldzahlungen sind als individuelle Entschädigung, anders als am IStGH, nicht vorgesehen.

In Verfahren 001 sprach die Hauptverfahrenskammer den 66 Nebenklägern zwei Arten der Reparationen zu. Zum einen wurden alle Nebenkläger namentlich im Urteil genannt und die Feststellung getroffen, dass sie durch die Verbrechen des Angeklagten direkt geschädigt worden sind. Zum anderen wurden die während des Verfahrens getroffenen Aussagen des Angeklagten betreffend seiner Übernahme von Verantwortung in einer Übersicht veröffentlicht.[568] Die Rechtsmittelkammer bewilligte des Weiteren zehn zusätzliche Nebenklägeranträge. Weitere Reparationsleistungen für die Nebenkläger lehnte sie allerdings mit der Begründung ab, dass hierzu nur der kambodschanischen Staat aufgrund seiner Souveränitätsrechte befugt sein. Auch würden die finanziellen Mittel für ihre Umsetzung fehlen.[569]

Seit einer Änderung der Internal Rules im September 2010 können die im Urteil zugesprochenen Reparationsleistungen vor nationalen Gerichten einklagt werden. Auch kann das Gericht Reparationsleistungen, die durch externe Ressourcen finanziert werden, zusprechen. Hierzu zählen z. B. die Errichtung von Gedenkstätten oder die Einrichtung von Weiterbildungsprogrammen.[570] Diese wurden im Urteil gegen Duch noch zurückgewiesen. Das Finanzierungskonzept müssen die Nebenklägeranwälte in Zusammenarbeit mit der Victims Support Unit allerdings selbst erarbeiten. Über die Frage, ob die Verfahrenskammer befugt ist, gegenüber der kambodschanischen Regierung nicht bindende Empfehlungen für Reparationen auszusprechen, wurde nicht entschieden.

bb) Die Strafzumessungsfaktoren

Strafzumessungsfaktoren sind weder im Recht der ECCC noch im nationalen Recht kodifiziert,[571] finden sich aber, wenn auch nicht abschließend, in den Statuten und

567 Zu den „moralischen" Reparationsleistungen gehört z. B. die Veröffentlichung des Urteils. Trial Chamber memorandum entitle: Initial specification of the substance of reparations awards sought by the Civil Party Lead-Co-Lawyers pursuant to Internal Rule 23quinquies(3), E125, 23. September 2011, S. 3, abrufbar unter http://www.eccc.gov.kh/sites/default/files/documents/courtdoc/E125_EN.PDF.

568 Es lagen 99 Nebenklägeranträge vor. Summary of Appeal Judgement Kaing Guek Eav, F26/3, 3. Februar 2012, Para. 4, abrufbar unter http://www.eccc.gov.kh/sites/default/files/documents/courtdoc/03022012Summary-Eng.pdf.

569 Case 001 Appeal Judgement, F28, 3. Februar 2012, S. 281 ff., abrufbar unter http://www.eccc.gov.kh/sites/default/files/documents/courtdoc/Case%20001Appeal JudgementEn.pdf.

570 Vorschläge zur Verbesserung der Reparationsmechanismen entwickelte ein Unterkomitee, welches die Plenary Session eingerichtet hatte. Eighth ECCC Plenary Session, abrufbar unter http://www.eccc.gov.kh/english/news.view.aspx?doc_id=370.

571 JStGH Statut, Artikel 24, RStGH Statut, Artikel 25. Vgl. die rechtsvergleichende Länderstudie für den JStGH Sieber, Ulrich, The punishment of serious crimes: a comparative analysis of sentencing law and practice, Freiburg, 2004.

der Rechtsprechung der internationalen Tribunale.[572] Bei der Gesamtbewertung der Strafmilderungs- und schärfungsgründe steht der Kammer ein weiter Ermessensspielraum zu.[573] Dieser ist von der Rechtsmittelkammer nur bedingt überprüfbar. Die falsche Gewichtung solcher Gründe kann aber ein rechtlicher Fehler darstellen, bei dem die Rechtsmittelkammer die Strafe abändern kann.[574]

aaa) Die Strafschärfung

Als Strafschärfungsgrund kommt zunächst die Schwere der Verbrechen in Betracht. Diese kann sich sowohl aus dem Handlungserfolg als auch dem Handlungsunwert ergeben. Im Fall Kaing Guek Eav's ergab sich die Verbrechensschwere aus der Anzahl der Opfer und dem Begehungszeitrahmen der Taten von drei Jahren.[575] Zusätzlich ist die schockierende und abscheuliche Art der Verbrechen zu berücksichtigen, die in Verfahren 001 aus der Anzahl der Opfer, der Systematik, mit der Verbrechen begangen wurden, sowie den kläglichen Bedingungen, unter denen die Opfer inhaftiert waren, abgeleitet wurde.[576] Strafschärfend wirkte sich weiter die spezielle grausame und enthusiastische Begehungsweise der Verbrechen aus.[577] Des Weiteren wurde die Führungsrolle des Angeklagten berücksichtigt. Strafschärfend war zusätzlich dabei der Missbrauch seiner Führungsposition gegenüber Untergebenen.[578]

---

572 Z. B. IStGH Statut, Artikel 78 (1), JStGH Statut, Artikel 24 (2), RStGH Statut, Artikel 23 (2), SCSL Statut, Artikel 19 (2): „In imposing the sentences, the Trial Chamber should take into account such factors as the gravity of the offence and the individual circumstances of the convicted person."

573 Summary of Appeal Judgement Kaing Guek Eav, F26/3, 3. Februar 2012, Para. 33, abrufbar unter http://www.eccc.gov.kh/sites/default/files/documents/courtdoc/03022012Summary-Eng.pdf.

574 Summary of Appeal Judgement Kaing Guek Eav, F26/3, 3. Februar 2012, Para. 35, abrufbar unter http://www.eccc.gov.kh/sites/default/files/documents/courtdoc/03022012Summary-Eng.pdf.

575 Damit zählen die Verbrechen Duch's zu den schwersten in der Geschichte internationaler Gerichtsbarkeit, Summary of Appeal Judgement Kaing Guek Eav, F26/3, 3. Februar 2012, Para. 38, abrufbar unter http://www.eccc.gov.kh/sites/default/files/documents/courtdoc/03022012Summary-Eng.pdf.

576 Summary of Appeal Judgement Kaing Guek Eav, F26/3, 3. Februar 2012, Para. 38, abrufbar unter http://www.eccc.gov.kh/sites/default/files/documents/courtdoc/03022012Summary-Eng.pdf.

577 Summary of Appeal Judgement Kaing Guek Eav, F26/3, 3. Februar 2012, Para. 37, abrufbar unter http://www.eccc.gov.kh/sites/default/files/documents/courtdoc/03022012Summary-Eng.pdf.

578 Summary of Appeal Judgement Kaing Guek Eav, F26/3, 3. Februar 2012, Para. 39, abrufbar unter http://www.eccc.gov.kh/sites/default/files/documents/courtdoc/03022012Summary-Eng.pdf.

bbb) Die Strafmilderung

Strafmildernd wird z. B. die Zusammenarbeit mit der Kammer, ein Geständnis, in beschränktem Umfang die gezeigte Reue, die Zwangslage im Demokratischen Kampuchea und die Resozialisierungsfähigkeit berücksichtigt.[579] Dagegen ergibt sich kein Strafmilderungsgrund daraus, dass der Angeklagte nicht an der Spitze der Kommandokette im Regime stand.[580] Strafmildernd ist es auch nicht, dass zwischen der Begehung und der Verfolgung der Verbrechen mehr als drei Jahrzehnte liegen. Schließlich halten die Leiden der Opfer an und die Nation ist weiterhin mit der Aufarbeitung dieser Verbrechen beschäftigt. Vor allem wirkt der Affront gegen die Menschheit, der diese Verbrechen ausmacht, fort.[581]

In Verfahren 001 war strittig, ob sich die rechtwidrige Inhaftierung des Angeklagten im kambodschanischen Militärgefängnis vor Errichtung des Tribunals – zusätzlich zur Anrechnung dieser Zeit auf die Strafe – strafmildernd auswirkt. Die Hauptverfahrenskammer rechnete die Jahre illegaler Haft voll auf die verhängte Strafe an und berücksichtigte sie zusätzlich strafmildernd.[582] Die Mehrheit der Richter in der Rechtsmittelkammer sprach sich gegen eine Strafmilderung aus, denn die ECCC selbst hätten weder gegen ein Gesetz verstoßen noch Verfahren missbraucht.[583] Nach der Mindermeinung wirkt sich die Illegalität der Inhaftierung auf die Strafe aus. Das hybride Tribunal solle Verantwortung dafür übernehmen.[584] Dies sei nach den Umständen fair und angemessen, da die ECCC als hybrides Tribunal Teil der nationalen Gerichtsstruktur seien, die angeklagten Verbrechenstatbestände vor den ECCC und dem Militärgericht in Verbindung stünden und der Angeklagte dort acht Jahre ohne Anklage festgehalten worden sei.[585] Diese Verletzung seiner

579 Judgement in Case 001, E188, 26. Juli 2010, Para. 631 ff., abrufbar unter http://www.eccc.gov.kh/sites/default/files/documents/courtdoc/20100726_Judgement_Case_001_eng_PUBLIC.pdf.

580 Summary of Appeal Judgement Kaing Guek Eav, F26/3, 3. Februar 2012, Para. 39, abrufbar unter http://www.eccc.gov.kh/sites/default/files/documents/courtdoc/03022012Summary-Eng.pdf.

581 Summary of Appeal Judgement Kaing Guek Eav, F26/3, 3. Februar 2012, Para. 43, abrufbar unter http://www.eccc.gov.kh/sites/default/files/documents/courtdoc/03022012Summary-Eng.pdf.

582 Judgement in Case 001, E188, 26. Juli 2010, Paras. 623–627, 681, abrufbar unter http://www.eccc.gov.kh/sites/default/files/documents/courtdoc/20100726_Judgement_Case_001_eng_PUBLIC.pdf.

583 Summary of Appeal Judgement Kaing Guek Eav, F26/3, 3. Februar 2012, Para. 47, abrufbar unter http://www.eccc.gov.kh/sites/default/files/documents/courtdoc/03022012Summary-Eng.pdf.

584 Summary of Appeal Judgement Kaing Guek Eav, F26/3, 3. Februar 2012, Para. 49, abrufbar unter http://www.eccc.gov.kh/sites/default/files/documents/courtdoc/03022012Summary-Eng.pdf.

585 Summary of Appeal Judgement Kaing Guek Eav, F26/3, 3. Februar 2012, Para. 49, abrufbar unter http://www.eccc.gov.kh/sites/default/files/documents/courtdoc/03022012Summary-Eng.pdf.

Rechte sei nach internationalen Standards gravierend gewesen und die ECCC hätten die einmalige Möglichkeit für eine Wiedergutmachung.[586] Alternativ hätte sich auch ein Rückgriff auf die Entschädigungsregel für rechtswidrige Haft aus Artikel 9 (5), 14 (6) IPbpR angeboten, was von der Kammer aber nicht diskutiert wurde.[587]

2) Der besondere Teil

Der Deliktskatalog umfasst verschiedene internationale und nationale Straftatbestände, die nachfolgend dargestellt werden.

a) Völkermord

Der Tatbestand des Völkermords ist nach Artikel 4 ECCC Gesetz strafbar. Er ist durch die Absicht definiert, „eine nationale, ethnische, rassische oder religiöse Gruppe[588] ganz oder teilweise zu zerstören". Er kann durch verschiedene Tathandlungen verwirklicht werden.[589] Neben der Kenntnis von der Verwirklichung der Gesamttat und der wissentlichen und willentlichen Verwirklichung der Tathandlungen ist ein spezieller Zerstörungsvorsatz (zielgerichtetes Wollen der Tatbestandverwirklichung) notwendig (Delikt mit überschießender Innentendenz).[590] Diese Definition entspricht Artikel 2 der Konvention über die Verhütung und Bestrafung des Völkermordes von 1948, der Kambodscha 1958 beigetreten ist.[591] Der Tatbestand stellte damit zum Tatzeitpunkt geltendes Völkergewohnheitsrecht dar.[592] Eine

586 Summary of Appeal Judgement Kaing Guek Eav, F26/3, 3. Februar 2012, Para. 49, abrufbar unter http://www.eccc.gov.kh/sites/default/files/documents/courtdoc/03022012Summary-Eng.pdf.

587 Vgl. Artikel 85 IStGH Statut.

588 Eine durch gemeinsame Merkmale dauerhaft verbundene Personenmehrheit, die sich von der übrigen Bevölkerung abhebt.

589 Dies sind die Tötung von Mitgliedern der Gruppe, Verursachung von schwerem körperlichem oder seelischem Schaden, Auferlegung zerstörerischer Lebensbedingungen, Maßnahmen zur Geburtenverhinderung oder die zwangsweise Überführung von Kindern.

590 Die Nachweisbarkeit ist problematisch und wird meist anhand indirekter Beweise aus den tatsächlichen Umständen der Tat versucht (Vorhandensein eines Planes, Ausmaß der Taten, Auswahl der Opfer, Verhalten und Äußerungen des Täters).

591 Bundeskanzleramt, Rechtsinformationssystem, Gesamte Rechtsvorschrift für Konvention über die Verhütung und Bestrafung des Völkermordes, Fassung vom 10. Januar 2013, abrufbar unter http://www.ris.bka.gv.at/GeltendeFassung.wxe?Abfrage=Bundesnormen&Gesetzesnummer=10000317&ShowPrintPreview=True.

592 Judgement in Case 001, E188, 26. Juli 2010, Para. 405 ff., abrufbar unter http://www.eccc.gov.kh/sites/default/files/documents/courtdoc/20100726_Judgement_Case_001_eng_PUBLIC.pdf.

Verjährungsfrist gilt entsprechend internationaler Grundsätzen gemäß Artikel 4 (2) ECCC Gesetz nicht.[593]

In Verfahren 002 wurde der Tatbestand des Genozids an Vietnamesen und der Minderheit der Cham Muslime im Dezember 2009 in die Anklage aufgenommen. Es ist strittig,[594] ob die Khmer Rouge tatsächlich den für Genozid erforderlichen speziellen Tatbestandvorsatz hatten,[595] denn der Vorsatz der Khmer Rouge könnte sich auch allein auf die Zerstörung der politischen Opposition bezogen haben.[596] Es bleibt also das Urteil abzuwarten. Die Verfolgung eines möglichen Genozids an der Minderheit der Khmer Krom[597] wurde im Januar 2010 durch die Ermittlungsrichter aus formalen Gründen abgelehnt. Die Staatsanwaltschaft hatte den Sachverhalt nicht in der Introductory Submission genannt und auch keine Nachtragsanklage gestellt.[598]

b) Verbrechen gegen die Menschlichkeit

Der Tatbestand der Verbrechen gegen die Menschlichkeit in Artikel 5 ECCC Gesetz basiert auf Artikel 3 RStGH Statut.[599] Erfasst sind bestimmte Einzeltaten, wie vorsätzliche Tötung, Ausrottung,[600] Versklavung, Vertreibung,[601] Freiheitsentzug,[602] Folter,[603] Vergewaltigung, Verfolgung aus politischen, rassischen

593 Swart, Bert, Internationalized Courts and Substantive Criminal Law, in Romano, Cesare P.R./Nollkaemper, Andre/Kleffner, Jann K., Internationalized Criminal Courts: Sierra Leone, East Timor, Kosovo, and Cambodia, Oxford, 2004, S. 313.

594 Linton, Suzannah, Putting Cambodia's Extraordinary Chambers into Context, 11 SYBIL, 2007, S. 219.

595 Konvention über die Verhütung und Bestrafung des Völkermordes von 1948.

596 Chace, Amanda, Four Khmer Rouge leaders charged with genocide, 17 No. 2 Hum. Rts. Brief, S. 57.

597 Khmer, die im Mekong Delta im Süden Vietnams leben.

598 Open Society Justice Initiative, Recent Developments at the Extraordinary Chambers in the Courts of Cambodia, März 2010 Update, S. 17.

599 Gemäß Artikel 9 UN-RGC Abkommen soll er aber Artikel 7 IStGH Statut entsprechen. Dieser ist konkreter als Artikel 3 RStGH Statut, allerdings sind sie sich im Übrigen ähnlich. Im RStGH Statut werden dagegen zusätzliche Beweggründe für den Angriff aufgeführt. Der Kerntatbestand stellt Völkergewohnheitsrecht dar.

600 Die vorsätzliche Auferlegung von Lebensbedingungen wie zum Beispiel den Entzug von lebensnotwendigem Material wie Lebensmittel und Medikamenten mit dem Ziel, Teile der Bevölkerung zu vernichten.

601 Die erzwungene, völkerrechtlich unzulässige Verbringung der betroffenen Personen durch Ausweisung oder andere Zwangsmaßnahmen aus dem Gebiet, in dem sie sich legal aufhalten.

602 Neben der Strafgefangenschaft jede Form des Freiheitsentzugs, die willkürlich und schwerwiegend ist.

603 Die absichtliche Schmerzenszufügung, körperlich oder mental, von Personen in Haft oder unter Kontrolle durch Ankläger, ausgenommen sind Schmerzen und Leiden, die der legale Strafvollzug mit sich bringt.

oder religiösen Gründen[604] sowie andere unmenschliche Behandlungen ähnlichen Charakters. Diese Einzeltaten müssen im Rahmen eines aus nationalen, politischen, ethnischen, rassischen oder religiösen Beweggründen durchgeführten ausgedehnten[605] oder systematischen[606] Angriffs[607] gegen die Zivilbevölkerung stattgefunden haben. Es muss also, im Gegensatz zu Artikel 5 JStGH Statut, kein funktionaler Gesamtzusammenhang zwischen den Einzeltaten und einem internationalen oder internen bewaffneten Konflikt vorliegen.[608] Dies hatte die Vorverfahrenskammer im Rahmen der Rechtsmitteleinlegung der Verteidigung gegen die Anklageschrift der Ermittlungsrichter in Verfahren 002 noch anderes bewertet.[609]

---

604 Völkerrechtswidriger, vorsätzlicher und schwerwiegender Entzug von Grundrechten wegen der Identität einer Gruppe oder Gemeinschaft. Summary of Appeal Judgement Kaing Guek Eav, F26/3, 3. Februar 2012, Para. 22, abrufbar unter http://www.eccc.gov.kh/sites/default/files/documents/courtdoc/03022012Summary-Eng.pdf.

605 Geografische Dimension/Vielzahl der Opfer.

606 Organisation und Planmäßigkeit der Begehung.

607 Verhaltensweise, die mit der mehrfachen Begehung der Einzeltaten verbunden ist und in Ausführung oder zur Unterstützung der Politik eines Staates oder einer Organisation erfolgt, die einen solchen Angriff zum Ziel hat.

608 Judgement in Case 001, E188, 26. Juli 2010, Para. 291, abrufbar unter http://www.eccc.gov.kh/sites/default/files/documents/courtdoc/20100726_Judgement_Case_001_eng_PUBLIC.pdf. Anders allerdings die Entscheidung der Vorverfahrenskammer im Rahmen des Rechtsmitteleinlegung gegen die Anklageschrift in Verfahren 002. Decision on Ieng Thirith's and Nuon Chea's Appeals against the Closing Order, D427/2/12, 13. Januar 2011, S. 6, Para. 11 (1), abrufbar unter http://www.eccc.gov.kh/sites/default/files/documents/courtdoc/D427_2_12_EN. PDF. Diese wurde durch die Entscheidung der Hauptverfahrenskammer revidiert, vgl. Decision on Co-Prosecutors' request to exclude armed conflict nexus requirement from the definition of crimes against humanity, E95/8, 26. Oktober 2011, abrufbar unter http://www.eccc.gov.kh/sites/default/files/documents/courtdoc/E95_8_EN.PDF. Hiergegen legte die Verteidigung gemäß Regel 104 (4) (a) Internal Rules Beschwerde ein. Diese sei zulässig, da die Anerkennung des Konnexitätserfordernisses das Verfahren beenden würde, weil die Staatsanwaltschaft für das Merkmal des bewaffneten Konflikts keine Beweise eingereicht habe und diese auch nicht nachgereicht werden könnten. Die Rechtsmittelkammer wies die Beschwerde als unzulässig zurück, da eine Entscheidung keine verfahrensbeendende Wirkung haben würde. Weiter würden Unsicherheiten bei Fragen der Interpretation von Rechtsnormen nicht das Recht des Angeklagten verletzen, die Anklagepunkte gegen sich zu kennen. Decision on Ieng Sary's appeal against trial chamber's decision on Co-Prosecutors' request to exclude armed conflict nexus requirement from the definition of crimes against humanity, E95/8/1/4, 19. März 2012, Paras. 9, 10, abrufbar unter http://www.eccc.gov.kh/sites/default/files/documents/courtdoc/E95_8_1_4_EN. PDF. Damit muss ein eventuelles Rechtsmittelverfahren gegen das Teilurteil abgewartet werden.

609 Decision on Ieng Thirith and Nuon Chea's appeal against the closing order, D427/2/12, 13. Januar 2011, abrufbar unter http://www.eccc.gov.kh/sites/default/

Der Vorsatz muss sich auf die Einzeltat beziehen und es muss Kenntnis bezüglich des Gesamtzusammenhangs des Angriffs[610] gegeben sein.[611]

Der Straftatbestand unterliegt gemäß Artikel 5 (2) ECCC Gesetz nicht der Verjährung. Allerdings waren die Verbrechen gegen die Menschlichkeit zum Begehungszeitpunkt nach kambodschanischem Recht nicht strafbar und Kambodscha war nicht Mitglied internationaler Verträge, nach denen eine Strafbarkeit bestanden hätte. Jedoch stellte der Tatbestand zum Tatzeitpunkt Völkergewohnheitsrecht dar[612] und fand z. B. auch in den Nürnberger Prinzipien von 1950 Niederschlag.[613] Die Verfolgung vor den ECCC widerspricht damit nicht dem Legalitätsprinzip. Allerdings waren aufgrund des Legalitätsprinzips Einschränkungen bei den Einzeltaten notwendig. Vergewaltigung war zum Verbrechenszeitpunkt nicht als Verbrechen gegen die Menschlichkeit anerkannt. Daher hob die Rechtsmittelkammer die Verurteilung des Angeklagten danach in Verfahren 001 auf.[614] Die Vergewaltigungssachverhalte sah die Kammer aber von der Einzeltat der Folter erfasst an.[615] In Verfahren 002 wurden Vergewaltigungssachverhalte dagegen unter den Auffangtatbestand der Einzeltat der unmenschlichen Behandlungen subsumiert.[616]

c) *Schwere Verstöße gegen die Genfer Konventionen*

Verstöße gegen humanitäres Völkerrecht, also schwere Verletzungen der vier Genfer Konventionen von 1949, sind gemäß Artikel 6 ECCC Gesetz strafbar. Kambodscha und Vietnam haben die Konventionen am 8. Dezember 1958 bzw. 28. Juni 1957 ratifiziert,

---

files/documents/courtdoc/D427_2_12_EN.PDF.

610 Ausreichend ist eine generelle Kenntnis vom Angriff, Einzelheiten der Organisation, Planung und Politik müssen nicht bekannt sein.

611 Prosecutor v. Tadic, Opinion and Judgement, Case No. IT-94-1-T, 7. Mai 1997, Paras. 626, 656, abrufbar unter http://www.icty.org/x/cases/tadic/tjug/en/tad-tsj70507JT2-e.pdf.

612 Die Anwendung von Gewohnheitsrecht wird grundsätzlich kritisiert, da sie dem Rückwirkungsverbot widerspreche. Safferling, Christoph, Internationales Strafrecht, Berlin, 2011, S. 85.

613 Judgement in Case 001, E188, 26. Juli 2010, Para. 281-296, abrufbar unter http://www.eccc.gov.kh/sites/default/files/documents/courtdoc/20100726_Judgement_Case_001_eng_PUBLIC.pdf.

614 Summary of Appeal Judgement Kaing Guek Eav, F26/3, 3. Februar 2012, Para. 19, abrufbar unter http://www.eccc.gov.kh/sites/default/files/documents/courtdoc/03022012Summary-Eng.pdf.

615 Summary of Appeal Judgement Kaing Guek Eav, F26/3, 3. Februar 2012, Para. 20, abrufbar unter http://www.eccc.gov.kh/sites/default/files/documents/courtdoc/03022012Summary-Eng.pdf.

616 Decision on Ieng Thirith's and Nuon Chea's Appeals against the Closing Order, D427/2/12, 13. Januar 2011, S. 6, Para. 11 (2), abrufbar unter http://www.eccc.gov.kh/sites/default/files/documents/courtdoc/D427_2_12_EN.PDF.

das Legalitätsprinzip ist folglich gewahrt.[617] Strafbar sind verschiedene Einzeltaten, wenn diese in funktionalem Zusammenhang mit einem international bewaffneten Konflikt begangen wurden.[618] In den Verfahren musste geklärt werden, ob während der gesamten Zeit vom 15. April 1975 bis 7. Januar 1979 ein international bewaffneter Konflikt geherrscht oder dieser, so die Meinung der Verteidigung, erst am 31. Dezember 1977 begonnen hatte. Der hierzu gehörte Sachverständige berichtete nur von vereinzelten Grenzkonflikten zwischen Vietnam und Kambodscha vor 1977. Einen durchgehenden international bewaffneten Konflikt habe es erst nach dem Abbruch der vietnamesischen diplomatischen Beziehungen Ende 1977 gegeben. Allerdings erklärte er bei seiner Befragung durch die Verteidigung, einen solchen Konflikt habe es zwischen den Staaten schon seit 1975 gegeben. Die Hauptverfahrenskammer ging in ihrem Urteil, ohne auf diese Widersprüche einzugehen, vom Vorliegen eines international bewaffneten Konflikts während der gesamten Zeitspanne aus.[619]

Die Einzeltaten umfassen die vorsätzliche Tötung, Folter, unmenschliche Behandlung, vorsätzliche Verursachung großen Leidens oder schwere Beeinträchtigungen der körperlichen Unversehrtheit, umfangreiche, durch militärische Erfordernisse nicht gerechtfertigte Zerstörung und Aneignung von Eigentum, die rechtswidrig und willkürlich vorgenommen werden, erzwungene Verpflichtung eines Kriegsgefangenen oder einer Zivilperson in den Streitkräften einer feindlichen Macht, den vorsätzlichen Entzug des Rechts eines Kriegsgefangenen oder einer Zivilperson auf ein gerechtes und ordentliches Verfahren, rechtswidrige Vertreibung oder Verbringung einer Zivilperson beziehungsweise rechtswidrige Freiheitsentziehung gegenüber einer solchen Person sowie das Festnehmen von Zivilpersonen als Geiseln. Weiter muss ein funktionaler Zusammenhang zwischen Einzel- und Gesamttat i.S. einer Förderung oder Beeinflussung gegeben sein.

Im subjektiven Tatbestand ist Vorsatz hinsichtlich der Einzeltat als auch Kenntnis von der Gesamttat erforderlich.[620]

---

617 ICRC, State Parties/Signatories: Geneva Conventions of 12 August 1949.

618 Die Formulierung lehnt sich an den entsprechenden Tatbestand des JStGH's an, vgl. Artikel 2 JStGH Statut.

619 Judgement in Case 001, E188, 26. Juli 2010, Paras. 66, 423, abrufbar unter http://www.eccc.gov.kh/sites/default/files/documents/courtdoc/20100726_Judgement_Case_001_eng_PUBLIC.pdf. „Continuous clashes, whether border skirmishes or more serious incursions into both Cambodian and Vietnamese territory, continued throughout this period."

620 Judgement in Case 001, E188, 26. Juli 2010, Para. 420–422, abrufbar unter http://www.eccc.gov.kh/sites/default/files/documents/courtdoc/20100726_Judgement_Case_001_eng_PUBLIC.pdf.

d) Weitere Tatbestände

Eine Strafbarkeit besteht ferner für Verletzungen der Haager Konvention zum Schutz von Kulturgut bei bewaffneten Konflikten von 1954,[621] bei der Kambodscha im Jahr 1961 Vertragspartei geworden ist. Ferner sind Verbrechen an Personen, die vom Wiener Übereinkommen über diplomatische Beziehungen von 1961 geschützt sind, strafbar.[622]

Darüber hinaus können spezifische Verbrechen nach dem kambodschanischen Strafgesetz von 1956 verfolgt werden. Es handelt sich dabei unter anderem um die Tatbestände Totschlag, Folter und die Verfolgung aus religiösen Gründen.[623] Ist strittig, ob eine Tat vom nationalen Recht erfasst ist,[624] erfolgt ein Rückgriff auf Artikel 15 (2) IPbpR.[625] Es ist dann darzulegen, dass die Tat zumindest nach internationalem, zum fraglichen Zeitpunkt geltendem Recht einen Straftatbestand darstellte. Hierbei kann auf die Interpretation von internationalem Vertrags- und Gewohnheitsrecht sowie allgemein anerkannten Rechtsgrundsätzen[626] durch Urteile anderer internationaler Tribunale zurückgegriffen werden.[627] Es ist nicht notwendig, dass ein Straftatbestand existiert hat, der die Tat konkret umfasst hat.[628] Ausreichend ist vielmehr die Vorstellung des Täters von einer generellen strafrechtlichen Relevanz des Verhaltens.[629] Dann war die Strafbarkeit für den Täter nämlich ausreichend

621 ECCC Gesetz, Artikel 7. Hiervon erfasst sein könnten vor allem die Beschädigung unzähliger Tempel, Moscheen und Kirchen durch die Roten Khmer.

622 ECCC Gesetz, Artikel 8.

623 ECCC Gesetz, Artikel 3.

624 Vgl. zur rechtsphilosophischen Diskussion über den maßgeblichen Rechtsbegriff und den Umfang des Rückwirkungsverbots Neumann, Ulfrid, Rechtspositivismus, Rechtsrealismus und Rechtsmoralismus on der Diskussion um dies strafrechtliche Bewältigung politische Systemwechsel, in Prittwitz, Cornelius, Cornélius Prittwitz/Baurmann, Michael/Günther, Klaus/Kuhlen, Lothar/Merkel, Reinhard/Nestler, Cornélius/Schulz, Lorenz, Festschrift für Klaus Lüderssen: zum 70. Geburtstag am 2. Mai 2002, Baden-Baden, 2002, S. 109–126.

625 „Dieser Artikel schließt die Verurteilung oder Bestrafung einer Person wegen einer Handlung oder Unterlassung nicht aus, die im Zeitpunkt ihrer Begehung nach den von der Völkergemeinschaft anerkannten allgemeinen Rechtsgrundsätzen strafbar war."

626 Judgement in Case 001, E188, 26. Juli 2010, Paras. 29, 30, abrufbar unter http://www.eccc.gov.kh/sites/default/files/documents/courtdoc/20100726_Judgement_Case_001_eng_PUBLIC.pdf.

627 Judgement in Case 001, E188, 26. Juli 2010, Para. 34, abrufbar unter http://www.eccc.gov.kh/sites/default/files/documents/courtdoc/20100726_Judgement_Case_001_eng_PUBLIC.pdf.

628 Kein Verbrechen ohne zum Tatzeitpunkt existierendes Gesetz. Creifelds, Carl, Nullum crimen (nulla poena) sine lege, Rechtswörterbuch, München, 2002, S. 974.

629 Judgement in Case 001, E188, 26. Juli 2010, Para. 31, abrufbar unter http://www.eccc.gov.kh/sites/default/files/documents/courtdoc/20100726_Judgement_Case_001_eng_PUBLIC.pdf.

vorhersehbar und er hatte auch den nötigen Zugang zu dieser Tatsache zum fraglichen Zeitpunkt.[630]

Für die Tatbestände nach kambodschanischem Strafgesetz stellte sich die Frage des Verjährungseintritts.[631] Die Verjährungsfrist für diese Tatbestände betrug nach dem zum Zeitpunkt der Errichtung der ECCC geltenden nationalen Recht 10 Jahre.[632] Alle zwischen 1975 und 1979 begangenen Verbrechen wären damit am 6. Januar 1989 verjährt gewesen, denn zwischen 1975 und 1979 gab es kein funktionierendes Rechtssystem in Kambodscha, sodass in dieser Zeit keine Verjährungsfristen liefen.[633] Ein anderes Ergebnis ergibt sich aber, wenn die Verjährung wegen des Fehlens eines funktionierenden Rechtssystems in Kambodscha nach dem Jahr 1979 unterbrochen bzw. ausgesetzt gewesen wäre. In Verfahren 001 waren die nationalen Richter der Ansicht, dass die Verjährungsfrist erst am 24. September 1993 mit der Errichtung des Königreichs Kambodscha durch die Verabschiedung einer neuen Verfassung begonnen habe. Zuvor habe es keine funktionierende Gerichtsbarkeit gegeben.[634] Mit der Festnahme des Angeklagten im Jahr 1999 durch die kambodschanischen Behörden sei die Verjährung unterbrochen worden. Die zehn Jahresfrist habe nach nationalem Recht 1999 erneut zu laufen begonnen und sei bis zur Verfolgung des Angeklagten im Jahr 2006 durch die ECCC nicht verstrichen gewesen. Daher könnten die nationalen Tatbestände in die Anklage aufgenommen werden. Dagegen lagen nach Ansicht der internationalen Richter nicht genug Beweise für ein nicht funktionierendes Rechtssystem zwischen 1979 und 1993 vor. Fristbeginn sei daher der 6. Januar 1979. Allerdings wurde die Verjährungsfrist

630 Judgement in Case 001, E188, 26. Juli 2010, Para. 28, abrufbar unter http://www.eccc.gov.kh/sites/default/files/documents/courtdoc/20100726_Judgement_Case_001_eng_PUBLIC.pdf.

631 Written submissions concerning the defence preliminary objection, E9/9, 18. Mai 2009, abrufbar unter http://www.eccc.gov.kh/sites/default/files/documents/courtdoc/E9_9_EN.PDF. Preliminary objections concerning termination of prosecution, E47, 14. Februar 2011, abrufbar unter http://www.eccc.gov.kh/sites/default/files/documents/courtdoc/E47_EN.PDF.

632 Decision on the Defence Preliminary Objection Concerning the Statute of Limitations of Domestic Crimes, E187, 26. Juli 2010, Para. 12, abrufbar unter http://www.eccc.gov.kh/english/cabinet/courtDoc/637/20100726_Preliminary_Objection_Case_001_eng_PUBLIC.pdf.

633 Auch ein Verbrechen aus dem Jahr 1976 wäre z. B. erst zu diesem Zeitpunkt verjährt, da zwischen 1975 und 1979 kein funktionierender Rechtsstaat vorhanden war und daher die Verjährung unterbrochen war. Decision on the Defence Preliminary Objection Concerning the Statute of Limitations of Domestic Crimes, E187, 26. Juli 2010, Para. 14, abrufbar unter http://www.eccc.gov.kh/english/cabinet/courtDoc/637/20100726_Preliminary_Objection_Case_001_eng_PUBLIC.pdf.

634 Decision on the Defence Preliminary Objection Concerning the Statute of Limitations of Domestic Crimes, E187, 26. Juli 2010, Para. 15 ff., abrufbar unter http://www.eccc.gov.kh/english/cabinet/courtDoc/637/20100726_Preliminary_Objection_Case_001_eng_PUBLIC.pdf.

im ECCC Gesetz für nationale Verbrechen von 10 auf 30 Jahre verlängert. Diese Verlängerung ist nach Meinung der internationalen Richter unwirksam, denn zum Zeitpunkt des Gesetzerlasses im Jahr 2001 bzw. 2004 waren die Taten bereits nicht mehr verfolgbar. Da die erforderliche Supermajority nicht erreicht wurde, waren die nationalen Tatbestände daher in Verfahren 001 nicht verfolgbar.[635] In Verfahren 002 werden nationale Tatbestände ebenso nicht verfolgt, allerdings war hier bereits deren Anklage nicht bestimmt genug.[636]

IV. Zusammenfassung

In den Verfahren vor den ECCC mussten zunächst die territorialen und zeitlichen, personellen sowie sachlichen Zuständigkeitskriterien konkretisiert werden.

Hinsichtlich der personellen Zuständigkeitskriterien war insbesondere die Selektion der vor den ECCC angeklagten Personen Gegenstand von Entscheidungen der Kammern.[637] Vor den ECCC können danach Verbrechen von Personen verfolgt werden, die zum Führungskreis der Roten Khmer gehörten (Senior Leaders) und die gleichzeitig für die Verbrechen „hauptverantwortlich" waren. Verfolgt werden können zudem Personen, die „Non-Senior Leaders" im Regime, aber hauptverantwortlich für die begangenen Verbrechen waren. Nur das Kriterium der „Non-Senior Leaders" ist rechtlich überprüfbar. Die Beurteilung der anderen Kriterien steht im Ermessen der Staatsanwaltschaft.

Im Rahmen der sachlichen Zuständigkeit bestanden viele offene Fragen im allgemeinen und besonderen Teil des Strafrechts der ECCC. Zunächst ist festzuhalten, dass der Straftatbegriff an den ECCC sui generis Charakter hat. Die Frage der Anwendbarkeit der im Völkerstrafrecht umstrittenen Zurechnungsfigur der Joint Criminal Enterprise, vor allem in ihrer dritten Anwendungsform (JCE III), wurde inzwischen durch die Hauptverfahrenskammer negativ entschieden. Ferner sprachen sich die internationalen Richter in Verfahren 001 für einen Verjährungseintritt hinsichtlich der Verfolgung nationaler Straftatbestände aus, sodass diese

---

635 Decision on the Defence Preliminary Objection Concerning the Statute of Limitations of Domestic Crimes, E187, 26. Juli 2010, abrufbar unter http://www.eccc.gov.kh/english/cabinet/courtDoc/637/20100726_Preliminary_Objection_Case_001_eng_PUBLIC.pdf.

636 Decision on defence preliminary objections (statute of limitations on domestic crimes), E122, 22. September 2011, abrufbar unter http://www.eccc.gov.kh/en/document/court/decision-defence-preliminary-objections Statute-limitations-domestic-crimes.

637 Vgl. zur Aufführung weiterer skepsiserzeugender Aspekte im Völkerstrafrecht Prittwitz, Cornelius, Die Rolles des Strafrechts im Menschenrechtsregime, in Pilgram, Arno/Böllinger, Lorenz/Jasch, Michael/Krasmann, Susanne/Prittwitz, Cornelius/Reinke, Herbert/Rzepka, Dorothea, Einheitliches Recht für die Vielfalt der Kulturen?: Strafrecht und Kriminologie in Zeiten transkultureller Gesellschaften und transnationalen Rechts, Wien, 2012, S. 38, 39.

nicht verfolgt wurden. In Verfahren 002 scheiterte ihre Verfolgung bereits an der fehlenden Bestimmtheit der Anklage. Bezüglich des besonderen Teils des Strafrechts ist die Entscheidung der Hauptverfahrenskammer in Verfahren 001 hervorzuheben, dass beim Tatbestand der Verbrechen gegen die Menschlichkeit kein funktionaler Gesamtzusammenhang zwischen den Einzeltaten und einem bewaffneten Konflikt gegeben sein muss. Ausstehend ist dagegen die Entscheidung der Hauptverfahrenskammer in Verfahren 002 über den Umgang mit früheren nationalen Amnestien bzw. Begnadigungen der Angeklagten.

Die Strafzumessung in Verfahren 001 führte mangels einer Kodifizierung von Kriterien im internationalen Strafrecht erwartungsgemäß zu Diskussionen zwischen den Verfahrensbeteiligten. Die Urteilsbegründung in Verfahren 001 zeigt, dass die abstrakten Strafzwecke des Völkerstrafrechts auf die spezifische Situation der Aufarbeitung der Verbrechen in Kambodscha vor dem internationalisierten Gericht angewendet werden. Im Vordergrund stehen vor allem die Schwere der Taten, ihre Folgen für die Opfer sowie das Prozessverhalten des Angeklagten (vorliegend insbesondere seine Zusammenarbeit mit der Kammer). Besonders betont wurden weiter positiv spezialpräventive Erwägungen, welche die individuelle Besserung des Täters betreffen, wie z.B. die gezeigte Reue und seine Resozialisierungsfähigkeit. Des Weiteren waren positiv generalpräventive Überlegungen, hier vor allem der Vergeltungscharakter von Strafe, relevant. Abzuwarten bleibt, wie die mehrheitliche Entscheidung der Rechtsmittelkammer gegen eine strafmildernde Berücksichtigung einer nationalen rechtswidrigen Inhaftierung des Angeklagten vor Errichtung des Gerichts in einem Militärgefängnis in der internationalen Rechtsgemeinschaft aufgenommen wird oder ob nicht die abweichende Meinung der internationalen Richter durch andere internationale Gerichte übernommen wird.

Hinsichtlich möglicher Reparationsleistungen an die Nebenkläger ist hervorzuheben, dass diese seit Verfahren 002 vor nationalen Gerichten einklagbar sind. Des Weiteren können im Urteil nun durch externe Ressourcen finanzierte Reparationsleistungen zugesprochen werden. Das Finanzierungskonzept erarbeiten die Nebenklägeranwälte in Zusammenarbeit mit der Victims Support Unit. Ungeklärt ist die Frage, ob die Hauptverfahrenskammer befugt ist, gegenüber der kambodschanischen Regierung nicht bindende Empfehlungen für Reparationsleistungen auszusprechen.

E. Allgemeines zum Strafverfahren

Bevor die einzelnen Verfahrensabschnitte in den nachfolgenden Kapiteln detailliert untersucht werden, erfolgen nun einige grundlegende Anmerkungen zur Struktur des Strafverfahrens an den ECCC sowie zur Gerichtsorganisation und den Arbeitssprachen des Tribunals.

I. Die Struktur des Strafverfahrens an den ECCC

Die Struktur des Strafverfahrens an den ECCC ist an das kambodschanische Strafverfahrenssystem angelehnt. Dieses basiert[638] wiederum auf dem französischen Civil Law.[639] Es ist unterteilt in das staatsanwaltliche Vorermittlungsverfahren (Preliminary Investigation), das richterlich geleitete Ermittlungsverfahren (Judicial Investigation)[640] und das kontradiktorische Hauptverfahren (Trial Proceeding).[641] Hinzu kommen die Rechtsmittelverfahren für die ermittelnde Gerichtsinstanz (Pre-Trial Chamber Proceedings) und für die erkennende Instanz (Supreme Court Chamber Proceedings). Ein vergleichbares dreigliedriges System findet sich an anderen Gerichtshöfen nicht.

---

638 Daneben gibt es Einflüsse des sozialistischen vietnamesischen Systems, da nur wenige Juristen die Khmer Rouge Zeit überlebten und die Prozesse vor dem Peoples Revolutionary Tribunal von 1979 unter vietnamesischer Kontrolle stattfanden. Malumphy, Christine/Pierce, B. J., Opportunities and Challenges for the Extraordinary Chambers in the Courts of Cambodia, Berkeley, Februar 2009, S. 10.

639 Während der französischen Kolonialzeit wurde das französische Strafverfahrensrecht weltweit, unter anderem auch nach Kambodscha, exportiert. Order on Co-Prosecutors' Request for Clarification of Charges, D198/1, 20. November 2009, Fßn. 4, abrufbar unter http://www.eccc.gov.kh/sites/default/files/documents/courtdoc/D198_1_EN.pdf.

640 Dieses entstammt dem französischen Recht und wird dort heute nur noch in 5% der Fälle durchgeführt, insbesondere bei komplexen Sachverhalten mit politischem Hintergrund, wenn eine Untersuchung durch die hierarchisch und zentralstaatlich organisierte Staatsanwaltschaft nicht erwünscht ist. Kühne, Hans-Heiner, Strafprozessrecht: Eine systematische Darstellung des deutschen und europäischen Strafverfahrensrechts, Heidelberg, 2010, Rn. 1210.

641 Nach Ausbruch der französischen Revolution 1791 wurde dort das Inquisitionsverfahren zu Gunsten eines adversatorischen Modells aufgegeben. Jedoch war diese Änderung zu gravierend, sodass im napoleonischen Code d'instruction (CIC) von 1808 ein Mischsystem eingeführt wurde, welches auch im nachfolgenden Code de Procédure Penale (CPP) von 1958 übernommen wurde. Vitu, André, Die Grundzüge des französischen Strafverfahrens, in Jung, Heike, Der Strafprozess im Spiegel ausländischer Verfahrensordnungen, Berlin, 1990, S. 8.

Die Staatsanwaltschaft beantragt nach ihren Vorermittlungen die Durchführung von Ermittlungen vor den Ermittlungsrichtern (Introductory Submission). Das Ermittlungsverfahren wird durch die Veröffentlichung einer Abschlussverfügung (Closing Order) beendet. In dieser erheben die Ermittlungsrichter entweder Anklage (Indictment) und beschließen die Verfahrenseröffnung oder sie verfügen die Einstellung des Verfahrens (Dismissal Order). Die Staatsanwaltschaft erhält zuvor Gelegenheit zur Abgabe einer abschließenden Stellungnahme (Final Submission). Rechtsmittel gegen Handlungen der Ermittlungsrichter können die Verfahrensbeteiligten vor der Vorverfahrenskammer einreichen. Die Kammer entscheidet auch über Meinungsverschiedenheiten zwischen den beiden Staatsanwälten oder den beiden Ermittlungsrichtern (Disagreement-Verfahren). Das Hauptverfahren beginnt mit einer ersten Anhörung (Initial Hearing), es folgen die Beweisaufnahme (Substantial Hearing), an deren Ende die Verfahrensbeteiligten Abschlusserklärungen abgegeben (Closing Statements). Rechtsmittel gegen Entscheidungen der Hauptverfahrenskammer sind vor der Supreme Court Chamber einzureichen.

Am Strafverfahren beteiligt sind neben der Staatsanwaltschaft und der Verteidigung die anwaltlich vertretenen Nebenkläger.[642] In den Verfahrensabschnitten wird unterschieden zwischen dem Tatverdächtigen, dem Beschuldigten (Suspect)[643] und dem Angeklagten (Accused).[644] Ein Tatverdächtiger wird zum Beschuldigten, sobald der Tatvorwurf gegen ihn offiziell bei seinem ersten Erscheinen vor den Ermittlungsrichtern[645] (Initial Appearance) erhoben wurde. Der Beschuldigte wird mit dem Abschluss des Ermittlungsverfahrens, also mit Veröffentlichung der Abschlussverfügung durch die Ermittlungsrichter bzw. die Vorverfahrenskammer (Closing Order), zum Angeklagten.

---

642 In dieser Dissertation umfassen die Begriffe „Parteien" und „Verfahrensbeteiligte" die Staatsanwaltschaft, Verteidigung des Beschuldigten bzw. Angeklagten sowie die anwaltlich vertretenen Nebenkläger. Im kambodschanischen Strafrecht haben die Nebenkläger nämlich den Status einer eigenständigen Prozesspartei, vgl. Kapitel I. III. 1).

643 Beschuldigter ist nach der Definiton der JStGH RPE eine Person „about whom the Co-Investigating Judges possess reliable information and who may have committed a crime over which" the Extraordinary Chambers „have jurisdiction." Die Bewertung des Vorliegens verlässlicher Informationen steht im Ermessen der Ermittlungsrichter. Scheffer, David, Memorandum on the Application of International Standards of Due Process by the Extraordinary Chambers in the Courts of Cambodia, Open Society Justice Initiative, April 2006, S. 10.

644 Angeklagter ist „about whom the Co-Prosecutors have prepared an indictment for prosecution following the investigation by the Co-Investigating Judges and that has been approved." Scheffer, David, Memorandum on the Application of International Standards of Due Process by the Extraordinary Chambers in the Courts of Cambodia, Open Society Justice Initiative, April 2006, S. 11.

645 Internal Rules, Regel 57 (1).

II. Die Geschäfts- und Verwaltungsstelle der ECCC

Im Gegensatz zu anderen internationalen Tribunalen gibt es an den ECCC keine als solche betitelte Gerichtskanzlei (Registry),[646] sondern eine Geschäfts- und Verwaltungsstelle (Office of Administration). Diese wird von einem kambodschanischen Direktor geleitet, welcher durch einen internationalen Stellvertreter unterstützt wird.[647] Die Auswahl des internationalen Personals der Administration erfolgt durch die VN, die des nationalen durch die kambodschanische Regierung. Beraten wird das Office of Administration durch das Komitee der Justizverwaltung (Judicial Administration Committee, JAC).[648] Dieses setzt sich aus drei nationalen und zwei internationalen Richtern zusammen und wird konsultativ durch die Staatsanwälte und den stellvertretenden Direktor des Office of Administration unterstützt. Es wurde anstelle eines Gerichtspräsidenten geschaffen, der an anderen Tribunalen die Arbeit der Geschäftsstelle kontrolliert. Seit August 2011 kommt das Judicial Administration Committee nur auf Initiative des Präsidenten und nicht mehr monatlich zusammen.

Das Büro ist für alle organisatorischen Aufgaben zuständig sowie für die Koordination der verschiedenen Abteilungen des Gerichts. Zusätzlich hält es den Kontakt zu den Geberländern, den VN und der kambodschanischen Regierung. Es soll einen reibungslosen Ablauf ermöglichen und die einzelnen Organe des Gerichts (außer die Verteidigung) unterstützen.[649] Das Office of Administration vereint acht Abteilungen unter sich. Dies sind die Abteilungen für Personal, Court Management, Öffentlichkeitsarbeit, IT, Sicherheit, allgemeine Verwaltung, Haushalt und Finanzen. Diese Unterabteilungen sind wiederum mit nationalem und internationalem Personal besetzt. Hervorzuheben ist die Court Management Section (CMS), welche die Abteilungen des Tribunals administrativ und logistisch unterstützt. Sie ist zuständig für die Sammlung und Archivierung der Dokumente und Beweise, die elektronische Verwaltung der Verfahrensakten, die Digitalisierung und Niederschrift von Interviews, die Koordination mit der WESU, die Übersetzungsabteilung, die Bibliothek, die Gerichtsaufseher und die Verbindungspersonen zur Haftanstalt.

---

646 Dem Kanzler des Gerichtshofs obliegt die Leitung der Gerichtskanzlei. Die Kanzlei ist zuständig zur Führung eines vollständigen und präzisen Verzeichnisses aller Verfahren (Record of proceedings). Ambos, Kai, Internationales Strafrecht, München, 2008, S. 313.

647 Der internationale Posten wird durch die VN besetzt. UN-RGC Abkommen, Artikel 8 (3).

648 Das JAC ist kein Gerichtsorgan. Decision of the JAC regarding the request to appoint two international judges to hear the application for disqualification of the President of the Pre-Trial Chamber, 0, 23. März 2012, Para. 2 und Dissenting Opinion of Judge Lavergne, abrufbar unter http://www.eccc.gov.kh/sites/default/files/documents/courtdoc/JAC23Mar2012.pdf.

649 UN-RGC Abkommen, Artikel 8, ECCC Gesetz, Artikel 30.

III. Die Arbeitssprachen an den ECCC

Offizielle Arbeitssprachen der ECCC sind Englisch, Französisch und Khmer.[650] Gemäß Artikel 33 ECCC Gesetz i.V.m. Artikel 14 (3) (f) IPbpR kann der Angeklagte die unentgeltliche Beiziehung eines Dolmetschers verlangen, wenn er die Verhandlungssprache des Gerichts nicht versteht oder spricht.

Die Arbeitssprache Khmer hat neben einer eigenen Sprachstruktur auch eigene Buchstaben, was die Erstellung einer digitalen Ermittlungsakte (Case Map) erschwert.[651] In den Verfahren kam es des Weiteren zu gravierenden Zeitverzögerungen, weil die meisten Dokumente, welche als Beweismittel verwendet wurden, in Khmer verfasst sind und erst übersetzt werden mussten. Hinzu kommt die auch an anderen internationalen Tribunalen bestehende Herausforderung der simultanen Übersetzung der Hauptverhandlung in alle Sprachen. Durch die Übersetzungen kommt es nicht nur zu Verzögerungen,[652] sondern auch zu einem Verlust der sprachlichen Feinheiten.[653] So äußerte die Verteidigung in Verfahren 001 immer wieder Bedenken hinsichtlich der Qualität der Übersetzung,[654] wenn z.B. aus der Reaktion der Zeugen hervorging, dass nicht alle Fragen übersetzt worden waren. Durch das Erfordernis eines Eides für die Übersetzer soll aber ein professioneller Standard gewährleistet werden.[655]

Die Arbeitssprachen des Gerichts sind nach den Internal Rules gleichrangig. Fraglich war allerdings, ob alle Dokumente in der Verfahrensakte tatsächlich in allen drei Arbeitssprachen bereitgestellt werden müssen. Nach Ansicht der Ermittlungsrichter ist zwischen dem Recht des Beschuldigten, die Dokumente in einer ihm verständlichen Sprache präsentiert zu bekommen, und der Gewährleistung eines zügigen Verfahrens abzuwägen. Danach sei es ausreichend, dem Beschuldigten die Anklage inklusive der Beweise, auf denen sie beruht, sowie

---

650 ECCC Gesetz, Artikel 45.

651 Studzinsky, Silke, Nebenklage vor den Extraordinary Chambers of the Courts of Cambodia (ECCC) – Herausforderung und Chance oder mission impossible?, ZIS 1/2009, S. 44.

652 Beispielsweise gab es zunächst keinen Übersetzer, der von Khmer ins Französische übersetzen konnte, sodass zunächst ins Englische und dann ins Französische übersetzt werden musste. Bates, Alex, Atlas Project, Armed Conflicts – Peacekeeping – Transitional justice, Law as Solution, Transitional Justice in Cambodia: Analytical Report, Oktober 2010, S. 47.

653 Ledgerwood, Judy, The other day I saw a Monster: Reflections on the Khmer Rouge Tribunal, Documentation Center of Cambodia Magazine: Searching for the Truth, Debate Section, August 2009, S. 2 ff.

654 Danach gehen mehr als die Hälfte des Inhalts bei der Übersetzung von Khmer ins Französische verloren.

655 „The rules of the ECCC require interpreters and translators to declare an oath of faithful, independent, impartial and confidential performance of their duties." Lampell, Zachery, Handbook on Establishing an International War Crimes Tribunal, The Public International Law & Policy Group, 2007, S. 68.

die Introductory und Final Submission mit dem Verzeichnis der ihnen zugrunde liegenden Fakten in einer ihm verständlichen Sprache zur Verfügung zu stellen.[656]

Für die Wahrung von Fristen müssen die Dokumente in allen drei Gerichtssprachen eingereicht werden. Dabei ist das offizielle E-filing-System zu nutzen, ein per Email eingereichtes Belegexemplar reicht nicht aus.[657] Unter besonderen Umständen ist die englische und französische Fassung eines Dokuments ausreichend, wenn die Version in Khmer zum nächstmöglichen Zeitpunkt nachgereicht wird.[658] Solche besonderen Umstände liegen vor, wenn nachgewiesen werden kann, dass die Übersetzung rechtzeitig beantragt wurde und die Übersetzungsabteilung zu einer fristgerechten Übersetzung nicht in der Lage war.[659] Spätestens in der Verhandlung muss aber der relevante Dokumententeil in einer dem Angeklagten oder dem Zeugen verständlichen Sprache vorgelegt werden. Handelt es sich um ein kurzes Dokument, kann die Übersetzung auch unmittelbar im Gerichtssaal erfolgen.[660] Aufgrund der Unterbesetzung der Übersetzungsabteilung werden inzwischen die meisten Entscheidungen der Kammern zunächst auf Englisch und Khmer veröffentlicht, die französische Version folgt mit einiger Zeitverzögerung, um den Fortgang des Verfahrens nicht zu behindern.[661]

---

656 Allein die Anlagen bzw. unterstützenden Dokumente der Introductory Submission im Fall Khieu Samphan umfassten fast 16.000 Seiten. Statement of Kong Sophy at press conference at ECCC, Phnom Penh, 24. April 2005. Order on Translation Rights and Obligations of the Parties, A190, 19. Juni 2008, A 1, abrufbar unter http://www.eccc.gov.kh/sites/default/files/documents/courtdoc/Order_on_translation_rights_and_obligations_A190_EN_0.pdf.

657 Decision on Nuon Chea's request to accept late filing pursuant to rule 39 (4), 3, 2. Mai 2012, abrufbar unter http://www.eccc.gov.kh/sites/default/files/documents/courtdoc/3_EN-2.PDF.

658 Decision on the appeal against the "Order on the request to place on the case file the documents relating to Mr. Khieu Samphan's real activity", D370/2/11, 19. September 2009, Para. 7, abrufbar unter http://www.eccc.gov.kh/sites/default/files/documents/courtdoc/D370_2_11_EN.PDF.

659 Practice Direction on Filing of Documents before the ECCC, Regel 7 (2). Vgl. auch Trial Chamber Memorandum entitled Interim procedure before the Trial Chamber where translation constraints preclude compliance by the Parties with filing deadlines, E38, 8. Februar 2011, abrufbar unter http://www.eccc.gov.kh/sites/default/files/documents/courtdoc/E38_EN-5.PDF.

660 Decision on Objections to Documents Proposed to be Put Before the Chamber on the Co-Prosecutors' Annexes A1-A5 and to Documents cited in Paragraphs of the Closing Order Relevant to the First Two Trial Segments of Case 002/01, E185, 9. April 2012, Para. 21, abrufbar unter http://www.eccc.gov.kh/sites/default/files/documents/courtdoc/E185_EN.PDF.

661 Kritisch waren demgegenüber die Verteidigung und Nebenklage. Transcript of Proceedings, Trial Management Hearing, E1/114.2, 27. August 2012, S. 46, abrufbar unter http://www.eccc.gov.kh/sites/default/files/documents/courtdoc/E1_114.2_TR002_20120827_Final_en_Pub.pdf.

Strittig war, auf welche Ressourcen die Verteidigung für die Übersetzungen zurückgreifen kann. Nach der Translation Order der Ermittlungsrichter sind die sprachlichen Kompetenzen des Verteidigungsteams und des Verteidigerbüros zu nutzen.[662] Daneben wird jedem Team ein kostenloser Übersetzer zugeordnet.[663] Gegen diese Regelung legten die Verteidiger Khieu Samphan's und Ieng Sary's erfolglos vor der Vorverfahrenskammer Beschwerde ein. Diese war mit der Verletzung des Rechts auf ein faires Verfahren begründet, da keine effektive Rechtsverteidigung ermöglicht und die Waffengleichheit der Parteien nicht gewährleistet sei. Die Vorverfahrenskammer wies die Beschwerde als unzulässig zurück, da keiner der in Regel 74 (3) (b) Internal Rules abschließend aufgeführten Anrufungsgründe vorgetragen worden sei.[664] Auch sei die Hilfszuständigkeit aus Regel 21 Internal Rules nicht eröffnet, denn es bestehe kein Recht, die Dokumente in einer speziellen der drei Gerichtssprachen zu erhalten.[665] Des Weiteren beherrschten die Mitglieder des Verteidigungsteams bereits zwei Sprachen, für die dritte stehe ein Übersetzer bereit. Allerdings könne die Übersetzung konkret benannter Dokumente beantragt werden, wenn diese entlastendes Beweismaterial beinhalten.[666] Dementsprechend wurde ein internationaler Verteidiger gemäß Regel 38 Internal Rules verwarnt. Er hatte sich während der Anhörung im Beschwerdeverfahren gegen die Anordnung der Untersuchungshaft vor der Vorverfahrenskammer zur Verteidigung mit der Begründung außer Stande erklärte, dass ihm nicht alle Dokumente auf Französisch vorgelegen

---

662 Order on Translation Rights and Obligations of the Parties, A190, 19. Juni 2008, A 4, abrufbar unter http://www.eccc.gov.kh/sites/default/files/documents/courtdoc/Order_on_translation_rights_and_obligations_A190_EN_0.pdf.

663 Order on Translation Rights and Obligations of the Parties, A190, 19. Juni 2008, B 2-3, abrufbar unter http://www.eccc.gov.kh/sites/default/files/documents/courtdoc/Order_on__translation_rights_and_obligations_A190_EN_0.pdf.

664 Pre-Trial Chamber Decision on Khieu Samphan's Appeal against the Order on Translation Rights and Obligations of the Parties, A190/I/20, 20. Februar 2009, Paras. 31, 33, abrufbar unter http://www.eccc.gov.kh/sites/default/files/documents/courtdoc/A190_I_20_EN.pdf; Pre-Trial Chamber Decision on Ieng Sary's Appeal against the OCIJ Order on Translation Rights and Obligations of the Parties, A190/II/9, 20. Februar 2009, abrufbar unter http://www.eccc.gov.kh/sites/default/files/documents/courtdoc/A190_II_9_EN.pdf.

665 Pre-Trial Chamber Decision on Khieu Samphan's Appeal against the Order on Translation Rights and Obligations of the Parties, A190/I/20, 20. Februar 2009, Para. 40, abrufbar unter http://www.eccc.gov.kh/sites/default/files/documents/courtdoc/A190_I_20_EN.pdf.

666 Pre-Trial Chamber Decision on Khieu Samphan's Appeal against the Order on Translation Rights and Obligations of the Parties, A190/I/20, 20. Februar 2009, Para. 50, abrufbar unter http://www.eccc.gov.kh/sites/default/files/documents/courtdoc/A190_I_20_EN.pdf.

hätten.[667] Trotz der Verwarnung vertagte die Kammer aber die Anhörung, um die Rechte des Beschuldigten auf eine ordnungsgemäße Verteidigung im Zweifel nicht zu verletzen.

IV. Zusammenfassung

Das Strafverfahren an den ECCC basiert auf dem französischen Strafverfahrensrecht. Ebenso wie dieses ist es in ein staatsanwaltliches Vorermittlungsverfahren, das richterliche Ermittlungsverfahren und das Hauptverfahren untergliedert. Die Kontrolle des Ermittlungsverfahrens obliegt der Vorverfahrenskammer, die Rechtsmittelkammer überprüft das Hauptverfahren. Die administrative Organisation des Gerichts obliegt der Geschäfts- und Verwaltungsstelle, die durch das Komitee der Justizverwaltung kontrolliert wird. Die drei gleichrangigen, offiziellen Arbeitssprachen an den ECCC sind Englisch, Französisch und Khmer, wobei die Besonderheiten der kambodschanischen Sprachen teilweise Probleme, z. B. hinsichtlich der Bereitstellung der Dokumente in allen drei Arbeitssprachen, verursachten.

667 Decision on application to adjourn hearing on Provisional Detention Appeal (Khieu Samphan), C26/I/25, 23. April 2008, abrufbar unter http://www.eccc.gov.kh/sites/default/files/documents/courtdoc/PTCDecision_on_app_to_adjourn_Khieu_Samphan_hearing_C26_I_25_EN_0.pdf.

F. Die Strafverfahren vor den ECCC

Für die Aufarbeitung der Verbrechen der Khmer Rouge, denen circa 1,7 Millionen Menschen zum Opfern gefallen sind, kamen nach Ansicht einer VN-Expertenkommission 20 bis 30 Tatverdächtige in Betracht.[668] Allerdings konnten gegen die meisten Tatverdächtigen keine Ermittlungsverfahren mehr initiiert werden, da diese bereits verstorben sind. So leben sieben der zehn Mitglieder des Zentralkomitees der Kommunistischen Partei Kampucheas nicht mehr. Hierzu zählen der Führer der Roten Khmer, Pol Pot (1998), und Son Sen (1997), der ehemalige Verteidigungsminister des Demokratischen Kampuchea. Auch die beiden hochrangigen Generäle der Rote Khmer, Ke Pauk (2002) und Ta Mok (2006 in der Untersuchungshaft), sind verstorben. Die Verbrechen werden nun anhand von Verfahren gegen zehn hochrangige Mitglieder des Regimes juristisch aufgearbeitet. Der ursprünglich vorgesehene Tätigkeitszeitraum der ECCC von drei Jahren ist dabei inzwischen überschritten.[669] Dazu haben die Verfahren, die nachfolgend beschrieben werden, einen unterschiedlich großen Beitrag geleistet.

I. Das Verfahren 001

Das erste Strafverfahren an den ECCC richtete sich nicht gegen einen der ranghöchsten Mitglieder des Regimes. Ziel der Staatsanwaltschaft war es nämlich, ähnlich wie am JStGH und RStGH, ein Urteil möglichst schnell zu erzielen. Im Verfahren 001 gegen Kaing Guek Eav, alias Duch, erschien dies wegen dessen umfassender Kooperationsbereitschaft möglich.[670] Auch konnten durch die Mitarbeit des Angeklagten in Verfahren 001 zusätzliche Informationen für die nachfolgenden Verfahren gewonnen werden.

---

668 Report of the Group of Experts for Cambodia Pursuant to General Assembly Resolution 52/135, 18. Februar 1999, Annex des United Nations Documents, Identical Letters, 15. März 1999 des Generalsekretärs an die Präsidenten der Generalversammlung und des Sicherheitsrats, UN GAOR, 53rd Sess., Agenda Item110(b), UN Doc. A/53/850 and S/1999/231 (1999), Para. 110.

669 Report of the Secretary-General on Khmer Rouge Trials, UN Doc. 757/769, 31. März. 2003, Para. 60.

670 Cryer, Robert, International Criminal Law and Procedure, Cambridge, 2010, S. 443.

Kaing Guek Eav war Chef der Geheimpolizei Santebal und Leiter des Gefängnisses S-21 in Phnom Penh (Tuol Sleng).[671] Die circa 12.000 Gefangenen wurden bis auf wenige Ausnahmen auf den Killing Fields von Cheung Ek umgebracht.[672]

Geboren wurde Kaing Guek Eav am 17. November 1942 in einer armen, einer chinesischen Minderheit angehörenden Familie in Poevveuy. In Phnom Penh ließ er sich zum Mathematiklehrer ausbilden. Er trat der Kommunistischen Partei am 25. November 1967 als Mitglied bei.[673] Nachdem Kambodscha seit 1968 immer häufiger durch Aufstände erschüttert wurde, reagierte das Staatsoberhaupt, Prinz Norodom Sihanouk, mit einer Verhaftungswelle. Im Zuge derer wurde Kaing Guek Eav wegen Geheimnisverrats zu 20 Jahren Haft verurteilt.[674] In der Haft erlebte er am eigenen Leib die Folter. Im Jahr 1970 wurde er von der Lon Nol Regierung amnestiert. Danach wurde er im Dschungel Kambodschas von den Roten Khmer ausgebildet und 1971 Leiter des Gefangenenlagers M-13 und im Jahre 1976 von S-21.[675]

Nach dem Sturz der Khmer Rouge 1979 tauchte Kaing Guek Eav unter und arbeitete unerkannt unter falschem Namen für die Nichtregierungsorganisation American Refugee Commitee (ARC). Schließlich konvertierte er zum Christentum (United Methodist Church) und war als Missionar tätig.[676] Im Jahr 1999 identifizierte ihn der irische Journalist Nic Dunlop. Duch wurde wegen Mordes und Folter in mehreren Fällen sowie der Mitgliedschaft in einer verbotenen Vereinigung angeklagt und im kambodschanischen Militärgefängnis interniert, ohne dass ihm jedoch der Prozess gemacht wurde.[677] Nach dem Erlass eines Untersuchungshaftbefehls durch die ECCC am 31. Juli 2007 wurde Duch an das Gericht überstellt und erschien am

671 S-21 war ein Vernichtungslager für politische Feinde der Roten Khmer. Der Buchstabe „S" steht für Santebal, eine Art Sicherheitspolizei. Teil von S-21 war auch das Umerziehungslager S-24. Case information sheet, abrufbar unter http://www.eccc.gov.kh/english/cabinet/files/Case_Info_DUCH_EN.pdf.

672 Judgement in Case 001, E188, 26. Juli 2010, Para. 23, abrufbar unter http://www.eccc.gov.kh/sites/default/files/documents/courtdoc/20100726_Judgement_Case_001_eng_PUBLIC.pdf.

673 Case information sheet, abrufbar unter http://www.eccc.gov.kh/english/cabinet/files/Case_Info_DUCH_EN.pdf.

674 Case information sheet, abrufbar unter http://www.eccc.gov.kh/english/cabinet/files/Case_Info_DUCH_EN.pdf.

675 Duch leitete S-21 von März 1976 bis Januar 1979. Case information sheet, abrufbar unter http://www.eccc.gov.kh/english/cabinet/files/Case_Info_DUCH_EN.pdf.

676 Closing Order indicting Kaing Guek Eav alias Duch, D99, 8. August 2008, S. 2, abrufbar unter http://www.eccc.gov.kh/english/cabinet/courtDoc/115/Closing_order_indicting_Kaing_Guek_Eav_Eng.pdf.

677 Heder Steven, Seven Candidates for Prosecution: Accountability for the Crimes of the Khmer Rouge, War Crimes Research Office, Washington College of Law, American University and Coalition for International Justice, Juni 2001, S. 12.

selben Tag das ersten Mal vor den Ermittlungsrichtern. Am 20. November 2007 führte das Tribunal eine erste öffentliche Anhörung durch.[678]

In der Anklageschrift der Ermittlungsrichter vom 8. August 2008 wurden ihm die Begehung von Verbrechen gegen die Menschlichkeit, Verletzungen der Genfer Konventionen sowie Totschlag nach dem kambodschanischen Strafgesetzbuch vorgeworfen.[679] Die Staatsanwaltschaft forderte in ihrem hiergegen eingelegten Rechtsmittel vor der Vorverfahrenskammer die Anklageerweiterung auf den Tatbestand der Folter nach kambodschanischem Strafrecht sowie eine Verfolgung nach den Grundsätzen der Joint Criminal Enterprise (JCE). Die Vorverfahrenskammer bezog nur den Tatbestand der Folter mit ein.[680] Das bis dahin verbundene Verfahren gegen Duch und die vier ursprünglich in Verfahren 002 angeklagten Personen wurden daraufhin getrennt.[681]

Die Hauptverhandlung begann am 30. März 2009 und endete am 27. November 2009. In diesen 77 Tagen wurden insgesamt 45 Zeugen (9 Sachverständige, 17 Zeugen zum Sachverhalt[682] und 7 Zeugen zur Person des Angeklagten sowie 22 Nebenkläger) gehört.[683] Die Länge des Verfahrens gegen Duch entspricht damit der durchschnittlichen Dauer eines Prozesses vor dem JStGH, die 22 Wochen beträgt.[684]

---

678 Case information sheet, abrufbar unter http://www.eccc.gov.kh/english/cabinet/files/Case_Info_DUCH_EN.pdf.

679 Closing Order indicting Kaing Guek Eav alias Duch, D99, 8. August 2008, S. 33, abrufbar unter http://www.eccc.gov.kh/english/cabinet/courtDoc/115/Closing_order_indicting_Kaing_Guek_Eav_Eng.pdf.

680 Decision on Appeal against Closing Order indicting Kaing Guek Eav alias Duch, D99/3/42, 5. Dezember 2008, abrufbar unter http://www.eccc.gov.kh/sites/default/files/documents/courtdoc/D99_3_42_EN_0_1.pdf.

681 Judgement in Case 001, E188, 26. Juli 2010, Para. 488, abrufbar unter http://www.eccc.gov.kh/sites/default/files/documents/courtdoc/20100726_Judgement_Case_001_eng_PUBLIC.pdf.

682 12 Personen waren ehemalige Angestellte von M-13, S-21, S-24 oder Prey Sar und 5 Zeugen waren Opfer.

683 Case information sheet, abrufbar unter http://www.eccc.gov.kh/english/cabinet/files/Case_Info_DUCH_EN.pdf.

684 Das kürzeste Verfahren dauerten 7 Wochen, das längste 35 Wochen. Prosecutor v. Babić, Case. No. IT-03-72; Prosecutor v. Banović, Case. No. IT-02-65/1; Prosecutor v. Bralo, Case. No. IT-95-17; Prosecutor v. Češić, Case. No. IT-95-10/1; Prosecutor v. Deronjić, Case. No. IT-02-61; Prosecutor v. Došen, et al., Case. No. IT-98-8; Prosecutor v. Erdemović, Case. No. IT-96-22; Prosecutor v. Jokić, Case. No. IT-01-42/1; Prosecutor v. Kolundžija,et al., Case. No. IT-95-8; Prosecutor v. Mrđa, Case. No. IT-02-59; Prosecutor v. Nikolić, Case. No. IT-94-2; Prosecutor v. Nikolić, Case. No. IT-02-60/1; Prosecutor v. Obrenović, Case. No. IT-02-60/2; Prosecutor v. Plavšić, Case. No. IT-00-39 & 40/1; Prosecutor v. Rajić, Case. No. IT-95-12; Prosecutor v. Sikirica,et al., Case. No. IT-95-8; Prosecutor v. Simić, Case. No. IT-95-9/2; Prosecutor v. Todorović, Case. No. IT-95-9/1; Prosecutor v. Mrđa Case. No. IT-02-59;

Zu Verfahrensbeginn gestand Duch seine Verantwortung für die angeklagten Verbrechen ein und entschuldigte sich während des Prozesses wiederholt für seine Taten.[685] Jedoch änderte der nationale Verteidiger am 27. November 2009 überraschend die Verteidigungsstrategie, plädierte auf nicht schuldig und verlangte die Freilassung des Angeklagten.

Im Urteil vom 26. Juli 2010 wurde Duch wegen Verbrechen gegen die Menschlichkeit[686] und schwerwiegenden Verletzungen der Genfer Konventionen von 1949[687] zu einer zeitigen Freiheitsstrafe von 35 Jahren verurteilt. Die Kammer stellte fest, dass unter seiner Leitung im Gefängnis S-21 mindestens 12.272 Männer, Frauen und Kinder gefoltert,[688] verhört, unter unmenschlichen Bedingungen festgehalten und getötet worden waren (Smashing of Enemies[689]).[690] Allerdings gab es keine ausreichenden Beweise dafür, dass Duch persönlich Menschen gefoltert hatte.[691] Die Strafe wurde wegen der vorherigen nationalen illegalen Inhaftierung Duch's zwischen dem 10. Mai 1999 und dem 30. Juli 2007 um fünf Jahre auf 30 Jahre gekürzt[692] und

---

Prosecutor v. Sikirica, et al., Case. No. IT-95-8. ICTY Case Information Sheets, abrufbar unter www.icty.org.

685 Judgement in Case 001, E188, 26. Juli 2010, Para. 570, abrufbar unter http://www.eccc.gov.kh/sites/default/files/documents/courtdoc/20100726_Judgement_Case_001_Eng_PUBLIC.pdf; Compilation of statements of apology made by Kaing Guek Eav alias Duch during the proceedings, F28.1, 16. Februar 2012, http://www.eccc.gov.kh/sites/default/files/documents/courtdoc/F28.1_EN.PDF.

686 Die Einzeltaten waren Verfolgung aus politischen Gründen wie Ausrottung (durch Mord), Versklavung, Freiheitsberaubung, Folter (einschließlich eines Falles der Vergewaltigung) und andere unmenschliche Handlungen.

687 Die Einzeltaten waren vorsätzliche Tötung, Folter und unmenschliche Behandlung, vorsätzliche Verursachung erheblichen Leidens oder erheblicher körperlicher oder gesundheitlicher Schäden, vorsätzliches Entziehen des Rechts auf ein faires und ordnungsgemäßes Verfahren gegenüber einem Kriegsgefangenen oder Zivilisten sowie unrechtmäßiges Gefangenhalten eines Zivilisten.

688 Die Verhörmethoden beinhalteten den Gebrauch von Nägeln, glühende Zigaretten, Elektroschocks, das Essen von Exkrementen, das Aufhängen mit dem Kopf nach unten, das Schlagen mit Eisenstangen, das Untertauchen in Wasser oder das Ersticken mit Plastiktüten. Überlebende wurden auf den Killing Fields mit Hacken, Beilen, Stangen oder Sägen exekutiert. Chandler, David, Voices from S-21, Terror and History in Pol Pot's Secret Prison, Berkeley, 2000.

689 Open Society Justice Initiative, The Duch Trial at the Extraordinary Chambers in the Courts of Cambodia, März 2009, S. 3.

690 Judgement in Case 001, E188, 26. Juli 2010, Para. 630, abrufbar unter http://www.eccc.gov.kh/sites/default/files/documents/courtdoc/20100726_Judgement_Case_001_eng_PUBLIC.pdf.

691 Judgement in Case 001, E188, 26. Juli 2010, Para. 486, abrufbar unter http://www.eccc.gov.kh/sites/default/files/documents/courtdoc/20100726_Judgement_Case_001_eng_PUBLIC.pdf.

692 Judge Jean-Marc Lavergne war der abweichenden Meinung, dass eine potenzielle lebenslange Freiheitsstrafe nach dem kambodschanischen Strafgesetzbuch und

die bereits in Gefangenschaft des kambodschanischen Militärs verbrachten Jahre voll auf die Haftzeit angerechnet.[693]

Gegen das Urteil legten alle Verfahrensbeteiligten im August 2010 Rechtsmittel ein. In der mündlichen Verhandlung vom 28.–30. März 2011 forderte die Staatsanwaltschaft eine lebenslange Haftstrafe, allerdings gemindert auf 45 Jahre.[694] Einerseits berücksichtige das Urteil nicht zu Genüge die Schwere der Taten sowie die aktive Rolle des Angeklagten bei deren Begehung. Andererseits habe die Kammer den strafmildernden Umständen zu viel Gewicht eingeräumt.[695] Des Weiteren sprach sie sich gegen eine mögliche frühzeitige Haftentlassung wegen guter Führung aus.[696] Nach Ansicht der Verteidigung war die personelle Zuständigkeit des Tribunals nicht eröffnet, da Duch keine führende oder hauptverantwortliche Person des Khmer Rouge Regimes gewesen ist. Sie forderte seinen Freispruch. Eine Strafmaßreduzierung für den Fall der Aufrechterhaltung der Verurteilung beantragte die Verteidigung nicht.[697] Die Rechtsmittel von 41 Nebenklägern richteten sich auf die Anerkennung als Nebenkläger und die Zusprache weiterer Reparationsleistungen.

Die Rechtsmittelkammer sprach zusätzlich zum Urteil der Hauptverfahrenskammer eine Verurteilung für die unter die Verbrechen gegen die Menschlichkeit fallenden Einzeltaten der Ausrottung (durch Mord), Versklavung, Freiheitsberaubung, Folter und der anderen unmenschlichen Handlungen aus.[698] Des Weiteren bestätigte sie trotz eines Subsumptionsfehlers der Hauptverfahrenskammer die

---

dem IStGH Statut auf 30 Jahre zu reduzieren sei. Separate and Dissenting Opinion of Judge Jean-Marc Lavergne on Sentence, E188.1, 26. Juli 2010 abrufbar unter http://www.eccc.gov.kh/english/cabinet/courtDoc/636/20100726_Dissenting_Opinion_of_Lavergne_J_Case_001_ENG_PUBLIC.pdf.

693 Judgement in Case 001, E188, 26. Juli 2010, Para. 631 ff., abrufbar unter http://www.eccc.gov.kh/sites/default/files/documents/courtdoc/20100726_Judgement_Case_001_eng_PUBLIC.pdf.

694 Im Schlussplädoyer des Hauptverfahrens hatte sie eine lebenslange Freiheitsstrafe, gemindert auf 40 Jahre, gefordert. Transcript of Proceedings – "DUCH" Trial (Trial Day 75), E1/80.1, 25. November 2009, S. 36, abrufbar unter http://www.eccc.gov.kh/sites/default/files/documents/courtdoc/E1_80.1_TR001_20091125_Final_en_Pub.pdf.

695 Open Society Justice Initiative, Recent Developments at the Extraordinary Chambers in the Courts of Cambodia, Dezember 2010 Update, S. 10.

696 Im Schlussplädoyer des Hauptverfahrens hatte sie eine lebenslange Freiheitsstrafe, gemindert auf 40 Jahre, gefordert. Transcript of Proceedings – "DUCH" Trial (Trial Day 75), E1/80.1, 25. November 2009, S. 36, abrufbar unter http://www.eccc.gov.kh/sites/default/files/documents/courtdoc/E1_80.1_TR001_20091125_Final_en_Pub.pdf.

697 Open Society Justice Initiative, Recent Developments at the Extraordinary Chambers in the Courts of Cambodia, Dezember 2010 Update, S. 10.

698 Case 001 Appeal Judgement, F28, 3. Februar 2012, S. 281 ff., abrufbar unter http://www.eccc.gov.kh/sites/default/files/documents/courtdoc/Case%20001AppealJudgementEn.pdf.

Verwirklichung der Einzeltat der Verfolgung. Die Rechtsmittelkammer verhängte eine lebenslange Freiheitsstrafe. Die Hauptverfahrenskammer habe „den strafmildernden Umständen übermäßige Bedeutung und der Schwere der Verbrechen und den strafschärfenden Umständen unzureichende Bedeutung beigemessen".[699] Die von der Hauptverfahrenskammer zugesprochene Strafmilderung als Wiedergutmachung für seine unrechtmäßige Inhaftierung durch das Militärgericht wurde durch eine Mehrheitsentscheidung der Richter aufgehoben,[700] die im Militärgefängnis abgesessene Haftzeit aber weiterhin angerechnet.[701]

II. Das Verfahren 002

Das zweite Verfahren richtet sich gegen Nuon Chea, den Stellvertreter Pol Pots, den früheren Außenminister Ieng Sary, seine Frau und ehemalige Sozialministerin Ieng Thirith und den früheren Staatspräsidenten Khieu Samphan, deren Historie im Folgenden zunächst kurz dargestellt wird.

Nuon Chea, auch als „Bruder Nummer Zwei" bekannt, wurde am 7. Juli 1926 in Voat Kor, Battambang, geboren.[702] Nachdem er nach Abschluss seines Studiums in Bangkok nach Kambodscha zurückgekehrt war, wurde er Mitglied der Roten Khmer. Ab dem Jahr 1960 war er Stellvertreter Pol Pots, von 1976 bis 1977 hielt er die Position des Regierungschefs der Roten Khmer Regierung inne.[703] Nuon Chea war Chefideologe der Roten Khmer. Im Dezember 1998 lief er zur Regierung des heutigen Machthabers Hun Sen über, die ihm Straffreiheit versprach.[704] Im Jahr 2004 erklärte er öffentlich seine Bereitschaft, vor das internationale Tribunal zu

699 Case 001 Appeal Judgement, F28, 3. Februar 2012, Para. 373, abrufbar unter http://www.eccc.gov.kh/sites/default/files/documents/courtdoc/Case%20001AppealJudgementEn.pdf.

700 Abweichender Meinung waren zwei internationale Richter. Case 001 Appeal Judgement, F28, 3. Februar 2012, S. 323, abrufbar unter http://www.eccc.gov.kh/sites/default/files/documents/courtdoc/Case%20001AppealJudgementEn.pdf.

701 Vgl. Kapitel D. III. 1) e). In ihrer abweichenden Meinung sprachen sich die internationalen Richter für die zusätzliche strafmildernde Berücksichtigung der unrechtmäßigen Haftzeit in der Strafzumessung aus. Case 001 Appeal Judgement, F28, 3. Februar 2012, Para. 337, abrufbar unter http://www.eccc.gov.kh/sites/default/files/documents/courtdoc/Case%20001AppealJudgementEn.pdf.

702 Heder Steven, Seven Candidates for Prosecution: Accountability for the Crimes of the Khmer Rouge, War Crimes Research Office, Washington College of Law, American University and Coalition for International Justice, Juni 2001, S. 51.

703 Heder Steven, Seven Candidates for Prosecution: Accountability for the Crimes of the Khmer Rouge, War Crimes Research Office, Washington College of Law, American University and Coalition for International Justice, Juni 2001, S. 51.

704 Case information sheet, abrufbar unter http://www.eccc.gov.kh/english/cabinet/files/Case_Info_Nuon_Chea_EN.pdf.

treten.[705] Am 19. September 2007 wurde er in seinem Haus im kambodschanischen Dschungel festgenommen.

Khieu Samphan, geboren am 27. Juli 1931 in der kambodschanischen Provinz Svay Rieng, wurde am 19. November 2007 aufgrund des Haftbefehls der ECCC im Krankenhaus festgenommen.[706] Er war von 1976 bis 1979 Staatspräsident Kambodschas und Leiter der Parteiorganisation Angkar. Er studierte an der Universität Sorbonne in Paris und promovierte dort über die Industrialisierung Kambodschas.[707] Nach dem Sturz der Roten Khmer ging er ins chinesische Exil und agierte von dort als Vizepräsident der von den VN anerkannten Exilregierung „Koalition des Demokratischen Kampucheas". Im Jahr 1998 wurde er von Hun Sen amnestiert.

Am 12. November 2007 wurden Ieng Sary, geboren am 24. Oktober 1925 in Loeung Va in der vietnamesischen Provinz Tra Vinh,[708] und seine Frau Ieng Thirith, 1932 in Battambang geboren,[709] festgenommen und an das Tribunal überstellt.[710] Ieng Sary war Student in Phnom Penh und Paris und gründete dort den marxistischen Zirkel kambodschanischer Studenten. Nach seiner Rückkehr nach Kambodscha arbeitete er zunächst als Professor für Geschichte. Mitglied der Roten Khmer wurde er 1963.[711] Der während der Khmer Rouge Zeit als „Bruder Nummer Drei" bekannte Ieng Sary war Außenminister des Demokratischen Kampuchea.[712] Im Jahr 1979 wurde er durch das Peoples Revolutionary Tribunal in absentia wegen der Begehung von Genozid zum Tode verurteilt. Allerdings flüchtet er nach Thailand. Nach seiner Amnestierung im Jahr 1996 lebte er unbehelligt mit seiner Ehefrau Ieng Thirith in

705 Case information sheet, abrufbar unter http://www.eccc.gov.kh/english/cabinet/files/Case_Info_Nuon_Chea_EN.pdf.

706 Drake, Anna Katherine, Updates from the International Criminal Courts, 15 No. 2 Hum. Rts. Brief 38, S. 45.

707 Case information sheet, abrufbar unter http://www.eccc.gov.kh/english/cabinet/files/Case_Info_Khieu_Samphan_EN.pdf.

708 Case information sheet, abrufbar unter http://www.eccc.gov.kh/english/cabinet/files/Case_Info_Ieng_Sary_EN.pdf.

709 Case information sheet, abrufbar unter http://www.eccc.gov.kh/english/cabinet/files/Case_Info_Ieng_Thirith_EN.pdf.

710 Der Haftbefehl gegen Ieng Sary basierte auf dem Verdacht der Begehung von Verbrechen gegen die Menschlichkeit und Kriegsverbrechen, der gegen Ieng Thirith auf Verbrechen gegen die Menschlichkeit. Case information sheet, abrufbar unter http://www.eccc.gov.kh/english/cabinet/files/Case_Info_Ieng_Thirith_EN.pdf.

711 Heder Steven, Seven Candidates for Prosecution: Accountability for the Crimes of the Khmer Rouge, War Crimes Research Office, Washington College of Law, American University and Coalition for International Justice, Juni 2001, S. 66 ff.

712 Heder Steven, Seven Candidates for Prosecution: Accountability for the Crimes of the Khmer Rouge, War Crimes Research Office, Washington College of Law, American University and Coalition for International Justice, Juni 2001, S. 66 ff.

Phnom Penh zusammen.[713] Ieng Sary verstarb während des gegen ihn laufenden Hauptverfahrens vor den ECCC am 14. März. 2013.[714]

Ieng Thirith war die damalige Sozialministerin und galt als Ideologin der Partei.[715] Ieng Thirith, Schwester der ersten Ehefrau von Pol Pot, studierte in Phnom Penh und an der Sorbonne in Paris englische Literatur. In Kambodscha arbeitete sie als Professorin und gründete in den 60er Jahren eine eigene Englischschule. Auch sie blieb bis 1998 Mitglied der Khmer Rouge.[716] Aufgrund einer Demenzerkrankung wurde ihr Verfahren im November 2011 vom Verfahren gegen die drei anderen Angeklagten getrennt und ausgesetzt.[717] Eine Besserung ihres Zustands war trotz einer medizinischen Behandlung aussichtslos. Daher ordnete die Rechtsmittelkammer ihre Freilassung am 16. September 2012 unter Auflagen an.[718]

Den Angeklagten wird vorgeworfen, gemeinschaftlich Zwangsevakuierungen, Massentötungen, Zwangsarbeit, Folter, willkürliche Verhaftungen und Versklavungen organisiert und durchgeführt zu haben. Nachdem die Staatsanwaltschaft am 18. Juli 2007 die Introductory Submission an die Ermittlungsrichter weitergeleitet hatte, erhoben diese am 15. September 2010 offiziell Anklage wegen der Begehung von Genozid, Verbrechen gegen die Menschlichkeit, Kriegsverbrechen sowie Totschlag, Folter und Verfolgung nach kambodschanischem Strafrecht.[719] Von den 3.988 Nebenklägeranträgen wurden 2.123 zugelassen.[720]

Der Prozess begann mit dem Initial Hearings vom 27. bis 30. Juni 2011, die Beweisaufnahme folgte ab November 2011. Alle Angeklagten verweigern die Beantwortung detaillierter Fragen und bestreiten trotz gegenteiliger Aussagen in früheren Presseinterviews, von den Verbrechen gewusst zu haben oder dafür verantwortlich gewesen zu sein.[721] Das Verfahren ist sehr komplex, da es sich gegen mehrere Angeklagte richtet. Diese sind teilweise wegen unterschiedlicher Tatbestände und Sachverhalte angeklagt, wodurch unterschiedliche Verteidigungsstrategien vor allem

---

713 Case information sheet, abrufbar unter http://www.eccc.gov.kh/english/cabinet/files/Case_Info_Ieng_Sary_EN.pdf.

714 Press Release, Accused Person Ieng Sary dies, 14. März 2013, abrufbar unter http://www.eccc.gov.kh/en/node/25888.

715 Case information sheet, abrufbar unter http://www.eccc.gov.kh/english/cabinet/files/Case_Info_Ieng_Thirith_EN.pdf.

716 Case information sheet, abrufbar unter http://www.eccc.gov.kh/english/cabinet/files/Case_Info_Ieng_Sary_EN.pdf; Case information sheet, abrufbar unter http://www.eccc.gov.kh/english/cabinet/files/Case_Info_Ieng_Thirith_EN.pdf.

717 Vgl. Kapitel K. III. 3).

718 Decision on Co-Prosecutors' Request for Stay Of Release Order of Ieng Thirith, E138/1/10/1/2/1, 16. September 2012, abrufbar unter http://www.eccc.gov.kh/sites/default/files/documents/courtdoc/E138_1_10_1_2_1_EN.pdf.

719 Closing Order in Case 002, D427, 15. September 2010, abrufbar unter http://www.eccc.gov.kh/english/cabinet/courtDoc/740/D427Eng.pdf.

720 ECCC Press Release, 16. September 2010.

721 Case information sheet, abrufbar unter http://www.eccc.gov.kh/english/cabinet/files/Case_Info_Khieu_Samphan_EN.pdf.

hinsichtlich der Straffreistellungsgründe notwendig werden.[722] Die Verfahrensbeteiligten beantragten die Ladung von insgesamt 1.054 Zeugen, Sachverständigen und Nebenklägern.[723] Die Hauptverfahrenskammer unterteilte daher das Verfahren in mehrere Teilverfahren. Die Hauptverhandlung des ersten Teilverfahrens wird nach Einschätzung der Kammer nicht vor Ablauf des Jahres 2013 beendet sein. Die Wahrscheinlichkeit, dass das zweite Teilverfahren ab dem Jahr 2014 beginnt,[724] wird als gering eingeschätzt aufgrund der nicht gesicherten Finanzierung des Tribunals durch die internationale Gemeinschaft, der politischen Situation in Kambodscha und des Alters der Angeklagten.[725] Ferner muss im ersten Teilverfahren zunächst das Urteil und das Rechtsmittelverfahren abgewartet werden.[726]

III. Die Verfahren 003 und 004

Nach einer vom internationalen Staatsanwalt veröffentlichten Erklärung über die geheime Introductory Submission der Staatsanwaltschaft vom 20. November 2008 richten sich die Ermittlungen gegen fünf Tatverdächtige, welche im Rahmen einer Joint Criminal Enterprise (JCE) in 40 verschiedenen Sachverhalten[727] Genozid,

722 Jackson, Charles C., Progress and problems: Defense counsel at the Extraordinary Chambers in the Courts of Cambodia, Mai 2010, Updated: November 2010, S. 24.

723 In der Beweisaufnahme zwischen dem 21. November 2011 und 16. Juli 2012 wurden innerhalb von 78 Verfahrenstagen 18 Zeugen, Experten und Nebenkläger gehört. Scheduling of Trial Management Meeting to enable planning of remaining trial phases in Case 002/01 and implementation of further measures designed to promote trial efficiency, E218, 3. August 2012, Para. 12, abrufbar unter http://www.eccc.gov.kh/sites/default/files/documents/courtdoc/E218_EN.PDF.

724 Scheduling of Trial Management Meeting to enable planning of remaining trial phases in Case 002/01 and implementation of further measures designed to promote trial efficiency, E218, 3. August 2012, Para. 1, abrufbar unter http://www.eccc.gov.kh/sites/default/files/documents/courtdoc/E218_EN.PDF.

725 Transcript of Proceedings, Trial Management Hearing, E1/114.1, 17. August 2012, S. 97, abrufbar unter http://www.eccc.gov.kh/sites/default/files/documents/courtdoc/E1_114.2_TR002_20120827_Final_en_Pub.pdf.

726 Transcript of Proceedings, Trial Management Hearing, E1/114.1, 17. August 2012, S. 97, abrufbar unter http://www.eccc.gov.kh/sites/default/files/documents/courtdoc/E1_114.2_TR002_20120827_Final_en_Pub.pdf.

727 Verfahren 003 betrifft 8 Sachverhalte, die Introductory Submission in Verfahren 004 umfasste 32 Sachverhalte. Die Tatorte sind: „S-21 Security Centre, Phnom Penh; Stung Tauch execution site, Ponhea Krek District, Kampong Cham Province; Kampong Chhnang Airport Construction Site, Krang Leav commune, Rolea P'ier district, Kampong Chhnang Province; Division 801 Security Centre,Veun Sai District, Rattanakiri Province; Stung Hav Rock Quarry worksite, Kampong Som Province; Wat Enta Nhien Security Centre and execution site (also known as Wat Kroam), Kampong Som Province; S-22 Security Centre, Mean Chey District, Phnom Penh; Durian Plantation,Ream Village, Ream Commune, Prey Nub District,

Verbrechen gegen die Menschlichkeit, Verstöße gegen die Genfer Konventionen und solche gegen das kambodschanische Strafgesetzbuch von 1956 begangen haben sollen.[728] Die Namen der Tatverdächtigen wurden nicht veröffentlicht, die Verfahren richten sich aber nach in der Öffentlichkeit kursierenden Informationen gegen Mitglieder der Revolutionary Army of Kampuchea (RAK), und der Navy and Air Force of Democratic Kampuchea.[729] Angeblich gehören hierzu in Verfahren 003 der Kommandeur der Luftwaffe, Sou Met, und der Kommandeur der Marine, Meas Muth.[730] Verfahren 004 soll sich gegen Yim Tith, ein Mitglied des Führungskaders des Kirivong Distrikts im Sektor 13 der Südwestzone, Aom An, Sekretär des Kandal Steung Distrikts im Sektor 25 der Südwestzone, sowie Im Chem, die unter anderem Sekretärin des Preah Net Preah Distrikts war, richten.[731]

Ursprünglich wurde die Anklageschrift der Ermittlungsrichter für Mitte 2012 erwartet, ein Urteil hätte demnach frühestens Anfang 2014 ergehen können.[732] Jedoch verzögerte sich das Verfahren aus verschiedenen Gründen. Zunächst konnten sich die Staatsanwälte[733] nicht auf den Erlass einer Introductory Submission einigen. Nachdem die Vorverfahrenskammer keine mehrheitliche Entscheidung über diese Meinungsverschiedenheit (Disagreement) traf, leitete die Staatsanwaltschaft

---

Preah Sihanouk Province; Bet Trang worksite, Bet Trang Commune, Prey Nub District, Preah Sihanouk Province." Statement by the Co-Investigating Judges regarding Case 003, 28. Februar 2013, abrufbar unter http://www.eccc.gov.kh/en/articles/statement-co-investigating-judges-regarding-case-003.

728 Acting International Co-Prosecutor, Statement on Filing of Two New Introductory Submissions, 8. September 2009, abrufbar unter http://www.eccc.gov.kh/english/cabinet/press/130/ECCC_Act_Int_Co_Prosecutor_8_Sep_2009_(Eng).pdf.

729 Statement by the Co-Investigating Judges regarding Case 003, 28. Februar 2013, abrufbar unter http://www.eccc.gov.kh/en/articles/statement-co-investigating-judges-regarding-case-003.

730 Open Society Justice Initiative, Recent Developments at the Extraordinary Chambers in the Courts of Cambodia, Juni 2011 Update, S. 2.

731 Human Rights Watch, Cambodia: Judges Investigating Khmer Rouge Crimes should Resign, 3. Oktober 2011, abrufbar unter http://www.hrw.org/news/2011/10/03/cambodia-judges-investigating-khmer-rouge-crimes-should-resign.

732 Extraordinary Chambers in the Courts of Cambodia, Approved Budget for 2010-2011, S. 7 abrufbar unter http://www.eccc.gov.kh/english/cabinet/fileUpload/163/2010-2011_Budget_Document.pdf.

733 Nach Meinung der kambodschanischen Staatsanwältin Chea Leang und der kambodschanischen Regierung unterstehen die Beschuldigten in Verfahren 003 nicht der Jurisdiktion der ECCC. Press Release: Statement from the National Co-Prosecutor regarding Case File 003, 10. Mai 2011, abrufbar unter http://www.eccc.gov.kh/sites/default/files/media/5-Press%20release%20by%20the %20National%20Prosecutor-10%20May%202011-Eng.pdf. Ein Stellvertreter der Regierung erklärte vor Nebenklägern: „There will be no Case 003 and 004." Foster, Alice/Chansy, Chhorn, Prosecutor Says Tribunal Lacks Money, Time, Cambodia Daily, 18. März 2011, S. 23.

das Ermittlungsverfahren gemäß Artikel 20 neu (7) ECCC Gesetz ein.[734] Das Ermittlungsverfahren gestaltete sich jedoch aus verschiedenen Gründen als ebenso kompliziert. Die Ermittlungsrichter akzeptierten die Nominierung eines Verteidigers durch die Defence Support Section vom 30. November 2010[735] nicht.[736] Erst im Oktober 2012 wurde ein internationaler Verteidiger für einen Beschuldigten aus Verfahren 003 bestellt.[737] Schließlich erklärten die Ermittlungsrichter die Ermittlungen in Verfahren 003 am 29. April 2011 für abgeschlossen, in Verfahren 004 stagnieren die Ermittlungen seitdem.[738] Einem Antrag der Staatsanwaltschaft, die Tatverdächtigen in Untersuchungshaft zu nehmen, kamen die Ermittlungsrichter auch nicht nach. Allerdings wandte sich die Staatsanwaltschaft wegen der Untätigkeit der Ermittlungsrichter nicht an die Vorverfahrenskammer.[739] Der internationale Staatsanwalt[740] kritisierte die Ermittlungsrichter allerdings öffentlich, weil sie die Tatverdächtigen und mehrere Zeugen nicht vernommen und Besichtigungen

---

734 Vgl. Kapitel H. III.

735 Press Release, Defence Support Section, abrufbar unter http://www.eccc.gov.kh/English/cabinet/press/174/ECCC_DSS_30_Nov_2010_%28Eng%29.pdf.

736 Press Release of Public Affairs Section of the ECCC, Statement Regarding Legal Counsel in Cases 003 and 004, 30. November 2010, abrufbar unter http://www.eccc.gov.kh/english/cabinet/press/175/ECCC_30_Nov_2010_(Eng).pfd.pdf.

737 Mr. Göran Sluiter assigned as foreign defence lawyer, abrufbar unter http://www.eccc.gov.kh/en/articles/mr-g%C3%B6ran-sluiter-assigned-foreign-defence-lawyer.

738 Notice of Conclusion of Judicial Investigation, D13, 29. April 2011, abrufbar unter http://www.eccc.gov.kh/sites/default/files/documents/courtdoc/D13_EN.pdf. Statement of the Co-Investigating Judges, 29. April 2011, abrufbar unter http://www.eccc.gov.kh/sites/default/files/media/ECCC%20OCIJ%20%2029%20Apr%202011%28Eng%29.pdf.

739 Dies ist wohl damit zu erklären, dass keine mehrheitliche Entscheidung durch die Vorverfahrenskammer zu erwarten ist. Decision on Defence Support Section request for a Stay in Case 003 Proceedings before the Pre-Trial Chamber and for Measures pertaining to the Effective Representation of Suspects in Case 003, 3, 15. Dezember 2011, Para. 12, abrufbar unter http://www.eccc.gov.kh/sites/default/files/documents/courtdoc/3_Redacted_EN.PDF. Decision on Defence Support Section request for a stay of proceedings in Case 004 proceedings before the Pre-Trial Chamber and for measures pertaining to the Effective Representation of Suspects in Case 004, 20. Februar 2012, 4, Para. 11, abrufbar unter http://www.eccc.gov.kh/sites/default/files/documents/courtdoc/3_Redacted_EN-1.PDF. Decision on Motion for reconsideration of the Decision on the Defence Support Section Request For a stay in case 003 proceedings before the Pre-trial Chamber and for measures pertaining to the effective representation of suspects in case 003, 5, 4. Oktober 2012, abrufbar unter http://www.eccc.gov.kh/sites/default/files/documents/courtdoc/5_EN.PDF.

740 Die Kritik äußerten auch verschiedene Nichtregierungsorganisationen. Open Society Justice Initiative, Recent Developments at the Extraordinary Chambers in the Courts of Cambodia, Juni 2011 Update, S. 15 ff.

verschiedener Tatorte unterlassen hätten.[741] Diese Aussage musste der Staatsanwalt auf Anweisung der Ermittlungsrichter jedoch zurückziehen.[742] Die VN verteidigten den Abschluss des Ermittlungsverfahrens in Verfahren 003 mit dem Argument, dass dies allein im Ermessen der Ermittlungsrichter stehe. Vier internationale Angestellte des OCIJ's legten daraufhin ihr Amt aus Protest nieder.[743]

Die schwierige Situation in Verfahren 003/ 004 hatte den Rücktritt mehrerer internationaler Ermittlungsrichter zur Folge.[744] Zunächst trat der erste internationale Ermittlungsrichter Marcel Lemonde zurück, nachdem es Spekulationen über seine Unparteilichkeit gegeben hatte.[745] Auch sein Nachfolger, der am 1. Dezember 2010 bestellte deutsche Richter Siegfried Blunk, quittierte am 9. Oktober 2011 den Dienst mit der Begründung, dass die kambodschanische Einmischung in die Ermittlungen zu massiv sei.[746] Richter Blunk war selbst umstritten, nachdem die internationalen Richter der Vorverfahrenskammer Unregelmäßigkeiten bei der Zulassung von Nebenklägeranträgen festgestellt hatten.[747] Auch die Verkündung des Abschlusses der Ermittlungen in Verfahren 003 trotz der vorliegenden zusätzlichen Ermittlungsanträge der Staatsanwaltschaft wurde kritisiert.[748] Der neu berufene stellvertretende schweizer Ermittlungsrichter Laurent Kasper-Ansermet beendete seine Arbeit nach circa einem halben Jahr Amtszeit am 4. Mai 2012, denn die kambodschanische Regierung verweigerte ihre Zustimmung zu seiner Nominierung und der nationale Ermittlungsrichter blockierte die Durchführung weiterer Ermittlungen.[749] Richter Kasper-Ansermet hatte zuvor versucht, das Verfahren durch die Wiedereröffnung

---

741 Ferrie, Jared, Cambodia's troubled tribunal, International Justice Tribune, No. 129, 25. Mai 2011, abrufbar unter http://sites.rnw.nl/pdf/ijt/ijt129.pdf.

742 Presseerklärung, abrufbar unter http://www.eccc.gov.kh/en/articles/statement-co-investigating-judges-0.

743 UN Statement SG/SM/13642, United Nations Rejects "Media Speculation" that Judges Received Instructions to Dismiss Case before Extraordinary Chambers in Courts of Cambodia, 14. Juni 2011, abrufbar unter http://www.un.org/News/Press/docs/2011/sgsm13642.doc/.htm.

744 Der nationale Ermittlungsrichter nahm Rogatory Letters kurz nach ihrem Erlass bereits wieder zurück. Open Society Justice Initiative, Recent Developments at the Extraordinary Chambers in the Courts of Cambodia, November 2011, S. 12.

745 Vgl. Kapitel G. I. 2) b) bb).

746 Press release by the international Co-Investigating Judge, 10. Oktober 2011, abrufbar unter http://www.eccc.gov.kh/en/articles/statement-international-co-investigating-judge.

747 Vgl. Kapitel I. V. 1) c) bb).

748 Public Redacted Considerations of the Pre-Trial Chamber regarding the Appeal against Order on the Admissibility of Civil Party Applicant Robert Hamill, DS/2/4/3, 14. Februar 2012, Para. 6, abrufbar unter http://www.eccc.gov.kh/sites/default/files/documents/courtdoc/D5_2_4_3_EN_Redacted.PDF.

749 Press Release from the International Reserve Co-Investigating Judge, abrufbar unter http://www.eccc.gov.kh/en/articles/press-release-international-reserve-co-investigating-judge.

der Ermittlungen[750] und das Einreichen eines Disagreement's vor der Vorverfahrenskammer voranzutreiben.[751] Kurz vor seinem Rücktritt erklärte er, ohne den nationalen Ermittlungsrichter mit einzubeziehen, die Zulassung weiterer Nebenkläger,[752] und entschied, dass die Tatverdächtigen von der personellen Zuständigkeit der ECCC erfasst seien.[753] Des Weiteren klärte er die Tatverdächtigen aus Verfahren 003 über ihre Rechte auf, sodass sie einen Verteidiger bestellen können.[754] Gegen diese Entscheidungen strengte der nationale Ermittlungsrichter nicht innerhalb der 30-Tage-Frist ein Disagreement-Verfahren an. Damit könnten seine Anordnungen gemäß Regel 72 (2) Internal Rules wirksam geworden sein. Richter Kasper-Ansermet sprach des Weiteren eine Einladung an die Staatsanwaltschaft zur Einreichung einer weiteren Supplementary Submission betreffend neuer Tatverdächtiger aus. [755] Dies lehnte die Staatsanwaltschaft jedoch ab, um die weiteren Ermittlungen nicht zu belasten.[756]

---

750 Order on Resuming the Judicial Investigation, D28, 2. Dezember 2011, abrufbar unter http://www.eccc.gov.kh/sites/default/files/documents/courtdoc/D28_EN_0.pdf.

751 Vgl. Kapitel I. VI. Opinion of Pre-Trial Chamber Judges Downing and Chung on the Disagreement between the Co-Investigating Judges pursuant to Internal Rule 72, Annex, 0, 23. Februar 2012, abrufbar unter http://www.eccc.gov.kh/sites/default/files/documents/courtdoc/Opinion02-2012_En.pdf.

752 Di Certo, Bridget, Hamill Granted Civil Party Status, Phnom Penh Post, 27. Februar 2012, abrufbar unter http://www.phnompenhpost.com/index.php/KRTalk/hamill-granted-civil-partystatus.html.

753 Decision on Personal Jurisdiction and Investigative Policy Regarding Suspect, D48, 2. Mai 2012, abrufbar unter http://www.eccc.gov.kh/sites/default/files/documents/courtdoc/D48_en. pdf.

754 ECCC Press Release by the Reserve International Co-Investigating Judge, 19. März 2012, abrufbar unter http://www.eccc.gov.kh/en/articles/press-release-reserve-international-co-investigating-judge.

755 „Judge Kasper-Ansermet clearly suggests that three sitting members of the Royal Government of Cambodia (the 'RGC') and one senior official in the Royal Cambodian Armed Forces (the 'RCAF') should be investigated in connection with crimes committed in Democratic Kampuchea ('DK'). The Forwarding Order suggests that, in Judge Kasper-Ansermet's judicial opinion, Heng Samrin, Chea Sim, Ouk Bunchhoeun, and Pol Saroeun may fall within the ECCC's personal jurisdiction. Accordingly, he urged the Office of the Co-Prosecutors (the 'OCP') to consider filing a Supplementary Submission requesting further investigations. However, noting a strong link between the factual allegations contained in the Forwarding Order and those of Case 002, the OCP declined to seise the Office of the Co-Investigating Judges with any further submissions in Case 003." Presseerklärung von Michiel Pestman, Jasper Pauw, Andrew Ianuzzi, 21. Juni 2012, abrufbar unter http://www.sithi.org.

756 Public Statement by the Co-Prosecutors, 5. Juni 2012, abrufbar unter http://www.eccc.gov.kh/en/articles/public-statement-co-prosecutors-regarding-investigation-case-003.

Die VN haben durch die Ernennung des neuen internationalen Ermittlungsrichters Marc Brian Hamon bekräftigt, dass die Fortführung der Verfahren in ihrem Interesse steht.[757] Nachdem er am 26. Oktober 2012 sein Amt angetreten hat, wurde im Dezember 2012 für einen der Beschuldigten ein Verteidiger, der gleichzeitig auch einen Angeklagten in Verfahren 002 vertritt, bestellt.[758] Im Februar 2013 leitete der nationale Ermittlungsrichter gemäß Regel 66 (4) Internal Rules die Verfahrensakte an die Staatsanwaltschaft weiter und forderte diese zum Erlass einer abschließenden Erklärung (Final Submission) auf.[759] Sie könne innerhalb von drei Monaten, also bis zum 7. Mai 2013, weitere Eingaben einreichen. Der internationale Ermittlungsrichter erklärte dagegen, dass das Ermittlungsverfahren nicht abgeschlossen sei und veröffentlichte Details über die Sachverhalte, damit die Nebenkläger Zulassungsanträge einreichen können.[760]

IV. Die Finanzierung des Gerichts und der Verfahren

Die Finanzierung der ECCC fußt zu einem Teil, ähnlich wie die des SCSL, auf freiwilligen Beiträgen der VN-Mitgliedstaaten. Dies steht im wesentlichen Unterschied zum Budget des JStGH's oder RStGH's, welches durch anteilsmäßig festgesetzte Beiträge der VN-Mitgliedstaaten bereitgestellt wird. Größte Geldgeber innerhalb der 35 Geberländer sind Japan, Australien, Deutschland, die USA und Frankreich.[761] Aus dem Budget der VN werden die Bezüge des internationalen Mitarbeiterstabs, der Verteidigung, die Auslagen der Zeugen, Kosten für Sicherheitsvorkehrungen und andere Kosten, die zur Gewährleistung eines reibungslosen Ablaufs der Gerichtsarbeit notwendig sind, bestritten.[762] Den anderen Teil des Budgets stellt Kambodscha bereit. Aus diesem Budget werden das kambodschanische Personal, die Ausstattung

---

757 Human Rights Watch, Cambodia: Judges Investigating Khmer Rouge Crimes should Resign, 3. Oktober 2011, abrufbar unter http://www.hrw.org/news/2011/10/03/cambodia-judges-investigating-khmer-rouge-crimes-should-resign.

758 Press Release, Mr. Ang Udom and Mr. Michael G. Karnavas assigned as Defence Counsel to represent a suspect in case 003, 14. Dezember 2012, abrufbar unter http://www.eccc.gov.kh/en/articles/mr-ang-udom-and-mr-michael-g-karnavas-assigned-defence-counsel-represent-suspect-case-003.

759 Statement by the Co-Investigating Judges regarding Case 003, 28. Februar 2013, abrufbar unter http://www.eccc.gov.kh/en/articles/statement-co-investigating-judges-regarding-case-003.

760 Statement by the Co-Investigating Judges regarding Case 003, 28. Februar 2013, abrufbar unter http://www.eccc.gov.kh/en/articles/statement-co-investigating-judges-regarding-case-003.

761 Project „Special Support of the Cambodian Side of the Budget for the Extraordinary Chambers in the Courts of Cambodia“ Statement of cash receipts, disbursements and fund balance for the year ended 31 December 2009, abrufbar unter http://www.eccc.gov.kh/english/cabinet/fileUpload/finance/annual_audit/2009_Annual_Audit_Report.pdf.

762 UN-RGC Abkommen, Artikel 16, 17.

des Gerichtssaals sowie die Gerichtsverwaltung bezahlt.[763] Am Tribunal arbeiten circa 2.000 Juristen aus dem In- und Ausland.

Das Tribunal gehört zu einem der teuersten der internationalen Strafgerichtsbarkeit.[764] Ursprünglich wurde das Budget für drei Jahre auf 56 Millionen USD festgesetzt.[765] Es sollte ein Jahr für die Ermittlungen, eines für die Hauptverfahren und ein Jahr für die Rechtsmittelverfahren verwendet werden.[766] Vom Budget sollten 43 Millionen USD durch die VN-Mitgliedstaaten und der Rest durch die kambodschanische Regierung bereitgestellt werden. Bereits im Mai 2008 wurde das Budget auf vier Jahre mit einem zusätzlichen Bedarf von 44 Millionen USD erhöht, wovon die VN-Mitgliedstaaten 38 Millionen USD tragen sollten.[767] Inzwischen wird der Kostenaufwand auf circa 338 Millionen USD[768] geschätzt, was vor dem Hintergrund der starken Armut in Kambodscha teilweise kritisiert wird.[769]

Durch den in Kambodscha gewählten Weg der freiwilligen Finanzierung[770] wird das anfängliche Verhandeln fester Budgetbeiträge der Staaten vermieden.[771] Allerdings entstehen Unsicherheiten dadurch, dass die Staaten erfahrungsgemäß nur 40% der zugesicherten Beiträge tatsächlich zur Verfügung stellen.[772] An den

---

763 UN-RGC Abkommen, Artikel 14, 15.

764 Sollte das Verfahren 003 beendet werden, belaufen sich die Kosten pro Angeklagten also auf 33,8 Millionen USD. Am SCSL betragen diese 23–25 Millionen USD, am RStGH 21 Millionen USD, am JStGH 17,5 Millionen USD. Bates, Alex, Atlas Project, Armed Conflicts – Peacekeeping – Transitional justice, Law as Solution, Transitional Justice in Cambodia: Analytical Report, Oktober 2010, S. 45.

765 Das Budget des IStGH's betrug für das Jahr 2012 circa 139 Millionen USD. Misser, François, Spart sich die Welt ihr Gericht?, TAZ, 15. November 2012, abrufbar unter http://www.taz.de/Strafgerichtshof-in-Den-Haag/!105541/.

766 Claussen, Kathleen, Up to the Bar? Designing the Hybrid Khmer Rouge Tribunal in Cambodia, 33 Yale J. Int'l L., 2008, S. 253, 254.

767 Das Budget entspricht circa dem des SCSL. Das Jahresbudget der Ad-hoc Gerichtshöfe JStGH oder RStGH beträgt jeweils circa 150 Millionen USD.

768 Ford, Stuart, How Leadership in International Criminal Law is Shifting From the U.S to Europe and Asia: An Analysis of Spending on and Contributions to International Criminal Courts, 55 St. Louis U. L. J., 2010, S. 976, abrufbar unter http://papers.ssrn.com/sol3/papers.cfm?abstract_id= 1674063.

769 Nach einer Umfrage der Universität Berkeley sprechen sich 83% der Befragten im Jahr 2010 dafür aus, dass der Fokus eher auf der Lösung der täglichen Probleme der Kambodschaner liegen sollte (76% in 2008), 63% der Befragten sind dafür, das Geld für etwas anderes als die ECCC auszugeben (53% in 2008). After the first trial, A Population-based Survey on Knowledge and Perception of Justice and the ECCC, Juni 2011, Human Rights Center University of California Berkeley, S. 3.

770 ECCC Gesetz, Artikel 44 neu.

771 Romano, Cesare P.R., in Panel: The Impending Extraordinary Chambers of Cambodia to prosecute the Khmer Rouge, Santa Clara J. Int'l L. 326, 2007, S. 6.

772 Romano, Cesare P.R., in Panel: The Impending Extraordinary Chambers of Cambodia to prosecute the Khmer Rouge, Santa Clara J. Int'l L. 326, 2007, S. 6.

ECCC traten Finanzierungsengpässe zunächst auf der nationalen Seite auf.[773] Die kambodschanische Regierung kündigte schon im August 2005 an, dass Kambodscha aufgrund seiner Armut nur 1,5 Millionen USD beitragen könne und so beteiligten sich die EU, Indien und die Mitgliedsländer der United Nations Transitional Authority in Cambodia (UNTAC) an der Finanzierung des kambodschanischen Budgets.[774] Daher konnte das ursprünglich benötigte Budget erst 2006 breitgestellt werden. Doch auch die internationalen Beiträge sind nicht sichergestellt. Beispielsweise reduzierte Japan seine Beiträge bereits aufgrund der Wirtschaftskrise.[775]

In einer solchen Situation kann die Finanzierung zum Taktierspiel werden, denn das Geld kann je nach Verwendungszweck der nationalen oder internationalen Seite des Tribunals zu Gute kommen. Inzwischen besteht jedoch eine Unterfinanzierung des gesamten Tribunals. Die finanzielle Situation hatte bereits zur Konsequenz, dass die Ermittlungen in Verfahren 002 Ende des Jahres 2011 abgeschlossen wurden, um die restlichen Ressourcen auf das Hauptverfahren 002 verwenden zu können. Die Verträge etlicher Ermittler des OCIJ's wurden daher für das Jahr 2012 nicht mehr verlängert.[776] Nach der letzten Budgetierung soll das Tribunal noch bis 2015 bzw. 2016 arbeiten. Danach wurde das erste Teilurteil in Verfahren 002 Ende 2013 erwartet, das letzte 2016. Allerdings ist dieser Zeitplan kaum noch einzuhalten. So wurden in Verfahren 002 aufgrund der Unterbesetzung der Hauptverfahrenskammer[777] die Sitzungstage bereits auf drei Tage pro Woche reduziert, wodurch sich ein Urteilserlass verzögert.[778] Anfang März 2013 legte die Interpretation and Translation Unit (ITU) des Tribunals ihre Arbeit solange nieder, bis die Gehälter von Dezember 2012 bis Februar 2013 bezahlt sind. Abzuwarten bleibt, wie mit den sich noch im Ermittlungsverfahren befindenden Prozessen 003 und 004 umgegangen wird. In Verfahren 003/ 004 läuft das Budget der Ermittlungsrichter Mitte 2013 aus.[779] Auch

773 Open Society Justice Initiative, Recent Developments at the Extraordinary Chambers in the Courts of Cambodia, Dezember 2010 Update, S. 2.

774 Bowman, Herbert, Not Worth the Wait: Hun Sen, the UN, and the Khmer Rouge Tribunal, 24 UCLA Pac. Basin L. J. 51, 2006, S. 76.

775 Bates, Alex, Atlas Project, Armed Conflicts – Peacekeeping – Transitional justice, Law as Solution, Transitional Justice in Cambodia: Analytical Report, Oktober 2010, S. 33.

776 Opinion of Pre-Trial Chamber Judges Downing and Chung on the Disagreement between the Co-Investigating Judges pursuant to Internal Rule 72, 23. Februar 2012, Para. 7, abrufbar unter http://www.eccc.gov.kh/sites/default/files/documents/courtdoc/Opinion02-2012_En.pdf.

777 Gillison, Douglas, Tribunal Budget Under the Knife, UN Rep Says, The Cambodia Daily, 1. April 2011, S. 22.

778 Trial Chamber Reduces Number of Weekly Hearing Days in Case 002/1, 23. Oktober 2012, abrufbar unter http://www.eccc.gov.kh/en/articles/trial-chamber-reduces-number-weekly-hearing-days-case-0021.

779 Di Certo, Bridget, Budget dry for cases 003, 004, Phnom Penh Post, 12. März 2012, abrufbar unter http://www.phnompenhpost.com/index.php/KRTalk/budget-dry-for-cases-003-004.html.

die Defence Support Section erhält finanzielle Mittel nur noch, bis Anklage gegen die Beschuldigten erhoben wird.[780] Ferner ist das Budget der Victims Support Section auf Verfahren 002 begrenzt. Es besteht also die Gefahr, dass es hier nicht zur Hauptverhandlung kommen wird und eine Verfolgungslücke entsteht.[781] Diese Unterfinanzierung gefährdet damit die Vorbildfunktion, welche die ECCC als unabhängig funktionierendes Justizorgan in einem fragilen Rechtssystem wie Kambodscha haben können. Es bleibt abzuwarten, ob die VN und die Geberländer dies zulassen werden.

V. Die Abschlussstrategie

Für den nachhaltigen Erfolg eines internationalen Gerichts ist auch die Strategie, wie seine Tätigkeit erfolgreich beendet werden kann (Completion Strategy), entscheidend. Wie eine Abwicklung der ECCC erfolgen soll, ist bisher noch nicht vollständig erkennbar. Im Mittelpunkt der Überlegungen sollte die Fortführung eventuell nicht abgeschlossener Prozesse im Einklang mit internationalen Rechtsstandards, die weitergehende Förderung einer unabhängigen nationalen Gerichtsbarkeit sowie die Archivierung des gewonnen Materials und die Fortführung des Opfer- und Zeugenschutzes stehen.[782]

Die ECCC sind bereits, wie auch die War Crimes Chamber in Bosnien und Herzegowina, an die der JStGH seine Verfahren weiterleitet, ins nationale Gerichtssystem integriert.[783] Da nach den Verfahren 003/ 004 keine weiteren Prozesse mehr initiiert werden sollen, können sich die verschiedenen Abteilungen nach und nach auf ihre Abwicklung vorbereiten. Schwierigkeiten könnten allerdings entstehen, wenn die Finanzierung des Gerichts nicht mehr bis zum Abschluss der bisherigen Verfahren garantiert werden kann. Verfahren 003 und 004 an die nationalen Behörden im Rahmen einer Completion Strategy abzugeben, erscheint aufgrund des fragilen Rechtssystems in Kambodscha schwierig.[784] Nicht abgeschlossene Verfahren der ECCC könnten auch nicht an den IStGH übertragen werden. Zwar hat Kambodscha das IStGH Statut im Jahr 2002 unterzeichnet, allerdings kann dieser nur Verbrechen verfolgen, die nach seiner Errichtung begangen wurden. Eine Zuständigkeit für die Verbrechen zwischen 1975 und 1979 besteht also nicht. Damit keine Verfolgungslücke entsteht, müssten die Geberstaaten der ECCC daher dafür

---

780 Open Society Justice Initiative, Recent Developments at the Extraordinary Chambers in the Courts of Cambodia, Juni 2011 Update, S. 38.

781 Heller, Kevin Jon, Completion Strategies, Melbourne Law School, 2009, S. 30, abrufbar unter http://www.ipp.ghum.kuleuven.be/publications/heller.pdf.

782 Open Society Justice Initiative, Recent Developments at the Extraordinary Chambers in the Courts of Cambodia, September 2010 Update, S. 9.

783 JStGH RPE, Regel 11bis. Heller, Kevin Jon, Completion Strategies, Melbourne Law School, 2009, S. 39, abrufbar unter http://www.ipp.ghum.kuleuven.be/publications/heller.pdf.

784 Open Society Justice Initiative, Political Interference at the Extraordinary Chambers in the Courts of Cambodia, Juli 2010, S. 22.

Sorge tragen, dass die Finanzierung des Gerichts bis zum Abschluss der Verfahren gewährleistet wird.

VI. Zusammenfassung

Durch ein rechtskräftiges Urteil wurde der Angeklagte Kaing Guek Eav in Verfahren 001 zu einer lebenslangen Freiheitsstrafe verurteilt. Die Staatsanwaltschaft konnte seine Verurteilung innerhalb eines angemessenen Zeitraums wegen seines Geständnisses und der sich daraus ergebenden eindeutigen und eingrenzbaren Beweislage[785] erwarten. Zwischen dem ersten Erscheinen des Beschuldigten vor den Ermittlungsrichter am 31. Juli 2007 und dem Erlass des Rechtsmittelurteils am 3. Februar 2012 vergingen fast 4 ½ Jahre. Das Ermittlungsverfahren nahm davon circa ein Jahr in Anspruch, die Hauptverhandlung acht Monate und das Rechtsmittelverfahren vor der Vorverfahrenskammer beinahe vier Monate. Zwischen den Closing Statements im Hauptverfahren und dem Erlass des Urteils der Hauptverfahrenskammer lagen etwa sieben Monate. Dieser erste Prozess konnte als Test für die folgenden komplexeren Prozesse genutzt werden.

In Verfahren 002 wird derzeit die Hauptverhandlung im ersten Teilverfahren gegen Nuon Chea und Khieu Samphan durchgeführt, welche am 27. Juni 2011 begonnen hat und mindestens noch bis ins Jahr 2014 dauern wird. Das Verfahren gegen Ieng Thirith wurde hiervon aufgrund ihrer Demenzerkrankung bereits zu Hauptverfahrensbeginn abgetrennt, schließlich ausgesetzt und die Angeklagte freigelassen. Der Angeklagte Ieng Sary verstarb im März 2013. Das richterliche Ermittlungsverfahren nahm fast drei Jahre in Anspruch. Das Rechtsmittelverfahren vor der Vorverfahrenskammer dauerte ebenfalls mehrere Monate bis schließlich das Initial Hearing des Hauptverfahrens im Juni 2011 stattfand. Die besondere Komplexität des Verfahrens 002 entsteht durch die Anklage unterschiedlicher Sachverhalte und die Verfolgung mehrerer Angeklagter, deren Verteidigung verschiedene Strategien, z. B. hinsichtlich der Schuldausschließungsgründe, erfordert.[786] Ein erhöhter Zeitdruck ergibt sich durch das fortgeschrittene Alter der Angeklagten. Um das Verfahren zu beschleunigen, könnte die Anzahl der Sitzungstage erhöht werden. Dies stellt allerdings aufgrund der krankheits- bzw. altersbedingten Schwäche der Angeklagten keine Option dar. Ansonsten wäre eine Steigerung der Zahl der Richter und Angestellten an den ECCC denkbar, welche aber schon aufgrund fehlender finanzieller Mittel nicht umsetzbar ist. Die Hauptverfahrenskammer musste vielmehr bereits

---

785 Prittwitz, Cornelius, Die Rolles des Strafrechts im Menschenrechtsregime, in Pilgram, Arno/Böllinger, Lorenz/Jasch, Michael/Krasmann, Susanne/Prittwitz, Cornelius/Reinke, Herbert/Rzepka, Dorothea, Einheitliches Recht für die Vielfalt der Kulturen?: Strafrecht und Kriminologie in Zeiten transkultureller Gesellschaften und transnationalen Rechts, Wien, 2012, S. 39.

786 Jackson, Charles C., Progress and Problems: Defense counsel at the Extraordinary Chambers in the Courts of Cambodia, Mai 2010, Updated: November 2010, S. 23.

die Verhandlungswoche verkürzen. Ob das Verfahren abgeschlossen werden kann, bleibt daher abzuwarten.

Der Fortgang von Verfahren 003 ist derzeit ungewiss. Das Ermittlungsverfahren wurde zunächst für abgeschlossen erklärt, jedoch durch den internationalen Ermittlungsrichter wiedereröffnet. Ebenso widersprüchlich waren die Aussagen der Ermittlungsrichter. So forderte der nationale Ermittlungsrichter die Staatsanwaltschaft im Februar 2013 zur Abgabe einer Final Submission auf, der internationale Ermittlungsrichter erklärte dagegen, dass die Ermittlungen nicht beendet worden seien. Er veröffentlichte weitere Informationen, auf deren Grundlage nun potenzielle Nebenkläger ihre Zulassungsanträge begründen können. Für einen der Beschuldigten wurde inzwischen ein Verteidiger bestellt.[787] Auch Verfahren 004 stagniert im Ermittlungsstadium, nachdem der nationale Ermittlungsrichter weitere Ermittlungen abgelehnt und der internationale Ermittlungsrichter wiederholt gewechselt hat. Eine mögliche Lösung wäre es, das Verfahren ohne die Kooperation des nationalen Ermittlungsrichters fortzusetzen.

Über die bisherigen Verfahren hinaus werden nach einer Erklärung der Staatsanwaltschaft keine neuen Ermittlungen mehr vor den ECCC initiiert.

787 Press Release, Mr. Ang Udom and Mr. Michael G. Karnavas assigned as Defence Counsel to represent a suspect in case 003, 14. Dezember 2012, abrufbar unter http://www.eccc.gov.kh/en/articles/mr-ang-udom-and-mr-michael-g-karnavas-assigned-defence-counsel-represent-suspect-case-003.

G. Die Sicherung der Verfahrensintegrität

Für den Erfolg der Arbeit der ECCC ist es unabdingbar, dass die Verfahren vor einem kompetenten, unabhängigen und unparteiischen Gericht[788] durchgeführt werden.[789] Nur wenn diese Grundvoraussatzung des Rechts auf ein faires Verfahren erfüllt ist, können die Urteile die Akzeptanz der nationalen Bevölkerung und internationalen Gemeinschaft finden. Allerdings gab es schon zu Beginn der Arbeit der ECCC Befürchtungen, dass dieses Recht durch die in Kambodscha weitverbreitete Korruption[790] gefährdet sein könnte.[791] Des Weiteren befinden sich unter den heutigen politischen Machthabern zahlreiche ehemalige Mitglieder und Unterstützer der Roten Khmer, die versuchen könnten, die Prozesse zu beeinflussen.[792]

Mögliche Instrumente zur Absicherung der Autonomie und Integrität des Gerichts sind effektive Regeln zur Wahrung der Unabhängigkeit der Richter, ein wirksames Standes- und Disziplinarrecht sowie Antikorruptionsprogramme.[793] Ultima ratio können die VN des Weiteren gemäß Artikel 28 ECCC Gesetz jegliche Unterstützung des Tribunals einstellen, wenn in den Verfahren zu stark von

---

788 Die Unabhängigkeit des Gerichts „implies the ability of a judge to determine a matter free from the improper influence of the executive, the legislature, the parties or anyone with an interest in the process or its outcome." Linton, Suzannah, Safeguarding the Independence and Impartiality of the Cambodian Extraordinary Chambers, 4 (2) J. Int. Criminal Justice, 2006, S. 328.

789 Gibbs, Sir Harry, The selection of Judges, in Fürst, Walther/Herzog, Roman/Umbach, Dieter C., Festschrift für Wolfgang Zeidler, Berlin, 1987, S. 147.

790 Resolution der Generalversammlung UN Doc. A/RES/57/225, 18. Dezember 2002, abrufbar unter http://www.un.org/ga/search/view_doc.asp?symbol=A/RES/57/225&Lang=E. Amnesty International Report, Kingdom of Cambodia, No Solution to Impunity: the Case of Ta Mok, AI Index ASA23/005, 22. April 1999. Human Rights Watch, Cambodia Tribunal Must Meet International Standards, Press Release, 12. Februar 2002.

791 Beigbeder, Yves/Boven, Theo van, The International Criminal Tribunal for Rwanda, in Judging Criminal Leaders: the Slow Erosion of Impunity, Vol. 55, Leiden, 2002, S. 179, 202.

792 Beigbeder, Yves, Judging Criminal Leaders: the Slow Erosion of Impunity, Leiden, 2002, S. 203.

793 Wie wichtig deren effektive Durchsetzung an den ECCC ist zeigt das Ergebnis einer Studie des VN Development Programme von 2007. Danach erfüllen 18 von 29 untersuchten Mitarbeitern nicht die in den Stellenausschreibungen geforderten Minimalanforderungen und 28 Personen haben nicht den Auswahlprozess durchlaufen. Auch konnte der Grund für vier außerordentliche, signifikante Gehaltserhöhungen nicht eruiert werden, da kein Zugang zu den Akten gewährt wurde. UNDP, Audit of human resources management at the Extraordinary Chambers in the Courts of Cambodia, abrufbar unter http://old.eccc.gov.kh/english/cabinet/files/auditReports/oapr_audit_report.pdf.

internationalen Standards abgewichen werden sollte. Die Ausübung dieses Rechts hätte jedoch gravierende politische und gesellschaftliche Auswirkung, sodass Meinungsverschiedenheiten zwischen den VN und der kambodschanischen Regierung gemäß Artikel 27 ECCC Gesetz vorrangig durch Verhandlungen zu lösen sind.

I. Die richterliche Unabhängigkeit

Die richterliche Unabhängigkeit kann durch transparente Berufsregeln sowie Regeln zur Befangenheit der Richter abgesichert werden.

1) Die Berufsregeln

Zu den Berufsregeln zählt das Auswahl- und Einstellungsverfahren der Richter und Regeln zur Dauer ihrer Amtszeit. Des Weiteren ist die Unabhängigkeit der Justiz von der Staatsanwaltschaft zu gewährleisten.[794]

Die Befähigung zum Richteramt haben gemäß Artikel 10 neu ECCC Gesetz Personen von hohem sittlichem Ansehen, die sich durch Unparteilichkeit und Integrität auszeichnen und über Erfahrung auf dem Gebiet des Strafrechts und des Völkerrechts, einschließlich des humanitären Völkerrechts und der Menschenrechte, verfügen.[795] Die Richter müssen die Befähigung zum Richteramt in ihrem Herkunftsland erworben haben. Sie müssen die Unabhängigkeit und Integrität ihres Amtes wahren,[796] d. h. sie müssen in der Ausübung ihrer Funktion weisungsfrei sein.[797]

Die Richter[798] werden vom kambodschanischen Obersten Rat für die Justiz (Supreme Council of Magistracy) bis zum Ende der Verfahren[799] ins Amt berufen.[800] Am 4. Mai 2006 wurden 12 internationale Richter und Staatsanwälte aus den zuvor vom VN-Generalsekretär nominierten Kandidaten sowie 17 nationale Richter

794 HRC, CCPR General Comment no 13, 21st Session 1984, Para. 3.

795 Dies entspricht den Kriterien an anderen Tribunalen, vgl. JStGH Statut, Artikel 13.

796 UN-RGC Abkommen, Artikel 3 (3).

797 UN-RGC Abkommen, Artikel 3 (3).

798 Diese Grundsätze gelten ebenso für die Staatsanwälte. ECCC Gesetz, Artikel 18.

799 Sie wurden durch einen Erlass des Königs vom 3. Juli 2006 ernannt und vereidigt. ECCC Gesetz, Artikel 11.

800 ECCC Gesetz, Artikel 11 (1). Dieser besteht aus neun Mitgliedern, wozu der kambodschanische König, der Justizminister, der Präsidenten und Generalstaatsanwalt des Obersten Gerichtshofs und der Präsident des Revisionsgerichts zählen. Er unterstützt den König bei seiner Aufgabe der Bewahrung der Unabhängigkeit der Justiz. Aufgrund der Beteiligung des Justizministers bezweifelte ein VN-Sonderberichterstatter die Unabhängigkeit diese Magistrats allerdings. Report of the Special Rapporteur on the independence of judges and lawyers, Leandro Despouy, Communications to and from Governments, UN Doc. A/HRC/8/4/Add.1, 28. Mai 2008, abrufbar unter http://www2.ohchr.org/english/bodies/hrcouncil/8session/reports.htm.

ausgewählt. Nachrückende internationale Richter sind der vom VN-Generalsekretär erstellten Kandidatenliste zu entnehmen.[801]

Die Auswahl geeigneter nationaler Richter gestaltete sich aufgrund der wenigen, gut ausgebildeten Juristen in Kambodscha schwierig.[802] Des Weiteren wurde ihre fehlende Erfahrung im Umgang mit vergleichbaren komplexen Sachverhalten bemängelt.[803] Zudem gibt es keine nationalen Gesetze, welche ihre Unabhängigkeit tatsächlich absichern.[804] Bedenken hinsichtlich ihrer Weisungsfreiheit ergaben sich vor allem, nachdem der nationale Ermittlungsrichter You Bun Leng, entgegen nationalen Rechtsvorschriften,[805] zusätzlich zum Präsidenten des kambodschanischen Berufungsgerichts bestellt wurde.[806] Problematisch war für die Unabhängigkeit der nationalen Richter des Weiteren, dass nicht alle Verträge bis zum Ende der vor den ECCC laufenden Verfahren terminiert waren.[807]

Die Trennung von Anklagebehörde und Justiz ist in Regel 21 (1) (a) Internal Rules verankert.[808] Die Einhaltung dieses Prinzips war Gegenstand des Antrags der

---

801 ECCC Gesetz, Artikel 46. Ist diese Liste von zwölf Kandidaten erschöpft, muss der kambodschanische Supreme Council of Magistracy neue Kandidaten suchen. Sollten internationales Personal nicht gefunden werden, ist auf nationale Richter zurückzugreifen.

802 Report of the Group of Experts for Cambodia Pursuant to General Assembly Resolution 52/135, 18. Februar 1999, Annex des United Nations Documents, Identical Letters, 15. März 1999 des Generalsekretärs an die Präsidenten der Generalversammlung und des Sicherheitsrats, UN GAOR, 53rd Sess., Agenda Item110(b), UN Doc. A/53/850 and S/1999/231 (1999), Para. 126.

803 Boas, Gideon/Bischoff, James L./Reid, Natalie L./Taylor III, B. Don, The International Criminal Law Practitioner Library Volume III, International Criminal Procedure, Cambridge, 2011, S. 337.

804 Auch die kambodschanische Verfassung beschreibt die Judikative als „independent power" mit der Pflicht „to guarantee and uphold impartiality and protect the rights and freedoms of the citizens." Touch, Bora, The Khmer Rouge and Justice, Khmer Institute, Part I, 2004, S. 2, abrufbar unter www.khmerinstute.org.

805 Hierfür ist eigentlich der Supreme Council of Magistracy zuständig. Joint Public Statement, The United Nations Special Representative of the Secretary General for human rights in Cambodia and the Special Rapporteur on the Independence of Judges and Lawyers express concern over judicial independence in Cambodia in the light of judicial appointments, 23. August 2007, abrufbar unter http://cambodia.ohchr.org/whatnew.aspx.

806 Royal Decree NS/RKT/0807/339, 9. August 2007.

807 Judges „shall have guaranteed tenure until mandatory retirement age or the expiry of their term of office, where such exists." United Nations Basic Principles on the Independence of the Judiciary, abrufbar unter http://www.ohchr.org/english/law/indjudiciary.htm. Die Berufung der Richter erfolgte gemäß Royal Decree NS/RKT/0506/214, abrufbar unter http://www.eccc.gov.kh/english/legislation.list.aspx.

808 Ebenso auch Artikel 1 S. 2 CPP. Nach einer Entscheidung des französischen Verfassungsgerichts von 1995 wurde das Verfahren der Injonction Pénale, in dem die Staatsanwaltschaft zur Verhängung von Sanktionen befugt war, verboten.

Verteidigung auf Disqualifizierung der internationalen Richterin Silvia Cartwright, nachdem diese sich mit dem internationalen Staatsanwalt im November 2011 ohne die Verteidigung getroffen hatte. Der Antrag wurde mangels tatsächlicher Anhaltspunkte für eine erfolgte Einflussnahme abgewiesen.[809]

2) Die Befangenheitsregeln

Um die Unabhängigkeit der Richter zu gewährleisten, müssen befangene Richter vom Verfahren ausgeschlossen werden können. Die Zulässigkeit eines Befangenheitsantrages gegen einen Richter wurde in der neunten Plenarsitzung vom 21.–23. Februar 2011 in die Internal Rules aufgenommen.[810] Grundsätzlich wird die Unbefangenheit des Richters aufgrund des richterlichen Eides, den sie bei ihrer Amtseinführung schwören, und ihrer Qualifikation vermutet.[811] Die Beweislast für die Unbefangenheit trägt daher die Partei, die die Befangenheit behauptet.[812]

An den ECCC wird die Befangenheit anhand eines zweistufigen Tests, der am JStGH im Furundžija-Verfahren entwickelt wurde, nachgewiesen.[813] Ein Richter gilt als befangen, wenn er ein persönliches oder finanzielles Interesse am Verfahren hat bzw. hatte oder eine andere Verbindung zum Verfahren besteht bzw. bestand, die seine Unabhängigkeit objektiv berührt.[814] Für die Annahme richterlicher Befangenheit darf die Entscheidung nicht nur eine Rechtsverletzung darstellen, welche allein

Henrion, Hervé, Der Einführungsartikel des französischen Code de procédure pénale: Versuch einer Exegese, ZStW 113, 2001, S. 931.

809 Decision on application for disqualification of Judge Silvia Cartwright, E171/2, 9. März 2012, abrufbar unter http://www.eccc.gov.kh/sites/default/files/documents/courtdoc/E171_2_EN.PDF.

810 Ninth ECCC Plenary Session, abrufbar unter http://www.eccc.gov.kh/English/news.view. aspx?doc_id=392.

811 Application to Disqualify Judges Nil Nonn, Silvia Cartwright, Ya Sokhan, Jean-Marc Lavergne and Thou Mony, E55/4, 23. März 2011, Para. 12, abrufbar unter http://www.eccc.gov.kh/sites/default/files/documents/courtdoc/E55_4_EN.PDF.

812 Application to Disqualify Judges Nil Nonn, Silvia Cartwright, Ya Sokhan, Jean-Marc Lavergne and Thou Mony, E55/4, 23. März 2011, Para. 12, abrufbar unter http://www.eccc.gov.kh/sites/default/files/documents/courtdoc/E55_4_EN.PDF. Dies entspricht auch der Rechtsprechung des JStGH's in Prosecutor v. Delalic, Appeals Chamber Judgment, Case No. IT-96-21-A, 20. Februar 2001, Para. 697, abrufbar unter http://www.icty.org/x/cases/mucic/acjug/en/cel-aj010220.pdf.

813 Danach liegt Befangenheit vor, wenn „ein Richter in einem Verfahren Prozesspartei ist, er finanzielles oder gesetzlich geschütztes Interesse am Ausgang des Verfahrens hat oder wenn die Entscheidung eines Richters zur Förderung einer Sache führt, in die er zusammen mit einer der beiden Parteien involviert ist." Prosecutor v. Furundžija, Appeals Chamber Judgement, Case No. IT-95-17/1-A, 21. Juli 2000, Para. 177 ff., abrufbar unter http://www.icty.org/x/cases/furundzija/acjug/en/fur-aj000721e.pdf.

814 Internal Rules, Regel 34 (1). Ähnlich auch JStGH RPE, Regel 15.

auf die Rechtsanwendung oder Auslegung von Fakten zurückzuführen ist. Sie muss viel mehr vernünftigerweise als Voreingenommenheit gegenüber dem Antragssteller wahrgenommen oder ihr zugeordnet werden können.[815] Dann wird der Richter automatisch vom Verfahren ausgeschlossen. Im zweiten Schritt ist der objektiv begründete Anschein für die Annahme richterlicher Befangenheit ausreichend. Hier müssen die Umstände einen gut informierten, vernünftigen Beobachter dazu veranlassen, begründeterweise Befangenheit des Richters anzunehmen.[816] Ein vernünftiger Beobachter ist eine Person, die „über entsprechende Kenntnisse sowohl der relevanten Umstände des Sachverhalts als auch der Tradition der richterlichen Integrität und Unparteilichkeit, welche die Richter zum Hintergrund haben, verfügt."[817]

a) Das Verfahren

Ein Befangenheitsantrag gegen einen Ermittlungsrichter ist gemäß Regel 34 (5) Internal Rules an die Vorverfahrenskammer zu richten, der Antrag gegen einen Richter an die Kammer, in der der Richter sitzt. Der betreffende Richter wird bei der Entscheidung über den Antrag durch einen der Reserverichter ersetzt.[818] Ist der Befangenheitsantrag gegen alle Richter einer Kammer gerichtet, ist das Judicial Administration Committee (JAC) für die Entscheidung zuständig. Über Befangenheitsanträge gegen einen Richter des JAC's[819] entscheidet die Kammer, in der der

815 „The rulings were or would be reasonably perceived or be attributable to a bias against the applicant and not genuinely related to the application of law or relevant facts." Decision on Ieng Sary's Request for Appropriate Measures Concerning Certain Statements by Prime Minister Hun Sen Challenging the Independence of the Pre-Trial Chamber Judges Katinka Lahuis and Rowan Downing, 5, 30. November 2009, Para. 9, abrufbar unter http://www.eccc.gov.kh/sites/default/files/documents/courtdoc/5_EN.pdf.

816 Decision on Ieng Sary's application to disqualify Judge Nil Nonn and related requests, E5/3, 28. Januar 2011, Para. 6, abrufbar unter http://www.eccc.gov.kh/sites/default/files/documents/courtdoc/E5_3_EN.PDF.

817 Decision on Ieng Sary's application to disqualify Judge Nil Nonn and related requests, E5/3, 28. Januar 2011, Para. 6, abrufbar unter http://www.eccc.gov.kh/sites/default/files/documents/courtdoc/E5_3_EN.PDF.

818 Internal Rules, Regel 34 (6).

819 Der Antrag wurde begründet mit der Beteiligung des Richters an einer Entscheidung vom Juni 2010 im Rahmen seiner Tätigkeit am kambodschanischen Berufungsgericht. In dieser wurde die Verurteilung eines kambodschanischen Oppositionellen wegen Diffamierung des Premierministers aufrecht erhalten. Der Antrag wurde abgelehnt, da in der Entscheidung nicht die spezifische Rolle des Richters erkennbar war. Das Abstimmungsergebnis der Mehrheitsentscheidung der aus fünf Richtern bestehenden Kammer ist geheim und die Darstellung abweichender Meinungen ist im kambodschanischen Recht nicht vorgesehen. Vgl. ebenso den Antrag gegen Richter Som Sereyvuth Decision on Ieng Thirith and Ieng Sary's Applications for disqualification of Judge You Ottara from the Special Bench &

Richter sitzt. Ist der Richter beispielsweise ein Reserverichter der Hauptverfahrenskammer, ist die Hauptverfahrenskammer zuständig.[820]

Der Befangenheitsantrag der Parteien ist zu begründen und mit Beweisen zu belegen.[821] Ein Ereignis kann nur einmal vorgebracht werden.[822] Der Antrag ist unmittelbar nach dem Entstehen des Befangenheitsverdachts einzureichen, wobei je nach Verfahrensstadium unterschiedliche Ausschlussfristen gelten.[823] Der betreffende Richter kann zu dem Antrag zehn Tage nach Zustellung schriftlich Stellung nehmen.[824] Es obliegt seiner Wahl, am bisherigen Verfahren bis zum Erlass einer Entscheidung über den Antrag beteiligt zu bleiben oder sich von seinen Pflichten entbinden zu lassen.[825] Über den Befangenheitsantrag wird gemäß Regel 34 (7) Internal Rules zum Zweck der Verfahrensbeschleunigung grundsätzlich nicht mündlich verhandelt.[826] Wird die erforderliche Mehrheit in der Kammer nicht erreicht, gilt der Antrag als abgelehnt.[827] Rechtsmittel gegen die Entscheidung sind nicht

---

Requests for a public hearing, 63/5, 9. Mai 2011, Para. 4, abrufbar unter http://www.eccc.gov.kh/sites/default/files/documents/courtdoc/E63_5_EN.PDF.

820 Decision on Ieng Thirith And Ieng Sary's Applications for disqualification of Judge You Ottara from the Special Bench & Requests for a public hearing, 63/5, 9. Mai 2011, abrufbar unter http://www.eccc.gov.kh/sites/default/files/documents/courtdoc/E63_5_EN.PDF.

821 Internal Rules, Regel 34 (3).

822 Internal Rules, Regel 35 (10).

823 Internal Rules, Regel 34 (4) „a) against a Co-Investigating Judge, before the Closing Order; b) against a Pre-Trial Chamber Judge, before its final decision in a particular case; c) against a Trial Chamber Judge, concerning matters arising before the trial, at the latest at the initial hearing; or concerning matters arising during trial or of which the parties were unaware before the trial, before the final judgment in the case; or d) against a Supreme Court Chamber Judge, concerning matters arising before the appeal, at the beginning of the appellate proceedings; or concerning matters arising during the appellate proceedings or of which the parties were unaware before the start of the appeal, before the final decision on the appeal." Hierdurch soll ein effektives Verfahren gewährleistet werden. Die Fristen gelten auch für Stellungsnahmen der anderen Parteien. Practice Direction for the Filing of Documents, Regel 8 (3).

824 Internal Rules, Regel 34 (7).

825 Internal Rules, Regel 34 (5).

826 Die Verfahrenstransparenz wird durch die Veröffentlichung der Dokumente gewährleistet. Decision on Ieng Sary's application to disqualify Judge Nil Nonn and related requests, E5/3, 28. Januar 2011, Para. 3, abrufbar unter http://www.eccc.gov.kh/sites/default/files/documents/courtdoc/E5_3_EN.PDF. Dies entspricht auch dem kambodschanischen Prozessrecht und der Praxis anderer Tribunale. Decision on Ieng Sary's application to disqualify Judge Nil Nonn and related requests, E5/3, 28. Januar 2011, Para. 3, abrufbar unter http://www.eccc.gov.kh/sites/default/files/documents/courtdoc/E5_3_EN.PDF.

827 Internal Rules, Regel 34 (11).

statthaft.[828] Hat der Antrag Erfolg, wird der Richter durch einen Ersatzrichter oder, falls es hiervon zu wenige gibt, durch einen neu berufenen Richter ersetzt.[829] Frühere Handlungen des für befangen erklärten Richters bleiben wirksam.[830]

Das Verfahren kann auch durch den Richter selbst in Gang gesetzt werden. Ein Ermittlungsrichter unterrichtet den Vorsitzenden der Vorverfahrenskammer, jeder andere Richter seine Kammer über die eigene Befangenheit.[831] Strittig war, ob der Richter unmittelbar aus dem Verfahren ausscheidet. Im vorliegenden Fall erklärten sich zwei internationale Richter des JAC's, welche gleichzeitig der Vorverfahrenskammer angehörten, für befangen. Sie sollten in ihrer Funktion als Richter des JAC's über einen Antrag des internationalen stellvertretenden Ermittlungsrichters auf Disqualifizierung des Vorsitzenden Richters der Vorverfahrenskammer entscheiden.[832] Nach der herrschenden Meinung innerhalb des JAC's muss die ursprüngliche Kammer der beiden Richter, also die Vorverfahrenskammer, über die Befangenheit ihrer Richter gemäß Regel 34 (1) Internal Rules entscheiden.[833] Der Vorsitzende der Vorverfahrenskammer[834] könne das JAC danach zur Auswechslung der Richter gemäß Regel 34 (6) Internal Rules auffordern. Nach der Mindermeinung führt die Erklärung der Richter gemäß Regel 34 (1) Internal Rules automatisch zu ihrem Ausschluss. Diese Meinung ist überzeugend, da ansonsten ein sich selbst für befangen haltender Richter durch die Vorverfahrenskammer gezwungen werden könnte, an der Entscheidung mitzuwirken.[835]

b) Die bisherige Befangenheitsanträge

Die Anzahl der Befangenheitsanträge an den ECCC überrascht nicht, da sie ein fester Bestandteil der Verteidigungsstrategie in internationalen Strafverfahren sind. Die politische Situation in Kambodscha und die Beteiligung nationaler Richter an den Verfahren bieten dafür ausreichend Ansatzpunkte. Die bisherigen Anträge waren allerdings erfolglos.

---

828 Internal Rules, Regel 34 (9).

829 Internal Rules, Regel 34 (10).

830 Internal Rules, Regel 34 (10).

831 Internal Rules, Regel 34 (1).

832 Statement by Judges Downing and Chung, International Judges of the Pre-Trial Chamber, 20. März 2012, abrufbar unter http://www.cambodiatribunal.org/sites/default/files/01-ECCC%20 International%20PtC%20Statement%2020%20Mar%202012.pdf.

833 Decision of the JAC regarding the request to appoint two international judges to hear the application for disqualification of the President of the Pre-Trial Chamber, 23. März 2012, Para. 2, abrufbar unter http://www.eccc.gov.kh/sites/default/files/documents/courtdoc/JAC23Mar2012.pdf.

834 Sollte seine Auswechselung in Frage kommen, ist hierfür der älteste nationale Richter gemäß Regel 77 (9) Internal Rules zuständig.

835 Decision of the JAC regarding the request to appoint two international judges to hear the application for disqualification of the President of the Pre-Trial Chamber, 23. März 2012, Dissenting Opinion of Judge Lavergne, abrufbar unter http://www.eccc.gov.kh/sites/default/files/documents/courtdoc/JAC23Mar2012.pdf.

aa) Die Anträge gegen die Ermittler des OCIJ

Zulässig sind nur Befangenheitsanträge gegen Richter.[836] Daher wies die Vorverfahrenskammer Anträge der Verteidigung Ieng Sary's auf Überprüfung eines behaupteten Interessenkonflikts zwischen einem Ermittler und dem Büro der Ermittlungsrichter[837] als unzulässig zurück.[838] Ebenso erklärte sich die Kammer gemäß Regeln 73 (c), 74 (3) Internal Rules für unzuständig, um über eine Entscheidung der Ermittlungsrichter zu befinden, in welcher die von der Verteidigung beantragte Weitergabe von Informationen über einen vermeintlich befangenen Ermittler abgelehnt worden war. Der Ermittler hatte vor seiner Tätigkeit am Tribunal die Verfahren an den ECCC öffentlich bewertet.[839]

bb) Der Antrag gegen den internationalen Ermittlungsrichter

Öffentliches Aufsehen erregte der Befangenheitsantrag der Verteidigung gegen den internationalen Ermittlungsrichter, der angeblich, im privaten Kreise an seine Mitarbeiter angewiesen hatte, entgegen ihrer rechtlichen Verpflichtung, nur noch nach belastendem Beweismaterial zu suchen.[840] Die Vorverfahrenskammer wies den Antrag zurück. Sie beurteilte die Aussage des Ermittlungsrichters, er habe dies im Scherz gesagt und zudem weder in seiner Muttersprache noch seiner ersten Fremdsprache, als glaubhaft.[841] Ferner seien die Ermittlungen bereits beendet, so dass, selbst beim Unterstellen einer solchen Aussage, kein Rückschluss auf Befangenheit

836 OCIJ's Response to Ieng Sary's Lawyer Request for Information Concerning the Potential Existence of Conflict of Interest of OCIJ Investigator Stephen Heder, A252/2, 29. Mai 2009, Para. 2, abrufbar unter http://www.eccc.gov.kh/sites/default/files/documents/courtdoc/A252_2_EN.pdf.

837 Request for Information Concerning the Potential Existence of Conflict of Interest of OCIJ Investigator Stephen Heder, A252, 30. Januar 2009, abrufbar unter http://www.eccc.gov.kh/sites/default/files/documents/courtdoc/A252_EN.pdf.

838 OCIJ's Response to Ieng Sary's Lawyer Request for Information Concerning the Potential Existence of Conflict of Interest of OCIJ Investigator Stephen Heder, A252/2, 29. Mai 2009, Para. 2, abrufbar unter http://www.eccc.gov.kh/sites/default/files/documents/courtdoc/A252_2_EN.pdf.

839 Decision on Ieng Sary's Appeal against the Letter Concerning Request for Information Concerning Legal Officer David Boyle, A162/III/6, 28. August 2008, Paras. 1, 17, abrufbar unter http://www.eccc.gov.kh/sites/default/files/documents/courtdoc/A162_III_6_EN.pdf.

840 Decision on Ieng Sary's Application to Disqualify Co-Investigating Judge Marcel Lemonde, 7, 9. Dezember 2009, abrufbar unter http://www.eccc.gov.kh/sites/default/files/documents/courtdoc/7_EN.pdf.

841 Decision on Ieng Sary's Application to Disqualify Co-Investigating Judge Marcel Lemonde, 7, 9. Dezember 2009, Para. 29, abrufbar unter http://www.eccc.gov.kh/sites/default/files/documents/courtdoc/7_EN.pdf.

mehr möglich sei.[842] Der Ermittlungsrichter trat kurz darauf zurück, begründete diesen Schritt allerdings nicht mit dem vorherigen Befangenheitsantrag.

cc) Der Antrag aufgrund der Entgegennahme von Weisungen eines Richters

Der Verdacht auf Befangenheit eines Richters war nicht hinreichend durch die öffentliche Äußerung des kambodschanischen Premierministers konkretisiert, dass internationale Richter der ECCC auf Weisung ihrer Regierungen gehandelt hätten.[843] Die Vorverfahrenskammer ging dem Antrag nicht nach, da sie eine solche unspezifische Aussage nicht verifizieren könne.[844]

dd) Der Antrag aufgrund der Ämterhäufung eines Richters

Die Ablehnung des Befangenheitsantrag der Verteidigung Nuon Chea's gegen den Richter der Vorverfahrenskammer Ney Thol als unbegründet[845] wurde in der Öffentlichkeit stark kritisiert. [846] Der Antrag stützte sich darauf, dass der Richter neben seinem Amt an den ECCC Militäroffizier und Mitglied der regierenden Partei Kambodschas ist. Nach Ansicht der Vorverfahrenskammer gab es jedoch keinen Grund für die Annahme einer aktuellen Befangenheit des Richters gemäß Regel 34 (2) Internal Rules.[847] Hieran könne auch ein gut informierter, vernünftiger Beobachter

---

842 Decision on Ieng Sary's Application to Disqualify Co-Investigating Judge Marcel Lemonde, 7, 9. Dezember 2009, Para. 24, abrufbar unter http://www.eccc.gov.kh/sites/default/files/documents/courtdoc/7_EN.pdf.

843 Decision on Ieng Sary's Request for Appropriate Measures Concerning Certain Statements by Prime Minister Hun Sen Challenging the Independence of the Pre-Trial Chamber Judges Katinka Lahuis and Rowan Downing, 5, 30. November 2009, Para. 1, abrufbar unter http://www.eccc.gov.kh/sites/default/files/documents/courtdoc/5_EN.pdf.

844 Decision on Ieng Sary's Request for Appropriate Measures Concerning Certain Statements by Prime Minister Hun Sen Challenging the Independence of the Pre-Trial Chamber Judges Katinka Lahuis and Rowan Downing, 5, 30. November 2009, Para. 10, abrufbar unter http://www.eccc.gov.kh/sites/default/files/documents/courtdoc/5_EN.pdf.

845 Public Decision on the Co-Lawyer's Urgent Application for Disqualification of Judge Ney Thol Pending the Appeal Against the Provisional Detention Order in the Case of Nuon Chea, C11/29, 4. Februar 2008, Paras. 24, 27, abrufbar unter http://www.eccc.gov.kh/en/documents/court/public-decision-co-lawyers-urgent-application-disqualification-judge-ney-thol.

846 Vor allem unter dem Aspekt, dass die Kammer keine Amicus Curiae Briefe akzeptiert hatte. Dearing, Christopher, An Analysis of Corruption, Bias, and the High Presumption of Impartiality in the Extraordinary Chambers in the Courts of Cambodia, Magazine: Searching for the Truth, Phnom Penh, Januar 2009, S. 5.

847 Public Decision on the Co-Lawyer's Urgent Application for Disqualification of Judge Ney Thol Pending the Appeal Against the Provisional Detention Order in the Case of Nuon Chea, C11/29, 4. Februar 2008, Para. 12, abrufbar unter

nicht ausreichend zweifeln.[848] Die Ämterhäufung lasse keinen Rückschluss auf politisch motivierte Entscheidungen zu.[849]

ee) Die Anträge aufgrund früherer nationaler Urteile eines Richters

Der Antrag auf Befangenheit des Vorsitzenden Richters der Hauptverfahrenskammer Nil Nonn in Verfahren 002 wurde als unzulässig zurückgewiesen.[850] Dieser wurde mit Verfehlungen des Richters im Jahre 2002 während seiner Tätigkeit am kambodschanischen Gericht in Battambang begründet.[851] Die Hauptverfahrenskammer der ECCC erklärte sich für unzuständig, da kambodschanisches Recht und dessen Instrumente für eine Urteilsüberprüfung anzuwenden seien. Hierzu seien die ECCC nicht befugt.[852] Trotz ihrer fehlenden Zuständigkeit machte die Kammer inhaltliche Ausführungen zum Antrag. Es komme für die Beurteilung der Befangenheit stets auf das aktuelle Verfahren und den aktuellen Angeklagten an. Allerdings könne auch ein wiederkehrendes Muster von Verfehlungen in einer Richterkarriere für die Annahme von Befangenheit ausreichend sein.[853] Ein solches war nach Ansicht der Hauptverfahrenskammer bezüglich Richter Nil Nonn aber nicht erkennbar. Die vorgetragenen Gründe lägen in seiner Vergangenheit als kambodschanischer Richter und es seien keine Auswirkungen auf das aktuelle Verfahren vor den ECCC erkennbar.

---

http://www.eccc.gov.kh/en/documents/court/public-decision-co-lawyers-urgent-applicationdisqualification-judge-ney-thol.

848 Public Decision on the Co-Lawyer's Urgent Application for Disqualification of Judge Ney Thol Pending the Appeal Against the Provisional Detention Order in the Case of Nuon Chea, C11/29, 4. Februar 2008, Para. 20, abrufbar unter http://www.eccc.gov.kh/en/documents/court/public-decision-co-lawyers-urgent-application-disqualification-judge-ney-thol.

849 Public Decision on the Co-Lawyer's Urgent Application for Disqualification of Judge Ney Thol Pending the Appeal Against the Provisional Detention Order in the Case of Nuon Chea, C11/29, 4. Februar 2008, Para. 20, abrufbar unter http://www.eccc.gov.kh/en/documents/court/public-decision-co-lawyers-urgent-application-disqualification-judge-ney-thol.

850 Decision on Ieng Sary's application to disqualify Judge Nil Nonn and related requests, E5/3, 28. Januar 2011, abrufbar unter http://www.eccc.gov.kh/sites/default/files/documents/courtdoc/E5_3_EN.PDF.

851 Decision on Ieng Sary's application to disqualify Judge Nil Nonn and related requests, E5/3, 28. Januar 2011, Para. 1, abrufbar unter http://www.eccc.gov.kh/sites/default/files/documents/courtdoc/E5_3_EN.PDF.

852 Decision on Ieng Sary's application to disqualify Judge Nil Nonn and related requests, E5/3, 28. Januar 2011, Para. 11-15, abrufbar unter http://www.eccc.gov.kh/sites/default/files/documents/courtdoc/E5_3_EN.PDF.

853 Decision on Ieng Sary's application to disqualify Judge Nil Nonn and related requests, E5/3, 28. Januar 2011, Para. 8, abrufbar unter http://www.eccc.gov.kh/sites/default/files/documents/courtdoc/E5_3_EN.PDF.

Ein ähnlich begründeter Antrag gegen den Richter Som Sereyvuth scheiterte ebenso. Die Verteidigung warf ihm Befangenheit vor, da er im Rahmen seiner Tätigkeit in der kambodschanischen Supreme Court Chamber bei einer Entscheidung mitgewirkt hatte, durch die der Rechtsmittelantrag eines Oppositionsmitglieds ohne weitere Begründung zurückgewiesen wurde. Diese fehlende Begründung habe gegen den Anspruch auf rechtliches Gehör verstoßen.[854] Der Rechtsmittelführer war im Hauptverfahren wegen einer Diskriminierung des Premierministers Hun Sen strafrechtlich verurteilt worden.[855] Der Befangenheitsantrag wurde aus mehreren Gründen abgelehnt. Zum einen sei der konkrete Beitrag des Richters im Rahmen der getroffenen Mehrheitsentscheidung nicht erkennbar. Zum anderen müsse eine Verbindung zwischen der fehlenden Entscheidungsbegründung im nationalen Verfahren und der Befangenheit im aktuellen Verfahren vor den ECCC bestehen. Ansonsten sei nämlich nicht auszuschließen, dass die fehlende Begründung andere Ursachen habe, wie z.B. eine im nationalen Rechtssystem übliche andere Verfahrenspraxis.[856] Des Weiteren seien die ECCC nicht befugt, die kambodschanische Rechtsprechung und deren Auswirkung auf das Recht der Meinungsfreiheit zu überprüfen.[857]

ff) Der Antrag gegen die Besetzung der Hauptverfahrenskammer

In Verfahren 002 stellte die Verteidigung der Angeklagten Ieng Thirith, Nuon Chea und Ieng Sary Befangenheitsanträge gegen alle fünf Richter der Hauptverfahrenskammer. Zur Begründung führten sie an, dass die Hauptverfahrenskammer in Verfahren 001 mit denselben Richtern besetzt gewesen war. Daher seien in Verfahren 002 ähnliche Entscheidungen der Kammer wie in Verfahren 001 bei vergleichbaren rechtlichen Fragestellungen und Tatsachenfeststellungen zu erwarten.[858] Die

---

854 Decision on Ieng Thirith's application to disqualify Judge Som Sereyvuth for lack of independence, 1/4, 3. Juni 2011, Para. 11, abrufbar unter http://www.eccc.gov.kh/sites/default/files/documents/courtdoc/1_4_EN.PDF.

855 Kreicker, Helmut, § 51 Strafrechtliche Garantien der EMRK, in Sieber, Ulrich/Böse, Martin/Brüner, Franz H./Heintschel-Heinegg, Bernd von/Satzger, Helmut, Europäisches Strafrecht, Baden-Baden, 2011, § 51, Rn. 38.

856 Decision on Ieng Thirith's application to disqualify Judge Som Sereyvuth for lack of independence, 1/4, 3. Juni 2011, Para. 13 ff., abrufbar unter http://www.eccc.gov.kh/sites/default/files/documents/courtdoc/1_4_EN.PDF.

857 Decision on Ieng Thirith's application to disqualify Judge Som Sereyvuth for lack of independence, 1/4, 3. Juni 2011, Para. 15 ff., abrufbar unter http://www.eccc.gov.kh/sites/default/files/documents/courtdoc/1_4_EN.PDF.

858 Ieng Thirith Defence Application for Disqualification of Judges Nil Nonn, Sylvia Cartwright, Ya Sokhan, Jean-Marc Lavergne and Thou Mony, E28, 1. Februar 2011, abrufbar unter http://www.eccc.gov.kh/sites/default/files/documents/courtdoc/E28_EN-1.PDF. Urgent Application for Disqualification of the Trial Chamber Judges, E54, 24. Februar 2011, abrufbar unter http://www.eccc.gov.kh/sites/default/files/documents/courtdoc/E54_EN.PDF. Ieng Sary's Motion to Support Ieng Thirith

Anträge wurden als unbegründet abgelehnt. Allein entscheidend sei, dass die Richter im aktuellen Verfahren 002 die ihnen vorliegenden Beweise ausreichend würdigten. Würden dabei im Einzelfall die gleichen Ergebnisse wie in Verfahren 001 erzielt, sei dies kein ausreichendes Indiz für eine fehlende ausreichende Würdigung und damit eine Befangenheit.[859] Des Weiteren könne in Verfahren 002 auch Rekurs auf den Inhalt von Zeugenaussagen aus Verfahren 001 genommen werden. Daraus resultiere keine Vorverurteilung der Angeklagten. Zum einen habe die Kammer in Verfahren 001 keine Tatsachenfeststellungen hinsichtlich der Sachverhalte aus Verfahren 002 getroffen.[860] Zum anderen müssten in Verfahren 002 zusätzliche objektive und subjektive Tatbestandselemente nachgewiesen werden, damit eine Verurteilung der Angeklagten aufgrund der Teilnahme an Verbrechen aus Verfahren 001 überhaupt möglich wäre.[861]

II. Das Standes- und Disziplinarrecht

Für die an den ECCC tätigen Anwälte wurde ein Standesrecht durch das Plenum erlassen (Code of Judicial Ethics).[862] Es beinhaltet, was vielfach kritisiert wurde,

---

and Nuon Chea's Applications for Disqualification of the Trial Chamber Judges & Ieng Sary's Motion to Join Ieng Thirith's Application for the Trial Chamber to be Replaced – for the Purpose of Adjudicating the Applications – By Reserve Judges of the Trial Chamber of Additional Judges Chosen by the Judicial Administration Committee, E53, 24. Februar 2011, abrufbar unter http://www.eccc.gov.kh/sites/default/files/documents/courtdoc/E53_EN.PDF.

859 Application to Disqualify Judges Nil Nonn, Silvia Cartwright, Ya Sokhan, Jean-Marc Lavergne and Thou Mony, E55/4, 23. März 2011, Para. 15-19, abrufbar unter http://www.eccc.gov.kh/sites/default/files/documents/courtdoc/E55_4_EN.PDF.

860 Application to Disqualify Judges Nil Nonn, Silvia Cartwright, Ya Sokhan, Jean-Marc Lavergne and Thou Mony, E55/4, 23. März 2011, Para. 20-25, abrufbar unter http://www.eccc.gov.kh/sites/default/files/documents/courtdoc/E55_4_EN.PDF.

861 Application to Disqualify Judges Nil Nonn, Silvia Cartwright, Ya Sokhan, Jean-Marc Lavergne and Thou Mony, E55/4, 23. März 2011, Para. 22, abrufbar unter http://www.eccc.gov.kh/sites/default/files/documents/courtdoc/E55_4_EN.PDF.

862 Dieses ähnelt dem des IStGHs. Weitere Regelungen enthält ECCC Gesetz, Artikel 21 (3): „Counsel [...] shall [...] act in accordance with the present Agreement, the Cambodian Law on the Statutes of the Bar and recognized standards of ethics of the legal profession". Vgl. auch Artikel 24 Ethical Code of the Cambodian Bar i.V.m. Artikel 21 (3) ECCC Gesetz „requires counsel to preserve dignity and respect of judges and prevents counsel from engaging in disruptive or disloyal conduct." Artikel 15 Ethical Code of the Cambodian Bar verbietet Anwälten „engaging in any public or media activities...unless in strict conformity with professional obligations." „Such activities require the greatest prudence [... and t]he President must be informed and, unless impossible, consulted prior to the activities."

keine Durchsetzungsmechanismen.[863] Disziplinarmaßnahmen können gegen Anwälte aber im Fall der Missachtung des Gerichts oder schwerwiegender Verstöße gegen Regeln zur Wahrung der Sicherheit und Ordnung im Gerichtssaal verhängt werden. Grundsätzlich soll die betreffende Person zuvor angehört werden.[864] Wird eine Sitzung gravierend gestört, kann die Person nach einer Verwarnung aus dem Gerichtssaal entfernt bzw. von der Sitzung ausgeschlossen werden, wenn sie die erlassenen Anordnungen des Gerichts (mehrfach) nicht befolgt.[865]

Die Hauptverfahrenskammer kann nach dem Erlass einer formellen Verwarnung nach ihrem Ermessen Sanktionen verhängen, welche im Einzelfall bis zur vorübergehenden Verweigerung des rechtlichen Gehörs der gesamten Verteidigung des Angeklagten reichen können.[866] Darüber hinaus kann sie die Anwaltskammer des Betroffenen über das Fehlverhalten unterrichten.[867] An den ECCC gibt es für solche Verwarnungen und Sanktionen zahlreiche Beispiele. Meist betraf dies Situationen, in denen die Verteidigung versuchte, die politischen Umstände in Kambodscha prozesstaktisch zu nutzen. [868] So sprach die Hauptverfahrenskammer eine Verwarnung gegenüber Kieu Samphan's Anwalt Jaques Verges aus, nachdem sie bereits mehrere Verhandlungstermine aufgrund seines Nichterscheinens vertagt hatte. Als er dann vor Gericht auftrat, verweigerte er seine Mitarbeit im Prozess und bezeichnete die Richter als „mere squatters".[869] Auch die beiden Verteidiger[870] Nuon Chea's wurde gemäß Regel 38 Internal Rules zunächst mündlich und dann auch schriftlich wegen des Gebrauchs despektierlicher Sprache und ihres Verhaltens gegenüber dem Gericht verwarnt. Die Verteidiger wurden auch verwarnt wegen der unautorisierten und nicht angekündigten Weitergabe vertraulicher Informationen an die Medien. Die Verteidigung habe hierdurch Entscheidungen der Kammer, die dem Schutz des

863 Code of Judicial Ethics, abrufbar unter http://www.eccc.gov.kh/english/cabinet/fileUpload/31/Code_of_Judicial_Ethics_31-01-08_ENG.pdf.

864 Bevor Disziplinarmaßnahmen erlassen werden mussten, hat die Kammer teilweise das Mikrophon der Verteidigung ausgeschaltet. KRT Trial Monitor, Case 002, Issue No. 30, Hearing on Evidence Week 25, 30-31 July, 1-2 August 2012, S. 9, abrufbar unter http://krttrialmonitor.files.wordpress.com/2012/08/30-week-25_30-31-july_final1.pdf.

865 Internal Rules, Regel 39.

866 Decision on Nuon Chea defence counsel misconduct, E214, 29. Juni 2012, abrufbar unter http://www.eccc.gov.kh/sites/default/files/documents/courtdoc/E214_EN.PDF.

867 Internal Rules, Regel 38 (2).

868 Decision on Nuon Chea defence counsel misconduct, E214, 29. Juni 2012, abrufbar unter http://www.eccc.gov.kh/sites/default/files/documents/courtdoc/E214_EN.PDF.

869 Warning to International Co-Lawyer, C26/5/22, 19. Mai 2009, abrufbar unter http://www.eccc.gov.kh/sites/default/files/documents/courtdoc/C26_5_22_EN.pdf.

870 Die Warnung gilt für alle Unterzeichnenden. Decision on Nuon Chea defence counsel misconduct, E214, 29. Juni 2012, Para. 5, abrufbar unter http://www.eccc.gov.kh/sites/default/files/documents/courtdoc/E214_EN.PDF.

Angeklagten dienen, und den notwendigen Respekt gegenüber den Opfern von Kriegsverbrechen missachtet.[871] Die Kammer leitete den Vorfall an die zuständigen nationalen Rechtsanwaltskammern der beiden Verteidiger weiter. Ferner wurden die Medien auf die Konsequenzen der Weitergabe vertraulicher Informationen hingewiesen und ein Ansprechpartner an den ECCC benannt, bei dem sie sich über die Vertraulichkeit von Informationen vergewissern können.

Neben diesen Sanktionsmöglichkeiten gegen die Anwälte können Delikte, die die Rechtspflege beeinträchtigen (Interference with the Administration of Justice), gemäß Regel 35 Internal Rules geahndet werden. Sanktioniert wird jede Person, die wissentlich und willentlich vertrauliche Informationen entgegen einer Anweisung der Richter weitergibt, sich unentschuldigt einer Anordnung zum persönlichen Erscheinen widersetzt, die angeforderten Beweise nicht beibringt, sie vernichtet oder beschädigt, potenzielle Zeugen oder Dritte bedroht oder besticht oder dem Angeklagten zur Flucht verhilft.[872] Dieser Sanktionsmechanismus ist ein Verfahren sui generis, wobei sich die Sanktionen nach kambodschanischem Recht richten.[873] Grundsätzlich besteht eine Vermutung für den ordentlichen Ablauf des Verfahrens, sodass der Antragssteller die Beweislast für das Gegenteil trägt.[874] Die Richter können aber auch eigene Ermittlungen veranlassen und das Verfahren an die VN oder die zuständigen nationalen Behörden weiterleiten.[875] Die Dokumente unterliegen der Geheimhaltung.[876] Rechtsmittel können vor der Pre-Trial Chamber oder der Supreme Court Chamber[877] eingereicht werden.[878]

Die Anträge zum Erlass von Maßnahmen gemäß Regel 35 Internal Rules gegen die Verteidigung aufgrund der Veröffentlichung des eigentlich geheimen

871 Grund war das Nichtentfernen des Badges „I [heart symbol] Dada“, das Zitieren von Songtexten anstatt relevanter Rechtsprechung sowie die Reaktion „This is a farce“ auf eine Ermahnung des Gerichts wegen des wiederholten Stellens nicht relevanter Fragen an Zeugen. Decision on Nuon Chea defence counsel misconduct, E214, 29. Juni 2012, Para. 8-11, abrufbar unter http://www.eccc.gov.kh/sites/default/files/documents/courtdoc/E214_EN.PDF.

872 Internal Rules, Regel 35 (1).

873 Internal Rules, Regel 35 (4).

874 Decision on Nuon Chea's request for a rule 35 investigation regarding inconsistencies in the audio and written records of OCIJ witness interviews, E142/3, 13. März 2012, Para. 10, abrufbar unter http://www.eccc.gov.kh/sites/default/files/documents/courtdoc/E142_3_EN-1.PDF.

875 Internal Rules, Regel 35 (2).

876 Die Parteien sind nur berechtigt, einmal Stellung zu nehmen. Eine zweite Erwiderung ist nicht zulässig. Decision on Ieng Sary's request to reclassify all PTC08 documents as public, 30, 3. Mai 2011, Paras. 4, 9, abrufbar unter http://www.eccc.gov.kh/sites/default/files/documents/courtdoc/30_redacted_EN.PDF.

877 Die Entscheidungsfrist endet drei Monaten nach Erhalt der Verfahrensakte und der beglaubigten Kopien der Entscheidung gemäß Regel 108 (2), (4bis) (a) Internal Rules.

878 Internal Rules, Regel 35 (6).

Rechtsmittelschriftsatz scheiterten.[879] Erfolglos war auch ein Antrag gegen die Ermittlungsrichter. Diese hatten eine Untersuchung des unentschuldigten Ausbleibens von sechs, als Zeugen geladener Regierungsbeamte abgelehnt.[880] Deren Nichterscheinen war nach Ansicht der Verteidigung auf die Einmischung der kambodschanischen Regierung zurückzuführen. Nur die Minderheit der internationalen Richter der Vorverfahrenskammer erachtete weitere Ermittlungen für notwendig. Dafür sei nun die Vorverfahrenskammer zuständig, denn die Ermittlungsrichter hatten diese zum zweiten Mal verweigert.[881] Im Hauptverfahren verlangt die Verteidigung erneut die Untersuchung derselben Situation[882] sowie die Verfahrensaussetzung bis zum Abschluss der Ermittlungen.[883] Nach Ansicht der Hauptverfahrenskammer wurde der Sachverhalt aber bereits im Ermittlungsverfahren abschließend geklärt. Die Hauptverfahrenskammer dürfe nicht als Rechtsmittelkammer der Vorverfahrenskammer missbraucht werden.[884] Nach Ansicht der daraufhin angerufenen Supreme Court Chamber muss die Hauptverfahrenskammer entscheiden, ob die Beweise gemäß Regel 87 Internal Rules zulässig, die Zeugen zu laden und ihre Aussagen von Relevanz seien oder die Tatsachen nicht bestritten würden. Vor allem obliege es ihrem Ermessen, ob die zu erlangen gehofften Tatsachen bei Nichterscheinen der Zeugen nicht auf einem anderen Wege bewiesen werden könnten.[885]

879 Summary of the reasons for the decision on immediate appeal by Nuon Chea against the Trial Chamber's decision on fairness of judicial investigation, E116/1/6, 30. Januar 2012, abrufbar unter http://www.eccc.gov.kh/sites/default/files/documents/courtdoc/E116_1_6_EN.PDF.

880 KRT Trial Monitor, Case 002, Issue No. 16, Hearing on Evidence Week 11, 26-29 March 2012, S. 12, abrufbar unter http://krttrialmonitor.files.wordpress.com/2012/04/16-wk-11-26-29march_final.pdf.

881 Second Decision on Nuon Chea's and Ieng Sary's appeal against OCIJ order on request to summons witnesses, D314/1/12, 9. September 2010, Para. 8, abrufbar unter http://www.eccc.gov.kh/sites/default/files/documents/courtdoc/D314_1_12_Redacted_EN.PDF.

882 Der Antrag war Teil eines Antrags der Verteidigung Nuon Cheas zur Aussetzung des Verfahrens gemäß Regel 89 Internal Rules wegen der behaupteten Nichtigkeit des Ermittlungsverfahrens.

883 Application for Immediate Action Pursuant To Rule 35, 25. April 2012, abrufbar unter http://www.bohler.eu/user/file/120425_-_appl._for_immediate_action_rule_35_(eng).pdf.

884 Summary of the reasons for the decision on immediate appeal by Nuon Chea against the Trial Chamber's decision on fairness of judicial investigation, E116/1/6, 30. Januar 2012, abrufbar unter http://www.eccc.gov.kh/sites/default/files/documents/courtdoc/E116_1_6_EN.PDF.

885 Decision on Immediate Appeal by Nuon Chea Against the Trial Chamber's decision on Fairness of Judicial Investigation, E116/V7, 17. April 2012, Para. 32, abrufbar unter http://www.eccc.gov.kh/sites/default/files/documents/courtdoc/E116_1_7_EN_0.PDF.

Zwei Verteidiger, Andrew Ianuzzi und Michiel Pestman, reichten daraufhin eine umfangreiche Klage gegen Hun Sen und andere Regierungsmitglieder vor dem nationalen Städtischen Gerichtshof wegen Behinderung der Ermittlungen der Justiz ein.[886] Darin werfen sie den Beklagten vor, die Zeugen an der Aussage zu hindern und sich durch deren Einschüchterung in unzulässiger Weise in die Arbeit des Tribunals einzumischen. Die Durchführung eines fairen Verfahrens vor den ECCC sei daher unmöglich. Der Ausgang des Verfahrens bleibt abzuwarten. Inzwischen sind drei Verteidiger Nuon Cheas, Jasper Pauw, Michiel Pestman und Andrew Ianuzzi, mit der Erklärung zurückgetreten, dass die kambodschanische Regierung die Verfahren vor dem Gericht zu stark beeinflusse.[887] Selbst wenn dieses Verhalten nur eine reine Verfahrensstrategie der Verteidigung darstellen sollte,[888] offenbart es, in welch politisch brisanter Situation die ECCC agieren.

III. Die Antikorruptionsprogramme

Korruptionsvorwürfe richteten sich an den ECCC vor allem gegen die Gerichtsverwaltung. Zunächst wurden in der Personalabteilung gravierende Mängel festgestellt. So wurde unqualifiziertes Personal eingestellt und unerklärbare und unverhältnismäßige Gehaltserhöhungen aufgedeckt.[889] Ferner hatte der administrative Direktor, Sean Visoth, die nationalen Angestellten angewiesen, einen Teil ihres Gehalts abzugeben, um ihre Posten zu behalten.[890] Daraufhin wurde vom United Nations Development Programme (UNDP) zusammen mit dem Project Board[891] von Deloitte Touche Tohmatsu ein Special Human Resource Management Review Report

886 Criminal Complaint, 24. Oktober 2011, abrufbar unter http://www.bohler.eu/user/file/11-10-24)_complaint_re_witness.pdf.

887 Freeman, Joe, Pauw, Pestman and Ianuzzi leave Khmer Rouge court "farce" behind, Phnom Penh Post, 21. Dezember 2012, abrufbar unter http://www.phnompenhpost.com/2012122160404/KRTalk/nuon-chea-readies-for-change.html.

888 Transcript of Proceedings, Trial Management Hearing, E1/114.1, 17. August 2012, S. 74, abrufbar unter http://www.eccc.gov.kh/sites/default/files/documents/courtdoc/E1_114.2_TR002_20120827_Final_EN_Pub.pdf.

889 UNDP Audit of Human Resources Management at the ECCC, abrufbar unter http://www.unakrtonline.org/Docs/Other/20070604%20UNDP%20Special%20Audit%20of%20ECCC%20HR.pdf. Report on the Special HRM Review, HRM Review Team, Deloitte, Touché Tohmatsu India Pvt. Limited, 15. April 2008, abrufbar unter http://www.eccc.gov.kh/english/cabinet/fileUpload/36/Report_of_HRM_Review_Team15_April.pdf.

890 Saliba, Michael, Allegations of Corruption at ECCC: Overview, Cambodia Tribunal Monitor, 28. September 2009, abrufbar unter http://www.cambodiatribunal.org/blog/2009/09/allegations-of-corruption-at-eccc.html.

891 Das Project Board ist zuständig für die Kontrolle der internationalen Gelder, die für die nationale Seite der ECCC bestimmt sind.

erstellt[892] und ein Personalhandbuch sowie ein Code of Conduct eingeführt, Gehälter überprüft sowie die Prozedur der Jobvergabe und Personalbeurteilung verbessert.

Des Weiteren wurden Antikorruptionsprogramme zur Gewährleistung der Unabhängigkeit des Gerichts initiiert.[893] Die Implementierung der Programme gestaltete sich jedoch als schwierig, da sowohl die kambodschanische Regierung als auch die VN ein solches einrichteten. Das nationale Programm sah zwei „Ethics Monitors" vor, den jeweiligen Präsidenten der Supreme Court Chamber, damals Kong Srim, und die jeweilige Direktion der Öffentlichkeitsabteilung, damals Helen Jarvis.[894] Korruptionsbeschwerden waren an diese zu adressieren und beide sollten dem stellvertretenden kambodschanischen Premierminister Bericht erstatten. Das Programm der VN sah vor, dass sich das nationale und internationale Personal an die Aufsichtsabteilung der VN (United Nations Office of Internal Oversight Services, OIOS)[895] wenden sollte. Ferner sollte ein „Ethics Officer" das Personal fortbilden und anonyme Beschwerden annehmen. Weiter sollte es Änderungen des Verhaltenskodex für das Personal (Code of Conduct for Staff) und für die Richter (Code of Ethics for Judges) geben.[896] Anlässlich dieser Programme beschloss das Plenum der ECCC im September 2008, ein Verbot der Annahme oder Abgabe von Zahlungen, die als Korruptionsversuch gewertet werden können, in die Internal Rules aufzunehmen.[897]

892 Deloitte, Touché Tohmatsu India Pvt. Limited, Report on the Special HRM Review, HRM Review Team, 15. April 2008, abrufbar unter http://www.eccc.gov.kh/english/cabinet/fileUpload/36/Report_of_HRM_Review_Team15_April.pdf.

893 IPbpR, Artikel 14 (1), ECCC Gesetz, Artikel 10, 19, UN-RGC Abkommen, Artikel 3 (3), 6 (3).

894 Gillison, Douglas, KRT Chief, Khmer Judges in Anti-Graft Pledge, The Cambodia Daily, 16./17. August 2008. Pheaktra, Neth, KRT Forms New Anti-Corruption Committee, The Mekong Times Daily, 18. August 2008.

895 Das OIOS unterstützt seit Juli 1994 als unabhängiges Büro den VN-Generalsekretär, vgl. http://www.un.org/depts/oios/.

896 Hall, John, Opinion: New Corruption Allegations Pose Test for Future of KR Tribunal, The Cambodia Daily, 15. August 2008.

897 Code of Judicial Ethics, Artikel 3 (2) wurde wie folgt ergänzt: „Judges shall not directly or indirectly accept, offer, or provide any gift, advantage, privilege or reward that can reasonably be perceived as being intended to influence the performance of their judicial functions or the independence of their office."

Das OIOS ging bereits Korruptionsbeschwerden gegen das nationale Personal nach.[898] In seinem geheimen Abschlussbericht vom September 2008[899] empfahl es der kambodschanischen Regierung die Durchführung weiterer Untersuchungen.[900] Allerdings lehnte das Amtsgericht Phnom Penh am 6. Februar 2009 die Aufnahme nationaler Korruptionsermittlungen ohne weitere Begründung ab.[901] Vor den ECCC scheiterten die Anträge der Verteidigung und Nebenklage auf Einsichtnahme des Berichts.[902] Zum einen lehnten die Ermittlungsrichter und die Vorverfahrenskammer[903] den Antrag der Verteidigung in Verfahren 002 am 3. April 2009 mit der Begründung ab, dass die kambodschanischen Stellen bzw. die VN hierfür zuständig seien.[904] Die Korruptionsanschuldigungen seien auch zu spekulativ, um eine Freilassung der Beschuldigten herbeizuführen. Zum anderen verwarf die Hauptverfahrenskammer am 23. September 2009 einen Antrag der Nebenklage auf Veröffentlichung

898 Nachdem diese Korruptionsvorwürfe publik wurden, sperrte das Entwicklungsprogramm der VN (United Nations Development Programme, UNDP), das die Beiträge der Geberländern verwaltet, zunächst im August 2008 Gelder, mit denen Gehälter der nationalen Seite des Gerichts bezahlt wurden. Ohne eine Klärung der Vorwürfe abzuwarten, gab Australien seine Beitragszahlungen wieder frei. Gillison, Douglas, ECCC Funding Delayed Over Graft Claims, The Cambodia Daily, 6. August 2008.

899 Open Society Justice Initiative, Recent Developments at the Extraordinary Chambers in the Courts of Cambodia, Oktober 2008 Update, S. 3.

900 Das OIOS ist für die nationale Seite nur beschränkt zur Durchführung von Ermittlungen ermächtigt.

901 Wilkins, Georgia, Defence Lawyers Condemn Halt of KR Tribunal Probe, Phnom Penh Post, 9. Februar 2009. Gillison, Douglas/Thul, Prak Chan, Phnom Penh Court Halts ECCC Investigation, The Cambodia Daily, 7./8. Februar 2009.

902 Eleventh Request for Investigative Action, D158, 27. März 2009, Para. 22, abrufbar unter http://www.eccc.gov.kh/sites/default/files/documents/courtdoc/D158_EN.pdf.

903 Decision on Appeal Against Order of the Co-Investigating Judges' Order on the Charged Persons' Eleventh Request for Investigative Action, D158/5/1/15, 18. August 2009, Para. 28, abrufbar unter http://www.eccc.gov.kh/english/cabinet/courtDoc/410/D158_5_1_15_EN.pdf. Decision on the Appeal of the Charged Person against the Co-Investigating Judges' Order on Nuon Chea's Eleventh Request for Investigative Action, D158/5/3/15, 25. August 2009, Paras. 26, 31, abrufbar unter http://www.eccc.gov.kh/sites/default/files/documents/courtdoc/D158_5_3_15_EN.pdf. Decision on the Appeal of the Charged Person Against the Co-Investigating Judges' Order on Nuon Chea's Eleventh Request for Investigative Action, D158/5/2/15, 27. August 2009, Para. 25, abrufbar unter http://www.eccc.gov.kh/sites/default/files/documents/courtdoc/D158_5_2_15_EN.pdf.

904 Order on (Eleventh) Request for Investigative Action, D158/5, 3. April 2009, Paras. 9, 10, abrufbar unter http://www.eccc.gov.kh/english/cabinet/courtDoc/286/D158_5_EN.pdf.

des OIOS-Reports.[905] Auch ein Sprecher des VN-Generalsekretärs lehnte auf einer Pressekonferenz die Veröffentlichung des Berichts aufgrund darin enthaltender schwerwiegender Anschuldigungen ab. Daraufhin gab die VN-Rechtsabteilung (Office of Legal Affairs, OLA) eine gegensätzliche Stellungnahme ab, nach der es an den ECCC weder Hinweise auf Korruption seitens der Richter noch auf die Gefährdung der Gerichtsprozesse durch Korruption seitens des Personals gäbe.[906] Weitere Informationen wurden nicht bekannt.

Schließlich kündigten die VN weitere Gespräche mit der kambodschanischen Regierung gemäß Artikel 27 UN-RGC Abkommen an. Nach einem Verhandlungsjahr verabschiedeten die VN und Kambodscha am 11. August 2009[907] ein neues Abkommen zur Verhinderung von Korruption (Agreement to Establish an Independent Counselor at the Extraordinary Chambers for the Courts in Cambodia).[908] Es wurde ein unabhängiger Berater berufen, an den sich die Mitarbeiter des Tribunals wenden können, die von Korruption erfahren haben oder selbst Ziel dieser waren. Die Details seiner Arbeit sind auf Bestreben der VN hin geheim, was eine transparente Aufklärung gefährdet.[909] Der Erfolg des Programms ist zudem fraglich, weil der eingesetzte Berater, Uth Chhorn, oberster Rechnungsprüfer Kambodschas (National Audit Authority) ist, sodass seine Unabhängigkeit gefährdet sein könnte.[910]

Zusätzliche Bedenken an der Unabhängigkeit des Gerichts entstanden durch Äußerungen des kambodschanischen Premierministers Hun Sen. Dieser ließ dem Generalsekretär der VN im Oktober 2010 durch seinen Außenminister ausrichten „Hun Sen has said clearly that there will be no case 003 allowed".[911] Auch der kambodschanische Informationsminister hielt fest: „If they want to go into Case 003

---

905 Trial Chamber Decision on Group 1-Civil Party Co-Lawyers' Request that the Trial Chamber Facilitate Disclosure of an UN-OIOS Report to the Parties, 23. September 2009, abrufbar unter http://www.eccc.gov.kh/english/cabinet/courtDoc/437/E65_9_EN.pdf.

906 O'Brien, Patricia, Letter from the Under-Secretary-General for Legal Affairs, UN Office of Legal Affairs to Michiel Pestman, Victor Koppe, and Andrew Ianuzzi, legal counsel for Nuon Chea, 30. September 2009.

907 Bei einem Treffen zwischen dem stellvertretenden Premierminister Sok An und Vertretern der VN. Gillison, Douglas/Ana, Phann, UN, Gov't Agree to Joint Review of ECCC, The Cambodia Daily, 11. Dezember 2008.

908 Joint Statement on Establishment of Independent Counselor at Extraordinary Chambers in the Courts of Cambodia, Phnom Penh/New York, 12. August 2009, abrufbar unter http://www.un.org/News/Press/docs//2009/l3146.doc.htm.

909 Die für März 2010 angekündigte Veröffentlichung seines Arbeitsberichts wurde im Oktober 2010 wieder zurückgenommen. O'Toole, James, UN Keeps Corruption Probe Confidential, Phnom Penh Post, 18. Oktober 2010.

910 Corey-Boulet, Robbie, Corruption Counsel's Role at ECCC Unclear, Phnom Penh Post, 23. September 2009.

911 Er machte weiter deutlich: „On the issue of the arrest of more Khmer Rouge leaders, this is a Cambodian issue [...]. This issue must be decided by Cambodia." Press Release by the International Co-Investigating Judge, 10. Oktober 2011, abrufbar

and 004, they should just pack their bags and leave".[912] Weitere Prozesse, so erklärt er, seien nach dem Statut des Tribunals nicht erlaubt und gefährdeten die Stabilität seines Landes.[913] Die VN, vertreten durch Under-Secretary-General for Legal Affairs Patricia O'Brien, forderten daraufhin die kambodschanische Regierung zur Wahrung der Integrität der Verfahren vor den ECCC auf. Weitere Untersuchungen wurden nicht veranlasst.[914] In Betracht kämen es vor allem, eventuelle[915] Beschwerden beim VN-Spezialberichterstatter über die Unabhängigkeit der Justiz einzureichen.[916] Er hat das Mandat, ernsthafte Beschuldigungen diesbezüglich zu untersuchen und über die Ergebnisse einen Bericht zu verfassen.[917]

IV. Zusammenfassung

Die Unabhängigkeit und Unparteilichkeit der ECCC sollen sowohl durch vorhandene Berufsregeln und Befangenheitsrecht für die Richter, das Standes- und Disziplinarrecht sowie Antikorruptionsprogramme gewährleistet werden. Jedoch können die in den Berufsregeln festgeschriebenen Anforderungen für die Qualifikation des nationalen Personals teilweise kaum erfüllt werden, da es nur wenige, gut ausgebildete Juristen in Kambodscha gibt. Des Weiteren sind die Befangenheitsregelungen nicht unproblematisch. Zum einen hat ein Richter, gegen den sich ein solcher

---

unter http://www.eccc.gov.kh/sites/default/files/media/correctedECCCINTCIJ%20 10%20Oct%202011%20(Eng).pdf.

912 Statement by the International Co-Investigating Judge, abrufbar unter http://www.eccc.gov.kh/en/articles/statement-international-co-investigating-judge.

913 Cambodia Rebuffs UN Chief on Khmer Rouge Trials, The New York Times, 27. Oktober 2010.

914 Press Statement, abrufbar unter http://www.cambodiatribunal.org/sites/default/files/Press% 20Statement%2020%20Oct%202011.pdf.

915 UN Special Report of the Secretary General on Khmer Rouge Trials, UN GAOR, 59th Sess., Agenda Item 105 (b), UN Doc. A/59/432, 12. Oktober 2004. Para. 37. Report of the Group of Experts for Cambodia Pursuant to General Assembly Resolution 52/135, 18. Februar 1999, Annex des United Nations Documents, Identical Letters, 15. März 1999 des Generalsekretärs an die Präsidenten der Generalversammlung und des Sicherheitsrats, UN GAOR, 53rd Sess., Agenda Item110(b), UN Doc. A/53/850 and S/1999/231 (1999).

916 UN Special Report of the Secretary General on Khmer Rouge Trials, UN GAOR, 59th Sess., Agenda Item 105 (b), UN Doc. A/59/432, 12. Oktober 2004. Para. 37. Report of the Group of Experts for Cambodia Pursuant to General Assembly Resolution 52/135, 18. Februar 1999, Annex des United Nations Documents, Identical Letters, 15. März 1999 des Generalsekretärs an die Präsidenten der Generalversammlung und des Sicherheitsrats, UN GAOR, 53rd Sess., Agenda Item110(b), UN Doc. A/53/850 and S/1999/231 (1999).

917 Human Rights Council RES/8/6, Mandate of the Special Rapporteur on the independence of judges and lawyers, 18. Juni 2008, abrufbar unter http://ap.ohchr.org/Documents/E/HRCresolutions/A_HRC_RES_8_6.pdf.

Antrag richtet, die Wahl, bis zur endgültigen Entscheidung über den Antrag am bisherigen Verfahren beteiligt zu bleiben oder sich von seinen Pflichten entbinden zu lassen. Zum anderen kann nach der mehrheitlichen Meinung der Richter der Vorverfahrenskammer ein sich selbst für befangen haltender Richter des Judicial Administration Committees (JAC), zumindest theoretisch, durch seine eigentliche Kammer gezwungen werden, weiter am Verfahren teilzunehmen. Des Weiteren sind Entscheidungsbegründungen über die Zurückweisung von Befangenheitsanträgen, z. B. was die Ämterhäufung nationaler Richter anbelangt, kritisch zu bewerten.

Auch die Verfolgung der bisherigen Korruptionsvorwürfe ist wenig transparent. Die Aufsichtsabteilung der VN (OIOS) hat diese untersucht, den Bericht allerdings nicht veröffentlicht. Zudem äußerten sich die VN widersprüchlich über dessen Ergebnisse. Des Weiteren lehnte das nationale Gericht weitere Ermittlungen die Korruptionsvorwürfe betreffend ohne eine Begründung ab. Diese Situation versuchte die Verteidigung prozesstaktisch zu nutzen. Die von der Verteidigung beantragte Untersuchung des Einflusses der kambodschanischen Regierung auf Verfahren 002, vorliegend wegen sechs im Ermittlungsverfahren nicht erschienen und für das Hauptverfahren noch nicht erneut geladenen Zeugen, wiesen aber sowohl die Hauptverfahrens- als auch die Rechtsmittelkammer zurück. Auch eine hierauf gerichtete Klage zweier Verteidiger vor den nationalen Gerichten scheiterte. Schließlich traten drei Verteidiger mit der Begründung zurück, dass die Durchführung eines fairen Verfahrens vor den ECCC nicht gewährleistet sei. Die Hauptverfahrenskammer sprach dagegen wiederholt Verwarnungen und Sanktionen gegen die Verteidiger wegen Missachtung des Gerichts aus.

Es bleibt abzuwarten, inwieweit die Blockadehaltung der kambodschanischen Regierung gegenüber weiteren Prozessen an den ECCC sowie die widersprüchlichen Aussagen seitens der VN zu den Korruptionsvorwürfen die Akzeptanz der Entscheidungen der ECCC in der nationalen und internationalen Gemeinschaft mindern werden. Umfragen in der kambodschanischen Bevölkerung zeigen bisher allerdings, dass trotz der Korruptionsvorwürfe rund um die ECCC zwei Drittel derjenigen, die das Tribunal kennen, Vertrauen in die Fairness der Prozesse haben.[918] Dieses Vertrauen in die Unabhängigkeit des Gerichts innerhalb der Bevölkerung zu wahren und zu fördern ist vor dem Hintergrund des fragilen, korruptionsgeprägten Rechtssystems in Kambodscha essentiell für den Erfolg der Arbeit der ECCC.

918 So we will never forget, A population-based survey, Human Rights Center University of California Berkeley, Januar 2009, S. 39.

Hauptteil: Die Verfahrensstufen der ECCC

H. Das Vorermittlungsverfahren

Das nun zu untersuchende Vorermittlungsverfahren wird durch die Staatsanwaltschaft (Office of the Co-Prosecutors, OCP) geleitet und findet vor dem richterlichen Ermittlungsverfahren statt.

I. Die Organisation der Staatsanwaltschaft

Nach den ursprünglichen Vorstellungen der VN sollte der Ankläger des JStGH's die staatsanwaltschaftliche Funktion an den ECCC übernehmen, wobei ein für die ECCC speziell zuständiger stellvertretender Staatsanwalt bestellt werden sollte.[919] Aufgrund des Drängens der kambodschanischen Regierung wurden nach der Einigung auf ein hybrides Tribunal ein gleichberechtigter nationaler[920] und internationaler Staatsanwalt berufen.[921] Die Staatsanwälte werden für die Dauer der Verfahren berufen und haben je einen Vertreter.[922] Das Team der Staatsanwaltschaft besteht aus circa 30 Angestellten mit Juristen, Ermittlern,[923] Analysten und Übersetzern, die der Kontrolle der Staatsanwälte unterstehen.[924]

---

919 Etcheson, Craig, Accountability beckonds during a year of worries for the Khmer Rouge leadership, 6 ILSA J. Int'l & Comp. L., 2000, S. 508.

920 Bedenken bzgl. der Unabhängigkeit ergeben sich, da die nationale Staatsanwältin Chea Leang Nichte des stellvertretenden Premierministers und Leiter der Abteilung der kambodschanischen Regierung für die ECCC, Sok An, ist. Osborne, Milton, Khmer Rouge tribunal problems, again, 21. Juni 2011, abrufbar unter http://www.lowyinterpreter.org/post/2011/06/21/Khmer-Rouge-tribunal-problems-again.aspx.

921 Sie nahmen ihre Arbeit am 10. Juli 2006 auf.

922 Beide werden durch den Supreme Council of the Magistracy berufen. Der internationale Staatsanwalt wird zuvor durch den Generalsekretär der VN nominiert. UN-RGC Abkommen, Artikel 6, ECCC Statut, Artikel 16, 21. Gleiches gilt auch für die Ermittlungsrichter, ECCC Statut, Artikel 22, 26.

923 Die Ermittler sind mit Kriminalbeamten vergleichbar. OCIJ's answer to Ieng Sary's Lawyers' Request for information concerning potential conflict of interests, A 121/9, 24. Januar 2008, abrufbar unter http://www.eccc.gov.kh/sites/default/files/documents/courtdoc/A121-I_EN.pdf. Eine Interessenskollision besteht nicht, wenn ein Ermittler zunächst für die Staatsanwaltschaft und im nächsten Verfahrensabschnitt für die Ermittlungsrichter tätig wird. Zum einen entspricht dies den Regelungen im kambodschanischen, französischen und belgischen Prozessrecht. Zum anderen ist das Befangenheitsrecht nicht auf Ermittler anwendbar. OCIJ's answer to Ieng Sary's Lawyers' Request for information concerning potential conflict of interests, A 121/9, 24. Januar 2008, abrufbar unter http://www.eccc.gov.kh/sites/default/files/documents/courtdoc/A121-I_EN.pdf.

924 Hinzu kommen mehrere internationale Praktikanten und nationale Referendare der Cambodian Royal Academy.

II. Die Vorermittlungen

Die Staatsanwaltschaft initiiert auf eigene Veranlassung oder aufgrund von Strafanzeigen durch Opfer (Victims' Complaints)[925] nach ihrem Ermessen[926] die Vorermittlungen. In diesem Verfahrensabschnitt soll festgestellt werden, ob Beweise darauf hindeuten, dass Verbrechen innerhalb der sachlichen, personellen, territorialen und zeitlichen Zuständigkeit der ECCC[927] begangen wurden und hierfür Verdächtige und potenzielle Zeugen identifiziert werden können.[928] Im Vorermittlungsverfahren unterliegen alle Informationen der Geheimhaltung. Jedoch kann die Staatsanwaltschaft in diesem Stadium in der Öffentlichkeit kursierende falsche oder irreführende Informationen korrigieren.

Besteht Grund zur Annahme der Begehung von der Zuständigkeit der ECCC erfasster Verbrechen (Reason to believe),[929] soll die Staatsanwaltschaft schriftlich

925 Internal Rules, Regel 49 (1), (2). Die Strafanzeigen können eingereicht werden von jeder Person, dem Anwalt eines Opfers, Organisation oder anderen Einrichtung, die den Verbrechen zum Opfer gefallen ist, sie bezeugen kann oder Kenntnis von ihnen hat. Die Victims Support Section (VSS) hilft bei der Erstellung der Strafanzeigen, leitet sie an die Staatsanwaltschaft weiter und klärt die Opfer über ihre Rechte auf. Die Staatsanwaltschaft entscheidet, ob sie die Anzeige zurückweist, in ihre Ermittlungen miteinbezieht, neue Ermittlungen initiiert oder sie an die Ermittlungsrichter weiterleitet. Eine Antwort hat gemäß Regel 49 (4) Internal Rules innerhalb von 60 Tagen nach Eingang der Anzeige zu erfolgen. Diese Frist kann in der Praxis jedoch nicht ein gehalten werden aufgrund der hohen Anzahl der Anzeigen. Daher werden die Opfer über die Entscheidung der Staatsanwaltschaft so bald wie möglich nach Registrierung der Anzeigen informiert. Sollte die Staatsanwaltschaft sich gegen die Verfolgung entscheiden, kann sie diese Entscheidung bis zum Ende der Vorermittlungen rückgängig machen. Hierüber muss sie den Anzeigenden innerhalb von 30 Tagen gemäß Regel 49 (5) Internal Rules informieren. Zum Vergleich: Am IStGH erfolgt die Verfahrenseröffnung auf Initiative der Staatsanwaltschaft, durch die Unterbreitung einer Verbrechenssituation durch einen Vertragsstaat oder den Verweis des VN-Sicherheitsrats an die Staatsanwaltschaft (Artikel 12,13,14 IStGH Statut). Anschließend ermächtigt die Vorverfahrenskammer die Staatsanwaltschaft zu weiteren Ermittlung, wenn nicht der Sicherheitsrat dagegen votiert (Artikel 16 IStGH Statut) oder ein siebenjähriger Ausschluss der Gerichtsbarkeit gem. Artikel 124 IStGH Statut erfolgte. Ab diesem Zeitpunkt wird eine Verfahrensakte (Situation Record) erstellt (Regel 20 GOK-IStGH). Initiiert die Staatsanwaltschaft die Ermittlungen, prüft sie in einem Vorverfahren (Pre-Investigating Phase), ob die Gerichtsbarkeit ausgeübt werden kann (Beachtung von Komplementaritätskriterium und ne bis in idem). IStGH Statut, Artikel 15 (2). Veröffentlicht werden darf nur die untersuchente Situation. Das Ermittlungsverfahren beginnt erst mit Erlass eines Haft- oder Vorführungsbefehls.

926 Internal Rules, Regel 49 (4).

927 ECCC Gesetz, Artikel 1.

928 Internal Rules, Regel 50 (1).

929 Dies ist vergleichbar mit dem in § 160 (1) StPO geregelten Anfangsverdacht. Ambos, Kai, Internationales Strafrecht, München, 2008, S. 293.

die Durchführung von Ermittlungen bei den Ermittlungsrichtern beantragen (Introductory Submission).[930] Es besteht aber keine Verfolgungspflicht.[931] Daher kann die Staatsanwaltschaft das Verfahren bis zur Abgabe an die Ermittlungsrichter jederzeit einstellen und diese Entscheidung ebenso wieder zurücknehmen.[932] In dieser Ermessensentscheidung werden vor allem die Bedeutung der Tat für die Öffentlichkeit und die Wahrung des Rechtsfriedens berücksichtigt.[933] Die Introductory Submission muss den Namen des Verdächtigen, wenn dieser bekannt ist, den Antrag auf Aufnahme der Ermittlungen, eine Zusammenfassung der Fakten, deren Subsumption unter die Verbrechenstatbestände sowie Datum und Unterschrift

---

930 Internal Rules, Regel 53 (1).

931 Nach herrschender Meinung gilt, wie im angloamerikanischen und französischen Verfahrensrecht, das Opportunitätsprinzip. Es wird aus aus Regel 49 (1), (4), (5) Internal Rules abgeleitet. Artikel 40 (1) CPP. Hübner, Ulrich/Constantinesco, Vlad, Einführung in das französische Recht, München, 2001, S. 145. Public Redacted Considerations of the Pre-Trial Chamber regarding the Appeal against Order on the Admissibility of Civil Party Applicant Robert Hamill, DS/2/4/3, 14. Februar 2012, Para. 6, abrufbar unter http://www.eccc.gov.kh/sites/default/files/documents/courtdoc/D5_2_4_3_en_redac ted.PDF. Nach der Mindermeinung gilt an den ECCC das Legalitätsprinzip, welches eine Verfolgungspflicht konstituiert. Diese am Wortlaut orientierte Auslegung verweist auf den Unterschied von „may" in Regel 50 (1) Internal Rules („The Co-Prosecutors may conduct preliminary investigations.") und „shall" in Regel 53 (1) Internal Rules („If the Co-Prosecutors have reason to believe [...] they shall open a judicial investigation."). Public redacted version – Considerations of the PTC regarding the Disagreement between the Co-Prosecutors pursuant to Internal Rule 71, 0, 18. August 2009, Para. III. 23, abrufbar unter http://www.eccc.gov.kh/sites/default/files/documents/courtdoc/Public_redacted_version_Considerations_of_the_PTC_regarding_the_Disagreement_between_the_Co-Prosecutors_pursuant_to_Internal_Rule_71_(English).pdf. Vorteil des Opportunitätsprinzips ist eine Entlastung des Gerichts durch die Vorprüfung des Falles durch die Staatsanwaltschaft. Für das Legalitätsprinzip sprechen dagegen die Gewährleistung des Gleichheitsprinzips gegenüber den Verdächtigen und die Rechtssicherheit bei Vorliegen eines Anfangsverdachts. Safferling, Christoph, Towards an International Criminal Procedure, München, 1999, S. 191 ff. Zum Vergleich: Am IStGH kann eine Einstellung des Verfahrens jederzeit durch die Staatsanwaltschaft erfolgen, solange dem nicht das öffentliche Interesse entgegensteht, IStGH Statut, Artikel 53.

932 Cambodian Human Rights Action Committee, Comments on the ECCC Draft Internal Rules, Phnom Penh, 17. November 2006, S. 12.

933 Public redacted version – Considerations of the PTC regarding the Disagreement between the Co-Prosecutors pursuant to Internal Rule 71, 0, 18. August 2009, Para. 31 ff., abrufbar unter http://www.eccc.gov.kh/sites/default/files/documents/courtdoc/Public_redacted_version_Considerations_of_the_PTC_regarding_the_Disagreement_between_the_CoProsecutor_pursuant_to_Internal_Rule_71_(Engli sh).pdf.

beider Staatsanwälte beinhalten.[934] Ansonsten ist sie nichtig.[935] Sie ist zusammen mit sämtlichen der Staatsanwaltschaft vorliegenden be- und entlastenden Beweise an die Ermittlungsrichter weiterzuleiten.[936] Diese Pflicht resultiert aus der Stellung der Staatsanwaltschaft als unabhängiges Organ der Rechtspflege im Civil Law.[937] Die Ermittlungsrichter sind im Umfang ihrer Ermittlungen an den ursprünglichen Antrag der Staatsanwaltschaft gebunden.[938] Daher muss die Staatsanwaltschaft einen nachträglichen Ermittlungsantrag (Supplementary Submission) stellen, wenn sie den Umfang der Ermittlungen nachträglich erweitern will.

Hat die Staatsanwaltschaft das Verfahren an die Ermittlungsrichter abgegeben, steht es nicht mehr in ihrer Entscheidungsgewalt, das Verfahren einzustellen oder es den Ermittlungsrichtern zu entziehen.[939] Die Entscheidungen der Staatsanwaltschaft im Vorermittlungsverfahren sind, im Gegensatz zum kambodschanischen Strafprozessrecht,[940] nur in engen Grenzen mit Rechtsmitteln überprüfbar.[941]

Die Staatsanwaltschaft kann verschiedene Ermittlungsmaßnahmen zur Verifizierung des Tatverdachts ergreifen. Ermittlungsmaßnahmen, welche nicht die Persönlichkeitsrechte des Verdächtigen tangieren, darf die Staatsanwaltschaft ohne die Genehmigung des Vorsitzenden der Vorverfahrenskammer durchführen. Hierzu gehören das Laden und Vernehmen von potenziellen Zeugen, Opfern und Verdächtigen sowie das Sammeln von Beweismaterial.[942] Die Vernommenen werden nicht

934 Internal Rules, Regel 53 (1).

935 Internal Rules, Regel 53 (3).

936 In Verfahren 001 und 002 waren dies mehr als 14.000 Seiten. Bates, Alex, Atlas Project, Armed Conflicts-Peacekeeping-Transitional Justice, Law as Solution, Transitional Justice in Cambodia: Analytical Report, Oktober 2010, S. 34.

937 Ambos, Kai, Internationales Strafrecht, München, 2008, S. 298.

938 Internal Rules, Regeln 24, 55 (2).

939 Barth, Holger, Frankreich, in Perron, Walter, Die Beweisaufnahme im Strafverfahrensrecht des Auslands, Freiburg, 1995, S. 97.

940 Hier kann z.B. die staatsanwaltschaftliche Entscheidung gegen den Erlass einer Introductory Submission mit Rechtsmitteln anfochten werden. Cambodian Human Rights Action Committee, Comments on the ECCC Draft Internal Rules, Phnom Penh, 17. November 2006, S. 12.

941 Vgl. Kapitel D. II. Internal Rules, Regeln 13 (6), 49. Am IStGH kann dagegen die Entscheidung der Staatsanwaltschaft gegen die Strafverfolgung von der Vorverfahrenskammer überprüft werden. Allerdings bleibt es der Staatsanwaltschaft gemäß Artikel 53 (3) IStGH Statut überlassen, ob sie der Anweisung nachkommt. Public redacted version – Considerations of the PTC regarding the Disagreement between the Co-Prosecutors pursuant to Internal Rule 71, 18. August 2009, Para. III. 23, abrufbar unter http://www.eccc.gov.kh/sites/default/files/documents/courtdoc/Public_redacted_version_Considerations_of_the_PTC_regarding_the_Disagreement_between_the_Co-Prosecutors_pursuant_to_Internal_Rule_71_(English).pdf.

942 Internal Rules, Regel 50 (4), Ambos, Kai, Internationales Strafrecht, München, 2008, S. 295.

vereidigt. Die Vernehmungen sind zu protokollieren.[943] Die Zeugen haben ein Aussageverweigerungsrecht, wenn die Gefahr besteht, dass sie sich selbst belasten.[944] Jede Art von Beeinflussung sowie die Androhung oder Anwendung von körperlichem Zwang ist gegenüber den Befragten verboten.[945] Dasselbe gilt, wenn diese gegen Dritte gerichtet sind und gegenüber dem Befragten als Drohung eingesetzt werden. Bei einem Verstoß hiergegen kann das Interview nicht als Beweis verwendet und es können Disziplinarmaßnahmen gegen die Verhörsperson gemäß Regel 35 bis 38 Internal Rules verhängt werden. Die Staatsanwaltschaft ist auch zum Ergreifen von Zwangsmaßnahmen, wie Durchsuchungen, Beschlagnahmen oder einer vorläufigen Festnahme befugt.[946] Jedoch bedürfen Durchsuchungsanordnungen der schriftlichen Genehmigung durch die Vorverfahrenskammer, wenn der Betroffenen nicht erreichbar ist oder der Durchsuchung widerspricht. Liegt Gefahr im Verzug vor, würde also ohne unverzügliches Handeln der angestrebte Erfolg vereitelt, kann eine mündliche Genehmigung eingeholt werden, welche die Kammer innerhalb von 48 Stunden schriftlich bestätigen muss.[947] Die Zwangsmaßnahmen werden wie im französischen Recht durch die Gerichtspolizei (Judicary Police) durchgeführt, welche hierzu schriftlich ermächtigt wird mittels eines sogenannten Rogatory Letters.[948] Dieser Rogatory Letter darf nicht generell abgefasst sein, sondern muss die vorzunehmende Handlung konkretisieren.[949]

Ein Tatverdächtiger kann für die Dauer von 48 Stunden in Polizeihaft genommen werden.[950] Die Haft kann einmalig um 24 Stunden verlängert werden.[951] Der Verdächtige ist über sein Recht zu Schweigen[952] und die Möglichkeit einen Anwalt hinzuzuziehen aufzuklären.[953] Vor der staatsanwaltschaftlichen Vernehmung kann der Verdächtige mit seinem Anwalt ein halbstündiges Gespräch führen.[954] Der Anwalt hat zu diesem Zeitpunkt gemäß Regel 55 (11) Internal Rules kein Akteneinsichtsrecht, da zu diesem Zeitpunkt der Ausgang der Vorermittlungen noch

943 Internal Rules, Regel 55 (7).
944 Internal Rules, Regel 28.
945 Internal Rules, Regel 21 (3).
946 Internal Rules, Regel 50 (2).
947 Internal Rules, Regel 50 (3).
948 Internal Rules, Regeln 13 (4), 14 (5), 15, 16, 62 (4).
949 Internal Rules, Regel 62 (4).
950 Z. B. wenn die Vorbereitung des Verteidigers im Rahmen der Anhörung zur Anordnung der Untersuchungshaft dies erfordert. Police Custody Decision (Ieng Sary), C14, 13. November 2007, abrufbar unter http://www.eccc.gov.kh/sites/default/files/documents/courtdoc/Police_custody_decision_IENG_Sary_12112007_ENG.pdf.
951 Internal Rules, Regel 51.
952 Internal Rules, Regel 21.
953 Internal Rules, Regel 51 (1).
954 Internal Rules, Regel 51 (5).

ungewiss ist.[955] Jedoch steht ihm ein Anwesenheitsrecht während der Polizeihaft zu.[956] Die Staatsanwaltschaft kann eine medizinische Untersuchung zur Prüfung des Gesundheitszustandes des Inhaftierten anordnen.[957] Nach Ablauf der Polizeihaft ist der Verdächtige entweder zu entlassen oder den Ermittlungsrichtern vorzuführen, welche ihm den Tatvorwurf bekannt geben.[958]

III. Das Disagreement-Verfahren

Die beiden Staatsanwälte müssen die Entscheidungen im Vorermittlungsverfahren grundsätzlich konsensual treffen. Ist ein Konsens nicht zu erzielen (Disagreement), kann eine Entscheidung durch die Vorverfahrenskammer gemäß Regel 71 Internal Rules herbeigeführt werden.[959] Bis zur Entscheidung der Vorverfahrenskammer müssen die Staatsanwälte auf die Herstellung eines Konsenses hinarbeiten. Die laufenden Ermittlungen können in dieser Zeit fortgesetzt werden.[960] Für den Erlass einer Introductory Submission, Supplementary Submission,[961] Final Submission[962] oder einer Rechtsmitteleinlegung ist die Entscheidung der Kammer aber abzuwarten. Das Disagreement-Verfahren ist nicht anwendbar, wenn die Meinungsverschiedenheit der Staatsanwälte andere prozessuale oder materielle Fragen betrifft, wie z. B. die Frage, ob oder welche Zeugen gehört werden sollen oder welche Rechtsauslegung zu wählen ist.

Entsteht ein Disagreement, muss einer der Staatsanwälte innerhalb von 30 Tagen die Vorverfahrenskammer anrufen. Den die Beschwerde einlegenden Staatsanwalt trifft keine Beweis- oder Argumentationslast, dass die in Frage stehende Handlung umzusetzen ist.[963] Nach der Anrufung der Kammer müssen beide Staatsanwälte eine Stellungnahme verfassen, die der Kammer über den Direktor der Geschäftsstelle

---

955 Decision on Defence Support Section Request for a stay in Case 004 Proceedings before the Pre-Trial Chamber and for measures pertaining to the effective representation of suspects in Case 004, 3, 20. Februar 2012, Para. 10, abrufbar unter http://www.eccc.gov.kh/sites/default/files/documents/courtdoc/3_Redacted_EN-1.pdf.

956 Internal Rules, Regel 51 (5).

957 Internal Rules, Regel 51 (6). Allerdings kann dies nur die Staatsanwaltschaft, nicht der Beschuldigte selbst beantragen.

958 Internal Rules, Regeln 51 (7), 57.

959 UN-RGC Abkommen, Artikel 7, Internal Rules, Regel 71.

960 UN-RGC Abkommen, Artikel 5 (4), 6 (1), (4), ECCC Gesetz, Artikel 16, 20 neu, Internal Rules, Regel 71 (3).

961 Antrag zur Durchführung zusätzlicher, über die Introductory Submission hinausgehender Ermittlungen.

962 Eine die Ermittlungsrichter nicht bindende letzte Stellungnahme der Staatsanwaltschaft nach Erklärung der Beendigung der Ermittlungen durch die Ermittlungsrichter.

963 Public redacted version – Considerations of the PTC regarding the Disagreement between the Co-Prosecutors pursuant to Internal Rule 71, 0, 18. August 2009, Para. 26, abrufbar unter http://www.eccc.gov.kh/sites/default/files/documents/courtdoc/Pub-

(Office of Administration) zugeleitet werden. Eine mündliche Verhandlung über das Disagreement ist möglich.[964] Das Verfahren unterliegt der Geheimhaltung und die Dokumente werden nicht Teil der Verfahrensakte.[965]

Der Prüfungsumfang der Vorverfahrenskammer ist nach der herrschenden Meinung in der Kammer auf die von den Staatsanwälten gemäß Regel 71 (2) Internal Rules vorgetragenen Fakten und Gründe der Meinungsverschiedenheit begrenzt.[966] Sollte die Vorverfahrenskammer Rückfragen stellen, werden auch die Antwortschreiben der Staatsanwälte Teil der Prüfung.[967] Entscheidet die Vorverfahrenskammer ohne die erforderliche Mehrheit von vier Stimmen, wird das Verfahren fortgesetzt.[968] Die Staatsanwaltschaft leitet also z. B. die Introductory Submission gemäß Regel 53 (1) Internal Rules an die Ermittlungsrichter weiter. Ob die Entscheidung der Vorverfahrenskammer über das Disagreement, anders als die übrigen Entscheidungen der Kammer, geheim ist, wurde nicht abschließend geklärt. Die Vorverfahrenskammer sprach hierzu eine Empfehlung aus,[969] überließ die Entscheidung aber dem Verwaltungsdirektor des Gerichts.[970]

lic_redacted_version_Considerations_of_the_PTC_regarding_the_Disagreement_between_the_CoProsecutors_pursuant_to_Internal_Rule_71_(English).pdf.

964 Public redacted version – Considerations of the PTC regarding the Disagreement between the Co-Prosecutors pursuant to Internal Rule 71, 0, 18. August 2009, Para. 10, abrufbar unter http://www.eccc.gov.kh/sites/default/files/documents/courtdoc/Public_redacted_version_Considerations_of_the_PTC_regarding_the_Disagreement_between_the_CoProsecutors_pursuant_to_Internal_Rule_71_(English).pdf.

965 Internal Rules, Regeln 71 (2), 54, 56 (1).

966 Public redacted version – Considerations of the PTC regarding the Disagreement between the Co-Prosecutors pursuant to Internal Rule 71, 0, 18. August 2009, Paras. 23, 24, abrufbar unter http://www.eccc.gov.kh/sites/default/files/documents/courtdoc/Public_redacted_version_Considerations_of_the_PTC_regarding_the_Disagreement_between_the_CoProsecutors_pursuant_to_Internal_R ule_71_(English).pdf.

967 Public redacted version – considerations of the PTC regarding the disagreement between the Co-Prosecutors pursuant to Internal Rule 71, 0, 18. August 2009, Para. 24, abrufbar unter http://www.eccc.gov.kh/sites/default/files/documents/courtdoc/Public_redacted_version_Considerations_of_the_PTC_regarding_the_Disagreement_between_the_CoProsecutors_pursuant_to_Internal_Rule_71_(English).pdf.

968 Considerations of the Pre-Trial Chamber Regarding the Disagreement between the Co-Prosecutors Pursuant to Internal Rule 71, 0, 18. August 2009, abrufbar unter http://www.eccc.gov.kh/sites/default/files/documents/courtdoc/Public_redacted_version_Considerations_of_the_PTC_regarding_the_Disagreement_between_the_CoProsecutors_pursuant_to_Internal_Rule_71_(English).pdf.

969 Gemäß Regel 78 Internal Rules werden Entscheidungen der Vorverfahrenskammer veröffentlicht, falls die Kammer nicht anders entscheidet. Eine Ausnahme bestimmt Regel 71 (4) (a) Internal Rules für den Fall eines Disagreements.

970 Der Verwaltungsdirektor hat gemäß Artikel 7 (1) UN-RGC Abkommen, 20 neu (7) ECCC Gesetz die Aufgabe, die Entscheidung zu veröffentlichen.

Der internationale Staatsanwalt rief bisher die Vorverfahrenskammer wegen einer Meinungsverschiedenheit mit der nationalen Staatsanwältin an. Zwischen den Staatsanwälten war strittig, ob die Initiierung eines neuen Ermittlungsverfahrens gegen weitere Verdächtige angemessen sei.[971] Der internationale Staatsanwalt vertrat die Ansicht, dass die Verdächtigen von der Zuständigkeit der ECCC erfasste Verbrechen begangen haben könnten. Diesen Verdacht müssten die Ermittlungsrichter untersuchen. Die gewonnen Ermittlungsergebnisse würden auch zu einem umfassenderen Verständnis der Verbrechen der Khmer Rouge beitragen, was ein Ziel der Errichtung der ECCC sei.[972] Nach Meinung der nationalen Staatsanwältin sprechen die Notwendigkeit der nationalen Versöhnung und die frühere Instabilität Kambodschas gegen die Durchführung neuer Ermittlungen. Des Weiteren sähen das UN-RGC Abkommen und das ECCC Gesetz die Initiierung nur weniger Verfahren vor den ECCC vor. Die Ermittlungsverfahren seien auch aufgrund des limitierten Budgets und der beschränkten Dauer des Tribunals auf ein Minimum zu begrenzen.[973] Das Gericht solle sich daher auf die bisherigen fünf Angeklagten konzentrieren und keine weiteren Ermittlungen durchführen. Diese Gründe für die Meinungsverschiedenheit machten beide Staatsanwälte publik, um dem Informationsinteresse der Öffentlichkeit gerecht zu werden.

Der internationale Staatsanwalt hätte das Verfahren nach der der zum damaligen Zeitpunkt geltenden Fassung der Internal Rules auch ohne eine Entscheidung der Kammer fortsetzten können, da die nationale Staatsanwältin nicht die Vorverfahrenskammer angerufen hatte.[974] Die Vorverfahrenskammer nahm jedoch den Antrag des internationalen Staatsanwalts zur Prüfung an. Sie musste untersuchen, ob die Voruntersuchungen rechtswidrig sind, wenn sie nur auf Initiative eines Staatsanwalts und entgegen dem Konsenserfordernis ohne die Zustimmung des anderen durchgeführt werden. Im Anschluss daran war die Frage zu klären, ob sich eine eventuelle Rechtswidrigkeit der Ermittlungen auf die Rechtmäßigkeit der Introductory Submission auswirkt. Die in der Kammer herrschende Meinung der nationalen Richter bewertete die Initiierung der Voruntersuchungen allein durch den internationalen Staatsanwalt als rechtwidrig. Diese Rechtswidrigkeit wirke

971 Presseerklärungen der Staatsanwälte, 5. Januar 2009, abrufbar unter http://www.eccc.gov.kh/english/cabinet/press/84/Statement_OCP_05-01-09_EN.pdf und 24. April 2009, abrufbar unter http://www.eccc.gov.kh/english/cabinet/press/107/Statement_co_prosecutors_En.pdf.

972 Presseerklärungen der Staatsanwälte, 5. Januar 2009, abrufbar unter http://www.eccc.gov.kh/english/cabinet/press/84/Statement_OCP_05-01-09_EN.pdf.

973 Presseerklärungen der Staatsanwälte, 5. Januar 2009, abrufbar unter http://www.eccc.gov.kh/english/cabinet/press/84/Statement_OCP_05-01-09_EN.pdf.

974 Public redacted version – Considerations of the PTC regarding the Disagreement between the Co-Prosecutors pursuant to Internal Rule 71, 0, 18. August 2009, Para. 27, abrufbar unter http://www.eccc.gov.kh/sites/default/files/documents/courtdoc/Public_redacted_version_Considerations_of_the_PTC_regarding_the_Disagreement_between_the_CoProsecutors_pursuant_to_Internal_Rule_71_(English).pdf.

sich auch auf die Rechtmäßigkeit der Introductory Submission aus.[975] Nach der Mindermeinung der internationalen Richter war dies nicht relevant, da die nationale Staatsanwältin dem Handeln des internationalen Staatsanwalts nicht innerhalb der 30-Tage-Frist widersprochen habe.[976] Da die erforderliche Supermajority in der Kammer nicht erreicht wurde, konnte das Verfahren fortgesetzt werden.[977]

IV. Zusammenfassung

An den ECCC ergeben sich im Vorermittlungsverfahren im Vergleich zu anderen Tribunalen Besonderheiten im Verfahrensablauf. Zunächst gibt es zwei gleichberechtigte leitende Staatsanwälte, die nach ihrem Ermessen Vorermittlungen durchführen. Die Entscheidung der Staatsanwaltschaft über die Einleitung von Ermittlungen unterliegt kaum richterlicher Kontrolle.[978] Die Durchführung von Ermittlungen beantragt sie bei den beiden Ermittlungsrichtern mittels einer Introductory Submission.[979] Hierdurch wird das Verfahren an die Ermittlungsrichter abgegeben und ist der Kontrolle der Staatsanwaltschaft entzogen. Die Staatsanwaltschaft hat durch den Erlass einer umfassenden, einer Anklage gleichkommenden Introductory Submission versucht, ihre Sicht des Falles frühzeitig ins Ermittlungsverfahren einzubringen.[980]

975 Public redacted version – Considerations of the PTC regarding the Disagreement between the Co-Prosecutors pursuant to Internal Rule 71, 0, 18. August 2009, Para. II. 19, abrufbar unter http://www.eccc.gov.kh/sites/default/files/documents/courtdoc/Public_redacted_version_Considerations_of_the_PTC_regarding_the_Disagreement_between_the_CoProsecutors_pursuant_to_Internal_Rule_71_(English).pdf.

976 Public redacted version – Considerations of the PTC regarding the Disagreement between the Co-Prosecutors pursuant to Internal Rule 71, 0, 18. August 2009, Para. III. 4, abrufbar unter http://www.eccc.gov.kh/sites/default/files/documents/courtdoc/Public_redacted_version_Considerations_of_the_PTC_regarding_the_Disagreement_between_the_CoProsecutors_pursuant_to_Internal_Rule_71_(English).pdf.

977 Zu weiteren Verzögerungen kam es in diesem Verfahren durch die erneute Anrufung der Vorverfahrenskammer wegen einer Meinungsverschiedenheit der Ermittlungsrichter, vgl. Kapitel I. VI.

978 Am JStGH überprüft nach Erlass der Completion Strategy inzwischen der Vorverfahrensrichter die Anklagen der Staatsanwaltschaft, JStGH RPE, Regel 28 (A).

979 Bates, Alex, Atlas Project, Armed Conflicts – Peacekeeping – Transitional Justice, Law as Solution, Transitional Justice in Cambodia: Analytical Report, Oktober 2010, S. 46.

980 So war die Anklageschrift der Ermittlungsrichter enger gefasst als die Final Submission der Staatsanwaltschaft, denn erstere sah die Verfolgung nationaler Tatbestände wie Folter nicht vor. Die hiergegen eingelegten Rechtsmittel der Staatsanwaltschaft waren erfolgreich. Decision on Appeal against Closing Order Indicting Kaing Guek Eav alias „Duch", D99/3/42, 5. Dezember 2008, Para. 107, abrufbar unter http://www.eccc.gov.kh/sites/default/files/documents/courtdoc/D99_3_42_EN_0_1.pdf.

Verfahrensverzögernd wirkten sich im Vorermittlungsverfahren die Meinungsverschiedenheiten zwischen den beiden Staatsanwälten über die Anzahl der vor den ECCC zu verfolgenden Personen aus. Die Vorverfahrenskammer nahm, obwohl dies nach den Internal Rules nicht notwendig gewesen wäre, den Antrag des internationalen Staatsanwalts zur Entscheidung über die Meinungsverschiedenheit an. Da keine Mehrheit in der Kammer erzielt wurde, konnte der internationale Staatsanwalt das Verfahren gemäß den Internal Rules fortsetzten und er leitete eine Introductory Submission an die Ermittlungsrichter weiter. Im Rahmen dieses Disagreement-Verfahrens zeigten sich bereits die Schwierigkeiten, die die Doppelbesetzung der leitenden Ämter für die Prozesse an den ECCC bedeutet.

I. Das richterliche Ermittlungsverfahren

Das Ermittlungsverfahren wird wie im französischen Recht von den Ermittlungsrichtern (Investigating Judges), an den ECCC einem nationalen und einem internationalen,[981] geleitet.[982] Ihnen untersteht ein Büro (Office of the Co-Investigating Judges, OCIJ) mit einer Ermittlungs-, Analyse-, Rechts- und Übersetzungsabteilung. Das Ermittlungsverfahren unterliegt in weiten Teilen zum Schutz der Rechte der Beschuldigten und Opfer der Geheimhaltung, sodass sich die nachfolgende Analyse des Verfahrensablaufs auf die öffentlich bekannten Informationen beschränkt.

I. Der Prüfungsumfang der Ermittlungsrichter

Zweck des Ermittlungsverfahrens ist es, dass die Ermittlungsrichter prüfen, ob genügend tatsächliche Anhaltspunkte für eine strafrechtliche Verantwortlichkeit und damit eine Anklageerhebung vorliegen (hinreichender Tatverdacht).[983] Die zur Objektivität verpflichteten Ermittlungsrichter müssen bei ihren Ermittlungen das Recht auf ein faires Verfahren[984] und das Legalitätsprinzip beachten. Daher sind sie verpflichtet, be- und entlastende Beweise zu sammeln, zu sichern und diese beiden Parteien bekannt zu geben.[985] Um die Vollständigkeit der ermittlungsrichterlichen Beweissammlung zu gewährleisten, wird jede offizielle Verfahrenshandlung in diesem Verfahrensstadium schriftlich festgehalten[986] und alle Dokumente werden der Ermittlungsakte (Case File)[987] hinzugefügt. Durch diese richterliche Leitung des Verfahrens soll die Waffengleichheit zwischen den Parteien garantiert werden.

---

981 UN-RGC Abkommen, Artikel 5 (1).

982 Sie werden wie die anderen Richter durch den Obersten Rat der kambodschanischen Justiz (Supreme Council of Magistracy) aus einer Liste des VN-Generalsekretärs für die Dauer der Ermittlungen berufen. UN-RGC Abkommen, Artikel 26, 27.

983 „Clear and consistent evidence." Order on Co-Prosecutors' Request for Clarification of Charges, D198/1, 20. November 2009, Para. 10, abrufbar unter http://www.eccc.gov.kh/sites/default/files/documents/courtdoc/D198_1_EN.pdf.

984 Kerckhoff, Gerhard, Beweisverbote im französischen Strafprozess, Trier, 1992, S. 20.

985 Am IStGH muss die Staatsanwaltschaft ebenso be- und entlastende Beweise sammeln, Artikel 53, 54 (1) (a) IStGH Statut. An den Ad-hoc Tribunalen hat die Staatsanwaltschaft nicht die Pflicht zur aktiven Suche nach entlastendem Material, muss dieses aber der Verteidigung offenlegen, wenn sie es bei ihren Ermittlungen entdeckt (Anders aber Prosecutor v. Kupreskic, Decision on communications between the parties and their witnesses, Case No. IT-95-16, 21. September 1998, abrufbar unter http://www.icty.org/x/cases/kupreskic/tdec/en/80921MS24517.htm.).

986 Internal Rules, Regel 55 (6).

987 Nach dem Glossar der Internal Rules umfasst die Case File „all the written record of investigative action undertaken in the course of preliminary investigation or a judicial investigation, together with all applications by parties, written decisions

Die Ermittlungen sind auf die in den Submissions der Staatsanwaltschaft dargelegten Fakten begrenzt.[988] Die Ermittlungsrichter sind aber nicht an die rechtliche Einordnung der Fakten unter die Tatbestände durch die Staatsanwaltschaft gebunden.[989] Nach dem Wortlaut der Internal Rules sind sie verpflichtet, alle für die Wahrheitsfindung relevanten Fakten zu untersuchen. Die Ermittlungsrichter haben ihre Untersuchungspflicht darauf beschränkt, nur beweiserhebliche Fakten (Probative Facts) zu untersuchen.[990] Ihre Untersuchungspflicht erstreckt sich daher nicht auf alle vorhandenen Materialien,[991] sondern es muss ein konkreter Anfangsverdacht für das Vorliegen von be- oder entlastendem Beweismaterial gegeben sein. Beispielsweise werden im Shared Material Drive alle potenziell fallrelevanten Informationen gespeichert, ohne dass diese bereits analysiert wären. Erst nach ihrer Prüfung werden sie gegebenenfalls Teil der Verfahrensakte. Dieser Shared Material Drive ist nicht von der Ermittlungspflicht der Ermittlungsrichter nach Regel 53 (2) Internal Rules umfasst.[992]

Umstritten war, ob die Ermittlungsrichter gegen alle in den Submissions der Staatsanwaltschaft genannten Verdächtigen ermitteln müssen. Nach der überwiegenden Meinung der nationalen Richter der Vorverfahrenskammer ist diese

---

and any attachments thereto at all stages of the proceedings, including the record of proceedings before the Chambers." Auch an anderen internationalen Tribunalen gibt es ein funktional vergleichbares Dossier, um der Kammer eine Informationsgewinnung über den Fall vor Prozessbeginn zu ermöglichen. Diese Idee stammt aus dem Civil Law. Hermann, Joachim, Der amerikanische Strafprozess, in Jung, Heike, Der Strafprozess im Spiegel ausländischer Verfahrensordnungen, Berlin, 1990, S. 155.

988 Internal Rules, Regel 55 (4). Order on Co-Prosecutors' Request for Clarification of Charges, D198/1, 20. November 2009, Para. 10, abrufbar unter http://www.eccc.gov.kh/sites/default/files/documents/courtdoc/D198_1_EN.pdf.

989 Order on Co-Prosecutors' Request for Clarification of Charges, D198/1, 20. November 2009, abrufbar unter http://www.eccc.gov.kh/sites/default/files/documents/courtdoc/D198_1_EN.pdf.

990 Decision on reconsideration of Co-Prosecutors' appeal against the Co-Investigating Judges order on request to place additional evidentiary material on the case file which assists in proving the charged persons' knowledge of the crimes, D365/2/17, 27. September 2010, Paras. 61, 63, 84 abrufbar unter http://www.eccc.gov.kh/sites/default/files/documents/courtdoc/D365_2_17_EN.pdf.

991 Decision on the Appeal from the Order on the Request to Seek Exculpatory Evidence in the Shared Material Drive, D164/4/13, 18. November 2009, Paras. 11, 28 ff. abrufbar unter http://www.eccc.gov.kh/sites/default/files/documents/courtdoc/D164_4_13_EN_1.pdf.

992 Decision on the Appeal from the Order on the Request to Seek Exculpatory Evidence in the Shared Material Drive, D164/4/13, 18. November 2009, Para. 39 ff. abrufbar unter http://www.eccc.gov.kh/sites/default/files/documents/courtdoc/D164_4_13_EN_1.pdf.

Entscheidung ins Ermessen der Ermittlungsrichter gestellt.[993] Nach der Mindermeinung der internationalen Richter haben die Ermittlungsrichter die Pflicht, alle in den Anträgen der Staatsanwaltschaft genannten Fakten zu untersuchen,[994] auch wenn sie der Meinung sind, dass die personelle Zuständigkeit des Gerichts nicht eröffnet ist.[995]

Zur Ermittlung von außerhalb der Introductory Submission liegenden Fakten sind die Richter nur nach Eingang einer Nachtragsanklage der Staatsanwaltschaft (Supplementary Submission) befugt. Deshalb müssen die Ermittlungsrichter der Staatsanwaltschaft alle sich über die Introductory Submission hinaus neu ergebenden Umstände umgehend mitteilen, damit diese Nachtragsanklage erheben kann.[996] Über die im staatsanwaltlichen Eröffnungsantrag genannten Personen hinaus können die Ermittlungsrichter in Absprache mit der Staatsanwaltschaft gegen im Antrag nicht benannte Personen ermitteln, sofern zureichende tatsächliche Anhaltspunkte es wahrscheinlich erscheinen lassen,[997] dass diese an der Tat beteiligt waren (Anfangsverdacht).[998] In Verfahren 003 lehnte die Staatsanwaltschaft einen solchen Vorschlag des internationalen Ermittlungsrichters ab.[999]

---

993 Public Redacted Considerations of the Pre-Trial Chamber regarding the Appeal against Order on the Admissibility of Civil Party Applicant Robert Hamill, DS/2/4/3, 14. Februar 2012, Para. 8, abrufbar unter http://www.eccc.gov.kh/sites/default/files/documents/courtdoc/D5_2_4_3_EN_Redacted.PDF.

994 Internal Rules, Regel 55 (2), Order on Co-Prosecutors' Request for Clarification of Charges, D198/1, 20. November 2009, Para. 6, abrufbar unter http://www.eccc.gov.kh/sites/default/files/documents/courtdoc/D198_1_EN.pdf.

995 Public Redacted Considerations of the Pre-Trial Chamber regarding the Appeal against Order on the Admissibility of Civil Party Applicant Robert Hamill, DS/2/4/3, 14. Februar 2012, Para. II. 6, abrufbar unter http://www.eccc.gov.kh/sites/default/files/documents/courtdoc/D5_2_4_3_EN_Redacted.PDF.

996 Dies ist nicht notwendig, wenn die Umstände Strafschärfungsgründe betreffen. Internal Rules, Regel 55 (3).

997 Internal Rules, Regel 55 (4).

998 Pfefferkorn, Jan, Einführung in das französische Strafverfahren, Hamburg, 2006, S. 147. Es gibt an den ECCC nicht die durch die französische Strafprozessreform vom 15. Juni 2000 dort eingeführte Unterscheidung zwischen dem verdächtigen Zeugen bei Vorliegen eines Anfangsverdachts und dem Beschuldigten bei qualifiziertem Verdacht.

999 Vgl. Kapitel F. III. „Accordingly, the Co-Prosecutors have respectfully declined to seise the Co-Investigating Judges of these alleged new facts. In reaching this decision, the Co-Prosecutors have considered the gravity of the crimes alleged in the Introductory Submission; the clearly-established scope of the current investigation; the importance of prioritising the efficient completion of ongoing investigations and trial proceedings before the ECCC; and the established public position of the International Co-Prosecutor that no further cases would be initiated following Cases 003 and 004." Public statement by the Co-Prosecutors regarding investigation in Case 003, abrufbar unter http://www.eccc.gov.kh/en/articles/public-statement-co-prosecutors-regarding-investigation-case-003.

Eine Sondersituation ist gegeben, wenn sich die Ermittlungen in einem Verfahren (vorliegend Verfahren 003/ 004) auf Sachverhalte beziehen, welche bereits in einer früheren Introductory Submission (vorliegend Verfahren 002) enthalten waren, nun aber einen anderen Verdächtigen betreffen und die Staatsanwaltschaft zusätzlich neue Sachverhalte benannt hat. Hier ist die Frage umstritten, ob die Staatsanwaltschaft eine neue Introductory Submission (vorliegend, um Verfahren 003/ 004 zu eröffnen) oder eine Supplementary Submission (ergänzend zur Introductory Submission zu Verfahren 002) einreichen muss.[1000] Die Internal Rules normieren diesen Fall nicht. Die Richter der Vorverfahrenskammer waren sich darin einig, dass ein Rückgriff auf Artikel 80 (3) der französischen Strafprozessordnung für ein Wahlrecht der Staatsanwaltschaft spricht.[1001] Einem solchen Wahlrecht widersprächen auch nicht die Internal Rules, insbesondere Regeln 53 (1), 55 (2), (3) Internal Rules und die Definitionen von Introductory und Supplementary Submission.[1002] Die nationalen Richter der Vorverfahrenskammer der ECCC werteten jedoch die zusätzlichen Sachverhalte nicht als neu, sondern sahen sie als von der ursprünglichen Introductory Submission erfasst an. Die Ermittlungsrichter seien jederzeit befugt, die Ermittlungen hinsichtlich bereits bekannter Tatsachen auf weitere Verdächtige auszudehnen, welche nicht in der ursprünglichen Introductory Submission genannt wurden.[1003] Allerdings müssten sie hierfür die Staatsanwaltschaft konsultieren.[1004] Die Statthaftigkeit einer weiteren Introductory Submission lehnten die nationalen

---

1000 Public redacted version – Considerations of the PTC regarding the Disagreement between the Co-Prosecutors pursuant to Internal Rule 71, 0, 18. August 2009, Para. III. 24 ff., abrufbar unter http://www.eccc.gov.kh/sites/default/files/documents/courtdoc/Public_redacted_version_Considerations_of_the_PTC_regarding_the_Disagreement_between_the_CoProsecutors_pursuant_to_Internal_Rule_71_(English).pdf.

1001 Public redacted version – Considerations of the PTC regarding the Disagreement between the Co-Prosecutors pursuant to Internal Rule 71, 0, 18. August 2009, Para. III. 26, abrufbar unter http://www.eccc.gov.kh/sites/default/files/documents/courtdoc/Public_redacted_version_Considerations_of_the_PTC_regarding_the_Disagreement_between_the_CoProsecutors_pursuant_to_Internal_Rule_71_(English).pdf.

1002 Public redacted version – Considerations of the PTC regarding the Disagreement between the Co-Prosecutors pursuant to Internal Rule 71, 0, 18. August 2009, Para. III. 27, abrufbar unter http://www.eccc.gov.kh/sites/default/files/documents/courtdoc/Public_redacted_version_Considerations_of_the_PTC_regarding_the_Disagreement_between_the_CoProsecutors_pursuant_to_Internal_Rule_71_(English).pdf.

1003 Public redacted version – Considerations of the PTC regarding the Disagreement between the Co-Prosecutors pursuant to Internal Rule 71, 0, 18. August 2009, Para. 30, abrufbar unter http://www.eccc.gov.kh/sites/default/files/documents/courtdoc/Public_redacted_version_Considerations_of_the_PTC_regarding_the_Disagreement_between_the_CoProsecutors_pursuant_to_Internal_Rule_71_(English).pdf.

1004 Public Redacted Considerations of the Pre-Trial Chamber regarding the Appeal against Order on the Admissibility of Civil Party Applicant Robert Hamill, DS/2/4/3, 14. Februar 2012, Para. 7, abrufbar unter http://www.eccc.gov.kh/sites/default/files/documents/courtdoc/D5_2_4_3_EN_Redacted.pdf.

Richter daher als überflüssig ab. Die laufenden Ermittlungen in Verfahren 002 seien abzuwarten.[1005] Nach der Mindermeinung der internationalen Richter waren die Sachverhalte neu. Daher sei nach dem Wortlaut von Regel 53 (1) Internal Rules[1006] eine weitere Introductory Submission notwendig.[1007] Nach den Internal Rules wird bei einem solchen Stimmverhältnis in der Vorverfahrenskammer das Verfahren fortgesetzt. Die Staatsanwaltschaft veröffentlichte folglich eine neue Introductory Submission für Verfahren 003/ 004, auch wenn sie die nationale Staatsanwältin dagegen aussprach.[1008]

II. Die Ermittlungsmaßnahmen der Ermittlungsrichter

In ihren ermittlungstaktischen Erwägungen sind die Ermittlungsrichter von der Staatsanwaltschaft funktional unabhängig. Zum Zweck einer effizienten Verfahrensorganisation können sie Verfahren verbinden oder trennen.[1009] Sie sind befugt, alle Maßnahmen zu treffen, die sie für die Erforschung der Wahrheit

---

1005 Public redacted version – Considerations of the PTC regarding the Disagreement between the Co-Prosecutors pursuant to Internal Rule 71, 0, 18. August 2009, Para. 30, abrufbar unter http://www.eccc.gov.kh/sites/default/files/documents/courtdoc/Public_redacted_version_Considerations_of_the_PTC_regarding_the_Disagreement_between_the_CoProsecutors_pursuant_to_Internal_Rule_71_(English).pdf.

1006 „Internal Rules 53 (1) uses the obligatory "shall", as opposed to the discretionary "may", as is found in Internal Rule 50 (1)." Public redacted version – Considerations of the PTC regarding the Disagreement between the Co-Prosecutors pursuant to Internal Rule 71, 0, 18. August 2009, Opinion of Judges Lahuis and Downing, Para. II. 23, abrufbar unter http://www.eccc.gov.kh/sites/default/files/documents/courtdoc/Public_redacted_version_Considerations_of_the_PTC_regarding_the_Disagreement_between_the_CoProsecutors_pursuant_to_Internal_Rule_71_(English).pdf.

1007 Public redacted version – Considerations of the PTC regarding the Disagreement between the Co-Prosecutors pursuant to Internal Rule 71, 0, 18. August 2009, Opinion of Judges Lahuis and Downing, Paras. II. 22, 23, abrufbar unter http://www.eccc.gov.kh/sites/default/files/documents/courtdoc/Public_redacted_version_Considerations_of_the_PTC_regarding_the_Disagreement_between_the_Co-Prosecutors_pursuant_to_Internal_Rule_71_(English).pdf.

1008 Nach ihrer Ansicht würde das Verfahren durch das Hinzukommen neuer Beschuldigter und Fakten unnötig verzögert. Ferner dauerten die Ermittlungen bereits zwei Jahren an, sodass das Recht der neuen Beschuldigten, an den Ermittlungen aktiv teilzunehmen, beeinträchtigt werden würde. Public redacted version – Considerations of the PTC regarding the Disagreement between the Co-Prosecutors pursuant to Internal Rule 71, 0, 18. August 2009, Para. III. 28, abrufbar unter http://www.eccc.gov.kh/sites/default/files/documents/courtdoc/Public_redacted_version_Considerations_of_the_PTC_regarding_the_Disagreement_between_the_Co-Prosecutors_pursuant_to_Internal_Rule_71_(English).pdf.

1009 Order to separate the investigation case file, D18, 19. September 2007, abrufbar unter http://www.eccc.gov.kh/sites/default/files/documents/courtdoc/D18_EN.PDF.

erforderlich erachten.[1010] Ihre Kompetenz umfasst z. B. die Durchführung von Ortsbesichtigungen, Durchsuchungen, Beschlagnahmen, das Laden und Vernehmen des Beschuldigten, von Zeugen oder Nebenklägern, die Gegenüberstellung des Beschuldigten oder der Nebenkläger mit Zeugen sowie die Beauftragung von Sachverständigen. Sie können des Weiteren Untersuchungshaft- und Vorführungsbefehle sowie Maßnahmen zum Zeugenschutz erlassen. Ferner können sie Informationen anderer Einrichtungen oder Staaten anfordern. Die meisten Ermittlungshandlungen können kommissarisch auf die Ermittler des OCIJ's[1011] oder die Gerichtspolizei mittels eines Rogatory Letters[1012] übertragen werden.

1) Zeugenvernehmungen

Die Ermittlungsrichter können jeden Zeugen laden[1013] und vernehmen, dessen Aussage ihnen für die Ermittlungen nützlich erscheint.[1014] Die Ladungsfrist beträgt mindestens fünf Tage.[1015] Sollten die Zeugen nicht erscheinen, können sie mit Hilfe der Judicial Police vorgeführt werden.[1016] Die Zeugen haben einen Eid abzulegen.[1017] Keine Eidespflicht und ein Aussageverweigerungsrecht besteht für die Nebenkläger[1018] sowie die Verwandten des Beschuldigten und der Nebenkläger.[1019] Des Weiteren haben die Zeugen gemäß Regel 28 Internal Rules das Recht zu schweigen, sollten sie sich durch ihre Aussage selbst in die Gefahr der Strafbarkeit bringen.[1020]

1010 Internal Rules, Regel 55 (5). Auch im französischen Strafverfahren haben die Ermittlungsrichter aufgrund des Ziels der umfassenden Wahrheitssuche weitgehende Kompetenzen, vgl. CPP, Artikel 81.

1011 Internal Rules, Regeln 13 (4), 14 (5). Die Ermittler des OCIJ's dürfen z. B. Nebenkläger vernehmen. Sie sind aber nicht zur Durchführung von Zwangsmaßnahmen oder der Vernehmung des Beschuldigten befugt.

1012 Internal Rules, Regeln 55 (9), 62.

1013 Internal Rules, Regel 41.

1014 Internal Rules, Regel 60 (1).

1015 Internal Rules, Regel 41 (1), außer wenn die geladene Person bereits in Haft ist oder außerhalb des Gerichts, z. B. in den Provinzen, befragt wird.

1016 Internal Rules, Regel 60 (3).

1017 Internal Rules, Regeln 23 (4), 24 (1), 31 mit Ausnahme der in Regel 24 (2) Internal Rules genannten Personen.

1018 Sollten Nebenkläger trotzdem vereidigt werden, so resultiert hieraus kein Verfahrensfehler. Trial Chamber response to Motions E67, E57, E56, E58, E23, E59, E20, E33, E71 and E73 following Trial Management Meeting of 5 April 2011, E74, 8. April 2011, S. 1, abrufbar unter http://www.eccc.gov.kh/sites/default/files/documents/courtdoc/E74_EN_0.PDF.

1019 Internal Rules, Regel 24 (2).

1020 Grundsätzlich gilt gemäß Artikel 12 UN-RGC Abkommen: „Witnesses and experts appearing on a summons or a request of the judges, the co-investigating judges, or the Co-Prosecutors shall not be prosecuted, detained or subjected to any other restriction on their liberty by the Cambodian authorities. They shall

Eine Falschaussage unter Eid kann von den Ermittlungsrichtern geahndet werden.[1021] Der Person kann in Abstimmung mit der Staatsanwaltschaft die Verschwiegenheit oder das Unterlassen einer strafrechtlichen Verfolgung zugesichert werden, wenn eine Antwort trotz eines bestehenden Aussageverweigerungs- oder Schweigerechts erlangt werden soll.[1022] Die Vernehmungen werden, allerdings nicht wörtlich, protokolliert.[1023] Der Vernommene bestätigt die Richtigkeit des Inhalts des Protokolls durch Unterschrift oder Fingerabdruck.[1024]

Die Vernehmung erfolgt in Abwesenheit aller Parteien.[1025] Den Parteien steht ein Anwesenheits- und Fragerecht nur bei einer beantragten Gegenüberstellung des Beschuldigten mit dem Zeugen zu.[1026] Zweck der Gegenüberstellung ist es, den Zeugen mit Widersprüchen zu Aussagen des Beschuldigten zu konfrontieren. Fragen werden aber nur mit Erlaubnis der Richter zugelassen.[1027] Lehnen die Ermittlungsrichter eine Frage ab, so ist diese ins Protokoll aufzunehmen. Bei der Befragung verwendete Dokumente werden der Ermittlungsakte beigefügt.[1028] Die Ermittlungsrichter sind aber nicht verpflichtet die Zeugen bei der Befragung mit von den Parteien vorgelegten Dokumenten zu konfrontieren.[1029] Eine Vernehmung mittels audiovisueller Technik ist möglich, solange die Möglichkeit der Befragung des Zeugen gegeben ist.[1030]

In den Verfahren gestaltete sich die Ladung von Zeugen, die politische Ämter in Kambodscha besetzen, als schwierig. König Norodom Sihanouk wurde z. B. von den Ermittlungsrichtern nicht förmlich geladen, sondern nur zur Abgabe einer Zeugenaussage eingeladen. Der Zeuge erschien nicht, da ihm angeblich nie eine solche

---

not be subjected by the authorities to any measure which may affect the free and independent exercise of their functions."

1021 Internal Rules, Regel 36.

1022 Internal Rules, Regel 28 (3).

1023 Decision on Nuon Chea's request for a rule 35 investigation regarding inconsistencies in the audio and written records of OCIJ witness interviews, E142/3, 13. März 2012, Para. 11, abrufbar unter http://www.eccc.gov.kh/sites/default/files/documents/courtdoc/E142_3_EN-1.PDF.

1024 Decision on Nuon Chea's request for a rule 35 investigation regarding inconsistencies in the audio and written records of OCIJ witness interviews, E142/3, 13. März 2012, Para. 10, abrufbar unter http://www.eccc.gov.kh/sites/default/files/documents/courtdoc/E142_3_EN-1.PDF.

1025 Internal Rules, Regel 60 (2).

1026 Internal Rules, Regel 60 (2).

1027 Internal Rules, Regel 58 (4), (5).

1028 Trial Chamber Memorandum entitled Response to outstanding request in E216, E216/3, 31. Juli 2012, Para. 3, abrufbar unter http://www.eccc.gov.kh/sites/default/files/documents/courtdoc/E216_3_EN.PDF.

1029 Transcript of Proceedings – "DUCH" Trial (Trial Day 10), E1/14.1, 22. April 2009, S. 12, abrufbar unter http://www.eccc.gov.kh/sites/default/files/documents/courtdoc/E1_14.1_TR001_20090422_Final_en__PUB.pdf.

1030 Internal Rules, Regel 26.

Einladung zustellt worden war.[1031] Offizielle Gründe für das Unterlassen eines erneuten Zustellungsversuchs sind nicht bekannt. In Verfahren 002 sorgte die Ladung von sechs hochrangigen Regierungsbeamten für Aufsehen. Die Ladung wurde nur vom internationalen Ermittlungsrichter unterschrieben, was ihre Rechtmäßigkeit allerdings nicht tangierte.[1032] Obwohl jeder der beiden Richter bindend verfügen könnte, die Zeugen polizeilich vorzuführen,[1033] und die nationale Regierung zur Unterstützung der Arbeit der Ermittlungsrichter verpflichtet ist,[1034] erschien keiner der Zeugen. Die Parteien können daher nur noch die Ladung der Zeugen im Hauptverfahren beantragen.

2) Sachverständigenbestellung

Die Bestellung eines Sachverständigen[1035] kann von Amts wegen durch die Ermittlungsrichter[1036] oder auf Antrag einer Partei[1037] erfolgen. Dieser kann zu jedem fallrelevanten Thema bestellt werden,[1038] ist zu vereidigen[1039] und den Weisungen der Ermittlungsrichter unterstellt.[1040] Er beendigt seinen Auftrag durch die Erstellung eines Sachverständigengutachtens.[1041] Der Sachverständige kann, soweit erforderlich, mit der Zustimmung der Ermittlungsrichter alle Beschuldigten oder Nebenkläger in Anwesenheit ihrer Anwälte[1042] befragen[1043] und an den Vernehmungen der Ermittlungsrichter teilnehmen.

1031 Criminal Complaint in the Municipal Court of Phnom Penh before the Office of the Royal Prosecutor, 24. Oktober 2011, abrufbar unter http://www.bohler.eu/user/file/11-10-24%29_complaint_re_witness.pdf.

1032 Die ist möglich nach Internal Rules, Regel 71 (3). Press Release, „Number of Case Documents in Case 002 Published“, 7. Oktober 2009, abrufbar unter http://www.eccc.gov.kh/english/cabinet/press/134/ECCC_Press_Release_7_Oct_2009_ENG_FRE.pdf. Darunter waren Chea Sim, Präsident des Senats, Heng Samrin, Präsident der Nationalversammlung, Hor Namhong, Außenminister und Keat Chhon, Finanzminister.

1033 Internal Rules, Regel 60 (3).

1034 UN-RGC Abkommen, Artikel 25.

1035 Vgl. Kapitel K. V. 2) c). Internal Rules, Regel 31 (9).

1036 Internal Rules, Regel 31 (1).

1037 Internal Rules, Regel 31 (10). Falls der Antrag abgelehnt wird, kann diese Entscheidung vor der Vorverfahrenskammer angegriffen werden gemäß Regel 58 (6) Internal Rules.

1038 Internal Rules, Regel 31 (1).

1039 Internal Rules, Regel 31 (2).

1040 Internal Rules, Regel 31 (4).

1041 Der Inhalt bestimmt sich durch Internal Rules, Regel 31 (7).

1042 Anders ist dies im Fall der medizinischen Untersuchung durch Ärzte oder Psychologen oder beim Vorliegen einer wirksamen Verzichtserklärung. Internal Rules, Regel 31 (6).

1043 Internal Rules, Regel 31 (6).

3) Maßnahmen gegenüber dem Tatverdächtigen/ Beschuldigten

Sobald Anhaltspunkte für eine strafrechtliche Verantwortlichkeit vorliegen, darf eine Person nicht mehr als Zeuge, sondern muss als Tatverdächtiger behandelt werden.[1044] Der Tatverdächtige wird wiederum zum Beschuldigten nach seiner Aufklärung in einer ihm verständlichen Sprache über den Grund der Ermittlungen gegen ihn (Initial Appearance). Hierbei ist die rechtliche Einordnung der Fakten zu nennen, auch wenn diese im Ermittlungsverfahren nur vorläufig erfolgt.[1045] Der Beschuldigte wird belehrt,[1046] dass es ihm freisteht, zum Tatvorwurf Stellung zu nehmen.[1047] Der Beschuldigte hat aufgrund des Prinzips der Waffengleichheit[1048] das umfassende Recht auf anwaltlichen Beistand.[1049] Die Vollmacht des Anwalts ist an die Registry zu geben.[1050] Die Ladungsfrist für den Anwalt beträgt fünf Tage, während derer er Akteneinsicht nehmen kann.[1051] Ein Pflichtverteidiger kann bestellt werden, wenn kein Verteidiger benannt wurde oder dieser nicht erscheint.[1052] Besteht im Ermittlungsverfahren die Gefahr eines unwiederbringlichen Verlustes von Beweismitteln oder des Eintritts eines unwiederbringlichen Schadens wie dem Tod des Beschuldigten, kann seine Vernehmung mit seinem Einverständnis gemäß Regel 58 (3) Internal Rules ohne anwaltlichen Beistand durchgeführt werden.[1053] Der Beschuldigte kann auch ganz auf anwaltlichen Beistand verzichten. Dieser Verzicht ist erst bei der auf die Initial Appearance folgenden Vernehmung des Beschuldigten

1044 Internal Rules, Regel 24 (4).

1045 Order on Co-Prosecutors' Request for Clarification of Charges, D198/1, 20. November 2009, Para. 10, abrufbar unter http://www.eccc.gov.kh/sites/default/files/documents/courtdoc/D198_1_EN.pdf.

1046 Diese muss gemäß Regel 21 Internal Rules bei einer Unterbrechung der Anhörung nicht wiederholt werden. Order refusing a request for annulment submitted by the lawyers of Nuon Chea, D 55/l, 24. Januar 2008, Para. 13, abrufbar unter http://www.eccc.gov.kh/sites/default/files/documents/courtdoc/OCIJ_refusing_decision_D55-I_EN_0.pdf.

1047 Internal Rules, Regeln 57, 58.

1048 Decision on Defence Support Section Request for a stay in Case 004 Proceedings before the Pre-Trial Chamber and for measures pertaining to the effective representation of suspects in Case 004, 3, 20. Februar 2012, Para. 10, abrufbar unter http://www.eccc.gov.kh/sites/default/files/documents/courtdoc/3_Redacted_EN-1.PDF.

1049 Internal Rules, Regel 57.

1050 Decision on Defence Support Section Request for a stay in Case 004 Proceedings before the Pre-Trial Chamber and for measures pertaining to the effective representation of suspects in Case 004, 3, 20. Februar 2012, Para. 11, abrufbar unter http://www.eccc.gov.kh/sites/default/files/documents/courtdoc/3_Redacted_EN-1.PDF.

1051 Internal Rules, Regel 58 (1).

1052 Internal Rules, Regel 58 (2).

1053 Das Vorliegen von Gefahr im Verzug ist schriftlich festzuhalten, Internal Rules, Regel 58 (3). Für Zeugen ist eine dementsprechende Regel nicht vorgesehen, da ihnen im Ermittlungsverfahren kein anwaltlicher Beistand zugeordnet wird.

gemäß Regeln 58 (2), 25 Internal Rules zu protokollieren.[1054] Der Verzicht muss „voluntary, informed, and unequivocal“ erfolgen und der Beschuldigte ist über die Konsequenzen des Verzichts zu belehren.[1055]

Die möglichen Zwangsmaßnahmen sind in den Internal Rules detailliert geregelt, da sie in die fundamentalen Rechte der Person eingreifen und ihre Beachtung für ein faires und effektives Ermittlungsverfahren essentiell ist.[1056] Vor der Initial Appearance stehen dem Tatverdächtigen nur limitierte Recht zu, wie z B. bei einem Aufenthalt in der Polizeihaft oder bei Durchsuchungen. Der Tatverdächtige kann zunächst zwangsweise durch eine von den Ermittlungsrichtern erlassene Festnahmeanordnung (Arrest Warrant) vorgeführt werden.[1057] Es kann aber auch sofort ein vorläufiger Haftbefehl (Arrest and Detention Order) gegen ihn erlassen werden, wenn ein Haftgrund vorliegt.[1058] Der Betroffenen kann dann durch die Polizei für die Dauer von 48 Stunden inhaftiert werden.[1059] Liegt Gefahr im Verzug vor, ist der Haftbefehl innerhalb von 48 Stunden bei der ihn ausführenden Polizei[1060] nachzureichen.[1061] Der Inhaftierte ist unverzüglich der den Haftbefehl erlassenden Autorität (die Ermittlungsrichter oder eine Kammer) vorzuführen,[1062] von der er über den gegen ihn erhobenen Tatvorwurf unterrichtet wird (Initial Appearance).[1063] Nach der Initial Appearance muss ein Untersuchungshaftbefehl erlassen oder der Beschuldigte freigelassen werden.[1064]

Die Wahl des Zeitpunkts zum Erlass einer Festnahmeanordnung oder eines Haftbefehls steht im Ermessen der Ermittlungsrichter.[1065] Sie sind nicht verpflich-

1054 Order refusing a request for annulment submitted by the lawyers of Nuon Chea, D 55/l, 24. Januar 2008, Para. 1-6, abrufbar unter http://www.eccc.gov.kh/sites/default/files/documents/courtdoc/OCIJ_refusing_decision_D55-I_EN_0.pdf.

1055 Regeln 58 (2), 25. Appeal against order of provisional detention, C11/01, 8. November 2007, Para. 21, abrufbar unter http://www.eccc.gov.kh/sites/default/files/documents/courtdoc/appeal_against_provisional_detention_nuon_chea_0.pdf.

1056 Cryer, Robert, International Criminal Law and Procedure, Cambridge, 2010, S. 448.

1057 Internal Rules, Regel 42.

1058 Internal Rules, Regel 44.

1059 Internal Rules, Regeln 45 (4), 51 (3). Die Polizeihaft ist verlängerbar um weitere 24 Stunden.

1060 Die Polizei muss bei der Vollstreckung gewisse Tageszeiten für das Betreten von Wohnungen einhalten. Internal Rules, Regel 45 (3).

1061 Internal Rules, Regel 45 (2).

1062 Internal Rules, Regel 57 (1). Ebenso ist dies am IStGH, bei dem die erste Anhörung vor der Vorverfahrenskammer erfolgt. Gleichzeitig wird ein Termin für die Bestätigung der Anklageschrift vereinbart, welcher unter Beteiligung des Angeklagten durchgeführt wird.

1063 Internal Rules, Regeln 21 (1) (d), 57 (1).

1064 Internal Rules, Regeln 45 (4), 63.

1065 Decision on Defence Support Section Request for a stay in Case 004 Proceedings before the Pre-Trial Chamber and for measures pertaining to the effective representation of suspects in Case 004, 3, 20. Februar 2012, Para. 10 ff., abrufbar unter

tet, den Tatverdächtigen vor Abschluss der Ermittlungen über die Einleitung eines Verfahrens gegen ihn zu unterrichten.[1066] Daher reagierten die Ermittlungsrichter auch nicht auf eine staatsanwaltschaftliche Aufforderung zur Eröffnung der Tatvorwürfe gegen die Tatverdächtigen in Verfahren 004. Problematisch ist diese Situation, wenn der Tatverdächtige den Ermittlungsrichtern erst kurz vor dem Ende des Ermittlungsverfahrens vorgeführt wird. Dann werden seine Rechte im Ermittlungsverfahren nicht durch einen Verteidiger vertreten. Auch das Verteidigerbüro ist nicht zur Bestellung eines Verteidigers befugt.[1067] Die Staatsanwaltschaft kann die Verteidigerbestellung jedoch erzwingen, indem sie den Erlass eines Untersuchungshaftbefehls beantragt und bei seiner Ablehnung Rechtsmittel vor der Vorverfahrenskammer einlegt.[1068]

Die Vernehmung des Beschuldigten wird durch die Ermittlungsrichter geleitet.[1069] Bei den Vernehmungen muss der Beschuldigte in der physischen und psychischen Verfassung sein, Fragen zu beantworten.[1070] Die Staatsanwaltschaft hat ein Anwesenheitsrecht und darf mit der Erlaubnis der Ermittlungsrichter eigene Fragen stellen. Die Vernehmung des Beschuldigten ist wörtlich zu protokollieren und wird audio- oder videotechnisch aufgezeichnet.[1071]

Der Verteidiger kann während des gesamten Ermittlungsverfahrens Akteneinsicht nehmen und Kopien der Verfahrensakte für den Beschuldigten anfertigen.[1072] Dieses Recht ist nur beschränkbar, wenn durch die Ausübung eine eventuelle Gefährdung der Ermittlungen zu befürchten ist. Eine Restriktion erfolgt z. B. durch die teilweise Anonymisierung von Informationen über Zeugen.[1073]

---

http://www.eccc.gov.kh/sites/default/files/documents/courtdoc/3_Redacted_EN-1.PDF.

1066 Internal Rules, Regel 56.

1067 Decision on Defence Support Section Request for a stay in Case 004 Proceedings before the Pre-Trial Chamber and for measures pertaining to the effective representation of suspects in Case 004, 3, 20. Februar 2012, Para. 10 ff., abrufbar unter http://www.eccc.gov.kh/sites/default/files/documents/courtdoc/3_Redacted_EN-1.PDF.

1068 Vgl. Kapitel I. II. 3).

1069 Internal Rules, Regel 62 (3).

1070 Appeal against order of provisional detention, C11/01, 8. November 2007, Para. 22, abrufbar unter http://www.eccc.gov.kh/sites/default/files/documents/courtdoc/appeal_against_provisional_detention_nuon_chea_0.pdf.

1071 Internal Rules, Regel 25 (1).

1072 Internal Rules, Regel 55 (6). Im angloamerikanischen Verfahren steht der Verteidigung trotz ihrer aktiven Verfahrensrolle nur ein beschränktes Einsichtsrecht zu, um eine mögliche Verdunklung des Sachverhalts zu erschweren. Das Einsichtsrecht wir im Sinne der Waffengleichheit meist nur eingeräumt, wenn die Verteidigung ihrerseits entlastende Beweise preisgibt. Hermann, Joachim, Der amerikanische Strafprozess, in, Jung, Heike, Der Strafprozess im Spiegel ausländischer Verfahrensordnungen, Berlin, 1990, S. 146.

1073 Internal Rules, Regel 29 (4) (c).

4) Die Untersuchungshaft

Die Voraussetzungen für die Anordnung der Untersuchungshaft (Provisional Detention) sind in Regel 63 (3) Internal Rules beschrieben. Danach müssen ein dringender Tatverdacht und einer der Haftgründe sowie die Verhältnismäßigkeit der Anordnung gegeben sein. Die Untersuchungshaft wird nach streitiger Anhörung der Parteien verhängt.[1074] Der Beschuldigte hat das Recht auf anwaltlichen Beistand[1075] und das Recht zu schweigen.[1076] Ein Antrag auf Verschiebung der mündlichen Anhörung ist begründet, wenn dies zur Vorbereitung der Verteidigung erforderlich ist. In dieser Zwischenzeit kann der Beschuldigte für 48 Stunden in Polizeihaft genommen werden.[1077] In der Anordnung sind die Tatsachen und ihre rechtliche Bewertung, der maximale Zeitraum der Dauer der Untersuchungshaft sowie die Rechte des Beschuldigten zu nennen.

a) Der dringende Tatverdacht

Für die Anordnung der Untersuchungshaft muss dringender Tatverdacht gemäß Regel 63 (3) Internal Rules vorliegen. Hierfür müssen aus der Sicht eines objektiven Beobachters erwiesene oder zumindest wahrscheinliche, tatsächliche Anhaltspunkte

---

1074 Internal Rules, Regeln 45 (4), 63. Die Anhörung wird nicht wegen der Begründung des Beschuldigten vertagt, die Staatsanwaltschaft habe kurz vor dem Termin neue Dokumente eingebracht, die der Beschuldigte nicht kennen, wenn er sich trotzdem bereits gegen die neuen Argumente detailliert verteidigt hat. Order refusing a request for annulment submitted by the lawyers of Nuon Chea, D55/l, 24. Januar 2008, Para. 14, abrufbar unter http://www.eccc.gov.kh/sites/default/files/documents/courtdoc/OCIJ_refusing_decision_D55I_EN_0.pdf.

1075 Regel 58 (2) Internal Rules ist bei der Verhängung der Untersuchungshaft nicht anwendbar, da die Regel im Gegensatz zur Situation der Vernehmung des Beschuldigten nicht darauf zielt, mögliche Beweise zu erlangen. Das Recht ergibt sich jedoch aus Regel 63 (1) Internal Rules. Vgl. zu einem wirksamen Verzicht Order refusing a request for annulment submitted by the lawyers of Nuon Chea, D55/l, 24. Januar 2008, Para. 7 ff., abrufbar unter http://www.eccc.gov.kh/sites/default/files/documents/courtdoc/OCIJ_refusing_decision_D55-I_EN_0.pdf und PTC decision on appeal against provisional detention order of Nuon Chea, C11/54, 20. März 2008, Para. 13-40, abrufbar unter http://www.eccc.gov.kh/sites/default/files/documents/courtdoc/PTC_decision_on_nuon_chea_appeal_C11_54_EN.pdf.

1076 Der Ermittlungsrichter kann aber eine vorläufige Inhaftierung anordnen, die sieben Tage nicht überschreiten darf, vgl. Regel 63 (1) (a), (b) Internal Rules. Appeal against order of provisional detention, C11/01, 8. November 2007, Para. 18, abrufbar unter http://www.eccc.gov.kh/sites/default/files/documents/courtdoc/appeal_against_provisional_detention_nuon_chea_0.pdf.

1077 Policecustodydecision(IengSary),C14,13.November2007,abrufbarunterhttp://www.eccc.gov.kh/sites/default/files/documents/courtdoc/Police_custody_decision_IENG_Sary_12112007_ENG.pdf.

dafür vorliegen,[1078] dass der Beschuldigte die in den Submissions der Staatsanwaltschaft beschriebene Tat (Genozid, Verbrechen gegen die Menschlichkeit oder Kriegsverbrechen) mit großer Wahrscheinlichkeit begangen hat. Tatbegehung bedeutet, dass der Beschuldigte individuelle strafrechtliche Verantwortung für die Tat trägt.[1079]

b) Der Haftgrund

Zweck der Untersuchungshaft kann es sein, eine Opfer- oder Zeugenbeeinflussung, Absprachen zwischen den Beschuldigten, Beweiserschwerung oder -vereitelung oder die Fluchtgefahr zu verhindern bzw. die Sicherheit des Beschuldigten oder die öffentliche Ordnung zu schützen.[1080] Das Vorliegen einer dieser im Folgenden näher erläuterten Haftgründe ist für die Anordnung der Untersuchungshaft ausreichend.

aa) Die Verdunkelungsgefahr

Der Haftgrund der Verdunkelungsgefahr ist gegeben, wenn Tatsachen dafür sprechen, dass der Beschuldigte auf unlautere Art und Weise auf Opfer, Zeugen oder Mitbeschuldigte einwirkt oder andere zu einem solchen Verhalten veranlasst und hierdurch die Wahrheitsermittlung erschwert wird.[1081] Des Weiteren kann die Verhinderung der Vernichtung oder die Sicherung des Erhalts von Beweismitteln (Dokumente, Tatwerkzeuge oder Ähnliches) bezweckt werden.[1082] Eine Gefahr ergibt sich hierfür, wenn der Beschuldigte z. B. Zugang zur Verfahrensakte und somit zur Identität von Zeugen hat und im Folgenden Dritte anstiften könnte, die Zeugen zu bedrängen.[1083] Die mögliche Beeinflussung Dritter kann sich aus einer gewissen

---

1078 Order of Provisional Detention, C3, 31. Juli 2007, Paras. 1, 23, abrufbar unter http://www.eccc.gov.kh/en/document/court/order-provisional-detention-kaing-guek-eav-aliasduch. „The Pre-Trial Chamber will, as the ICC has done, interpret the words „well-founded reason" by seeking guidance in the above-mentioned jurisprudence of the ECHR. This means that the Pre-Trial Chamber has to decide whether facts or information exist which would satisfy an objective observer that the person concerned may have committed the offence." PTC decision on appeal against provisional detention order of Nuon Chea, C11/54, 20. März 2008, Para. 46, http://www.eccc.gov.kh/sites/default/files/documents/courtdoc/PTC_decision_on_nuon_chea_apeal_C11_54_EN.pdf.

1079 ECCC Gesetz, Artikel 29. Decision on Appeal against Provisional Detention Order of Ieng Sary, C22/I/74 17. Oktober 2008, Para. 71, abrufbar unter http://www.worldcourts.com/eccc/eng/decisions/2008.10.17_Co_Prosecutors_v_Ieng_Sary.pdf.

1080 Appeal against order of provisional detention, C11/01, 8. November 2007, Para. 24, abrufbar unter http://www.eccc.gov.kh/sites/default/files/documents/courtdoc/appeal_against_provisional_detention_nuon_chea_0.pdf.

1081 Internal Rules, Regel 63 (3) (b) (i).

1082 Internal Rules, Regel 63 (3) (b) (ii).

1083 Provisional Detention Order (Ieng Sary), C22, 14. November 2007, Para. 17, abrufbar unter http://www.eccc.gov.kh/sites/default/files/documents/courtdoc/Provisional_detention_order_Ieng_Sary_ENG_0.pdf.

Einflussmöglichkeit des Beschuldigten ergeben, die er zwangsläufig durch die Bekleidung führender Machtpositionen oder die Einbindung in politische Bewegungen erlangt. Diese endet nicht allein durch die Aufgabe der Position.[1084] Für den Missbrauch der Position müssen konkrete Anhaltspunkte vorliegen.[1085]

bb) Die Fluchtgefahr

Die Fluchtgefahr ist als Haftgrund anzunehmen, wenn bestimmte Tatsachen es wahrscheinlicher erscheinen lassen, dass sich der Beschuldigte dem Strafverfahren entziehen wird, als dass er sich diesem stellt.[1086] Die Schwere der Tat und die zu erwartende Länge der Strafe werden in die Beurteilung einbezogen.[1087] Auch andere Kriterien, wie der Charakter des Beschuldigten, sein Gesundheitszustand, die soziale Situation und seine materiellen und finanziellen Ressourcen, werden berücksichtigt.[1088] Bei der Bewertung der finanziellen Situation ist entscheidend, ob eine Flucht in ein Land finanziert werden kann, mit dem Kambodscha kein Auslieferungsabkommen geschlossen hat. Dann könnte sich der Beschuldigte dauerhaft der Strafverfolgung vor den ECCC entziehen.[1089]

cc) Die Sicherheit des Beschuldigten

Auch der Schutz der Sicherheit des Beschuldigten kann einen Haftgrund darstellen. Eine Gefahr kann für den Beschuldigten z.B. von ehemaligen Untergebenen oder den Opfern und deren Verwandten ausgehen.[1090] In Verfahren 001 wurde eine

---

1084 „A degree of influence is necessarily attached to senior positions [of power] and involvement in political movements [...] which does not stop when one no longer occupies such positions." Decision on Appeal against Provisional Detention Order of Ieng Sary, C22/I/74, 17. Oktober 2008, Para. 99, abrufbar unter http://www.worldcourts.com/eccc/eng/decisions/2008.10.17_Co_Prosecutors_v_Ieng_Sary.pdf.

1085 Appeal by Nuon Chea against the Order of Provisional Detention, C11/01, 8. November 2007, Para. 28, abrufbar unter http://www.eccc.gov.kh/sites/default/files/documents/courtdoc/appeal_against_provisional_detention_nuon_chea_0.pdf.

1086 Internal Rules, Regel 63 (3) (b) (iii).

1087 Decision on Appeal against Provisional Detention Order of Nuon Chea, C11/54, 20. März 2008, Para. 75, abrufbar unter http://www.eccc.gov.kh/sites/default/files/documents/courtdoc/PTC_decision_on_nuon_chea_appeal_C11_54_EN.pdf.

1088 Appeal by Nuon Chea against the Order of Provisional Detention, C11/01, 8. November 2007, Para. 27, abrufbar unter http://www.eccc.gov.kh/sites/default/files/documents/courtdoc/appeal_against_provisional_detention_nuon_chea_0.pdf.

1089 Appeal by Nuon Chea against the Order of Provisional Detention, C11/01, 8. November 2007, Para. 27, abrufbar unter http://www.eccc.gov.kh/sites/default/files/documents/courtdoc/appeal_against_provisional_detention_nuon_chea_0.pdf.

1090 Decision on appeal against provisional detention order of Kaing Guek Eav alias Duch, C5/45, 3. Dezember 2007, Para. 43, abrufbar unter http://www.eccc.gov.kh/sites/default/files/documents/courtdoc/PTC_decision_appeal_duch_C5-45_EN_0_0.pdf.

Gefährdung angenommen, da der Beschuldigte nach der Enttarnung seiner falschen Identität Angst um seine Sicherheit geäußert und die VN sowie Amnesty International die Gefährdungslage bestätigt hatten.[1091] Die Aussicht auf eine spätere Verurteilung des Beschuldigten durch das Gericht minimiert seine Schutzbedürftigkeit nicht, da diese zu weit in der Zukunft liegt.[1092]

dd) Die Störung der Öffentlichen Ordnung

Der Haftgrund der Störung der öffentlichen Ordnung[1093] ist neu im internationalen Strafprozessrecht.[1094] Die Beurteilung der Gefährdungslage erfolgt aufgrund einer Prognoseentscheidung.[1095] Die Vorverfahrenskammer der ECCC fordert das Vorliegen spezieller Anhaltspunkte für eine aktuelle Gefährdung. Ausreichend für die Annahme einer Störung ist z. B., dass die vorübergehende Freilassung des Beschuldigten gewaltsame Proteste in der instabilen kambodschanischen Gesellschaft verursachen könnte.[1096]

1091 Decision on appeal against provisional detention order of Kaing Guek Eav alias Duch, C5/45, 3. Dezember 2007, Para. 44 ff., abrufbar unter http://www.eccc.gov.kh/sites/default/files/documents/courtdoc/PTC_decision_appeal_duch_C5-45_EN_0_0.pdf.

1092 Decision on Ieng Sary's Appeal against Order on Extension of Provisional Detention, C22/9/14, 30. April 2010, Para. 49, abrufbar unter http://www.eccc.gov.kh/sites/default/files/documents/courtdoc/C22_9_14_Redacted_EN.pdf.

1093 Die öffentliche Ordnung wird im deutschen Recht definiert als die Gesamtheit der ungeschriebenen Ordnungsvorstellungen, deren Befolgung nach der herrschenden sozialen und ethischen Anschauung als unerlässliche Voraussetzung eines geordneten menschlichen Zusammenlebens anzusehen ist. Creifelds, Claus, Rechtswörterbuch, Sicherheit und Ordnung, öffentliche, München, 2011, S. 1231

1094 Decision on Appeal Against Provisional Detention Order of Ieng Sary, D22/I/74, 17. Oktober 2008, Para. 101, abrufbar unter http://www.worldcourts.com/eccc/eng/decisions/2008.10.17_Co_Prosecutors_v_Ieng_Sary. Decision on Appeal against Provisional Detention Order of Nuon Chea, C11/54, 20. März 2008, Para. 66, abrufbar unter http://www.worldcourts.com/eccc/eng/decisions/2008.10.17_Co_Prosecutors_v_Ieng_Sary.pdf.

1095 Decision on Appeal against Provisional Detention Order of Ieng Sary, D22/I/74, 17. Oktober 2008, Para. 112, abrufbar unter http://www.worldcourts.com/eccc/eng/decisions/2008.10.17_Co_Prosecutors_v_Ieng_Sary.pdf.

1096 Appeal against order of provisional detention, C11/01, 8. November 2007, Para. 11 c, abrufbar unter http://www.eccc.gov.kh/sites/default/files/documents/courtdoc/appeal_against_provisional_detention_nuon_chea_0.pdf.

c) Die Verhältnismäßigkeit

Die Anordnung der Untersuchungshaft muss verhältnismäßig sein.[1097] Sind mildere Mittel vorhanden, haben diese Vorrang, denn die Verhängung der Untersuchungshaft soll nur ausnahmsweise erfolgen. In die Abwägung sind verschiedene Kriterien einzubeziehen, wie z.B. die Schwere des Tatvorwurfs, die Umstände der Festsetzung des Beschuldigten, die Möglichkeit anderer Überwachungsmöglichkeiten oder die Erlangung von Garantien. Sollte z.B. die Fluchtgefahr der einzige Haftgrund sein, ist als milderes Mittel vor der Anordnung der Untersuchungshaft zu versuchen, eine Garantie des Beschuldigten zu erlangen, dass dieser trotz seiner Freilassung vor Gericht erscheinen wird. Ferner sieht Regel 65 (1) Internal Rules die Möglichkeit der Freilassung gegen Kaution vor.[1098] Alternative Maßnahmen zur Haft sind der Hausarrest oder die Unterbringung in einem Krankenhaus.[1099]

d) Die Länge der Untersuchungshaft

Die Anordnung der Untersuchungshaft darf ein Jahr nicht überschreiten.[1100] Nach der Anhörung des Beschuldigten kann sie um ein Jahr verlängert werden.[1101] Eine Verlängerung darf maximal zwei Mal erfolgen.[1102] Die Untersuchungshaft darf also insgesamt nicht länger als drei Jahre dauern. Sollte ein Beschuldigter wegen der Überschreitung dieses Zeitraums freigelassen worden sein, kann die Hauptverfahrenskammer seine erneute Inhaftierung nur anordnen, wenn er zur Hauptverhandlung nicht erschienen ist und dies sichergestellt werden soll.[1103]

1097 Appeal against order of provisional detention, C11/01, 8. November 2007, Para. 30, abrufbar unter http://www.eccc.gov.kh/sites/default/files/documents/courtdoc/appeal_against_provisional_detention_nuon_chea_0.pdf.

1098 Anträge hierzu wurden allerdings immer als Antrag auf Freilassung gegen Kaution ausgelegt. Decision on Appeal against Provisional Detention Order of Ieng Sary, D22/I/74, 17. Oktober 2008, Paras. 120, 121, abrufbar unter http://www.worldcourts.com/eccc/eng/decisions/2008.10.17_Co_Prosecutors_v_Ieng_Sary.

1099 Diese wurden bisher meist abgelehnt. Vgl. Decision on Appeal against Provisional Detention Order of Ieng Sary, D22/I/74, 17. Oktober 2008, Para. 120, abrufbar unter http://www.worldcourts.com/eccc/eng/decisions/2008.10.17_Co_Prosecutors_v_Ieng_Sary.pdf.

1100 Internal Rules, Regel 63 (6). Bei anderen Verbrechen beträgt dieser Zeitraum sechs Monate.

1101 Internal Rules, Regel 63 (6). Ein solches System der Untersuchungshaft gibt es nun auch am IStGH. Ausführlich Cryer, Robert, International Criminal Law and Procedure, Cambridge, 2010, S. 450.

1102 Internal Rules, Regel 63 (7).

1103 Internal Rules, Regel 81 (3).

e) Der Vollzug der Untersuchungshaft

Die Untersuchungshaft wird durch die ermittlungsrichterliche Anordnung der Inhaftierung (Detention Order)[1104] vollzogen. Der Leiter der Haftanstalt wird hierin angewiesen, den Beschuldigten zu inhaftieren. Der Inhaftierte ist zwischen der Veröffentlichung der Introductory Submission der Staatsanwaltschaft und der Abschlussverfügung der Ermittlungsrichter (Closing Order) alle vier Monate den Ermittlungsrichtern persönlich vorzuführen, damit diese die Haftbedingungen kontrollieren können.[1105]

Gemäß Regel 55 (5) Internal Rules können die Ermittlungsrichter den Kontakt zwischen den Inhaftierten limitieren, um Absprachen zu vermeiden oder die Beeinflussung von Opfern oder Zeugen auszuschließen, falls hierfür eine konkrete Gefahr[1106] besteht.[1107] Die Vorverfahrenskammer hat allerdings die bisherigen Anordnungen der Ermittlungsrichter, nach denen das beschuldigte Ehepaar Ieng Sary und Ieng Thirith keinen Kontakt untereinander haben darf[1108] bzw. getrennt zu inhaftieren ist, für unrechtmäßig erklärt. Dies sei nicht verhältnismäßig, da seit den Taten dreißig Jahre vergangen sind, in denen die Inhaftierten genug Gelegenheit zum Austausch hatte, sodass ihre Trennung gegen das Recht auf menschenwürdige Behandlung verstößt.[1109]

Der Antrag auf Entlassung aus der Untersuchungshaft ist jederzeit,[1110] nach Bescheidung einer früheren Untersuchungshaftbeschwerde, allerdings erst nach dem Ablauf von drei Monaten,[1111] gegenüber den Ermittlungsrichtern möglich. Diese haben die Beschwerde unverzüglich der Staatsanwaltschaft vorzulegen, welche sich hierzu innerhalb von fünf Tagen äußern muss. Nach weiteren fünf Tagen müssen

1104 Internal Rules, Regel 43.

1105 Internal Rules, Regel 63 (8), Internal Rules, Glossary „Charged Person".

1106 Die Gefahr nimmt im Laufe des Prozesses ab. Decision on Nuon Chea's Appeal Concerning Provisional Detention Orders, C33/I/7, 26. September 2008, Para. 21, abrufbar unter http://www.eccc.gov.kh/sites/default/files/documents/courtdoc/C33_I_7_EN.pdf.

1107 Decision on Nuon Chea's Appeal Concerning Provisional Detention Orders, C33/I/7, 26. September 2008, Para. 21, abrufbar unter http://www.eccc.gov.kh/sites/default/files/documents/courtdoc/C33_I_7_EN.pdf.

1108 Decision on Nuon Chea's Appeal Concerning Provisional Detention Orders, C33/I/7, 26. September 2008, abrufbar unter http://www.eccc.gov.kh/sites/default/files/documents/courtdoc/C33_I_7_EN.pdf. Order Concerning Provisional Detention Conditions, C33, 20. Mai 2008, Para. 6, abrufbar unter http://www.eccc.gov.kh/english/cabinet/courtDoc/76/Provisional_detention_condition_Nuon_chea_C33_EN.

1109 PTC Decision on Appeal concerning contact between the Charged Person [Ieng Sary] and his wife [Ieng Thirith], A104/II/7, 30. April 2008, Para. 9, abrufbar unter http://www.eccc.gov.kh/sites/default/files/documents/courtdoc/A104_II_7_EN.pdf.

1110 Internal Rules, Regel 64 (1).

1111 Internal Rules, Regel 64 (3).

die Ermittlungsrichter entscheiden, ob die Voraussetzungen für die Anordnung der Haft noch vorliegen.[1112]

III. Die Rechte der Parteien

Staatsanwaltschaft und Verteidigung sind nicht zur Durchführung eigener Ermittlungen befugt.[1113] Den Parteien stehen während des Ermittlungsverfahrens aber Informations- und Beteiligungsrechte[1114] zu und sie können Rechtsmittel gegen gewisse Verfahrenshandlungen der Ermittlungsrichter vor der Vorverfahrenskammer einlegen.[1115]

Die Parteien können nicht abschließend in den Internal Rules definierte Anträge, wie z. B. Ermittlungsanträge, [1116] an die Ermittlungsrichter adressieren. Anträge zur Durchführung von Ermittlungshandlungen, wie z. B. die erneute Vernehmung des Beschuldigten sowie die Vernehmung oder seine Konfrontation mit einem Zeugen,[1117] können sie gemäß Regeln 55 (10), 58 (6) Internal Rules bis zur Bekanntgabe des Abschlusses der Ermittlungen stellen.[1118] Durch diese Antragsmöglichkeit

---

1112 Internal Rules, Regel 64 (2).

1113 Order issuing warnings under Rule 38, D367, 25. Februar 2010, Para. 8, abrufbar unter http://www.eccc.gov.kh/en/documents/court/order-issuing-warning-under-rule-38.

1114 Z. B. das Stellen von Beweisanträgen oder das Ausüben des Akteneinsichtsrechts. Gleß, Sabine, Beweisrechtsgrundsätze einer grenzüberschreitenden Strafverfolgung, Baden-Baden, 2006, S. 370.

1115 Dem liegt der Gedanke zugrunde, dass gewisse Informationen nicht an die Hauptverfahrenskammer weitergeleitet werden und auch nicht in die freie Beweiswürdigung im Hauptverfahren einfließen sollen. Gleß, Sabine, Beweisrechtsgrundsätze einer grenzüberschreitenden Strafverfolgung, Baden-Baden, 2006, S. 375.

1116 Definiert als „request for action to be performed by the Co- Investigating Judges or, upon delegation, by the ECCC investigators or judicial police, with the purpose of collecting information conducive to ascertaining the truth." Pre-Trail Chamber Decision on Kieu Samphan's appeal against the Order on Translation Rights and Obligations of the Parties, A 190/I/20, 20. Februar 2009, Para. 28, abrufbar unter http://www.eccc.gov.kh/en/document/court/pre-trial-chamber-decision-khieu-samphans-appeal-against-order-translation-rights.

1117 Internal Rules, Regel 58 (6).

1118 Perron, Walter, Rechtsvergleichender Querschnitt und rechtspolitische Bedeutung, in Perron, Walter, Die Beweisaufnahme im Strafverfahrensrecht des Auslands, Freiburg, 1995, S. 603. Hierdurch wird ein kontradiktorisches Element in die Voruntersuchung eingeführt, da auch die Verteidigung die Erhebung bestimmter Beweise beantragen kann, auch wenn sie bei den Vernehmungen des Beschuldigten oder der Zeugen eher eine rein unterstützende Rolle spielt wie es dem inquisitorischen Verfahren entspricht. Vitu, André, Die Grundzüge des französischen Strafverfahrens, in Jung, Heike, Der Strafprozess im Spiegel ausländischer Verfahrensordnungen, Berlin, 1990, S. 33.

können die Parteien an der Beweissammlung teilnehmen,[1119] wodurch vor allem die Position der Verteidigung im Vorverfahren und die Fairness des Verfahrens gefördert werden sollen.[1120] Ferner können die Ermittlungsrichter angesichts der Komplexität der Verfahren einen Fall ohne diese Hinweise der Parteien kaum vollumfänglich ermitteln.[1121]Dadurch wird die richterliche Sachverhaltsaufklärungspflicht teilweise auf die Prozessverantwortung der Parteien verlagert.[1122]

Die Ermittlungsanträge der Parteien[1123] unterliegen keiner formellen Begründungspflicht. Die beantragte Handlung ist gemäß Regel 55 (10) Internal Rules hinreichend konkret darzulegen[1124] und der Antrag muss die Begründung enthalten, warum die Ermittlungshandlung für die Wahrheitsfindung prima facie relevant ist.[1125] Das Argument, dass be- oder entlastendes Beweismaterial gefunden werden könnte, ist nicht ausreichend. Vielmehr ist eine Verbindung zwischen der zu

---

1119 Internal Rules, Regel 55 (10). Dieses darf jedoch nicht missbraucht werden z.B. das Stellen von doppelten Beweisanträgen. Order Issuing Warning Under Rule 38, D367, 25. Februar 2010, Para. 6-15, abrufbar unter http://www.eccc.gov.kh/en/documents/court/order-issuing-warning-under-rule-38.

1120 Die Umsetzung eines Beweisantrags können die Parteien im französischen Recht nicht erzwingen. Barth, Holger, Landesbericht Frankreich, in Perron, Walter, Die Beweisaufnahme im Strafverfahrensrecht des Auslands, Freiburg, 1995, S. 135.

1121 Jackson, Charles C., Progress and problems: Defense counsel at the Extraordinary Chambers in the Courts of Cambodia, Mai 2010, Updated: November 2010, S. 24.

1122 Perron, Walter, Rechtsvergleichender Querschnitt und rechtspolitische Bedeutung, in Perron, Walter, Die Beweisaufnahme im Strafverfahrensrecht des Auslands, Freiburg, 1995, S. 605.

1123 Definiert als „request for action to be performed by the Co-Investigating Judges or, upon delegation, by the ECCC investigators or judicial police, with the purpose of collecting information conducive to ascertaining the truth." Decision on Kieu Samphan's Appeal against the Order on Translation Rights and Obligations of the Parties, A 190/I/20, 20. Februar 2009, Para. 28, abrufbar unter http://www.eccc.gov.kh/sites/default/files/documents/courtdoc/A190_I_20_EN.pdf.

1124 Decision on reconsideration of Co-Prosecutors' appeal against the Co-Investigating Judges order on request to place additional evidentiary material on the case file which assists in proving the charged persons' knowledge of the crimes, D365/2/17, 27. September 2010, Para. 48, abrufbar unter http://www.eccc.gov.kh/sites/default/files/documents/courtdoc/D365_2_17_EN.pdf.

1125 Das bedeutet, dass „a party who files a request under Internal Rule 55 (10) shall identify specifically the investigative action requested and explain the reasons why he or she considers the said action to be necessary for the conduct of the investigation. This allows the Co-Investigating Judges to assess whether the Request is relevant to ascertaining the truth and to give reasons for their decision." Decision on the appeal from the order on the request to seek exculpatory evidence in the shared material drive, D164/3/6, 12. November 2009, Para. 43, abrufbar unter http://www.eccc.gov.kh/sites/default/files/documents/courtdoc/D164_3_6_EN.pdf.

erwartenden Information und dem Tatvorwurf aufzuzeigen.[1126] Des Weiteren müssen sich die Anträge in den Grenzen der Introductory und Supplementary Submission bewegen, sich also auf den darin beschriebenen Sachverhalt beziehen. Zusätzlich müssen sie die strafrechtliche Verantwortung, die Schuldfähigkeit, die juristische Zuständigkeit oder Kontextelemente von Tatbeständen betreffen.[1127] Diese Voraussetzungen können nicht umgangen werden, indem der Antrag auf die Auffangklausel in Regel 21 (1) Internal Rules gestützt wird.[1128]

Die Ermittlungsrichter sollen über den Antrag unverzüglich, spätestens aber bis zum Abschluss der Ermittlungen entscheiden.[1129] Der Antragssteller soll im Vorermittlungsverfahren alle ihm zur Verfügung stehenden Möglichkeiten ausgeschöpft haben, um sich zusätzliche Informationen zu beschaffen.[1130] Es steht also im pflichtgemäßen Ermessen der Ermittlungsrichter,[1131] ob sie die beantragten Ermittlungen initiieren.[1132] Der Ermessensspielraum betrifft die Frage, ob die Anträge hinreichend konkret und relevant für das Verfahren sind. Daher gibt es keinen Katalog von Ablehnungsgründen.[1133] Der Stattgabe des Antrags kann entgegenstehen, dass sich die Relevanz des Antrags angesichts einer Einschränkung des Ermittlungsgegenstands

---

1126 Decision on reconsideration of Co-Prosecutors' appeal against the Co-Investigating Judges order on request to place additional evidentiary material on the case file which assists in proving the charged persons' knowledge of the crimes, D365/2/17, 27. September 2010, Paras. 50, 51 abrufbar unter http://www.eccc.gov.kh/sites/default/files/documents/courtdoc/D365_2_17_EN.pdf.

1127 Decision on reconsideration of Co-Prosecutors' appeal against the Co-Investigating Judges order on request to place additional evidentiary material on the case file which assists in proving the charged persons' knowledge of the crimes, D365/2/17, 27. September 2010, Para. 49, abrufbar unter http://www.eccc.gov.kh/sites/default/files/documents/courtdoc/D365_2_17_EN.pdf.

1128 Decision on the Appeal against the "Order on the Request to place on the Case [File] the Documents relating to Mr. Khieu Samphan's Real Activity", D370/2/11, 7. Juli 2010, Para. 12, abrufbar unter http://www.eccc.gov.kh/sites/default/files/documents/courtdoc/D370_2_11_EN.PDF.

1129 Internal Rules, Regel 55 (10).

1130 Decision on reconsideration of Co-Prosecutors' appeal against the Co-Investigating Judges order on request to place additional evidentiary material on the case file which assists in proving the charged persons' knowledge of the crimes, D365/2/17, 27. September 2010, Para. 52, abrufbar unter http://www.eccc.gov.kh/sites/default/files/documents/courtdoc/D365_2_17_EN.pdf.

1131 Internal Rules, Regeln 55 (6), 58 (10).

1132 Decision on the Appeal from the Order on the Request to Seek Exculpatory Evidence in the Shared Material Drive, D164/4/13, 18. November 2009, Para. 22, abrufbar unter http://www.eccc.gov.kh/sites/default/files/documents/courtdoc/D164_4_13_EN_1.pdf.

1133 Decision on the Appeal from the Order on the Request to Seek Exculpatory Evidence in the Shared Material Drive, D164/4/13, 18. November 2009, Para. 22, abrufbar unter http://www.eccc.gov.kh/sites/default/files/documents/courtdoc/D164_4_13_EN_1.pdf.

während des Verfahrens geändert hat.[1134] Die Relevanz der Beantragung mehrerer Ermittlungshandlungen, welche erst aufgrund ihrer Kumulativwirkung als Beweis im Verfahren verwendet werden könnten, ergibt sich beispielsweise auch nicht aus eben dieser Kumulativwirkung.[1135]

Weitere von Regel 55 (10) Internal Rules erfasste Anträge sind solche, die zwar nicht darauf gerichtet sind der Wahrheitsfindung primär zu dienen,[1136] sich aber auf die Durchführung der Ermittlungen beziehen. Hierzu gehört z.B. der Antrag auf Aufnahme von Dokumenten in die Ermittlungsakte, dessen Stattgabe den Parteien die Beweiseinbringung im Hauptverfahren vereinfacht.[1137] Die Dokumente werden der Akte hinzugefügt, wenn sie von genügender Relevanz für die Wahrheitsfindung sind,[1138] nicht wenn sie der Wahrheitsfindung nur zuträglich sind.[1139] Für die Anträge

---

1134 Decision on reconsideration of Co-Prosecutors' appeal against the Co-Investigating Judges order on request to place additional evidentiary material on the case file which assists in proving the charged persons' knowledge of the crimes, D365/2/17, 27. September 2010, Para. 57, abrufbar unter http://www.eccc.gov.kh/sites/default/files/documents/courtdoc/D365_2_17_EN.pdf.

1135 Decision on reconsideration of Co-Prosecutors' appeal against the Co-Investigating Judges order on request to place additional evidentiary material on the case file which assists in proving the charged persons' knowledge of the crimes, D365/2/17, 27. September 2010, Para. 91, abrufbar unter http://www.eccc.gov.kh/sites/default/files/documents/courtdoc/D365_2_17_EN.pdf.

1136 Decision on reconsideration of Co-Prosecutors' appeal against the Co-Investigating Judges order on request to place additional evidentiary material on the case file which assists in proving the charged persons' knowledge of the crimes, D365/2/17, 27. September 2010, Para. 7, abrufbar unter http://www.eccc.gov.kh/sites/default/files/documents/courtdoc/D365_2_17_EN.pdf.

1137 Vgl Kapitel I. III.

1138 Von 268 Zeitungsartikeln hielten die Ermittlungsrichter nur 70 Artikel für relevant. Entscheidend war, dass diese a) einen speziellen Tatort, b) Fakten von nationaler Relevanz, c) Fakten der Zuständigkeit oder d) Fakten der strafrechtlichen Verantwortung betrafen. Die Vorverfahrenskammer kritisierte, dass keine Begründung für die Ablehnung jedes einzelnen Zeitungsartikels erfolgte. Allerdings hätte auch die Staatsanwaltschaft ihrer Beweislast erfüllen und z.B. die Relevanz durch eine Auflistung der Artikel mit Erscheinungsdatum, Quelle und Beschreibung nachweisen müssen. Decision on reconsideration of Co-Prosecutors' appeal against the Co-Investigating Judges order on request to place additional evidentiary material on the case file which assists in proving the charged persons' knowledge of the crimes, D365/2/17, 27. September 2010, Paras. 61, 63, 84 abrufbar unter http://www.eccc.gov.kh/sites/default/files/documents/courtdoc/D365_2_17_EN.pdf.

1139 Decision on reconsideration of Co-Prosecutors' appeal against the Co-Investigating Judges order on request to place additional evidentiary material on the case file which assists in proving the charged persons' knowledge of the crimes, D365/2/17, 27. September 2010, Para. 7, abrufbar unter http://www.eccc.gov.kh/sites/default/files/documents/courtdoc/D365_2_17_EN.pdf.

gelten damit dieselben Kriterien wie für Ermittlungsanträge.[1140] Ein weiteres Beispiel sind Übersetzungsanträge.[1141] Für diese gilt das Relevanzkriterium allerdings nicht.[1142]

1) Die Rechte der Nebenkläger

Die Rechte der Nebenklage sind im UN-RGC Abkommen und im ECCC Gesetz nicht näher konkretisiert. In der ursprünglichen Fassung der Internal Rules wurde nur ihr Recht genannt, das Urteil mit Rechtsmitteln anzugreifen.[1143] Bei der Ausgestaltung der Rechte der Nebenklage diente den Richtern der ECCC das kambodschanische Strafprozessrecht als Vorlage.[1144] Danach haben die Nebenkläger den Status einer eigenständigen Prozesspartei.[1145] Die Vorverfahrenskammer bestätigte das Recht der Nebenkläger, an allen Stadien des Verfahrens aktiv teilzunehmen,[1146] denn Aufgabe

1140 Es muss die genaue Seitenanzahl aufgeführt und hinreichend konkretisiert werden, wo die Dokumente zu finden sind. Bei der Beurteilung der hinreichenden Konkretisierung spielt der Umfang des Antrags eine Rolle. Decision on reconsideration of Co-Prosecutors' appeal against the Co-Investigating Judges order on request to place additional evidentiary material on the case file which assists in proving the charged persons' knowledge of the crimes, D365/2/17, 27. September 2010, Paras. 46, 48, abrufbar unter http://www.eccc.gov.kh/sites/default/files/documents/courtdoc/D365_2_17_EN.pdf.

1141 Decision on reconsideration of Co-Prosecutors' appeal against the Co-Investigating Judges order on request to place additional evidentiary material on the case file which assists in proving the charged persons' knowledge of the crimes, D365/2/17, 27. September 2010, Para. 46, abrufbar unter http://www.eccc.gov.kh/sites/default/files/documents/courtdoc/D365_2_17_EN.pdf.

1142 Decision on reconsideration of Co-Prosecutors' appeal against the Co-Investigating Judges order on request to place additional evidentiary material on the case file which assists in proving the charged persons' knowledge of the crimes, D365/2/17, 27. September 2010, Para. 46, abrufbar unter http://www.eccc.gov.kh/sites/default/files/documents/courtdoc/D365_2_17_EN.pdf.

1143 ECCC Gesetz, Artikel 36, 37.

1144 Decision on Civil Party Co-lawyers' joint request for a ruling on the standing of Civil Party lawyers to make submissions on sentencing and directions concerning the questioning of the accused, experts and witnesses testifying on character, E72/3, 9. Oktober 2009, Para. 13, abrufbar unter http://www.eccc.gov.kh/sites/default/files/documents/courtdoc/E72_3_EN.pdf.

1145 CCP, Artikel 135, 268, 298, 311, 375. Kaufmann, Christine/Marschner, Laura, Eine kritische Bestandsaufnahme aktueller Entwicklungen der Außerordentlichen Kammern an den Gerichten von Kambodscha, ZIS 10/2011, S. 819.

1146 Decision on Civil Party Participation in Provisional Detention Appeals, C11/53, 20. März 2008, Para. 36, abrufbar unter http://www.eccc.gov.kh/sites/default/files/documents/courtdoc/PTC_decision_civil_party_nuon_chea_C11_53_EN.pdf.

des Gerichts sei es, zur nationalen Versöhnung beizutragen.[1147] Die Rechte der Nebenklage wurden im Laufe der Prozesse aber immer weiter eingeschränkt, da ein Ausgleich zwischen den Rechten des Beschuldigten auf ein faires Verfahren und den Partizipationsrechten der Nebenklage geschaffen werden musste. Vor allem die Beteiligung der unzähligen Opfer und die Komplexität der Sachverhalte drohten das Verfahren zu Lasten der Beschuldigten beträchtlich zu verlängern.[1148]

Inzwischen enthalten die Internal Rules verschiedene Rechte der Nebenkläger. Sie können z. B. gemäß Regel 55 (8) Internal Rules an Ortsbesichtigungen der Ermittlungsrichter teilnehmen[1149] oder gemäß Regel 55 (10) Internal Rules Ermittlungsanträge stellen. Gemäß Regel 59 (5) Internal Rules können sie die eigene Vernehmung beantragen, welche unter den gleichen Bedingungen wie die des Beschuldigten erfolgt. Ferner können sie einen Antrag auf die Vernehmung von Zeugen stellen, auf die Durchführung von Ortsbesichtigungen, auf die Anordnung eines Sachverständigengutachtens oder einen anderen Beweisantrag. Darüber hinaus enthält Regel 58 (5) Internal Rules das Recht auf Teilnahme an Gegenüberstellungen. Die Nebenkläger können des Weiteren gemäß Regel 74 (4) Internal Rules Beschwerde gegen bestimmte Beschlüsse der Ermittlungsrichter einlegen[1150] und gemäß Regel 76 (2) Internal Rules einen Antrag auf Nichtigkeitserklärung bestimmter Verfahrenshandlungen stellen.

Die Nebenkläger konnten ihre Rechte im Laufe des Verfahrensfortschritts nur unter erschwerten Bedingungen geltend machen. Beispielsweise ließen die

1147 Decision on Civil Party Participation in Provisional Detention Appeals, C11/53, 20. März 2008, Para. 37, abrufbar unter http://www.eccc.gov.kh/sites/default/files/documents/courtdoc/PTC_decision_civil_party_nuon_chea_C11_53_EN.pdf.

1148 Decision on Civil Party Co-lawyers' joint request for a ruling on the standing of Civil Party lawyers to make submissions on sentencing and directions concerning the questioning of the accused, experts and witnesses testifying on character, E72/3, 9. Oktober 2009, Para. 12, abrufbar unter http://www.eccc.gov.kh/sites/default/files/documents/courtdoc/E72_3_EN.pdf.

1149 Das Rechtsmittel der Nebenkläger gegen die ermittlungsrichterliche Ablehnung ihres Zulassungsantrags kann nicht damit begründet werden, dass der Zulassungsantrag substantiierter hätten darlegt werden können, wenn die Ermittlungsrichter die Ortsuntersuchungen sorgfältiger durchgeführt hätten. Public redacted considerations of the Pre-Trial Chamber regarding the appeal against order on the admissibility of civil party applicant, D5/1/4/2, 28. Februar 2012, Opinion of Judges Downing and Lahuis, Para. 3, abrufbar unter http://www.eccc.gov.kh/sites/default/files/documents/courtdoc/D5_1_4_2_EN_Redacted.PDF.

1150 Die Rücknahme einer eingelegten Beschwerde erfolgt gemäß der Practice Direction on Filing of Documents before the ECCC. Ein an den Präsidenten der Vorverfahrenskammer gerichtetes Schreiben ohne Erklärung des freien Willens der Rücknahme ist nicht ausreichend. Public redacted considerations of the Pre-Trial Chamber regarding the appeal against order on the admissibility of civil party applicant, D5/1/4/2, 28. Februar 2012, Para. 6, abrufbar unter http://www.eccc.gov.kh/sites/default/files/documents/courtdoc/D5_1_4_2_EN_Redacted.PDF.

Ermittlungsrichter Anträge der Nebenkläger gänzlich unbeantwortet oder es kam zu unerklärbaren Verzögerungen bei der Bereitstellung von Dokumenten in der Ermittlungsakte.[1151]

IV. Der Abschluss des Ermittlungsverfahrens

Erachten die Ermittlungsrichter den Sachverhalt für hinreichend aufgeklärt, geben sie den Abschluss der Ermittlungen bekannt (Notice of Conclusion of Investigation)[1152] und erlassen eine Abschlussverfügung (Closing Order).

1) Die Bekanntgabe des Ermittlungsabschlusses

Die Bekanntgabe über den Abschluss der Ermittlungen ist eine rein prozedurale Maßnahme, die der Information der Parteien und der Öffentlichkeit dient. Mit der Bekanntgabe beginnt der Lauf verschiedener Fristen.

a) Der Antrag auf Durchführung zusätzlicher Ermittlungen

Mit Bekanntgabe des Ermittlungsabschluss beginnt die 15-tägige Frist[1153] für Staatsanwaltschaft,[1154] Verteidigung und Nebenklage einen Antrag auf Durchführung zusätzlicher Ermittlungen zu stellen.[1155] Wird der Antrag durch die Ermittlungsrichter positiv beschieden, werden die Ermittlungen fortgesetzt und die Bekanntgabe über den Ermittlungsabschluss gilt als nicht erfolgt.[1156] Sollte der

---

1151 Public Redacted Considerations of the Pre-Trial Chamber regarding the Appeal against Order on the Admissibility of Civil Party Applicant Robert Hamill, DS/2/4/3, 14. Februar 2012, Para. II. 1 ff., http://www.eccc.gov.kh/sites/default/files/documents/courtdoc/D5_2_4_3_EN_Redacted.PDF.

1152 Internal Rules, Regel 66 (1).

1153 Dies ist eine Ausschlussfrist. Pfefferkorn, Jan, Einführung in das französische Strafverfahren, Hamburg, 2006, S. 165.

1154 Gemäß Regel 13 (3) und 71 (1) Internal Rules ist hierfür die Unterschrift beider Staatsanwälte erforderlich, es sei denn die Kompetenz wurde schriftlich an einen Staatsanwalt delegiert oder es gab ein Disagreement. Decision on Time Extension Request and Investigative Requests by the International Co-Prosecutor Regarding Case 003, D20/3, 7. Juni 2011, abrufbar unter http://www.eccc.gov.kh/sites/default/files/documents/courtdoc/5-D20-3-EN-Redacted.pdf. Statement from the Co-Investigating Judges Related to Case 003 Requests from the International Co-Prosecutor, 7. Juni 2011, abrufbar unter http://www.eccc.gov.kh/en/articles/statement-co-investigating-judges-related-case-003-requests-international-co-prosecutor. Kritisch zu dieser Entscheidung: Open Society Justice Initiative, Recent Developments at the Extraordinary Chambers in the Courts of Cambodia, Juni 2011, S. 20.

1155 Internal Rules, Regel 66.

1156 Pfefferkorn, Jan, Einführung in das französische Strafverfahren, Hamburg, 2006, S. 165.

Antrag abgelehnt werden, kann die antragsstellende Partei die Entscheidung der Vorverfahrenskammer innerhalb von 30 Tagen zur Überprüfung vorlegen.[1157] Erfolgsaussichten dieser Beschwerde bestehen aber angesichts des großen Ermessensspielraums der Ermittlungsrichter nur, wenn schwerwiegende Fehler bei der Entscheidung der Ermittlungsrichter nachgewiesen werden können.

b) Die abschließende Stellungnahme der Staatsanwaltschaft

Nach der Bekanntgabe über den Ermittlungsabschluss erhält die Staatsanwaltschaft die Ermittlungsakten und erstellt innerhalb von drei Monaten (sollte der Beschuldigte in Untersuchungshaft sein, innerhalb von 45 Tagen) eine die Ermittlungsrichter nicht bindende abschließende Stellungnahme (Final Submission). In dieser legt sie den Sachverhalt, ihre Rechtsansicht und einen Entscheidungsvorschlag dar.[1158] Der Entscheidungsvorschlag lautet entweder auf Erlass einer Anklage und bzw. oder auf (teilweise) Einstellung des Verfahrens. Diese Stellungnahme leitet die Staatsanwaltschaft zusammen mit der Verfahrensakte an die Ermittlungsrichter zurück.[1159]

c) Das Fristende für das Einreichen der Nebenklägeranträge

15 Tage nach der Kenntniserlangung vom Abschluss der Ermittlungen endet die Antragsfrist für das Einreichen von Nebenklägeranträgen.[1160] In Verfahren 001 endete die Frist noch zehn Tage vor dem ersten Erscheinen des Angeklagten vor der Hauptverfahrenskammer. Durch diese Regeländerung sollte die Hauptverfahrenskammer entlastet werden, da die Entscheidung über die Anträge in das Ermittlungsverfahren vorverlegt wurde.

aa) Die Zulassungsanträge

Die erste Fassung der Internal Rules und das kambodschanische Prozessrecht sehen die Beteiligung von Nebenklägern vor, wenn sie Verletzte der angeklagten Verbrechen sind.[1161] Potenzielle Nebenkläger müssen in ihrem Zulassungsantrag die erlittenen Verletzungen beweisen sowie die Kausalität des Handelns des Beschuldigten für die Verletzungen darlegen. Verletzter ist jeder, der prima facie unmittelbar durch die Straftat tatsächlich physisch, materiell oder psychisch betroffen ist.[1162] Das Kriterium

1157 Internal Rules, Regel 66 (3).

1158 Internal Rules, Regel 66 (5).

1159 Internal Rules, Regel 66.

1160 Joint Press Statement by judicial officers September 2008, ECCC 4th Plenary Session, abrufbar unter http://www.eccc.gov.kh/english/cabinet/press/78/Joint_statement_by_Judicial_officers_on_the_4th_plenary_EN.pdf.

1161 CCP, Artikel 355, 523, 532, 533.

1162 Internal Rules, Regel 23 (2). Order on the Admissibility of Civil Party Applicants from Current Residents of Oddar Meanchey Province, 26. August 2010, abrufbar unter http://www.eccc.gov.kh/english/cabinet/courtDoc/652/D392_EN.pdf.

der psychischen Betroffenheit aufgrund der gesellschaftlich weitreichenden Viktimisierung in Kambodscha weit ausgelegt.[1163] Somit sind nahe Verwandte von Opfern der Verbrechen erfasst. Die Opfer müssen nicht kambodschanischer Nationalität sein. Potenzielle Verletzte werden insbesondere durch Nichtregierungsorganisationen ermittelt.[1164]

Der Antrag auf Zulassung als Nebenkläger richtet sich formal nach der Practice Direction on Victim Participation.[1165] Die Opfer müssen sich identifizieren, wobei ein Identitätsnachweis anhand der Kriterien der Victims Information Form teilweise nicht gelingt, da die kambodschanische Verwaltung nicht immer über genaue Dokumentationen der Identität von Personen verfügt.[1166] Die Entscheidung der Ermittlungsrichter über den Antrag kann innerhalb von zehn Tagen angefochten werden.[1167] Über einen positiv beschiedenen Antrag werden Staatsanwaltschaft und Beschuldigter informiert.[1168]

bb) Die Probleme beim Erstellen der Zulassungsanträge

In Verfahren 002 erhielten die Nebenkläger die notwendigen Informationen zur Begründung ihrer Zulassungsanträge erst mit der Anordnung der Untersuchungshaft.[1169] Somit konnten die Nebenkläger am Ermittlungsverfahren beginnend mit ihrer Untersuchungshaftbeschwerde vor der Vorverfahrenskammer teilnehmen.

Auch in Verfahren 003/ 004 gaben die Ermittlungsrichter nur wenige Informationen über den Gegenstand der Ermittlungen bekannt. Die Zulassungsanträge wurden daher zunächst durch die Ermittlungsrichter und schließlich auch endgültig durch

---

1163 Decision on appeals against orders of the co-investigating judges on the admissibility of civil party applications, D404/2/4, 24. Juni 2011, Paras. 49, 79, abrufbar unter http://www.eccc.gov.kh/sites/default/files/documents/courtdoc/D404_2_4_EN-1.PDF.

1164 Wie z. B. durch DC-Cam, ADHOC und KID. Nette, Andrew, Cambodia: Locus Standi for Victims at Khmer Rouge Trials?, Inter-Press Service, 3. März 2008. Documentation Center of Cambodia, Project Design Evaluation: Victim Participation Project, 4. Februar 2008, abrufbar unter http://www.dccam.org/Projects/Tribunal_Response_Team/Victim_Participation/Victim_Participation.htm.

1165 Internal Rules, Regel 23 (4).

1166 Victims Information Form.

1167 Problematisch an dieser kurzen Frist ist, dass dem Angeklagten effektiv kaum Zeit bleibt, alle Anträge durchzusehen und die Wahrung seiner Rechte auf ein faires Verfahren damit fraglich ist. Press Release, Extraordinary Chambers in the Courts of Cambodia, Sixth Plenary Session Concludes, 11. September 2009, abrufbar unter http://www.eccc.gov.kh/english/cabinet/press/131/ECCC_Plenary_11_Sep_2009_Eng.pdf.

1168 Internal Rules, Regel 23 (3).

1169 PTC decision on civil party participation in provisional detention appeals, C11/53, 20. März 2008, Para. 41, abrufbar unter http://www.eccc.gov.kh/sites/default/files/documents/courtdoc/PTC_decision_civil_party_nuon_chea_C11_53_EN.pdf.

die Mehrheit der Richter der Vorverfahrenskammer abgelehnt.[1170] Zur Begründung führten sie aus, dass die erforderliche direkte Kausalität zwischen dem Schaden der Verletzten und dem Verhalten des Beschuldigten aufgrund fehlender Informationen, vor allem über die Identität der Beschuldigten, nicht ausreichend begründet worden sei. Hinzu komme, dass die genannten Verbrechen nicht von der geheimen Introductory Submission umfasst seien.[1171] Nach der Mindermeinung innerhalb der Vorverfahrenskammer hätten diese Anträge nicht abgelehnt, sondern zurückgestellt werden müssen, bis die Nebenkläger die nötigen Informationen erlangt hätten.[1172] Den Anwälte der Nebenkläger müsste dafür ab dem Zeitpunkt des Einreichens des Zulassungsantrags gemäß Regel 23bis (2) i.V.m. Regel 55 (6), (11) Internal Rules Zugang zu den Ermittlungsakten gewährt werden.[1173]

Die Ermittlungsrichter lehnten auch den Antrag des internationalen Staatsanwalts zur Verlängerung der Antragsfrist für potenzielle Nebenkläger im Juni 2011 ab.[1174] Problematisch an dem Antrag des Staatsanwalts war, dass er nicht von der nationalen Staatsanwältin unterzeichnet war uns es auch keine alleinige Handlungsvollmacht für den internationalen Staatsanwalt gemäß Regel 13 (3) Internal Rules gab. Daraus resultierte ein Disagreement-Verfahren zwischen den Staatsanwälten vor der Vorverfahrenskammer. Der internationale Staatsanwalt begründete sein Handeln damit, dass er der Verfahrenspraxis entsprechend auch alleine zur Antragsstellung berechtigt sei. Die Entscheidung der Vorverfahrenskammer über ein vorheriges Disagreement zwischen den Staatsanwälten aus dem Jahr 2009 erlaube bereits seine alleinige Antragstellung.[1175] Das Disagreement wurde mit der

1170 Open Society Justice Initiative, Recent Developments at the Extraordinary Chambers in the Courts of Cambodia, Juni 2011 Update, S. 16.

1171 Public redacted considerations of the Pre-Trial Chamber regarding the appeal against order on the admissibility of civil party applicant, D5/1/4/2, 28. Februar 2012, Para. 3, abrufbar unter http://www.eccc.gov.kh/sites/default/files/documents/courtdoc/D5_1_4_2_EN_Redacted.PDF.

1172 Public redacted considerations of the Pre-Trial Chamber regarding the appeal against order on the admissibility of civil party applicant, D5/1/4/2, 28. Februar 2012, Opinion of Judges Downing and Lahuis, Para. 12, abrufbar unter http://www.eccc.gov.kh/sites/default/files/documents/courtdoc/D5_1_4_2_EN_Redacted.PDF.

1173 Public redacted considerations of the Pre-Trial Chamber regarding the appeal against order on the admissibility of civil party applicant, D5/1/4/2, 28. Februar 2012, Opinion of Judges Downing and Lahuis, Para. 13, abrufbar unter http://www.eccc.gov.kh/sites/default/files/documents/courtdoc/D5_1_4_2_EN_Redacted.PDF.

1174 Decision on Time Extension Request and Investigative Requests by the International Co-Prosecutor Regarding Case 003, D20/3, 7. Juni 2011, abrufbar unter http://www.eccc.gov.kh/sites/default/files/documents/courtdoc/5-D20-3-EN-Redacted.pdf.

1175 Nach der Meinung der Ermittlungsrichter betraf das Disagreement dagegen nur die Frage der Einleitung der Ermittlungen. Decision on Time Extension Request and Investigative Requests by the International Co-Prosecutor Regarding Case 003, D20/3, 7. Juni 2011, Para. 6, abrufbar unter http://www.eccc.gov.kh/sites/default/files/documents/courtdoc/5-D20-3-EN-Redacted.pdf.

Mehrheit der nationalen Richter der Vorverfahrenskammer zu Lasten der Rechte der Nebenklage entschieden. Jedoch hoben die zwei internationalen Richter in ihrer abweichenden Meinung hervor, dass es der Entscheidung der Ermittlungsrichter über die Beendigung der Ermittlungen an Legitimität und Transparenz mangele und den Nebenklägern zu wenige Informationen für eine effektive Partizipation am Verfahren zur Verfügung gestellt worden seien.[1176] Ferner kritisierten sie eine Manipulation der Nebenklägeranträge durch die Ermittlungsrichter.[1177] Des Weiteren gäbe es Hinweise für eine rechtswidrige nachträgliche Modifikation einer ermittlungsrichterlichen Entscheidungen, die sich bereits im Rechtsmittelverfahren befand und an der somit keine Änderungen mehr hätten erfolgen dürfen.[1178] Diese Anschuldigungen wies das Büro der Ermittlungsrichter zurück.[1179] Auch die VN lehnten eine Untersuchung eines Fehlverhaltens der Ermittlungsrichter als zu kompliziert ab.[1180] Erst im Februar 2013 hat der internationale Ermittlungsrichter Marc Brian Hamon weiter Informationen über die von der Introductory Submission umfassten Sachverhalte und Beschuldigte veröffentlicht, sodass die Zulassungsanträge nun begründet werden können. Im Gegensatz zur Ansicht des nationalen Ermittlungsrichters sieht er das Ermittlungsverfahrens als noch nicht beendet an.[1181]

1176 Considerations of the Pre-Trial Chamber regarding the appeal against order on the admissibility of civil party application Robert Hamill, Opinion of Judges Lahuis and Downing, D11/2/4/4, 25. Oktober 2011, abrufbar unter http://www.eccc.gov.kh/sites/default/files/documents/courtdoc/D11_2_4_4_Redacted_EN.PDF.

1177 „We cannot emphasise enough the importance for a judicial body, such as the Co-Investigating Judges, to strictly respect the right to a fair trial and the procedural rights of individuals involved in the proceedings, which hold a prominent place in any democratic society as a basic guarantee of the rule of law, in particular in the context of Case 003." Public Redacted Considerations of the Pre-Trial Chamber regarding the Appeal against Order on the Admissibility of Civil Party Applicant Robert Hamill, DS/2/4/3, 14. Februar 2012, Para. 10, abrufbar unter http://www.eccc.gov.kh/sites/default/files/documents/courtdoc/D5_2_4_3_EN_Redacted.PDF.

1178 Considerations of the Pre-Trial Chamber regarding the appeal against order on the admissibility of civil party application Robert Hamill, Opinion of Judges Lahuis and Downing, D11/2/4/4, 25. Oktober 2011, Para. 13 abrufbar unter http://www.eccc.gov.kh/sites/default/files/documents/courtdoc/D11_2_4_4_Redacted_EN.PDF.

1179 Statement by the Office of the Co-Investigating Judges, abrufbar unter http://www.eccc.gov.kh/en/articles/statement-office-co-investigating-judges.

1180 Giry, Stéphanie, Necessary Scapegoats? The Making of the Khmer Rouge Tribunal, The New York Review of Books, 23. Juli 2012, abrufbar unter http://www.nybooks.com/blogs/nyrblog/2012/jul/23/necessary-scapegoats-khmer-rouge-tribunal/.

1181 Statement by the Co-Investigating Judges regarding Case 003, 28. Februar 2013, abrufbar unter http://www.eccc.gov.kh/en/articles/statement-co-investigating-judges-regarding-case-003.

2) Die Abschlussverfügung der Ermittlungsrichter

Das Ermittlungsverfahren wird durch die Abschlussverfügung der Ermittlungsrichter beendet.[1182] Diese wird der Staatsanwaltschaft, Verteidigung und Nebenklage zugestellt.[1183] Sie beinhaltet entweder eine Anklage (Indictment) oder eine Einstellungsverfügung (Dismissal Order).[1184]

Anklage soll erhoben werden, wenn ausreichend Beweismittel für den Nachweis der Begehung eines in die Jurisdiktion des Tribunals fallenden Verbrechens vorliegen.[1185] Es ist somit das Vorliegen von hinreichendem Tatverdacht (Sufficient Charges) erforderlich.[1186] Die Ermittlungsrichter sind nicht verpflichtet, alle in den Submissions der Staatsanwaltschaft vorgetragenen Sachverhalte auch anzuklagen.[1187] Die Anklage umfasst die Identität des Beschuldigten, eine Beschreibung des Sachverhalts und seine rechtliche Einordnung. Durch die Anklageschrift wird der Angeklagte über die gegen ihn erhobenen Tatvorwürfe informiert.[1188] Des Weiteren umgrenzt die Anklageschrift den Prozessgegenstand des Hauptverfahrens,[1189] denn im Hauptverfahren werden im Wesentlichen die vorläufigen Tatsachenfeststellungen[1190] des

---

1182 Internal Rules, Regel 67.

1183 Internal Rules, Regel 67 (5).

1184 Internal Rules, Regel 67 (1).

1185 Dies bedeutet, dass „the evidentiary material in the Case File must be sufficiently serious and corroborative to provide a certain level of probative force." Closing Order, D427, 15. September 2010, Para. 1320-1326, abrufbar unter http://www.eccc.gov.kh/sites/default/files/documents/courtdoc/D427Eng.pdf.

1186 Internal Rules, Regel 67 (3) (c), CCP (1993), Artikel 90, CCP (2007), Artikel 247.

1187 „The Co-Investigating Judges have the "power", but not the obligation, to charge a person." Order on Co-Prosecutors' Request for Clarification of Charges, D198/1, 20. November 2009, Para. 10, abrufbar unter http://www.eccc.gov.kh/sites/default/files/documents/courtdoc/D198_1_EN.pdf.

1188 „In particular, the right of an Accused to be informed of the nature and cause of the charges against him and to have adequate time and facilities for the preparation of his defence. This right translates into an obligation for the material facts underpinning the charges to be included in the indictment with sufficient particularity to inform an Accused clearly of the nature and cause of the charges against him, enabling him to prepare a defence effectively and efficiently." Decision on defence preliminary objections (statute of limitations on domestic crimes), E122, 22. September 2011, Para. 18, abrufbar unter http://www.eccc.gov.kh/sites/default/files/documents/courtdoc/E122_EN-1.PDF.

1189 Hieran zeigt sich der Einfluss der Ermittlungsrichter auf das Hauptverfahren. Clarens, Margarita, Analysis of the ECCC Closing Order Indicting Kaing Guek Eav (Duch), 2008, S. 30, abrufbar unter http://www.d.dccam.org/Tribunal/Analysis/pdf/Analysis_of_the_ECCC_Closing_Order_Indicting_Kaing_Guek_Eav_(Duch).pdf.

1190 Hintergrund ist aus rechtsfamiliärer Sicht die Überzeugung, dass eine Tat kurz nach ihrer Begehung am einfachsten aufgeklärt werden kann und daher z. B. auch die richterlich protokollierte Befragung von Zeugen kurz nach der Tat ins

Ermittlungsverfahrens nachvollzogen, kontradiktorisch erörtert,[1191] durch die Kammer gewürdigt und die festgestellten Tatsachen schließlich unter das materielle Recht subsumiert.[1192] Das Ermittlungsverfahren ist daher für das spätere Hauptverfahren von großer Relevanz. Nach Anklageerlass wird die Verfahrensakte durch das Office of Administration an die Hauptverfahrenskammer weitergeleitet, welche einen Termin für die Hauptverhandlung anberaumt. [1193]

Eine Einstellungsverfügung ist zu erlassen, wenn keine Straftat innerhalb der Zuständigkeit der ECCC vorliegt, die Beschuldigten nicht identifiziert werden konnten oder kein hinreichender Tatverdacht gegeben ist.[1194] Im Falle der Einstellung des Verfahrens geben die Ermittlungsrichter alle Dokumente an das Office of Administration weiter, welches die Akten archiviert. Sollten neue Tatsachen nach Erlass einer Einstellungsverfügung bekannt werden, können die Ermittlungsrichter die Ermittlungen nach einem Antrag der Staatsanwaltschaft auf Wiedereröffnung des Verfahrens wiederaufnehmen.[1195]

a) Die Auswirkungen der Closing Order auf die Untersuchungshaft

Mit dem Erlass der Abschlussverfügung der Ermittlungsrichter verlieren Zwangsmaßnahmen, wie z.B. die Untersuchungshaft oder die Freilassung gegen Kaution, ihre Wirkung. Allerdings können die Ermittlungsrichter die Aufrechterhaltung der Maßnahmen bis zur Eröffnung des Hauptverfahrens in einem in die Closing Order integrierten Beschluss anordnen.[1196] In diesem Fall muss der Beschuldigte der Hauptverfahrenskammer spätestens vier Monate nach Erlass der Closing Order vorgeführt werden.[1197] Dieser Zeitraum von vier Monaten ist nicht in die maximal erlaubte Dauer der Untersuchungshaft von drei Jahren einzurechnen.[1198] Für die Einhaltung der vier Monatsfrist ist gemäß Regel 82 (1) Internal Rules die Durchführung der ersten öffentlichen Anhörung des Angeklagten vor der Hauptverfahrenskammer (Initial Hearing) ausreichend.[1199] Ein Erscheinen des Angeklagten vor der Kammer

---

Hauptverfahren eingeführt werden kann. Gleß, Sabine, Beweisrechtsgrundsätze einer grenzüberschreitenden Strafverfolgung, Baden-Baden, 2006, S. 369.

1191 Gleß, Sabine, Beweisrechtsgrundsätze einer grenzüberschreitenden Strafverfolgung, Baden-Baden, 2006, S. 373.

1192 Perron, Walter, Rechtsvergleichender Querschnitt und rechtspolitische Bedeutung, in Perron, Walter, Die Beweisaufnahme im Strafverfahrensrecht des Auslands, Freiburg, 1995, S. 561.

1193 Internal Rules, Regel 69 (3).

1194 Internal Rules, Regel 67 (3).

1195 Internal Rules, Regel 70.

1196 Internal Rules, Regel 68 (1).

1197 Internal Rules, Regel 68 (1).

1198 ECCC Press Release, 30. April 2010, abrufbar unter http://www.eccc.gov.kh/english/cabinet/press/153/ECCC_Press_Release_30_Apr_2010_(Eng).pdf.

1199 Decision on Ieng Sary's request for release, E79/2, 12. Mai 2011, Para. 10, abrufbar unter http://www.eccc.gov.kh/sites/default/files/documents/courtdoc/E79_2_EN.PDF.

im Rahmen einer Sitzung zur Verfahrensorganisation unter Ausschluss der Öffentlichkeit (Trial Management Meeting) genügt dagegen nicht.

Nach dem Erlass der Closing Order wird die Kontrolle der Haftbedingungen durch die ECCC gemäß Regel 21 (2) Internal Rules fortgesetzt.[1200] Strittig war, welchem Organ diese Kompetenz zukommt. Die Vorverfahrenskammer erklärte sich ohne weitere Begründung für unzuständig und benannte die Hauptverfahrenskammer als zuständiges Organ. Die Hauptverfahrenskammer lehnte ihre Zuständigkeit ebenso ab.[1201] Nach ihrer Ansicht obliegt es gemäß Regel 10 (3) Internal Rules dem Verwaltungsdirektor, Kontrollmechanismen für die Haftbedingungen in Zusammenarbeit mit den Parteien zu entwickeln. Nach der daraufhin erlassenen Regel 13 (4) Detention Facility Rules können die Inhaftierten nun wöchentlich Beschwerden beim Gefängnisdirektor vortragen.[1202] Zusätzlich können sie Beschwerden direkt an die Hauptverfahrenskammer gemäß Regel 13 (7) Detention Facility Rules richten.

V. Das Disagreement-Verfahren

Ebenso wie bei einem Disagreement zwischen den Staatsanwälten kann die Vorverfahrenskammer angerufen werden, wenn ein Konsens zwischen den Ermittlungsrichtern nicht zu erzielen ist.[1203] Im Gegensatz zum Disagreement zwischen den Staatsanwälten enthalten die Regelwerke der ECCC bei Nichterreichen der erforderlichen Mehrheit von vier Stimmen in der Kammer (Supermajority) keine Regel, wie das Strafverfahren fortgeführt wird.

In Verfahren 003/ 004 kam es zu einem Disagreement zwischen den Ermittlungsrichtern. Die Ermittlungsrichter Blunk und Buleng hatten die Ermittlungen in Verfahren 003 zunächst eingestellt und in Verfahren 004 keine weiteren Ermittlungen mehr unternommen.[1204] Nachdem Richter Blunk zurückgetreten war, wurde Richter Laurent Kasper-Ansermet zum neuen stellvertretenden internationalen

---

1200 Decision on urgent request to order resumption of detention interviews, 2, 19. Januar 2011, Paras. 6, 9, abrufbar unter http://www.eccc.gov.kh/sites/default/files/documents/courtdoc/2_EN-3.PDF.

1201 Trial Chamber's Memorandum Request dated 6 January 2011 to the Pre-trial Chamber by the co-lawyers for Nuon Chea seeking a resumption of periodic detention interviews, pursuant to Internal Rule 63 (8), E60, 2. März 2011, abrufbar unter http://www.eccc.gov.kh/sites/default/files/documents/courtdoc/E60_EN.PDF.

1202 Decision on Nuon Chea's request to Trial Chamber to order resumption of detention interviews, E66/2, 11. Mai 2011, Para. 5, abrufbar unter http://www.eccc.gov.kh/sites/default/files/documents/courtdoc/E66_2_EN.PDF.

1203 UN-RGC Abkommen, Artikel 6 (4), 7, Internal Rules, Regeln 72, 74 (2).

1204 Notice of Conclusion of Judicial Investigation, D13, 29. April 2011, abrufbar unter http://www.eccc.gov.kh/sites/default/files/documents/courtdoc/D13_EN.pdf. Ebenso Statement of the Co-Investigating Judges, 29. April 2011, abrufbar unter http://www.eccc.gov.kh/sites/default/files/media/ECCC%20OCIJ%20%2029%20Apr%202011%28Eng%29.pdf.

Ermittlungsrichter ernannt. Seine Berufung zum hauptamtlichen Ermittlungsrichter war noch anhängig, als der nationale Ermittlungsrichter Buleng ihn aufforderte, seine neuen Ermittlungsversuche in Verfahren 003 und 004 einzustellen.[1205] Der nationale Richter verweigerte dabei seine Zusammenarbeit mit dem Argument, Richter Kasper-Ansermet sei formal nicht ordnungsgemäß ins Amt eingeführt worden.[1206] Daher verwehrte er dem internationalen Richter die Verwendung des Dienstsiegels und seinen Mitarbeitern den Zugang zu den Archiven. Nachdem er schließlich weder die Zulässigkeit noch den Inhalt eines Ermittlungsauftrags des internationalen Ermittlungsrichters anerkannt hatte, leitet Richter Kaper-Ansermet das Disagreement-Verfahren gemäß Regel 72 Internal Rules ein. Der nationale Richter bezog hierzu innerhalb der vorgesehenen Frist von zehn Tagen keine Stellung.[1207]

In ihren Beratungen konnte die Vorverfahrenskammer zunächst keine Mehrheit generieren, dass die Einleitung des Disagreement-Verfahrens durch den internationalen Ermittlungsrichter zulässig war. Ohne den Abschluss der Beratungen der Kammer jedoch abzuwarten, leitete der Vorsitzende Richter der Kammer alle Dokumente an den Verwaltungsdirektor des Gerichts in Form eines als „Memorandum" titulierten Dokuments zurück. In seiner nicht weiter ausgeführten Begründung hieß es, der internationale Ermittlungsrichter habe keine Kompetenz, das Verfahren anhängig zu machen.[1208] Die internationalen Richter sahen in diesem Vorgehen des Vorsitzenden Richters einen Verstoß gegen die Geheimhaltungspflicht der internen Beratungen der Kammer.[1209] Sie werteten sein Vorgehen rechtlich als Vertagung der weiteren Beratungen der Kammer.[1210] Die anderen zwei nationalen Richter äußerten sich nicht offiziell. Trotzdem weigerte sich der Vorsitzende Richter, das

---

1205 Opinion of Pre-Trial Chamber Judges Downing and Chung on the Disagreement between the Co-Investigating Judges pursuant to Internal Rule 72, 0, 23. Februar 2012, Para. 7, abrufbar unter http://www.eccc.gov.kh/sites/default/files/documents/courtdoc/Opinion02-2012_En.pdf.

1206 Internal Rules, Regel 7 (4), ECCC Gesetz, Artikel 26, 27, UN-RGC Abkommen, Artikel 3, 5, 6. Die Begründung der kambodschanischen Regierung waren „ethischen Bedenken", was die VN jedoch als unbegründet zurückwies.

1207 Opinion of Pre-Trial Chamber Judges Downing and Chung on the Disagreement between the Co-Investigating Judges pursuant to Internal Rule 72, 0, 23. Februar 2012, Para. 8, abrufbar unter http://www.eccc.gov.kh/sites/default/files/documents/courtdoc/Opinion02-2012_En.pdf.

1208 Opinion of Pre-Trial Chamber Judges Downing and Chung on the Disagreement between the Co-Investigating Judges pursuant to Internal Rule 72, 0, 23. Februar 2012, Anhang, abrufbar unter http://www.eccc.gov.kh/sites/default/files/documents/courtdoc/Opinion02-2012_En.pdf.

1209 Opinion of Pre-Trial Chamber Judges Downing and Chung on the Disagreement between the Co-Investigating Judges pursuant to Internal Rule 72, 0, 23. Februar 2012, Para. 12, abrufbar unter http://www.eccc.gov.kh/sites/default/files/documents/courtdoc/Opinion02-2012_En.pdf.

1210 Opinion of Pre-Trial Chamber Judges Downing and Chung on the Disagreement between the Co-Investigating Judges pursuant to Internal Rule 72, 0, 23. Februar 2012,

„Memorandum" zurückzunehmen. Nach seiner Ansicht sei die Frage der Zulässigkeit des Disagreement-Verfahrens eine rein administrative Entscheidung. Daher sei der Verwaltungsdirektor der ECCC zuständig. Daraufhin sahen sich die internationalen Richter unter Berufung auf ihre Berufs- und Eidespflichten gezwungen, ihre eigentlich der Geheimhaltung unterliegende abweichende Meinung zu veröffentlichen. Nach ihrer Ansicht war die Beantragung des Disagreement-Verfahrens gemäß Regel 72 Internal Rules zulässig. Die 30-Tage-Frist zur Anrufung der Kammer, deren Lauf mit dem Entstehen des Disagreements begann, sei eingehalten worden.[1211] Auch sei Richter Kasper-Ansermet zur Verfahrenseinleitung befugt gewesen. Als ordnungsgemäß berufener Stellvertreter trete er in die Pflichten[1212] des abwesenden hauptamtlichen Ermittlungsrichters ein und übernehme dessen Kompetenzen.[1213] Die einseitig durch einen Ermittlungsrichter veranlasste Maßnahme könne gemäß Regel 72 (4) (d) Internal Rules durchgeführt werden, da in der Vorverfahrenskammer keine Mehrheit über das Vorliegen des Disagreements erreicht werden konnte.[1214]

In dieser Situation trat der stellvertretende Ermittlungsrichter Laurent Kasper-Ansermet zum 4. Mai 2012 zurück.[1215] Nach seiner Ansicht dürfe er die beantragten Ermittlungshandlungen gemäß Regel 72 (4) (d) Internal Rules aufgrund des Nichterreichens einer Mehrheit in der Vorverfahrenskammer ausführen. Gleichzeitig mit seinem Rücktritt gab er bekannt, die Ermittlungen in Verfahren 003 wiederzueröffnen. Ferner forderte er den Vorsitzenden Richter der Vorverfahrenskammer zum Rücktritt auf, da dieser gegen Regel 72 (4) (e) Internal Rules verstoßen habe. Nach dieser Regel muss die Vorverfahrenskammer den Gegenstand des Disagreements untersuchen und eine begründete und von allen Richtern unterzeichnete Entscheidung erlassen.[1216] Ferner leitete er die das Disagreement betreffenden Dokumente

---

Para. 11 ff., abrufbar unter http://www.eccc.gov.kh/sites/default/files/documents/courtdoc/Opinion02-2012_En.pdf.

1211 Opinion of Pre-Trial Chamber Judges Downing and Chung on the Disagreement between the Co-Investigating Judges pursuant to Internal Rule 72, 0, 23. Februar 2012, Paras. 27, 28 abrufbar unter http://www.eccc.gov.kh/sites/default/files/documents/courtdoc/Opinion02-2012_En.pdf.

1212 ECCC Gesetz, Artikel 26.

1213 Opinion of Pre-Trial Chamber Judges Downing and Chung on the Disagreement between the Co-Investigating Judges pursuant to Internal Rule 72, 0, 23. Februar 2012, Para. 31 abrufbar unter http://www.eccc.gov.kh/sites/default/files/documents/courtdoc/Opinion02-2012_En.pdf.

1214 Opinion of Pre-Trial Chamber Judges Downing and Chung on the Disagreement between the Co-Investigating Judges pursuant to Internal Rule 72, 0, 23. Februar 2012, Para. 38 abrufbar unter http://www.eccc.gov.kh/sites/default/files/documents/courtdoc/Opinion02-2012_En.pdf.

1215 Press Release from the International Reserve Co-Investigating Judge, abrufbar unter http://www.eccc.gov.kh/en/articles/press-release-international-reserve-co-investigating-judge.

1216 Note of the International Reserve Co-Investigating Judge to the Parties on the egregious Dysfunctions within the ECCC impeding the proper conduct of

erneut der Vorverfahrenskammer zu, da ihm gegenüber eine Entscheidung der Vorverfahrenskammer nicht bekanntgegeben worden sei.[1217]

Zusätzlich leitete er ein Verfahren gegen aktuelles und früheres Personal der ECCC wegen einer von ihm vermuteten Verletzung von Regel 35 Internal Rules in Verfahren 004 vor den kambodschanischen Behörden ein. Zudem zeigte er den nationalen Ermittlungsrichter vor dem Supreme Council of the Magistracy an.[1218] Dieser Anzeige wiedersprach der nationale Ermittlungsrichter.[1219] Die Anzeige enthält nach Auskunft des Präsidenten des Supreme Council jedoch keine förmliche Beschwerde. Eine Entscheidung ist daher nicht zu erwarten.[1220] Auch die VN veranlassten keine Untersuchungen der Vorgehensweise der Ermittlungsrichter Blunk und Buleng.[1221] Nach der Ernennung eines neuen internationalen Ermittlungsrichters und eines neuen Stellvertreters durch die VN ist der weitere Verlauf der Verfahren abzuwarten.

VI. Zusammenfassung

An den ECCC steht die Kompetenz zur Durchführung von Ermittlungen zwei nicht weisungsgebundenen[1222] Ermittlungsrichtern anstatt einer der Exekutive unterstellten Staatsanwaltschaft zu.[1223] Über Meinungsverschiedenheiten zwischen den

Investigations in Case 003 and 004, D114, 12. März 2012, abrufbar unter http://www.eccc.gov.kh/sites/default/files/documents/courtdoc/D114_EN.PDF.

1217 Statement by the International Reserve Co-Investigating Judge, abrufbar unter http://www.eccc.gov.kh/en/articles/statement-international-reserve-co-investigating-judge-1.

1218 „Finally, the Reserve International Co-Investigating Judge hereby invites all the competent authorities of the Kingdom of Cambodia and the United Nations to take a clear and common stand concerning the future of Case Files 003 and 004 so as to restore the image and dignity of the ECCC and uphold international justice." Press Release from the International Reserve Co-Investigating Judge, abrufbar unter http://www.eccc.gov.kh/en/articles/press-release-reserve-international-co-investigating-judge.

1219 Press Statement by the National Co-Investigating Judge, abrufbar unter http://www.eccc.gov.kh/en/articles/press-statement-national-co-investigating-judge.

1220 Open Society Justice Initiative, The Future of Cases 003/004 at the Extraordinary Chambers in the Courts of Cambodia, Oktober 2012, S. 10.

1221 Human Rights Watch, Cambodia: Judges Investigating Khmer Rouge Crimes should Resign, 3. Oktober 2011, abrufbar unter http://www.hrw.org/news/2011/10/03/cambodia-judges-investigating-khmer-rouge-crimes-should-resign.

1222 Kerckhoff, Gerhard, Beweisverbote im französischen Strafprozess, Trier, 1992, S. 4.

1223 In Italien wurde das Institut der Ermittlungsrichter abgeschafft, in Frankreich, Österreich und der Schweiz wird seine Abschaffung gefordert. Jung, Heike, „La mise en état des affaires pénales" Zwei Kommissionsberichte als Wegbereiter für ein neues Modell des Strafverfahrens, ZStW, 1993, S. 217. Teilweise wird behauptet, „das Untersuchungsrichtermodell hat nie und nirgends wirklich funktioniert". Fuchs, Helmut, Die Ergebnisse des Vorverfahrens als Grundlage des Strafurteils,

Ermittlungsrichtern entscheidet die Vorverfahrenskammer. Die Ermittlungsrichter verfassen am Ende des Ermittlungsverfahrens eine Abschlussverfügung, entweder in Form einer Anklage und bzw. oder einer Einstellungsverfügung.

Die Ermittlungsrichter haben umfangreiche Ermittlungsbefugnisse und einen weitgehenden Ermessenspielraum bei ihren Entscheidungen, da sie eine effektive und zügige Beweissicherung ermöglichen[1224] und die Waffengleichheit zwischen den Parteien fördern sollen.[1225] Die Parteien sind nicht zur Durchführung eigener Ermittlungen befugt. Sie können aber Beweisanträge stellen, deren Durchführung im Ermessen der Ermittlungsrichter liegt. In Verfahren 003/ 004 entschieden die Richter zunächst, weiteren Ermittlungsanträgen der Staatsanwaltschaft nicht mehr nachzukommen. Dies ist bedenklich, da die meisten Beweismittel während des Ermittlungsverfahrens gesammelt werden, die Staatsanwaltschaft aber die Beweislast für die Schuld des Angeklagten im Hauptverfahren trägt. Der neu eingesetzte stellvertretende internationale Ermittlungsrichter sprach sich jedoch im Verfahrensverlauf für die Durchführung weitere Ermittlungen aus. Das daraufhin eingeleitete Disagreement-Verfahren führte mangels Erreichen der Supermajority in der Vorverfahrenskammer zu keiner Lösung dieser Meinungsverschiedenheit zwischen den Ermittlungsrichtern. Die Internal Rules enthalten für diesen Fall allerdings keine Regelung zum Verfahrensfortgang. Die Minderheit der internationalen Richter sprach sich dafür aus, dass ein Ermittlungsrichter auch alleine handeln könne. Der nationale Vorsitzende Richter der Kammer verwies das Verfahren jedoch ohne die Beratungen der Kammer abzuwarten an den Verwaltungsdirektor. Zwar unterliegt das Disagreement-Verfahren der Geheimhaltung, allerdings veröffentlichten die internationalen Richter angesichts der Haltung des Vorsitzenden Richters ihre abweichende Meinung. Darin kritisierten sie den Vorsitzenden Richter nachdrücklich für den Verstoß gegen seine Pflicht, Entscheidungen zu begründen.[1226] Der Verfahrensfortgang bleibt abzuwarten, nachdem der neuberufene ständige internationale Ermittlungsrichter nun das Ermittlungsverfahren für nicht beendet erklärte.

---

in Strafprozessreform, Konzepte und Orientierungen zum neuen Vorverfahren, Schriftenreihe des Bundesministeriums für Justiz. Nr. 54, Wien, 1991, S. 155.

1224 Kerckhoff, Gerhard, Beweisverbote im französischen Strafprozess, Trier, 1992, S. 11.

1225 Im angloamerikanischen Verfahren gibt es stattdessen frühzeitige „selbständige Verteidigungsermittlungen". Perron, Walter, Rechtsvergleichender Querschnitt und rechtspolitische Bedeutung, in Perron, Walter, Die Beweisaufnahme im Strafverfahrensrecht des Auslands, Freiburg, 1995, S. 605.

1226 „While noting that Judges Prak, Ney and Huot do not provide any explanation or reasoning for their opinion, we disagree with their conclusion." Opinion of Pre-Trial Chamber Judges Downing and Chung on the Disagreement between the Co-Investigating Judges pursuant to Internal Rule 72, 23. Februar 2012, Para. 29, abrufbar unter http://www.cambodiatribunal.org/sites/default/files/documents/Opinion02-2012_EN.pdf.

Es steht auch im ermittlungsrichterlichen Ermessen, unter welchen Umständen eine Gegenüberstellung von Beschuldigten, Nebenklägern oder Zeugen gestattet wird. Alternativ hätte dieser Ermessensspielraum in den Internal Rules zum Schutz der Rechte der Verfahrensbeteiligten konkretisiert werden können. So wäre z. B. eine Regelung entsprechend § 163 (3) österreichische StPO in den Internal Rules denkbar gewesen. Danach ist eine Gegenüberstellung zulässig, „wenn die Aussagen in erheblichen Umständen voneinander abweichen und anzunehmen ist, dass die Aufklärung der Widersprüche dadurch gefördert werden kann. Die einander gegenüber gestellten Personen sind über jeden einzelnen Umstand ihrer voneinander abweichenden oder einander widersprechenden Aussagen besonders zu vernehmen; die beiderseitigen Antworten sind zu protokollieren."[1227]

Auch die Bestimmung des Zeitpunkts, zu dem der Tatverdächtige über ein Ermittlungsverfahren gegen ihn unterrichtet wird (Initial Appearance), ist nicht in den Internal Rules benannt, sondern bleibt den Ermittlungsrichtern überlassen.[1228] Problematisch daran ist, dass schon im Ermittlungsverfahren spätere Beweise für das Hauptverfahren gesammelt werden, die Tatverdächtigen aber erst ab der Initial Appearance anwaltlich vertreten werden und Anträge stellen können. Deswegen versuchte das Verteidigerbüro in Verfahren 003/ 004 auch ohne eine erfolgte Initial Appearance zum besseren Schutz der Rechte der Tatverdächtigen einen Verteidiger zu bestellen. Dies akzeptierten die Ermittlungsrichter allerdings nicht.

Bedenklich war des Weiteren, dass die Nebenkläger über den Inhalt des Ermittlungsverfahrens 003/ 004 spät informiert wurden. Ihre Zulassungsanträge, in denen die konkrete Verletzung der Opfer dargelegt werden muss,[1229] konnten somit erst spät begründet und eingereicht werden. Dies schwächte die Beteiligungsrechte der Opfer während des Ermittlungsverfahrens.

1227 Österreichische StPO, § 163 (3).

1228 Erst ab dem Zeitpunkt seiner ersten Vernehmung kann der Beschuldigte einen Verteidiger beiziehen. Ähnlich aber auch JStGH Statut, Artikel 18 (3), IStGH Statut, Artikel 55 (1) (c).

1229 Internal Rules, Regel 24 (1).

J. Das Verfahren vor der Vorverfahrenskammer

Der Vorverfahrenskammer obliegt die Kontrolle des Ermittlungsverfahrens. Ihre Kompetenzen werden im folgenden Kapitel dargestellt.

I. Die Vorverfahrenskammer

Die Vorverfahrenskammer (Pre-Trial Chamber) ist mit drei nationalen und zwei internationalen Richtern[1230] besetzt.[1231] Der Vorsitzende Richter ist kambodschanischer Nationalität.[1232] Um das Recht auf einen gesetzlichen Richter zu wahren, wird für jeden Richter ein Ersatzrichter gewählt. Die Entscheidung soll grundsätzlich einstimmig ergehen, ansonsten gilt die Supermajority-Regel.[1233] Die Entscheidung der Vorverfahrenskammer ist nicht durch eine weitere Instanz überprüfbar.

II. Die Rechtsmittel vor der Vorverfahrenskammer

Die Vorverfahrenskammer ist zuständig für die Entscheidung über Meinungsverschiedenheiten zwischen den Staatsanwälten oder den Ermittlungsrichtern[1234] und die Entscheidung über Beschwerden gegen die von den Ermittlungsrichtern verhängte Untersuchungshaft gemäß Regel 63 (4) Internal Rules. Auch obliegt ihr die Überprüfung anderer Entscheidungen der Ermittlungsrichter und die Nichtigkeitserklärung von Ermittlungshandlungen. Ferner kontrolliert sie die Entscheidungen der DSS-Abteilung bzw. der kambodschanischen Anwaltskammer über die Aufnahme eines Anwalts in die Pflichtverteidigerliste bzw. über die Berufung eines Anwalts als Vertreter der Nebenklage. Ihr obliegt des Weiteren die Entscheidung über ein Fehlverhalten von Anwälten oder über Delikte, die die Rechtspflege beeinträchtigen.[1235] Sie entscheidet auch über die Zulassung einer Nebenklagegruppe (Victim Association) gemäß Regel 23quater (1) (e) Internal Rules. Neben diesen originären Zuständigkeiten ergibt sich eine Hilfszuständigkeit aus Regel 21 Internal Rules,

---

1230 Zur Auswahl der Richter vgl. Kapitel G. I. 1).

1231 Diese gibt es im kambodschanischen Gerichtssystem nicht. Interview of Somne Thmey with You Bun Leng, Co-Investigating Judge ECCC, 4. Juni 2007, abrufbar unter http://www.genocidewatch.org/images/Cambodia_4_Jun_07_Interview_with_You_Bun_Leng,_Coinvestigating_judge_ECCC.pdf.

1232 ECCC Gesetz, Artikel 9, 11.

1233 UN-RGC Abkommen, Artikel 4 (1), 6 (4), 7 (4), ECCC Gesetz, Artikel 20, Internal Rules, Regel 71 (4).

1234 Vgl. Kapitel H. III., Kapitel I. VI. ECCC Gesetz, Artikel 20, 23, Internal Rules, Regeln 71, 72.

1235 Internal Rules, Regel 35, 38.

wenn im Einzelfall eine Entscheidung der Kammer für die Gewährleistung eines fairen Verfahrens und einer ordentlichen Verfahrensdurchführung erforderlich ist.[1236]

Auf die Beschwerdemöglichkeit gegen Entscheidungen der Ermittlungsrichter, den Antrag auf Nichtigkeitserklärung von Verfahrenshandlungen im Ermittlungsverfahren, die Untersuchungshaftbeschwerde sowie die Hilfszuständigkeit der Vorverfahrenskammer wird im Folgenden näher eingegangen. Zunächst wird jedoch der Ablauf des Beschwerdeverfahrens erläutert.

1) Der Ablauf des Beschwerdeverfahrens

Die Beschwerde ist innerhalb von zehn Tagen nach Zustellung der angegriffenen Entscheidung (Notice of Appeal)[1237] einzulegen und innerhalb von 30 Tagen[1238] schriftlich zu begründen (Submission on Appeal).[1239] Die Ermittlungsakte wird der Kammer fünf Tage nach Beschwerdeeinlegung zugeleitet.[1240] Der Vorsitzende Richter überprüft die Aktualität der Akte und setzt einen Termin für die nicht öffentliche[1241] mündliche Verhandlung fest.[1242] Die Ladungsfrist für diese kontradiktorische Verhandlung beträgt zwischen fünf und 15 Tagen. Bis zum Tag der Verhandlung haben die Verfahrensbeteiligten die Möglichkeit, die Ermittlungsakte in der Gerichtskanzlei einzusehen.[1243] Der Beschwerdeführer muss innerhalb von 30 Tagen

1236 Beispielhaft, auch wenn im Ergebnis abgelehnt Considerations of the Pre-Trial Chamber regarding the international Co-Prosecutor's appeal against the Co-Investigating Judges' order on international Co-Prosecutor's public statement regarding case 003, D14/1/3, 24. Oktober 2011, Para. 17, abrufbar unter http://www.eccc.gov.kh/sites/default/files/documents/courtdoc/D14_1_3_Redacted_EN-1.PDF.

1237 Grund für die Einführung der Rechtsmitteleinlegungsfrist ist das beschränkte zeitliche Mandat des Tribunals. Decision on immediate appeals by Nuon Chea and Ieng Thirith on urgent applications for immediate release, E50/2/114, 3. Juni 2011, Para. 35, Fßn. 51, abrufbar unter http://www.eccc.gov.kh/sites/default/files/documents/courtdoc/E50_2_1_4_EN.PDF.

1238 Hiervon kann im Interesse des Angeklagten oder der Gerechtigkeit abgewichen werden gemäß Regel 8 (1) Practice Direction on Filing of Documents before the ECCC. Decision granting leave to the Co-lawyers for the accused to reply to the response of the Co-prosecutors, F14/4/1, 22. Dezember 2010, Para. 5, abrufbar unter http://www.eccc.gov.kh/sites/default/files/documents/court doc/F14_4_1_EN.pdf.

1239 Internal Rules, Regel 75 (1), (3).

1240 Internal Rules, Regel 77 (2).

1241 Internal Rules, Regel 77 (5), Ausnahme hierzu: Regel 77 (6). Kritisch Cambodian Human Rights Action Committee, Comments on the ECCC Draft Internal Rules, Phnom Penh, 17. November 2006, S. 3.

1242 Internal Rules, Regel 77 (3) (a).

1243 Internal Rules, Regel 77 (4).

vor dem Verhandlungstermin[1244] einen Schriftsatz einreichen,[1245] eine Antwort der Gegenpartei hat innerhalb von zehn Tagen zu erfolgen.[1246] Die Kammer kann fakultativ auch nur im schriftlichen Verfahren entscheiden.[1247] Dieses beschleunigte Verfahren ohne mündliche Verhandlung ist zwingend nur bei Beschwerden der Nebenkläger vorgesehen.[1248]

Zur Verfahrensbeschleunigung tagt die Vorverfahrenskammer seit Februar 2010 täglich. Inzwischen ernennt die Kammer auch ihr zugehörige Personen zum Berichterstatter, welcher die komplexen Sachverhalte für die Kammer vorab aufbereitet.[1249] Dieser Bericht wird teilweise veröffentlicht, was die Verfahrenstransparenz für die Öffentlichkeit erhöhte. Zuvor hatten sich die Beschwerdeverfahren angestaut, weil eine Zusammenkunft nur unregelmäßig stattfand[1250] und bis zu einer Entscheidung oft mehrere Monate vergingen.[1251]

Die Vorverfahrenskammer muss über die Beschwerde nicht unverzüglich oder innerhalb einer bestimmten Frist entscheiden. Sie kann ihre Entscheidung auch auf einen späteren Zeitpunkt verschieben, vor allem wenn z.B. absehbar ist, dass die Entscheidung über die ursprüngliche Beschwerde mit anderen Fragen zusammenhängt, welche erst im weiteren Verfahrensverlauf geklärt werden können und daher abzuwarten sind.[1252] Die Entscheidung der Vorverfahrenskammer wird durch den Verwaltungsdirektor veröffentlicht und den Ermittlungsrichtern und

1244 Vgl. zu einem möglichen Ablauf einer solchen Verhandlung Conduct of Criminal Proceedings (for Hearing on 23 April 2008), 0, 23. April 2008, abrufbar unter http://www.eccc.gov.kh/sites/default/files/documents/courtdoc/Procedure_Hearing230408_ENGLISH_0.pdf.

1245 Internal Rules, Regel 77 (4) i.V.m. Practice Direction on filing of documents before the ECCC, Artikel 8 (2).

1246 Internal Rules, Regel 77 (4) i.V.m. Practice Direction on filing of documents before the ECCC, Artikel 8 (3). Wurde keine mündliche Verhandlung anberaumt, kann hierauf innerhalb von fünf Tagen erneut geantwortet werden. Practice Direction on Filing of Documents before the ECCC, Artikel 8 (4).

1247 Internal Rules, Regel 77 (3) (b). Decision to determine Ieng Sary's appeal on the basis of written submissions only, A190/II/7, 10. September 2008, abrufbar unter http://www.eccc.gov.kh/en/documents/court/decision-determine-ieng-sarys-appeal-basis-written-submissions-only.

1248 Internal Rules, Regel 77bis.

1249 Khieu Samphan – Report of Examination, C26/I/24. 22. April 2008, abrufbar unter http://www.eccc.gov.kh/sites/default/files/documents/courtdoc/PTC_Khieu_Samphan_Report_of_examination_C26_I_24_EN.pdf.

1250 Pre-Trail Chamber Interoffice Memorandum: Pre-Trail Chamber Sessions for the first half 2009, 19. Dezember 2008, abrufbar unter http://www.eccc.gov.kh/sites/default/files/documents/courtdoc/PTCInteroffice_Memo_EN_0.pdf.

1251 Open Society Justice Initiative, Recent Developments at the Extraordinary Chambers in the Courts of Cambodia, März 2010 Update, S. 13.

1252 Notice to the parties concerning the Co-Lawyers' request for suspension of time to file the appeal pending access to the case file, D11/2/4/3, 13. Juli 2011, abrufbar

Verfahrensbeteiligten zugeleitet.[1253] Dies gilt allerdings nicht für Entscheidungen der Kammer über Disagreements. Diese sind geheim zu halten, um die Integrität des Verfahrens nicht zu gefährden.[1254]

Bis zum Erlass einer Entscheidung der Vorverfahrenskammer tritt keine suspendierende Wirkung für die beanstandete Handlung ein. Eine Ausnahme von diesem Grundsatz gilt, wenn die Beschwerde ansonsten hinfällig würde. Dies ist z.B. der Fall, wenn geheime Informationen aus dem Ermittlungsverfahren veröffentlicht werden sollen. Wäre die Veröffentlichung rechtswidrig, könnte diese im Nachhinein nämlich nicht mehr rückgängig gemacht werden.[1255]

2) Die Untersuchungshaftbeschwerde

Die Vorverfahrenskammer kann bei einer Untersuchungshaftbeschwerde[1256] die Entscheidung der Ermittlungsrichter aufrechterhalten, modifizieren oder aufheben.[1257] Überprüft wird die Frage, ob die Ermittlungsrichter vor der Anordnung der Untersuchungshaft das Verfahren ordnungsgemäß durchgeführt haben, eine ausreichende Tatsachengrundlage für die Anordnung der Untersuchungshaft gemäß Regel 63 (3) Internal Rules vorlag, die Haftgründe auch zum Zeitpunkt der Rechtsmittelentscheidung noch vorliegen und die Ermittlungsrichter die Verhältnismäßigkeit der Anordnung der Untersuchungshaft angemessen beurteilt haben.[1258] Der Prüfungsumfang beschränkt sich auf offensichtliche Fehler.[1259] In die Bewertung fließen nur Tatsachen mit ein, die von den Parteien vorgebracht wurden. Tatsachenfeststellungen aus anderen Verfahren binden die Kammer aufgrund des Rechts auf

unter http://www.eccc.gov.kh/sites/default/files/documents/courtdoc/D11_2_4_3_EN.PDF.

1253 UN-RGC Abkommen, Artikel 7 (4).

1254 Internal Rules, Regel 71 (4), die im Gegensatz zu Artikel 20 UN-RGC Abkommen steht.

1255 Order suspending the enforcement of the Order on International Co-prosecutor's public statement regarding Case File 003, D14/1/2, 13. Juni 2011, Para. 3, abrufbar unter http://www.eccc.gov.kh/sites/default/files/documents/courtdoc/D14_1_2_EN.pdf.

1256 Internal Rules, Regel 63 (7).

1257 Appeal against order of provisional detention, C11/01, 8. November 2007, Para. 15, abrufbar unter http://www.eccc.gov.kh/sites/default/files/documents/courtdoc/appeal_against_provisional_detention_nuon_chea_0.pdf.

1258 PTC decision on appeal against provisional detention order of Nuon Chea, C11/54, 20. März 2008, Para. 9, abrufbar unter http://www.eccc.gov.kh/sites/default/files/documents/courtdoc/PTC_decision_on_nuon_chea_appeal_C11_54_EN.pdf.

1259 Ruling on Defence request for reduction of some parts of Co- Prosecutor's response to appeal brief- Order of provisional detention, C5/46, 6. Dezember 2007, Para. 25, abrufbar unter http://www.worldcourts.com/eccc/eng/decisions/2007.12.06_Co_Prosecutors_v_Kaing_Guek_Eav_alias_Duch.pdf.

ein faires Verfahren nicht.[1260] Sollen diese dennoch eingeführt werden, muss ein ausreichender Zusammenhang zwischen den Verfahren aufgezeigt werden. Hierfür muss auch die Entscheidungsbegründung der Kammer im anderen Verfahren einbezogen werden.[1261]

Alle bisher erhobenen Beschwerden gegen die Anordnung oder Verlängerung der Untersuchungshaft waren unbegründet. So scheiterte beispielsweise in Verfahren 001 die Beschwerde Duch's. Diese war mit seinem Schuldeingeständnis, seiner Kooperationsbereitschaft mit dem Tribunal, seiner Reue und seiner vorherigen durch das kambodschanische Militärgericht[1262] angeordneten unrechtmäßigen Haft begründet. Diese Umstände werden nur im Endurteil, nicht bei der Beschwerde gegen die Anordnung der Untersuchungshaft berücksichtigt.[1263] Nachdem die Beschwerden in Verfahren 002 durch Nuon Chea, Ieng Sary und Ieng Thirith erfolglos waren, zog Khieu Samphan seine Beschwerde zurück.[1264]

a) Die Stellung der Nebenklage bei der Untersuchungshaftbeschwerde

Anträge der Nebenkläger sind vor der mündlichen Verhandlung über die Beschwerde gegen die Anordnung der Untersuchungshaft einzureichen. Ein Akteneinsichtsrecht steht den Anwälten der Nebenkläger bis zum Tag der mündlichen Verhandlung gemäß Regel 77 (4) der Internal Rules zu.[1265]

In Verfahren 002 war die konkrete Ausgestaltung der Beteiligungsrechte der Nebenkläger gemäß Regel 23 Internal Rules im Rahmen von Untersuchungshaftbeschwerden strittig. Problematisch war, dass in den Nebenklägeranträgen bei der ermittlungsrichterlichen Entscheidung über die Anordnung der Untersuchungshaft

---

1260 PTC decision on appeal against provisional detention order of Nuon Chea, C11/54, 20. März 2008, Para. 12, http://www.eccc.gov.kh/sites/default/files/documents/courtdoc/PTC_decision_on_nuon_chea_appeal_C11_54_EN.pdf.

1261 PTC decision on appeal against provisional detention order of Nuon Chea, C11/54, 20. März 2008, Para. 12, http://www.eccc.gov.kh/sites/default/files/documents/courtdoc/PTC_decision_on_nuon_chea_appeal_C11_54_EN.pdf.

1262 Transcript of Proceedings – "DUCH" Trial (Trial Day 3), E1/7.1, 1. April 2009, abrufbar unter http://www.eccc.gov.kh/sites/default/files/documents/courtdoc/E1_7.1_En.pdf.

1263 Decision on Request for Release, E39/5, 15. Juni 2009, Paras. 21, 29, 36, 37, abrufbar unter http://www.eccc.gov.kh/sites/default/files/documents/courtdoc/E39_5_EN.pdf.

1264 Decision on Appeal against Order on Extension of Provisional Detention of Nuon Chea, C9/5/7, 4. Mai 2009, abrufbar unter http://www.worldcourts.com/eccc/eng/decisions/2009.05.04_Co_Prosecutors_v_Nuon_Chea.pdf.
Decision on Ieng Thirith's Appeal against Order on Extension of Provisional Detention, C80/5/18, 11. Mai 2009, abrufbar unter http://www.eccc.gov.kh/sites/default/files/documents/courtdoc/C20_5_18_EN.pdf.

1265 PTC decision on civil party participation in provisional detention appeals, C11/53, 20. März 2008, Para. 3, abrufbar unter http://www.eccc.gov.kh/sites/default/files/documents/courtdoc/PTC_decision_civil_party_nuon_chea_C11_53_EN.pdf.

nicht thematisierte Aspekte enthalten waren. Es musste ein Gleichgewicht zwischen dem Partizipationsrecht der Nebenklage und dem Recht des Beschuldigten auf ein faires Verfahrens gefunden werden.[1266] Die Vorverfahrenskammer nahm die Anträge der Nebenkläger zunächst an, behielt sich jedoch das Recht vor, über deren Zulässigkeit erst zu einem späteren Zeitpunkt zu entscheiden.[1267] Letztlich erklärte die Vorverfahrenskammer die Anträge der Nebenkläger für zulässig. Die Nebenkläger müssten für diese wegen der Formulierung von Regel 23 (4) Internal Rules auch kein spezielles Interesse darlegen.[1268] Die Vorverfahrenskammer begründete ihre Entscheidung damit, dass die Nebenkläger nicht die Möglichkeit hatten, bereits an der ermittlungsrichterlichen Entscheidung über die Anordnung der Untersuchungshaft mitzuwirken. Zu diesem Zeitpunkt hatten sie nämlich noch keine ausreichenden Informationen zur Begründung ihrer Zulassungsanträge.[1269] Die Einbeziehung der Nebenklägeranträge müsse der Beschuldigte im Rechtsmittelverfahren hinnehmen, da das Institut der Nebenklage an den ECCC grundsätzlich vorgesehen sei.[1270] Auch seien seine Rechte gewahrt, da er zu dem Vortrag der Nebenkläger Stellung beziehen könne.

3) Die Beschwerde gegen Handlungen der Ermittlungsrichter

Mit der Beschwerde können Entscheidung der Ermittlungsrichter gemäß Regel 74 Internal Rules angegriffen werden. Die in den Internal Rules aufgeführten Anrufungsgründe sind abschließend.[1271] Erfasst ist insbesondere die Überprüfung der

1266 PTC decision on civil party participation in provisional detention appeals, C11/53, 20. März 2008, Para. 5 ff., abrufbar unter http://www.eccc.gov.kh/sites/default/files/documents/courtdoc/PTC_decision_civil_party_nuon_chea_C11_53_EN.pdf.

1267 In der Zwischenzeit holte die Kammer Amicus Curiae Briefe ein. PTC decision on civil party participation in provisional detention appeals, C11/53, 20. März 2008, Para. 8, abrufbar unter http://www.eccc.gov.kh/sites/default/files/documents/courtdoc/PTC_decision_civil_party_nuon_chea_C11_53_EN.pdf.

1268 PTC decision on civil party participation in provisional detention appeals, C11/53, 20. März 2008, Para. 49, abrufbar unter http://www.eccc.gov.kh/sites/default/files/documents/courtdoc/PTC_decision_civil_party_nuon_chea_C11_53_EN.pdf.

1269 PTC decision on civil party participation in provisional detention appeals, C11/53, 20. März 2008, Para. 41, abrufbar unter http://www.eccc.gov.kh/sites/default/files/documents/courtdoc/PTC_decision_civil_party_nuon_chea_C11_53_EN.pdf.

1270 PTC decision on civil party participation in provisional detention appeals, C11/53, 20. März 2008, Para. 41, abrufbar unter http://www.eccc.gov.kh/sites/default/files/documents/courtdoc/PTC_decision_civil_party_nuon_chea_C11_53_EN.pdf.

1271 Pre-Trial Chamber Decision on Khieu Samphan's Appeal against the Order on Translation Rights and Obligations of the Parties, A190/I/20, 20. Februar 2009, Paras. 31, 33, abrufbar unter http://www.eccc.gov.kh/sites/default/files/documents/courtdoc/A190_I_20_EN.pdf. Pre-Trial Chamber Decision on Ieng Sary's Appeal against the OCIJ Order on Translation Rights and Obligations of the Parties, A190/II/9, 20. Februar 2009, abrufbar unter http://www.eccc.gov.kh/sites/default/files/documents/courtdoc/A190_II_9_EN.pdf.

Entscheidung der Ermittlungsrichter über die Eröffnung der Zuständigkeit der ECCC und über die Abschlussverfügung der Ermittlungsrichter.[1272] Des Weiteren entscheidet sie über Beschwerde gegen Entscheidungen der Ermittlungsrichter über Beweis-/ ermittlungsanträge, die Bestellung eines Sachverständigen, von Nebenklägeranträgen oder des Erlasses von Zeugenschutzmaßnahmen.

Die Verfahrensbeteiligten sind beschwerdebefugt, wenn ihre Rechte durch die Verfahrenshandlung unmittelbar betroffen sind.[1273] Hierzu zählen nur die unmittelbar am Verfahren Beteiligten, nicht z. B. die in einem anderen Verfahren vor den ECCC beschuldigten Personen.[1274] Staatsanwaltschaft, Verteidigung und Nebenklage[1275] haben in unterschiedlichem Umfang[1276] die Möglichkeit zur Einlegung der Beschwerde.[1277] Die Staatsanwaltschaft kann gemäß Regel 74 (2) Internal Rules als einzige Partei gegen alle Entscheidungen der Ermittlungsrichter Beschwerde einlegen. Verteidigung[1278] und Nebenklage[1279] sind hierzu nur im Umfang von Regel 74 (3),

1272 Internal Rules, Regeln 74, 75.

1273 Internal Rules, Regel 48.

1274 Internal Rules, Regel 77 (3), (10). Pre-Trial Chamber Decision on Ieng Sary's request to make submissions on Joint Criminal Enterprise, D99/3/19, 6. Oktober 2008, Para. 14, abrufbar unter http://www.eccc.gov.kh/sites/default/files/documents/courtdoc/D99_3_19_EN_0_0.pdf.

1275 Internal Rules, Regel 66 (2), (3). Im französischen Recht steht das Rechtsmittel nur der Staatsanwaltschaft zu, vgl. CPP, Artikel 185, 186.

1276 Internal Rules, Regeln 55 (10), 66 (1).

1277 Internal Rules, Regel 74 (2)-(5). Decision on the Appeal against the "Order on the Request to place on the Case [File] the Documents relating to Mr. Khieu Samphan's Real Activity", D370/2/11, 7. Juli 2010, Para. 9, abrufbar unter http://www.eccc.gov.kh/sites/default/files/documents/courtdoc/D370_2_11_EN.PDF.

1278 Der Angeklagte ist in folgenden Fällen hierzu berechtigt: „Orders by the Co-Investigating Judges a) confirming the jurisdiction of the ECCC b) refusing requests for investigative action allowed under these IRs c) refusing requests for the restitution of seised items d) refusing requests for expert reports allowed under these IRs e) refusing requests for additional expert investigation allowed under these IRs f) relating to provisional detention or bail g) refusing an application to seise the Chamber for annulment of investigative action; or h) relating to protective measures."

1279 Die Nebenklage ist in folgenden Fällen hierzu berechtigt: „Orders by the Co-Investigating Judges a) refusing requests for investigative action allowed under these Rules; b) declaring the Civil Party application inadmissible; c) refusing requests for the restitution of seised property; d) refusing requests for expert reports allowed under these IRs; e) refusing requests for further expert investigation allowed under these IRs; f) a Dismissal Order where the Co-Prosecutors have appealed; g) refusing an application to seise the Chamber for annulment of investigative action; or h) relating to protective measures."

(4) Internal Rules berechtigt. Die Waffengleichheit der Parteien ist damit während des Ermittlungsverfahrens begrenzt.[1280]

Die Vorverfahrenskammer hat sich bei der Konkretisierung ihres Prüfungsumfangs an den umfassenden Kompetenzen der kambodschanischen Ermittlungskammer orientiert.[1281] Diese kann die Rechtmäßigkeit des Verfahrensablaufs überprüfen und zusätzlich Ermittlungen betreffend neuen Verdächtigen und Tatbeständen anordnen.[1282] An den ECCC kann die Vorverfahrenskammer die Ablehnung eines Ermittlungsantrags durch die Ermittlungsrichter aufgrund deren weiten Ermessensspielraums aber nur eingeschränkt überprüfen. Eine Beschwerde ist nur erfolgreich, wenn die Ermessensausübung der Ermittlungsrichter auf einem schwerwiegenden Fehler[1283] oder einem Ermessensmissbrauch[1284]beruht. Ein solcher Fehler kann auf einer falschen Interpretation des zugrunde liegenden Rechts oder einer offenkundig falschen Schlussfolgerung aus den Fakten basieren. Wird eine Entscheidung der Ermittlungsrichter unter rechtlichen Gesichtspunkten beanstandet, so wird sie rechtlich neu überprüft. Handelt es sich um Fehler bei der Bewertung von Fakten, kontrolliert die Kammer die Entscheidung auf ihre Nachvollziehbarkeit.[1285] Im Gegensatz zur nationalen Kammer ist die Vorverfahrenskammer der ECCC allerdings nicht befugt, zusätzliche Ermittlungen anzuordnen oder durchzuführen.[1286] Lehnt die sie z. B. Ermittlungsanträge ab, können diese Ermittlungen nur noch im Hauptverfahren durch die Hauptverfahrenskammer gemäß Regel 93 Internal Rules

1280 Kreuzer, Elisabeth, Die Bestimmung des Umfangs der Beweisaufnahme im deutschen, französischen und italienischen Strafprozess, Freiburg, 1964, S. 74.

1281 Decision on Appeal against Closing Order Indicting Kaing Guek Eav alias "Duch", D99/3/42, 5. Dezember 2008, Paras. 40, 41, abrufbar unter http://www.eccc.gov.kh/en/ptc-decision-closing-order-case001.

1282 Decision on Appeal against Closing Order Indicting Kaing Guek Eav alias "Duch", D99/3/42, 5. Dezember 2008, Para. 41-43, abrufbar unter http://www.eccc.gov.kh/en/ptc-decision-closing-order-case001.

1283 Decision on the Appeal against the "Order on the Request to place on the Case [File] the Documents relating to Mr. Khieu Samphan's Real Activity", D370/2/11, 7. Juli 2010, Para. 13, abrufbar unter http://www.eccc.gov.kh/sites/default/files/documents/courtdoc/D370_2_11_EN.PDF.

1284 Decision on the Appeal from the Order on the Request to Seek Exculpatory Evidence in the Shared Materials Drive, D164/4/13, 18. November 2009, Para. 25-27, abrufbar unter http://www.eccc.gov.kh/sites/default/files/documents/courtdoc/D164_4_13_EN_0.pdf.

1285 Public redacted considerations of the Pre-Trial Chamber regarding the appeal against order on the admissibility of civil party applicant, D5/1/4/2, 28. Februar 2012, Opinion of Judges Downing and Lahuis, Para. 5, abrufbar unter http://www.eccc.gov.kh/sites/default/files/documents/courtdoc/D5_1_4_2_EN_Redacted.PDF.

1286 Decision on the Appeal from the Order on the Request to Seek Exculpatory Evidence in the Shared Material Drive, D164/4/13, 18. November 2009, Para. 25, abrufbar unter http://www.eccc.gov.kh/sites/default/files/documents/courtdoc/D164_4_13_EN_1.pdf.

angeordnet werden.[1287] In Ausnahmefällen kann die Vorverfahrenskammer eine ursprünglich ins Ermessen der Ermittlungsrichter gestellte Ermittlungsentscheidung selbst erlassen. Dies ist der Fall, wenn die Ermittlungsrichter über einen Antrag der Verfahrensbeteiligten nicht entscheiden und trotz einer Anordnung der Vorverfahrenskammer eine begründete Entscheidung über den Antrag nicht erlassen.[1288]

a) Der Sonderfall der Beschwerde gegen die Closing Order

Richtet sich den Beschwerde gegen die Abschlussverfügung der Ermittlungsrichter (Closing Order), können Beschwerdegegenstand nur die Frage der Gerichtsbarkeit des Tribunals und nicht allein Fehler des Ermittlungsverfahrens sein.[1289] Die Ermittlungsakte wird trotz der Beschwerdeeinlegung direkt an die Hauptverfahrenskammer weitergeleitet, damit diese und die Lead Co-Lawyers sich bereits auf die Hauptverhandlung vorbereiten können. Die Vorverfahrenskammer muss die Beschwerde innerhalb von vier Monaten überprüfen (Final Disposition). Sieht die Kammer Bedarf für Änderungen der Anklage setzt sie diese selbst um.[1290] Danach verweist die Vorverfahrenskammer das Verfahren an die Hauptverfahrenskammer.[1291] Die Nebenklage kann eine Beschwerde gegen eine Einstellungsverfügung nur im Umfang des von der Staatsanwaltschaft eingelegten Rechtsmittels erheben.

Legen die Parteien Rechtsmittel gegen die Closing Order ein, bleibt der Beschuldigte bis zur Entscheidung der Vorverfahrenskammer in Untersuchungshaft. Wird diese nicht innerhalb von vier Monaten verkündet, ist der Beschuldigte freizulassen.[1292] Fraglich war der Zeitpunkt dieses Fristbeginns. Ausschlaggebend war das Interesse des Beschuldigten und der Kammer an einer ausreichend bemessenden Begründungsfrist.[1293] Die vier Monatsfrist beginnt daher mit dem Einreichen

---

1287 Decision on the Appeal from the Order on the Request to Seek Exculpatory Evidence in the Shared Material Drive, D164/4/13, 18. November 2009, Para. 22, abrufbar unter http://www.eccc.gov.kh/sites/default/files/documents/courtdoc/D164_4_13_EN_1.pdf.

1288 Decision on the Appeal from the Order on the Request to Seek Exculpatory Evidence in the Shared Material Drive, D164/4/13, 18. November 2009, Paras. 67, 68, abrufbar unter http://www.eccc.gov.kh/sites/default/files/documents/courtdoc/D164_4_13_EN_1.pdf.

1289 Internal Rules, Regel 76 (7).

1290 Ambos, Kai, Internationales Strafrecht, München, 2008, S. 301.

1291 Internal Rules, Regel 79 (1).

1292 Internal Rules, Regel 68 (2).

1293 Decision on immediate appeals by Nuon Chea and Ieng Thirith on urgent applications for immediate release, E50/2/114, 3. Juni 2011, Para. 40, abrufbar unter http://www.eccc.gov.kh/sites/default/files/documents/courtdoc/E50_2_1_4_EN.PDF.

der Rechtsmittelbegründung[1294] gegen die Closing Order,[1295] nicht bereits mit der formalen Bekanntgabe der Rechtsmitteleinlegung (Notice of Appeal). Die Vorverfahrenskammer kann das Rechtsmittel nämlich erst umfassend prüfen, sobald sie die Ermittlungsakten, welche die notwendigen Informationen für die Beurteilung beinhalten, mit der Notice of Appeal zugeleitet bekommen hat[1296] und das Rechtsmittel ausreichend begründet wurde.[1297] Dieses Ergebnis widerspricht nicht Regel 21 Internal Rules, wonach die Internal Rules zu Gunsten des Beschuldigten zu interpretieren sind. Dieser Grundsatz besagt nur, dass die wesentlichen Rechte des Beschuldigten zu beachten sind, wie z. B. das Recht auf ein faires Verfahren, das Recht zu Schweigen, das Recht auf einen Verteidiger sowie ein zügiges Verfahren oder die Unschuldsvermutung.[1298] Er bedeutet aber nicht, dass in jeder Lage eine für den Beschuldigten vorteilhafte Entscheidung ergehen muss.

In ihrer Entscheidung kann die Vorverfahrenskammer die Untersuchungshaft um weitere vier Monaten verlängern.[1299] Diese vier Monatsfrist beginnt, wenn die Hauptverfahrenskammer von der Entscheidung der Vorverfahrenskammer über die Closing Order Kenntnis erlangt und die Verfahrensakten zugeleitet bekommt.[1300] Nach Regel 68 (3) Internal Rules kann also die Verlängerung der Untersuchungshaft

---

1294 Dies hatte die Hauptverfahrenskammer verkannt. Stattdessen hat sie umfassend begründet, warum das nach ihrer Ansicht erfolgte Nachschieben von Gründen durch die Vorverfahrenskammer nach dem viermonatigen Fristablauf nicht die Freilassung des Angeklagten rechtfertigt. Allerdings sah sie darin auch eine Verletzung der Rechte des Angeklagten, was am Ende des Verfahrens in der Strafzumessung zu berücksichtigen sei. Decision on the urgent applications for immediate release of Nuon Chea, Khieu Samphan and Ieng Thirith, E50, 16. Februar 2011, Para. 30–36, abrufbar unter http://www.eccc.gov.kh/sites/default/files/documents/courtdoc/E50_EN.PDF.

1295 Decision on immediate appeals by Nuon Chea and Ieng Thirith on urgent applications for immediate release, E50/2/114, 3. Juni 2011, Para. 33, abrufbar unter http://www.eccc.gov.kh/sites/default/files/documents/courtdoc/E50_2_1_4_EN.PDF.

1296 Internal Rules, Regel 77 (2).

1297 Decision on immediate appeals by Nuon Chea and Ieng Thirith on urgent applications for immediate release, E50/2/114, 3. Juni 2011, Para. 35, abrufbar unter http://www.eccc.gov.kh/sites/default/files/documents/courtdoc/E50_2_1_4_EN.PDF.

1298 Decision on immediate appeals by Nuon Chea and Ieng Thirith on urgent applications for immediate release, E50/2/114, 3. Juni 2011, Para. 39, abrufbar unter http://www.eccc.gov.kh/sites/default/files/documents/courtdoc/E50_2_1_4_EN.PDF.

1299 Decision on Ieng Sary's request for release, E79/2, 12. Mai 2011, Para. 10, abrufbar unter http://www.eccc.gov.kh/sites/default/files/documents/courtdoc/E79_2_EN.PDF.

1300 Decision on Ieng Sary's request for release, E79/2, 12. Mai 2011, Para. 10, abrufbar unter http://www.eccc.gov.kh/sites/default/files/documents/courtdoc/E79_2_EN.PDF. Decision on appeal against Closing Order indicting Kaing Guek Eav alias Duch, D99/3/42, 5. Dezember 2008, Para. 147, abrufbar unter http://www.eccc.gov.kh/sites/default/files/documents/courtdoc/D99_3_42_EN_0_1.pdf.

um vier Monate sowohl durch die Ermittlungsrichter als auch zusätzlich noch einmal durch die Vorverfahrenskammer erfolgen. Insgesamt ist also eine Verlängerung von acht Monaten möglich.

4) Die Nichtigkeitserklärung von Verfahrenshandlungen

Der Antrag auf Nichtigkeitserklärung einer Verfahrenshandlung ist gemäß Regel 76 Internal Rules zulässig. Antragsbefugt sind die Verfahrensbeteiligten, deren Rechte unmittelbar von der Handlung betroffen sind.[1301] Sind die Ermittlungsrichter der Ansicht, dass eine Verfahrenshandlung nichtig ist, können sie diese nicht ohne Weiteres selbst heilen. Sie müssen die Parteien benachrichtigen und die Vorverfahrenskammer anrufen.[1302] Eine Heilung der Nichtigkeit kann ohne eine Entscheidung der Vorverfahrenskammer nur erfolgen, wenn die Parteien auf ihr Recht zur Anrufung der Vorverfahrenskammer verzichten. Der Verzicht ist in die Verfahrensakte aufzunehmen.[1303] Die Verfahrensbeteiligten müssen den Verfahrensfehler des Ermittlungsverfahrens bereits im Ermittlungsverfahren geltend machen, eine spätere Rüge in der Hauptverhandlung ist nicht mehr möglich.[1304] Durch diese Antragsmöglichkeit sollen rechtswidrig erlangte Beweise nämlich als Ganzes vom Hauptverfahren ausgeschlossen werden.[1305]

Die Internal Rules erwähnen nur einen Verfahrensfehler ausdrücklich, der eine Handlung der Ermittlungsrichter automatisch nichtig macht und bei dem die gewonnen Beweise in der Hauptverhandlung nicht als Beweismittel verwendet werden dürfen (selbstständiges Beweisverwertungsverbot). Ein solches Beweisverwertungsverbot ergibt sich aus Regel 21 (3) Internal Rules für durch verbotene Vernehmungsmethoden erlangte Informationen.[1306] Dieses Verbot geht auf Artikel 14 (3) (g) IPbpR zurück, wonach eine Person nicht gezwungen werden darf, gegen sich selbst als Zeuge auszusagen oder sich schuldig zu bekennen. Darüber hinaus

---

1301 Internal Rules, Regeln 48, 76 (2). Dies ist an anderen Tribunalen nicht erforderlich. Starygin, Stan, Internal rules of the extraordinary chambers in the courts of Cambodia (ECCC): Setting an example of the rule of law by breaking the law?, 3 (2) JLCR, 2011, S. 17.

1302 Internal Rules, Regel 76 (1).

1303 Internal Rules, Regel 76 (1), (6). Die zugrunde liegende Überlegung ist, dass ein Richter nicht die Neutralität besitzt, seinen eigenen Fehler zu beurteilen. Kerckhoff, Gerhard, Beweisverbote im französischen Strafprozess, Trier, 1992, S. 43.

1304 Internal Rules, Regel 76 (6).

1305 Decision on Admissibility of the Appeal against Co-Investigating Judges' Order on use of statements which were or may have been obtained by torture, D130/9/21, 18. Dezember 2009, Para. 22, abrufbar unter http://www.eccc.gov.kh/sites/default/files/documents/courtdoc/D130_9_21_EN.pdf.

1306 „No form of inducement, physical coercion or threats thereof, whether directed against the interviewee or others, may be used in any interview. If such inducements, coercion or threats are used, the statements recorded shall not be admissible as evidence before the Chambers."

entscheidet die Vorverfahrenskammer im Einzelfall,[1307] wann ein Verstoß gegen Beweiserhebungsmethoden[1308] eine Verfahrenshandlung nichtig macht und im Hauptverfahren zu einem Beweisverwertungsverbot führt.[1309] Anhaltspunkte für das Vorliegen einer relevante Verletzung der Verfahrensrechte des Beschuldigten sind gegeben, wenn diese offensichtlich und solch wesentlicher Natur ist, dass sie geeignet ist, die Ausübung der Gerichtsbarkeit zu verhindern, sie nicht behoben werden kann oder dem an den ECCC herrschenden Gerechtigkeitsverständnis widerspricht.[1310] Den Missbrauch der Rechte bewertet die Vorverfahrenskammer im Verhältnis zu möglichen Abhilfemaßnahmen.[1311]

Erreicht die Vorverfahrenskammer in ihrer Entscheidung nicht die erforderliche Supermajority, bleibt die Verfahrenshandlung wirksam.[1312] Erklärt die Kammer die Handlung für nichtig,[1313] ist der unmittelbar durch die nichtige Handlung erlangte Beweis nicht verwertbar.[1314] Dokumente, welche die nichtige Maßnahme betreffen, werden aus der Verfahrensakte entfernt und in der Gerichtskanzlei gesondert aufbewahrt.[1315] Ob sich das Verwertungsverbot auch auf andere im Zusammenhang mit der nichtigen Handlung erfolgte Beweise auswirkt (Fernwirkung), liegt im nicht weiter konkretisierten Ermessensspielraum der Kammer.[1316]

1307 Kerckhoff, Gerhard, Beweisverbote im französischen Strafprozess, Trier, 1992, S. 26.

1308 Z. B. unterliegt die Durchführung eines Interviews mit dem Beschuldigten gewissen Voraussetzungen.

1309 Im französischen Recht ergeben sich weitere Beweisverwertungsverbote aus Prinzip der Redlichkeit sowie dem Humanitätsgrundsatz. Pfützner, Peggy/Adams, Sabine/Neumann, Leveke, Landesbericht Frankreich, in Sieber, Ulrich/Cornils, Karin, Nationales Strafrecht in rechtsvergleichender Darstellung: Allgemeiner Teil, Band 1, Berlin, 2010, S. 233.

1310 Decision on Khieu Samphan's interlocutory Application for an immediate and final stay of Proceedings for abuse of process, 2, 12. Januar 2011, Para. 7, abrufbar unter http://www.eccc.gov.kh/sites/default/files/documents/courtdoc/2_EN-1.PDF.

1311 Decision on Khieu Samphan's interlocutory Application for an immediate and final stay of Proceedings for abuse of process, 2, 12. Januar 2011, Para. 7, abrufbar unter http://www.eccc.gov.kh/sites/default/files/documents/courtdoc/2_EN-1.PDF.

1312 Internal Rules, Regel 77 (13 a). Dieselbe Regelung gilt auch für die anderen Rechtsmittel.

1313 In dem Sonderfall, dass die nichtige Handlung die Anklageschrift betrifft, wird die Closing Order der Ermittlungsrichter für das weitere Verfahren genutzt. Internal Rules, Regel 77 (13) (b).

1314 Internal Rules, Regel 76 (5).

1315 Internal Rules, Regel 76 (5). Im Fall der Teilnichtigkeit ist der betreffende Teil im Dokument nach Anfertigung einer zu hinterlegenden Kopie zu schwärzen (Cancellation).

1316 Internal Rules, Regel 76 (5).

5) Die Hilfszuständigkeit der Vorverfahrenskammer

Die Hilfszuständigkeit der Vorverfahrenskammer ist eröffnet, wenn sich aus dem die originäre Zuständigkeit begründenden Sachverhalt in direkter Konsequenz weitere Fragen ergeben, die der Klärung durch die Kammer bedürfen.[1317] Die Klärung der aufgeworfenen Frage muss dabei im Interesse der Rechtspflege oder in Verbindung mit dem Mandat der ECCC stehen.[1318] Von der Hilfszuständigkeit ist ebenfalls die Überprüfung von Entscheidungen der Ermittlungsrichter sowie von ihnen begangener Verfahrensfehler umfasst, welche die Parteien nicht beanstandet haben.[1319] Auf dieser Grundlage hat die Kammer beispielsweise Anweisungen der Ermittlungsrichter an die Staatsanwaltschaft zum Widerruf von öffentlich getätigten Äußerungen suspendiert.[1320] Die Vorverfahrenskammer hat des Weiteren die durch die Ermittlungsrichter durchgeführte Due Diligence überprüft, nachdem Anhaltspunkte für die Verletzung der Rechte der Parteien vorlagen. So beispielsweise, als die Ermittlungsrichter nicht ihrer Pflicht vernachlässigten, die Nebenkläger über die Ermittlungsergebnisse rechtzeitig zu informieren und somit deren Rechte aus Regel 21 (1) (c) Internal Rules verletzten.[1321]

III. Zusammenfassung

Die Vorverfahrenskammer, deren Aufgabe die Kontrolle des Ermittlungsverfahrens ist, hat zur Beschleunigung des Verfahrens inzwischen nicht nur die Verhandlungstage erhöht, sondern auch Berichterstatter zur Vorbereitung der Entscheidungen eingesetzt. Deren Bericht wird teilweise veröffentlicht, was die Verfahrenstransparenz für die Öffentlichkeit erhöht.

1317 Order suspending the enforcement of the "Order on International Co-prosecutor's public statement regarding Case File 003", D14/1/2, 13. Juni 2011, Para. 4, abrufbar unter http://www.eccc.gov.kh/sites/default/files/documents/courtdoc/D14_1_2_EN.pdf.

1318 Decision on Defence Support Section Request for a stay in Case 004 Proceedings before the Pre-Trial Chamber and for measures pertaining to the effective representation of suspects in Case 004, 3, 20. Februar 2012, Para. 8, abrufbar unter http://www.eccc.gov.kh/sites/default/files/documents/courtdoc/3_Redacted_EN-1.PDF.

1319 Order suspending the enforcement of the "Order on International Co-prosecutor's public statement regarding Case File 003", D14/1/2, 13. Juni 2011, Para. 4, abrufbar unter http://www.eccc.gov.kh/sites/default/files/documents/courtdoc/D14_1_2_EN.pdf.

1320 Order suspending the enforcement of the "Order on International Co-prosecutor's public statement regarding Case File 003", D14/1/2, 13. Juni 2011, Para. 5, abrufbar unter http://www.eccc.gov.kh/sites/default/files/documents/courtdoc/D14_1_2_EN.pdf.

1321 Public redacted considerations of the Pre-Trial Chamber regarding the appeal against order on the admissibility of civil party applicant, D 5/1/4/2, 28. Februar 2012, Opinion of Judges Downing and Lahuis, Para. 6, abrufbar unter http://www.eccc.gov.kh/sites/default/files/documents/courtdoc/D5_1_4_2_EN_Redacted.PDF.

Den Parteien stehen verschiedene Beschwerdemöglichkeiten vor der Vorverfahrenskammer gegen Handlungen der Ermittlungsrichter zu. Bis zum Erlass einer Entscheidung tritt keine suspendierende Wirkung für die beanstandete Handlung ein. Die Vorverfahrenskammer musste ihren Prüfungsumfang mangels detaillierter Regelungen in den Internal Rules eigenständig konkretisieren. Danach überprüft sie die Entscheidungen der Ermittlungsrichter aufgrund deren weiten Ermessensspielraums nur eingeschränkt und darf deren Entscheidungen nicht durch eigene Maßnahmen ersetzen. Nur in Ausnahmefällen, wenn die Ermittlungsrichter z. B. über einen Antrag nicht entscheiden oder trotz einer Anordnung der Vorverfahrenskammer eine begründete Entscheidung nicht erlassen, ordnet sie solche Maßnahmen selbst an. Neben ihren originären Zuständigkeiten hat die Kammer des Weiteren ihre regelimmanente Hilfszuständigkeit in Anspruch genommen und auf eigene Initiative die ihr vorliegenden Sachverhalte umfassend überprüft.

Im Rahmen der Untersuchungshaftbeschwerde ergaben sich in Verfahren 002 Probleme bezüglich der Rechte der Nebenkläger. Diese konnten mangels ausreichend vorhandener Informationen für die Begründung ihrer Zulassungsanträge nicht an einer ermittlungsrichterlichen Entscheidung über die Anordnung der Untersuchungshaft mitwirken. Daher muss der Beschuldigte im Beschwerdeverfahren vor der Vorverfahrenskammer die Einbeziehung der Nebenklägeranträge und der darin enthaltenen neuen Aspekte hinnehmen. Eine weitere Entscheidung der Vorverfahrenskammer betrifft den speziellen Fall, dass die Parteien Rechtsmittel gegen die Closing Order einlegen. Der Beschuldigte bleibt hier bis zur Entscheidung der Vorverfahrenskammer in Untersuchungshaft. Wird diese nicht innerhalb von vier Monaten verkündet, ist der Beschuldigte freizulassen.[1322] Diese Frist beginnt nach der Entscheidung der Kammer mit der Beschwerdebegründung der rechtsmitteleinlegenden Partei. Zusätzlich kann die Vorverfahrenskammer die Untersuchungshaft im Rahmen einer Rechtsmitteleinlegung gegen die Closing Order um weitere vier Monate verlängern.

Des Weiteren wurde an den ECCC, wie auch an anderen Tribunalen, bisher nur für Einzelfälle festgelegt, wann ein selbständiges Beweisverwertungsverbot oder aus einem Beweiserhebungsverbot ein Verwertungsverbot des Beweises im Urteil folgt. [1323] Die Vorverfahrenskammer hat entschieden, dass Anhaltspunkte für eine relevante Verletzung der Verfahrensrechte des Beschuldigten vorliegen, wenn diese offensichtlich und solch wesentlicher Natur ist, dass sie geeignet ist, die Ausübung der Gerichtsbarkeit zu verhindern, sie nicht behoben werden kann oder dem an den ECCC herrschenden Gerechtigkeitsverständnis widerspricht. Der Rechtsmissbrauch ist im Verhältnis zu möglichen Abhilfemaßnahmen zu bewerten.

1322 Internal Rules, Regel 68 (2).

1323 Regeln 58 (2), 25. Appeal against order of provisional detention, C11/01, 8. November 2007, Para. 21, abrufbar unter http://www.eccc.gov.kh/sites/default/files/documents/courtdoc/appeal_against_provisional_detention_nuon_chea_0.pdf. Cryer, Robert, International Criminal Law and Procedure, Cambridge, 2010, S. 447.

Die Vorverfahrenskammer hat des Weiteren entschieden, dass es in ihrem Ermessen steht, inwieweit sich ein Beweisverwertungsverbot auf weitere, mittels des Beweises gewonnene Beweise auswirkt (Fernwirkung des Verwertungsverbots). Diesen Ermessensspielraum hat sie allerdings nicht genauer konkretisiert. Von Interesse für die Fortentwicklung des Völkerstrafprozessrechts wäre daher eine Untersuchung, inwieweit es bisher selbständige Beweisverwertungsverbote gibt, Beweiserhebungsverbote in Völkerstrafprozessen zu Beweisverwertungsverboten führen[1324] und inwieweit diesen Fernwirkung zugesprochen werden sollte.

1324 Vgl. zu weiteren Beweisverwertungsverboten Kapitel K. V. 1) bb). An den ECCC wurde z. B. in Verfahren 002 über das Vorliegen eines Beweisverwertungsverbots aufgrund eines Verstoßes gegen das Folterverbot entschieden.

K. Das Hauptverfahren

Das Hauptverfahren dient dem Zweck, auf der Grundlage der Ermittlungsergebnisse des richterlichen Vorverfahrens nach einer öffentlichen, fairen und kontradiktorischen Erörterung der Beweislage[1325] ein sachdienliches Urteil zu erlangen.[1326] Unter dem Begriff des kontradiktorischen Verfahrens ist die Gewährleistung eines „Informationsaustausches und einer Diskussion zwischen den Teilnehmern am Verfahren über ihre Argumentationen und Beweisangebote" zu verstehen.[1327] Für die Durchführung eines fairen Verfahrens ist es entscheidend, dass der Angeklagte jederzeit auf das gegen ihn betriebene Strafverfahren Einfluss nehmen kann (Gewährleistung rechtlichen Gehörs)[1328] und dass die Unschuldsvermutung beachtet wird.[1329] Damit die Hauptverhandlung des Weiteren effektiv und zügig durchgeführt werden kann, ist das Verfahrensmanagement von zentraler Bedeutung.

Die Hauptverhandlung beginnt, nach der Veröffentlichung der Closing Order und der Weiterleitung der Ermittlungsakte an die Hauptverfahrenskammer, mit einer ersten Anhörung (Initial Hearing), gefolgt von der Beweisaufnahme (Substantial Hearing) und wird abgeschlossen durch die Abschlusserklärungen der Parteien (Closing Statements) und das Endurteil. Eine formale Aufteilung des Verfahrens wie an anderen Tribunalen in die Abschnitte Schuld und Strafzumessung (Guilt- and Sentencing Phase)[1330] gibt es an den ECCC aufgrund der kontinentaleuropäischen

---

1325 Internal Rules, Regel 21 (1).

1326 Gleß, Sabine, Beweisrechtsgrundsätze einer grenzüberschreitenden Strafverfolgung, Baden-Baden, 2006, S. 64.

1327 Henrion, Hervé, Der Einführungsartikel des französischen Code de procédure pénale: Versuch einer Exegese, ZStW 113, 2001, S. 927.

1328 Creifelds, Carl, Rechtswörterbuch, Rechtliches Gehör, München, 2011, S. 1095. Im Hauptverfahren kann der Angeklagte vor allem durch seine Aussage bzw. durch das Anführen von entlastenden oder die Entkräftung belastender Umstände Einfluss nehmen. Ihn trifft dabei weder eine Wahrheitspflicht, noch hat er ein Recht zur Lüge. Vgl. Wigginghaus, Nils, Synergieeffekte zwischen Straf- und Zivilprozess: eine Untersuchung zur prozessökonomischen Verbindung von Straf- und Zivilprozess unter besonderer Berücksichtigung des Problems doppelter Beweiserhebungen, Konstanz, 2007, S. 83.

1329 Gleß, Sabine, Beweisrechtsgrundsätze einer grenzüberschreitenden Strafverfolgung, Baden-Baden, 2006, S. 233.

1330 Diese Aufteilung rührt aus dem angloamerikanischen Recht. Hintergrund ist, dass die Jury die Schuld des Angeklagten feststellt, während der Richter über das Strafmaß entscheidet. Vorteil der Aufteilung ist, dass in die Schuldfrage nicht der Charakter und persönliche Informationen über den Angeklagten mit einfließen. Nachteil ist, dass der Richter sich kein umfassendes Bild über den Angeklagten verschaffen kann. Am JStGH wurde die Aufteilung aufgrund der notwendigen Verfahrensbeschleunigung bereits gelockert, vgl. Regel 87, 100 JStGH RPE. Am

Rechtstradition nicht. Die einzelnen Abschnitte der Hauptverhandlung werden nach einer Darstellung der Zusammensetzung der Hauptverfahrenskammer beschrieben.

I. Die Hauptverfahrenskammer

Die Hauptverfahrenskammer ist wie die Vorverfahrenskammer mit drei nationalen und zwei internationalen Richtern besetzt.[1331] Die Richter sind personenverschieden zu denen der Vorverfahrenskammer. Hierdurch soll ihre Unbefangenheit und Neutralität gewahrt werden, denn durch eine Mitwirkung im Rahmen des Vorverfahrens könnte die Gefahr einer Beeinflussung für das Hauptverfahren bestehen. Der Vorsitzende Richter, der kambodschanischer Nationalität ist, hat dabei auch die Funktion, das Hauptverfahren zu leiten.

Für eine Entscheidung der Kammer ist eine einfache Mehrheit plus eins (Supermajority)[1332] erforderlich, sodass keine Entscheidung ohne mindestens einen Richter der internationalen Seite getroffen werden kann.[1333] Alle Entscheidungen der Kammer sind, im Gegensatz zu reinen verfahrensleitenden Beschlüssen, zu begründen.[1334] Der Umfang der Begründungspflicht ist in den Internal Rules nicht weiter konkretisiert. Zu beobachten ist aber, dass die Ausführlichkeit und die Nennung von Fußnoten in den Entscheidungen, vor allem bei der Darstellung von Rechtsvergleichen, zunehmen.[1335] Die Kammer veröffentlichte wiederholt als „Memoranden" betitelte Dokumente. Diese Form ist nicht in den Internal Rules erwähnt. Die Kammer hat klargestellt, dass solche Dokumente ihrem Inhalt und nicht ihrer Bezeichnung nach einzuordnen sind.[1336]

IStGH existiert diese Aufteilung noch, vgl. Artikel 65, 74, 76 IStGH Statut. Ausführlich hierzu Safferling, Christoph, International Criminal Procedure, Oxford, 2011, S. 436.

1331 UN-RGC Abkommen, Artikel 3 (1) (a). In der fünften Plenary Session wurde die Regelung eingeführt, dass die Krankheit oder Nichtverfügbarkeit eines Reserverichters nicht die Fortführung der Hauptverhandlung verhindert.

1332 Romano, Cesare P.R., The Judges and Prosecutors of Internationalized Criminal Courts and Tribunals in Cambodia, in Romano, Cesare P.R./Nollkaemper, Andre/Kleffner, Jann K., Internationalized Criminal Courts: Sierra Leone, East Timor, Kosovo, and Cambodia, Oxford, 2004, S. 243.

1333 UN-RGC Abkommen, Artikel 4 (1) (a).

1334 Submission for purpose of reconsideration and Correction of Memorandum E62/3/10/4, E62/3/10/4/1, 18. August 2011, Para. 7-8, abrufbar unter http://www.eccc.gov.kh/sites/default/files/documents/courtdoc/E62_3_10_4_1_EN.PDF. Die Begründungspflicht gilt ebenso für Entscheidungen anderer Organe der ECCC.

1335 Z. B. Decision on Immediate Appeal Against the Trial Chamber's Order to unconditionally release the Accused Ieng Thirith, E138/1/1 0/1/5/7, 14. Dezember 2012, abrufbar unter http://www.eccc.gov.kh/sites/default/files/documents/courtdoc/20121217%2015:46/E138_1_10_1_5_7_EN.pdf.

1336 Submission for purpose of reconsideration and Correction of Memorandum E62/3/10/4, E62/3/10/4/1, 18. August 2011, Para. 7-8, abrufbar unter http://www.eccc.

Die Hauptverfahrenskammer ist an eine einmal erfolgte Rechtsauslegung im jeweiligen Verfahren gebunden. Eine Bindung an Entscheidungen der Hauptverfahrenskammer in einem anderen Verfahren vor den ECCC besteht dagegen nicht.

II. Allgemeines zur Hauptverhandlung

Die Hauptverfahrenskammer kann die Hauptverfahrenshaft des Angeklagten anordnen, um die Präsenz des Angeklagten während des Verfahrens zu sichern.[1337] Er kann freigelassen werden, wenn die Kammer der Überzeugung ist, dass der Angeklagte zur Hauptverhandlung erscheinen wird und er keine Gefahr für Opfer oder Zeugen darstellt. Wird die Anordnung der Hauptverfahrenshaft nicht innerhalb von vier Monaten verkündet, ist der Beschuldigte freizulassen.[1338]

Die Kammer kann[1339] Personen oder Organisationen jederzeit einladen, zu bestimmten Fragen eine Stellungnahme abzugeben (Amicus Curiae Brief).[1340] Auch

---

gov.kh/sites/default/files/documents/courtdoc/E62_3_10_4_1_EN.PDF. So ist ein als Brief (Letter) bezeichnetes Dokument der Vorverfahrenskammer aufgrund seines Inhalts als Entscheidung gewertet worden. Decision on Nuon Chea's Appeal regarding appointment of an expert, D54/V/6, 22. Oktober 2008, Para. 9 (9), abrufbar unter http://www.eccc.gov.kh/sites/default/files/documents/courtdoc/D54_V_6_EN.pdf. Dies gilt auch für Briefe der Ermittlungsrichter. Decision on the Admissibility of the appeal lodged by Ieng Sary on Visitation Rights, A104/II/4, 12. März 2008, Para. 6, abrufbar unter http://www.eccc.gov.kh/sites/default/files/documents/courtdoc/PTC_decision_on_Ieng_Sary_Visit_right_A104_II_4_EN.pdf.

1337 Regel 63 (3) (b) (iii) Internal Rules gilt nach der herrschenden Meinung auch für die Hauptverfahrenshaft. Decision on Immediate Appeal by Khieu Samphan on application for release, E50/3/1/4, 6. Juni 2011, Para. 40, abrufbar unter http://www.eccc.gov.kh/sites/default/files/documents/courtdoc/E50_3_1_4_EN.PDF. Nach der Mindermeinung ist auf die Hauptverfahrenshaft nur Regel 82 (1) Internal Rules anwendbar. Danach ist die Inhaftierung im Rahmen des Hauptverfahrens die Regel, die Freilassung erfolgt nur ausnahmsweise gemäß Regel 82 (2) Internal Rules. Partially dissenting opinion of Judge Noguchi Decision on Immediate Appeal by Khieu Samphan on application for release, E50/3/1/4.1, 23. Juni 2011, Para. 12, abrufbar unter http://www.eccc.gov.kh/sites/default/files/documents/courtdoc/E50_3_1_4.1_EN.PDF.

1338 Internal Rules, Regel 68 (2).

1339 Eine Pflicht hierzu besteht auch dann nicht, wenn die Verteidigung in ihrer Rechtsmittelbegründung gegen ein Endurteil auf bestimmte Aspekte der staatsanwaltschaftlichen Rechtsmittelbegründung nicht eingeht. Zum einen bleibt dies der freien Wahl der Verteidigungsstrategie überlassen. Zum anderen müssen die Richter im Rechtsmittelverfahren alle Argumente betrachten, auch wenn diese in der Rechtsmittelbegründung der Verteidigung nicht erwähnt werden. Decision on DSS request to the Supreme Court Chamber to invite amicus curiae briefs from independent third parties, F16/3, 3. März 2011, Para. 6-8, abrufbar unter http://www.eccc.gov.kh/sites/default/files/documents/courtdoc/F16_3_EN.PDF.

1340 Die gleiche Kompetenz haben die Ermittlungsrichter gemäß Internal Rules, Regel 33.

die Parteien können solche Stellungnahmen initiieren. Lehnt die Kammer die Suche nach geeigneten unabhängigen Personen aufgrund der daraus resultierenden Zeitverzögerung ab, bleibt das Recht der Parteien zur eigenen Suche unberührt.[1341]

Die Hauptverhandlung wird auf Video aufgezeichnet und ihr Inhalt in einem wörtlichen Sitzungsprotokoll festgehalten.[1342] Die Beteiligten können einen schriftlichen Antrag auf Korrektur von Unrichtigkeiten des Protokolls gemäß Regel 97 (4) Internal Rules bei der Hauptverfahrenskammer stellen, über den innerhalb von drei Tagen zu entscheiden ist. Zusätzlich wird eine Zusammenfassung über jeden einzelnen Gerichtstag (Written Record) von einem Gerichtsbeamten verfasst. Bestehen inhaltliche Diskrepanzen zwischen dem Written Record und dem wörtlichen Protokoll, ist der Inhalt des Written Records vorrangig.

III. Das Verfahrensmanagement

Die Hauptverfahrenskammer muss die Durchführung eines effektiven und effizienten Hauptverfahrens gewährleisten.[1343] Es stehen ihr verschiedene Möglichkeiten zur Entformalisierung des Hauptverfahrens zur Verfügung.[1344] Durch deren Einsatz kann eine höhere Abstimmung zwischen den Parteien und die Beschleunigung des Verfahrens erreicht werden.[1345] Im Gegensatz zum Civil Law werden solche Instrumente im angloamerikanischen Recht eher zurückhaltend eingesetzt, da der Richter das Verfahren hier nicht aktiv steuert.

An den ECCC hat die Kammer vor Beginn der Hauptverhandlung verschiedene Maßnahmen in einer vorbereitenden Verfügung (Preparation Order) angeordnet.[1346] Teilweise wird die Verfahrensorganisation auch in den nicht öffentlichen Vorverfahrens- und Zwischenverfahrenskonferenzen (Trial Management Meetings) diskutiert.[1347] Solche Konferenzen sind im kambodschanischen Strafverfahrensrecht nicht

---

1341 Decision on DSS request to the Supreme Court Chamber to invite amicus curiae briefs from independent third parties, F16/3, 3. März 2011, Para. 9, abrufbar unter http://www.eccc.gov.kh/sites/default/files/documents/courtdoc/F16_3_EN.PDF.

1342 Internal Rules, Regel 97 (2).

1343 Im Vergleich zu anderen internationalen Tribunalen sind an den ECCC gewisse Instrumente, wie die Einsetzung eines Vorverfahrensrichters am JStGH, nicht gebräuchlich, da das Vorverfahren bereits richterlich geleitet wird.

1344 Internal Rules, Regel 85 (1).

1345 Langer, Máximo, The Rise of Managerial Judging in International Criminal Law, 53 Am. J. Comp. L., 2005, Para. 431.

1346 Annulierungsanträge der Preparation Order gemäß Regel 48 Internal Rules wurden zurückgewiesen. Decision on Nuon Chea's preliminary objection alleging the unconstitutional character of the ECCC Internal Rules, E51/14, 8. August 2011, Para. 9, abrufbar unter http://www.eccc.gov.kh/sites/default/files/documents/courtdoc/E51_14_EN.PDF.

1347 Ein Protokoll einer Konferenz wurde bereits zur besseren Information der Öffentlichkeit publiziert. Eine vergleichbare Möglichkeit besteht am IStGH, Regel 54 GOG-IStGH.

vorgesehen, im internationalen Strafverfahren indes üblich. Ansonsten obliegen die Verfahrensleitung und die Bestimmung des Umfangs der Beweisaufnahme dem Vorsitzenden Richter als Vertreter der Kammer. Die Kammer muss über verfahrensleitende Maßnahmen also nicht zwangsläufig beraten[1348] und der Vorsitzende Richter den Prozessbeteiligten vor seiner Entscheidung nicht Gehör gewähren.[1349] Allerdings wird hierzu meist Gelegenheit gegeben.

Die wesentlichen Maßnahmen der Verfahrensorganisation werden im Folgenden dargestellt. Zunächst sind die Möglichkeiten zur Durchführung eines verkürzten Beweisverfahrens bei einem Geständnis oder verfahrensbeendende Absprachen zwischen den Parteien zu eruieren. Auch ist zu untersuchen, inwieweit die Kammer Tatsachen als bewiesen anerkannt sehen kann. Zur Verfahrensorganisation gehört im nächsten Schritt die Strukturierung des Prozessstoffs, vor allem die Verbindung oder Trennung von Verfahren und die Ordnung der Beweispräsentation. Des Weiteren muss der Umfang der Beweisaufnahme begrenzt werden. Dies erfolgt durch die Auswahl repräsentativer Sachverhalte, Zeugen und Sachverständige für die Hauptverhandlung sowie das Aufstellen von Zeugen- und Dokumentenlisten. Hinzu kommt das Erstellen eines Zeitplans[1350] für die Hauptverhandlung in Abstimmung mit den Verfahrensbeteiligten[1351] sowie die Bestimmung der wesentlichen Fristen, z. B. für das Einreichen von Anträgen. Auch das Dokumentenmanagement ist zu organisieren.

1) Die Verkürzung des Beweisverfahrens

In den Internal Rules ist weder eine Verkürzung der Beweisaufnahme durch die Abgabe eines Geständnisses des Angeklagten (Guilty Plea)[1352] noch das Treffen von verfahrensbeendenden Absprachen zwischen Verteidigung und Staatsanwaltschaft aufgrund eines Geständnisses (Plea Agreement)[1353] vorgesehen. Die Überlegung

---

1348 Trial Management Hearing, E1/114.1, 17. August 2012, S. 86, abrufbar unter http://www.eccc.gov.kh/sites/default/files/documents/courtdoc/E1_114.2_TR002_20120827_Final_EN_Pub.pdf.

1349 Internal Rules, Regel 85 (2).

1350 Hier wird auch der gesundheitliche Zustand des Angeklagten besprochen. Internal Rules, Regel 79 (7).

1351 Der Inhalt ist z. B.: „Setting deadlines for joinder of parties, amendment of pleadings, filing of motions, and completion of discovery. Scheduling orders in complex cases should also cover other important steps in the litigation, in particular discovery activities and motion practice." Federal Judicial Center, Manual for Complex Litigation, 2004, S. 39.

1352 IStGH Statut, Artikel 65, JStGH RPE, Regeln 62bis, 100, RStGH RPE, Regel 100, SCSL RPE, Regeln 61, 62. Das Geständnis muss frei von Zwang, in Kenntnis der Bedeutung, getragen von den tatsächlichen Umständen des Falles und frei von Widersprüchen abgegeben werden.

1353 Hierunter versteht man eine das Gericht teilweise bindende Absprache zwischen Staatsanwaltschaft und Verteidigung mit dem Ziel, dass der Beschuldigte ein Schuldanerkenntnis abgibt und die Staatsanwaltschaft im Gegenzug die Anklage

drängt sich an den ECCC aber wegen der besonderen Situation des großen Abstands zwischen Tatbegehung und Verbrechensverfolgung sowie des hohen Alters und des schwierigen Gesundheitszustands der Angeklagten auf, damit die Prozesse nicht eventuell ohne Urteilsspruch durch den Tod eines Angeklagten enden.

Am JStGH und RStGH[1354] folgt auf ein formelles Schuldanerkenntnis und inzwischen auch auf das Treffen einer Absprache nur ein Schuldspruch (Conviction) und eine Anhörung zur Strafzumessung (Sentencing Hearing).[1355] Im Common Law bestimmen nämlich die Parteien den Umfang der Beweisaufnahme. Insbesondere die Absprachen wirken sich verfahrensverkürzend aus. Zum einen müssen die Tatsachen nicht mehr im formellen Verfahren bewiesen werden und das tatsächliche Geschehen und die daraus folgenden materiellen Konsequenzen spielen im Hauptverfahren nur eine untergeordnete Rolle.[1356] Zum anderen werden gewisse Prozesstaktiken der Parteien vermieden.[1357] Hier führt die Staatsanwaltschaft zur Vorbereitung der Anklage und zur Erfüllung ihrer Beweislast oft lange Vorermittlungen durch und präsentiert ihre Beweise im Hauptverfahren sehr umfangreich. Die Verteidigung ist während des Ermittlungsverfahrens meist bestrebt, so viele Informationen wie möglich über den Fall zu erlangen und möglichst wenige Informationen über ihren eigenen Fall Preis zu geben. Dabei versucht sie, sich möglichst nicht frühzeitig auf Fakten festzulegen, die die Staatsanwaltschaft noch beweisen muss. Ferner unterzieht sie die Zeugen der Staatsanwaltschaft im Hauptverfahren einem eingehenden Kreuzverhör.[1358] Dies kann durch die Absprachen verhindert werden. Die vereinbarte Reduzierung des zu erwartenden Strafmaßes schafft ferner für nicht mit dem Gericht kooperierende Angeklagte einen Anreiz zur Abgabe eines Geständnisses.[1359] Ein Geständnis kann wiederum die Wahrheitsfindung

---

abmildert. Hermann, Joachim, Der amerikanische Strafprozess, in Jung, Heike, Der Strafprozess im Spiegel ausländischer Verfahrensordnungen, Berlin, 1990, S. 150.

1354 Kirsch, Stefan, Tätigkeit vor internationalen Strafgerichtshöfen, in Ahlbrecht, Heiko/Böhm, Klaus Michael/Esser, Robert/Hugger, Heiner/Kirsch, Stefan/Rosenthal, Michael, Internationales Strafrecht in der Praxis, Heidelberg, 2008, S. 493. Am JStGH werden 1/3 der Verfahren durch eine Absprache beendet, am RStGH weniger als 1/5 der Verfahren. Safferling, Christoph, International Criminal Procedure, Oxford, 2011, S. 441.

1355 JStGH RPE, Regeln 62, 100.

1356 Neumann, Ulfrid, Funktionale Wahrheit im Strafverfahren, in Philipps, Lothar/Frommel, Monika, Jenseits des Funktionalismus: Arthur Kaufmann zum 65. Geburtstag, Heidelberg, 1989, S. 82.

1357 Wald, Patricia M., To Establish Incredible Events by Credible Evidence: the Use of Affidavit Testimony in Yugoslavia War Crimes Tribunal Proceedings, 42 Harv. Int'l L. J., 2001, S. 535, 549.

1358 Report of the Expert Group to Conduct a Review of the Effective Operation and Functioning of the International Tribunal for the Former Yugoslavia and the International Criminal Tribunal for Rwanda, UN Doc. A/54/634, 22. November 1999, Para. 67.

1359 Die Berücksichtigung als Strafmilderungsgrund ist am JStGH umstritten. Kühne, Hans-Heiner, Strafprozessrecht: Eine systematische Darstellung des deutschen

erleichtern[1360] und die Widerherstellung des Rechtsfriedens fördern.[1361] Auch wird in diesem Kontext meist eine Entschuldigung ausgesprochen, welche den Opfern Genugtuung verschaffen kann.[1362] Die Strafmaßreduzierung wirkt sich allerdings bei einer zu erwartenden hohen Gesamtstrafe und einem fortgeschrittenen Alter eines Angeklagten nicht dahingehend aus, dass dieser tatsächlich noch in Freiheit leben kann. Die frühzeitige Beendigung von Prozessen durch Absprachen kann aber zu einer Steigerung der Verfolgungseffizienz eines Tribunals insgesamt beitragen, da personelle und finanzielle Kapazitäten für die Durchführung anderer Verfahren frei werden.[1363]

Auch am IStGH ist nach einem Geständnis des Angeklagten ein verkürztes Beweisverfahren möglich.[1364] Allerdings ist die Kammer nicht an das Geständnis gebunden, da es nur eines von mehreren Beweismittel darstellt. Erachtet die Kammer eine vollständige Aufklärung des Sachverhalts im Interesse der Gerechtigkeit trotzdem als erforderlich, führt sie eine umfassende Beweisaufnahme durch.[1365] Es soll nämlich nicht dem Angeklagten durch sein Schuldgeständnis überlassen bleiben, inwieweit eine Beweisaufnahme durchgeführt wird.[1366] Aus vergleichbaren Überlegungen ist das Treffen von verfahrensbeendenden Absprachen möglich,[1367] aber nicht für die Kammer bindend.[1368]

An den ECCC ist die Durchführung eines verkürzten Beweisverfahrens ebenso wie im französischen Recht nicht vorgesehen, da eine Verurteilung auf weiteren Tatsachen als allein der Aussage des Angeklagten beruhen muss. Nach dem kontinentaleuropäischen Rechtsverständnis kann das Gericht nur in einer umfassenden Beweisaufnahme die Wahrheit ermitteln und damit zur Aufklärung der Bevölkerung beitragen und den Versöhnungsprozess vorantreiben.[1369] Allerdings haben

---

und europäischen Strafverfahrensrechts, Heidelberg, 2010, Rn. 747.

1360 Kühne, Hans-Heiner, Strafprozessrecht: Eine systematische Darstellung des deutschen und europäischen Strafverfahrensrechts, Heidelberg, 2010, Rn. 747.

1361 Neumann, Ulfrid, Funktionale Wahrheit im Strafverfahren, in Philipps, Lothar/ Frommel, Monika, Jenseits des Funktionalismus: Arthur Kaufmann zum 65. Geburtstag, Heidelberg, 1989, S. 82.

1362 Ohlin, Jens David, Meta-Theory of International Criminal Procedure: Vindicating the Rule of Law, 14 UCLA J. Int'l L. Foreign Aff., 2009, S. 115.

1363 Kühne, Hans-Heiner, Strafprozessrecht: Eine systematische Darstellung des deutschen und europäischen Strafverfahrensrechts, Heidelberg, 2010, Rn. 747.

1364 IStGH Statut Artikel 65, IStGH RPE, Regel 139.

1365 IStGH Statut, Artikel 65 (4).

1366 Safferling, Christoph, International Criminal Procedure, Oxford, 2011, S. 439.

1367 Nach Ansicht vieler Kommentatoren sollen Absprachen nur in Ausnahmesituationen zugelassen werden. Damaška, Mirjan R., Negotiated Justice in International Criminal Courts, 2 J. Int. Criminal Justice, 2004, S. 1018.

1368 IStGH Statut, Artikel 54 (3) (d), 53 (3), 61 (4), (9).

1369 Die Einvernahme von 22 Nebenklägern als Zeugen im Verfahren gegen Duch, die ihre persönliche Erfahrung in S-21 schilderten, wäre ansonsten nicht erfolgt. Scheffer, David, Memorandum on the Application of International Standards of

sich nationale kontinentaleuropäische Rechtssysteme[1370] bereits für Absprachen insbesondere zur Vereinfachung komplexer wirtschaftsstrafrechtlicher Verfahren in unterschiedlicher Form geöffnet.[1371]

An den ECCC wurde der Sachverhalt in Verfahren 001 trotz des Geständnisses des Angeklagten umfassend eruiert. Die Aussage- und Kooperationsbereitschaft des Angeklagten vereinfachte dabei die Wahrheitsfindung. Der Angeklagte entschuldigt sich mehrmals bei den Opfern, wodurch deren Genugtuung gesteigert wurde. Die zusammenhängende Veröffentlichung dieser Entschuldigungen trägt des Weiteren zur Versöhnung der Gesellschaft bei.[1372] In Verfahren 002 könnte dagegen die Aussicht auf eine Strafmaßreduzierung die bisher nicht kooperierenden Angeklagten eventuell zu umfassenden Aussagen veranlassen. Allerdings zielt ihre Verteidigungsstrategie auf die Unschuld der Angeklagten ab. Des Weiteren ist die Hauptverhandlung in Verfahren 002 weit vorangeschritten, sodass eine nachträgliche Einführung dieses Instruments unwahrscheinlich erscheint. Es könnte aber in Verfahren 003 oder 004 genutzt werden. Die Gefahr, dass die Closing Order in Verfahren 003/ 004 im Hinblick auf eine spätere Absprachemöglichkeit von vorneherein umfangreicher ausfällt und die Angeklagten sich dadurch zur Abgabe eines Geständnisses genötigt fühlen, ist an den ECCC geringer als an anderen Tribunalen.[1373] Die Closing Order wird nämlich durch die objektiv arbeitenden Ermittlungsrichter und nicht durch die Staatsanwaltschaft erlassen.

Gegen die Einführung von verfahrensbeendenden Absprachen an den ECCC spricht, dass diese vor dem Hintergrund der Schwere der Verbrechen im Völkerstrafrecht unangemessen erscheinen.[1374] Absprachen gehen zu Lasten der Wahrheitserforschung, sodass der Beitrag des Verfahrens zur Förderung der Versöhnung gemindert wird. Darüber hinaus wird das Recht des Angeklagten auf ein öffentliches und faires Verfahren und die richterliche Aufklärungspflicht durch eine verfahrensbeendende Absprache tangiert.[1375] Die Durchführung einer öffentlich nachvollziehbaren und umfassenden Beweisaufnahme kann besonders für die Verbrechensopfer von großer Wichtigkeit sein, damit es nicht zu einer bloßen Anerkennung der

---

Due Process by the Extraordinary Chambers in the Courts of Cambodia, Open Society Justice Initiative, April 2006, S. 20.

1370 Hierzu zählt auch Frankreich. CPP, Artikel 495–6 ff.

1371 Langer, Máximo, From Legal Transplants To Legal Translations: The Globalization of Plea Bargaining and the Americanization Thesis in Criminal Procedure, 45 Harv. Int'l L. J., 2004, S. 7–17.

1372 Statements of apology made by Kaing Guek Eav alias Duch, abrufbar unter http://www.eccc.gov.kh/en/video/apology.

1373 Hermann, Joachim, Der amerikanische Strafprozess, in Jung, Heike, Der Strafprozess im Spiegel ausländischer Verfahrensordnungen, Berlin, 1990, S. 150.

1374 Pati, Rosa, The ICC and the Case of Sudan's Omar Al Bashir: Is Plea Bargaining a Valid Option?, 15 U.C. Davis J. Int't L. & Pol'y, 2009, S. 322.

1375 Kühne, Hans-Heiner, Strafprozessrecht: Eine systematische Darstellung des deutschen und europäischen Strafverfahrensrechts, Heidelberg, 2010, Rn. 748.

Tathergänge durch den Angeklagten kommt.[1376] Auch die Nebenkläger würden in einem verkürzten Beweisverfahren kaum Beteiligungschancen haben. Auch würde die Möglichkeit der Absprache das Vertrauen der korruptionserfahrenen kambodschanischen Bevölkerung in die Urteile des Gerichts nicht stärken.

Die Einführung des Guilty Plea-Verfahrens und verfahrensbeendender Absprachen ist an den ECCC daher nicht zu befürworten, könnte aber in Verfahren 003/004 noch genutzt werden.

2) Die Liste der unstreitigen Fakten

Eine Verkürzung der Beweisaufnahme kann aus der Einigung der Parteien über das Vorliegen von Tatsachen (Agreed Facts) bzw. über die von der Verteidigung zugestandenen oder nicht bestritten Tatsachen (Not Disputed Facts) gemäß Regel 87 (6) Internal Rules folgen. Die Kammer hat die Parteien z.B. in der Preparation Order angewiesen, eine Liste über diese Tatsachen zu erstellen.[1377] In Verfahren 002 hat sie vorgeschlagen, dass sie mit Zustimmung von Staatsanwaltschaft und Verteidigung einige Beweispunkte, soweit sie Straftatelemente des Hintergrunds und Kontexts betreffen und welche in Verfahren 001 bereits festgestellt wurden, als Agreed Facts behandeln könnte.[1378] Dies ist als Aufforderung an die Parteien zu sehen, eine Liste nicht bestrittener Tatsachen zu erstellen, welche ebenso die in Verfahren 001 bereits festgestellten Tatsachen beinhaltet.[1379] Eine solche Anweisung der Kammer ist gemäß Regel 48 Internal Rules nicht anfechtbar.[1380] Sie ist rechtmäßig und entspricht der internationalen Praxis.[1381] Rechte des Angeklagten werden nicht verletzt, da er auf diese durch die Einigung wirksam verzichtet. Diese frühzeitige Einigung der Parteien über möglichst viele faktische und rechtliche Fragen kann im Verfahren repetitive oder irrelevante Beweisvorbringen verhindern.

1376 Pfeiffer, Gerd, Einleitung, in Karlsruher Kommentar zur Strafprozessordnung und zum Gerichtsverfassungsgesetz mit Einführungsgesetz, München, 2003, Rn. 29.

1377 Order to file material in preparation for trial, E9, 17. Januar 2011, Para. III. (11), abrufbar unter http://www.eccc.gov.kh/sites/default/files/documents/courtdoc/E9_EN_0.pdf.

1378 Order to file material in preparation for trial, E9, 17. Januar 2011, Para. III. (11), abrufbar unter http://www.eccc.gov.kh/sites/default/files/documents/courtdoc/E9_EN_0.pdf.

1379 Decision on Ieng Sary's motions regarding judicial notice of adjudicated facts from case 001 and facts of common knowledge being applied in case 002, E69/1, 4. April 2011, S. 2, abrufbar unter http://www.eccc.gov.kh/sites/default/files/documents/courtdoc/E69_1_EN_0.pdf.

1380 Decision on Nuon Chea's preliminary objection alleging the unconstitutional character of the ECCC Internal Rules, E51/14, 8. August 2011, Para. 9, abrufbar unter http://www.eccc.gov.kh/sites/default/files/documents/courtdoc/E51_14_EN.PDF.

1381 IStGH RPE, Regel 69.

Die Parteien behalten, anders als am JStGH, das Entscheidungsrecht, über welche Tatsachen sie sich einigen.[1382] Eine Einigung auf neue Tatsachen ist der Kammer unverzüglich mitzuteilen.[1383] Sollten die Parteien Zeugen anlässlich der Einigung aus der Zeugenliste entfernen, ist die Kammer hiervon ebenso zu unterrichten.[1384] Trotz der Einigung ist die Staatsanwaltschaft nicht von ihrer Beweislast im Verfahren entbunden und muss die entscheidungsrelevanten Tatsachen im förmlichen Verfahren beweisen.[1385] Die Kammer ist an die Einigung nämlich nicht gebunden.[1386] Sie kann aber die Tatsachen gemäß Regel 87 (6) Internal Rules, wie in Verfahren 001 und 002 geschehen, als bewiesen betrachten und dadurch die Beweisaufnahme verkürzen.[1387] In der Beweisbewertung misst sie dann den Agreed Facts ein größere Beweiswert zu als den Not Disputed Facts.[1388]

An anderen Tribunalen gibt es dagegen das Instrument der gerichtlichen Kenntnisnahme von Tatsachen (Judicial Notice).[1389] Allgemein bekannte Tatsachen (Facts of Common Knowledge)[1390] und unbestrittene Tatsachen (Uncontested Facts)[1391]

1382 Internal Rules, Regel 80 (3) (e). Am JStGH werden diese Informationen vom Richter im Vorverfahren (Pre-Trial Judge) bzw. im vorbereitenden Schriftsatz der Parteien (Pre-Trial Brief) gesammelt.

1383 Order to file material in preparation for trial, E9, 17. Januar 2011, Para. III. (10), abrufbar unter http://www.eccc.gov.kh/sites/default/files/documents/courtdoc/E9_EN_0.pdf.

1384 Order to file material in preparation for trial, E9, 17. Januar 2011, Para. III. (9), abrufbar unter http://www.eccc.gov.kh/sites/default/files/documents/courtdoc/E9_EN_0.pdf.

1385 Die Kammer kann der Staatsanwaltschaft die Einschätzung des Umfangs ihrer Beweislast erleichtern, wenn sie sich frühzeitig über ihre Wertung der Agreed Facts äußert.

1386 Anders im angloamerikanischen Strafverfahren. Hermann, Joachim, Der amerikanische Strafprozess, in Jung, Heike, Der Strafprozess im Spiegel ausländischer Verfahrensordnungen, Berlin, 1990, S. 148.

1387 Internal Rules, Regel 87 (6).

1388 Order to file material in preparation for trial, E9, 17. Januar 2011, Para. IV., abrufbar unter http://www.eccc.gov.kh/sites/default/files/documents/courtdoc/E9_EN_0.pdf.

1389 IStGH Statut, Artikel 69 (6), JStGH/RStGH RPE, Regeln 94, 94 (A), 94 (B), SCSL Statut, Artikel 94.

1390 „Those facts which are not subject to reasonable dispute including, common or universally known facts, such as general facts of history, generally known geographical facts and the laws of nature." Prosecutor v. Semanza, Decision on the Prosecutor's Motion for Judicial Notice and Presumptions of Facts Pursuant to Rules 94 and 54, ICTR-97-20-I, 3. November 2000, Para. 23, abrufbar unter http://ictr-archive09.library.cornell.edu/ENGLISH/cases/Semanza/decisions/031100. html.

1391 „A fact is said to be indisputable if it is either generally known within the territorial jurisdiction of a court or capable of accurate and ready determination by resort to sources whose accuracy cannot reasonably be called into question." Prosecutor v. Semanza, Decision on the Prosecutor's Motion for Judicial Notice and Presumptions of Facts Pursuant to Rules 94 and 54, ICTR-97-20-I, 3. November

können durch die Kammer als offenkundig anerkannt und der Entscheidung zu Grunde gelegt werden. Nach einem am JStGH entwickelten Instrument kann diese Anerkennung auch bezüglich gerichtlich festgestellter Tatsachen aus anderen Verfahren (Adjudicated Facts)[1392] erfolgen. Diese Anerkennung ist insbesondere möglich, wenn die Tatsachenfeststellungen einen ähnlichen politischen oder militärischen Zusammenhang oder ein übereinstimmendes Verhaltensmuster betreffen.[1393] Ansonsten muss die Kammer mit einbeziehen, ob die Tatsachen wesentliche Tatbestandsmerkmale, Handlungen oder die Schuldfähigkeit des Angeklagten betreffen oder noch im Rechtsmittelverfahren überprüft werden.[1394] Eine Partei kann die gerichtliche Anerkennung der Tatsachen nur durch das Einbringen neuer Beweise erschüttern, welche im vorherigen Verfahren noch nicht vorgetragen wurden.[1395] Es findest also eine Beweislastumkehr statt.

Dieses Instrument kann das Verfahren beschleunigen, da das Vorliegen der Tatsachen nicht mehr nachgewiesen werden muss. Ferner können prozessübergreifend Tatsachen festgestellt werden, sodass die Historie der vor einem Tribunal verfolgten und daher meist zusammenhängenden Verbrechen besser aufgearbeitet werden kann.[1396] Insbesondere vor dem Hintergrund der beschränkten zeitlichen Jurisdiktion der ECCC von vier Jahren würde sich die Nutzung dieses Instruments anbieten. Nachteilhaft wirkt sich das Instrument aber auf die Wahrheitsfindung aus, wenn es zu umfassend angewendet wird und Tatsachen nicht mehr in der öffentlichen Hauptverhandlung bewiesen werden müssen.[1397] Vor allem gefährdet es die Rechte des Angeklagten. Im zweiten Verfahren muss die Verteidigung nämlich aufgrund

---

2000, Para. 25, abrufbar unter http://ictr-archive09.library.cornell.edu/ENGLISH/cases/Semanza/decisions/031100.html.

1392 Am JStGH, RStGH und SCSL können Tatsachen aus früheren Verfahren in neue Verfahren eingeführt werden. Allerdings ist dies nur in Verfahren mit den gleichen Parteien im Rahmen desselben Verfahrens möglich. Theofanis, Rosa, The Doctrine of Res Judicata in International Criminal Law, 3 Int'l Crim. L. Rev., 2003, S. 195–216.

1393 Ambos, Kai, Internationales Strafverfahren, München, 2008, S. 309.

1394 Kilpatrick Jr., Richard L., Judicial Notice as a Means of Preserving Judicial Economy at the Extraordinary Chambers in the Courts of Cambodia, Phnom Penh, 2012, S. 4.

1395 Prosecutor v. Krajisnik, Decision on Prosecution Motion for Judicial Notice of Adjudicated Facts and for Admission of Written Statements of Witnesses Pursuant to Rule 92bis, Case No. IT-00-39-PT, 28. Februar 2003, Para. 16, abrufbar unter http://www.icty.org/x/cases/seselj/tdec/en/100723.pdf.

1396 Kilpatrick Jr., Richard L., Judicial Notice as a Means of Preserving Judicial Economy at the Extraordinary Chambers in the Courts of Cambodia, Phnom Penh, 2012, S. 3.

1397 Die Verwirklichung des rechtlichen Tatbestands des Genozids in Ruanda wurde durch gerichtliche Kenntnisnahme als allgemein bekannte Tatsache festgestellt. Prosecutor v. Karemera, Decision on Prosecutor's Interlocutory Appeal of Decision on Judicial Notice, ICTR-98-44-AR73(C), 16. Juni 2006, Para. 35, abrufbar unter http://www.unictr.org/Portals/0/Case%5CEnglish %5CKaremera%5Ctrail%5C160606.pdf.

der Beweislastumkehr die Adjudicated Facts positiv entkräften.[1398] Hat die Verteidigung im ersten Verfahren des Weiteren nur schwache Beweise zur Entkräftung der Tatsachen vorgelegt, muss die Verteidigung im zweiten Verfahren umfassende Beweise vorlegen. Hierdurch kann das Verfahren wiederum gravierend verzögert werden.[1399] Um diese Situation zu vermeiden, muss die Kammer die anerkannten Tatsachen sorgfältig formulieren.[1400] Diese Überlegungen könnten der Hintergrund für die Entscheidung der Kammer in Verfahren 002 sein, dieses an anderen Tribunalen praktizierte Instrument nicht zu übernehmen,[1401] obwohl sie zunächst angekündigt hatte, dass dies mit Zustimmung der Parteien möglich wäre.[1402]

3) Die Verbindung und Trennung von Verfahren

Die Hauptverfahrenskammer kann Verfahren zu jedem Zeitpunkt nach Anklagepunkten oder Angeklagten gemäß Regel 89ter Internal Rules verbinden[1403] oder trennen, wenn dies im Interesse der Gerechtigkeit steht.[1404] Das Gerechtigkeitsinteresse ist gegeben, wenn die gemeinsame oder separate Verfolgung „better serve the objectives of the criminal proceedings and principles on which they are premised."[1405] An den ECCC wurden z.B. Verfahren 001 und Verfahren 002 verbunden, um die ansonsten notwendige doppelte Beweisführung zu vermeiden und Konstanz in den Urteilen

1398 Prosecutor v. Karemera, Decision on Prosecutor's Interlocutory Appeal of Decision on Judicial Notice, ICTR-98-44-AR73(C), 16. Juni 2006, Paras. 50, 51, abrufbar unter http://www.unictr.org/Portals/0/Case%5CEnglish%5CKaremera%5Ctrail%5C160606.pdf.

1399 Prosecutor v. Popovic, Decision on Prosecution motion for Judical Notice of Facts of Common Knowledge Pursuant to Rule 94 (A), Case No. IT-05-88-T, 26. September 2006, Para. 16, abrufbar unter http://www.icty.org/x/cases/popovic/tdec/en/060926.pdf.

1400 Prosecutor v. Popovic, Decision on Prosecution motion for Judical Notice of Facts of Common Knowledge Pursuant to Rule 94 (A), Case No. IT-05-88-T, 26. September 2006, Para. 16, abrufbar unter http://www.icty.org/x/cases/popovic/tdec/en/060926.pdf.

1401 Decision on Ieng Sary's motions regarding judicial notice of adjudicated facts from case 001 and facts of common knowledge being applied in case 002, E69/1, 4. April 2011, abrufbar unter http://www.eccc.gov.kh/sites/default/files/documents/courtdoc/E69_1_EN_0.pdf.

1402 Order to file material in preparation for trial, E9, 17. Januar 2011, Para. IV., abrufbar unter http://www.eccc.gov.kh/sites/default/files/documents/courtdoc/E9_EN_0.pdf.

1403 Internal Rules, Regel 79 (2).

1404 Internal Rules, Regel 89ter. Vgl. auch JStGH RPE, Regeln 48, 49, 82, RStGH RPE, Regeln 48, 48bis, 49, 82, IStGH Statut, Artikel 64 (5), IStGH RPE, Regel 136.

1405 Decision on the Co-Prosecutors' immediate appeal of the Trial Chamber's decision concerning the scope of case 002/01, 8. Februar 2013, E163/5/1/13, Para. 35, abrufbar unter http://www.eccc.gov.kh/sites/default/files/documents/courtdoc/20130211%2018:23/E163_5_1_13_EN-1.PDF.

einfacher herstellen zu können. Jedoch wurden die Verfahren aufgrund des Schuldgeständnisses und des Kooperationswillens des Angeklagten in Verfahren 001 wieder getrennt.[1406] So konnte der in Verfahren 001 Verurteilte in Verfahren 002 als Zeuge gehört werden. Von Verfahren 002 wurde wiederum das Verfahren gegen Ieng Thirith wegen ihres schlechten Gesundheitszustands abgetrennt. Verfahren 002 wurde des Weiteren nach Anklagepunkten in verschiedene Teilverfahren aufgeteilt, welche jeweils durch ein Urteil abgeschlossen werden. Die Details hierzu werden im Rahmen der nun folgenden Darstellung der Strukturierung der Beweisaufnahme erläutert.

4) Die Strukturierung der Beweisaufnahme

An den ECCC wurde eine in internationalen Strafverfahren neue Strukturierung der Beweisaufnahme anhand von Beweisthemen gewählt.[1407] Innerhalb des jeweiligen Themas werden zunächst der Angeklagte, dann die Nebenkläger, gefolgt von den Zeugen und zuletzt den Sachverständigen gehört.[1408] Zuletzt präsentiert die Nebenklage ihre Beweise für das Leiden der Nebenkläger.[1409] In der mündlichen Verhandlung werden nur die auf dem Verhandlungsplan stehenden und von der Kammer darüber hinaus zugelassenen Themen diskutiert. Verfahrensverzögernde oder der Wahrheitssuche nicht zuträgliche Themen kann die Kammer gemäß Regel 85 (1) Internal Rules ausklammern. Im Gegensatz dazu bleibt an den übrigen Tribunalen die Ordnung der Beweispräsentation im Wesentlichen den Parteien überlassen. Diese haben im Vorverfahren ihre eigenen Beweise gesammelt und sollen ihren Fall präsentieren. Die Beweisaufnahme folgt dem Schema „Prosecution Evidence, Defense Evidence, Prosecution Evidence in rebuttal, Defense Evidence in rejoinder, Evidence ordered by the chamber, Evidence regarding sentencing."[1410] Die Beweispräsentationen der einzelnen Parteien folgen getrennt nacheinander und sie sind in sich meist nach Zeugenkategorien und Tatorten gegliedert.[1411] Zunächst wird auf übergreifende Themen und sodann auf individuelle Geschehnisse eingegangen.[1412] An dieser Aufteilung ist nachteilig, dass nicht alle für einen Anklagepunkt relevanten Fakten zeitnah

---

1406 Vgl. Kapitel F. II.

1407 Direction on the Scheduling of the Trial, E26, 20. März 2009, Para. 9 (1), abrufbar unter http://www.eccc.gov.kh/sites/default/files/documents/courtdoc/E26_EN.pdf.

1408 Direction on the Scheduling of the Trial, E26, 20. März 2009, Para. 9 (1), abrufbar unter http://old.eccc.gov.kh/english/cabinet/courtDoc/260/E26_EN.pdf.

1409 Die Kammer hat vier Tage hierfür vorgesehen, die Nebenklägervertreter forderten acht Tage Zeit. Transcript of Proceedings, Trial Management Hearing, E1/114.2, 27. August 2012, S. 4, abrufbar unter http://www.eccc.gov.kh/sites/default/files/documents/courtdoc/E1_114.2_TR002_20120827_Final_EN_Pub.pdf.

1410 JStGH/RStGH RPE, Regel 85.

1411 Zuerst werden Schlüsselzeugen wie Insider oder militärische Experten in den Zeugenstand gerufen.

1412 Email correspondence with former Senior Trial Attorney from the International Criminal Tribunal for the Former Yugoslavia, 10. November 2009.

zueinander vorgebracht werden, wodurch eine ständige neue Einarbeitung in das Prozessmaterial erforderlich wird. Der Umgang mit mehreren Angeklagten in einem Verfahren kommt erschwerend hinzu. Am SCSL soll dieser Nachteil ausgeglichen werden, indem Zeugenkategorien entlang der Anklagepunkte gebildet werden.[1413]

Vorteil der an den ECCC erfolgten thematischen Gliederung ist die zusammenhängende Präsentation der Zeugenaussagen und Ereignisse zu einem Beweisthema, was das Verständnis und den Überblick über komplexe Sachverhalte erleichtert. Ferner wird die Vorbereitung der Beteiligten auf die Zeugenvernehmungen vereinfacht, wenn derselbe Vorfall unmittelbar nacheinander von den Parteien behandelt wird.[1414] Neue Teammitglieder der Verfahrensbeteiligten, welche nicht über den gesamten Verfahrenszeitraum vor Ort waren, können sich schneller in den Prozessstoff einarbeiten. Auch die Abschlusserklärungen der Parteien[1415] und das Endurteil können entlang der thematischen Struktur gegliedert werden, was ihre jeweilige Erstellung erleichtert.[1416] Des Weiteren können die Richter die Relevanz der vorgetragenen Beweise besser kontrollieren.[1417]

Dieser positive Effekt relativiert sich in der Hauptverhandlung allerdings, sobald es zu Durchbrechungen der Themenaufteilung kommt, z.B. wenn ein Zeuge auch über Wissen zu anderen Themengebieten verfügt. Zwischen den Parteien entstanden dann langwierige Debatten über die Zulässigkeit von Fragen, welche über das aktuelle Beweisthema hinausgingen.[1418] Die Kammer musste hier abwägen, wie nachteilig sich eine strikte Einhaltung des Beweisthemas auf die Wahrheitsfindung auswirkt. Um eine erneute Ladung des Zeugen zu vermeiden, ließ sie im Einzelfall weitergehende Fragen zu.[1419] In Verfahren 002 hat die Kammer noch

---

1413 Gibson, Kate/Rudy, Daniella, A new model of international criminal procedure? The progress of the Duch Trial at the ECCC, 7 J. Int.Criminal Justice, 2009, S. 1005, 1008, 1009.

1414 Beispielsweise muss nicht erst die dem staatsanwaltlichen Vortrag entsprechende Beweispräsentation der Verteidigung, welche oft erst Monate später erfolgt, abgewartet werden.

1415 Internal Rules, Regel 94.

1416 So die Intention der Kammer, vgl. Transcript of Proceedings – "DUCH" Trial (Trial Day 10), 22. April 2009, S. 69, abrufbar unter http://www.eccc.gov.kh/sites/default/files/documents/courtdoc/E1_14.1_TR001_20090422_Final_EN_PUB.pdf.

1417 Die Zersplitterung der Beweisaufnahme aufgrund der Aufteilung in Prosecution und Defense Case bemängelt auch Eser, Albin, Vorzugswürdigkeit des adversatorischen Prozesssystems in der internationalen Strafjustiz? Reflektionen eines Richters, in Müller-Dietz, Heinz, Festschrift für Heike Jung, Baden-Baden, 2007, S. 174.

1418 Scheduling of Trial Management Meeting to enable planning of remaining trial phases in Case 002/01 and implementation of further measures designed to promote trial efficiency, E218, 3. August 2012, Para. 8, abrufbar unter http://www.eccc.gov.kh/sites/default/files/documents/courtdoc/E218_EN.PDF.

1419 Gibson, Kate/Rudy, Daniella, A new model of international criminal procedure? The progress of the Duch Trial at the ECCC, 7 J. Int.Criminal Justice, 2009, S. 1005, 1008, 1009.

nicht entschieden, ob die Fragen nur den Teilverfahrensabschnitt betreffen dürfen oder ob auch Fragen erlaubt sind, die sich innerhalb der gesamten Closing Order bewegen.[1420] Jedoch hat der Vorsitzende Richter seinen Ermessensspielraum zur Ablehnung von Anträgen und Einwendungen der Beteiligten in Verfahren 002 verstärkt genutzt. Teilweise gestattete er es den Parteien nicht, überhaupt das generelle Thema ihrer Einwände zu formulieren. In Einzelfällen wurden Erklärungsversuche der Parteien durch das Ausschalten des Mikrophones unterbunden. Nach Ansicht der Kammer waren diese nicht für die Wahrheitssuche relevant.[1421] Hierdurch wurde aber der Anspruch der Parteien auf rechtliches Gehör tangiert.[1422] Andere Diskussionen beendete der Vorsitzende Richter, indem er behauptete, einmal getroffene Entscheidungen zur Verfahrensorganisation könne die Kammer nicht mehr ändern.[1423]

Die Verfahrenspraxis zeigt, dass die Kammer die thematische Aufteilung der Hauptverhandlung flexibel handhabt, wobei sie zwischen der Durchführung eines zügigen Verfahrens und dem Ziel der Wahrheitsfindung unter Beachtung des Rechts der Verteidigung auf rechtliches Gehör abwägen muss. Allerdings ergibt die Analyse der Entscheidungen der Kammer, dass die Begründung teilweise willkürlich erscheint.

Im Folgenden wird die Strukturierung der Verfahren 001 und 002 im Einzelnen dargestellt. In Verfahren 003 und 004 wurde das Hauptverfahren noch nicht eröffnet.

a) Die Strukturierung des Verfahrens 001

Verfahren 001 wurde in sieben Beweisthemen unterteilt.[1424] Das erste Themengebiet betraf das Gefangenenlager M-13. Der Angeklagte leitete dieses Gefängnis für Gegner der Roten Khmer von 1971 bis 1975.[1425] Es wurde als Vorgänger des Lagers

---

1420 KRT Trial Monitor, Case 002, Issue No. 25, Hearing on Evidence Week 20, 4-7 June 2012, S. 10, abrufbar unter http://krttrialmonitor.files.wordpress.com/2012/06/25-wk-19_4-7june2012_final.pdf.

1421 KRT Trial Monitor, Case 002, Issue No. 30, Hearing on Evidence Week 25, 30–31 July, 1–2 August 2012, S. 9, abrufbar unter http://krttrialmonitor.files.wordpress.com/2012/08/30-week-25_30-31-july_final1.pdf.

1422 KRT Trial Monitor, Case 002, Issue No. 24, Hearing on Evidence Week 19, 28–31 May 2012, S. 11, abrufbar unter http://krttrialmonitor.files.wordpress.com/2012/07/24-wk-19.pdf.

1423 KRT Trial Monitor, Case 002, Issue No. 28, Hearing on Evidence Week 23, 18-20 July 2012, S. 10, abrufbar unter http://krttrialmonitor.files.wordpress.com/2012/08/28-week-23_18-20-july_03aug_final.pdf.

1424 Die sieben Themengebiete im Fall Duch waren: „Issues relating to M-13; Establishment of S-21 and the Takmao prison; Implementation of CPK policy at S-21; Armed conflict; Functioning of S-21 including Choeung Ek; Establishment and functioning of S-24; Issues relating to the character of the Accused." Direction on the Scheduling of the Trial, E26, 20. März 2009, abrufbar unter http://www.eccc.gov.kh/sites/default/files/documents/courtdoc/E26_EN.pdf.

1425 Dies lag damit außerhalb der temporalen Zuständigkeit des Gerichts.

S-21 ähnlich wie dieses geführt. Anhand der Funktionsweise von M-13 wurde die Rolle Duch's bei der Implementierung und Führung von S-21 aufgezeigt. In den sechs Prozesstagen[1426] übernahm hauptsächlich der internationale Richter Jean Marc Lavergne die Befragungen der geladenen Zeugen.

Im Anschluss wurde die Gründung von S-21 und des Takmao Gefängnisses anhand der Aussage des Angeklagten innerhalb von weniger als vier Prozesstagen[1427] nachvollzogen.[1428] Von besonderem Interesse war hier die Kommunikationskette innerhalb der CPK.[1429] Viele detaillierte Erläuterungen blieben dem Angeklagten selbst aufgrund seiner Aussagebereitschaft überlassen, so z. B. Ausführungen über das Zustandekommen und den Inhalt der in S-21 erstellten Dokumente.[1430]

Das nächste Prozessthema betraf die individuelle Verantwortlichkeit des Angeklagten. Anhand der Implementierung der Politik der CPK in S-21 sollte der Einfluss der Ideologie der Roten Khmer auf den Angeklagten aufgezeigt werden. Die Verteidigung kritisierte erfolglos das Fehlen eines direkten Zusammenhangs der individuellen Verantwortlichkeit des Angeklagten mit der umfassenden Beweisaufnahme über die ideologische Grundlage des Regimes. Nach Ansicht der Verteidigung versuche die Staatsanwaltschaft unzulässigerweise bereits Beweismittel für das Verfahren 002 zu erlangen. Die Aussagen des Angeklagten und der Sachverständigen nahmen circa zweieinhalb Wochen in Anspruch. Sie unterschieden sich im Wesentlichen in der Beurteilung der Relevanz von S-21 für das Regime und der Rolle des Angeklagten als sein Leiter.[1431]

1426 Befragt wurden Duch, François Bizot und Ouch Sorn (ehemalige Gefangene) und zwei Wächter (Chan Vouen und Chan Khorn).

1427 KRT Trial Monitor, Report No. 5, (Week ending 2 May 2009), abrufbar unter http://socrates.berkeley.edu/~warcrime/documents/krt_report5.pdf.

1428 Andere Zeugen gingen in ihren späteren Aussagen darauf ebenso ein. Transcript of Proceedings – "DUCH" Trial (Trial Day 55), E1/22.1, 20. Mai 2009, abrufbar unter http://www.eccc.gov.kh/sites/default/files/documents/courtdoc/E1-22_1ENG.pdf. Transcript of Proceedings – "DUCH" Trial (Trial Day 55), E1/59.1, 6. August 2009, Zeugenaussage von David Chandler, abrufbar unter http://www.eccc.gov.kh/sites/default/files/documents/courtdoc/E1_59.1_TR001_20090806_Final_EN_Pub.pdf.

1429 Die Angestellten von S-21 lieferten ihre Berichte bei Duch ab. Dieser wiederum berichtete an das CPK Standing Committee (Sub-Komitee des Zentral-Komitees), insbesondere an Son Sen und später Nuon Chea, welche die Berichte an Pol Pot weiterleiteten. Closing order indicting Kaing Guek Eav alias Duch, D99, 8. August 2008, Para. 32, abrufbar unter http://www.eccc.gov.kh/en/document/court/closing-order-indicting-kaing-guek-eav-alias-duch.

1430 Diese wurde teilweise durch seine Verweigerung einer Aussage auf seiner Meinung nach unwichtige Fragen oder bei fehlendem Verständnis der Parteien bzgl. der Fakten unterbrochen. Transcript of Proceedings – "DUCH" Trial (Trial Day 14), E1/18.1, 29. April 2009, S. 63, 67, 81, abrufbar unter http://www.eccc.gov.kh/sites/default/files/documents/courtdoc/E1_18.1_EN.pdf.

1431 Staggs Kelsall, Michelle/Baleva, Mary Kristerie A./Nababan, Aviva/Chou, Vineath/Guo, Rachel/Ehlert, Caroline/Nget, Sovannith/Pheak, Savornt, Lessons learned

Zum anschließenden Beweisthema des bewaffneten Konflikts wurden innerhalb einer Woche der Angeklagte und ein Sachverständiger gehört. Problematisch war die Frage, ob von 1975 bis 1979 ein durchgehender bewaffneter Konflikt in Kambodscha geherrscht hatte.

Am Umfassendsten[1432] wurde das Beweisthema der Funktionsweise von S-21 und des Umerziehungs- und Arbeitslagers Choeung Ek (S-24) erörtert.[1433] Thematisiert wurden die Durchführung von Folter und Hinrichtungen sowie die persönliche Beteiligung des Angeklagten an den Verbrechen. Im Rahmen dieses Beweisthemas wurden vor allem Angehörige von Opfern aus den Lagern gehört. Die Gründung und Funktionsweise von S-24 wurde innerhalb von zwei Wochen anhand der Aussagen von acht ehemaligen Angestellten und einem Nebenkläger besprochen. Diese erzählten meist narrativ und die Aussagen hatten einen hohen emotionalen Charakter. Die Richter mussten daher immer wieder abwägen, ob sie in den Beweisfluss der Aussagen durch das Stellen von Fragen eingriffen oder die Zeugen frei erzählen ließen.[1434] Eine detaillierte Ermittlung der Haftbedingungen in S-21 und der Funktionsweise von S-21 und S-24 war vor dem Hintergrund der umfassenden Aussage des Angeklagten nicht zwingend notwendig.[1435] Insbesondere den Opfern wurde aber Gelegenheit gegeben, umfassende Aussagen zu tätigen. Die Kammer kam dadurch ihrer Aufgabe nach, zur Wahrheitsermittlung der Verbrechen aus der Khmer Rouge Zeit und deren Dokumentation beizutragen.[1436] Weiter konnte dadurch eine

---

from the "Duch" Trial, a comprehensive review of the first case before the Extraordinary Chambers in the courts of Cambodia, A report produced by the Asian International Justice Initiative's KRT Trial Monitoring Group, Dezember 2009, S. 13.

1432 Circa 35% der für Zeugenaussagen aufgewendeten Zeit. Staggs Kelsall, Michelle/Baleva, Mary Kristerie A./Nababan, Aviva/Chou, Vineath/Guo, Rachel/Ehlert, Caroline/Nget, Sovannith/Pheak, Savornt, Lessons learned from the "Duch" Trial, a comprehensive review of the first case before the Extraordinary Chambers in the courts of Cambodia, A report produced by the Asian International Justice Initiative's KRT Trial Monitoring Group, Dezember 2009, S. 11.

1433 Neben dem Angeklagten, einigen Nebenklägern und David Chandler als Sachverständigem sagten viele ehemalige Angestellte von S-21 aus (insgesamt 33 Zeugen). Dafür wurden sieben Wochen aufgewendet.

1434 Gibson, Kate/Rudy, Daniella, A new model of international criminal procedure? The progress of the Duch Trial at the ECCC, 7 J. Int. Criminal Justice, 2009, S. 1005, 1008, 1009.

1435 KRT Trial Monitor, Report No. 5 (Week ending 2 May 2009), abrufbar unter http://krttrialmonitor.files.wordpress.com/2012/07/aiji_eccc_case1_no5_02may09_en.pdf. KRT Trial Monitor, Report No. 8 (Week ending 14 June 2009), abrufbar unter http://krttrialmonitor.files.wordpress.com/2012/07/aiji_eccc_case1_no8_14june09_en.pdf.

1436 Transcript of Proceedings – "DUCH" Trial (Trial Day 2), E1/6.1, 31. März 2009, abrufbar unter http://www.eccc.gov.kh/sites/default/files/documents/courtdoc/E1_6.1_TR001_20090331_Final_EN_Pub.pdf.

gewisse Solidarität mit den Opfern gezeigt werden, was den Beitrag des Verfahrens zur Versöhnung der kambodschanischen Bevölkerung erhöht.

Zuletzt wurden Sachverständige und Nebenkläger zum Thema Strafzumessung und Reparationen geladen. Zum Bereich der Strafzumessung[1437] gehörte die Befragung von sieben sogenannten Character Witnesses, welche zur Persönlichkeit, dem Temperament, der Integrität und der Reputation des Angeklagten aussagten.[1438] Durch ihre Ausführungen sollte aufzeigt werden, inwieweit der Charakter des Angeklagten die Art der Tatbegehung unwahrscheinlicher oder wahrscheinlicher erscheinen lässt.[1439] Daher wurden auch Psychologen gehört, die den Angeklagten befragt hatten. Sie bestätigten beispielsweise seine Fähigkeit Reue zu empfinden, was für die Anerkennung einer Strafmilderung entscheidend war.[1440]

b) Die Strukturierung des Verfahrens 002

Verfahren 002 wurde entlang der Anklagepunkte in verschiedene Teilverfahren aufgeteilt.[1441] Jedes Teilverfahren wird durch ein Teilurteil abgeschlossen. Aufgrund des hohen Alters der Angeklagten strebt die Kammer die Verkündung eines ersten Teilurteils möglichst zügig an.[1442]

Bei der ersten Anhörung (Initial Hearing) mussten die Parteien auf die gesamte Anklage Bezug nehmen. Die Beweisaufnahme eines Teilverfahrens bezieht sich dagegen

---

1437 Allerdings nicht, wenn es um die Frage der Schuldfähigkeit geht. Decision on Civil Party Co-lawyers' joint request for a ruling on the standing of Civil Party lawyers to make submissions on sentencing and directions concerning the questioning of the accused, experts and witnesses testifying on character, E72/3, 9. Oktober 2009, Para. 45, abrufbar unter http://www.eccc.gov.kh/sites/default/files/documents/courtdoc/E72_3_EN.pdf.

1438 Decision on Civil Party Co-lawyers' joint request for a ruling on the standing of Civil Party lawyers to make submissions on sentencing and directions concerning the questioning of the accused, experts and witnesses testifying on character, E72/3, 9. Oktober 2009, Para. 45, abrufbar unter http://www.eccc.gov.kh/sites/default/files/documents/courtdoc/E72_3_EN.pdf.

1439 Im angloamerikanischen Recht dient dieses Beweismittel zur Tatsachenfeststellung in der Schuldfrage. Gleß, Sabine, Beweisrechtsgrundsätze einer grenzüberschreitenden Strafverfolgung, Baden-Baden, 2006, S. 239.

1440 Decision on Civil Party Co-lawyers' joint request for a ruling on the standing of Civil Party lawyers to make submissions on sentencing and directions concerning the questioning of the accused, experts and witnesses testifying on character, E72/3, 9. Oktober 2009, Para. 46, abrufbar unter http://www.eccc.gov.kh/sites/default/files/documents/courtdoc/E72_3_EN.pdf.

1441 Severance order pursuant to Internal Rule 89ter, E124, 22. September 2011, abrufbar unter http://www.eccc.gov.kh/sites/default/files/documents/courtdoc/E124_EN.PDF. In Verfahren 002 dient das erste Teilverfahren der Schaffung von Grundlagen für die weiteren Verfahren.

1442 ECCC, Pressemitteilung vom 22. September 2011.

nur auf die vom jeweiligen Teilverfahren erfassten Anklagepunkte.[1443] Die Kammer kann ausnahmsweise, z.B. bei Zeugenbefragungen, darüber hinausgehende Fragen zulassen.[1444] Diese müssen die Parteien zuvor schriftlich beantragen.[1445]Allerdings hat die Kammer diese Verfahrenspraxis nicht konsequent eingehalten. Auch ist bisher nicht geklärt, inwieweit das Vorliegen einer Ausnahmesituation substantiell dargelegt werden muss und ob die andere Partei Einspruch erheben kann.[1446]

Bislang hat die Kammer nur den Inhalt des ersten Teilverfahrens 002/1 konkretisiert. In diesem werden zunächst die Geschichte und Struktur des Demokratischen Kampuchea, die Rolle und Position jedes der drei Angeklagten vor bzw. während des Regimes sowie die Kommunikationsstrukturen im Regime behandelt.[1447] Darauf folgt die Beweiserhebung betreffend die erste und zweite Phase der Bevölkerungsbewegung[1448] und die Erörterung der diesbezüglich erhobenen Tatvorwürfe der Verwirklichung von Verbrechen gegen die Menschlichkeit durch die fünf Einzeltaten Tötung, Ausrottung, Verfolgung aus politischen oder rassistischen Gründen, Vertreibung sowie dem Verschwindenlassen von Personen.[1449] Am Ende des Teilverfahrens werden Zeugen zur Strafzumessung, also der Schwere der Verbrechen und dem Charakter der Angeklagten, gehört.[1450]

Die Kammer wurde für die Auswahl der Verfahrensgegenstände des ersten Teilverfahrens kritisiert. Die Staatsanwaltschaft beantragte die Einbeziehung weiterer Sachverhalte in das Verfahren 002/1, um ein möglichst repräsentatives erstes

1443 Scheduling order for opening statements and hearing on the substance in Case 002, E131, 18. Oktober 2011, S. 2, abrufbar unter http://www.eccc.gov.kh/sites/default/files/documents/courtdoc/E131_EN.PDF.

1444 Z. B. wenn der Zeuge erkrankt ist und eventuell im nächsten Verfahrensabschnitt nicht mehr erreichbar ist. KRT Trial Monitor, Case 002, Issue No. 6, Hearing on Evidence Week 2, 5–9 December 2011, S. 13, abrufbar unter http://krttrialmonitor.files.wordpress.com/2011/11/6-week-1_5-9dec2011-2.pdf.

1445 Request for Correction on Document E124/7.1 in English Version, E124/7.1/Corr-2, 21. November 2011, abrufbar unter http://www.eccc.gov.kh/sites/default/files/documents/courtdoc/E124_7.1_Corr-2_EN.PDF.

1446 KRT Trial Monitor, Case 002, Issue No. 6, Hearing on Evidence Week 2, 5–9 December 2011, S. 13, abrufbar unter http://krttrialmonitor.files.wordpress.com/2011/11/6-week-1_5-9dec2011-2 .pdf.

1447 Severance order pursuant to Internal Rule 89ter, E124, 22. September 2011, Para. 1, abrufbar unter http://www.eccc.gov.kh/sites/default/files/documents/courtdoc/E124_EN.PDF.

1448 Die erste Phase betrifft die Vertreibung aus Phnom Penh im Jahr 1975, die zweite Phase die Vertreibung zwischen 1975 und 1977.

1449 Severance order pursuant to Internal Rule 89ter, E124, 22. September 2011, Para. 5, abrufbar unter http://www.eccc.gov.kh/sites/default/files/documents/courtdoc/E124_EN.PDF.

1450 Ebenso JStGH RPE, Regel 87 (A) (vi). Offen IStGH Statut, Artikel 76, 78.

Teilverfahren zu ermöglichen.[1451] Ihr Hauptargument für eine Erweiterung war, dass die Durchführung eines weiteren Teilverfahrens aufgrund des Alters der Angeklagten und der knappen finanziellen Ressourcen des Gerichts unwahrscheinlich erscheint.[1452] Die Hauptverfahrenskammer wog in ihrer Entscheidung zwischen ihren Aufgaben ab, das Verfahren einerseits zu optimieren und andererseits eine möglichst umfangreiche Wahrheitsermittlung zu ermöglichen.[1453] Alle Parteien erhielten die Gelegenheit, aus ihrer Sicht darzulegen, inwieweit die Vorteile einer Erweiterung den daraus resultierenden Nachteil der Verfahrensverlängerung überwiegen. Einbezogen wurde auch das Interesse der Opfer auf ein frühes Urteil.[1454] Die Staatsanwaltschaft musste darlegen, welche Auswirkungen eine Versagung der Verfahrenserweiterung auf die Erfüllung ihrer Beweislast in Verfahren 002/1 gehabt hätte. Die Kammer musste im Folgenden klären, inwieweit bei einer Erweiterung des Prozessgegenstandes erneute oder zusätzliche Zeugenladungen notwendig und zusätzliche Dokumente in den Prozess einzuführen wären. Auch war die Zeit zu bemessen, die die Verteidigung zur adäquaten Vorbereitung benötigen würde.[1455] Daneben war die Frage zu beantworten, inwieweit die Closing Order des Teilverfahrens zu ergänzen wäre.[1456]

Nach Ansicht der Staatsanwaltschaft wären bei einer Verfahrenserweiterung weitere Anklagepunkte in die Closing Order aufzunehmen.[1457] Dies tangiere die Rechte der Verteidigung aber nicht, da die Teilungsanordnung (Severance Order)

1451 Transcript of Proceedings, Trial Management Hearing, E1/114.1, 17. August 2012, S. 97, abrufbar unter http://www.eccc.gov.kh/sites/default/files/documents/courtdoc/E1_114.2_TR002_20120827_Final_EN_Pub.pdf.

1452 Co-Prosecutors' proposed extension of scope of trial in Case 002/01 (E163), Annex, E218.1, 3. August 2012, abrufbar unter http://www.eccc.gov.kh/sites/default/files/documents/courtdoc/E218.1_EN.PDF.

1453 Scheduling of Trial Management Meeting to enable planning of remaining trial phases in Case 002/01 and implementation of further measures designed to promote trial efficiency, E218, 3. August 2012, Para. 14, abrufbar unter http://www.eccc.gov.kh/sites/default/files/documents/courtdoc/E218_EN.PDF.

1454 Scheduling of Trial Management Meeting to enable planning of remaining trial phases in Case 002/01 and implementation of further measures designed to promote trial efficiency, E218, 3. August 2012, Para. 15, abrufbar unter http://www.eccc.gov.kh/sites/default/files/documents/courtdoc/E218_EN.PDF.

1455 Scheduling of Trial Management Meeting to enable planning of remaining trial phases in Case 002/01 and implementation of further measures designed to promote trial efficiency, E218, 3. August 2012, Para. 15, abrufbar unter http://www.eccc.gov.kh/sites/default/files/documents/courtdoc/E218_EN.PDF.

1456 Co-Prosecutors' proposed extension of scope of trial in Case 002/01 (E163), Annex, E218.1, 3. August 2012, Para. 15. abrufbar unter http://www.eccc.gov.kh/sites/default/files/documents/courtdoc/E218.1_EN.PDF.

1457 Transcript of Proceedings, Trial Management Hearing, E1/114.1, 17. August 2012, S. 101, abrufbar unter http://www.eccc.gov.kh/sites/default/files/documents/courtdoc/E1_114.2_TR002_20120827_Final_EN_Pub.pdf.

der Kammer bereits einen Hinweis auf eine mögliche Erweiterung des Verfahrens beinhaltete und die Erweiterung Teile der Closing Order betreffe, welche der Verteidigung bereits bekannt seien.[1458] Damit sei die Verteidigung hinreichend über eine eventuelle Anklageerweiterung informiert. Nach Berechnungen der Staatsanwaltschaft müssten zusätzliche 17 Zeugen gehört werden, erneute Ladungen bereits vernommener Zeugen wären nicht notwendig.[1459] Insgesamt müsse mit einer Verlängerung des Prozesses um einen Monat gerechnet werden.[1460] Die Verteidigung rechnete mit einer Verfahrensverlängerung von mindestens vier Monaten. Es würden eventuell erneute Zeugenbefragungen notwendig[1461] und es müssten zusätzliche 1.400–2.416 Dokumente geprüft werden.[1462] Die eigene Analyse der Kammer ergab, dass nur Duch erneut und wenige zusätzliche Zeugen zu laden wären.[1463] Schließlich ordnete die Hauptverfahrenskammer eine teilweise Erweiterung des Verfahrensgegenstands auf drei weitere Tatorte, insbesondere die Tuol Po Chrey Vernichtungsstätte, an. Dies erfordere die Ladung zweier zusätzlicher Zeugen.[1464] Den darüber hinausgehenden Antrag der Staatsanwaltschaft auf Einbeziehung der Vorkommnisse in S-21 und im 12ten Distrikt lehnte die Kammer unter Berufung auf die sonst eintretende Verfahrensverlängerung ab.

Die Rechtsmittelkammer beschied die eingelegte Beschwerde der Staatsanwaltschaft gegen diese Entscheidung positiv und erklärte die Teilungsanordnung für

1458 Transcript of Proceedings, Trial Management Hearing, E1/114.1, 17. August 2012, S. 100, abrufbar unter http://www.eccc.gov.kh/sites/default/files/documents/courtdoc/E1_114.2_TR002_20120827_Final_EN_Pub.pdf.

1459 Transcript of Proceedings, Trial Management Hearing, E1/114.1, 17. August 2012, S. 101, abrufbar unter http://www.eccc.gov.kh/sites/default/files/documents/courtdoc/E1_114.2_TR002_20120827_Final_EN_Pub.pdf.

1460 Transcript of Proceedings, Trial Management Hearing, E1/114.1, 17. August 2012, S. 97, abrufbar unter http://www.eccc.gov.kh/sites/default/files/documents/courtdoc/E1_114.2_TR002_20120827_Final_EN_Pub.pdf.

1461 Transcript of Proceedings, Trial Management Hearing, E1/114.1, 17. August 2012, S. 106, abrufbar unter http://www.eccc.gov.kh/sites/default/files/documents/courtdoc/E1_114.2_TR002_20120827_Final_EN_Pub.pdf.

1462 Transcript of Proceedings, Trial Management Hearing, E1/114.1, 17. August 2012, S. 107, 117, abrufbar unter http://www.eccc.gov.kh/sites/default/files/documents/courtdoc/E1_114.2_TR002_20120827_Final_EN_Pub.pdf.

1463 Transcript of Proceedings, Trial Management Hearing, E1/114.1, 17. August 2012, S. 120, abrufbar unter http://www.eccc.gov.kh/sites/default/files/documents/courtdoc/E1_114.2_TR002_20120827_Final_EN_Pub.pdf.

1464 Trial Chamber memorandum entitled Notification of decision on Co-Prosecutions' request to include additional crime sites within the scope of Trial in Case 002/01 (E163) and deadline for submission of applicable law portion of Closing Briefs, E163/5, 8. Oktober 2012, abrufbar unter http://www.eccc.gov.kh/sites/default/files/documents/courtdoc/E163_5_EN.PDF.

nichtig.[1465] Nach Ansicht der Rechtsmittelkammer mussten die Parteien zur Verfahrensaufteilung befragt werden und die Hauptverfahrenskammer müsse die Auswahl der Themen des Teilverfahrens konkret begründen.[1466] Daher müsse die Kammer eine neue Teilungsanordnung erlassen. Die bisherige Beweisaufnahme werde dadurch jedoch nicht rechtswidrig.

5) Die Zeugen- und Dokumentenliste

An den ECCC erstellen die Parteien, anders als am JStGH, keinen vorbreitenden Schriftsatz mit einer Zeugen- und Beweisliste (Pre-Trial Brief) mangels der Aufteilung des Verfahrens in die Beweispräsentation der Staatsanwaltschaft (Prosecution Case) und der Verteidigung (Defense Case).[1467] Die Kammer nutzt stattdessen die Anklageschrift und die Ermittlungsakte zur Vorbereitung und Strukturierung der Hauptverhandlung[1468] und bildet sich daraus eine Sachverhaltshypothese.[1469] Auch die Parteien können auf die Akte während des gesamten Verfahrens zugreifen.[1470]

1465 Decision on the Co-Prosecutors' immediate appeal of the Trial Chamber's decision concerning the scope of case 002/01, 8. Februar 2013, E163/5/1/13, abrufbar unter http://www.eccc.gov.kh/sites/default/files/documents/courtdoc/20130211%20 18:23/E163_5_1_13_EN-1.PDF.

1466 TranscriptofProceedings,TrialManagementHearing,E1/114.1,17.August2012,S.106, abrufbar unter http://www.eccc.gov.kh/sites/default/files/documents/courtdoc/ E1_114.2_TR002_20120827_Final_EN_Pub.pdf.

1467 Prosecutor v. Prlic, Decision adopting Guidelines on the Conduct of Trial Proceedings, Case No. IT-04-74-PT, 26. April 2006, Para. 9, abrufbar unter http:// www.icty.org/x/cases/prlic/tdec/en/060426.htm. Der Staatsanwaltschaft wurden maximal 400 Stunden zur Beweisführung eingeräumt.

1468 Internal Rules, Regeln 69 (3), 79 (1). Im angloamerikanischen Recht kennt der Richter die Bedeutung der Beweismittel vor Verfahrensbeginn nicht und kann somit in der Hauptverhandlung keine aktive Rolle einnehmen. Hermann, Joachim, Der amerikanische Strafprozess, in Jung, Heike, Der Strafprozess im Spiegel ausländischer Verfahrensordnungen, Berlin, 1990, S. 155.

1469 Am IStGH ist bisher noch unklar, ob die Kammer Einsicht in die Verfahrensakte nehmen kann. An den Ad-hoc Tribunalen gibt es keine Verfahrensakte, sondern ein Dossier. Dieses gibt den Inhalt der Pre-Trial Briefs der Parteien wieder. Es beinhaltet aber auch alle Anträge der Parteien, Protokolle der Statuskonferenzen und Besprechungen sowie die Zeugen- und Beweisliste gem. JStGH RPE, Regel 65ter(L). Die Parteien haben allerdings im Unterschied zur Leitung der Ermittlungen durch einen unabhängigen Ermittlungsrichter an den ECCC ihre eigenen Ermittlungen durchgeführt. Somit zeichnet das Dossier nicht jeden Schritt der Ermittlungen objektiv nach, sondern sein Inhalt ist durch die Prozessstrategie der Parteien beeinflusst. Tochilovsky, Vladimir, Legal Systems and Cultures in the International Criminal Court: The Experience from the International Criminal Tribunal for the Former Yugoslavia, International and national Prosecution of Crimes under International Law, Berlin, 2001, S. 634.

1470 Internal Rules, Regel 86.

Anders als im kambodschanischen Recht gelten jedoch an den ECCC nicht alle in der Ermittlungsakte enthaltenen Dokumente als Beweis in die Verhandlung eingeführt. Dies ist aufgrund der Anzahl der Dokumente nicht möglich. Daher müssen die Parteien gemäß Regel 80 (3) Internal Rules zu Verfahrensbeginn vertrauliche[1471] Zeugen- und Dokumentenlisten erstellen, welche alle potenziellen Beweise enthalten. In Verfahren 002 hat die Kammer zusätzlich zu der Liste für das gesamte Verfahren eine „Revised List" angefordert, welche nur die für den ersten Verfahrensabschnitt einzuführenden Beweismittel enthält.[1472] Die Listen[1473] sind anhand der von der Kammer vorgegebenen Reihenfolge zu strukturieren.[1474] Die Parteien mussten für die aufgelisteten Zeugen eine Zusammenfassung der Tatsachen, zu denen diese testieren sollen, und deren Bezug zu den Tatbeständen der Closing Order bereitstellen.[1475] Diese Analysen der Zeugenaussagen binden die Kammer inhaltlich nicht.[1476] Vielmehr werden für alle Beteiligten Natur und Kontext der Zeugenaussage deutlich und es wird ersichtlich, warum die Vernehmung für die Wahrheitsfindung von wesentlicher Bedeutung ist.[1477] Vor allem können die Richter leichter erkennen inwieweit entlastende Beweise gesammelt wurden,[1478] da die im

1471 Im Fall eines Antrags auf Zeugenschutzmaßnahmen wird diese als streng vertraulich eingestuft, Order to file material in preparation for trial, E9, 17. Januar 2011, Para. II (5), abrufbar unter http://www.eccc.gov.kh/sites/default/files/documents/courtdoc/E9_EN_0.pdf.

1472 Decision Concerning New Documents and Other Related Issues, E190, 30. April 2012, Para. 19, abrufbar unter http://www.eccc.gov.kh/sites/default/files/documents/courtdoc/E190_EN.PDF.

1473 Diese muss die folgenden Information beinhalten: „i) Name, Geschlecht, Geburtsdatum und -stadt; ii) Kontaktdaten; iii) Referenznummer der bisherigen Interviews und anderer relevanter Dokumente; iv) bisherige Zeugenschutzmaßnahmen mit Angabe der diesbezüglichen Entscheidungen; v) eine Erklärung über Verbindungen gemäß Regel 24 (2) Internal Rules; vi) die voraussichtliche benötigte Vernehmungszeit; vii) die Vernehmungssprache und viii) bei Eidespflicht die Art des Eides." Order to file material in preparation for trial, E9, 17. Januar 2011, Para. I (2), abrufbar unter http://www.eccc.gov.kh/sites/default/files/documents/courtdoc/E9_EN_0.pdf.

1474 Order to file material in preparation for trial, E9, 17. Januar 2011, Para. III (12), abrufbar unter http://www.eccc.gov.kh/sites/default/files/documents/courtdoc/E9_EN_0.pdf.

1475 Meist enthält schon die Final Submission der Staatsanwaltschaft zu jedem Anklagepunkt eine Zusammenfassung des Beweismaterials.

1476 Decision on the Co-Prosecutors' motion to submit analyses of witness statements, E21/2, 13. Juli 2009, abrufbar unter http://www.eccc.gov.kh/sites/default/files/documents/courtdoc/E21_2_EN.pdf.

1477 Order to file material in preparation for trial, E9, 17. Januar 2011, Para. II (6), abrufbar unter http://www.eccc.gov.kh/sites/default/files/documents/courtdoc/E9_EN_0.pdf.

1478 Nice QC, Geoffrey/Vallières-Roland, Philippe, Procedural Innovations in War Crimes Trials, 3 J. Int'l Criminal Justice, 2005, S. 354.

Verfahren zu diskutierende Anzahl der Beweise auf die tatsächlich zwischen den Parteien umstrittenen Beweismittel verringert wird.

Die Staatsanwaltschaft[1479] muss ihre Zeugenliste innerhalb von 15 Tagen nach der Veröffentlichung der Closing Order[1480] einreichen. Die Verteidigung kann innerhalb von weiteren 15 Tagen zusätzliche Zeugen benennen.[1481] Die Parteien können Beweise nicht mehr in die Hauptverhandlung einführen, wenn diese bei Fristablauf bekannt, aber nicht in den Listen benannt wurden. In Verfahren 002 wandte sich die Verteidigung des Angeklagten Nuon Chea gegen diese Pflicht bereits vor Hauptverhandlungsbeginn die Beweise zu benennen. Dadurch würde er gezwungen, früh seine Verteidigungsstrategie offenzulegen.[1482] Nach Ansicht der Kammer steht es dagegen in ihrem Ermessen von der Verteidigung nicht benannte Beweismittel zurückzuweisen. Im Hauptverfahren wird nämlich hauptsächlich die Beweissammlung der Ermittlungsrichter kontrolliert und nur noch teilweise ergänzt.[1483] Eine Ausnahme ergibt sich lediglich aufgrund des Rechts des Angeklagten auf ein faires Verfahren, wenn es sich um entlastendes Material handelt.[1484]

Die Kammer kann daher Kürzungen der Listen nach ihrem Ermessen[1485] gemäß Regel 92 Internal Rules vornehmen.[1486] Allerdings sucht die Kammer die Abstimmung

---

1479 Internal Rules, Regel 80 (3). In dieser kann die Staatsanwaltschaft auch die von ihr gewünschte Reihenfolge der Zeugenvernehmungen verdeutlichen. Da Nebenkläger gemäß Regel 23 (4) Internal Rules unter den gleichen Bedingungen wie der Angeklagte vernommen werden, müssen sie nicht in die Zeugenliste aufgenommen werden. Es ist aus staatsanwaltlicher Sicht aber sinnvoll auch Nebenkläger in die Zeugenliste aufzunehmen, da diese ihren Nebenklägerstatus während des Verfahrens wieder verlieren könnten.

1480 Internal Rules, Regel 80 (1). Sollte nach Anklageerhebung die Vorverfahrenskammer angerufen worden sein, ist Fristbeginn der Zeitpunkt, an dem die Kammer die Ermittlungsakten durch die Vorverfahrenskammer zugeleitet bekommen hat. Order to file material in preparation for trial, E9, 17. Januar 2011, Para. I (2), abrufbar unter http://www.eccc.gov.kh/sites/default/files/documents/courtdoc/E9_EN_0.pdf.

1481 Order to file material in preparation for trial, E9, 17. Januar 2011, Para. I (1), abrufbar unter http://www.eccc.gov.kh/sites/default/files/documents/courtdoc/E9_EN_0.pdf.

1482 Reply to OCP Response to List of Documents to be put before the Chamber during the First Mini-Trial, E131/1/14/1, 27. Februar 2012, abrufbar unter http://www.eccc.gov.kh/sites/default/files/documents/courtdoc/E131_1_14_1_EN.PDF.

1483 Perron, Walter, Das Beweisantragrecht des Beschuldigten – Ursache oder Symptom der Krise des deutschen Strafprozesses?, ZStW 108, 1996, S. 150.

1484 Internal Rules, Regel 84 (1).

1485 Internal Rules, Regel 87 (3). Kürzungen erfolgen, wenn die Kammer die behauptete Tatsache als bewiesen oder das Beweismittel als repetitiv bzw. für den Verfahrensausgang unerheblich betrachtet.

1486 Decision on Co-Prosecutors' rule 92 submission regarding the admission of witness statements and other documents before the Trial Chamber, E96/7, 20. Juni 2012,

mit den Parteien,[1487] z.B. sollen sie in den Listen die Hauptbeweismittel kenntlich machen.[1488] Die Parteien können nach der Streichung eines Beweismittels einen Antrag auf dessen Zulassung stellen.[1489] Darüber hinaus hat die Kammer den Parteien die Möglichkeit gegeben, eigene Vorschläge einzureichen, wie die Anzahl der Zeugen reduziert werden kann.[1490]

6) Der Zeitplan für die Hauptverhandlung

Ein Zeitplan soll die Zügigkeit und Effektivität der Hauptverhandlung verbessern. Dessen Einhaltung steht grundsätzlich im Spannungsfeld zur umfassenden historischen Abbildung der Verbrechen durch eine ausführliche Beweisaufnahme. Zu Verzögerungen im Zeitplan kann es kommen, wenn der Verteidigung zur Wahrung des Rechts auf ein faires Verfahren zusätzliche Zeit für die Vorbereitung ihrer Verteidigung zu geben ist.[1491]

Auch an anderen Tribunalen haben die Kammern Richtlinien zur Beschränkung der Zeit, die den Parteien für ihre Beweisführung zur Verfügung steht, erlassen. Diese legen die Gesamtzeit fest, die den Parteien für ihre Beweispräsentation zusteht. Die Parteien können also selbst die Schwerpunkte in ihrer Beweispräsentation setzen. Dies ist an den ECCC mangels der Aufteilung der Beweisaufnahme in Prosecution und Defense Case nicht möglich. Daher wurden den Parteien für die Zeugenvernehmungen jeweils eine gewisse Zeit zugeteilt, welche unter den Repräsentanten einer Partei frei verteilt werden kann.[1492] So wurden der Staatsan-

---

Para. 1, abrufbar unter http://www.eccc.gov.kh/sites/default/files/documents/courtdoc/E96_7_EN[1].pdf.

1487 Transcript of Proceedings, Trial Management Hearing, E1/114.1, 17. August 2012, S. 31, abrufbar unter http://www.eccc.gov.kh/sites/default/files/documents/courtdoc/E1_114.2_TR002_20120827_Final_EN_Pub.pdf.

1488 Scheduling of Trial Management Meeting to enable planning of remaining trial phases in Case 002/01 and implementation of further measures designed to promote trial efficiency, E218, 3. August 2012, Para. 11, abrufbar unter http://www.eccc.gov.kh/sites/default/files/documents/courtdoc/E218_EN.PDF.

1489 Scheduling of Trial Management Meeting to enable planning of remaining trial phases in Case 002/01 and implementation of further measures designed to promote trial efficiency, E218, 3. August 2012, Para. 6, abrufbar unter http://www.eccc.gov.kh/sites/default/files/documents/courtdoc/E218_EN.PDF.

1490 Scheduling of Trial Management Meeting to enable planning of remaining trial phases in Case 002/01 and implementation of further measures designed to promote trial efficiency, E218, 3. August 2012, Para. 3, abrufbar unter http://www.eccc.gov.kh/sites/default/files/documents/courtdoc/E218_EN.PDF.

1491 KRT Trial Monitor, Case 002, Issue No. 5, Opening Statements, 21–23 November 2011, S. 12, abrufbar unter http://krttrialmonitor.files.wordpress.com/2011/11/5-opening-statements_21-23nov 2011-2.pdf.

1492 Transcript of Proceedings – "DUCH" Trial (Trial Day 28), E1/32.1, 15. Juni 2009, S. 4–5, abrufbar unter http://www.eccc.gov.kh/sites/default/files/documents/courtdoc/

waltschaft beispielsweise 30 Minuten für die Befragung eines eintägig einberufenen Zeugen gewährt. Der internationale und nationale Staatsanwalt hatten damit je 15 Minuten Zeit für ihre Befragung. Die Verteidigung erhielt 80 Minuten, die vier Nebenklagegruppen je 20 Minuten Zeit.

Die Zeitrahmen sind nicht verlängerbar, um die Durchführung eines zügigen Verfahrens nicht zu gefährden.[1493] Bedenken entstanden an dieser Praxis, nachdem die Zeitlimits eingeführt wurden, als es um Kernpunkte der Anklage ging, sodass die Parteien sich hierauf nicht rechtzeitig einstellen konnten.[1494] Ferner muss das Zeitfenster ausreichend bemessen sein, damit der Zeitdruck nicht zu weniger Toleranz gegenüber den Zeugen führt. Ansonsten könnten die Parteien nämlich bestrebt sein, innerhalb der kurzen Zeit Antworten auf für ihre Beweisführung notwendige Fragen zu erhalten und damit weniger Rücksicht auf die Vermeidung einer Retraumatisierung von Zeugen legen.

7) Das Dokumentenmanagement

Die Parteien und die Ermittlungsrichter nutzen jeweils das digitale Programm Case Map für die Strukturierung ihrer Dokumente. Die Case Map der Ermittlungsrichter ist nicht Teil der Ermittlungsakte.[1495] Im Hauptverfahren wird dann eine elektronische Dokumentendatenbank erstellt, auf die alle Verfahrensbeteiligten Zugriff haben.

Die in den Listen der Parteien benannten Dokumente können der Kammer gemäß Regel 92 Internal Rules bis zu den Closing Statements vorgelegt werden.[1496] In Verfahren 001 ordnete die Kammer an, dass die Beteiligten die Dokumente, die sie bei einer Vernehmung nutzen wollen, 24 Stunden zuvor vorlegen müssen.[1497] Dies könne von den Parteien gefordert werden, da sie die Reihenfolge der Zeugenvernehmungen

E1_32.1_TR001_20090615_Final_EN_Pub.pdf.

1493 Transcript of Proceedings, Trial Management Hearing, E1/114.1, 17. August 2012, S. 59, abrufbar unter http://www.eccc.gov.kh/sites/default/files/documents/courtdoc/E1_114.2_TR002_20120827_Final_EN_Pub.pdf.

1494 Gibson, Kate/Rudy, Daniella, A new model of international criminal procedure? The progress of the Duch Trial at the ECCC,7 J. Int. Criminal Justice, 2009, S. 1005, 1008, 1009.

1495 Decision on Ieng Sary Motion to add the Office of the CoInvestigator's CaseMap to the Case File (E91), 28. Juli 2011, E91/3, abrufbar unter http://www.eccc.gov.kh/sites/default/files/documents/courtdoc/E91_3_EN.PDF.

1496 Decision on Objections to Documents Proposed to be Put Before the Chamber on the Co-Prosecutors' Annexes A1-A5 and to Documents cited in Paragraphs of the Closing Order Relevant to the First Two Trial Segments of Case 002/01, E185, 9. April 2012, Para. 31, abrufbar unter http://www.eccc.gov.kh/sites/default/files/documents/courtdoc/E185_EN.PDF.

1497 KRT Trial Monitor, Case 002, Issue No. 27, Hearing on Evidence Week 22, 19-21 June 2012, S. 14, abrufbar unter http://krttrialmonitor.files.wordpress.com/2012/07/27-week22-19-21june_final.pdf.

kennen. Der Kammer werde so die Vorbereitung auf die Befragung erleichtert. Diese Verfahrenspraxis wurde in Verfahren 002 geändert. Die Verfahrensbeteiligten, außer der Kammer,[1498] müssen die Dokumente nun spätestens zwei Wochen vor der Anhörung vorlegen und auf den Shared Material Drive (Daily Trial Interface) hochladen, sodass die Übersetzungsabteilung die Dokumente bereits bearbeiten kann.[1499]

Die Parteien speisen in die Datenbank allerdings weit mehr als die realistisch bei der Anhörung verwendbaren Dokumente ein, was der Kammer eine Durchsicht unmöglich macht. Daher sollen nach Ansicht der Kammer nur noch 5-10 Hauptdokumente hochgeladen werden.[1500] Ursächlich für die hohe Anzahl ist, dass die Parteien dem Zeugen ein Dokument nicht vorlegen dürfen, falls das Dokument nicht im Interface enthalten ist.[1501] Die Parteien können aber im Vorhinein nicht immer erkennen, welche Dokumente tatsächlich benötigt werden, da dies vom tatsächlichen Verlauf der Zeugenaussage abhängt. Besondere Schwierigkeiten bestehen für die Verteidigung, da sie die Strategie der Staatsanwaltschaft bei der Zeugenbefragung nicht kennt und flexibel darauf reagieren können muss.[1502] Eine Lösung für dieses Problem hat die Kammer bislang nicht gefunden. Sie könnte darin bestehen, dass die Parteien 5-10 Schlüsseldokumente benennen, jedoch in der Vorlage zusätzlicher Dokumente nicht präkludiert sind.[1503] Ferner sollten gewisse Standarddokumente, wie z.B. die Protokolle der Befragungen durch die Ermittlungsrichter, nicht von allen Parteien hochgeladen werden müssen, um eine Doppelung der Dokumente zu vermeiden.[1504]

1498 KRT Trial Monitor, Case 002, Issue No. 27, Hearing on Evidence Week 22, 19-21 June 2012, S. 15, abrufbar unter http://krttrialmonitor.files.wordpress.com/2012/07/27-week22-19-21june_final.pdf.

1499 Scheduling of Trial Management Meeting to enable planning of remaining trial phases in Case 002/01 and implementation of further measures designed to promote trial efficiency, E218, 3. August 2012, Para. 22, abrufbar unter http://www.eccc.gov.kh/sites/default/files/documents/courtdoc/E218_EN.PDF.

1500 Scheduling of Trial Management Meeting to enable planning of remaining trial phases in Case 002/01 and implementation of further measures designed to promote trial efficiency, E218, 3. August 2012, Para. 24, abrufbar unter http://www.eccc.gov.kh/sites/default/files/documents/courtdoc/E218_EN.PDF.

1501 Transcript of Proceedings, Trial Management Hearing, E1/114.2, 27. August 2012, S. 39, abrufbar unter http://www.eccc.gov.kh/sites/default/files/documents/courtdoc/E1_114.2_TR002_20120827_Final_EN_Pub.pdf.

1502 Transcript of Proceedings, Trial Management Hearing, E1/114.2, 27. August 2012, S. 41, abrufbar unter http://www.eccc.gov.kh/sites/default/files/documents/courtdoc/E1_114.2_TR002_20120827_Final_EN_Pub.pdf.

1503 Transcript of Proceedings, Trial Management Hearing, E1/114.2, 27. August 2012, S. 39, abrufbar unter http://www.eccc.gov.kh/sites/default/files/documents/courtdoc/E1_114.2_TR002_20120827_Final_EN_Pub.pdf.

1504 Transcript of Proceedings, Trial Management Hearing, E1/114.2, 27. August 2012, S. 40, abrufbar unter http://www.eccc.gov.kh/sites/default/files/documents/courtdoc/E1_114.2_TR002_20120827_Final_EN_Pub.pdf.

IV. Die erste Anhörung

In der ersten Anhörung (Initial Hearing)[1505] entscheidet die Kammer über die Ladung der von den Parteien beantragten[1506] Zeugen und Sachverständigen.[1507] Ferner werden die von den Parteien vorgebrachten Einwendungen (Preliminary Objections)[1508] bezüglich der Zuständigkeit des Gerichts,[1509] Verjährung, ne bis in idem, Amnestien und Begnadigungen, der Ausschluss von Tatbeständen oder Angeklagten sowie die Nichtigkeit von Verfahrenshandlungen[1510] nach Anklageerhebung diskutiert.[1511] Die Kammer kann von den Parteien den Inhalt der Erklärungen, welche in der ersten Anhörung getätigt werden, zur Erleichterung ihrer Vorbereitung zuvor anfordern.[1512]

Nach den Internal Rules sind die Parteien in ihrem Vortrag präkludiert, wenn sie die Einwendungen nicht innerhalb von 30 Tagen nach Veröffentlichung der Closing Order vorbringen. Die Präklusionswirkung tritt aber nur ein, wenn das Vorliegen der Einwendungen für die Parteien offensichtlich erkennbar war, da sie nur ihnen bekannte Einwendungen vortragen können.[1513] Die Kammer kann nach ihrem Ermessen, eine Frist für die Begründung der Einwendungen bestimmen

---

1505 Internal Rules, Regel 80bis.

1506 Die voraussichtlichen Themen müssen die Parteien schon im Voraus bekannt geben. Order to file material in preparation for trial, E9, 17. Januar 2011, Para. IV (15), abrufbar unter http://www.eccc.gov.kh/sites/default/files/documents/courtdoc/E9_EN_0.pdf.

1507 Vergleichbar mit der Pre-Trial Conference am JStGH. JStGH RPE, Regel 65ter.

1508 Internal Rules, Regel 89.

1509 Allerdings kann der Angeklagte aufgrund des Rechts auf ein faires Verfahren Beanstandungen jederzeit erheben, welche einen Zuständigkeitsmangel betreffen, der das gesamte Verfahren hinfällig machen würde. Die Kammer muss hierüber spätestens im Sachurteil (Judgement on the Merits) entscheiden. Summary of Appeal Judgement (Kaing Guek Eav), F26/3, 3. Februar 2012, Para. 7, abrufbar unter http://www.eccc.gov.kh/sites/default/files/documents/courtdoc/03022012Summary-Eng.pdf.

1510 Beanstandungen der Legalität der Internal Rules können in diesem Rahmen nicht geltend gemacht werden, da diese bereits im Juni 2007 verabschiedet und somit nicht gemäß Regel 89 (1) (c) Internal Rules nach Erlass der Anklage in Kraft traten. Decision on Nuon Chea's preliminary objection alleging the unconstitutional character of the ECCC Internal Rules, E51/14, 8. August 2011, Para. 5, abrufbar unter http://www.eccc.gov.kh/sites/default/files/documents/courtdoc/E51_14_EN.PDF.

1511 Decision on defence preliminary objections (statute of limitations on domestic crimes), Case 002, E122, 22. September 2011, abrufbar unter http://www.eccc.gov.kh/sites/default/files/documents/courtdoc/E122_EN-1.PDF. Directions to parties concerning preliminary objections and related issues, E51/7, 5. April 2011, abrufbar unter http://www.eccc.gov.kh/sites/default/files/documents/courtdoc/E51_7_EN.PDF.

1512 Internal Rules, Regel 80 (3) (c).

1513 Case 001 Appeal Judgement, F28, 3. Februar 2012, Para. 30, abrufbar unter http://www.eccc.gov.kh/sites/default/files/documents/courtdoc/Case%20001Appeal JudgementEn.pdf.

(Supplementary Briefs).[1514] Ihre Benennung in der ersten Anhörung dient dann nur dazu, dass die Kammer sich einen ersten Überblick über Anzahl, Umfang und Relevanz der Argumente der Parteien verschaffen kann.

Ein Sonderfall ist gegeben, wenn das Fehlen absoluter Prozessvoraussetzungen, also solcher, die das gesamte Verfahren nichtig machen würden, vorgetragen wird. Die 30-Tage-Frist gilt entgegen des Wortlauts nach einer Entscheidung der Rechtsmittelkammer dann nicht.[1515] Zu dieser Entscheidung kam es, nachdem der nationale und internationale Verteidiger des Angeklagten in Verfahren 001 widersprüchliche Abschlusserklärungen am Ende der Beweisaufnahme abgegeben hatten. Der internationale Verteidiger François Roux versuchte aufgrund des Geständnisses des Angeklagten eine Strafmaßreduzierung zu erreichen, wohingegen der nationale Verteidiger Kar Savuth die Zuständigkeit des Tribunals bestritt und einen Freispruch forderte.[1516] Die Hauptverfahrenskammer wies im Endurteil diese Zuständigkeitsrüge des nationalen Verteidigers wegen verspäteter Geltendmachung gemäß Regel 89 (1) (a) Internal Rules zurück. Nach Ansicht der Rechtsmittelkammer unterlag die Hauptverfahrenskammer bei ihrer Interpretation der Regel jedoch einem Rechtsirrtum.[1517] Die Kammer könne sich nicht allein auf die Fristüberschreitung berufen. Die Wahl des Zeitpunkts müsse der Verteidigung überlassen bleiben, was aus dem Recht zu Schweigen folge.[1518] Der Angeklagte dürfe durch die Frist nicht gezwungen werden den staatsanwaltlichen Fall durch die frühzeitige Benennung dieser Zuständigkeitsmängel zu unterstützen. Das Fehlen absoluter Prozessvoraussetzungen könne also immer bis zum Rechtsmittelverfahren geltend gemacht werden, wenn ihr Vorliegen nicht von vorneherein offensichtlich gewesen ist.[1519] Unabhängig davon habe die Kammer von Amts wegen fortlaufend ihre Zuständigkeit zu überprüfen. Eine nicht fristgerecht erhobene, aber an sich begründete Zuständigkeitsrüge reiche

1514 Trial Chamber Memorandum entitled Additional preliminary objections submissions (ne bis in idem), E51/9, 12. Mai 2011, abrufbar unter http://www.eccc.gov.kh/sites/default/files/documents/courtdoc/E51_9_EN.PDF.

1515 Hierzu zählt die personelle, zeitliche und örtliche Zuständigkeit. Case 001 Appeal Judgement, F28, 3. Februar 2012, Para. 32, abrufbar unter http://www.eccc.gov.kh/sites/default/files/documents/courtdoc/Case%20001AppealJudgementEn.pdf.

1516 Transcript of Proceedings – "DUCH" Trial (Trial Day 75), E1/80.1, 25. November 2009, S. 106, 109, 113–114, abrufbar unter http://www.eccc.gov.kh/sites/default/files/documents/courtdoc/E1_80.1_TR001_20091125_Final_EN_Pub.pdf.

1517 Case 001 Appeal Judgement, F28, 3. Februar 2012, Para. 36, abrufbar unter http://www.eccc.gov.kh/sites/default/files/documents/courtdoc/Case%20001AppealJudgementEn.pdf.

1518 Case 001 Appeal Judgement, F28, 3. Februar 2012, Para. 32, abrufbar unter http://www.eccc.gov.kh/sites/default/files/documents/courtdoc/Case%20001AppealJudgementEn.pdf.

1519 Case 001 Appeal Judgement, F28, 3. Februar 2012, Para. 36, abrufbar unter http://www.eccc.gov.kh/sites/default/files/documents/courtdoc/Case%20001AppealJudgementEn.pdf.

für die Eröffnung der Zuständigkeit der Kammer nicht aus.[1520] Die Hauptverfahrenskammer hätte also zur Wahrung der Rechte des Angeklagten eine materielle Entscheidung treffen müssen. Dieser Fehler der Hauptverfahrenskammer sei aber geheilt worden, da der Angeklagte sich mit Rechtsmitteln gegen die Entscheidung verteidigen konnte und die Zuständigkeit der ECCC auch eröffnet gewesen sei. Ein Freispruch musste daher nicht erfolgen.[1521]

Diese Einwendungen können das Verfahren frühzeitig beenden, sodass ihre frühzeitige Erörterung unnötige Verfahren verhindert.[1522] Die Kammer kann über die Einwendungen aber auch erst im Endurteil entscheiden.[1523] Dies ist insbesondere dann der Fall, wenn die Entscheidung von einer Tatsache abhängt, deren Vorliegen in der Hauptverhandlung noch bewiesen werden muss.[1524] Eine späte Entscheidung kann für die Parteien aber bedeuten, dass sie während des Prozesses im Ungewissen über die Ansicht der Kammer bleiben. Dann können Unsicherheiten entstehen, inwieweit die Parteien während des Verfahrens noch Beweise vorzulegen haben.[1525] In Verfahren 002 erteilte die Kammer den Parteien allerdings frühzeitig einen Hinweis, zu welchem Verfahrenszeitpunkt die Einwendungen relevant werden würden.[1526] Die Parteien konnten sich somit bereits zu Verfahrensbeginn auf den Zeitplan einstellen und die Übersetzung der betreffenden Materialien besser koordinieren.[1527]

1520 Case 001 Appeal Judgement, F28, 3. Februar 2012, Para. 34, abrufbar unter http://www.eccc.gov.kh/sites/default/files/documents/courtdoc/Case%20001AppealJudgementEn.pdf.

1521 Case 001 Appeal Judgement, F28, 3. Februar 2012, Para. 44 ff., abrufbar unter http://www.eccc.gov.kh/sites/default/files/documents/courtdoc/Case%20001AppealJudgementEn.pdf.

1522 Internal Rules, Regel 89 (1) (a).

1523 Internal Rules, Regel 89 (3).

1524 Case 001 Appeal Judgement, F28, 3. Februar 2012, Para. 29, abrufbar unter http://www.eccc.gov.kh/sites/default/files/documents/courtdoc/Case%20001AppealJudgementEn.pdf.

1525 Kirsch, Stefan, Tätigkeit vor internationalen Strafgerichtshöfen, in Ahlbrecht, Heiko/Böhm, Klaus Michael/Esser, Robert, Internationales Strafrecht in der Praxis, Heidelberg, 2008, S. 543.

1526 Directions to parties concerning preliminary objections and related issues, E51/7, 5. April 2011, abrufbar unter http://www.eccc.gov.kh/sites/default/files/documents/courtdoc/E51_7_EN.PDF.

1527 Trial Chamber Memorandum entitled Trial Chamber's amended procedures for the filing of preliminary objections and clarification of envisaged response deadlines, E51, 17. Februar 2011, abrufbar unter http://www.eccc.gov.kh/sites/default/files/documents/courtdoc/E51_EN.PDF.

V. Die Beweisaufnahme

Der Vorsitzende Richter eröffnet nach dem Initial Hearing die Beweisaufnahme und die Anklage wird verlesen.[1528] Es folgen die Eröffnungserklärungen der Parteien (Opening Statements).[1529] Es steht gemäß Regel 89bis (2) Internal Rules im Ermessen der Kammer, ob auch die Nebenklägervertreter eine Erklärung abgeben dürfen. Die Parteien bestimmen selbst, welche Themen sie in den Eröffnungserklärungen ansprechen.[1530] In Verfahren 002 verweigerte die Verteidigung Nuon Cheas zunächst die Abgabe einer Eröffnungserklärung. Zur Wahrung der Rechte des Angeklagten erlaubte die Kammer daher die Einreichung eines nachträglichen Schriftsatzes, allerdings verwarnte sie die Verteidiger für dieses Verhalten.[1531]

Für eine umfassende Darstellung der Beweisaufnahme ist zunächst auf die sie leitenden Grundsätze einzugehen und sodann auf die verschiedenen Beweismittel. Dies sind die Aussage des Angeklagten, der Zeugen, Sachverständigen und der Dokumentenbeweis. Abgeschlossen wird die Beweisaufnahme durch die Abschlusserklärungen der Parteien (Closing Statements).

1) Die Grundsätze der Beweisaufnahme

In der Beweisaufnahme soll der Sachverhalt in einer Weise endgültig aufgeklärt werden, die „die größte Gewähr für die Erforschung der Wahrheit und zugleich für die bestmögliche Verteidigung des Angeklagten und damit für ein gerechtes Urteil bietet".[1532] Die ECCC stehen hierbei vor der Herausforderung „to shoulder

---

1528 Internal Rules, Regel 89bis (1). Hermann, Joachim, Der amerikanische Strafprozess, in Jung, Heike, Der Strafprozess im Spiegel ausländischer Verfahrensordnungen, Berlin, 1990, S. 158.

1529 Internal Rules, Regel 89bis (2).

1530 Z. B. verschiedene Theorien bezüglich der strafrechtlichen Verantwortlichkeit oder der Person des Angeklagten. Nach Meinung der Staatsanwaltschaft hatte Duch über die Vorgänge in S-21 weitestgehend Kontrolle. Opening Statement der Staatsanwaltschaft, Robert Petit, Transcript of Proceedings – "DUCH" Trial (Trial Day 2), E1/6.1, 31. März 2009, S. 55, abrufbar unter http://www.eccc.gov.kh/en/document/court/transcriptproceedings%E2%80%9Cduch%E2%80%9D-trial-trial-day-2. Nach Ansicht der Verteidigung war Duch Opfer des Regimes und hatte nur die Wahl, selbst zu töten oder getötet zu werden. Opening Statement der Verteidigung, Transcript of Proceedings – "DUCH" Trial (Trial Day 2), E1/6.1, 31. März 2009, S. 68, abrufbar unter http://www.eccc.gov.kh/en/document/court/transcriptproceedings%E2%80%9Cduch%E2%80%9D-trial-trial-day-2.

1531 Decision on Nuon Chea defence counsel misconduct, E214, 29. Juni 2012, Para. 18, abrufbar unter http://www.eccc.gov.kh/sites/default/files/documents/courtdoc/E214_EN.PDF.

1532 BVerfGE 74, 358, 372 in NStZ 87, 421.

the heavy burden of establishing incredible facts by means of credible evidence."[1533] Das geltende Verfahrens- und Beweisrecht ergibt sich aufgrund der mannigfachen Regelungslücken in den Internal Rules hauptsächlich aus einer Analyse der Entscheidungen der Hauptverfahrenskammer.

Die Beweisaufnahme prägen das Prinzip des Strengbeweisverfahrens, die Regelungen zur Beweislastverteilung, das erforderliche Beweismaß sowie das Prinzip der freien Beweiswürdigung. Hinzu kommen die Grundsätze der Unmittelbarkeit und Mündlichkeit der Beweisaufnahme. Entscheidend für die Ausgestaltung der Beweisaufnahme ist des Weiteren die Rolle der Kammer und der Parteien.

a) Das Prinzip des Strengbeweises

Nach der beweisrechtlichen Schlüsselnorm in Regel 87 (1) Internal Rules sind alle Beweise zulässig, solange sie gemäß Regel 87 (2) Internal Rules ordnungsgemäß ins Verfahren eingebracht werden. Es existiert kein geschlossener Beweismittelkatalog. Durch die Zulässigkeit aller Beweise soll eine umfassende Wahrheitsermittlung und eine effektive, richterliche Verfahrensführung ermöglicht werden.[1534] Allerdings ist davon auszugehen, dass für die Schuld- und Straffrage[1535] der Strengbeweis gilt.[1536]

aa) Die Unzulässigkeit von Beweismitteln nach Regel 87 (3) Internal Rules

Die Kammer kann die Einbringung von Beweismitteln nach ihrem Ermessen für unzulässig erklären, wenn eines der fünf Kriterien aus Regel 87 (3) Internal Rules erfüllt ist (Fünf-Faktoren-Test).[1537] Eine Zurückweisung eines Beweises ist demnach möglich wegen a) Irrelevanz oder Wiederholung, b) der Unerreichbarkeit innerhalb angemessener Zeit, c) der Ungeeignetheit, die in Frage stehenden Fakten zu

---

1533 Prosecutor v. Kupreskic, Trial Judgement, Case No. IT-95-16, 14. Januar 2001, Para. 758, abrufbar unter http://www.icty.org/x/cases/kupreskic/tjug/en/kup-tj000114e.pdf.

1534 Gleß, Sabine, Beweisrechtsgrundsätze einer grenzüberschreitenden Strafverfolgung, Baden-Baden, 2006, S. 254.

1535 Die Feststellung der Tatsachen, die den Hergang der Tat, die Schuld des Täters oder die Höhe der Strafe betreffen.

1536 Im Strengbeweisverfahren sind nur bestimmte Beweismitteln zulässig wie der Beweis durch Zeugen, Augenschein, Sachverständige, Dokumente oder die Aussage des Angeklagten. Hinzu kommt ein Geständnis des Angeklagten. Gleß, Sabine, Beweisrechtsgrundsätze einer grenzüberschreitenden Strafverfolgung, Baden-Baden, 2006, S. 64.

1537 Rule 87 request to use document during cross-examination of expert witness professional David Chandler, E172/27/1, 12. Juli 2012, Para. 9, abrufbar unter http://www.eccc.gov.kh/sites/default/files/documents/courtdoc/E172_27_1_EN.PDF.

beweisen, d) der Verletzung rechtlicher Standards[1538] oder e) der Verursachung einer unangemessenen Verzögerung des Verfahrens oder wegen seiner Belanglosigkeit.[1539]

bb) Die Beweisverwertungsverbote nach Regel 87 (3) (d) Internal Rules

Grundsätzlich dürfen dem Strafurteil nur rechtmäßig erlangte Beweise gemäß 87 (3) (d) Internal Rules zu Grunde gelegt werden. Ein ausdrückliches Beweisverwertungsverbot ergibt sich aus Regel 21 (3) Internal Rules für durch verbotene Vernehmungsmethoden erlangte Beweise.[1540] Ein weiteres Beweisverwertungsverbot ist in Regel 87 (7) Internal Rules normiert, wonach die freie Kommunikation zwischen Angeklagtem und Verteidiger geschützt ist und daraus unzulässigerweise erlangte Beweismittel nicht im Urteil verwendet werden dürfen. Weitere explizite Beweisverwertungsverbote finden sich in den Internal Rules nicht.[1541]

In Verfahren 002 musste über das Vorliegen eines Beweisverwertungsverbots für unter Folter erlangte Geständnisse der Häftlinge aus Gefängnissen wie S-21 entschieden werden. Die Verteidigung wandte sich gegen die Verwendung der Geständnisse als Beweismittel. Dies verstoße gegen Artikel 15 des Übereinkommens gegen Folter und andere grausame, unmenschliche oder erniedrigende Behandlung oder Strafe (United Nations Convention against Torture and Other Cruel, Inhuman or Degrading Treatment or Punishment, CAT). Danach dürfen „Aussagen, die nachweislich durch Folter herbeigeführt worden sind, nicht als Beweis in einem Verfahren verwendet werden, es sei denn gegen eine der Folter angeklagte Person als Beweis dafür, dass die Aussage gemacht wurde."[1542] Artikel 15 CAT lässt keine Ausnahmen des Verwertungsverbots von unter Folter erlangten Geständnissen

---

1538 Z. B. wenn der Beweis aus der geschützten Kommunikation zwischen Anwalt und Verteidigung herrührt. Internal Rules, Regel 87 (7).

1539 Die Regeln des IStGHs und SCSL sprechen von „Disrepute", die des JStGH's und RStGH's von einem Schaden für die „Integrity" des Verfahrens. An anderen Tribunalen sind Beweise nicht verwertbar, wenn sie durch Methoden erlangt wurden, die substantielle Zweifel an der Verlässlichkeit des Beweises erwecken.

1540 „No form of inducement, physical coercion or threats thereof, whether directed against the interviewee or others, may be used in any interview. If such inducements, coercion or threats are used, the statements recorded shall not be admissible as evidence before the Chambers."

1541 Dies ist vor allem darauf zurückzuführen, dass ein vereidigter Richter das Ermittlungsverfahren leitet, dem eine ordnungsgemäße Beweiserhebung zugetraut wird. Fuchs, Helmut, Die Ergebnisse des Vorverfahrens Grundlage des Strafurteils, in Strafprozessreform: Konzepte und Orientierungen zum neuen Vorverfahren, Schriftenreihe des Bundesministeriums für Justiz. Nr. 54, Wien, 1991, S. 144.

1542 Decision on Parties' Request to Put Certain Documents before the Chamber Pursuant to Internal Rule 87(2), E176, 28. Oktober 2009, Para. 8, abrufbar unter http://www.worldcourts.com/eccc/eng/decisions/2009.10.28_Co_Prosecutors_v_Kaing_Guek_Eav_alias_Duch.pdf.

zu.[1543] Daher verboten die Ermittlungsrichter die Verwendung des Inhalts der Geständnisse der Gefangenen aus S-21 als Beweismittel, sobald sie unter Folter erlangt wurden. Allerdings sei der kontrollierte und limitierte Gebrauch dieser Geständnisse im Einzelfall möglich.[1544] Sie könnten z.B. zum Beweis der Systematik der Verbrechen durch die Khmer Rouge verwendet werden.[1545] Rechtsmittel gegen diese Entscheidung wies die Vorverfahrenskammer als unzulässig zurück.[1546] Allerdings wies sie die Verteidigung darauf hin, dass diese den Ausschluss der Beweise im Hauptverfahren gemäß Regel 87 Internal Rules beantragen könne.[1547] Auch nach Ansicht der Hauptverfahrenskammer kann der Inhalt der Geständnisse nicht als Beweis verwendet werden.[1548] Die Anmerkungen neben den Geständnissen oder deren Datum könnten aber genutzt werden.[1549]

1543 Decision on the Admissibility of Appeal against the Co-Investigating Judges' Order on Use of Statements Which Were or May Have Been Obtained Under Torture, D130/9/21, 18. Dezember 2009, Para. 30, abrufbar unter http://www.eccc.gov.kh/sites/default/files/documents/courtdoc/D130_9_21_EN.pdf.

1544 Order on use of statements which were or may have been obtained under torture, D130/8, 28. Juli 2009, Para. 28, abrufbar unter http://www.eccc.gov.kh/sites/default/files/documents/courtdoc/D130_8_EN.pdf.

1545 Order on use of statements which were or may have been obtained under torture, D130/8, 28. Juli 2009, Para. 27, abrufbar unter http://www.eccc.gov.kh/sites/default/files/documents/courtdoc/D130_8_EN.pdf.

1546 Decision on the Admissibility of Appeal against the Co-Investigating Judges' Order on Use of Statements Which Were or May Have Been Obtained Under Torture, D130/9/21, 18. Dezember 2009, Para. 31, abrufbar unter http://www.eccc.gov.kh/sites/default/files/documents/courtdoc/D130_9_21_EN.pdf.

1547 Decision on the Admissibility of Appeal against the Co-Investigating Judges' Order on Use of Statements Which Were or May Have Been Obtained Under Torture, D130/9/21, 18. Dezember 2009, Para. 26, abrufbar unter http://www.eccc.gov.kh/sites/default/files/documents/courtdoc/D130_9_21_EN.pdf.

1548 KRT Trial Monitor, Case 002, Issue No. 30, Hearing on Evidence Week 25, 30–31 July, 1–2 August 2012, S. 9, abrufbar unter http://krttrialmonitor.files.wordpress.com/2012/08/30-week-25_30-31-july_final1.pdf.

1549 Trial Chamber response to Motions E67, E57, E56, E58, E23, E59, E20, E33, E71 and E73 following Trial Management Meeting of 5 April 2011, E74, 8. April 2011, S. 3, abrufbar unter http://www.eccc.gov.kh/sites/default/files/documents/courtdoc/E74_EN_0.PDF. Oral decisions Transcript of Proceedings – "DUCH" Trial (Trial Day 23), E1/27.1, 28. Mai, 2009, S. 9, abrufbar unter http://www.eccc.gov.kh/sites/default/files/documents/courtdoc/E1_27.1_TR001_20090528_Final_EN_Pub.pdf. Transcript of Proceedings – "DUCH" Trial (Trial Day 23), E1/22.1, 20. Mai, 2009, S. 6, abrufbar unter http://www.eccc.gov.kh/sites/default/files/documents/courtdoc/E1-22_1ENG.pdf.

b) Die Beweislastverteilung, das Beweismaß und die freie Beweiswürdigung

Die Beweisfindung beginnt mit dem Beweisantritt durch die eine Tatsache behauptende Partei. Welche Partei das Beweismittel vorlegen muss, hängt von der Verteilung der Beweislast ab. Das Beweismaß bestimmt, wann die Richter einen Beweis als erbracht ansehen können. Die Bewertung der ihnen vorgelegten Beweise erfolgt dabei im Wege der freien Beweiswürdigung.

aa) Die Beweislastverteilung

Die Staatsanwaltschaft muss im Hauptverfahren als Vertreter der öffentlichen Gemeinschaft die Schuld des Angeklagten im Interesse der Gerechtigkeit und der Gesellschaft beweisen.[1550] Zur Gesellschaft zählen insbesondere die Opfer der Verbrechen.[1551] Sie trägt also die Beweislast für die Schuld des Angeklagten.[1552]

bb) Das Beweismaß

Fraglich ist, welches Beweismaß für den Nachweis der Schuld des Angeklagten gilt. Nach der englischen Version von Regel 87 (1) Internal Rules ist seine Schuld jenseits vernünftiger Zweifel (Beyond reasonable doubt)[1553] zu beweisen. Damit ist eine

---

1550 Decision on Civil Party Co-lawyers' joint request for a ruling on the standing of Civil Party lawyers to make submissions on sentencing and directions concerning the questioning of the accused, experts and witnesses testifying on character, E72/3, 9. Oktober 2009, Para. 20, abrufbar unter http://www.eccc.gov.kh/sites/default/files/documents/courtdoc/E72_3_EN.pdf.

1551 Decision on Civil Party Co-lawyers' joint request for a ruling on the standing of Civil Party lawyers to make submissions on sentencing and directions concerning the questioning of the accused, experts and witnesses testifying on character, E72/3, 9. Oktober 2009, Para. 20, abrufbar unter http://www.eccc.gov.kh/sites/default/files/documents/courtdoc/E72_3_EN.pdf.

1552 Nach der herrschenden Meinung gibt es eine objektive Beweislast im Strafverfahren, da sonst im Fall einer beweisrechtlichen non liquet Situation keine Gerichtsentscheidung zustande käme. Aufgrund der in dubio pro reo Regel kann eine Entscheidung aber ergehen. Dieses Prinzip ist daher als Regel zur Verteilung der Beweislast zu verstehen. Wigginghaus, Nils, Synergieeffekte zwischen Straf- und Zivilprozess: eine Untersuchung zur prozessökonomischen Verbindung von Straf- und Zivilprozess unter besonderer Berücksichtigung des Problems doppelter Beweiserhebungen, Konstanz, 2007, S. 88.

1553 „The rule does not imply that any doubt must be interpreted to the advantage of the accused, and may thus indicate that the judges must reach a determination of guilt in accordance with reasoning essentially based on a probabilistic analysis of the evidence submitted at trial. Only a 'doubt' that renders the commission of the crime by the accused unlikely, according to an assessment based on the evaluation of probabilities, can thus be 'reasonable doubt." Zappala, Salvatore, Human rights in international criminal proceedings, Oxford, 2003, S. 89.

Verurteilung ausgeschlossen, wenn es der Verteidigung gelingt, die Berechtigung eines vernünftigen Zweifels darzulegen.[1554] Ausreichend für die Annahme eines solchen Zweifels ist hinsichtlich der Tatbestandserfüllung, dass der Angeklagte eine andere „vernünftige Möglichkeit“ darlegt, bezüglich anderer Umstände erfolgt eine Wahrscheinlichkeitsabwägung der Kammer (Balance of Probabilites).[1555] Führt die Verteidigung das Vorliegen von Strafausschließungsgründen an, so muss sie diese auch substantiiert darlegen.[1556] Nach der französischen Version der Regel muss die subjektive Überzeugung der Richter unter Beachtung von Denk- Natur- und Erfahrungssätzen von der Schuld des Angeklagten (Intime Conviction) vorliegen, Wahrscheinlichkeitsabwägungen sind nicht ausreichend.[1557] Die Ansicht einiger Kommentatoren aus dem Rechtskreis des Civil Laws, dass die Staatsanwaltschaft Strafausschließungsgründe entkräften muss, hat sich im internationalen Strafverfahren bisher nicht durchgesetzt.[1558] Daher muss die Verteidigung das Vorliegen von Strafausschließungsgründen beweisen.[1559]

An den ECCC wurde angesichts der sprachlichen Diskrepanz der Fassungen[1560] eine dem Geiste des Statuts entsprechende Lösung durch die Kammer gemäß Artikel 33 (4) Wiener Übereinkommen über das Recht der Verträge (WÜV) gesucht. Danach wird der generelle Gedanke angewendet, dass die Beweise für eine Verurteilung ausreichend sein müssen (Sufficiency of the Evidence).[1561] Jeder Zweifel an

---

1554 Prosecutor v. Delalic, Judgement, Case No. IT-96-21-A, 20. Februar 2001, Para. 582, abrufbar unter http://www.icty.org/x/cases/mucic/acjug/en/cel-aj010220.pdf.

1555 „That more probably than not such a condition existed at the relevant time.“ Prosecutor v. Delalic, Judgement, Case No. IT-96-21-A, 20. Februar 2001, Para. 590, abrufbar unter http://www.icty.org/x/cases/mucic/acjug/en/cel-aj010220.pdf.

1556 Prosecutor v. Delalic, Judgement, Case No. IT-96-21-A, 20. Februar 2001, Para. 582, abrufbar unter http://www.icty.org/x/cases/mucic/acjug/en/cel-aj010220.pdf.

1557 „Arguably proof of guilt in accordance with law and beyond reasonable doubt means that the judge must reach a finding based on the highest probability that a certain sequence of acts led to the commission of the crime by the accused. It is precisely the assessment of this probability that is influenced by the reasonable doubt standard as opposed to the 'intime conviction,' which does not mean that the judge can rely on a balance of probabilities, but rather that guilt is affirmed by excluding all other reasonable probabilities.“ Zappala, Salvatore, Human rights in international criminal proceedings, Oxford, 2003, S. 99.

1558 Cryer, Robert, International Criminal Law and Procedure, Cambridge, 2010, S. 434.

1559 Anders als im französischen Strafrecht. Prosecutor v. Delalic, Judgement, Case No. IT-96-21-A, 20. Februar 2001, Para. 582, abrufbar unter http://www.icty.org/x/cases/mucic/acjug/en/celaj 010220.pdf.

1560 Diese Prinzipien sind „grundsätzlich vergleichbar“. Gleß, Sabine, Beweisrechtsgrundsätze einer grenzüberschreitenden Strafverfolgung, Baden-Baden, 2006, S. 389.

1561 WÜV, Artikel 33 (4): „Wenn ein Vergleich der authentischen Texte einen Bedeutungsunterschied aufdeckt, der durch die Anwendung der Artikel 31 und 32 nicht ausgeräumt werden kann, [wird] diejenige Bedeutung zugrunde gelegt, die unter

der Schuld des Angeklagten wird bei einer vernünftigen Betrachtung der Beweise zu dessen Gunsten,[1562] also in dubio pro reo, ausgelegt.[1563]

Schwierig kann die Einschätzung für die Staatsanwaltschaft sein, wie viel Beweismaterial tatsächlich notwendig ist, um die Kammer von der Schuld des Angeklagten zu überzeugen. Es liegt die Tendenz nahe, mehr Beweise anzubieten, als es die Kammer eigentlich für einen Schuldspruch für erforderlich erachtet.[1564] Dadurch kann sich das Verfahren verlängern. Beispielsweise war für die Staatsanwaltschaft zu Beginn des Hauptverfahrens nicht erkennbar, ob die Rechtsfigur der JCE zur Anwendung kommt. Diese erfordert für den Nachweis der Beteiligung an einem Verbrechen weniger Beweise als andere Zurechnungsfiguren. Die Staatsanwaltschaft musste die Tatbeteiligung im Hauptverfahren daher auch nach anderen Zurechnungsfiguren für den Fall der Nichtzulassung der JCE beweisen, denn die Hauptverfahrenskammer entschied erst spät über deren Anwendbarkeit.[1565]

cc) Die freie Beweiswürdigung

Die Richter stellen die den gesetzlichen Straftatbestand ausfüllenden Tatsachen im Wege der freien Beweiswürdigung fest.[1566] Die Richter beurteilen im Einzelfall die konkrete Eignung und Erheblichkeit eines Beweises.[1567] Daher ist der Indizienbeweis

---

Berücksichtigung von Ziel und Zweck des Vertrags die Wortlaute am besten miteinander in Einklang bringt." Nach anderer Ansicht ist entweder ein Konsens mit den Parteien zu finden oder der Angeklagte kann die seinem Rechtschutzinteresse entsprechende Textversion wählen, denn die Rechtsetzungskompetenz der Richter sei in einem solchen Fall erreicht. Roggemann, Herwig, Die Internationalen Strafgerichtshöfe, Berlin, 1998, S. 153.

1562 Cassese, Antonio, International Criminal Law, Oxford, 2008, S. 390–393.

1563 Judgement in Case 001, E188, 26. Juli 2010, Para. 45, abrufbar unter http://www.eccc.gov.kh/sites/default/files/documents/courtdoc/20100726_Judgement_Case_001_ENG_PUBLIC.pdf.

1564 Dies scheint insbesondere in langen Verfahren der Fall zu sein, in denen ein Freispruch nach dem Einsatz finanzieller Ressourcen nur schwer zu rechtfertigen wäre. Report of the Expert Group to Conduct a Review of the Effective Operation and Functioning of the International Tribunal for the Former Yugoslavia and the International Criminal Tribunal for Rwanda, UN Doc. A/54/634, 22. November 1999, Para. 65.

1565 Die Hauptverfahrenskammer ist an eine Entscheidung der Vorverfahrenskammer über die Anwendbarkeit der JCE nicht gebunden. Vgl. Kapitel D. III. 1) c).

1566 Nach diesem Grundsatz sind die erhobenen Beweise jenseits von formalen Regeln zu bewerten und es ist nur die Überzeugung des Gerichts entscheidend. Creifelds, Carl, Beweis, Rechtswörterbuch, München, 2002, S. 242. Dieser Grundgedanke des Civil Laws wird auch am JStGH angewendet. JStGH RPE, Regel 89 (c).

1567 Gleß, Sabine, Beweisrechtsgrundsätze einer grenzüberschreitenden Strafverfolgung, Baden-Baden, 2006, S. 255.

möglich.[1568] Die Beweiswürdigung ist rechtlich nur eingeschränkt überprüfbar,[1569] da sie von den wenig kontrollierbaren subjektiven Überzeugungen der Richter abhängt. Die Erforschung der Wahrheit kann also immer nur relativ und nicht absolut gelingen.[1570]

Vor der richterlichen Beweiswürdigung ist den Parteien Gelegenheit zur Erhebung von Einwänden gegen die Verwendung der Beweismittel[1571] und zur adversatorischen Auseinandersetzung über sie zu geben.[1572] Die Einwendungen können generell aber auch speziell begründet werden, sind aber immer hinreichend konkret vorzutragen.[1573] Die Parteien können z. B. weitere Informationen über das Zustandekommen des Beweises verlangen.[1574] Auch ist dem Angeklagten die Möglichkeit zur Stellungnahme zu geben.[1575] Sollten keine Einwendungen geäußert oder diese von der Kammer zurückgewiesen werden, kann das Beweismittel verwendet werden.[1576]

1568 Judgement in Case 001, E188, 26. Juli 2010, Para. 43, abrufbar unter http://www.eccc.gov.kh/sites/default/files/documents/courtdoc/20100726_Judgement_Case_001_eng_PUBLIC.pdf. Nur wenige Autoren sehen den Indizienbeweis als nicht mehr vom materiellen Unmittelbarkeitsprinzip erfasst an. Geppert, Klaus, Der Grundsatz der Unmittelbarkeit im deutschen Strafverfahren, Berlin, 1979, S. 129.

1569 Vgl. die Ausführungen zum Rechtsmittelverfahren in Kapitel L. II., III.

1570 Gleß, Sabine, Beweisrechtsgrundsätze einer grenzüberschreitenden Strafverfolgung, Baden-Baden, 2006, S. 94.

1571 Decision Concerning New Documents and Other Related Issues, E190, 30. April 2012, Para. 18, abrufbar unter http://www.eccc.gov.kh/sites/default/files/documents/courtdoc/E190_EN.PDF.

1572 Decision on Parties Requests to Put Certain Documents before the Chamber Pursuant to Rule 87(2), E176, 28. Oktober 2009, Para. II. A 2, abrufbar unter http://www.eccc.gov.kh/sites/default/files/documents/courtdoc/E176_EN.pdf.

1573 Decision on Objections to Documents Proposed to be Put Before the Chamber on the Co-Prosecutors' Annexes A1-A5 and to Documents cited in Paragraphs of the Closing Order Relevant to the First Two Trial Segments of Case 002/01, E185, 9. April 2012, Para. 23, abrufbar unter http://www.eccc.gov.kh/sites/default/files/documents/courtdoc/E185_EN.PDF.

1574 Transcript of Proceedings – "DUCH" Trial (Trial Day 55), E1/59.1, 6. August 2009, abrufbar unter http://www.icty.org/x/cases/slobodan_milosevic/acdec/en/030930.htm. Zeugenaussage von Craig Etcheson, E1/22.1, 20. Mai 2009, S. 9, 18 ff., abrufbar unter http://www.eccc.gov.kh/sites/default/files/documents/courtdoc/E1-22_1ENG.pdf.

1575 Internal Rules, Regel 87 (2). Barth, Holger, Landesbericht Frankreich, in Perron, Walter, Die Beweisaufnahme im Strafverfahrensrecht des Auslands, Freiburg, 1995, S. 111. Vitu, André, Die Grundzüge des französischen Strafverfahrens, in Jung, Heike, Der Strafprozess im Spiegel ausländischer Verfahrensordnungen, Berlin, 1990, S. 26.

1576 Decision Concerning New Documents and Other Related Issues, E190, 30. April 2012, Para. 18, abrufbar unter http://www.eccc.gov.kh/sites/default/files/documents/courtdoc/E190_EN.PDF.

c) *Das Unmittelbarkeits- und Mündlichkeitsprinzip*

Das materielle Unmittelbarkeitsprinzip[1577] beinhaltet den Vorrang originärer Beweismittel vor Beweissurrogaten aufgrund ihrer besseren Beweisqualität.[1578] In seiner strengsten Ausformung verbietet es die Nutzung jedweder Beweisreproduktionen.[1579] In den Internal Rules findet sich weder eine Normierung dieses Prinzips[1580] noch eine dem Common Law entstammende „best evidence rule", welche den Gebrauch sekundärer Beweismittel nur in wenigen Ausnahmefällen gestattet.[1581]

Allerdings kann das Mündlichkeitsprinzip, wenn es streng ausgestaltet ist,[1582] dem materiellen Unmittelbarkeitsprinzip entsprechen.[1583] Nach dem Mündlichkeitsprinzip sind die Beweise der Kammer grundsätzlich mündlich vorzutragen.[1584] Zweck des Mündlichkeitsprinzips ist es, dass der Angeklagte sich gegen die Beweise verteidigen kann. Hierdurch werden geheime Verfahren vermieden und der

1577 Durch den materiellen Unmittelbarkeitsgrundsatz soll in der Hauptverhandlung eine der Wahrheitsfindung besser dienende Urteilsgrundlage geschaffen werden in Gegenreaktion zur rein formalen Trennung von untersuchendem und erkennendem Richter im inquisitorischen Prozess. Geppert, Klaus, Der Grundsatz der Unmittelbarkeit im deutschen Strafverfahren, Berlin, 1979, S. 122.

1578 Kühne, Hans-Heiner, Strafprozessrecht: Eine systematische Darstellung des deutschen und europäischen Strafverfahrensrechts, Heidelberg, 2010, Rn. 1233.1.

1579 Beulke, Werner, Strafprozessrecht, Heidelberg, 2010, Rn. 24, 410. Eser, Albin, Entwicklung des Strafverfahrensrechts in Europa, ZStW 108, 1996, S. 89.

1580 Kühne, Hans-Heiner, Strafprozessrecht: Eine systematische Darstellung des deutschen und europäischen Strafverfahrensrechts, Heidelberg, 2010, Rn. 1233.

1581 „The best evidence rule can be summarized as requiring original writing evidence to be offered as evidence unless it is unavailable, in which case other evidence, such as copies, notes, or other testimony can be used." Diese Regel gibt es auch nicht an anderen Tribunalen. Lampell, Zachery, Handbook on Establishing an International War Crimes Tribunal, The Public International Law & Policy Group, 2010, S. 90.

1582 Ist es weniger streng ausgestaltet, kommt es in seinem Effekt nur dem formellen Unmittelbarkeitsgrundsatz nahe. Dieser erfordert die Durchführung der Beweisaufnahme vor dem erkennenden Gericht selbst. Es gibt keine Pflicht zur Heranziehung des sachnächsten Beweismittels, denn es können auch im Vorverfahren gewonnene und schriftlich festgehaltene Beweise gegenüber dem Originalbeweis präferiert werden. Z. B. kann das Protokoll einer Zeugenvernehmung aus dem Ermittlungsverfahren in die Hauptverhandlung anstelle einer erneuten Vernehmung eingeführt werden. Gleß, Sabine, Beweisrechtsgrundsätze einer grenzüberschreitenden Strafverfolgung, Baden-Baden, 2006, S. 321.

1583 Gleß, Sabine, Beweisrechtsgrundsätze einer grenzüberschreitenden Strafverfolgung, Baden-Baden, 2006, S. 65.

1584 Der Angeklagte sowie die Zeugen und Sachverständigen sind also mündlich zu vernehmen und schriftliche Dokumente zu verlesen. Vitu, André, Die Grundzüge des französischen Strafverfahrens, in Jung, Heike, Der Strafprozess im Spiegel ausländischer Verfahrensordnungen, Berlin, 1990, S. 39.

Öffentlichkeit eine gewisse Kontrolle ermöglicht.[1585] In den Internal Rules ist auch das Mündlichkeitsprinzip nicht erwähnt. Allerdings wird ein adversatorisches Verfahren durchgeführt, welches Mündlichkeit voraussetzt.[1586] Auch geht die Kammer grundsätzlich von einer mündlichen Vernehmung der Zeugen in der Hauptverhandlung aus.[1587]

Fraglich ist aber, ob das Mündlichkeitsprinzip an den ECCC derart streng ausgestaltet ist, dass es dem strengen materiellen Unmittelbarkeitsprinzip entspricht. Die Verteidigung präferierte eine strenge Geltung und damit auch ein strenges Unmittelbarkeitsprinzip.[1588] Danach wäre eine Beweisführung anhand der Vernehmungsniederschriften aus der Ermittlungsakte nicht möglich, sondern jeder Zeuge wäre erneut in der Hauptverhandlung zu laden. Dies würde die Wahrheitsfindung fördern, da mit dem Zeugen das sachnächste Beweismittel verwendet werden würde.[1589] Dagegen ist der Vorteil eines weniger strengen materiellen Unmittelbarkeitsprinzips, dass die Zügigkeit und Effektivität des Verfahrens gefördert wird, wenn in der Hauptverhandlung schriftliche Aussageprotokolle verwertet werden könnten. Ferner könnten die Verbrechensopfer vor einer erneuten Konfrontation mit dem Täter bewahrt werden.[1590] Zusätzlich spricht für die Zulässigkeit mittelbarer Beweismittel an den ECCC, dass angesichts der großen Zeitspanne zwischen Tatbegehung und Tatverfolgung nicht immer unmittelbare Beweismittel erreichbar sind und hauptsächlich dokumentarische Beweise genutzt werden.[1591] Bei Geltung eines strengen, materiellen Unmittelbarkeitsprinzips müssten des Weiteren immer die Originaldokumente vorgelegt werden, wohingegen bei einem gelockerten materiellen Unmittelbarkeitsprinzip Kopien ausreichen, da diese ebenso verlässliche Beweismittel darstellen.[1592] Die Analyse der Verfahrenspraxis der ECCC, wie z.B. die Regelungen betreffend die Zulässigkeit schriftlicher Zeugenaussagen, lässt den Schluss zu, dass am Tribunal zwar das Mündlichkeitsprinzip und das materielle

---

1585 Safferling, Christoph, International Criminal Procedure, Oxford, 2011, S. 400.

1586 Safferling, Christoph, International Criminal Procedure, Oxford, 2011, S. 402.

1587 Dies fördert die Information der Öffentlichkeit und macht die Kontrolle des Verfahrens möglich. Direction on the Scheduling of the Trial, E26, 20. März 2009, Para. 9 (2), abrufbar unter http://old.eccc.gov.kh/english/cabinet/courtDoc/260/E26_EN.pdf. Ähnlich auch Artikel 69 (2) IStGH Statut.

1588 Vgl. zur Diskussion der Parteien KRT Trial Monitor, Case 002, Issue No. 9, Hearing on Evidence Week 4, 16-19 January 2012, S. 3, abrufbar unter http://krttrialmonitor.files.wordpress.com/2011/11/9-wk-4-16-20jan_final-2.pdf.

1589 Safferling, Christoph, International Criminal Procedure, Oxford, 2011, S. 419.

1590 Eser, Albin, Entwicklung des Strafverfahrensrechts in Europa, ZStW 108, 1996, S. 118.

1591 Vgl. IStGH Statut, Artikel 68 (2), (3), (5) im Rahmen des Opferschutzes, Artikel 72 (5) (d) zum Schutz von Informationen betreffend die nationale Sicherheit eines Staates, Artikel 56 (1) (a), (4), 114 bei Vorliegen einer einmaligen Gelegenheit, mündliche oder schriftliche Zeugenaussagen vor der Hauptverhandlung zu erhalten.

1592 Lampell, Zachery, Handbook on Establishing an International War Crimes Tribunal, The Public International Law & Policy Group, 2010, S. 90.

Unmittelbarkeitsprinzip gelten, jedoch nicht in ihrer strengsten Form. Die Kammer kann nach ihrem Ermessen Ausnahmen zulassen, die in der Beweisbewertung berücksichtigt werden.[1593]

d) Die Rolle der Richter

Die Richter gehen „mit dem Bewusstsein in die Hauptverhandlung, dass der Sachverhalt bereits vollständig geklärt ist und Anklage und Verteidigung umfassend Kenntnis von der Beweislage haben".[1594] Die vorherige objektive ermittlungsrichterliche Beweissammlung soll es dabei ermöglichen, dass nur die Beweismittel in die freie Beweiswürdigung im Hauptverfahren einfließen, die nach den förmlichen Anforderungen des Ermittlungsverfahrens gesammelt wurden und deshalb als zuverlässig gelten. Die Richter würdigen diese Beweise im Hauptverfahren.[1595] Darüber hinaus sind die Richter nicht nur berechtigt, sondern auch verpflichtet, sämtliche entscheidungserheblichen Tatsachen von Amts wegen zu ermitteln.[1596] Daher sind sie befugt, selbstständig zusätzliche Beweise zu erheben, um die materielle Wahrheit zu ermitteln[1597] und Informationslücken zu schließen.[1598] Die Ermittlung zusätzlichen Beweismaterials wird von einem in der Anordnung der Kammer bestimmten Richter durchgeführt,[1599] dem die gleichen Kompetenzen wie den Ermittlungsrichtern zustehen.[1600] Allerdings ist die Kammer aufgrund der Umgrenzungsfunktion der Anklage nicht befugt, die Anklage nachträglich zu ändern.[1601]

Im kontinentaleuropäisch geprägten Hauptverfahren der ECCC wird die materielle Wahrheit durch den aktiv in die Beweisaufnahme eingreifenden Vorsitzenden

---

1593 Ähnlich Safferling, Christoph, International Criminal Procedure, Oxford, 2011, S. 419.

1594 Perron, Walter, Rechtsvergleichender Querschnitt und rechtspolitische Bedeutung, in Perron, Walter, Die Beweisaufnahme im Strafverfahrensrecht des Auslands, Freiburg, 1995, S. 607.

1595 Creifelds, Carl, Rechtswörterbuch, Verhandlungsgrundsatz, München, 2011, S. 1475.

1596 Kreuzer, Elisabeth, Die Bestimmung des Umfangs der Beweisaufnahme im deutschen, französischen und italienischen Strafprozess, Freiburg, 1964, S. 83.

1597 Internal Rules, Regel 93. Vitu, André, Die Grundzüge des französischen Strafverfahrens, in Jung, Heike, Der Strafprozess im Spiegel ausländischer Verfahrensordnungen, Berlin, 1990, S. 23.

1598 Boas, Gideon/Bischoff, James L./Reid, Natalie L./Taylor III, B. Don, The International Criminal Law Practitioner Library Volume III, International Criminal Procedure, Cambridge, 2011, S. 301.

1599 Internal Rules, Regel 93 (1). Die zusätzlichen Ermittlungen sollen von den Ermittlungsrichtern durchgeführt werden, um die Objektivität der Richter der Hauptverfahrenskammer besser wahren zu können. Cambodian Human Rights Action Committee, Comments on the ECCC Draft Internal Rules, Phnom Penh, 17. November 2006, S. 12.

1600 Internal Rules, Regel 93 (2). Z. B. kann er sich der Hilfe der Polizei bedienen

1601 Anders ist dies an anderen internationalen Gerichten. Prosecutor v. Akayesu, Appeal Judgment, ICTR-96-4-A, 1. Juli 2001, Para. 120, abrufbar unter http://www.unhcr.org/refworld/category,LEGAL,ICTR,,,4084f42f4,0.html.

Richter der Kammer herausgearbeitet.[1602] Auch im angloamerikanischen Verfahren kann der Richter ins parteigesteuerte Verfahren eingreifen, da er die Einhaltung der Rechte des Angeklagten und die Durchführung eines zügigen Verfahrens gewährleisten muss.[1603] Er leitet das Verfahren aber nicht aktiv und ihm steht kein Erstbefragungsrecht bei den Vernehmungen zu.

Der Umgang mit dieser in Völkerstrafrechtprozessen bisher unüblichen Rollenverteilung bereitete den Verfahrensbeteiligten an den ECCC zunächst Schwierigkeiten. So war der Umfang der richterlichen Beweisaufnahme für die Parteien teilweise im Voraus nicht erkennbar. Die Verfahrensbeteiligten mussten ihre Zeugenbefragungen daher sehr flexibel an der vorherigen Befragung der Richter ausrichten. Daran mussten sich insbesondere Juristen aus dem angloamerikanischen Rechtskreis erst gewöhnen. Des Weiteren hätten Teile der Beweisaufnahme irrelevant werden können, wenn die Staatsanwaltschaft versucht hätte, ihre Sicht des Falles zu beweisen, die Richter aber andere Tatsachen für die Bildung ihrer subjektiven Überzeugung für erforderlich gehalten hätten. Diese Situation konnte nur durch eine konsequente Verfahrensleitung der Kammer vermieden werden. Allerdings eröffnete diese Verfahrenskonzeption den Parteien einen prozesstaktischen Spielraum. Insbesondere in Verfahren 001 entstanden langwierige Diskussionen über die Geltung von Beweisregeln aus dem Civil und Common Law vor den ECCC.[1604] Nach Ansicht der Verteidigung waren viele Elemente der Beweisaufnahme unnötig und reine Zeitverschwendung. So z. B. die umfassende Vernehmung des Sachverständigen Chanda durch die Staatsanwaltschaft trotz eines einjährigen Ermittlungsverfahrens und der intensiven Befragung des Sachverständigen durch die Richter der Hauptverfahrenskammer.[1605] Die Staatsanwaltschaft versuche bei der Befragung des Sachverständigen auf nicht dem kontinentaleuropäischen Rechtssystem entsprechende, und damit unfaire Weise, Beweise für das Verfahren 002 zu sammeln.[1606]

1602 Gleß, Sabine, Beweisrechtsgrundsätze einer grenzüberschreitenden Strafverfolgung, Baden-Baden, 2006, S. 63, 347.

1603 Report of the Expert Group to Conduct a Review of the Effective Operation and Functioning of the International Tribunal for the Former Yugoslavia and the International Criminal Tribunal for Rwanda, UN Doc. A/54/634, 22. November 1999, Para. 102–104.

1604 Die Diskussion dauerte fast 30 Minuten und die Beteiligten, inklusive aller Nebenkläger, durften sich hierzu äußern. Dies ist eine lange Zeit, wenn für die Anhörung eines Sachverständigen insgesamt nur zwei Tage vorgesehen sind. Transcript of Proceedings – "DUCH" Trial (Trial Day 20), 25. Mai 2009, S. 104, abrufbar unter http://www.eccc.gov.kh/sites/default/files/documents/courtdoc/E1_24.1_TR001_20090525_Final_EN_Pub.pdf.

1605 Transcript of Proceedings – "DUCH" Trial (Trial Day 20), 25. Mai 2009, S. 95 ff., abrufbar unter http://www.eccc.gov.kh/sites/default/files/documents/courtdoc/E1_24.1_TR001_20090525_Final_EN_Pub.pdf.

1606 Transcript of Proceedings – "DUCH" Trial (Trial Day 20), 25. Mai 2009, S. 95 ff., abrufbar unter http://www.eccc.gov.kh/sites/default/files/documents/courtdoc/E1_24.1_TR001_20090525_Final_EN_Pub.pdf.

Die Staatsanwaltschaft wiederum betrachtete den Einwand der Verteidigung als Zeitverschwendung. Der Konflikt zwischen den Rechtstraditionen sei „more myth than reality".[1607] Die Staatsanwaltschaft müsse zur Erfüllung ihrer Beweislast und aufgrund der Geltung des Öffentlichkeitsgrundsatzes die Expertise des Sachverständigen im Hauptverfahren umfassend einholen, da dieser nicht zuvor durch die Ermittlungsrichter vernommen worden war.[1608] Auch die Nebenklage wertete die Diskussion als reine Verteidigungsstrategie.[1609] Die Kammer wies den Einspruch der Verteidigung zurück.[1610] Sie akzeptierte aber zu Beginn der Verfahren an den ECCC diese Diskussionen als Teil des „move towards a homogenous system at the international level, adapting procedures from both common law and civil traditions, to ensure they fit the realities on the ground."[1611]

e) Das Antragsrecht der Parteien

Die Beteiligten können bis zu den Abschlusserklärungen Beweisanträge oder Anträge betreffend nicht genauer in den Internal Rules definierter Fragestellungen einreichen.[1612] Die Anträge werden vom Protokollführer datiert, unterzeichnet und zu den Akten genommen.[1613] Nach Veröffentlichung des Antrags hat die Gegenseite gemäß Artikel 8.3. Practice Direction zehn Tage Zeit, um eine Stellungnahme abzugeben (Response). [1614] Die Kammer entscheidet, ob sie eine Erwiderung auf

1607 Staggs Kelsall, Michelle/Baleva, Mary Kristerie A./Nababan, Aviva/Chou, Vineath/Guo, Rachel/Ehlert, Caroline/Nget, Sovannith/Pheak, Savornt, Lessons Learned From The 'Duch' Trial-A Comprehensive Review Of The First Case Before The Extraordinary Chambers In The Courts Of Cambodia, Dezember 2009, S. 18.

1608 Transcript of Proceedings – "DUCH" Trial (Trial Day 20), 25. Mai 2009, S. 98 ff., abrufbar unter http://www.eccc.gov.kh/sites/default/files/documents/courtdoc/E1_24.1_TR001_20090525_Final_EN_Pub.pdf.

1609 Transcript of Proceedings – "DUCH" Trial (Trial Day 20), 25. Mai 2009, S. 100 ff., abrufbar unter http://www.eccc.gov.kh/sites/default/files/documents/courtdoc/E1_24.1_TR001_20090525_Final_EN_Pub.pdf.

1610 Transcript of Proceedings – "DUCH" Trial (Trial Day 20), 25. Mai 2009, S. 104, abrufbar unter http://www.eccc.gov.kh/sites/default/files/documents/courtdoc/E1_24.1_TR001_20090525_Final_EN_Pub.pdf.

1611 Staggs Kelsall, Michelle/Baleva, Mary Kristerie A./Nababan, Aviva/Chou, Vineath/Guo, Rachel/Ehlert, Caroline/Nget, Sovannith/Pheak, Savornt, Lessons Learned From The 'Duch' Trial-A Comprehensive Review Of The First Case Before The Extraordinary Chambers In The Courts Of Cambodia, Dezember 2009, S. 18.

1612 Internal Rules, Regel 92.

1613 Internal Rules, Regel 92.

1614 Die frühere Differenzierung zwischen Antworten auf Anträge (Applications) und förmliche Schriftsätze (Pleadings) wurde angesichts der entstandenen Abgrenzungsschwierigkeiten aufgegeben. Für Erstere galt nur eine 5-Tage-Frist. Trial Chamber directive regarding responses, replies to responses and filing in one language only under exceptional circumstances (Articles 7.2, 8.3 and 8.4 of the

diese Stellungnahmen (Replies to Responses) zulässt.[1615] Die Erwiderung ist gemäß Artikel 8.4. Pratice Direction innerhalb von fünf Tagen nach der Veröffentlichung der Stellungnahme einzureichen. Spätestens mit der Veröffentlichung der Khmer-Version beginnt die Erwiderungsfrist.[1616] Die Anträge sind auf 15 Seiten in Englisch und Französisch sowie auf 30 Seiten in Khmer begrenzt.[1617] Für die Erwiderungen liegt das Seitenlimit bei fünf Seiten in Englisch und Französisch sowie zehn Seiten in Khmer. Bei einem Überschreiten der Seitenlimits mussten die Parteien die Schriftsätze erneut unter Beachtung der Seitenzahlen einreichen.[1618]

Der Entscheidungszeitpunkt über die Anträge steht im Ermessen der Kammer. Eine Frage kann erst mit dem Endurteil entschieden werden oder bereits während des Prozesses im Rahmen eines Zwischenstreits.[1619] Zu der Fallgruppe der Anträge, die im Zwischenstreit entschieden werden, zählen neben den Anträgen auf Aussetzung oder Vertagung der Verhandlung auch Beweisanträge. Würde über diese erst im Urteil entschieden, käme dies sonst faktisch einer Ablehnung der Anträge gleich, da der Beweis nicht mehr erhoben werden könnte.[1620]

Angesichts der hohen Anzahl der Anträge hat die Kammer in Einzelfällen erwogen, das Gehalt der Parteien zu kürzen.[1621] Dieses Recht hat sie, wenn die Parteien

---

amended ECCC Practice Direction on Filing of Documents), E64, 10. März. 2011, Para. 1, abrufbar unter http://www.eccc.gov.kh/sites/default/files/documents/courtdoc/E64_EN-2.PDF.

1615 Erwiderungen werden nur bei Themen gestattet, die einer adversatorischen Auseinandersetzung zugänglich sind. Hierzu zählen nicht Anträge im Rahmen der justiziellen Verwaltung, wie beispielsweise Anträge auf Verlängerung der Seitenzahl oder von Fristen. Trial Chamber directive regarding responses, replies to responses and filing in one language only under exceptional circumstances (Articles 7.2, 8.3 and 8.4 of the amended ECCC Practice Direction on Filing of Documents), E64, 10. März 2011, Para. 2, abrufbar unter http://www.eccc.gov.kh/sites/default/files/documents/courtdoc/E64_EN-2.PDF.

1616 Trial Chamber response to Motions E67, E57, E56, E58, E23, E59, E20, E33, E71 and E73 following Trial Management Meeting of 5 April 2011, E74, 8. April 2011, S. 1, abrufbar unter http://www.eccc.gov.kh/sites/default/files/documents/courtdoc/E74_EN_0.PDF.

1617 Practice Direction, Regel 5 (1).

1618 Trial Chamber Memorandum entitled Trial Chamber's amended procedures for the filing of preliminary objections and clarification of envisaged response deadlines, E51, 17. Februar 2011, abrufbar unter http://www.eccc.gov.kh/sites/default/files/documents/courtdoc/E51_EN.PDF.

1619 Kreuzer, Elisabeth, Die Bestimmung des Umfangs der Beweisaufnahme im deutschen, französischen und italienischen Strafprozess, Freiburg, 1964, S. 77.

1620 Kreuzer, Elisabeth, Die Bestimmung des Umfangs der Beweisaufnahme im deutschen, französischen und italienischen Strafprozess, Freiburg, 1964, S. 107.

1621 Trial Chamber response to Motions E67, E57, E56, E58, E23, E59, E20, E33, E71 and E73 following Trial Management Meeting of 5 April 2011, E74, 8. April 2011, S. 4, abrufbar unter http://www.eccc.gov.kh/sites/default/files/documents/courtdoc/E74_EN_0.PDF.

nicht gemäß Regel 22 (4) Internal Rules an der Effektivität des Verfahrens mitwirken, indem sie z. B. unnötige Anträge stellen. Des Weiteren hat sie den Umgang mit Übersetzungsanträgen und anderen informatorischen Anträgen erleichtert, indem sie die Parteien zur Klärung der Fragen auf den informellen Weg der Konsultation des Senior Legal Officers der Hauptverfahrenskammer verwiesen hat. Dies wird das Verfahrensmanagement vereinfachen, da in der Hauptverhandlung weniger Anträge zu behandelt sind.

Des Weiteren hat die Kammer in Verfahren 002 bestimmt, dass alle Anträge auf dem Schriftweg eingereicht werden müssen. Mündliche Anträge und Einwendungen lehnte sie konsequent ab.[1622] Beispielsweise muss ein Antrag auf Zulassung neuer Beweismittel nach Regel 87 (4) Internal Rules schriftlich erfolgen, damit die Kammer und die Beteiligten rechtzeitig von dem Material Kenntnis erlangen und Anmerkungen hierzu machen können.[1623] Insbesondere in Verfahren 002 hat die Kammer die Wahrung des Schriftlichkeitserfordernisses streng verfolgt. So wurde ein Zeitungsartikel, der erst einen Tag vor der Zeugenbefragung veröffentlicht wurde, nicht zugelassen. Der Antrag habe schriftlich zu erfolgen, damit auch eine Übersetzung stattfinden könne. Das Argument der Verteidigung, die relevante Passage könne entsprechend der Verfahrenspraxis im Gerichtssaal übersetzt werden, wurde nicht weiter diskutiert.[1624] Auch versagte die Kammer es den Parteien bei Zeugenbefragungen mündliche Einwendungen zu erheben, damit diese ins Protokoll aufgenommen werden und sich die Parteien auf diese im Rechtsmittelverfahren beziehen können.[1625] Die Kammer hat ebenso mündliche Ausführungen der Parteien unter Verweis auf den Schriftweg unterbrochen, wenn es um die Klarstellung von Vorgehensweisen, z. B. bei Zeugenbefragungen, ging.[1626] Die Verteidigung kritisierte dieses Schriftformerfordernis. Das Recht auf eine effiziente Verteidigung erfordere es, Themen in öffentlicher Sitzung behandeln zu

---

1622 KRT Trial Monitor, Case 002, Issue No. 24, Hearing on Evidence Week 19, 28–31 May 2012, S. 11, abrufbar unter http://krttrialmonitor.files.wordpress.com/2012/07/24-wk-19.pdf.

1623 KRT Trial Monitor, Case 002, Issue No. 29, Hearing on Evidence Week 24, 23–26 July 2012, S. 11, abrufbar unter http://krttrialmonitor.files.wordpress.com/2012/08/29-week-24_23-26-july_14aug_final.pdf.

1624 KRT Trial Monitor, Case 002, Issue No. 29, Hearing on Evidence Week 24, 23-26 July 2012, S. 11, abrufbar unter http://krttrialmonitor.files.wordpress.com/2012/08/29-week-24_23-26-july_14aug_final.pdf.

1625 Transcript of Proceedings, Trial Management Hearing, E1/114.1, 17. August 2012, S. 79, abrufbar unter http://www.eccc.gov.kh/sites/default/files/documents/courtdoc/E1_114.2_TR002_20120827_Final_EN_Pub.pdf.

1626 KRT Trial Monitor, Case 002, Issue No. 26, Hearing on Evidence Week 21, 11–14 June 2012, S. 10, abrufbar unter http://krttrialmonitor.files.wordpress.com/2012/07/26-wk-21_11-14june2012_final.pdf.

können.[1627] Das Schriftformerfordernis verletze daher das Recht auf ein faires Verfahren.[1628] Die Mündlichkeit der Diskussionen sei ferner für die Information der kambodschanischen Öffentlichkeit wichtig, um das Modell eines fairen Prozesses besser nachvollziehen zu können. Durch das Schriftformerfordernis würde daher der Beitrag des Verfahrens zur Demokratisierung der Gesellschaft gemindert.[1629] Die Kammer nahm zu dem Vorschlag der Verteidigung, für die Besprechung solcher Themen in der Hauptverhandlung eine halbe Stunde pro Woche vorzusehen, bisher nicht Stellung.[1630] Die Kammer sollte diesem Vorschlag aber nachkommen, da dies ein eng begrenzter Zeitraum ist, sodass gravierende Verfahrensverzögerungen nicht zu befürchten sind.

f) Die Rolle der Nebenklage

Die Nebenkläger[1631] werden im Prozess wie eine Partei behandelt.[1632] Sie unterstützen nämlich die Staatsanwaltschaft in ihrer Aufgabe, die Schuld des Angeklagten nachzuweisen, und haben somit ein persönliches Interesse am Ausgang des Verfahrens.[1633] Daher haben die Nebenkläger das Recht bzw. gemäß Regel 77 (10) Internal Rules die Pflicht,[1634] sich anwaltlich vertreten zu lassen.[1635] Aufgrund ihrer Parteistellung sind sie wie ein Angeklagter, also unvereidigt, zu vernehmen und sie

---

1627 Transcript of Proceedings, Trial Management Hearing, E1/114.1, 17. August 2012, S. 76, abrufbar unter http://www.eccc.gov.kh/sites/default/files/documents/courtdoc/E1_114.2_TR002_20120827_Final_EN_Pub.pdf.

1628 KRT Trial Monitor, Case 002, Issue No. 19, Hearing on Evidence Week 14, 18–20 April 2012, S. 5, abrufbar unter http://krttrialmonitor.files.wordpress.com/2012/05/19-wk-14_18-20-april-2012.pdf.

1629 Transcript of Proceedings, Trial Management Hearing, E1/114.1, 17. August 2012, S. 79, abrufbar unter http://www.eccc.gov.kh/sites/default/files/documents/courtdoc/E1_114.2_TR002_20120827_Final_EN_Pub.pdf.

1630 Transcript of Proceedings, Trial Management Hearing, E1/114.1, 17. August 2012, S. 70, abrufbar unter http://www.eccc.gov.kh/sites/default/files/documents/courtdoc/E1_114.2_TR002_20120827_Final_EN_Pub.pdf.

1631 Im Fall des Ablebens eines Nebenklägers rücken die Nachkommen in die Rechtsposition ein. Decision on motion regarding deceased civil party, E2/5/3, 13. März 2009, Para. 10 ff., abrufbar unter http://www.eccc.gov.kh/sites/default/files/documents/courtdoc/E2_5_3_EN.pdf.

1632 KRT Trial Monitor, Case 002, Issue No. 6, Hearing on Evidence Week 2, 5–9 December 2011, S. 11, abrufbar unter http://krttrialmonitor.files.wordpress.com/2011/11/6-week-1_5-9dec2011-2 .pdf.

1633 KRT Trial Monitor, Case 002, Issue No. 8, Hearing on Evidence Week 3, 10–12 January 2012, S. 9, abrufbar unter http://krttrialmonitor.files.wordpress.com/2011/11/8-wk-3_13-15dec_final.pdf.

1634 Decision on Civil Party's request to address the court, C22/I/54, 3. Juli 2008, abrufbar unter http://www.eccc.gov.kh/sites/default/files/documents/courtdoc/Civil_Party_request_to_address_the_court_C22_I_54_EN_0.pdf.

1635 Internal Rules, Regeln 23, 105 (1) (c).

können sich jederzeit während ihrer Aussage mit ihren Anwälten besprechen.[1636] Daher kommt ihrer Aussage im Vergleich zu einer Zeugenaussage allerdings weniger Beweiswert zu und sie kann nicht als alleiniges Beweismittel dienen. Sagen sie vor Gericht aus, können ihnen Schutzmaßnahmen analog den Maßnahmen, die für Zeugen zur Verfügung stehen, zu Teil werden.[1637]

Insbesondere in Verfahren 001 entstanden über die Rolle der Nebenklage langwierige Diskussionen.[1638] Die Beteiligungsrechte der Nebenkläger im Verfahren wurden schließlich zugunsten der prozessualen Fairness und dem Erfordernis der Verfahrensökonomie beschränkt.[1639] Ihre Rechte beschränken sich nun darauf, im Falle eines Schuldspruchs[1640] Reparationen zu verlangen.[1641] Daher steht ihnen auch kein umfassendes Beweisantragsrecht zu.[1642] Für Verfahren 002 wurden die Internal Rules weiter geändert. Nun hat nur noch die Staatsanwaltschaft und nicht die Nebenklage das Recht, ein Eröffnungsplädoyer (Opening Statement) abzugeben.[1643] Zuvor konnte sich jede einzelne Nebenklägergruppe, von denen es in Verfahren 001

1636 ECCC Gesetz, Artikel 23 (6) (a).

1637 ECCC Gesetz, Artikel 23 (6) (c), 29.

1638 Z. B. wurde der Vorwurf geäußert, die Civil Parties würden wie eine zweite Staatsanwaltschaft agieren. Transcript of Proceedings – “DUCH” Trial (Trial Day 31), 22. Juni 2009, S. 92, Para. 2-10, abrufbar unter http://www.eccc.gov.kh/sites/default/files/documents/courtdoc/E1_35.1_TR001_20090622_Final_EN_Pub.pdf.

1639 Decision on Civil Parties’ Co-Lawyers’ Joint Request for a Ruling on the Standing of Civil Parties Lawyers to make Submissions on Sentencing and Directions Concerning the Questioning of the Accused, Experts and Witnesses Testifying on Character, Dissenting Opinion of Judge Lavergne on Sentence, E72/3, 9. Oktober 2009, Para. 4 ff., abrufbar unter http://www.eccc.gov.kh/sites/default/files/documents/courtdoc/E72_3_EN.pdf.

1640 Internal Rules, Regel 23 (1) (a), (b). Der Schuldspruch erfolgt nach einem erfolgreichen Hauptverfahren. Allerdings ist die Nebenklage in diesem nicht mit der Staatsanwaltschaft gleichgestellt. Dies würde dem Prinzip der Waffengleichheit widersprechen, denn die Verteidigung darf sich nur einer Partei gegenüber sehen. Decision on Civil Party Co-lawyers’ joint request for a ruling on the standing of Civil Party lawyers to make submissions on sentencing and directions concerning the questioning of the accused, experts and witnesses testifying on character, E72/3, 9. Oktober 2009, Paras. 4, 25, 26, abrufbar unter http://www.eccc.gov.kh/sites/default/files/documents/courtdoc/E72_3_EN.pdf.

1641 Decision on Civil Party Co-Lawyers’ Joint Request for Ruling on the Standing of Civil Party Lawyers to Make Submissions on Sentencing and Directions Concerning the Questioning of the Accused, Experts and Witnesses Testifying on Character, E72/3, 9. Oktober 2009, Paras. 41, 42, abrufbar unter http://www.eccc.gov.kh/sites/default/files/documents/courtdoc/E72_3_EN.pdf.

1642 Transcript of Proceedings, Trial Management Hearing, E1/114.1, 17. August 2012, S. 51, abrufbar unter http://www.eccc.gov.kh/sites/default/files/documents/courtdoc/E1_114.2_TR002_20120827_Final_EN_Pub.pdf.

1643 Internal Rules, Regel 89bis (2).

vier gab, vor der Kammer[1644] durch ihren Anwalt[1645] äußern.[1646] Hierüber musste das Gericht zuvor schriftlich in Kenntnis gesetzt werden (Written Notice).[1647]

Angesichts der steigenden Zahl der Nebenkläger in den Verfahren[1648] wurde in der Plenarsitzung beschlossen, die Organisation der Nebenklage im Hauptverfahren 002 zu ändern. Die verschiedenen Nebenklägergruppen müssen sich in einer konsolidierten Gruppe organisieren, die durch einen nationalen und einen internationalen Hauptanwalt (Lead Co-Lawyer) vertreten wird. Darüber hinaus nominierte das Office of Administration einen Anwalt, der zuständig ist, falls beide Lead Co-Lawyers unerreichbar sind.[1649] Die Lead Co-Lawyers werden durch die direkten Anwälte der verschiedenen Nebenklägergruppen und die Victims Support Section unterstützt.[1650] Dies entspricht der Organisation der Nebenklage am IStGH.[1651] Die Lead Co-Lawyers tragen die Verantwortung gegenüber dem Gericht und vertreten

1644 Ein Recht der Nebenklage, den Angeklagten, Sachverständige oder andere Zeugen der Verteidigung bezüglich des Charakters des Angeklagten zu befragen, bestand schon am Ende des Verfahrens 001 nicht mehr. Decision on Civil Parties' Co-Lawyers' Joint Request for a Ruling on the Standing of Civil Parties Lawyers to make Submissions on Sentencing and Directions Concerning the Questioning of the Accused, Experts and Witnesses Testifying on Character, E72/3, 9. Oktober 2009, Para. 46, abrufbar unter http://www.eccc.gov.kh/sites/default/files/documents/courtdoc/E72_3_EN.pdf.

1645 Agenda for Initial Hearing for Kaing Guek Eav, E8/1, 13. Februar 2009, abrufbar unter http://www.eccc.gov.kh/sites/default/files/documents/courtdoc/E8_1_EN.pdf. Written Version of Oral Decision on the Civil Party's Request to Address the Court in Person, C22/I/54, 3. Juli 2008, Para. 3, abrufbar unter http://www.eccc.gov.kh/sites/default/files/documents/courtdoc/Civil_Party_request_to_address_the_court_C22_I_54_EN_0.pdf.

1646 Conduct of Criminal Proceedings on Ieng Sary's Appeal, 0, 2. April 2009, abrufbar unter http://www.eccc.gov.kh/sites/default/files/documents/courtdoc/Conduct_of_criminal_proceeding_02-04-09_EN.pdf.

1647 Written Version of Oral Decision on Application by the Co-Lawyers for the Civil Parties Concerning Oral Submissions, A190/I/16, 4. Dezember 2008, Para. 5, abrufbar unter http://www.eccc.gov.kh/sites/default/files/documents/courtdoc/A190_I_16_EN_0.pdf.

1648 In Verfahren 001 wurden 66 von 90 Civil Party Anträgen zugelassen, in Verfahren 002 wurden von den 4.128 Nebenklageanwärtern 2.123 als Nebenkläger zugelassen. Open Society Justice Initiative, Recent Developments at the Extraordinary Chambers in the Courts of Cambodia, Dezember 2010 Update.

1649 Ninth ECCC Plenary Session, abrufbar unter http://www.eccc.gov.kh/english/news.view. aspx?doc_id=392.

1650 Press Release, Extraordinary Chambers in the Courts of Cambodia, Sixth Plenary Session Concludes, 11. September 2009, abrufbar unter http://www.eccc.gov.kh/english/cabinet/press/131/ECCC_Plenary_11_Sep_2009_Eng.pdf.

1651 IStGH Statut, Artikel 68 (3), United Nations Interim report of the Court on legal aid: Legal and financial aspects for funding victims' legal representation before the Court, ICCASP/8/3, 6. Mai 2009.

die Nebenklage und deren Strategie insgesamt.[1652] Sie sind dazu angehalten einen Konsens mit den übrigen Nebenklägeranwälten herzustellen. Vorrangig ist jedoch ihre Pflicht zur konsolidierten Vertretung der Gruppe gegenüber der Kammer, um ein zügiges Verfahren zu ermöglichen.[1653] Die Lead Co-Lawyers können jedoch spezielle Themen durch einen anderen Nebenklägeranwalt vortragen lassen.[1654] Nur der beauftragte Anwalt erhält Zugang zu den zur Vorbereitung notwendigen Dokumenten. Somit kann nur der für ein spezielles Thema zuständige Anwalt als streng vertraulich qualifizierte Dokumente, z. B. den medizinischen Untersuchungsbericht des Angeklagten, einsehen, andere Nebenklägeranwälte dürfen dies nicht.[1655] Ferner soll es spezielle Mechanismen zur internen Konfliktlösung zwischen den Anwälten geben, welche jedoch noch nicht konkretisiert sind.

1652 Internal Rules, Regel 12ler (5).

1653 Decision on Lead Co-Lawyer's "Urgent Request for the Trial Chamber to amend Memorandum E62/3/10 (formerly EI06)" (E62/3/10/1), E62/3/10/4, 29. Juli 2011, S. 2, abrufbar unter http://www.eccc.gov.kh/sites/default/files/documents/courtdoc/E62_3_10_4_en-1.pdf. Nach anderer Ansicht haben die Lead Co-Lawyers zunächst die primäre Pflicht, einen Konsens zwischen den Anwälten der Nebenklage herzustellen. Ferner stelle das vom Gericht beauftragte medizinische Gutachten einen Beweis dar, der für den adversatorischen Diskurs der Parteien offen sein müsse. Schließlich sei die Privatsphäre des Angeklagten nicht in gleicher Weise berührt wie in einem Arzt-Patienten Verhältnis. Daher müssten gemäß Regel 22 (3) Internal Rules alle Parteien Zugang zu den Dokumenten erhalten. Hinzu komme, dass eine eventuelle Beendigung des Verfahrens aufgrund des gesundheitlichen Zustands des Angeklagten vor allem gegenüber den Nebenklägern transparent sein müsse, welche jahrelang auf Gerechtigkeit gewartet haben. Ferner hätten die Nebenklägeranwälte schon während des Ermittlungsverfahrens ungehinderten Zugriff auf die Ermittlungsakten und damit auch auf die medizinischen Berichte gehabt. Dissenting Opinion of Judge Jean-Marc Lavergne concerning the Trial Chamber Decision in Memorandum E62/3/10/4, E62/3/10/4.1, 23. August 2011, abrufbar unter http://www.eccc.gov.kh/sites/default/files/documents/courtdoc/E62_3_10_4.1_EN.PDF.

1654 Trial Chamber response to Motions E67, E57, E56, E58, E23, E59, E20, E33, E71 and E73 following Trial Management Meeting of 5 April 2011, E74, 8. April 2011, S. 2, abrufbar unter http://www.eccc.gov.kh/sites/default/files/documents/courtdoc/E74_EN_0.PDF.

1655 Internal Rules, Regel 86, 46 (1). Decision on Lead Co-Lawyer's "Urgent Request for the Trial Chamber to amend Memorandum E62/3/10 (formerly EI06)" (E62/3/10/1), E62/3/10/4, 29. Juli 2011, S. 2 abrufbar unter http://www.eccc.gov.kh/sites/default/files/documents/courtdoc/E62_3_10_4_EN-1.PDF und Submission for purpose of reconsideration and Correction of Memorandum E62/3/10/4, E62/3/10/4/1, 18. August 2011, Para. 22 ff., abrufbar unter http://www.eccc.gov.kh/sites/default/files/documents/courtdoc/E62_3_10_4_1_EN.PDF.

2) Die Beweismittel

In den Verfahren der ECCC wird Beweis hauptsächlich durch die Einlassung des Angeklagten, die Aussagen der Nebenkläger und Zeugen sowie Sachverständigengutachten, Dokumente und forensische Beweise geführt.[1656] Eine Aussage des Angeklagten erfolgt vor der Beweisaufnahme und ist somit kein Beweismittel im engeren Sinn. Für die Ordnung der Beweispräsentation lassen die Internal Rules der Verfahrenskammer einen weiten Gestaltungsspielraum. Die Kammer kann daher für die Befragung von Zeugen, Sachverständigen und Nebenklägern eine Reihenfolge bestimmen, die ihr nützlich erscheint.[1657]

a) Die Einlassung des Angeklagten

Der Angeklagte kann sich nach der Belehrung über seine Rechte zur Sache einlassen. Dem kontinentaleuropäischen Recht entsprechend[1658] wird er nicht vereidigt.[1659] Der Angeklagte ist aktiv am Verfahren beteiligt[1660] und kann sich nach den Zeugenvernehmungen zu deren Aussagen äußern.[1661] In Verfahren 001 wurde dem Angeklagten dies bereits während der Zeugenvernehmungen erlaubt. Diese Art der Konfrontation der Zeugen mit dem Angeklagten ist im Civil Law unüblich. Allerdings konnten aufgrund seiner Kooperationsbereitschaft hierdurch Widersprüche zwischen der Ansicht des Angeklagten und der Zeugen unmittelbar in der Hauptverhandlung aufgezeigt werden. In Verfahren 002 dürfen sich die Angeklagten dagegen nur noch im Rahmen der Abschlusserklärungen der Verteidigung äußern.[1662]

1656 Lejmi, Mohamed Ali, Cambodian Extraordinary Chambers – Justice at a long last? Prosecuting Cambodian Genocide, 4 J. Int'l Criminal Justice, 2006, S. 301.

1657 Internal Rules, Regel 91 (1).

1658 Wilhelmi, Theresa, Die Verfahrensordnung des Internationalen Strafgerichtshofs – Modell eines universalen Strafverfahrensrechts?, Rechtspolitisches Forum, Nr. 24, IRP, Trier, 2004, S. 42.

1659 Anders JStGH RPE, Regel 85 (c).

1660 Ambos, Kai, Internationales Strafverfahren, München, 2008, S. 305.

1661 Internal Rules, Regel 90. Im angloamerikanischen Recht erfolgt die Aussage des vereidigten Angeklagten zur Sache erst, nachdem die Staatsanwaltschaft ihre Beweismittel präsentiert hat. Daher kann er sich in seiner Aussage auf die vorgebrachten belastenden Beweismittel konzentrieren. An den ECCC muss sich der Angeklagte jedoch gegen die gesamte nichtbewiesene Anklage verteidigen. Hermann, Joachim, Der amerikanische Strafprozess, in Jung, Heike, Der Strafprozess im Spiegel ausländischer Verfahrensordnungen, Berlin, 1990, S. 158.

1662 Ausnahme war z. B., dass ein in Verfahren 002 Angeklagter eine Stellungnahme zur Zeugenaussage des Verurteilten aus Verfahren 001 abgeben durfte. KRT Trial Monitor, Case 002, Issue No. 27, Hearing on Evidence Week 22, 19–21 June 2012, S. 15, abrufbar unter http://krttrialmonitor.files.wordpress.com/2012/07/27-week22-19-21june_final.pdf.

Nur in Ausnahmefällen wird eine Äußerung während des Verfahrens zugelassen.[1663] Die Kammer entscheidet im Einzelfall, ob die anderen Parteien den Angeklagten zu seiner Äußerung befragen dürfen.[1664]

Am JStGH ist dagegen eine unvereidigte Aussage des Angeklagten nur zu Prozessbeginn möglich.[1665] Ansonsten ist er dem angloamerikanischen Recht entsprechend zu vereidigen und tritt als Zeuge zu seiner eigenen Verteidigung auf.[1666] Am IStGH kann der Angeklagte zu jedem Zeitpunkt eine unvereidigte Aussage tätigen.[1667] Allerdings kann er sich auch freiwillig als vereidigter Zeuge im Wege des Kreuzverhörs vernehmen lassen.[1668]

b) Der Zeugenbeweis

Zeuge kann jede natürliche Person sein, die hinsichtlich eines aufzuklärenden Sachverhalts durch eigene Wahrnehmung erlangte Angaben zur Sache machen kann.[1669] Der Zeuge schildert also keine Rechtsmeinungen oder Erfahrungswissen, sondern Tatsachen. Dies können sowohl Opfer als auch andere Personen sein.

Zeugen für die Prozesse an den ECCC zu finden, gestaltet sich aus verschiedenen Gründen als schwierig. Zum einen hindern die schwierigen Lebensumstände in Kambodscha und die Angst vor Repressalien Personen daran, sich als Zeugen zu melden oder im Prozess auszusagen. Zum anderen gibt es kaum direkte Zeugen für die Taten, da viele Opfer des Regimes nicht mehr leben. So haben beispielsweise nur knapp zehn von circa 14.000 Gefangenen die Internierung in S-21 überlebt, davon sind einige in der Zwischenzeit verstorben.

Aufgrund dieser Situation ist zu klären, ob Zeugen auch solche vom Hörensagen sein können,[1670] also mittelbare Zeugen, die von einem unmittelbaren Zeugen eine

1663 KRT Trial Monitor, Case 002, Issue No. 12, Hearing on Evidence Week 9, 6–9 February 2012, S. 4, abrufbar unter http://krttrialmonitor.files.wordpress.com/2012/07/12-wk-7-6-9feb2012_final.pdf.

1664 KRT Trial Monitor, Case 002, Issue No. 17, Hearing on Evidence Week 12, 2–5 April 2012, S. 14, abrufbar unter http://krttrialmonitor.files.wordpress.com/2012/07/17-wk12_2-5april2012_25 june_final1.pdf.

1665 JStGH RPE, Regel 84bis.

1666 Die Vereidigung erhöht den Beweiswert seiner Aussage. Ambos, Kai, Internationales Strafverfahren, München, 2008, S. 305.

1667 IStGH Statut, Artikel 67 (1) (h).

1668 Safferling, Christoph, International Criminal Procedure, Oxford, 2011, S. 457.

1669 „A witness is a person who can provide a first hand or factual account of events that may have occurred at the crime sites in Case 003." Statement by the Co-Investigating Judges regarding Case 003, 28. Februar 2013, abrufbar unter http://www.eccc.gov.kh/en/articles/statement-co-investigating-judges-regarding-case-003.

1670 Dogmatisch ist die Aussage eines solchen Zeugen entweder vom Unmittelbarkeitsprinzip als erfasst anzusehen, da auch er ein unmittelbarer Zeuge ist, der berichtet, was er selbst gesehen oder von einem Dritten gehört hat, oder das Prinzip gilt hier

Tatschilderung gehört haben und diese dann berichten.[1671] Da gemäß Regel 87 (1) Internal Rules alle Beweise zulässig sind, ist dieses Beweismittel statthaft. In den Internal Rules bedurfte es daher keiner dem angloamerikanischen Recht entstammenden „rule against hearsay evidence".[1672] Nach dieser Regel ist der Beweis durch mittelbare Zeugen mit wenigen Ausnahmen nicht zulässig, da der Angeklagte keine Gelegenheit hat, den unmittelbaren Zeugen zu befragen.[1673] Am JStGH[1674] und IStGH[1675] ist dieses Beweismittel dagegen grundsätzlich zulässig. An den ECCC muss sich die Kammer zunächst intensiv um ein Erscheinen des direkten Zeugen

als gelockert. Vertiefend Müller, Natascha Ivonne, Der Zeuge vom Hörensagen im JStGH Statut und der StPO, in Friedrichs, Christian/Mehlich, Andreas/Müller, Natascha Ivonne, Völkerstrafrecht, München, 2010, S. 37 ff.

1671 Beulke, Werner, Strafprozessrecht, Heidelberg, 2008, Rn. 422.

1672 Nach dieser Beweislastregel ist die Einführung des Zeugnisses vom Hörensagen ausgeschlossen. Grund hierfür ist, dass der Jury nur verlässliches Beweismaterial präsentiert werden soll. Kamardi, Christiane, Die Ausformung einer Prozessordnung sui generis durch das ICTY unter Berücksichtigung des Fair-Trial-Prinzips, Berlin, 2009, S. 341.

1673 Wilhelmi, Theresa, Die Verfahrensordnung des Internationalen Strafgerichtshofs – Modell eines universalen Strafverfahrensrechts?, Rechtspolitisches Forum, Nr. 24, IRP, Trier, S. 16.

1674 Am JStGH war der mittelbare Zeugenbeweis zunächst grundsätzlich zulässig gemäß Regel 89 (C) JStGH RPE. Diese war ähnlich wie Regel 87 (1) Internal Rules formuliert. Danach war es z. B. möglich, eine Zeugenaussage aus einem anderen Verfahren in einen Prozess einzuführen, wenn der Zeuge nicht mehr selbst befragt werden konnte. Dieser Umstand wurde bei der Beurteilung des Beweiswerts der Aussage berücksichtigt. Inzwischen kann diese Art der Beweisführung nach Regel 89 (D), 95 JStGH RPE abgelehnt werden, wenn die Notwendigkeit zur Garantie eines fairen Prozesses den Beweiswert erheblich überwiegt oder die Art der Beweiserhebung erhebliche Zweifel an der Glaubwürdigkeit des Zeugen entstehen lässt. Zusätzlich wurde Regel 92bis JStGH RPE eingeführt. Danach kann eine Zeugenbefragung durch eine Schriftstückverlesung ersetzt werden. Kamardi, Christiane, Die Ausformung einer Prozessordnung sui generis durch das ICTY unter Berücksichtigung des Fair-Trial-Prinzips, Berlin, 2009, S. 350.

1675 Am IStGH kann „die Vorverfahrenskammer die Einbringung von zuvor per Audio- oder Videotechnik aufgenommenen Zeugenaussagen oder von Protokollen bzw. sonstigen Dokumenten als Beweise genehmigen, wenn der Zeuge, der die Aussage gegeben hat, vor der Hauptverfahrenskammer nicht anwesend ist und sowohl der Ankläger als auch die Verteidigung während der Aufnahme der Aussage die Möglichkeit hatten, den Zeugen zu befragen, oder wenn ein solcher Zeuge zwar im Hauptverfahren anwesend ist, er aber keine Einwendungen gegen die Einbringung der zuvor aufgenommenen Aussage hat und sowohl der Ankläger, die Verteidigung als auch die Kammer die Möglichkeit haben, den Zeugen während dieses Verfahrens zu befragen. Nach Regel 69 kann die Hauptverfahrenskammer eine behauptete Tatsache, die in der Anklageschrift, in einem Dokument, in einer erwarteten Zeugenaussage oder in einem anderen Beweismittel enthalten ist, als

bemühen.[1676] Wird ein mittelbarer Zeuge vernommen, muss dem Angeklagten ausreichend Gelegenheit gegeben werden, sich gegen die „Quelle" der Aussage zu verteidigen.[1677] Der Zeuge vom Hörensagen kann daher mit anderen Beweisen, insbesondere vorherigen Vernehmungsniederschriften, konfrontiert werden.[1678]

aa) Die Vorbereitung der Zeugen

An den ECCC erfolgt, ebenso wie am IStGH, keine Vorbereitung der Zeugen durch die Parteien im Rahmen eines „Witness Proofings" bzw. einer „Witness Preparation".[1679] An anderen internationalen Tribunalen prüfen die Parteien dagegen ihren Zeugen vor dessen gerichtlicher Vernehmung auf den Gehalt seiner Aussage. Sie bereiten ihn auf die Befragung durch die andere Partei vor, indem sie ihm z. B. Dokumente oder frühere Aussagen vorhalten.[1680] An den ECCC dürfen die Parteien mit den Zeugen vor deren Aussage grundsätzlich keinen Kontakt aufnehmen,[1681] denn die Zeugen sind nach dem kontinentaleuropäischen Rechtsverständnis Zeugen des Gerichts und werden nicht als parteizugehörig angesehen. Die inhaltliche Vorbereitung oder das Einüben der Zeugenaussage wird daher als Gefahr für die Wahrheitsermittlung angesehen.[1682] Ein weiteres Argument gegen die Vorbereitung der Zeugen ist, dass diese im Civil Law-Prozess nicht mittels der Kreuzverhörtechnik vernommen werden, durch welche die andere Partei die inhaltliche Vorbereitung

bewiesen ansehen, wenn der Ankläger und die Verteidigung diese behauptete Tatsachen nicht bestreiten." IStGH Statut, Artikel 68, 69 (2).

1676 Kreicker, Helmut, § 51 Strafrechtliche Garantien der EMRK, in Sieber, Ulrich/Böse, Martin/Brüner, Franz H./Heintschel-Heinegg, Bernd von/Satzger, Helmut, Europäisches Strafrecht, Baden-Baden, 2011, § 51, Rn. 31.

1677 Judgement in Case 001, E188, 26. Juli 2010, Para. 43, abrufbar unter http://www.eccc.gov.kh/sites/default/files/documents/courtdoc/20100726_Judgement_Case_001_eng_PUBLIC.pdf.

1678 Geppert, Klaus, Der Grundsatz der Unmittelbarkeit im deutschen Strafverfahren, Berlin, 1979, S. 179.

1679 Prosecutor v. Haradinaj, Decision on Defence Request for audio- recording of Prosecutions witness proofing sessions, Case No. IT-04-84-T, 23. Mai 2007, Para. 8 ff., abrufbar unter http://www.icty.org/x/cases/haradinaj/tdec/en/070523.pdf.

1680 Gurd, Tracey, "When Witnesses Change their Stories...". The Lubanga Trial at the International Criminal Court, 10. Februar 2009, abrufbar unter http://www.lubangatrial.org/2009/02/10/when-witnesses-change-their-stories%E2%80%A6/.

1681 TrialChambermemorandumentitledPermittedformofassurancesofnon-prosecution, E200/4, 19. Juli 2012, Para. 3, abrufbar unter http://www.eccc.gov.kh/sites/default/files/documents/courtdoc/E200_4_EN.PDF.

1682 Prosecutor v. Lubanga, Decision regarding the Practices Used to prepare and familiarizes witnesses for giving testimony at trial, ICC-01/04-01/06-1049, 30. November 2007, Para. 45, abrufbar unter http://www.iclklamberg.com/Caselaw/DRC/Dyilo/TCI/ICC-01-04-01-06-1049_English.pdf.

im Common Law wieder ausgleichen kann. Am IStGH widerspricht die Vorbereitung ferner der Rolle der Staatsanwaltschaft, die zur Objektivität verpflichtetet ist.[1683]

An den ECCC werden die Zeugen durch die Wittness and Experts Support Unit (WESU) auf ihre Aussage vorbereitet, denn die Zeugen sind mit den gerichtlichen Abläufen nicht vertraut und es muss ein ordnungsgemäßer Ablauf des Verfahrens gewährleistet werden. Die WESU zeigt den Zeugen z. B. den Gerichtssaal, erklärt die Prozedur der Befragung sowie den Sinn des Eides und klärt sie über ihre Rechte auf (Witness Familiarization).[1684] Des Weiteren werden sie belehrt, dass es ihnen gemäß Regel 88 (2) Internal Rules nicht erlaubt ist, vor ihrer Aussage oder im Gerichtssaal miteinander Kontakt aufzunehmen. Die Zeugen sind weiter verpflichtet, das Verfahren vor ihrer Aussage nicht zu verfolgen.[1685] Allerdings enthalten die Internal Rules kein ausdrückliches Verbot, dass ein Zeuge vor seiner Aussage dem Verfahren im Zuschauerraum nicht beiwohnen darf. Die Einhaltung dieser Pflicht wäre praktisch auch kaum überprüfbar. Daher kann die Kammer die Zeugen nur zu Beginn des Prozesses auf diese Pflicht hinweisen,[1686] sie wiederholt an ihre Wahrheitspflicht erinnern und sie nach den Quellen ihrer Informationen befragen.[1687]

bb) Der Schutz der Zeugen vor Selbstbelastungen

Die Zeugen können gemäß Regel 28 Internal Rules ihr Schweigerecht in Anspruch nehmen, wenn sie sich durch ihre Aussage selbst in die Gefahr der Strafbarkeit bringen.[1688] In der Hauptverhandlung bedurfte die Frage der Klärung, inwieweit die Zeugen über dieses Recht zu belehren sind und welchen Umfang es hat. Die Kammer erließ in Verfahren 001 erst spät eine Regelung. Danach sind die Zeugen mündlich über das Schweigerecht zu belehren und ihnen wird ein Zeugenbeistand (Duty Counsel), bezahlt durch die WESU, zur Verfügung gestellt. Das Anwesenheitsrecht des Zeugenbeistands bei der Zeugenaussage vor Gericht wurde daraufhin in Regel 28 (9) Internal Rules normiert. Seine Aufgabe ist es, den Zeugen bei einzelnen Fragen

---

1683 Proscutor v. Lubanga, Decision regarding the Practices Used to prepare and familiarizes witnesses for giving testimony at trial, ICC-01/04-01/06-1049, 30. November 2007, Para. 45, abrufbar unter http://www.iclklamberg.com/Caselaw/DRC/Dyilo/TCI/ICC-01-04-01-06-1049_English.pdf.

1684 So auch Safferling, Christoph, International Criminal Procedure, Oxford, 2011, S. 458.

1685 KRT Trial Monitor, Case 002, Issue No. 30, Hearing on Evidence Week 25, 30–31 July, 1–2 August 2012, S. 11, abrufbar unter http://krttrialmonitor.files.wordpress.com/2012/08/30-week-25_30-31-july_final1.pdf.

1686 KRT Trial Monitor, Case 002, Issue No. 6, Hearing on Evidence Week 2, 5–9 December 2011, S. 9, abrufbar unter http://krttrialmonitor.files.wordpress.com/2011/11/6-week-1_5-9dec2011-2. pdf.

1687 KRT Trial Monitor, Case 002, Issue No. 30, Hearing on Evidence Week 25, 30–31 July, 1-2 August 2012, S. 11, abrufbar unter http://krttrialmonitor.files.wordpress.com/2012/08/30-week-25_30-31-july_final1.pdf.

1688 UN-RGC Abkommen, Artikel 12.

darauf hinzuweisen, dass er sich mit einer Antwort eventuell strafbar macht. Der Zeuge kann die Frage aber trotzdem beantworten.[1689] Ob tatsächlich eine Gefahr der Strafbarkeit besteht, wird unter Ausschluss der Öffentlichkeit diskutiert.[1690]

Liegt die Sondersituation vor, dass eine in einem anderen Verfahren vor den ECCC verurteilte Person als Zeuge aussagen soll, kann die Kammer besondere Hinweise erteilen, damit diese sich nicht selbst belastet.[1691] In Verfahren 002 war zu klären, ob der rechtskräftig in Verfahren 001 (wegen Verbrechen in S-21) Verurteilte ein Schweigerecht hat, wenn er in Verfahren 002 als Zeuge zu Verbrechen (im Lager M-13) befragt wird, die nicht von der Anklage im Prozess 001 erfasst waren. Für den Verurteilten besteht keine Gefahr der Selbstbelastung, wenn einer erneuten Strafverfolgung das Prinzip ne bis in idem entgegenstünde. Da sich die Verurteilung in Verfahren 001 auf andere Sachverhalte bezog, besteht für ihn aber, zumindest theoretisch, die Gefahr einer Strafverfolgung vor nationalen Gerichten aufgrund der Verbrechen im Lager M-13.[1692] Daher entschied die Kammer, dass dem Zeugen das Recht zu Schweigen zusteht.

cc) Die Ladung der Zeugen

Die Zeugen werden in einer durch die Kammer festgelegten Reihenfolge geladen.[1693] Die eigenständige Ladung eines Zeugen durch die Parteien ist nicht erlaubt.[1694] Die Kammer lädt die Zeugen zu dem Beweisthema, zu dem sie am meisten beitragen können. Es liegt gemäß Regel 92 Internal Rules im Ermessen der Kammer, welche Zeugenladungen sie für erforderlich erachtet. Insbesondere die Gründe des Zeugenschutzes können einer Ladung entgegenstehen.[1695] Die Parteien müssen Vorbehalte gegen eine Ladung vor der ersten Vernehmung des Angeklagten zum Tatvorwurf

---

1689 KRT Trial Monitor, Case 002, Issue No. 20, Hearing on Evidence Week 15, 23-26 April 2012, S. 10, abrufbar unter http://krttrialmonitor.files.wordpress.com/2012/05/20-wk-15_april-23-26-2012_final.pdf.

1690 KRT Trial Monitor, Case 002, Issue No. 21, Hearing on Evidence Week 16, 30 April, 2-3 May 2012, S. 8, abrufbar unter http://krttrialmonitor.files.wordpress.com/2012/05/21-wk-16_30-april-2-3-may-2012_final1.pdf.

1691 Trial Chamber response to Motions E67, E57, E56, E58, E23, E59, E20, E33, E71 and E73 following Trial Management Meeting of 5 April 2011, E74, 8. April 2011, S. 2, abrufbar unter http://www.eccc.gov.kh/sites/default/files/documents/courtdoc/E74_EN_0.PDF.

1692 KRT Trial Monitor, Case 002, Issue No. 17, Hearing on Evidence Week 12, 2-5 April 2012, S. 9, abrufbar unter http://krttrialmonitor.files.wordpress.com/2012/07/17-wk12_2-5april2012_25 june_final1.pdf.

1693 Internal Rules, Regel 91bis. In der fünften Plenary Session wurde die Ladungsfrist für Zeugen von fünf Tagen vor dem Termin aufgegeben.

1694 Kreuzer, Elisabeth, Die Bestimmung des Umfangs der Beweisaufnahme im deutschen, französischen und italienischen Strafprozess, Freiburg, 1964, S. 82.

1695 Gleß, Sabine, Beweisrechtsgrundsätze einer grenzüberschreitenden Strafverfolgung, Baden-Baden, 2006, S. 352.

geltend machen, ansonsten sind sie in deren Vortrag präkludiert.[1696] Des Weiteren steht es in der diskretionären Gewalt des Vorsitzenden Richters einem Antrag einer Partei, eine nicht in der Zeugenliste benannte und nicht geladene, aber im Gerichtssaal anwesende Person zu vernehmen.[1697] Lehnt die Kammer einen solchen Antrag ab, kann die Entscheidung erst mit der Rechtsmitteleinlegung gegen das Endurteil angefochten werden.[1698]

Die Kammer muss gewährleisten, dass die geladenen Zeugen anwesend sind.[1699] Ist ein Zeuge nicht anwesend, kann die Anhörung auf Antrag der Parteien verschoben werden.[1700] Die Kammer lädt aber von vornherein Reservezeugen, wenn z.B. ein problematischer Gesundheitszustand eines Zeugen bekannt und mit seinem Ausbleiben zu rechnen ist. Dadurch wird eine Verfahrensverzögerung vermieden, falls die Vernehmung nicht durchgeführt werden kann.[1701]

Ist ein Zeuge am persönlichen Erscheinen gehindert, steht es im Ermessen der Kammer eine Vernehmung mittels Audio- und Videotechnik zu ermöglichen. Dieses Vorgehen ließ die Kammer in Verfahren 001 zu,[1702] wenn die Aussage von entsprechender Relevanz war, der Zeuge nicht in der Lage war, der Hauptverhandlung beizuwohnen und der Angeklagte die Möglichkeit hatte, den Zeugen konfrontativ zu befragen.[1703] Dies entspricht auch der Regelung am IStGH.[1704] In Verfahren 002 hat die Kammer bisher nicht über die Frage der Zulässigkeit dieser Maßnahmen entschieden. Die Verteidigung wendete sich mit dem Argument dagegen, dass der Zeuge nicht unter dem Eindruck der Atmosphäre des Gerichtssaals und auch nicht direkt dem Angeklagten gegenüber stehe.[1705]

1696 Internal Rules, Regel 88 (3), Order to file material in preparation for trial, E9, 17. Januar 2011, Para. II (8), abrufbar unter http://www.eccc.gov.kh/sites/default/files/documents/courtdoc/E9_EN_0.pdf.

1697 Internal Rules, Regel 84 (3).

1698 Internal Rules, Regel 84 (4).

1699 Internal Rules, Regel 26 (1), CCP, Artikel 297.

1700 Trechsel, Stefan, Human Rights in criminal proceedings, Oxford, 2005, S. 291–312.

1701 KRT Trial Monitor, Case 002, Issue No. 26, Hearing on Evidence Week 21, 11–14 June 2012, S. 10, abrufbar unter http://krttrialmonitor.files.wordpress.com/2012/07/26-wk-21_11-14june2012_final.pdf.

1702 Z. B. bei den Vernehmungen der Sachverständigen Richard J. Goldstone und Stephane Hessel. Transcript of Proceedings – "DUCH" Trial (Trial Day 32), 23. Juni 2009, S. 44, abrufbar unter http://www.eccc.gov.kh/en/documents/court/transcriptproceedings%E2%80%9Cduch%E2%80%9D -trial-trial-day-32. Transcript of Proceedings – "DUCH" Trial (Trial Day 35), 29. Juni 2009, S. 7, abrufbar unter http://www.eccc.gov.kh/en/documents/court/transcript-proceedings-%E2%80% 9Cduch%E2%80%9D-trial-trial-day-35.

1703 IStGH Statut, Artikel 67, 68.

1704 JStGH/RStGH/SCSL RPE, Regel 71 (d), IStGH Statut, Artikel 68, 69 (2).

1705 KRT Trial Monitor, Case 002, Issue No. 14, Hearing on Evidence Week 9, 12-15 March 2012, S. 3, abrufbar unter http://krttrialmonitor.files.wordpress.com/2012/07/14-wk9-12-15march2012_final.pdf.

dd) Die Zeugenvernehmung

Die Zeugen werden vor ihrer Aussage vereidigt.[1706] Für den Sonderfall, dass eine in einem anderen Verfahren vor den ECCC angeklagte oder verurteilte Person als Zeuge aussagen soll, gilt für diese bei noch nicht abgeschlossenem Rechtsmittelverfahren ebenfalls die Eidespflicht.[1707] Das Ablegen des Eides steigert den Beweiswert der Aussage.[1708] Die Vereidigung wirkt sich des Weiteren verfahrensbeschleunigend aus, da Diskussionen über den Wahrheitsgehalt der Aussage zwischen den Parteien vermieden werden können. Eine Falschaussage unter Eid kann die Kammer bestrafen.[1709]

Die mündlichen Aussagen werden in das Protokoll der Hauptverhandlung aufgenommen. Während der Befragung erstellte Notizen der Zeugen werden nicht in die Verfahrensakte aufgenommen, sondern dienen den Zeugen nur als Gedächtnisstütze bei der Beantwortung komplizierter Fragen.[1710]

Die Zeugen werden zunächst durch die Kammer vernommen,[1711] welche den Zeugen Gelegenheit für eine narrative Erzählung lässt.[1712] Danach liegt das Fragerecht bei der Staatsanwaltschaft, gefolgt von der Nebenklage[1713] und der Verteidigung.

1706 Personen, die der buddhistischen Glaubensrichtung angehören, wird vor dem Beginn des Verhandlungstages separat der Eid abgenommen.

1707 Trial Chamber response to Motions E67, E57, E56, E58, E23, E59, E20, E33, E71 and E73 following Trial Management Meeting of 5 April 2011, E74, 8. April 2011, S. 1, abrufbar unter http://www.eccc.gov.kh/sites/default/files/documents/courtdoc/E74_EN_0.PDF.

1708 KRT Trial Monitor, Case 002, Issue No. 6, Hearing on Evidence Week 2, 5-9 December 2011, S. 10, abrufbar unter http://krttrialmonitor.files.wordpress.com/2011/11/6-week-1_5-9dec2011-2. pdf.

1709 Internal Rules, Regel 36.

1710 KRT Trial Monitor, Case 002, Issue No. 28, Hearing on Evidence Week 23, 18-20 July 2012, S. 12, abrufbar unter http://krttrialmonitor.files.wordpress.com/2012/08/28-week-23_18-20-july_03aug_final.pdf.

1711 Internal Rules, Regeln 90 (2), 91 (2). Direction on the Scheduling of the Trial, E26, 20. März 2009, abrufbar unter http://www.eccc.gov.kh/sites/default/files/documents/courtdoc/E26_EN.pdf. Kritisch hierzu Cambodian Human Rights Action Committee, Comments on the ECCC Draft Internal Rules, Phnom Penh, 17. November 2006, S. 6. Die direkte Befragung des Zeugen durch die Parteien ist ein Element des adversatorischen Verfahrens.

1712 Internal Rules, Regeln 80 (1), (2), 80bis.

1713 Fraglich war, ob die Nebenklägervertreter Fragen bezüglich der Schuld des Angeklagten oder nur spezielle Fragen, die die Nebenklage betreffen, stellen dürfen. Im ersten Fall sähe sich der Angeklagte jedoch mehreren „Staatsanwälten" gegenüber.

aaa) Das Erstbefragungsrecht des Vorsitzenden Richters

Der Kammer steht in Person des Vorsitzenden Richters ein Erstbefragungsrecht bei den Zeugenvernehmungen zu, da die Zeugen solche des Gerichts[1714] und nicht solche der Parteien sind. Hierdurch soll eine „Frontstellung“[1715] der Zeugen zwischen den Parteien vermieden werden. So kann ein Zeuge beispielsweise aufgrund der Erstbefragung durch die Kammer vor zusätzlichen Belastungen bei der Parteivernehmung geschützt werden. Der Zeuge gerät bei seiner Vernehmung durch die Parteien weniger unter Druck, wenn ihm bereits alle fallrelevanten Fragen durch die Richter gestellt wurden. Allerdings kann das Erstbefragungsrecht auch eine erhöhte Belastung für den Zeugen verursachen, da es teilweise im Interesse der Parteien ist, gewisse Punkte durch repetitive oder irrelevante Fragen noch einmal zu verdeutlichen. Die Kammer verhinderte solche Fragen nicht immer.[1716] Allerdings stellte die Kammer in Verfahren 001 nicht alle, zur ausreichenden Darlegung des Falles notwendigen Fragen, was auch den Parteien die Vorbereitung der Vernehmungen erschwerte.[1717]

Die Kammer kann ihr Erstbefragungsrecht gemäß Regel 91bis Internal Rules an die Parteien delegieren. Dies ist z. B. zweckmäßig, wenn nach Ansicht der Kammer die Staatsanwaltschaft hierdurch ihre Beweislast besser erfüllen kann oder eine besonders komplexe Zeugenaussage zu erwarten ist. So überließ die Kammer beispielsweise in Verfahren 002 beim Thema der Strukturen des Regimes der Staatsanwaltschaft die Erstbefragung der Zeugen.[1718]

bbb) Die Vernehmung durch die Parteien

Die parteiische Befragung der Zeugen erfolgt an den ECCC auf einem anderen Weg als an den übrigen Tribunalen.

α) Die Vernehmung an anderen Tribunalen

Am JStGH und RStGH werden die Zeugen zunächst durch die sie benennende Partei (Direct Examination/ Examination-in-Chief) und im Anschluss im gegnerischen Kreuzverhör (Cross-Examination) befragt. Eventuell verlangt die erste Partei ein

1714 Eser, Albin, Vorzugswürdigkeit des adversatorischen Prozesssystems in der internationalen Strafjustiz? Reflektionen eines Richters, in Müller-Dietz, Heinz, Festschrift für Heike Jung, Baden-Baden, 2007, S. 187.

1715 Eser, Albin, Reflexionen zum Prozesssystem und Verfahrensrecht internationaler Strafgerichtsbarkeit, in Sieber, Ulrich u. A., Strafrecht und Wirtschaftsstrafrecht – Dogmatik, Rechtsvergleich, Rechtstatsachen – München, 2008, S. 1470.

1716 Z. B. bestätigten fast alle Zeugen die Aussage des Angeklagten, dass die Gefangenen in S-21 nur mangelhaft ernährt wurden. Diese Zeugenaussagen waren aber nicht notwendig, um die Haftbedingungen in S-21 zu beweisen.

1717 Ausführlich hierzu Kapitel K. V. 2) b) dd).

1718 Updated Memorandum for next document hearing (12-19 March 2012), E172/5, 2. März 2012, Para. 7, abrufbar unter http://www.eccc.gov.kh/sites/default/files/documents/courtdoc/E172_5_EN.PDF.

erneutes Verhör aufgrund der Ergebnisse des Kreuzverhörs (Redirect Examination/ Re-Examination), gefolgt von einem erneuten Kreuzverhör der Gegenseite (Rejoinder). Die Richter nutzen ihr Fragerecht meist zurückhaltend und erst am Ende der Befragung durch die Parteien.[1719] In dieser dem Common Law entstammenden Verfahrensstruktur wird dem Angeklagten eine Konfrontation mit dem Zeugen ermöglicht. Sie ist Ausdruck des Vertrauens in das Eigeninteresse und Darstellungsvermögen der Parteien zur optimalen Wahrheitsfindung im Rahmen des Kreuzverhörs. Das Kreuzverhör ist neben den Themen, die für die Darlegung des Falles der Partei relevant sind, auf den Umfang der Examination-in-Chief und das Testen der Glaubwürdigkeit der Zeugen begrenzt.[1720] Der Zeuge darf im Kreuzverhör mit früher getätigten Aussagen konfrontiert werden, solange das Recht auf ein faires Verfahren gewahrt bleibt.[1721] Macht der Zeuge unerwartet eine für die Darstellung des Falls der ihn benennenden Partei kontraproduktive Aussage, darf diese Partei ihre Befragung unter bestimmten Voraussetzungen auf die mangelnde Glaubwürdigkeit der Gesamtperson umstellen und den eigenen Zeugen ins Kreuzverhör nehmen (Hostile Witness).[1722]

Auch am IStGH ist die Vernehmung durch eine Direct Examination und Cross-Examination möglich.[1723] Die Hauptverfahrenskammern können ihr Fragerecht wahlweise vor oder nach der Befragung durch die Parteien ausüben.[1724] Es bleibt abzuwarten, wie die einzelnen Kammern ihre Rolle in der Verfahrenspraxis ausgestalten.[1725] Allerdings kann eine zwischen den Kammern divergierende Handhabung das Gleichbehandlungsrecht der Angeklagten gefährden. Zu Beginn der Arbeit des IStGHs ist dies aber hinzunehmen, da eine Harmonisierung der Verfahrenspraxis der einzelnen Kammern im Laufe der Zeit durch den Erlass von Practice Directions erreicht werden kann.[1726]

1719 JStGH RPE, Regel 85 (B).

1720 JStGH RPE, Regel 90 (H).

1721 Prosecutor v. Simic, Reasons for Decision on Prosecutor's Motion to use Telephone Interviews, Case No. IT-95-9-T, 11. März 2011, abrufbar unter http://www.icty.org/x/file/Legal %20Library/jud_supplement/supp40-e/simic.htm.

1722 Robinson, Patrick L., Rough Edges in the Alignment of Legal Systems in the Proceedings at the ICTY, 3 J. Int. Criminal Justice, 2005, S. 1050 ff.

1723 IStGH RPE, Regel 140 (2) (a), (b).

1724 IStGH RPE, Regel 140 (2) (c).

1725 Ambos, Kai, Internationales Strafrecht, München, 2008, S. 305.

1726 Gallmetzer, Reinhold, The Trial Chamber's Discretionary Power to Devise the Proceedings Before it and its Exercise in the Trial of Thomas Lubanga Dylio', in Stahn, Carsten/Sluiter, Göran, The Emerging Practice of the International Criminal Court, Leiden, 2009, S. 501–524.

β) Die Vernehmung an den ECCC

An den ECCC haben die Parteien bei ihren Befragungen weder die Möglichkeit, den Zeugen ins Kreuzverhör zu nehmen[1727] noch gibt es die Regel vom Hostile Witness. Der Gebrauch der dem Kreuzverhör entstammenden Technik, dem Zeugen den eigenen Fall vorzutragen und ihm die Möglichkeit zur Stellungnahme zu geben[1728] wird aber akzeptiert.[1729] Auch dürfen Fragen die Glaubwürdigkeit eines Zeugen betreffend während der Vernehmung des Zeugen durch die andere Partei gestellt werden.[1730] Das Stellen von Suggestivfragen (Leading questions)[1731] ist dagegen unzulässig.[1732] Allerdings wurden solche Fragen gegenüber Nebenklägern zugelassen, wenn sie auf Informationen aus der Anklage beruhten.[1733] Den Parteien ist es nicht erlaubt, Zeugen anzuweisen nur mit „Ja“ oder „Nein“ zu antworten, da ansonsten der Aussagespielraum der Zeugen in unzulässiger Weise eingrenzt wird.[1734]

1727 Hier wären Suggestivfragen oder das Anzweifeln der Glaubwürdigkeit/Glaubhaftigkeit des Zeugen/der Aussage erlaubt.

1728 Abdul Kadir, Mohamed Faizal Mohamed, The Rule in Browne v. Dunn in Cross Examination: A Singapore Perspective, abrufbar unter www.lawgazette.com.sg/2011-07/155.htm. Beispiel: „You're unable to recognize Nuon Chea's handwriting, but that you look at the date on the document or the date of the annotation and, if it isn't Son Sen's handwriting or your own handwriting, you simply assume it's Nuon Chea's handwriting.“ KRT Trial Monitor, Case 002, Issue No. 17, Hearing on Evidence Week 12, 2-5 April 2012, S. 9, abrufbar unter http://krttrialmonitor.files.wordpress.com/2012/07/17-wk12_2-5april 2012_25june_final1.pdf.

1729 KRT Trial Monitor, Case 002, Issue No. 17, Hearing on Evidence Week 12, 2–5 April 2012, S. 9, abrufbar unter http://krttrialmonitor.files.wordpress.com/2012/07/17-wk12_25april2012_25june_final1.pdf.

1730 KRT Trial Monitor, Case 002, Issue No. 26, Hearing on Evidence Week 21, 11–14 June 2012, S. 8, abrufbar unter http://krttrialmonitor.files.wordpress.com/2012/07/26-wk-21_11-14june2012_final.pdf.

1731 „[A] question put or framed in such a form as to suggest the answer sought to be obtained by the person interrogating.“ Beispielsweise die zulässige Frage „Did you ever visit where he lived?“ im Gegensatz zur unzulässigen Frage „You never visited where he lived?“. Transcript of hearing on the substance in Case 002 – Trial Day 49, E1/61.1, 9. April 2012, S. 13, Zeilen 12–16, abrufbar unter http://www.eccc.gov.kh/sites/default/files/documents/courtdoc/E1_61.1_TR002_20120409_Final_EN_Pub.pdf.

1732 KRT Trial Monitor, Case 002, Issue No. 18, Hearing on Evidence Week 13, 9–10 April 2012, S. 8, abrufbar unter http://krttrialmonitor.files.wordpress.com/2012/06/18-wk-13_-9-10april2012_final1.pdf.

1733 Nach Meinung der Verteidigung sind nur Fragen zulässig, die ein „who, what, why, when, explain and describe“ enthalten. KRT Trial Monitor, Case 002, Issue No. 6, Hearing on Evidence Week 2, 5–9 December 2011, S. 12, abrufbar unter http://krttrialmonitor.files.wordpress.com/2011/11/6-week-1_5-9dec2011-2.pdf.

1734 KRT Trial Monitor, Case 002, Issue No. 18, Hearing on Evidence Week 13, 9–10 April 2012, S. 8, abrufbar unter http://krttrialmonitor.files.wordpress.com/2012/06/18-wk-13_-9-10april2012_final1.pdf.

Besondere Regeln gelten im Völkerstrafrecht für die Beweisführung im Hinblick auf Delikte sexueller Gewalt.[1735]

Die Kammer kann jederzeit in die Befragung der Parteien intervenieren.[1736] Dies resultiert aus dem Gedanken, dass die Richter wegen ihrer Ausbildung und Erfahrung den Wahrheitsgehalt einer Aussage optimal herausarbeiten können.[1737] Grund für die Zurückweisung oder Modifikation einer Frage ist in erster Linie, dass sie die Integrität der mündlichen Verhandlung gefährdet, sie eine Verfahrensverlängerung verursacht, weil sie nicht sachdienlich ist, sie eher eine Erklärung oder einen Kommentar darstellt oder sie den Zeugen unsachgemäß beeinflussen könnte. Auch spekulative Fragen sind nicht erlaubt.[1738] Zulässig ist es beispielsweise auch nicht, den Zeugen aufzufordern, ein gegen ihn ergangenes Urteil in einem anderen Verfahren vor den ECCC zu kommentieren.[1739]

Die Kammer kann z.B. irrelevante Fragen jederzeit unterbinden. Relevant ist eine Frage, wenn sie sich innerhalb der Tatsachen der Closing Order bewegt. Insbesondere in Verfahren 002 wies die Kammer Zeugen an, irrelevante Fragen nicht zu beantworten[1740] und ermahnte die Verteidiger wegen des Stellens solcher Fragen gemäß Regel 38 Internal Rules. In einem anderen Fall zog die Kammer aus einem solchen Verhalten der Verteidigung die Konsequenz, dass der Anwalt nicht beabsichtige, weitere Fragen an den Zeugen zu stellen und erklärte seine Befragung für abgeschlossen.[1741] Problematisch ist dies wegen des Anspruchs auf rechtliches Gehör, da dem Verteidiger keine Möglichkeit für eine Begründung seiner Frage gegeben wurde.

1735 Da der Zeugenschutz hier im Vordergrund steht, kann das vorherige sexuelle Verhalten des Zeugen nicht als Beweis angeführt werden. Auch sind keine zusätzlichen bestätigenden Zeugenaussagen erforderlich. Die Verhandlung ist nicht öffentlich. Ausführlich hierzu Boas, Gideon/Bischoff, James L./Reid, Natalie L./ Taylor III, B. Don, The International Criminal Law Practitioner Library Volume III, International Criminal Procedure, Cambridge, 2011, S. 350.

1736 IStGH Statut, Artikel 140 (2) (c).

1737 Gleß, Sabine, Beweisrechtsgrundsätze einer grenzüberschreitenden Strafverfolgung, Baden-Baden, 2006, S. 362.

1738 KRT Trial Monitor, Case 002, Issue No. 16, Hearing on Evidence Week 11, 26–29 March 2012, S. 11, abrufbar unter http://krttrialmonitor.files.wordpress.com/2012/04/16-wk-11-26-29 march_final.pdf.

1739 KRT Trial Monitor, Case 002, Issue No. 17, Hearing on Evidence Week 12, 2–5 April 2012, S. 12, abrufbar unter http://krttrialmonitor.files.wordpress.com/2012/07/17-wk12_2-5april2012_25june_final1.pdf.

1740 KRT Trial Monitor, Case 002, Issue No. 29, Hearing on Evidence Week 24, 23–26 July 2012, S. 11, abrufbar unter http://krttrialmonitor.files.wordpress.com/2012/08/29-week-24_23-26-july_14aug_final.pdf.

1741 KRT Trial Monitor, Case 002, Issue No. 24, Hearing on Evidence Week 19, 28–31 May 2012, S. 11, abrufbar unter http://krttrialmonitor.files.wordpress.com/2012/07/24-wk-19.pdf.

Repetitive Fragen wurden in den Verfahren sowohl durch die Richter als auch durch die Parteien verursacht.[1742] Dabei führte insbesondere die fehlende Koordination zwischen den Anwälten der Nebenklage in Verfahren 001 zu repetitiven Fragen.[1743] In Verfahren 001 verweigerte der Angeklagte sogar selbst seine Antworten auf solche Fragen, wenn er z. B. eine Frage bereits als beantwortet ansah. Um sich wiederholende Fragen in Verfahren 002 zu vermeiden, wurden die Lead Co-Lawyers und die Staatsanwaltschaft gemäß Regel 23 (1) (a) Internal Rules angehalten, sich vor den Zeugenbefragungen abzusprechen.[1744] Auch die Koordination der Verteidigerteams gilt es zu verbessen. Repetitive Fragen waren nämlich hauptsächlich der Situation geschuldet, dass die Befragungen sowohl durch den internationalen als auch den nationalen Anwalt eines Angeklagten durchgeführt wurden. Dabei muss jedem Verteidigerteam die Möglichkeit geben werden, die Glaubwürdigkeit eines Zeugen zu testen.[1745] Eine Überlegung war es, die Zeugenbefragung nur durch einen Verteidiger durchführen zu lassen.[1746] Die Staatsanwaltschaft schlug vor, dass die nationalen Anwälte die Befragung nationaler Zeugen, die internationalen Verteidiger die der internationalen Zeugen leiten. Dies würde der hybriden Struktur des Gerichts entsprechen.[1747] Für die Verteidigung war es dagegen entscheidend, dass ihre Flexibilität bei der Zeugenbefragung erhalten bleibt. Sie versprach eine bessere Koordination der Vernehmungen.[1748]

1742 KRT Trial Monitor, Report No. 10 (Week ending 28 June 2009), abrufbar unter http://krttrialmonitor.files.wordpress.com/2012/07/aiji_eccc_case1_no10_28june09_en.pdf.

1743 Johanna Herman, Researching for Justice: the participation of victims at the Extraordinary Chambers of the Courts of Cambodia, Centre on Human Rights in Conflict Policy Paper No. 5, September 2010, S. 3.

1744 Transcript of Proceedings, Trial Management Hearing, E1/114.1, 17. August 2012, S. 44, abrufbar unter http://www.eccc.gov.kh/sites/default/files/documents/courtdoc/E1_114.2_TR002_20120827_Final_EN_Pub.pdf.Scheduling of Trial Management Meeting to enable planning of remaining trial phases in Case 002/01 and implementation of further measures designed to promote trial efficiency, E218, 3. August 2012, Para. 8, abrufbar unter http://www.eccc.gov.kh/sites/default/files/documents/courtdoc/E218_EN.PDF.

1745 KRT Trial Monitor, Case 002, Issue No. 30, Hearing on Evidence Week 25, 30-31 July, 1–2 August 2012, S. 9, abrufbar unter http://krttrialmonitor.files.wordpress.com/2012/08/30-week-25_30-31-july_final1.pdf.

1746 Transcript of Proceedings, Trial Management Hearing, E1/114.1, 17. August 2012, S. 44, abrufbar unter http://www.eccc.gov.kh/sites/default/files/documents/courtdoc/E1_114.2_TR002_20120827_Final_EN_Pub.pdf.

1747 Transcript of Proceedings, Trial Management Hearing, E1/114.1, 17. August 2012, S. 44, abrufbar unter http://www.eccc.gov.kh/sites/default/files/documents/courtdoc/E1_114.2_TR002_20120827_Final_EN_Pub.pdf.

1748 Transcript of Proceedings, Trial Management Hearing, E1/114.1, 17. August 2012, S. 48, abrufbar unter http://www.eccc.gov.kh/sites/default/files/documents/courtdoc/E1_114.2_TR002_20120827_Final_EN_Pub.pdf.

ccc) Die Vernehmung bereits im Ermittlungsverfahren befragter Zeugen

In Verfahren 001 wurden die Zeugen zum Zwecke der Verfahrensbeschleunigung vor ihrer Vernehmung gefragt,[1749] ob sie ihre vor den Ermittlungsrichtern getätigte Aussage bestätigen.[1750] Bestanden Widersprüche zwischen den Aussagen, konnten die Zeugen zu diesen befragt werden.[1751]

In Verfahren 002 wurde die Befragung zu den vor den Ermittlungsrichtern getätigten Aussagen weiter professionalisiert. Die WESU legt den Zeugen nun vor dem Betreten des Gerichtssaals das ermittlungsrichterliche Vernehmungsprotokoll vor.[1752] Es ist allerdings nicht ersichtlich, wie viel Zeit die Zeugen zum Lesen des Protokolls erhalten.[1753] Die Zeugen dürfen keine Kopie der Aussage mit in den Gerichtssaal nehmen.[1754] Um dem Öffentlichkeitsgrundsatz Genüge zu tun, werden die Aussagen entweder kurz durch die Kammer zusammengefasst oder zuvor auf der Website der ECCC veröffentlicht.[1755] Problematisch ist an einem solchen Vorgehen,

---

1749 Im früheren französischen Recht wurde das Protokoll erst nach der Zeugenvernehmung verlesen, die Widersprüche protokollarisch vermerkt und in die Beweiswürdigung einbezogen. Geppert, Klaus, Der Grundsatz der Unmittelbarkeit im deutschen Strafverfahren, Berlin, 1979, S. 63.

1750 Insbesondere wenn es nicht um die Glaubwürdigkeit eines Zeugen oder um komplexe Fakten geht, kann ein Großteil der Aussage schriftlich erfolgen. Bei Aufruf des Zeugen kann er seine schriftliche Aussage nach der Vereidigung bestätigen und dann von den Parteien vernommen werden. Dadurch kann nicht nur Zeit gespart werden, sondern die Parteien können sich auch besser auf die Vernehmungen vorbereiten. Federal Judicial Center, Manual for Complex Litigation, 2004, S. 143.

1751 Decision on Nuon Chea's request for a rule 35 investigation regarding inconsistencies in the audio and written records of OCIJ witness interviews, E142/3, 13. März 2012, Para. 13, abrufbar unter http://www.eccc.gov.kh/sites/default/files/documents/courtdoc/E142_3_EN-1.PDF.

1752 Vgl. zum Vorhalt in anderen Ländern Meyer, Jürgen, Unter welchen Bedingungen können Äußerungen gegenüber Polizeiorganen und die hierüber allfällig aufgenommenen Protokolle oder deren Inhalt als Beweismittel in der Hauptverhandlung verwendet und im Urteil verwertet werden?, in Strafprozessreform, Konzepte und Orientierungen zum neuen Vorverfahren, Schriftenreihe des Bundesministeriums für Justiz. Nr. 54, Wien, 1991, S. 198.

1753 KRT Trial Monitor, Case 002, Issue No. 27, Hearing on Evidence Week 22, 19–21 June 2012, S. 13, abrufbar unter http://krttrialmonitor.files.wordpress.com/2012/07/27-week22-19-21june_final.pdf.

1754 KRT Trial Monitor, Case 002, Issue No. 6, Hearing on Evidence Week 2, 5–9 December 2011, S. 11, abrufbar unter http://krttrialmonitor.files.wordpress.com/2011/11/6-week-1_5-9dec2011-2. pdf.

1755 Scheduling of Trial Management Meeting to enable planning of remaining trial phases in Case 002/01 and implementation of further measures designed to promote trial efficiency, E218, 3. August 2012, Para. 7, abrufbar unter http://www.eccc.gov.kh/sites/default/files/documents/courtdoc/E218_EN.PDF.

dass die Zeugen ihre mündlichen Aussagen auf das Protokoll abstimmen könnten.[1756] Die Protokolle des Ermittlungsverfahrens können somit einen weitreichenden Einfluss auf das Hauptverfahren haben.

Im Gerichtssaal werden alle Zeugen durch die Kammer gefragt, ob sie ihre vorherige vor den Ermittlungsrichtern getätigte Aussage erneut gelesen haben und deren Richtigkeit bestätigen.[1757] Bestätigt der Zeuge diese nicht, ist das weitere Vorgehen bisher unklar. Der Antwort der Zeugen, dass das Protokoll nicht völlig korrekt sei, entgegnete die Kammer nur mit der Frage nach der generellen Stimmigkeit der Aussage.[1758] Auch unterband die Kammer Versuche der Verteidigung, die Vernehmung vor den Ermittlungsrichtern in Frage zu stellen. Allerdings befragte sie die Zeugen daraufhin teilweise kurz zum Ablauf der Vernehmung. Waren keine Unregelmäßigkeiten ersichtlich, wurde die Vernehmung fortgesetzt.[1759]

Bestätigt der Zeuge die Aussage, wird das ermittlungsrichterliche Protokoll automatisch Teil seiner Aussage vor Gericht.[1760] Bei der Festlegung des Umfangs des Fragerechts der Parteien musste die Kammer einen Ausgleich zwischen dem Konfrontationsrecht des Angeklagten einerseits sowie der Gewährleistung eines zügigen Verfahrens andererseits finden. Die Parteien haben daher nur ein Fragerecht, soweit ein nach dem Ermessen der Kammer relevanter Aspekt der Klärung bedarf, der in der Aussage nicht genügend behandelt wurde. Hierdurch sollen repetitive Fragen vermieden werden.[1761] Allerdings dürfen die Parteien den Zeugen immer auf seine Glaubwürdigkeit testen und Fragen stellen, die über den Inhalt der Aussage vor den Ermittlungsrichtern hinausgehen.[1762] Da die vorherige Aussage nicht im Ganzen im

---

1756 Geppert, Klaus, Der Grundsatz der Unmittelbarkeit im deutschen Strafverfahren, Berlin, 1979, S. 66.

1757 Notice to parties regarding revised modalities of questioning and Response to Co-Prosecutors' Request for Clarification Regarding the Use of Documents During Witness Testimony, E201/2, 13. Juni 2012, Para. 1 (1), abrufbar unter http://www.eccc.gov.kh/sites/default/files/documents/courtdoc/E201_2_EN.PDF.

1758 KRT Trial Monitor, Case 002, Issue No. 27, Hearing on Evidence Week 22, 19–21 June 2012, S. 13, abrufbar unter http://krttrialmonitor.files.wordpress.com/2012/07/27-week22-19-21june_final.pdf.

1759 KRT Trial Monitor, Case 002, Issue No. 29, Hearing on Evidence Week 24, 23–26 July 2012, S. 11, abrufbar unter http://krttrialmonitor.files.wordpress.com/2012/08/29-week-24_23-26-july_14aug_final.pdf.

1760 KRT Trial Monitor, Case 002, Issue No. 27, Hearing on Evidence Week 22, 19–21 June 2012, S. 12, abrufbar unter http://krttrialmonitor.files.wordpress.com/2012/07/27-week22-19-21june_final.pdf.

1761 Transcript of Proceedings, Trial Management Hearing, E1/114.1, 17. August 2012, S. 31, abrufbar unter http://www.eccc.gov.kh/sites/default/files/documents/courtdoc/E1_114.2_TR002_20120827_Final_EN_Pub.pdf.

1762 Notice to parties regarding revised modalities of questioning and Response to Co-Prosecutors' Request for Clarification Regarding the Use of Documents During Witness Testimony, E201/2, 13. Juni 2012, Para. 1 (1), abrufbar unter http://www.eccc.gov.kh/sites/default/files/documents/courtdoc/E201_2_EN.PDF.

Gerichtsaal verlesen wird, können die Parteien eine Frage mit einem Zitat des Zeugen beginnen und ihm so einen Teil seiner Aussage ins Gedächtnis rufen.[1763] Hierdurch wird es auch der Öffentlichkeit erleichtert, dem Verfahren zu folgen.

Gegen diese Verfahrenspraxis wandte sich die Verteidigung, nachdem sie Unstimmigkeiten zwischen dem audio- und dem schriftlichen Protokoll sowie dem Written Record der Aussagen vor den Ermittlungsrichtern festgestellt hatte. Sie beantragte, die schriftlichen Protokolle grundsätzlich als unglaubhaft zu behandeln und ihnen in der Beweisbewertung wenig bis kein Gewicht einzuräumen.[1764] Dies habe insbesondere in den Fällen zu erfolgen, in denen die Ermittlungsrichter die Befragung nicht persönlich durchgeführt, sondern an die Ermittler ihres Büros delegiert hatten.[1765] Die Ermittlungsrichter nähmen bei einer Delegation der Befragung nämlich nur eine Kontrollfunktion ein, die ihre unmittelbare Wahrnehmung aber nicht ersetzen könne.[1766] Die Kammer hat über die Anträge bisher nicht entschieden. Allerdings ist eine Entscheidung auch nicht zwingend notwendig, da die Kammer nicht die Gesichtspunkte ihrer Beweisbewertung offenlegen muss.[1767]

ddd) Die Konfrontation eines Zeugen mit Aussagen anderer Zeugen

Zeugen dürfen mit Stellungnahmen des Angeklagten konfrontiert werden, da der Angeklagte hierauf in der Hauptverhandlung direkt reagieren kann.[1768] Protokolle von Aussagen anderer Zeugen dürfen dagegen nicht als Grundlage für die Befragung verwendet werden.[1769] Nach einer Änderung der Verfahrenspraxis in Verfahren 002 können Zeugen aber mit früheren Aussagen anderer Zeugen konfrontiert

---

1763 KRT Trial Monitor, Case 002, Issue No. 27, Hearing on Evidence Week 22, 19–21 June 2012, S. 13, abrufbar unter http://krttrialmonitor.files.wordpress.com/2012/07/27-week22-19-21june_final.pdf.

1764 Transcript of Proceedings, Trial Management Hearing, E1/114.1, 17. August 2012, S. 36, abrufbar unter http://www.eccc.gov.kh/sites/default/files/documents/courtdoc/E1_114.2_TR002_20120827_Final_EN_Pub.pdf.

1765 Transcript of Proceedings, Trial Management Hearing, E1/114.1, 17. August 2012, S. 37, abrufbar unter http://www.eccc.gov.kh/sites/default/files/documents/courtdoc/E1_114.2_TR002_20120827_Final_EN_Pub.pdf.

1766 Zur Kritik der Übertragung der Befragung an die Gerichtspolizei im französischen Recht vgl. Barth, Holger, Landesbericht Frankreich, in Perron, Walter, Die Beweisaufnahme im Strafverfahrensrecht des Auslands, Freiburg, 1995, S. 133.

1767 KRT Trial Monitor, Case 002, Issue No. 27, Hearing on Evidence Week 22, 19–21 June 2012, S. 14, abrufbar unter http://krttrialmonitor.files.wordpress.com/2012/07/27-week22-19-21june_final.pdf.

1768 KRT Trial Monitor, Case 002, Issue No. 24, Hearing on Evidence Week 19, 28–31 May 2012, S. 13, abrufbar unter http://krttrialmonitor.files.wordpress.com/2012/07/24-wk-19.pdf.

1769 KRT Trial Monitor, Case 002, Issue No. 11, Hearing on Evidence Week 6, 30 January-2 February 2012, S. 9, abrufbar unter http://krttrialmonitor.files.wordpress.com/2012/05/11-wk-6-30jan-2feb_final.pdf.

werden, wenn letztere noch in der Hauptverhandlung gehört werden sollen. Die Namen der Zeugen aus Zeugenschutzgründen aber nicht offenbart werden.[1770] Das vorherige Verbot wurde aufgehoben, nachdem die Kammer irrtümlich selbst gegen ihre selbst erlassene Verfahrenspraxis verstoßen und die Parteien ihre Unzufriedenheit mit der Regelung geäußert hatten.[1771] Nun muss also das Erscheinen des zweiten Zeugen in der Hauptverhandlung für die Verwendung dessen früherer Aussage nicht abgewartet werden. Hierdurch wird die Wahrheitssuche gefördert und das Verfahren beschleunigt.[1772]

ee) Der Beweiswert von Zeugenaussagen

Die Beweisbewertung der Kammer erfolgt nach Abschluss der gesamten Beweiserhebung.[1773] Nach dem sogenannten holistischen Ansatz des Civil Laws werden die Glaubhaftigkeit einer Aussage und die Glaubwürdigkeit des Zeugen in der Beweiswürdigung, nicht bereits bei der Frage der Zulässigkeit des Beweises relevant. Von diesen machen sich die Richter durch die eigene und die parteiische Befragung des Zeugen ein Bild.[1774] Die Glaubhaftigkeit einer Aussage kann insbesondere durch das Aufzeigen von Diskrepanzen zu vorherigen Aussagen oder der Aussage anderer Zeugen erschüttert werden.[1775]

In der Beweisbewertung der Zeugenaussagen muss berücksichtigt werden, dass die Vernehmungen meist unter Zuhilfenahme eines Dolmetschers erfolgen, wodurch sprachliche Feinheiten verloren gehen.[1776] Der Beweiswert einer Zeugenaussage

---

1770 KRT Trial Monitor, Case 002, Issue No. 27, Hearing on Evidence Week 22, 19–21 June 2012, S. 14, abrufbar unter http://krttrialmonitor.files.wordpress.com/2012/07/27-week22-19-21june_final.pdf.

1771 „It is not appropriate to put questions to the witness whose statement has nothing to do with the statement of another witness." KRT Trial Monitor, Case 002, Issue No. 20, Hearing on Evidence Week 15, 23-26 April 2012, S. 10, abrufbar unter http://krttrialmonitor.files.wordpress.com/2012/05/20-wk-15_-april-23-26-2012_final.pdf.

1772 Zunächst hatte die Kammer dies verboten. KRT Trial Monitor, Case 002, Issue No. 20, Hearing on Evidence Week 15, 23-26 April 2012, S. 10, abrufbar unter http://forum.eastwestcenter.org/Khmer-Rouge-Trials/files/2012/04/KRT-Monitor-Report-Case-002-Issue-20.pdf.

1773 So auch IStGH RPE, Regeln 141, 142, JStGH/RStGH/SCSL RPE, Regel 87.

1774 Allerdings werden die Kriterien hierfür nicht genauer definiert. Judgement in Case 001, E188, 26. Juli 2010, Para. 43, abrufbar unter http://www.eccc.gov.kh/sites/default/files/documents/courtdoc/20100726_Judgement_Case_001_ENG_PUBLIC.pdf.

1775 Boas, Gideon/Bischoff, James L./Reid, Natalie L./Taylor III, B. Don, The International Criminal Law Practitioner Library Volume III, International Criminal Procedure, Cambridge, 2011, S. 345.

1776 Keinen Eid als Dolmetscher muss das WESU-Personal leisten, das sicherstellt, dass der Zeuge die Frage verstanden hat, wenn der Zeuge einen seltenen Dialekt spricht. Das Personal erfüllt nicht die Funktion eines Dolmetschers. KRT Trial Monitor, Case 002, Issue No. 6, Hearing on Evidence Week 2, 5-9 December 2011,

kann des Weiteren durch eine (Re-) Traumatisierung der Zeugen, die lange Zeitspanne von mehr als dreißig Jahren zwischen dem Tatgeschehen und der Aussage vor Gericht sowie den Umstand, dass ein Zeugen seine Informationen nachträglich gewonnen haben könnte, gemindert werden.[1777] Hinzu kommt, dass die Aussage angesichts des weiterhin bestehenden Einflusses der Roten Khmer in Kambodscha und befürchteten persönlichen Konsequenzen für den Zeugen anders ausfallen könnte.[1778]

Grundsätzlich kann die Aussage eines einzigen Zeugen als Beweis ausreichend sein.[1779] Sie hat aber einen höheren Beweiswert, wenn ihr Inhalt durch zusätzliche Beweismittel unterstützt wird.

Bei einer Zeugenaussage ist ferner zu berücksichtigen, ob der Zeuge über Erlebnisse aus erster Hand oder von Entfernteren berichtet und in welchem Umfang er von diesen Geschehnissen Kenntnis erlangt hat.[1780] Daher ist der Beweiswert eines Zeugnisses vom Hörensagen gemindert. Eigentlich wäre nämlich die Glaubwürdigkeit der originären Aussageperson entscheidend.[1781]

c) Der Sachverständigenbeweis

Die Kammer kann gemäß Regel 31 Internal Rules jederzeit einen Sachverständigen bestellen. Sie sollen die Kammer bei der Beantwortung von Sachfragen oder der Beurteilung von Beweisen unterstützen.[1782] Die Sachverständigen sind entsprechend dem französischen Recht Gehilfen des Gerichts, von dem sie mandatiert werden.[1783] Weitere Kriterien enthalten die Internal Rules nicht. Entsprechend der Definition des JStGH's und RStGH's sind Sachverständige „individuals possessing relevant skill or specialised knowledge acquired through education, experience or training in the

S. 10, abrufbar unter http://krttrialmonitor.files.wordpress.com/2011/11/6-week-1_5-9dec2011-2.pdf.

1777 Lejmi, Mohamed Ali, Cambodian Extraordinary Chambers – Justice at a long last? Prosecuting Cambodian Genocide, 4 J. Int'l Criminal Justice, 2006, S. 302.

1778 Vgl. Kapitel B. I. 3)., II. 2).

1779 Judgement in Case 001, E188, 26. Juli 2010, Para. 43, abrufbar unter http://www.eccc.gov.kh/sites/default/files/documents/courtdoc/20100726_Judgement_Case_001_ENG_PUBLIC.pdf.

1780 Ambos, Kai, Internationales Strafrecht, München, 2008, S. 310.

1781 Geppert, Klaus, Der Grundsatz der Unmittelbarkeit im deutschen Strafverfahren, Berlin, 1979, S. 179.

1782 Decision on Assignment of Experts, E215, 5. Juli 2012, Para. 16, abrufbar unter http://www.eccc.gov.kh/sites/default/files/documents/courtdoc/E215_EN.PDF.

1783 Im adversatorischen System wird der Sachverständige von einer Partei benannt und die Gegenseite fordert meist ein Gegengutachten an. Gleß, Sabine, Beweisrechtsgrundsätze einer grenzüberschreitenden Strafverfolgung, Baden-Baden, 2006, S. 245.

proposed field of expertise".[1784] Sie sind zur Neutralität und Objektivität verpflichtet. Hat ein Experte Verbindungen zu einer externen Vereinigung oder internen Abteilung des Tribunals, macht dies seine Bestellung wegen möglicher Befangenheit nicht unzulässig, vielmehr ist dieser Umstand in der Beweisbewertung zu berücksichtigen.[1785]

Zur Beurteilung der Expertise eines Sachverständigen werden der Lebenslauf, Publikationen oder andere Informationen evaluiert.[1786] Die Kammer kann feststellen, dass die Sachverständigen nur zu gewissen, bei der Aussage angesprochenen Themen, ausreichend Expertise besitzen (Befundtatsachen).[1787] Solche Befundtatsachen können aufgrund der besonderen Sachkunde grundsätzlich dem Urteil „ohne weitere Beweisaufnahme" zu Grunde gelegt werden.[1788] Sachverständige geben dagegen keine Antworten auf Tatsachenfragen. Diese zu beurteilen obliegt allein dem Gericht.[1789] Sie können Meinungen nur insoweit abgeben, als dass sie aus ihrer eigenen Erfahrung resultieren.[1790] Sollte ein Sachverständiger die Formulierung „Ich denke" verwenden, so ist nicht von einer Spekulation des Sachverständigen, anders als bei regulären Zeugen, auszugehen.[1791] Der Sachverständige kann eigene frühere Feststellungen aufgrund der Kenntnis des Inhalts der Closing Order revidieren. Er muss dies aber in seiner Aussage deutlich machen, damit die Kammer der Aussage einen entsprechenden Beweiswert zuordnen kann.[1792] Nach Ansicht

---

1784 Decision on Assignment of Experts, E215, 5. Juli 2012, Para. 15, abrufbar unter http://www.eccc.gov.kh/sites/default/files/documents/courtdoc/E215_EN.PDF.

1785 Decision on Assignment of Experts, E215, 5. Juli 2012, Para. 15, abrufbar unter http://www.eccc.gov.kh/sites/default/files/documents/courtdoc/E215_EN.PDF.

1786 Decision on Assignment of Experts, E215, 5. Juli 2012, Para. 15, abrufbar unter http://www.eccc.gov.kh/sites/default/files/documents/courtdoc/E215_EN.PDF.

1787 Hiervon abzugrenzen sind „Zusatztatsachen". Dies sind solche, „die auch das Gericht mit den ihm zur Verfügung stehenden Erkenntnis- und Beweismitteln feststellen" kann. Geppert, Klaus, Der Grundsatz der Unmittelbarkeit im deutschen Strafverfahren, Berlin, 1979, S. 251.

1788 In Verfahren 001 wurde der Angeklagte aufgrund seines Fachwissens als Sachverständiger für der Identifizierung von Dokumenten behandelt. KRT Trial Monitor, Case 002, Issue No. 28, Hearing on Evidence Week 23, 18–20 July 2012, S. 9, abrufbar unter http://krttrialmonitor.files. wordpress.com/2012/08/28-week-23_18-20-july_03aug_final.pdf.

1789 Decision on Assignment of Experts, E215, 5. Juli 2012, Para. 16, abrufbar unter http://www.eccc.gov.kh/sites/default/files/documents/courtdoc/E215_EN.PDF.

1790 Decision on Assignment of Experts, E215, 5. Juli 2012, Para. 16, abrufbar unter http://www.eccc.gov.kh/sites/default/files/documents/courtdoc/E215_EN.PDF.

1791 KRT Trial Monitor, Case 002, Issue No. 28, Hearing on Evidence Week 23, 18–20 July 2012, S. 9, abrufbar unter http://krttrialmonitor.files.wordpress.com/2012/08/28-week-23_18-20-july_03aug_final.pdf.

1792 KRT Trial Monitor, Case 002, Issue No. 28, Hearing on Evidence Week 23, 18–20 July 2012, S. 9, abrufbar unter http://krttrialmonitor.files.wordpress.com/2012/08/28-week-23_18-20-july_03aug_final.pdf.

der Verteidigung sollten die Sachverständigen angeben, welche in der Anklage zitierten Dokumente sie zur Vorbereitung ihrer Aussage verwendet haben.[1793] Die Staatsanwaltschaft bot anstelle dessen an, selbst die Dokumente zu benennen, auf welche sie in ihrer Vorbereitung Bezug genommen hatte.[1794] Eine feststehende Verfahrenspraxis hat sich hierzu noch nicht entwickelt.

Im Einzelfall kann die Abgrenzung des Sachverständigen vom Zeugen problematisch sein. Der bei der Vernehmung des in Verfahren 001 Verurteilten erhobene Einwand der Verteidigung in Verfahren 002, die Staatsanwaltschaft vernehme den Zeugen unzulässigerweise als Sachverständigen, wies die Kammer zurück.[1795] Sie behandelte den Angeklagten als „sachverständigen Zeugen" hinsichtlich der Auslegung des Statuts der CPK und der Verfassung des Regimes. Dabei müsse der Verurteilte auf sein persönliches Wissen zum Tatzeitpunkt und nicht auf spätere durch eigene Recherchen oder den eigenen Prozess gewonnene Erkenntnisse Rekurs nehmen. Diese Quelle des Zeugen werde in der Beweisbewertung berücksichtigt. Darüber hinaus bleibe es aber der Verteidigung überlassen, seine Aussage zu testen.[1796]

Der Zeitpunkt der Entscheidung über die Ladung eines Sachverständigen steht im Ermessen der Kammer.[1797] Sie kann die von den Parteien vorgeschlagenen Sachverständigen gemäß Regel 80bis (2) Internal Rules bzw. Regel 87 (3) Internal Rules ablehnen, wenn deren Aussage nicht für die Rechtspflege förderlich ist. Bei dieser Entscheidung wird berücksichtigt, ob weitere Zeugen zu dem Thema benannt wurden und ob die Parteien sich auf die Tatsachen zuvor geeinigt haben (Agreed Facts).

Ihr Gutachten wird in der Hauptverhandlung mündlich erläutert, der Inhalt unterliegt der freien Beweiswürdigung der Kammer.[1798] Die meisten Sachverständigen

---

1793 KRT Trial Monitor, Case 002, Issue No. 28, Hearing on Evidence Week 23, 18–20 July 2012, S. 10, abrufbar unter http://krttrialmonitor.files.wordpress.com/2012/08/28-week-23_18-20-july_03aug_final.pdf.

1794 KRT Trial Monitor, Case 002, Issue No. 28, Hearing on Evidence Week 23, 18–20 July 2012, S. 10, abrufbar unter http://krttrialmonitor.files.wordpress.com/2012/08/28-week-23_18-20-july_03aug_final.pdf.

1795 KRT Trial Monitor, Case 002, Issue No. 16, Hearing on Evidence Week 11, 26–29 March 2012, S. 9, abrufbar unter http://krttrialmonitor.files.wordpress.com/2012/04/16-wk-211-26-29march_final.pdf.

1796 KRT Trial Monitor, Case 002, Issue No. 15, Hearing on Evidence Week 10, 19–21 March 2012, S. 9, abrufbar unter http://krttrialmonitor.files.wordpress.com/2011/11/15-wk-10-19-22 march_final.pdf.

1797 Transcript of Proceedings – "DUCH" Trial (Initial Hearing Day 2), 18. Februar 2009, S. 2, abrufbar unter http://www.eccc.gov.kh/sites/default/files/documents/courtdoc/E1_4.1_TR001_20090218_Final_EN_Pub.pdf.

1798 Die Abgrenzung zwischen einer unzulässigen Befragung nach Art des Kreuzverhörs und einer nur intensiven Befragung eines Zeugen, wurde in Verfahren 001 bei der Befragungen des Sachverständigen Nayan Chanda diskutiert. MacDonald, Laura, Border clashes between Vietnam and Cambodia; procedural clashes between the prosecution and the defense, Cambodia Tribunal Monitor, 25. Mai 2009, S. 2.

wurden zuvor nicht durch die Ermittlungsrichter befragt, sondern erst durch die Hauptverfahrenskammer bestellt.[1799] Bei ihren Aussagen fiel auf, dass sie spezielle Fragen zur Besonderheit der Verfahren an den ECCC teilweise nur generell beantworten konnten.[1800] Eine Verbesserung der Vorbereitung ihrer Aussage durch die Möglichkeit der Einsichtnahme in bestimmte Dokumente oder eine detailliertere Unterrichtung über die Schwerpunkte der Befragung wäre daher hilfreich.[1801]

d) Der Dokumentenbeweis

Eine Definition des Dokumentenbeweises findet sich in den Internal Rules nicht. Gemäß Regel 87 (1) Internal Rules sind alle Arten von Dokumenten als Beweismittel zulässig. Auch an anderen internationalen Strafgerichtshöfen wird der Dokumentenbegriff weit ausgelegt.[1802] Nach der Definition des RStGH's umfasst das Beweismittel „anything in which information of any description is recorded. This interpretation is wide enough to cover not only documents in writing, but also maps, sketches, plans, calendars, graphs, drawings, computerized records, mechanical records, electro-magnetic records, digital records, databases, sound tracks, audio-tapes, video-tapes, photographs, slides and negatives."[1803]

Die Dokumente sind in ihrer Originalfassung vorzulegen.[1804] Vorläufige Belegexemplare erfüllen nicht die formalen Maßgaben, die für die Einreichung von Dokumenten gelten.[1805] Sie werden aber von der Kammer als Hinweis auf zukünftige

---

1799 In Verfahren 001 wurden durch die Kammer die Sachverständigen David Chandler, Nyanda Chanda, Craig Etcheson, Francoise Silboni-Guilbaud und Kar Sunbunna einberufen. Auf Antrag der Verteidigung sagten ferner Richter Richard Goldstone, Stephane Hessel sowie Raul Jenner zum Wert eines Schuldeingeständnisses, Vergebung und Versöhnung sowie dem Handeln unter Zwang aus.

1800 Z. B. die Aussage von David Chandler und Nyanda Chanda.

1801 Internal Rules, Regel 31.

1802 Prosecutor v. Musema, Judgment and Sentence, ICTR-96-13-A, 27. Januar 2000, Para. 53, abrufbar unter http://www1.umn.edu/humanrts/instree/ICTR/MUSEMA_ICTR-96-13/13-A_Proceedings.htm. An den ECCC sind Anordnungen der Ermittlungsrichter davon nicht erfasst. KRT Trial Monitor, Case 002, Issue No. 27, Hearing on Evidence Week 22, 19-21 June 2012, S. 14, abrufbar unter http://krttrialmonitor.files.wordpress.com/2012/07/27-week22-19-21june_final.pdf.

1803 Prosecutor v. Musema, Judgment and Sentence, ICTR-96-13-A, 27. Januar 2000, Para. 53, abrufbar unter http://www1.umn.edu/humanrts/instree/ICTR/MUSEMA_ICTR-96-13/13-A_Proceedings.htm.

1804 Decision on Objections to Documents Proposed to be Put Before the Chamber on the Co-Prosecutors' Annexes A1-A5 and to Documents cited in Paragraphs of the Closing Order Relevant to the First Two Trial Segments of Case 002/01, E185, 9. April 2012, Para. 21, abrufbar unter http://www.eccc.gov.kh/sites/default/files/documents/courtdoc/E185_EN.PDF.

1805 Insbesondere nicht, wenn sie mit dem Hinweis verbunden sind, dass noch eine Korrekturlesung erfolgt. Memo from Trial Chamber "Preliminary objections", E51/1,

Eingaben von Dokumenten gewertet und insoweit akzeptiert. Sollten Teile der Dokumente unlesbar sein, beeinträchtigt dies nicht die Zulässigkeit ihrer Verwendung, sondern fließt mit in die Beweisbewertung ein. Aufgrund der Geltung des materiellen Unmittelbarkeitsprinzips, wonach originäre Beweismittel vorrangig vor Beweissurrogaten zu verwenden sind, ist zunächst der Verfasser eines Dokuments zu befragen, wenn er zu erreichen ist.[1806]

An den ECCC liegen viele Beweismittel in dokumentarischer Form vor. Dies resultiert aus der akribischen Dokumentation der Verbrechen durch die Roten Khmer und ihren Geheimdienst Santebal. Die Aufarbeitung der Dokumente durch unterschiedliche Organisationen in den Jahren vor der Errichtung der ECCC ist für das Tribunal heute von Nutzen. Hervorzuheben sind die Archive des aus dem Cambodian Genocide Program der Yale Universität hervorgegangenen und seit 1997 selbstständigen Forschungsinstituts Documentation Center of Cambodia (DC-Cam).[1807] In Verfahren 001 waren die Dokumentbeweise beispielsweise Vernehmungsprotokolle und Geständnisse der Gefangenen in S-21, kommentiert durch den Angeklagten, sowie Listen der Gefangenen, die von den Angestellten in S-21 erstellt wurden. In Verfahren 002 handelt es sich um Gesprächsprotokolle, Memoranden und Briefe der Führung der Roten Khmer. Hinzu kommen andere Sachbeweise (Forensic, Medical und Real Evidence),[1808] denn bereits kurz nach der Entmachtung der Roten Khmer haben kambodschanische und vietnamesische Experten Massengräber, wie die von Toul Sleng und Choung Ek, untersucht.[1809] Andere konnten allerdings bis heute wegen der weit verbreiteten Landminen nicht ausgehoben werden.

aa) Die Einführung von Dokumenten in die Hauptverhandlung

Dokumente müssen der Kammer gemäß Regel 87 (2) Internal Rules zur ordnungsgemäßen Einführung in die Hauptverhandlung in allen drei Gerichtssprachen vorgelegt werden. Ist ein Dokument nur in einer Sprache in der Ermittlungsakte enthalten, muss die die Dokumentvorlage beantragende Partei rechtzeitig für die

---

18. Februar 2011, Para. 2, abrufbar unter http://www.eccc.gov.kh/sites/default/files/documents/courtdoc/E51_1_EN.PDF.

1806 Transcript of Proceedings – "DUCH" Trial (Trial Day 10), 22. April 2009, S. 25, abrufbar unter http://www.eccc.gov.kh/en/documents/court/transcript-proceedings-%E2%80%9Cduch% E2%80%9D -trial-trial-day-10.

1807 Etcheson, Craig, The Politics of Genocide Justice in Cambodia, in Romano, Cesare P.R./Nollkaemper, Andre/Kleffner, Jann K., Internationalized Criminal Courts: Sierra Leone, East Timor, Kosovo, and Cambodia, Oxford, 2004, S. 200, 201.

1808 Judgement in Case 001, E188, 26. Juli 2010, Para. 205, abrufbar unter http://www.eccc.gov.kh/sites/default/files/documents/courtdoc/20100726_Judgement_Case_001_ENG_PUBLIC.pdf.

1809 Hughes, Rachel, Memory and Sovereignty in Post-1979 Cambodia: Choeung Ek and Local Genocide Memorials, in Cook, Susan E., Genocide in Cambodia and Rwanda: New Perspectives, New Brunswick, 2005, S. 269 ff.

Übersetzung in die übrigen Sprachen sorgen.[1810] In Einzelfällen hat allerdings die Hauptverfahrenskammer selbst eine Übersetzung von Dokumenten veranlasst, wenn diese nur für kleine Teile notwendig war.[1811]

Die Dokumente mussten nach der ursprünglichen Fassung von Regel 87 (3) Internal Rules vorgelesen oder ihr Inhalt zusammengefasst werden.[1812] In Verfahren 001 wurde nach drei Monaten mündlicher Verhandlung der Verfahrensablauf für die Vorlage der Dokumente geändert. Die vorgesehene Methode der Verlesung[1813] war angesichts der großen Dokumentenanzahl zeitaufwendig und mühsam.[1814] Nun werden in der Ermittlungsakte enthaltene Dokumente der Kammer vorgelegt, indem ihr Inhalt zusammengefasst, vorgelesen oder sie angemessen identifiziert werden.[1815]

Die Kammer hat für bestimmte Einzelfälle eine Verfahrenspraxis für die Vorlage bestimmt. So sind Beweismaterialien wie Bücher, Analysen, Dokumentarfilme oder Zeitungsberichte meist umfangreich. Sie sind zusammenzufassen[1816] und die konkreten Gründe für die Beweisvorlage müssen benannt werden.[1817] So lehnte die Kammer z.B. die Vorlage von 148 Dokumenten ab, die in einem Sachverständigenbericht zitiert waren und den kambodschanischen Konflikt als Ganzes betrafen, nachdem

---

1810 Trial Chamber Memorandum entitled Response to outstanding request in E216, E216/3, 31. Juli 2012, Para. 4, abrufbar unter http://www.eccc.gov.kh/sites/default/files/documents/courtdoc/E216_3_EN.PDF.

1811 Trial Chamber Memorandum entitled Response to outstanding request in E216, E216/3, 31. Juli 2012, Para. 5, abrufbar unter http://www.eccc.gov.kh/sites/default/files/documents/courtdoc/E216_3_EN.PDF.

1812 In Rev. 3 Internal Rules lautete Regel 87 (3): „Evidence from the case file is considered put before the Chamber if its content has been summarised or read out in court." Diese Zusammenfassung wird nicht in die Verfahrensakte aufgenommen.

1813 Die Verlesung wurde im französischen Strafverfahrensrecht eingeführt, um dem Vorbild des englischen Parteiprozesses und seinen Anforderungen an die Waffengleichheit zu genügen. Danach sind belastende Beweise in der Art in den Prozess einzubringen, in der sich der Angeklagte gegen sie verteidigen kann, also mündlich. Geppert, Klaus, Der Grundsatz der Unmittelbarkeit im deutschen Strafverfahren, Berlin, 1979, S. 62.

1814 MacDonald, Laura, Procedural decision opens a can of worms, Cambodia Tribunal Monitor, 20. Mai 2009, S. 2.

1815 In Rev. 8 Internal Rules lautete Regel 87 (3): „Evidence from the case file is considered put before the Chamber or the parties if its content has been summarised, read out, or appropriately identified in court."

1816 Decision on Objections to Documents Proposed to be Put Before the Chamber on the Co-Prosecutors' Annexes A1-A5 and to Documents cited in Paragraphs of the Closing Order Relevant to the First Two Trial Segments of Case 002/01, E185, 9. April 2012, Para. 21, abrufbar unter http://www.eccc.gov.kh/sites/default/files/documents/courtdoc/E185_EN.PDF.

1817 Written Record of Proceedings – "Duch" Trial – Day 73, E1/78, 23. November 2009, S. 21, abrufbar unter http://www.eccc.gov.kh/en/documents/court/written-record-proceedings-duch-trial-day-73.

die Partei diese nur in Indexform aufgelistet und nach Typen kategorisiert hatte.[1818] Alternativ bietet es sich an, nur Teile von Büchern als Beweis einzuführen und die betreffenden Seiten konkret zu benennen.[1819]

In Verfahren 001 stellte sich die Frage, ob die Zulassung von Dokumentenbündeln möglich ist, wie z.B. eine Vielzahl von Aussageprotokollen, die durch DC-Cam gesammelt worden waren. Es war strittig, ob die Verteidigung eine Verzichtserklärung hinsichtlich der Vernehmung der einzelnen Aussagepersonen abgeben und die Kammer jedes Dokument einzeln zulassen musste oder ob die Dokumente im Bündel zugelassen werden könnten. Die Kammer entschied, dass die Parteien ein repräsentatives Dokument auswählen müssen, um das Ziel der Beweismittel konkret darzulegen.[1820] Dies ermöglicht es der Kammer, die Beweiskraft der Dokumente einzuschätzen, und sie kann die Dokumente im Bündel zulassen.[1821]

bb) Die Zulassung von Dokumenten nach Regel 87 (3) Internal Rules

Bei der Entscheidung, ob die Kammer die ihr vorgelegten Dokumente als Beweismittel zulässt, evaluiert sie die fünf in Regel 87 (3) Internal Rules genannten Faktoren (der bereits beschriebene Fünf-Faktoren-Test).[1822] Fraglich war, ob sie darüber hinaus prozedurale Fehler bei der Dokumentenerstellung im Ermittlungsverfahren berücksichtigen muss. Dies ist nicht der Fall, da die Parteien im Ermittlungsverfahren einen Antrag gemäß Regel 76 Internal Rules auf Entfernung eines Dokuments aus der Ermittlungsakte stellen können. Ist dieser erfolglos, gelten mit Erlass der Closing Order alle prozeduralen Fehler des Ermittlungsverfahrens als geheilt.[1823]

1818 MacDonald, Laura, Procedural decision opens a can of worms, Cambodia Tribunal Monitor, 20. Mai 2009, S. 1.

1819 Decision on Parties Requests to Put Certain Documents before the Chamber Pursuant to Rule 87(2), E176, 28. Oktober 2009, Para. II. A 3, abrufbar unter http://www.eccc.gov.kh/sites/default/files/documents/courtdoc/E176_EN.pdf.

1820 Decision on Co-Prosecutors' rule 92 submission regarding the admission of wit ness statements and other documents before the Trial Chamber, E96/7, 20. Juni 2012, Para. 35, abrufbar unter http://www.eccc.gov.kh/sites/default/files/documents/courtdoc/E96_7_EN[1].pdf.

1821 Decision on Co-Prosecutors' rule 92 submission regarding the admission of witness statements and other documents before the Trial Chamber, E96/7, 20. Juni 2012, Para. 34, abrufbar unter http://www.eccc.gov.kh/sites/default/files/documents/courtdoc/E96_7_EN[1].pdf.

1822 Rule 87 request to use document during cross-examination of expert witness professional David Chandler, E172/27/1, 12. Juli 2012, Para. 9, abrufbar unter http://www.eccc.gov.kh/sites/default/files/documents/courtdoc/E172_27_1_EN.PDF.

1823 Diese Entscheidung traf die Kammer erst spät, sodass über die Zulässigkeitskriterien immer wieder lange Diskussionen entstanden (vorliegend dauerte diese circa 90 Minuten). Transcript of Proceedings – "DUCH" Trial (Trial Day 10), 22. April

Die das Dokument einbringende Partei muss gemäß Regel 87 (3) (c) Internal Rules darlegen, dass das Dokument prima facie echt, relevant [1824] und von Beweiskraft (Probative Value)[1825] ist.[1826] Diese Prima-facie-Vermutung kann sich aus verschiedenen Überlegungen ergeben. Für die Darlegung der Echtheit muss die Authentizität des Dokuments belegt werden. Ein Dokument muss nicht durch einen Zeugen oder den Autor identifiziert werden.[1827] Der Nachweis erfolgt mittels Informationen über den Ursprung und die „Sorgfaltskette" der Erlangung des Dokuments (Chain of custody). Bestehen Zweifel an der Echtheit des Dokuments, weist die Kammer es als Beweismittel zurück, wenn es kein Schlüsseldokument darstellt oder weitere ähnliche Beweise vorliegen.[1828] In Verfahren 002 akzeptierte die Kammer beispielsweise die Vorlage von circa 1.100 DC-Cam Dokumenten, welche das Regime des Demokratischen Kambudcheas betrafen. Zuvor eruierte sie durch die Befragung des DC-Cam Direktors den Weg der Dokumentenerlangung. DC-Cam sammelt als unabhängige NGO Dokumente aus verschiedenen Quellen

---

2009, abrufbar unter http://www.eccc.gov.kh/en/documents/court/transcriptproceedings%E2%80%9Cduch%E2%80%9D-trial-trial-day-10.

1824 „Relevant to an allegation or issue in the trial." Cryer, Robert, International Criminal Law and Procedure, Cambridge, 2010, S. 465.

1825 „Whether it tends to prove an issue." Cryer, Robert, International Criminal Law and Procedure, Cambridge, 2010, S. 465. Am SCSL wird hingegen „relevant evidence" verlangt. Lampell, Zachery, Handbook on Establishing an International War Crimes Tribunal, The Public International Law & Policy Group, 2010, S. 87.

1826 TranscriptofProceedings,TrialManagementHearing,E1/114.1,17.August2012,S.124, abrufbar unter http://www.eccc.gov.kh/sites/default/files/documents/courtdoc/E1_114.2_TR002_20120827_Final_EN_Pub.pdf.DecisiononObjectionstoDocuments Proposed to be Put Before the Chamber on the Co-Prosecutors' Annexes A1-A5 and to Documents cited in Paragraphs of the Closing Order Relevant to the First Two Trial Segments of Case 002/01, E185, 9. April 2012, Para. 33, abrufbar unter http://www.eccc.gov.kh/sites/default/files/documents/courtdoc/E185_EN.PDF. Vgl. zur Diskussion der Parteien hierüber KRT Trial Monitor, Case 002, Issue No. 9, Hearing on Evidence Week 4, 16-19 January 2012, S. 3, abrufbar unter http://krttrialmonitor.files.wordpress.com/2011/11/9-wk-4-16-20jan_final-2.pdf.

1827 In Verfahren 001 wurde der Angeklagte vom Gericht aufgrund seines Fachwissens wie ein Sachverständiger für die Identifizierung von Dokumenten behandelt. In Verfahren 002 wurde der DC-Cam Direktor über die Art und Weise der Erlangung der Dokumente befragt. Die Einvernahme der Mitarbeiter des OCIJs zur Durchführung von Zeugenbefragungen wurde aber nicht gestattet.

1828 So z.B. als die Staatsanwaltschaft zum Ende des Verfahrens 001 Videoausschnitte einführen wollte, obwohl ähnliche Beweise bereits vorlagen. Decision on the Vietnamese Film Footage Filed by the Co-Prosecutors and on Witnesses CP3/3/2 and CP3/3/3, E5/10/5, 29. Juli 2009, Para. 3, abrufbar unter http://www.eccc.gov.kh/sites/default/files/documents/courtdoc/E5_10_5_EN.pdf. Ausschnitte aus demselben Film wurden in Verfahren 002 als Beweis durch die Staatsanwaltschaft vorgelegt. Es steht zu erwarten, dass die Verteidigung zahlreiche Anträge auf Prüfung der Authentizität des Videomaterials stellt.

wie dem nationalen Archiv, Regierungsinstitutionen oder privaten Organisationen. Für jedes Dokument wird die Quelle eruiert, eine Kopie erstellt und das Original verschlossen aufbewahrt. Die Dokumente werden dann katalogisiert, in eine Datenbank eingetragen und der Öffentlichkeit zugänglich gemacht. Um herauszufinden, ob ein Dokument ein Original ist, wird das Erstellungsdatum überprüft sowie die benutzte Sprache, die Farbe sowie der Gesamtzustand von Experten analysiert.[1829] Die Kammer stuft daher DC-Cam Dokumente prima facie als echt ein, solange die Parteien dies nicht bestreiten.[1830] Im Zweifel kann das Original zur Überprüfung angefordert werden.[1831]

Ist eine Prima-facie-Relevanz gegeben, indiziert diese das Vorliegen einer gewissen Beweiskraft.[1832] Prozessrelevant sind z. B. Dokumente, die Ereignisse außerhalb der zeitlichen Zuständigkeit der ECCC betreffen, wenn sie dem Nachweis von Hintergrund- oder Kontextelementen eines Tatbestands dienen sollen.[1833] Eine Prima-facie-Vermutung der Echtheit, Relevanz und einer gewissen Beweiskraft besteht auch für die in einem anderen Verfahren an den ECCC als Beweismittel vorgelegten Dokumente. Zwar kann die konkrete Beurteilung der Dokumente durch die Kammer im vorherigen Verfahren nicht im aktuellen Verfahren übernommen werden, jedoch besteht eine Vermutung hinsichtlich einer gewissen Beweiskraft.[1834] Auch die Sitzungsprotokolle aus Verfahren 001 in Verfahren 002

1829 Decision on Objections to Documents Proposed to be Put Before the Chamber on the Co-Prosecutors' Annexes A1-A5 and to Documents cited in Paragraphs of the Closing Order Relevant to the First Two Trial Segments of Case 002/01, E185, 9. April 2012, Para. 25 ff., abrufbar unter http://www.eccc.gov.kh/sites/default/files/documents/courtdoc/E185_EN.PDF.

1830 Decision on Objections to Documents Proposed to be Put Before the Chamber on the Co-Prosecutors' Annexes A1-A5 and to Documents cited in Paragraphs of the Closing Order Relevant to the First Two Trial Segments of Case 002/01, E185, 9. April 2012, Para. 28, abrufbar unter http://www.eccc.gov.kh/sites/default/files/documents/courtdoc/E185_EN.PDF.

1831 Decision on Objections to Documents Proposed to be Put Before the Chamber on the Co-Prosecutors' Annexes A1-A5 and to Documents cited in Paragraphs of the Closing Order Relevant to the First Two Trial Segments of Case 002/01, E185, 9. April 2012, Para. 28, abrufbar unter http://www.eccc.gov.kh/sites/default/files/documents/courtdoc/E185_EN.PDF.

1832 Boas, Gideon/Bischoff, James L./Reid, Natalie L./Taylor III, B. Don, The International Criminal Law Practitioner Library Volume III, International Criminal Procedure, Cambridge, 2011, S. 340.

1833 Decision on Objections to Documents Proposed to be Put Before the Chamber on the Co-Prosecutors' Annexes A1-A5 and to Documents cited in Paragraphs of the Closing Order Relevant to the First Two Trial Segments of Case 002/01, E185, 9. April 2012, Para. 29, abrufbar unter http://www.eccc.gov.kh/sites/default/files/documents/courtdoc/E185_EN.PDF.

1834 Decision on Objections to Documents Proposed to be Put Before the Chamber on the Co-Prosecutors' Annexes A1-A5 and to Documents cited in Paragraphs of

dürfen verwendet werden, solange die Parteien deutlich machen, auf welche Protokollstellen sie sich konkret beziehen.[1835] In Verfahren 002 hat die Kammer des Weiteren alle Dokumente, die in den Fußnoten der Closing Order aufgeführt sind, vorbehaltlich einer anderen Entscheidung, als ordnungsgemäß vorgelegt anerkannt, wenn der sie enthaltende Teil der Closing Order verlesen wurde.[1836] Den Dokumenten haftet nämlich aufgrund ihrer vorherigen Prüfung durch die Ermittlungsrichter gemäß Regel 67 (3) Internal Rules eine Vermutung ihrer Echtheit, Relevanz und Beweiskraft an.[1837]

Die Kammer erkannte in Verfahren 002 weiter die Written Records der vor den Ermittlungsrichtern getätigten Aussagen von Duch sowie die daran angehängten Dokumente als vorgelegt an. Auch dürfen die von den Mitarbeitern der Ermittlungsrichter erstellten Written Records, allerdings nicht ihre Anhänge, als Beweismittel verwendet werden, selbst wenn ein vollständiges Protokoll der Aussage nicht existiert.[1838] Die Verteidigung hatte sich gegen die Verwendung ausgesprochen, da aufgrund des mangelhaften Wortprotokolls keine Möglichkeit zur Verifizierung der Written Records bestehe. Daher sei der Zeuge erneut in der Hauptverhandlung zu vernehmen oder der ihn befragende Ermittler des OCIJ's als Zeuge zu laden. Nach Ansicht der Staatsanwaltschaft ist unter Rekurs auf die Rechtsprechung des JStGH's die Einführung der Written Records zulässig, solange sie ein Minimum an Glaubhaftigkeit erfüllen. Die Analyse der Entscheidungen des JStGH's ergibt kein eindeutiges Ergebnis.[1839] Die Kammer der ECCC entschied daher, die Tatsache des unvollständigen Protokolls in

the Closing Order Relevant to the First Two Trial Segments of Case 002/01, E185, 9. April 2012, Para. 34, abrufbar unter http://www.eccc.gov.kh/sites/default/files/documents/courtdoc/E185_EN.PDF.

1835 KRT Trial Monitor, Case 002, Issue No. 17, Hearing on Evidence Week 12, 2-5 April 2012, S. 13, abrufbar unter http://krttrialmonitor.files.wordpress.com/2012/07/17-wk12_2-5april2012_25june_final1.pdf.

1836 Response to issues raised by parties in advance of trial and scheduling of informal meeting with Senior Legal Officer on 18 November 2011, E141, 17. November 2011, S. 2-3, abrufbar unter http://www.cambodiatribunal.org/sites/default/files/documents/E141_EN.pdf.

1837 Decision on Objections to Documents Proposed to be Put Before the Chamber on the Co-Prosecutors' Annexes A1-A5 and to Documents cited in Paragraphs of the Closing Order Relevant to the First Two Trial Segments of Case 002/01, E185, 9. April 2012, Para. 20, abrufbar unter http://www.eccc.gov.kh/sites/default/files/documents/courtdoc/E185_EN.PDF.

1838 Case 002, Issue No. 2, Hearing on Evidence Week 16, 30 April, 2-3 May 2012, S. 8, abrufbar unter http://krttrialmonitor.files.wordpress.com/2012/05/21-wk-16_30-april-2-3-may-2012_final1. pdf.

1839 Prosecutor v. Milosevic, Decision on the Admissibility of Prosecution Investigator's evidence, Case No. IT-02-54-AR73.2, 30. September 2002, Para. 18, abrufbar unter http://www.icty.org/x/cases/slobodan_milosevic/acdec/en/30115034.htm.

der Beweisbewertung zu berücksichtigen. Sie behielt sich aber die Möglichkeit vor, in Einzelfällen den betreffenden Ermittler des OCIJ's zu laden.[1840]

Auch das sogenannte Impeachment Material, also Dokumente, die einem Zeugen bei seiner Befragung vorgelegt werden um seine Glaubwürdigkeit zu testen, ist von Regel 87 Internal Rules entgegen der Ansicht der Verteidigung umfasst.[1841] Hintergrund dieser Verfahrenspraxis ist, dass die Kammer erst durch die ordnungsgemäße Einführung als Beweis das gesamte genutzte Dokument bei der Beweisbewertung der Zeugenaussage berücksichtigen kann.[1842]

Die Parteien können in den „Dokumentenanhörungen"[1843] mündlich ihre Einwendungen gegen die Verwendung von Dokumenten erheben. Die Kammer hat am Ende einer Dokumentenanhörung in Verfahren 001 die Verfahrensregel erlassen, dass die Zulässigkeit weiterer schriftlicher Ausführungen durch die Parteien in ihrem Ermessen steht. Die Verteidigung konnte nach dieser Anhörung damit keine weiteren schriftlichen Erklärungen mehr abgegeben, obwohl sie auf diese Möglichkeit zuvor vertrauen durfte.[1844] Dies ist unter dem Gesichtspunkt der Gewährleistung rechtlichen Gehörs problematisch. Nach der Entscheidung über die

---

1840 So bei der Überprüfung der Authentizität von Dokumenten, welche unter Mitwirkung eines Mitarbeiters entstanden sind, der zunächst bei der Staatsanwaltschaft und danach beim OCIJ angestellt war. Decision on Objections to Documents Proposed to be Put Before the Chamber on the Co-Prosecutors' Annexes A1-A5 and to Documents cited in Paragraphs of the Closing Order Relevant to the First Two Trial Segments of Case 002/01, E185, 9. April 2012, Para. 10, abrufbar unter http://www.eccc.gov.kh/sites/default/files/documents/courtdoc/E185_EN.PDF.

1841 Dokumente, die gemäß Regel 87 (4) Internal Rules noch in den Prozess eingeführt werden sollen, sind also nicht erfasst. Scheduling of Trial Management Meeting to enable planning of remaining trial phases in Case 002/01 and implementation of further measures designed to promote trial efficiency, E218, 3. August 2012, Para. 23, abrufbar unter http://www.eccc.gov.kh/sites/default/files/documents/courtdoc/E218_EN.PDF.

1842 Nach Ansicht der Verteidigung soll jegliches Material zum Testen der Glaubwürdigkeit eines Zeugen benutzt werden dürfen. KRT Trial Monitor, Case 002, Issue No. 24, Hearing on Evidence Week 19, 28-31 May 2012, S. 14, abrufbar unter http://krttrialmonitor.files.wordpress.com/2012/07/24-wk-19.pdf.

1843 KRT Trial Monitor, Case 002, Issue No. 14, Hearing on Evidence Week 9, 12–15 March 2012, S. 4, abrufbar unter http://krttrialmonitor.files.wordpress.com/2012/07/14-wk9-12-15march2012_final.pdf.

1844 KRT Trial Monitor, Case 002, Issue No. 14, Hearing on Evidence Week 9, 12–15 March 2012, S. 4, abrufbar unter http://krttrialmonitor.files.wordpress.com/2012/07/14-wk9-12-15march2012_final.pdf.

Einwendungen ordnet die Kammer den Dokumenten eine Beweisreferenznummer (Evidence Reference Number, ERN) zu[1845] und führt sie so in den Prozess ein.[1846]

cc) Die Abgrenzung von Regel 87 (3) und (4) Internal Rules

Dokumente, die in der Verfahrensakte der Ermittlungsrichter zum Zeitpunkt der Weiterleitung an die Hauptverfahrenskammer enthalten sind und welche die Parteien in den Dokumentenlisten sowie in Verfahren 002 in der Revised List[1847] benannt haben, werden nur nach Regel 87 (3) Internal Rules bewertet.

Ist die Situation gegeben, dass die Dokumente nicht in der Verfahrensakte enthalten sind, aber von den Parteien vor dem Initial Hearing als neu vorzulegende Dokumente in einer der Dokumentenlisten gemäß Regel 80 (3) (d) Internal Rules benannt wurden, ist neben dem in Regel 87 (3) Internal Rules genannten fünf Faktoren zu prüfen, ob das Beweismaterial vor Verfahrenseröffnung gemäß Regel 87 (4) Internal Rules nicht erreichbar war.[1848] Haben die Parteien diese Dokumente bereits zum Shared Material Drive oder als Annex zu anderen Schriftsätzen hinzugefügt, hat die Kammer sie selbständig in die Verfahrensakte eingefügt.[1849]

Sind Dokumente entgegen der Anweisung der Kammer nur in der nach Verfahrenseröffnung erstellten Revised List, nicht aber in der vor Verfahrenseröffnung erstellten Gesamtliste der Parteien aufgeführt, werden sie als nachträglich eingereichte Beweise gemäß Regel 87 (4) Internal Rules behandelt.[1850] Ausnahmsweise hat die Kammer allerdings Dokumente nur nach Regel 87 (3) Internal Rules zugelassen, wenn ein enger Zusammenhang zu im Verfahren vernommenen bzw. noch zu vernehmenden Zeugen bestand. Die Parteien hatten hier betreffend den bereits vernommen Zeugen keine Einwendungen gemäß Regel 87 (3) Internal Rules erhoben. Solche können sie allerdings bezüglich noch zu vernehmender Zeugen im

---

1845 Das Dokument erhält eine eigene Nummer und ihm wird einer Vertraulichkeitsstufe zugeordnet. Es wird öffentlich zugänglich, nachdem der Gerichtsbeamte das schriftliche Protokoll des Prozesstages veröffentlicht hat.

1846 Der Vorsitzende Richter kann diese Kompetenz auf einen anderen Richter oder den Gerichtsbeamten übertragen.

1847 Diese beinhaltet nur die Dokumente betreffend das Teilverfahren.

1848 Rule 87 request to use document during cross-examination of expert witness professional David Chandler, E172/27/1, 12. Juli 2012, Para. 10, abrufbar unter http://www.eccc.gov.kh/sites/default/files/documents/courtdoc/E172_27_1_EN.PDF.

1849 Decision Concerning New Documents and Other Related Issues, E190, 30. April 2012, Para. 27, abrufbar unter http://www.eccc.gov.kh/sites/default/files/documents/courtdoc/E190_EN.PDF.

1850 Decision Concerning New Documents and Other Related Issues, E190, 30. April 2012, Para. 38, abrufbar unter http://www.eccc.gov.kh/sites/default/files/documents/courtdoc/E190_EN.PDF.

weiteren Prozessverlauf erheben, sodass die Dokumentenverwendung in diesem Fall noch als unzulässig erklärt werden kann.[1851]

Sind die Dokumente weder in den Dokumentenlisten noch in der Ermittlungsakte, sondern nur im Shared Material Drive enthalten, können sie nach Beginn der Hauptverhandlung[1852] nur gemäß Regel 87 (4) Internal Rules ins Verfahren eingeführt werden.[1853] Hintergrund der Regel ist, dass die Parteien ihre Beweis-/ und ermittlungsanträge eigentlich an die Ermittlungsrichter hätten adressieren müssen. Auch ist die Zulassung aller im Shared Material Drive vorhandenen Dokumente nicht vereinbar mit der Wahrung des Rechts auf ein faires Verfahren und der Effizienz des Verfahrens. Aus dem Shared Material Drive ist nämlich nicht ersichtlich, welche der zahlreichen Dokumente im Hauptverfahren tatsächlich von Relevanz sind.[1854]

dd) Die Zulassung neuer Dokumente gemäß Regel 87 (4) Internal Rules

Die Zulassung neuer Beweise ist gemäß Regel 87 (4) Internal Rules möglich. Die neuen Dokumente müssen, wie alle anderen Dokumente auch, der Kammer vorgelegt werden, die fünf Kriterien aus Regel 87 (3) Internal Rules erfüllen und die Beteiligten dürfen keine relevanten Einwendungen erheben.[1855] Zusätzlich muss zur Überzeugung der Kammer dargelegt werden, dass die Benennung in den Dokumentenlisten „unmöglich" war und das Dokument unverzüglich nachgereicht wurde.[1856] Dies ist z.B. der Fall, wenn das Beweismaterial vor Verfahrenseröffnung nicht erreichbar war. Die Erreichbarkeit wird unter Bezugnahme auf die Rechtsprechung des JStGH's danach beurteilt „whether, with reasonable diligence, the evidence could have been identified and presented in the case in chief of the party making the

---

1851 Decision Concerning New Documents and Other Related Issues, E190, 30. April 2012, Para. 39, abrufbar unter http://www.eccc.gov.kh/sites/default/files/documents/courtdoc/E190_EN.PDF.

1852 Also nach dem Initial Hearing, Regel 80bis (1) Internal Rules.

1853 Decision Concerning New Documents and Other Related Issues, E190, 30. April 2012, Para. 21, abrufbar unter http://www.eccc.gov.kh/sites/default/files/documents/courtdoc/E190_EN.PDF.

1854 Nach kambodschanischem Recht wären diese eigentlich immer möglich. Decision Concerning New Documents and Other Related Issues, E190, 30. April 2012, Para. 20, abrufbar unter http://www.eccc.gov.kh/sites/default/files/documents/courtdoc/E190_EN.PDF.

1855 Decision Concerning New Documents and Other Related Issues, E190, 30. April 2012, Para. 37, abrufbar unter http://www.eccc.gov.kh/sites/default/files/documents/courtdoc/E190_EN.PDF.

1856 Decision on admissibility of new materials and directions to the parties, E5/10/2, 10. März 2009, Para. 6, abrufbar unter http://www.eccc.gov.kh/sites/default/files/documents/courtdoc/E5_10_2_EN.pdf.

application."[1857] Anhaltspunkt für eine ungenügende Ausübung der „Due Diligence" ist eine unentschuldbare[1858] Verzögerung zwischen der Kenntniserlangung von der Existenz der Dokumente und dem Stellen eines Zulassungsantrags.[1859]

Nicht zugelassen wurde ein Video, welches der Staatsanwaltschaft durch die NGO DC-Cam vor Hauptverfahrensbeginn zugetragen wurde. Damit war das Video vor Fristablauf zur Einreichung der Dokumentenlisten bekannt und es hätte in der Dokumentliste enthalten sein können und müssen. Allerdings konnte in Verfahren 002 ein anderes Video nachträglich als Beweis eingeführt werden, da die Staatsanwaltschaft es erst nach Verfahrenseröffnung im Internet entdeckt hatte.[1860] Nachträglich zugelassen wurde ebenso ein Buch, welches bereits vor Verfahrensbeginn veröffentlicht worden war, aber erst später in der Bibliothek des Gerichts verfügbar gewesen war. Allerdings stellte dies eine Ausnahme dar, denn das Buch war in der Kumulativwirkung mit einer rechtszeitig durch die Nebenklage eingereichten Dokumentation von Verfahrensrelevanz und die Kammer betonte, dass das Buch allein aufgrund dieses Zusammenhangs zugelassen worden sei.[1861]

Sollte die Frist zum Einreichen der Dokumentenliste überschritten und das beschriebene Due Diligence-Kriterium nicht erfüllt sein, kann die Kammer nach ihrem Ermessen verspätetes Beweismaterial nach Regel 39 (4) Internal Rules zulassen.[1862] Vor allem besteht die Möglichkeit der Zulassung, wenn ansonsten die Rechte des Angeklagten gravierend verletzt werden würden. Ein solcher Fall ist gegeben, wenn es sich um entlastendes Beweismaterial handelt.[1863] Die Kammer hat ferner Dokumente zugelassen, wenn sie im Zusammenhang mit bereits benannten Dokumenten stehen und daher zusammen mit diesen evaluiert werden können wie

---

1857 Decision Concerning New Documents and Other Related Issues, E190, 30. April 2012, Para. 23, abrufbar unter http://www.eccc.gov.kh/sites/default/files/documents/courtdoc/E190_EN.PDF.

1858 Decision on admissibility of new materials and directions to the parties, E5/10/2, 10. März 2009, Para. 12, abrufbar unter http://www.eccc.gov.kh/sites/default/files/documents/courtdoc/E5_10_2_EN.pdf.

1859 Decision on Admissibility of New Materials and Direction to the Parties, E5/10/2, 10. März 2009, abrufbar unter http://www.eccc.gov.kh/sites/default/files/documents/courtdoc/E5_10_2_EN. PDF.

1860 Decision Concerning New Documents and Other Related Issues, E190, 30. April 2012, Para. 10-11, abrufbar unter http://www.eccc.gov.kh/sites/default/files/documents/courtdoc/E190_EN. PDF.

1861 Decision Concerning New Documents and Other Related Issues, E190, 30. April 2012, Paras. 12, 32, abrufbar unter http://www.eccc.gov.kh/sites/default/files/documents/courtdoc/E190_EN. PDF.

1862 Decision on admissibility of new materials and direction to the parties, E5/10/2, 10. März 2009, Para. 3, abrufbar unter http://www.eccc.gov.kh/en/documents/court/decision-admissibility-new-materials-and-direction-parties.

1863 Decision Concerning New Documents and Other Related Issues, E190, 30. April 2012, Para. 37, abrufbar unter http://www.eccc.gov.kh/sites/default/files/documents/courtdoc/E190_EN.PDF.

z. B. unterschiedliche Auflagen von Büchern.[1864] Andererseits wurde die Verwendung von Dokumenten abgelehnt, welche nicht als Beweise, sondern nur als Leitlinie zur Befragung von Zeugen dienen sollten.[1865]

ee) Die Vorlage von Dokumenten bei Zeugenvernehmungen

Soll ein Dokument einem Zeugen während seiner Vernehmung vorgelegt werden, um z. B. dessen Erinnerung aufzufrischen, müssen zunächst Dokumentenname und Beweisreferenznummer (ERN) verlesen werden,[1866] damit alle Beteiligten das Dokument auf den Bildschirmen vor sich aufrufen können.

Ist das Dokument in der zu Verfahrensbeginn von den Parteien erstellten Dokumentenliste enthalten, wurde der Kammer aber noch nicht vorgelegt, wird es auf dem Bildschirm des Gerichtssaals aufgerufen oder dem Zeugen wird eine Kopie vorgelegt.[1867] Dem Zeugen können auch nur Dokumentenausschnitte präsentiert werden, allerdings muss dann die gesamte relevante Passage des Dokuments aufgerufen werden.[1868] Beispielsweise konnte einem Zeugen ein Interview vorgelegt werden, das dieser gegenüber nicht geladenen Personen abgeben hatte. Dieses war in den Dokumentenlisten enthalten und wurde der Kammer vorgelegt. In der Beweisbewertung berücksichtigte die Kammer das Interview allerdings nur wenig, da die Verhörsperson nicht als Zeuge geladen wurde.[1869]

Sind Dokumente nicht in der Dokumentenliste der Parteien enthalten und wurden sie auch nicht gemäß Regel 87 (4) Internal Rules als neue Beweise zugelassen, kann inhaltlich auf sie Bezug genommen werden, wenn dies nach dem Ermessen der Kammer für das Verfahren von Relevanz ist. Allerdings sind keine direkten Zitate aus den Dokumenten erlaubt. Der Kammer und den anderen Parteien müssen

---

1864 Response to Ieng Sary's second Rule 87(4) request regarding material which may be used during the examination of Expert David Chandler (El72/24/S), E172/245/1/, 16. Juli 2012, Para. 3, abrufbar unter http://www.eccc.gov.kh/sites/default/files/documents/courtdoc/E172_24_5_1_EN. PDF.

1865 KRT Trial Monitor, Case 002, Issue No. 29, Hearing on Evidence Week 24, 23-26 July 2012, S. 10, abrufbar unter http://krttrialmonitor.files.wordpress.com/2012/08/29-week-24_23-26-july_14aug_final.pdf.

1866 Transcript of Proceedings – "DUCH" Trial (Trial Day 10), 22. April 2009, S. 30, abrufbar unter http://www.eccc.gov.kh/en/documents/court/transcript-proceedings-%E2%80%9Cduch%E2 %80%9D-trial-trial-day-10.

1867 KRT Trial Monitor, Case 002, Issue No. 17, Hearing on Evidence Week 12, 2-5 April 2012, S. 9, abrufbar unter http://krttrialmonitor.files.wordpress.com/2012/07/17-wk12_2-5april2012_25 june_final1.pdf.

1868 KRT Trial Monitor, Case 002, Issue No. 18, Hearing on Evidence Week 13, 9–10 April 2012, S. 8, abrufbar unter http://krttrialmonitor.files.wordpress.com/2012/06/18-wk-13_-9-10april2012_final1.pdf.

1869 KRT Trial Monitor, Case 002, Issue No. 22, Hearing on Evidence Week 17, 17 May 2012, S. 5, abrufbar unter http://krttrialmonitor.files.wordpress.com/2012/06/22-wk-17_17-may-2012_final.pdf.

zuvor Belegexemplare zur Verfügung gestellt werden, damit die Beteiligten den Hintergrund der Befragungen nachvollziehen können.[1870]

Der Zeuge wird sodann gefragt, ob und woher er das Dokument kenne.[1871] Die Kenntnis kann sowohl aus der Zeit der Khmer Rouge stammen als auch erst während der Befragung durch die Ermittlungsrichter erlangt worden sein. Dadurch soll eine unzulässige Beeinflussung des Zeugen vermieden werden.[1872] Die Kammer hat gegen diese Verfahrenspraxis in wenigen Ausnahmenfällen ohne weitere Begründung verstoßen.[1873]

Kennt der Zeuge das Dokument,[1874] kann er bezüglich des Dokuments befragt werden.[1875] Wurde das Dokument vor der Vernehmung als Beweismittel in den Prozess eingeführt, kann es für alle Zwecke verwendet werden, es kann z. B. zitiert werden oder zur Information dienen.[1876] In dem Sonderfall, dass das Dokument die Anklageschrift ist, darf der Zeuge nicht dazu angehalten werden, Schlussfolgerungen aus dieser zu ziehen.[1877]

1870 KRT Trial Monitor, Case 002, Issue No. 28, Hearing on Evidence Week 23, 18-20 July 2012, S. 9, abrufbar unter http://krttrialmonitor.files.wordpress.com/2012/08/28-week-23_18-20-july_03aug_final.pdf.

1871 TranscriptofProceedings,TrialManagementHearing,E1/114.1,17.August2012,S.125, abrufbar unter http://www.eccc.gov.kh/sites/default/files/documents/courtdoc/E1_114.2_TR002_20120827_Final_EN_Pub.pdf.

1872 TranscriptofProceedings,TrialManagementHearing,E1/114.1,17.August2012,S.129, abrufbar unter http://www.eccc.gov.kh/sites/default/files/documents/courtdoc/E1_114.2_TR002_20120827_Final_EN_Pub.pdf.

1873 Zu vermuten ist, dass sie es im konkreten Fall vermeiden wollte, den Ermittler des OCIJ, der die Befragung im Ermittlungsverfahren geleitet hatte, als Zeugen laden zu müssen, da dies ein Politikum hätte darstellen können. KRT Trial Monitor, Case 002, Issue No. 22, Hearing on Evidence Week 17, 17 May 2012, S. 5, abrufbar unter http://krttrialmonitor.files.wordpress.com/2012/06/22-wk-17_17-may-2012_final.pdf.

1874 Die Beurteilung der Kenntnis des Zeugen vom Dokument wurde teilweise bis zu einer Stunde diskutiert. KRT Trial Monitor, Case 002, Issue No. 20, Hearing on Evidence Week 15, 23-26 April 2012, S. 9, abrufbar unter http://krttrialmonitor.files.wordpress.com/2012/05/20-wk-15_-april-23-26-2012_final.pdf.

1875 KRT Trial Monitor, Case 002, Issue No. 17, Hearing on Evidence Week 12, 2-5 April 2012, S. 13, abrufbar unter http://krttrialmonitor.files.wordpress.com/2012/07/17-wk12_2-5april2012_25june_final1.pdf.

1876 TranscriptofProceedings,TrialManagementHearing,E1/114.1,17.August2012,S.126, abrufbar unter http://www.eccc.gov.kh/sites/default/files/documents/courtdoc/E1_114.2_TR002_20120827_Final_EN_Pub.pdf.

1877 Case 002, Issue No. 18, Hearing on Evidence Week 13, 9-10 April 2012, S. 8, abrufbar unter http://krttrialmonitor.files.wordpress.com/2012/06/18-wk-13_-9-10april2012_final1.pdf.

Kennt der Zeuge das Dokument nicht, muss das Dokument entfernt und darf nicht verwendet werden,[1878] um z.B. die Erinnerung des Zeugen durch Zitate aufzufrischen.[1879] Es dürfen keine speziellen, aber generelle Fragen zum Inhalt an den Zeugen gerichtet werden. Ausnahmsweise darf dem Zeugen das Dokument vorgelegt werden, wenn er zwar das Dokument nicht kennt, aber von dessen Inhalt persönlich Kenntnis erlangt hat. Ein Beispiel hierfür sind Protokolle von Sitzungen der Führungskader der Khmer Rouge, bei denen der Zeuge persönlich anwesend war und wusste, dass Protokoll geführt wurde, das Protokoll selbst aber noch nie gelesen hatte.[1880]

ff) Die Beweisbewertung von Dokumenten

Die Richter der Hauptverfahrenskammer betrachten bei der Beweisbewertung jedes Dokument einzeln, eine Kategorisierung ist nicht erlaubt.[1881] Entscheidend ist, ob das Dokument eine glaubhafte Aussage beinhaltet, welche in sich stimmig ist und auch zu anderen erhobenen Beweisen passt. Der Beweiswert eines Dokuments wird erhöht, wenn sein Inhalt durch weitere Beweismittel bestätigt wird.[1882] Der Wert eines Dokuments kann gemindert werden, wenn z.B. die Qualität seiner Übersetzung fraglich ist. Gleiches gilt, wenn der Autor nicht identifizierbar ist.[1883] Daher wird der Beweiswert gesteigert, wenn das Dokument einem Zeugen zur Authentifizierung vorgelegt wurde.[1884]

1878 TranscriptofProceedings,TrialManagementHearing,E1/114.1,17.August2012,S.125, abrufbar unter http://www.eccc.gov.kh/sites/default/files/documents/courtdoc/E1_114.2_TR002_20120827_Final_EN_Pub.pdf.

1879 Notice to parties regarding revised modalities of questioning and Response to Co-Prosecutors' Request for Clarification Regarding the Use of Documents during Witness Testimony (E201), E201/2, 13. Juni 2012, abrufbar unter http://www.eccc.gov.kh/sites/default/files/documents/courtdoc/E201_2_EN.PDF.

1880 KRT Trial Monitor, Case 002, Issue No. 25, Hearing on Evidence Week 20, 4-7 June 2012, S. 11, abrufbar unter http://krttrialmonitor.files.wordpress.com/2012/06/25-wk-19_4-7june2012_final.pdf.

1881 Transcript of Proceedings – "DUCH" Trial (Trial Day 10), 22. April 2009, S. 22, abrufbar unter http://www.eccc.gov.kh/en/documents/court/transcript-proceedings-%E2%80%9Cduch%E2 %80%9D-trial-trial-day-10.

1882 Dies entspricht der Rechtsprechung des JStGH's und EGMRs. Prosecutor v. Galic, Decision on Interlocutory Appeal concerning Rule 92bis (C), Case No. IT-98-29-T, 7. Juni 2002, Para. 12, Fßn. 34, abrufbar unter http://sim.law.uu.nl/sim/caselaw/tribunalen.nsf/ae4b0f7b22afa1cdc12571b500329d5e/c8e3ff6fe6284e14c12571fe004be366?OpenDocument.

1883 Das gleiche gilt für die Beweisbewertung von Hearsay evidence, KRT Trial Monitor, Case 002, Issue No. 8, Hearing on Evidence Week 3, 10-12 January 2012, S. 8, abrufbar unter http://krttrialmonitor.files.wordpress.com/2011/11/8-wk-3_13-15dec_final.pdf.

1884 Transcript of Proceedings – "DUCH" Trial (Trial Day 10), 22. April 2009, S. 10, abrufbar unter http://www.eccc.gov.kh/en/documents/court/transcript-proceedings-

gg) Der Sonderfall der Verwertbarkeit von Aussageniederschriften

In den Verfahren stellte sich die Frage, inwieweit Zeugenvernehmungen in der Hauptverhandlung durch die Einführung von Aussageniederschriften als Beweismittel ersetzt werden können. Dabei handelt es sich zum einen um die ermittlungsrichterlichen Vernehmungsprotokolle, zum anderen um eidesstaatliche schriftliche Versicherungen (Affidavits), bei denen nicht beide Parteien die Möglichkeit zur Konfrontation des Zeugen hatten. Des Weiteren geht es um die Verwertbarkeit einer unter der Leitung der Kammer mit Teilnahme der Parteien erstellten außergerichtlichen Zeugenaussage (Deposition). Die Internal Rules enthalten hierzu keine Regeln, obwohl voraussehbar war, dass sich die Frage im Laufe der Prozesse stellen würde. Denn die angeklagten Verbrechen liegen schon lange zurück und es gibt nur noch wenige Augenzeugen, deren Erscheinen in der Hauptverhandlung aus gesundheitlichen und altersbedingten Gründen ungewiss ist. Die Kammer entschied in Verfahren 002 erst spät zur Sache, sodass das Verfahren durch die immer wieder entstehenden Diskussionen verzögert wurde.

Zunächst wurde diskutiert, ob die Einführung von Aussageniederschriften als Beweis nach angloamerikanischen Grundsätzen das Einverständnis der Parteien voraussetzt.[1885] Dieses ist im Common Law erforderlich, da die Parteien für die Beweisbeibringung verantwortlich sind und ihnen dementsprechend ein Mitbestimmungsrecht bei der Entscheidung über die Beweisverwendung zusteht.[1886] Die Kontrolle über die Zulassung von Dokumenten obliegt im kontinentaleuropäischen Recht dagegen allein der Kammer, sodass ein Einverständnis der Parteien an den ECCC nicht erforderlich ist.[1887]

Mangels weiterer Regelungen in den Internal Rules wurde ein Blick auf die Verfahrenspraxis der anderen internationalen Tribunale geworfen. Am JStGH werden schriftliche Beweise zum Zweck der Verfahrensbeschleunigung inzwischen verstärkt genutzt.[1888] Regeln 92bis und 92quater JStGH RPE legen die Voraussetzungen fest, unter denen eine Partei Protokolle einer Zeugenaussage in die

---

%E2%80%9Cduch %E2%80%9D -trial-trial-day-10. Decision on Objections to Documents Proposed to be Put Before the Chamber on the Co-Prosecutors' Annexes A1-A5 and to Documents cited in Paragraphs of the Closing Order Relevant to the First Two Trial Segments of Case 002/01, E185, 9. April 2012, Para. 21, abrufbar unter http://www.eccc.gov.kh/sites/default/files/documents/courtdoc/E185_EN.PDF.

1885 Diese Frage ist am JStGH umstritten. Wannek, Felicitas, Zur Verwertbarkeit außergerichtlicher Zeugenaussagen im Völkerstrafprozess, Berlin, 2008, S. 64 ff.

1886 Kreuzer, Elisabeth, Die Bestimmung des Umfangs der Beweisaufnahme im deutschen, französischen und italienischen Strafprozess, Freiburg, 1964, S. 81.

1887 Transcript of Proceedings – "DUCH" Trial (Trial Day 10), 22. April 2009, S. 19, abrufbar unter http://www.eccc.gov.kh/en/documents/court/transcript-proceedings-%E2%80%9Cduch%E2 %80%9D -trial-trial-day-10.

1888 Zuvor war die Anzahl der zu hörenden Zeugen immens. In einem Verfahren vor dem JStGH werden durchschnittlich mehr als hundert Zeugen vernommen. Pro Zeuge fällt durchschnittlich ein Prozesstag an. Wald, Patricia M., To Establish

Hauptverhandlung einführen darf, zu denen die gegnerische Partei den Zeugen nicht befragen konnte.[1889] Die Regeln differenzieren nach dem Inhalt der Aussage. Betreffen die Aussagen Handlungen oder das Verhalten des Angeklagten im Sinne der Anklagepunkte (Acts and conduct of the accused),[1890] steht dies der Zulassung als Beweismittel entgegen.[1891] Dient die Aussage dem Nachweis anderer Tatumstände, wie z. B. den Kontextelementen von Tatbeständen, ist ihre Einführung als Beweismittel möglich. Darüber hinaus sah ursprünglich Regel 94ter JStGH RPE die selten genutzte eidesstaatliche schriftliche Versicherung vor.[1892] Allerdings beurteilten die einzelnen Rechtsmittelkammern des JStGH's deren Zulässigkeit unterschiedlich.[1893] Als die Kammern nach dem Erlass von Regel 92bis JStGH RPE immer noch keine Einigung fanden, wurde auf eine neue Regelung betreffend die Zulässigkeit von Affidavits verzichtet.[1894] Des Weiteren sind sogenannte Depositions gemäß Regel 71 JStGH RPE als Beweismittel zugelassen.[1895]

Am IStGH ist der Gebrauch schriftlicher Zeugenaussagen im Hauptverfahren gemäß Regel 68 IStGH RPE erlaubt, wenn die Parteien im Ermittlungsverfahren die Möglichkeit hatten, den Zeugen konfrontativ zu befragen. Die Vorverfahrenskammer kann eine solche Befragung gemäß Artikel 56 IStGH Statut anordnen, wenn erkennbar ist, dass eine einmalige Gelegenheit zur Zeugenbefragung besteht, z. B. aufgrund einer Erkrankung des Zeugen.[1896] Hierdurch sollen das Konfrontationsrecht

---

Incredible Events by Credible Evidence: the Use of Affidavit Testimony in Yugoslavia War Crimes Tribunal Proceedings, 42 Harv. Int'l L. J., 2001, S. 535, 549.

1889 Nach der ursprünglichen Regel 90 (A) JStGH RPE waren Zeugen prinzipiell mündlich durch die Kammer zu hören. Diese wurde durch Regel 89 (F) ersetzt, nach der die Kammer Beweise mündlich oder, wenn es der Gerechtigkeit Genüge tut, auch schriftlich erheben kann.

1890 Definiert als „Deeds and behaviour of the accused". Prosecutor v. Milosevic, Decision on Prosecution's Request to Have Written Statements Admitted Under Rule 92 bis, Case No. IT-02-54-T, 21. März 2002, Para. 22, abrufbar unter http://www.icty.org/x/cases/karadzic/tdec/en/120524.pdf.

1891 Decision on Co-Prosecutors' rule 92 submission regarding the admission of witness statements and other documents before the Trial Chamber, E96/7, 20. Juni 2012, Paras. 32, 33, abrufbar unter http://www.eccc.gov.kh/sites/default/files/documents/courtdoc/E96_7_EN[1].pdf.

1892 JStGH RPE, Regel 94ter. Diese wurde allerdings zu Gunsten der umfassenden Regel 92bis JStGH RPE abgeschafft.

1893 Wald, Patricia M., To Establish Incredible Events by Credible Evidence: The Use of Affidavit Testimony in Yugoslavia War Crimes Tribunal Proceedings, 42 Harv. Int'l L. J., 2001, S. 535, 543.

1894 Scheffer, David, Memorandum on the Application of International Standards of Due Process by the Extraordinary Chambers in the Courts of Cambodia, Open Society Justice Initiative, April 2006, S. 34.

1895 Im Vergleich strenger Regel 70 RStGH RPE und Regel 71 SCSL RPE.

1896 Die Vorverfahrenskammer kann die folgenden Maßnahmen anordnen: „a) die Abgabe von Empfehlungen oder Anordnungen betreffend die anzuwendenden

des Angeklagten sowie die Effektivität und Integrität des Verfahrens geschützt werden.[1897] Allerdings ist die Aussage als Beweismittel verloren, wenn sich erst nach der Zeugenvernehmung im Ermittlungsverfahren herausstellt, dass keine erneute Befragung in der Hauptverhandlung stattfinden wird und zuvor keine Maßnahme nach Artikel 56 IStGH Statut getroffen wurde.[1898]

An den ECCC muss zwischen der Verwertbarkeit der ermittlungsrichterlichen Vernehmungsprotokolle, der außergerichtlicher Zeugenaussagen und der Vernehmungsprotokolle aus anderen ECCC-Verfahren als Beweismittel im Hauptverfahren unterschieden werden.

aaa) Die Verwertbarkeit von ermittlungsrichterlichen Vernehmungsprotokollen

An den ECCC wird die Mehrzahl der Zeugen bereits im Ermittlungsverfahren von den zur Objektivität verpflichteten Ermittlungsrichtern unter Eid vernommen. Die Zeugen prüfen und unterschreiben das Vernehmungsprotokoll.[1899] Daher unterliegt das Protokoll einer erhöhten Beweiskraft.[1900] Diese Vermutung kommt insbesondere Aussageprotokollen zu, die in den Fußnoten der Closing Order der Ermittlungsrichter zitiert sind. Durch ihre Aufnahme in die Anklageschrift haben die Ermittlungsrichter ihnen nämlich eine besondere Relevanz und Beweiskraft zugesprochen.[1901]

Verfahren; b) die Anordnung, ein Verfahrensprotokoll zu führen; c) die Bestellung eines Sachverständigen zur Unterstützung; d) die Ermächtigung des Rechtsbeistands einer festgenommenen oder einer nach Ladung vor dem Gerichtshof erschienenen Person zur Teilnahme, oder, falls eine Festnahme noch nicht erfolgt ist, die Person noch nicht erschienen ist oder kein Rechtsbeistand benannt wurde, die Bestellung eines anderen Rechtsbeistands, der die Interessen der Verteidigung wahrnimmt und vertritt; e) die Benennung eines ihrer Mitglieder oder eines anderen verfügbaren Richters der Vorverfahrensabteilung oder der Hauptverfahrensabteilung, der hinsichtlich der Sammlung und Sicherung von Beweismitteln und der Vernehmung von Personen als Beobachter tätig wird und Empfehlungen abgibt oder Anordnungen erlässt; f) das Ergreifen etwaiger anderer zur Sammlung oder Sicherung von Beweismitteln erforderlicher Maßnahmen."

1897 Cryer, Robert, International Criminal Law and Procedure, Cambridge, 2010, S. 445.

1898 Wannek, Felicitas, Zur Verwertbarkeit außergerichtlicher Zeugenaussagen im Völkerstrafprozess, Berlin, 2008, S. 240.

1899 Internal Rules, Regel 55.

1900 Ferner gibt es keine Jury, wegen deren geringer Aktenkenntnis eine mündliche Präsentation zwingend nötig wäre. Decision on Co-Prosecutors' rule 92 submission regarding the admission of witness statements and other documents before the Trial Chamber, E96/7, 20. Juni 2012, Para. 26, abrufbar unter http://www.eccc.gov.kh/sites/default/files/documents/courtdoc/E96_7_EN[1].pdf.

1901 Transcript of hearing on the substance in Case 002 – 26 January 2012, E1/34.1, 26. Januar 2012, S. 85–88, abrufbar unter http://www.eccc.gov.kh/sites/default/files/documents/courtdoc/E1_34.1_TR002_20120126_Final_EN_Pub.pdf.

Die Frage nach der Verwertbarkeit schriftlicher „Witness Statements“ des Ermittlungsverfahrens als Beweismittel im Hauptverfahren an den ECCC betrifft allerdings nicht diese vollständigen Vernehmungsprotokolle. Eigentlich müsste das OCIJ[1902] alle Audio-Protokolle der Vernehmungen niederschreiben und übersetzen, was jedoch das Verfahren gravierend verzögern würde. Daher haben die Mitarbeiter des OCIJ‘s in den meisten Fällen auf Grundlage ihrer Interpretation der Aussagen Zusammenfassungen von diesen erstellt (Written Records), welche in die Verfahrensakte aufgenommen und in der Anklageschrift zitiert wurden.

In Verfahren 002[1903] war umstritten, ob den Parteien wie im französischen Recht gemäß Regel 84 (1) Internal Rules ein absolutes Konfrontationsrecht in der Hauptverhandlung zusteht, wenn die Zeugen im Ermittlungsverfahren noch nicht konfrontativ befragt wurden.[1904] Grundsätzlich werden die Zeugen an den ECCC gemäß Regel 60 (2) Internal Rules im Ermittlungsverfahren nicht durch die Parteien befragt. Ein Anwesenheits- und Fragerecht besteht nur, wenn die Ermittlungsrichter entscheiden, den Angeklagten oder einen Nebenkläger mit einem Zeugen zu konfrontieren (Gegenüberstellung).[1905] Versagen die Ermittlungsrichter eine solche Gegenüberstellung,[1906] können die Parteien die Vorverfahrenskammer anrufen. Diese Kammer kann aber die Entscheidung aufgrund des Ermessensspielraums der

---

1902 Im französischen Recht wird eine erhöhte Verfälschungswahrscheinlichkeit der Protokolle angenommen, wenn die Vernehmung durch einen Mitarbeiter des Ermittlungsrichters und nicht den Richter selbst durchgeführt wird. Geppert, Klaus, Der Grundsatz der Unmittelbarkeit im deutschen Strafverfahren, Berlin, 1979, S. 171.

1903 Die Einführung schriftlicher Zeugenaussagen in die Hauptverhandlung wurde in Verfahren 001 für 14 Zeugen ohne ausführliche Begründung der Kammer zugelassen. Co-Prosecutors’ reply to the responses regarding the admission of written witness statements before the Trial Chamber, E96/6, 10. August 2011, Para. 6, abrufbar unter http://www.eccc.gov.kh/sites/default/files/documents/courtdoc/E96_6_EN-1.PDF.

1904 Es handelt sich um 4.129 Beschwerden, 3.866 Nebenklägeranträge oder Aussagen, die vor anderen Organisationen getätigt wurden, und 69 Sitzungsprotokolle aus Verfahren 001. Decision on Co-Prosecutors’ rule 92 submission regarding the admission of witness statements and other documents before the Trial Chamber, E96/7, 20. Juni 2012, Para. 3, abrufbar unter http://www.eccc.gov.kh/sites/default/files/documents/courtdoc/E96_7_EN[1].pdf.

1905 „That there was no absolute right to confrontation at the investigation stage and that for that reason, Rule [84 (1)] recognises the right of the accused person to examine, at the trial stage, any witness against him with whom he was not confronted during the judicial investigation.“ Decision on Co-Prosecutors’ rule 92 submission regarding the admission of witness statements and other documents before the Trial Chamber, E96/7, 20. Juni 2012, Para. 5, abrufbar unter http://www.eccc.gov.kh/sites/default/files/documents/courtdoc/E96_7_EN[1].pdf.

1906 Die Anforderungen werden jedoch, ebenso wie im französischen Strafprozessrecht, nicht weiter konkretisiert. Wannek, Felicitas, Zur Verwertbarkeit außergerichtlicher Zeugenaussagen im Völkerstrafprozess, Berlin, 2008, S. 239.

Richter nur bei schwerwiegenden Ermessensfehlern korrigieren. Zusätzlich kann die Vorverfahrenskammer in Ausnahmefällen die Gegenüberstellung im Rahmen ihrer regelimmanenten Hilfszuständigkeit veranlassen, z. B. wenn die Ermittlungsrichter gar nicht erst über den Antrag entscheiden.[1907] Im Vergleich hierzu liegt im französischen Recht die Entscheidung über eine Gegenüberstellung zwar ebenso im Ermessen des Ermittlungsrichters. Sollte diese jedoch abgelehnt werden,[1908] besteht ein Selbstladungsrecht der Parteien für den Zeugen in der Hauptverhandlung.[1909] Grund dieser Regelung ist es, dass das absolute Recht zur Konfrontation eines Zeugen aus Artikel 6 (3) (d) Europäische Menschenrechtskonvention (EMRK) nur für das Hauptverfahren, nicht aber das Ermittlungsverfahren gilt.[1910] Daher wird es dem Angeklagten erst im Hauptverfahren ermöglicht,[1911] sich gegen die im geheimen Ermittlungsverfahren erhobenen Beweise in mündlicher Gegenrede mit dem Zeugen zu verteidigen.[1912]

Nach dem Wortlaut der englischen Version der Internal Rules haben die Parteien in der Hauptverhandlung zwar kein Selbstladungsrecht, jedoch ein absolutes Konfrontationsrecht.[1913] Die Staatsanwaltschaft sprach sich allerdings gegen eine solche Interpretation der Regelung aus. Sie müsse ansonsten im Hauptverfahren die Ladung aller Zeugen beantragen, um ihrer Beweislast Genüge zu tun.[1914] Die Kammer entschied, dass das Konfrontationsrecht im Hauptverfahren nicht absolut besteht. Sie differenzierte, entsprechend Regel 92bis JStGH RPE, nach dem Beweiszweck. Die Verteidigung habe die Möglichkeit zur Konfrontation des Zeugen im

1907 Vgl. Kapitel J. II. 5).

1908 Auch wenn dem Antrag meist nachgekommen wird. Barth, Holger, Landesbericht Frankreich, in Perron, Walter, Die Beweisaufnahme im Strafverfahrensrecht des Auslands, Freiburg, 1995, S. 135.

1909 Barth, Holger, Landesbericht Frankreich, in Perron, Walter, Die Beweisaufnahme im Strafverfahrensrecht des Auslands, Freiburg, 1995, S. 134.

1910 Barth, Holger, Landesbericht Frankreich, in Perron, Walter, Die Beweisaufnahme im Strafverfahrensrecht des Auslands, Freiburg, 1995, S. 134.

1911 Allerdings wurden Ausnahmen anerkannt bzgl. der Verlesung von Zeugenprotokollen, wenn die Zeugen nicht mehr erreichbar waren. Geppert, Klaus, Der Grundsatz der Unmittelbarkeit im deutschen Strafverfahren, Berlin, 1979, S. 63.

1912 Nach der früheren französischen Rechtsprechung war das Protokoll als Beweismittel zulässig, wenn es für die Wahrheitsfindung unerlässlich war. Wannek, Felicitas, Zur Verwertbarkeit außergerichtlicher Zeugenaussagen im Völkerstrafprozess, Berlin, 2008, S. 228, 236 ff.

1913 Nach Artikel 297, 318 CCP steht dies im Ermessen des Richters. Decision on Co-Prosecutors' rule 92 submission regarding the admission of witness statements and other documents before the Trial Chamber, E96/7, 20. Juni 2012, Para. 18, abrufbar unter http://www.eccc.gov.kh/sites/default/files/documents/courtdoc/E96_7_EN[1].pdf.

1914 Co-Prosecutors' reply to the responses regarding the admission of written witness statements before the Trial Chamber, E96/6, 10. August 2011, Para. 6, abrufbar unter http://www.eccc.gov.kh/sites/default/files/documents/courtdoc/E96_6_EN-1.PDF.

Hauptverfahren wegen des Prinzips der Waffengleichheit beim Nachweis von be- und entlastenden Tatsachen, also solchen, die die Handlungen oder das Verhalten des Angeklagten im Sinne der Anklagepunkte betreffen. Bei der Feststellung der individuellen Verantwortlichkeit des Angeklagten müsse nämlich die Glaubwürdigkeit der Schlüsselzeugen getestet werden können.[1915] Die Vernehmungsprotokolle könnten daher in diesem Fall gemäß Regel 87 (3) (d) Internal Rules nicht als Beweis verwendet werden.[1916]

Sollen dagegen andere Tatsachen, wie z.B. politische Umstände, bewiesen werden, ist der Gebrauch von Aussageniederschriften als Beweismittel grundsätzlich zulässig. Der Beweis betrifft dann nur den Tatbestand und nicht den tatsächlichen Tatbeitrag des Angeklagten.[1917] Für ihre Zulässigkeit und die Zuerkennung eines gewissen Beweiswerts ist des Weiteren[1918] entscheidend, ob die Aussage a) kumulativer Natur ist in dem Sinne, dass bereits mündliche Zeugenaussagen zu ähnlichen Tatsachen vorliegen; b) relevante historische, politische oder militärische Hintergrundtatsachen, Beweise der crime-base[1919] oder „Threshold Elements" internationaler Verbrechenstatbestände (wie die Existenz eines internationalen bewaffneten

1915 Boas, Gideon/Bischoff, James L./Reid, Natalie L./Taylor III, B. Don, The International Criminal Law Practitioner Library Volume III, International Criminal Procedure, Cambridge, 2011, S. 355.

1916 Decision on Nuon Chea's Request for a Rule 35 Investigation Regarding Inconsistencies in the Audio and Written Records of OCIJ Witness Interviews, E142/3, 13. März 2012, Para. 13, abrufbar unter http://www.eccc.gov.kh/sites/default/files/documents/courtdoc/E142_3_EN-1.PDF. Decision on Co-Prosecutors' rule 92 submission regarding the admission of witness statements and other documents before the Trial Chamber, E96/7, 20. Juni 2012, Paras. 21, 22, abrufbar unter http://www.eccc.gov.kh/sites/default/files/documents/courtdoc/E96_7_EN[1].pdf. So auch JStGH RPE, Regel 92bis. Nach der abgeschafften Regel 94 konnten mit Zustimmung der anderen Partei auch Aussagen von Sachverständigen schriftlich erfolgen.

1917 Prosecutor v. Naletilic and Martinovic, Decision on Prosecution Motion for Admission of Transcripts and Exhibits tendered during testimony of certain Blaskic and Kordic witnesses, Case No. IT-98-34-T, 27. November 2000, S. 7, abrufbar unter http://www.icty.org/x/cases/naletilic_martinovic/tdec/en/01127AE114133.htm.

1918 Neben den z.B. in Regel 87 (3) Internal Rules genannten Gründen.

1919 Abgrenzungsschwierigkeiten können sich insbesondere in Konstellationen der JCE ergeben. In diesen wurden die Zeugen dennoch geladen. Hier können gemäß Regel 92bis JStGH RPE Handlungen andere Personen im Rahmen der JCE mit Dokumen ten bewiesen werden. Auf dieser Grundlage kann dann der subjektive Tatbestand nachgewiesen werden. Prosecutor v. Milosevic, Decision on Prosecution's request to have written statement admitted under Rules 92bis, Case No. IT-02-54-T, 21. März 2002, Para. 21, abrufbar unter http://www.icty.org/x/cases/slobodan_milosevic/tdec/en/20321AE517364.htm.

Konflikts oder das Vorliegen eines ausgedehnten und systematischen Angriffs)[1920] betrifft; c) generelle oder statistische Analysen der ethnischen Zusammensetzung der Bevölkerung in für die Anklage relevanten Gebieten enthält; d) die Auswirkungen begangener Verbrechen auf die Opfer darlegt oder e)[1921] eine Konfrontation mit dem Vernommenen unmöglich ist, weil er verstorben ist, nicht mit räsonablem Aufwand ausfindig gemacht werden kann oder medizinische Gründe seiner Aussage entgegenstehen.[1922]

Bezüglich der Fallgruppe der unerreichbaren Zeugen (Fallgruppe „e" der Entscheidung) ist zu ergänzen, dass der Angeklagte in der Hauptverhandlung grundsätzlich nicht mit Aussagen von Zeugen konfrontiert werden darf, die von der Kammer noch gehört werden sollen.[1923] Ausnahmen hierzu erkennt die Kammer mit Zustimmung der Parteien entsprechend der französischen Rechtsprechung neben den in der Fallgruppe aufgeführten Situationen bei Personen an, deren Nichterscheinen vor Gericht auf einer Bedrohung, Einschüchterung oder anderen unangebrachten Einflussnahmen beruht.[1924] Wenn es im Interesse der Gerechtigkeit notwendig sei, könne die Aussage sogar verwendet werden, wenn sie dem Nachweis von Handlungen oder dem Verhalten des Angeklagten diene.[1925] Die Kammer müsse von der Unerreichbarkeit des Zeugen überzeugt sein, die Aussage müsse glaubhaft sein und ihr Beweiswert nicht im Gegensatz zum Recht auf ein faires Verfahren stehen.[1926]

1920 Ein Verzicht auf die Zeugenladung ist kritisch zu sehen, da beim Beweis der Elemente ein Rückschluss auf den subjektiven Tatbestand gezogen werden kann. Wannek, Felicitas, Zur Verwertbarkeit außergerichtlicher Zeugenaussagen im Völkerstrafprozess, Berlin, 2008, S. 48.

1921 Dies entspricht 92quarter JStGH RPE. Hier kommen Aussagen betreffend den Charakter des Angeklagten sowie die Straffestsetzung hinzu. Internal Rules, Regel 92bis (A).

1922 Decision on Nuon Chea's Request for a Rule 35 Investigation Regarding Inconsistencies in the Audio and Written Records of OCIJ Witness Interviews, E142/3, 13. März 2012, Para. 13, abrufbar unter http://www.eccc.gov.kh/sites/default/files/documents/courtdoc/E142_3_EN-1.PDF. Decision on Co-Prosecutors' rule 92 submission regarding the admission of witness statements and other documents before the Trial Chamber, E96/7, 20. Juni 2012, Para. 24, abrufbar unter http://www.eccc.gov.kh/sites/default/files/documents/courtdoc/E96_7_EN[1].pdf.

1923 Direction on the Scheduling of the Trial, E26, 20. März 2009, Para. 9 (2), abrufbar unter http://old.eccc.gov.kh/english/cabinet/courtDoc/260/E26_EN.pdf.

1924 Eine umfassende Darstellung findet sich bei Wannek, Felicitas, Zur Verwertbarkeit außergerichtlicher Zeugenaussagen im Völkerstrafprozessrecht, Berlin, 2008, S. 233 ff.

1925 Decision on Co-Prosecutors' rule 92 submission regarding the admission of witness statements and other documents before the Trial Chamber, E96/7, 20. Juni 2012, Para. 33, abrufbar unter http://www.eccc.gov.kh/sites/default/files/documents/courtdoc/E96_7_EN[1].pdf.

1926 So auch Regel 92quarter/quinquies JStGH RPE. Decision on Co-Prosecutors' rule 92 submission regarding the admission of witness statements and other documents

Zweifel der Kammer an der Authentizität einer Aussage sowie die Unbekanntheit der Identität des Verfassers und die daher fehlende Möglichkeit zur Überprüfung der Aussage seien zu berücksichtigen.[1927]

Allerdings gibt es Situationen, in denen die Kammer den Zeugen trotz der Zulassung des Vernehmungsprotokolls als Beweismittel lädt.[1928] Am JStGH entscheidet die Kammer gemäß Regel 92bis (A), (C) JStGH RPE nach einer Anhörung der Parteien, ob der Zeuge geladen und eine Gelegenheit zum Kreuzverhör gegeben wird.[1929] An den ECCC können vor allem Mängel der Written Records die Zeugenladung erfordern.[1930] Beispielsweise hatten die Parteien Unregelmäßigkeiten bei einigen Written Records festgestellt. So bestehen teilweise gravierende Unterschiede zwischen den Audioaufnahmen und den Zusammenfassungen.[1931] Auch wurden einige Zeugenaussagen entgegen der rechtlichen Vorgaben der Internal Rules gar nicht erst aufgezeichnet.[1932] Legen die Parteien solche Mängel und deren Relevanz für das Verfahren konkret dar, überprüft die Kammer die Written Records zunächst.[1933] Stellt

before the Trial Chamber, E96/7, 20. Juni 2012, Paras. 32, 33, abrufbar unter http://www.eccc.gov.kh/sites/default/files/documents/courtdoc/E96_7_EN[1].pdf.

1927 Wannek, Felicitas, Zur Verwertbarkeit außergerichtlicher Zeugenaussagen im Völkerstrafprozess, Berlin, 2008, S. 65.

1928 Transcript of hearing on the substance in Case 002 – 26 January 2012, E1/34.1, 26. Januar 2012, S. 85–88, abrufbar unter http://www.eccc.gov.kh/sites/default/files/documents/courtdoc/E1_34.1_TR002_20120126_Final_EN_Pub.pdf.

1929 Bei einem, wie am JStGH, in Prosecution und Defense Case aufgeteilten Verfahren ist dies von großer Bedeutung für die Verfahrenstaktik der Parteien. Sie haben nur einen gewissen Zeitrahmen für die Präsentation ihres Falles und müssen eventuelle Zeitverluste durch die geladenen Zeugen hinnehmen. Wannek, Felicitas, Zur Verwertbarkeit außergerichtlicher Zeugenaussagen im Völkerstrafprozessrecht, Berlin, 2008, S. 52.

1930 Decision on Co-Prosecutors' rule 92 submission regarding the admission of witness statements and other documents before the Trial Chamber, E96/7, 20. Juni 2012, Para. 27, abrufbar unter http://www.eccc.gov.kh/sites/default/files/documents/courtdoc/E96_7_EN[1].pdf.

1931 „A staged interview where questions and answers were prepared based on a prior unrecorded interview and then read into a recording device, creating the illusion that the recording reflects the actual interview." Ieng Sary's Request to Hear Evidence from the Interpreter Concerning Witness Phy Phuon's Second OCIJ Interview Whereby Irregularities Occurred Amounting to Subterfuge, E221, 23. August 2012, S. 1, abrufbar unter http://www.eccc.gov.kh/sites/default/files/documents/courtdoc/E221_EN.PDF.

1932 Heindel, Anne, "Critical" Irregularities in Interview Procedures Highlighted During Witness Testimony, Phnom Penh, 30. August 2012.

1933 Decision on Nuon Chea's Request for a Rule 35 Investigation Regarding Inconsistencies in the Audio and Written Records of OCIJ Witness Interviews, E142/3, 13. März 2012, Para. 12, abrufbar unter http://www.eccc.gov.kh/sites/default/files/documents/courtdoc/E142_3_EN-1.PDF.

sie Mängel fest, so ist der Beweiswert der Written Records limitiert.[1934] Im Zweifel lädt die Kammer den Zeugen oder die Verhörsperson, um einen vollständigen Beweisverlust zu verhindern.[1935]

Der Zeuge kann dann zu Widersprüchen in vorherigen Aussagen befragt werden (s. o.). Nicht geklärt ist allerdings die Frage, ob Zeugen mit Aussagen der nach Regel 23 Internal Rules unvereidigten Nebenkläger konfrontiert werden dürfen, insbesondere wenn unklar ist, ob diese noch vor Gericht gehört werden.[1936] Auch die Zulässigkeit der Konfrontation der Zeugen mit Informationen aus Victim Information Forms ist nicht geregelt.[1937] Eine Lösung ist denkbar, indem die Kammer diesen Aussagen ein anderes Gewicht in der Beweiswürdigung zukommen lässt.

bbb) Die Verwertbarkeit von außergerichtlichen Aussageprotokollen

Eine endgültige Entscheidung über die Zulässigkeit von Affidavits steht an den ECCC noch aus.[1938] Die Kammer hat bereits entschieden, dass die Vermutung einer

---

1934 Decision on Co-Prosecutors' rule 92 submission regarding the admission of witness statements and other documents before the Trial Chamber, E96/7, 20. Juni 2012, Para. 27, abrufbar unter http://www.eccc.gov.kh/sites/default/files/documents/courtdoc/E96_7_EN[1].pdf.

1935 Die Verteidigung sprach sich generell gegen die Einführung der Written Records anstelle der vollständigen Vernehmungsprotokolle als Beweis aus. Ieng Thirith Defence Response to "Co-Prosecutors" Rule 92 Submission Regarding the Admission of Written Witness Statements Before the Trial Chamber, E96/2, 22. Juli 2011, Para. 15, abrufbar unter http://www.eccc.gov.kh/sites/default/files/documents/courtdoc/E96_2_EN.PDF. Zur Begründung führte die Verteidigung aus, dass aus dem Gebrauch der Written Records ein Verlust von entlastendem Beweismaterial resultiere. Letter from Ieng Sary Defense Team requesting clarification re objections to witness statements, 9. Juli 2012, Para. 16, abrufbar unter https://docs.google.com/viewer?a=v&pid=sites&srcid=ZGVmYXVsdGRvbWFpbnxpZW5nc2FyeWRlZmVuY2V8Z3g6NDRhNjlhZDg4YjAwYTE1Mw. Nach Ansicht der Kammer ist die Konsequenz daraus aber nicht, dass alle Zeugen in der Hauptverhandlung erneut gehört werden müssen. Schließlich hätten die Zeugen die Written Records als wahrheitsgemäße Wiedergabe ihrer Aussage durch ihre Unterschrift bestätigt. Co-Prosecutors' Further Request to put before the Chamber Written Statements and Transcripts with Confidential Annexes 1 to 16, E96/8, 27. Juli 2012, Para. 3, abrufbar unter http://www.eccc.gov.kh/sites/default/files/documents/courtdoc/E96_8_EN.PDF.

1936 KRT Trial Monitor, Case 002, Issue No. 26, Hearing on Evidence Week 21, 11-14 June 2012, S. 12, abrufbar unter http://krttrialmonitor.files.wordpress.com/2012/07/26-wk-21_11-14june2012_final.pdf.

1937 Case 002, Issue No. 11, Hearing on Evidence Week 6, 30 January-2 February 2012, S. 9, abrufbar unter http://krttrialmonitor.files.wordpress.com/2012/05/11-wk-6-30jan-2feb_final.pdf.

1938 Die Kammer muss davon überzeugt sein, dass die Niederschrift zum einen tatsächlich durch die genannte Person und zum anderen unbeeinflusst durch Dritte erfolgte. Allerdings kann sie sich hiervon keinen eigenen Eindruck in der

gewissen Relevanz und Beweiskraft Protokollen fehlt, die von anderen externen Organisationen als den Ermittlungsrichtern, wie z. B. DC-Cam, erstellt wurden. Die schriftlichen Aussagen können zwar gemäß Regel 87 (2) Internal Rules der Kammer wie jedes andere Dokument vorgelegt werden. Allerdings wird der Umstand ihres Zustandekommens bei der Beweisbewertung durch eine Minderung ihres Beweiswerts berücksichtigt.[1939] Beispiele hierfür sind die Aussagen in Nebenklägeranträgen, welche von externen Institutionen verfasst wurden.[1940]

Über die von der Verteidigung beantragte Verwendung von Affidavits nach dem Versterben eines Zeugen, hat die Hauptverfahrenskammer noch nicht entschieden. Allerdings wollte die Verteidigung die Affidavits nur zu Zwecken der besseren Veranschaulichung und nicht zu Beweiszwecken nutzen.[1941] Des Weiteren beantragten die Nebenklagevertreter die Zulassung dieses Beweismittels im Rechtsmittelverfahren 001 zum Nachweis der Verwandtschaftsverhältnisse eines Nebenklägers.[1942] Es ist davon auszugehen, dass diese im Einzelfall zugelassen werden. Der Identitätsnachweis kann nämlich aufgrund der mangelhaften behördlichen Dokumentation der entsprechenden Daten in Kambodscha teilweise kaum anders gelingen.

ccc) Die Stellungnahme zur Verwertbarkeit von Aussageniederschriften

An den ECCC ist die Zulässigkeit schriftlicher Vernehmungsprotokolle als Beweismittel vergleichbar zum JStGH geregelt. Die im Ermittlungsverfahren protokollierten Zeugenaussagen bzw. ihre Zusammenfassungen können unter gewissen

---

Hauptverhandlung verschaffen. Vorteil eines solchen Beweises ist, zumindest solange es keine „Zufallsurkunde" ist, dass eine gewisse Garantie für die zuverlässige Wiedergabe (nicht aber der Wahrheit des Inhalts) besteht, da der Verfasser sich einige Zeit für deren Erstellung genommen hat. Geppert, Klaus, Der Grundsatz der Unmittelbarkeit im deutschen Strafverfahren, Berlin, 1979, S. 173.

1939 Decision on Co-Prosecutors' rule 92 submission regarding the admission of witness statements and other documents before the Trial Chamber, E96/7, 20. Juni 2012, Para. 29, abrufbar unter http://www.eccc.gov.kh/sites/default/files/documents/courtdoc/E96_7_EN[1].pdf.

1940 Wurden die Anträge abgelehnt oder betreffen sie nicht beweisrelevante Tatsachen, kommt den darin dokumentierten Aussagen ohnehin kein Beweiswert zu gemäß Regel 87 (3) Internal Rules.

1941 KRT Trial Monitor, Case 001, Issue No. 21, Week ending Sept. 20 2009, S. 5, abrufbar unter http://www.cambodiatribunal.org/sites/default/files/reports/krt_monitoring_report_no_21_week_20.pdf.

1942 KRT Trial Monitor, Case 001, Issue No. 21, Week ending Sept. 20 2009, S. 5, abrufbar unter http://www.cambodiatribunal.org/sites/default/files/reports/krt_monitoring_report_no_21_week_20.pdf. Appeal against Rejection Of Civil Party Applicants in the Judgment Co-Lawyers for Civil Parties- Group 2, F11, 22. Oktober 2010, Para. 58, abrufbar unter http://www.worldcourts.com/eccc/eng/decisions/2010.10.22_Co_Prosecutors_v_Kaing_Guek_Eav_alias_Duch.pdf.

Voraussetzungen auch bei nicht erfolgter Konfrontation mit dem Angeklagten ins Hauptverfahren eingeführt werden, ohne dass der Zeuge erneut gehört wird. Hierdurch kann eine Beschleunigung des Hauptverfahrens erreicht werden. Diese Wirkung tritt aber nicht ein, wenn Fehler in den Zusammenfassungen der Aussagen aus dem Ermittlungsverfahren zu berechtigten Zweifeln an ihrer Vollständigkeit führen. Entweder sind die Zeugen dann erneut zu laden oder es kommt zu einem umfassenden Beweisverlust.

Fraglich ist, ob die Rechte der Parteien an den ECCC nicht wie am IStGH gestärkt werden sollten. Den Parteien könnte beispielsweise schon im Ermittlungsverfahren ein umfassendes Teilnahme- und Konfrontationsrecht bei den Zeugenbefragungen zugestanden werden. Dagegen spricht, dass die Zeugenbefragungen im Ermittlungsverfahren von vorneherein zeitintensiver sind, da der Umfang der Beweiserhebung hier noch nicht durch die Anklage limitiert ist. Durch die Beteiligung der Parteien würde dieses ohnehin schon ausgedehnte Prozessstadium weiter verlängert. Ferner würde der Schwerpunkt der Beweisaufnahme noch weiter ins der Geheimhaltung unterliegende Ermittlungsverfahren verlagert, wenn eine erneute Vernehmung der Zeugen in der Hauptverhandlung entfiele. Dieses Ergebnis widerspräche mehreren Zielen und Prinzipien internationaler Strafprozesse. Einerseits wäre der Öffentlichkeitsgrundsatz tangiert, denn eine Kontrolle der Öffentlichkeit kann in diesem Verfahrensstadium nicht gewährleistet werden. Dieses ist nämlich grundsätzlich aus Gründen des Schutzes der Rechte der Beschuldigten und Zeugen geheim. Eine solche geheime Beweisaufnahme würde das Recht des Angeklagten auf ein öffentliches Verfahren verletzen und der Beitrag, den das Verfahren zur Förderung des Rechtsfriedens und der Versöhnung der Gesellschaft leisten kann, würde stark gemindert. Andererseits würde die der Kammer zustehende Kompetenz der Beweiswürdigung teilweise auf die Ermittlungsrichter verlagert, denn die Ergebnisse der konfrontativen Befragungen müssten durch die Ermittlungsrichter bei der Erstellung der Anklageschrift gewürdigt werden. Dies wäre insbesondere vor dem Hintergrund der wiederkehrenden Diskussionen um die Unabhängigkeit und Unparteilichkeit der Ermittlungsrichter an den ECCC nicht zu befürworten. Ein umfassendes Konfrontationsrecht im Ermittlungsverfahren zu Gunsten eines Verzichts auf die Ladung der Zeugen im Hauptverfahren scheidet daher als mögliche Lösung aus.

Denkbar wäre aber eine partielle Erweiterung der Partizipationsrechte der Parteien im Ermittlungsverfahren. Bedenken an der bisherigen Rechtsprechung der Hauptverfahrenskammer der ECCC ergeben sich vor allem, wenn die Zeugen in der Hauptverhandlung unerreichbar sind und von den Parteien nicht mehr zu vorherigen Aussagen befragt werden können. Nach der Entscheidung der Kammer ist der Beweiswert der schriftlichen Aussage aus dem Ermittlungsverfahren dann deutlich gemindert, wenn er nicht sogar im Einzelfall ganz entfällt. Ein solcher Beweisverlust wäre aber dem Ziel der Wahrheitsfindung abträglich. Unbefriedigend ist dieses Ergebnis insbesondere, wenn ein Zeuge oder Sachverständiger bereits während des Ermittlungsverfahrens so schwer erkrankt, dass schon zu diesem Zeitpunkt absehbar ist, dass seine erneute Vernehmung im Hauptverfahren unwahrscheinlich ist, seine Aussage aber trotzdem in das Verfahren eingeführt werden soll. Vor allem in Verfahren 003/ 004 kann diese Situation aufgrund des hohen Alters mancher Zeugen und Nebenkläger eintreten. Für diese Situation wäre die Festschreibung eines Teilnahme- und Konfrontationsrechts der Parteien an den Vernehmungen im Ermittlungsverfahren vorteilhaft. Eine entsprechende Regelung könnte durch einen Beschluss des Plenums in die Internal Rules aufgenommen werden.

Angelehnt werden könnte eine solche Regel an Artikel 56 IStGH Statut, welche ein Konfrontationsrecht beim Vorliegen einer einmaligen Gelegenheit der Ermittlungsmaßnahmen festschreibt. Eine wörtliche Übernahme der Norm bietet sich allerdings nicht an. Der Grund hierfür ist zum einen, dass nach dieser Regel eine Konfrontation nicht nachgeholt werden kann, wenn sich erst nach der ersten Vernehmung des Zeugen durch die Ermittlungsrichter dessen schwerwiegende Erkrankung herausstellt und keine Gegenüberstellung mit dem Zeugen bei der ersten Vernehmung erfolgt ist. Die vorzuschlagende Regel muss folglich beinhalten, dass bei einer sich nach der ersten Vernehmung durch die Ermittlungsrichter und vor Erlass der Closing Order ergebenden einmaligen Gelegenheit der Zeugenbefragung eine erneute Vernehmung unter Beachtung des Teilnahme- und Konfrontationsrechts der Parteien möglich ist.[1943] Eine solche Regel würde die Partizipationsrechte der Beteiligten stärken[1944] und den Beweiswert des schriftlichen Protokolls im Hauptverfahren steigern.[1945] Einer wörtlichen Übernahme stehen zum anderen strukturelle Unterschiede des Ermittlungsverfahrens an den Tribunalen entgegen. An den ECCC wird das Ermittlungsverfahren nicht durch die Staatsanwaltschaft, sondern die Ermittlungsrichter geleitet. Die Regelung müsste daher von der Grundsituation des inquisitorischen Ermittlungsverfahrens ausgehen und den weiten Ermessensspielraum der Ermittlungsrichter in Ermittlungsfragen berücksichtigen. Dieser ist durch die Vorverfahrenskammer nur eingeschränkt überprüfbar. Weiter wäre darauf zu achten, dass das Ermittlungsverfahren durch zwei Ermittlungsrichter geleitet wird, welche sich uneins über das Vorliegen einer einmaligen Gelegenheit sein können. Das bisherige Verfahren zur Beilegung von Meinungsverschiedenheiten vor der Vorverfahrenskammer ist jedoch sehr zeitintensiv. Daher müsste für die Fälle, in denen Gefahr im Verzug für das Verstreichen der einmaligen Gelegenheit vorliegt, eine andere Möglichkeit zur Streitbeilegung geschaffen werden. Die Regel

1943 Wannek, Felicitas, Zur Verwertbarkeit außergerichtlicher Zeugenaussagen im Völkerstrafprozess, Berlin, 2008, S. 172.

1944 Zur Diskussion über ein partizipatorisches Ermittlungsverfahren im deutschen Recht vgl. Beulke, Werner, Konfrontation und Strafprozessreform. Artikel 6 Abs. 3 lit. d EMRK und ein „partizipatorisches" Vorverfahren anstelle einer Hauptverhandlung in ihrer bisherigen kontradiktorischen Struktur, in Hanack, Ernst-Walter/Mehle, Volkmer/Hilger, Hans/Widmaier, Gunter, Festschrift für Peter Riess, Berlin, 2002, S. 3, 19.

1945 Trotz einer solchen Regel müsste die Hauptverfahrenskammer in der späteren Beweiswürdigung beachten, dass der Zeuge nicht unter dem Eindruck der öffentlichen Hauptverhandlung ausgesagt hat, was den Beweiswert mindert.

müsste des Weiteren die Situation erfassen, wenn die einmaligen Gelegenheit nach dem Erlass der Closing Order und vor dem Beginn der Hauptverhandlung entsteht. Dann wären nicht mehr die Ermittlungsrichter, sondern bereits die Hauptverfahrenskammer für die Beweissicherung zuständig. Dieser Teil der Regelung könnte Bestandteile von Regel 71 JStGH RPE beinhalten, also einer unter der Leitung der Kammer mit Teilnahme der Parteien erstellten außergerichtlichen Zeugenaussage (Deposition). Auch hier bedarf es einer Regelung zur Beschleunigung des Rechtsmittelverfahrens im Falle der Gefahr im Verzug.

Eine diesen Überlegungen entsprechende Regelung wird am Ende dieses Kapitels vorgeschlagen und ihre Aufnahme in die Internal Rules der ECCC durch das Plenum der ECCC angeregt.

ddd) Die Verwertbarkeit von Vernehmungsprotokollen anderer ECCC-Verfahren

Eine Zeugenaussage aus einem anderen Hauptverfahren vor den ECCC, deren Inhalt in das Sitzungsprotokoll der anderen Verhandlung aufgenommen wurde, ist als Beweismittel verwendbar.[1946] Grund ist zum einen, dass der Zeuge im anderen Verfahren unter der Leitung der Kammer durch die Parteien befragt wurde. Zum anderen haftet dem Sitzungsprotokoll[1947] eine erhöhte Beweiskraft an. Das Protokoll ist für das zweite Verfahren jedoch aufgrund der unterschiedlichen Verfahrensbeteiligten und Tatsachenfragen meist nur von geringem Nutzen. Es kann aber insbesondere zum Nachweis von Kontextelementen eines Tatbestands dienen, also Tatsachenfragen, die nicht die Handlungen oder das Verhalten des Angeklagten im Sinne der Anklagepunkte betreffen.[1948]

Die Aussage eines bereits in einem anderen Verfahren gehörten Zeugen kann durch die Einführung des Sitzungsprotokolls als Beweismittel ersetzt werden, wenn seine Aussage ansonsten repetitiv wäre.[1949] Der Zeuge muss aber für eine erneute Vernehmung bereitstehen und bestätigen, dass er bei seiner erneuten Vernehmung

1946 Trial Chamber response to portions of E114, E114/1, E13I/1/9, EI31/6, EI36 and E158, E162, 31. Januar 2012, Para. 3, abrufbar unter http://www.eccc.gov.kh/sites/default/files/documents/courtdoc/E162_EN.PDF.

1947 Sie sind als Zeugnisse vom Hörensagen zu qualifizieren. Wannek, Felicitas, Zur Verwertbarkeit außergerichtlicher Zeugenaussagen im Völkerstrafprozess, Berlin, 2008, S. 73.

1948 Decision on Co-Prosecutors' rule 92 submission regarding the admission of witness statements and other documents before the Trial Chamber, E96/7, 20. Juni 2012, Para. 30, abrufbar unter http://www.eccc.gov.kh/sites/default/files/documents/courtdoc/E96_7_EN[1].pdf.

1949 Am JStGH ist relevant, ob „die Zeugenaussage für die Beweisführung der Anklage von ausschlaggebender Bedeutung ist, ob sie sich auf Fragen bezieht, die zwischen den Parteien umstritten sind und in welchem zurechnungsrelevanten Verhältnis der Angeklagte zu der Person steht, deren Handlungen in der Aussage beschrieben werden." Wannek, Felicitas, Zur Verwertbarkeit außergerichtlicher

den Inhalt des Sitzungsprotokolls wiederholen würde.[1950] Die Verwendung des Protokolls als Beweismittel beschleunigt damit das Verfahren.

Für den Sonderfall, dass der Zeuge Angeklagter in einem vorherigen Verfahren vor den ECCC war, gelten die Protokolle seiner Einlassungen als Angeklagter im vorherigen Verfahren vor den ECCC gemäß Regel 87 (2) Internal Rules als der Kammer vorgelegt, wenn sie in der Case File des aktuellen Verfahrens enthalten sind.[1951]

3) Die Abschlusserklärungen der Parteien

Nach eingehender Auseinandersetzung mit sämtlichen vorgetragenen Beweisen gibt der Vorsitzende Richter der Hauptverfahrenskammer der adversatorischen Verfahrensstruktur entsprechend den Staatsanwälten, den Vertretern der Nebenklage und den Verteidigern der Angeklagten die Möglichkeit für eine Abschlusserklärung.[1952] Zur Vorbereitung dieser Erklärung reichen die Beteiligten nach Ende der Beweisaufnahme abschließende Schriftsätze ein (Final Written Submission), in denen sie ihre faktische und rechtliche Sicht des Falles unter Bezugnahme auf die Ergebnisse der Beweisaufnahme zusammenfassen.[1953] Der Angeklagte hat im Verfahren, was nicht in den Internal Rules festgeschrieben, aber an internationalen Tribunalen üblich ist, das letzte Wort.

In Verfahren 002/1 schlug die Kammer zum Zweck der Durchführung eines zügigen Verfahrens vor, dass auf die abschließenden Schriftsätze verzichtet und nur mündliche Schlusserklärungen abgegeben werden könnten.[1954] Nachdem die Parteien diesen Vorschlag abgelehnt hatten, bestimmte die Kammer, dass die Rechts-

---

Zeugenaussagen im Völkerstrafprozess, Berlin, 2008, S. 75. Vgl. auch JStGH RPE, Regel 92ter A.

1950 Decision on Co-Prosecutors' rule 92 submission regarding the admission of witness statements and other documents before the Trial Chamber, E96/7, 20. Juni 2012, Para. 31, abrufbar unter http://www.eccc.gov.kh/sites/default/files/documents/courtdoc/E96_7_EN[1].pdf.

1951 Gleiches gilt für die Protokolle seiner Vernehmung als Zeuge durch die Ermittlungsrichter im aktuellen Verfahren. Decision on Objections to Documents Proposed to be Put Before the Chamber on the Co-Prosecutors' Annexes A1-A5 and to Documents cited in Paragraphs of the Closing Order Relevant to the First Two Trial Segments of Case 002/01, E185, 9. April 2012, Para. 22, abrufbar unter http://www.eccc.gov.kh/sites/default/files/documents/courtdoc/E185_EN.PDF.

1952 Internal Rules, Regel 94.

1953 Internal Rules, Regel 92.

1954 Scheduling of Trial Management Meeting to enable planning of remaining trial phases in Case 002/01 and implementation of further measures designed to promote trial efficiency, E218, 3. August 2012, Para. 20, abrufbar unter http://www.eccc.gov.kh/sites/default/files/documents/courtdoc/E218_EN.PDF.

ansichten aus den Schriftsätzen bereits vor Verfahrensende einzureichen seien.[1955] Nun müssen die Richter nicht das Verfahrensende abwarten, um sich mit den rechtlichen Argumenten der Parteien auseinandersetzen zu können. Ebenso sollen die Nebenklägervertreter die von ihnen entwickelten Reparationsmechanismen, die sie zu beantragen beabsichtigen, der Kammer schon während des laufenden Verfahrens unterbreiten.[1956] Die Fristsetzung zur Abgabe der restlichen Schriftsätze durch die Kammer steht noch aus. Die Verteidigung beantragte eine zwei Monate längere Frist als die der Staatsanwaltschaft. Sie benötige zusätzliche Zeit, da sie in ihrem Schriftsatz auf die von der Staatsanwaltschaft vorgebrachten Argumente eingehen müsse. Nach Ansicht der Staatsanwaltschaft muss die Verteidigung diese Argumente jedoch erst in den zeitlich späteren Abschlusserklärungen adressieren.[1957] Auch die Obergrenze für die Anzahl der Seiten der Abschlussschriftsätze ist in Verfahren 002 noch strittig.[1958] Fraglich war, ob die Seitenanzahl, die der Staatsanwaltschaft zur Verfügung steht, für ein Verteidigerteam durch die Zahl der Angeklagten dividiert werden darf.[1959] Bei einer solchen Berechnungsweise würden zwar alle Angeklagten gleich behandelt, allerdings unterscheidet sich die Verteidigung der Angeklagten in ihrer Komplexität. Dies spricht dafür, ihnen eine unterschiedliche Seitenzahl zu zuteilen.

1955 Trial Chamber memorandum entitled Notification of decision on Co-Prosecutions' request to include additional crime sites within the scope of Trial in Case 002/01 (E163) and deadline for submission of applicable law portion of Closing Briefs, E163/5, 8. Oktober 2012, abrufbar unter http://www.eccc.gov.kh/sites/default/files/documents/courtdoc/E163_5_EN.PDF. Trial Management Hearing, E1/114.2, 27. August 2012, S. 22, abrufbar unter http://www.eccc.gov.kh/sites/default/files/documents/courtdoc/E1_114.2_TR002_20120827_Final_EN_Pub.pdf.

1956 Trial Chamber memorandum entitled Notification of decision on Co-Prosecutions' request to include additional crime sites within the scope of Trial in Case 002/01 (E163) and deadline for submission of applicable law portion of Closing Briefs, E163/5, 8. Oktober 2012, abrufbar unter http://www.eccc.gov.kh/sites/default/files/documents/courtdoc/E163_5_EN.PDF. Trial Management Hearing, E1/114.2, 27. August 2012, S. 22, abrufbar unter http://www.eccc.gov.kh/sites/default/files/documents/courtdoc/E1_114.2_TR002_20120827_Final_en_Pub.pdf.

1957 Transcript of Proceedings, Trial Management Hearing, E1/114.2, 27. August 2012, S. 25, abrufbar unter http://www.eccc.gov.kh/sites/default/files/documents/courtdoc/E1_114.2_TR002_20120827_Final_EN_Pub.pdf.

1958 Die Kammer schlug ein Limit von 75 Seiten vor, fällig einen Monat nach Verfahrensende, die Staatsanwaltschaft von 180 Seiten (und je 60 Seiten für jedes Verteidigerteam) sieben Wochen nach Verfahrensende, die Verteidigung von 100 Seiten drei Monate nach Verfahrensende. Transcript of Proceedings, Trial Management Hearing, E1/114.2, 27. August 2012, S. 12, 26, abrufbar unter http://www.eccc.gov.kh/sites/default/files/documents/courtdoc/E1_114.2_TR002_20120827_Final_en_Pub.pdf.

1959 Transcript of Proceedings, Trial Management Hearing, E1/114.2, 27. August 2012, S. 21, abrufbar unter http://www.eccc.gov.kh/sites/default/files/documents/courtdoc/E1_114.2_TR002_20120827_Final_EN_Pub.pdf.

VI. Das Endurteil

Das Endurteil wird in einem separaten Termin verkündet.[1960] Die Urteilsverkündungsfrist von 90 Tagen nach dem letzten Hauptverhandlungstermin wurde in der fünften Plenary Session ersatzlos gestrichen.[1961] Mit der Verkündung verlieren vorherige Verschonungsbeschlüsse ihre Wirkung.[1962] Ergeht ein Schuldspruch, so wird eine Haftstrafe[1963] verhängt.[1964] Im Falle eines Freispruchs[1965] ist der Angeklagte unmittelbar aus der Haft zu entlassen.[1966] Dasselbe gilt, falls die verhängte Strafe der bereits in Untersuchungshaft verbrachten Zeit entspricht.[1967] Im Urteil kann auch die Freigabe bisher unter Verschluss gehaltener Gegenstände, wie z. B. von Dokumenten, angeordnet werden.[1968]

Unmittelbar im Anschluss an die Verkündung werden den Beteiligten die Entscheidungsgründe übergeben. Die Internal Rules geben keine Gliederung für das Urteil vor. Das erste Endurteil der ECCC in Verfahren 001 lässt, ähnlich wie die Urteile anderer internationaler Gerichte, aber eine standardisierte Form erkennen.[1969] Nach der Erläuterung der rechtlichen Grundlage und den getroffenen Tatsachenfeststellungen und ihrer Würdigung werden der Tenor und die Strafzumessung

---

1960 Internal Rules, Regel 102.

1961 5th Plenary Session of Judicial Officers, Closing Press Statement, abrufbar unter http://www.eccc.gov.kh/english/cabinet/press/101/closing_plenary_session_EN.pdf.

1962 Der Haftbefehl oder die Kautionsanordnung. Internal Rules, Regel 99 (3).

1963 Es ergeht eine unmittelbar wirksame Haftanordnung, falls der Verurteilte noch nicht in Haft sitzt. Internal Rules, Regel 99 (2).

1964 Vgl. zur Strafe Kapitel D. III. 1) e).

1965 Die Möglichkeit zum Erlass eines Urteils nach Abschluss der Beweispräsentation durch die Staatsanwaltschaft (Mid-Trial-Aquittal) bzw. eines Judgements proprio motu entfällt an den ECCC mangels Aufteilung des Verfahrens in Prosecution und Defense Case, JStGH/RStGH RPE, Regel 98bis. Die Richter bewerten in diesen Fällen den Beweisvortrag der Staatsanwaltschaft nach Abschluss des Prosecution Case. Der Defense Case entfällt, wenn der Beweisvortrag der Staatsanwaltschaft nicht für eine Verurteilung ausreicht. Durch das Entfallen des Defense Case wird das Verfahren verkürzt, jedoch steigert eine solche Beweisbewertung der Kammer in der Mitte der Beweisaufnahme die Gefahr der Voreingenommenheit der Richter. Cryer, Robert, International Criminal Law and Procedure, Cambridge, 2010, S. 470.

1966 Internal Rules, Regel 99 (1), Entschädigungsregeln für unrechtmäßig abgesessene Haft finden sich in den Internal Rules nicht.

1967 Internal Rules, Regel 99 (1). Außer es besteht noch eine weitere Verurteilung wegen anderer Verbrechen.

1968 Internal Rules, Regel 99 (3).

1969 Wald, Patricia M., The International Criminal Tribunal for the Former Yugoslavia Comes of Age: Some Observations on Day-To-Day Dilemmas of an International Court, 5 Wash. U. J. L. & Pol'y 87, 2001, S. 93–94.

unter Darlegung eventuell abweichender Meinungen sowie die Entscheidung über die Reparationsanträge der Nebenklage präsentiert.[1970]

Das Urteil der Kammer ist auf den in der Anklage dargelegten Sachverhalt begrenzt. Die Hauptverfahrenskammer kann ebenso wie am IStGH,[1971] aber anders als am JStGH,[1972] die rechtliche Bewertung der angeklagten Taten aus der Closing Order ohne Weiteres ändern, solange keine neuen konstitutiven Tatbestandselemente hinzukommen.[1973] Daher kann auch die Anklageschrift der Ermittlungsrichter an den ECCC kürzer ausfallen als am JStGH, denn die Ermittlungsrichter müssen einen Sachverhalt nicht unter verschiedene Anklagepunkte subsumieren, um eine eventuell abweichende Interpretation der Kammer von Vorneherein zu erfassen.[1974] Die Kammer darf im Urteil nicht prozedurale Fehler aus dem Ermittlungsverfahren beurteilen, diese müssen die Parteien während des Ermittlungsverfahrens vor der Vorverfahrenskammer geltend machen.[1975]

VII. Zusammenfassung

Die Internal Rules geben nur die Grundstruktur des Verfahrensablaufs der Hauptverhandlung vor, die sich an der französischen Rechtstradition orientiert. Danach ist die Hauptverhandlung an den ECCC wie im französischen Prozesssystem kontradiktorischer Natur. Allerdings enthalten die Internal Rules diverse Regelungslücken, so z. B. die Einbringung von Beweisen in die Hauptverhandlung betreffend. Diese Regelungslücken werden von der Hauptverfahrenskammer durch Rechtsfortbildung im Laufe der Verfahren geschlossen. Somit bedarf es für eine Darstellung des tatsächlichen Verfahrensablaufs einer Analyse der Entscheidungen der Kammern und der Verhandlungsprotokolle der Hauptverfahren. Die Ausgestaltung des Hauptverfahrens ist des Weiteren durch die angewendeten Verfahrensmanagement-

1970 Judgement in Case 001, E188, 26. Juli 2010, abrufbar unter http://www.eccc.gov.kh/sites/default/files/documents/courtdoc/20100726_Judgement_Case_001_eng_PUBLIC.pdf.

1971 IStGH-Regulations of the Court, Regel 55.

1972 Am JStGH ist dem angloamerikanischen Recht entsprechend die rechtliche Einordnung durch den Staatsanwalt bindend, außer die Kammer sieht einen geringeren Straftatbestand als erfüllt an. Prosecutor v. Kupreskic, Judgment, Case No. IT-95-16-T, 14. Januar 2000, Para. 728–749, abrufbar unter http://www.icty.org/x/cases/kupreskic/tjug/en/kup-tj000114e.pdf.

1973 Internal Rules, Regel 98 (1).

1974 Boas, Gideon/Bischoff, James L./Reid, Natalie L./Taylor III, B. Don, The International Criminal Law Practitioner Library Volume III, International Criminal Procedure, Cambridge, 2011, S. 300.

1975 Dies folgt aus den Regeln 67 (2), 76 (7), 89 (1) (c) Internal Rules. Trial Chamber response to Motions E67, E57, E56, E58, E23, E59, E20, E33, E71 and E73 following Trial Management Meeting of 5 April 2011, E74, 8. April 2011, S. 2, abrufbar unter http://www.eccc.gov.kh/sites/default/files/documents/courtdoc/E74_EN_0.PDF.

techniken der Hauptverfahrenskammer geprägt. Im Beweisrecht ergeben sich zusätzliche Besonderheiten aufgrund des richterlich geleiteten Ermittlungsverfahrens. Nachfolgend werden diese Besonderheiten des Hauptverfahrens vor den ECCC zusammengefasst.

1) Die richterliche Rechtsfortbildung im Hauptverfahren

Die Hauptverhandlung an den ECCC ist also, wie auch die anderer internationaler Tribunale, durch eine Mischung aus adversatorischen und inquisitorischen Verfahrenselementen gekennzeichnet, also ein System sui generis. Der adversatorische Einfluss zeigt sich beispielsweise in der Pflicht der Parteien zu Erstellung von Zeugen- und Dokumentenlisten. Diese stammt aus dem angloamerikanischen Rechts, denn nach dem dort geltenden Beibringungsgrundsatz müssen die Parteien alle relevanten Tatsachen vorbringen. Dem kontinentaleuropäischen Recht entspricht dagegen die Behandlung von Zeugen als solchen des Gerichts und nicht auf der Seite einer Partei stehend. Daher wird an den ECCC z. B. die Kommunikation zwischen den Parteien und den Zeugen vor deren Aussage in der Hauptverhandlung unterbunden. Dagegen bereiten die Parteien an anderen Tribunalen die Zeugen auf ihre Aussage im Rahmen des sogenannten Witness Proofings vor. Es ist aber kaum kontrollierbar, inwieweit die Parteien die Zeugen nicht auch inhaltlich auf ihre Aussage vor Gericht vorbereiten, indem sie z. B. das Kreuzverhör mit den Zeugen üben. Eine solche Vorbereitung kann der Suche nach der materiellen Wahrheit abträglich sein, da die Zeugen in der Hauptverhandlung dann nicht mehr unbefangen aussagen.[1976] An den ECCC sind die Parteien auch nicht berechtigt, die Zeugen mittels der Vernehmungstechnik des Kreuzverhörs zu befragen. Daher enthalten die Internal Rules auch keine Regel zum sogenannten Hostile Witness. Danach muss eine Partei ihren eigenen Zeugen ins Kreuzverhör nehmen, wenn dessen Aussage der Falldarstellung der ihn benennenden Partei überraschend zuwiderläuft. Diese Rechtsfigur unterliegt vor allem aus kontinentaleuropäischem Rechtsverständnis der Kritik, da sie nicht der materiellen Wahrheitssuche dient, denn die Parteien könnten es von Vorneherein vermeiden, problematische Zeugen für ihre Beweispräsentation überhaupt zu benennen.[1977] Des Weiteren kann die notwendig werdende, umfassende Zeugenvernehmung zu gravierenden Verfahrensverzögerungen führen.

Die Offenheit der Internal Rules ermöglicht es, dass sich eine Verfahrenspraxis an den ECCC, ebenso wie an anderen Tribunalen, im Laufe der Arbeit des Gerichts auf der Basis der Verfahrensentscheidungen entwickelt. Hierzu zählt z.B. die Einbringung von Beweisen ins Hauptverfahren nach Regel 87 Internal Rules.

1976 Eser, Albin, Reflexionen zum Prozesssystem und Verfahrensrecht internationaler Strafgerichtsbarkeit, in Sieber, Ulrich u. A., Strafrecht und Wirtschaftsstrafrecht – Dogmatik, Rechtsvergleich, Rechtstatsachen – München, 2008, S. 1471.

1977 Eser, Albin, The „Adversarial" Procedure: A Model Superior to Other Trial Systems in International Criminal Justice? Reflexions of a judge, in Krüssmann, Thomas, ICTY: Towards a Fair Trial, Wien, 2008, S. 220.

Viele Fragen klärte die Kammer erst in Verfahren 002, obwohl eine Notwendigkeit hierfür bereits in Verfahren 001 bestanden hätte. Beispiele sind die Abgrenzung der Beweiseinbringung nach Regel 87 (3) und (4) Internal Rules, die Zulassung von Aussageniederschriften als Beweismittel anstelle der Zeugeneinvernahme oder der Schutz der Zeugen vor Selbstbelastungen. Der späte Erlass solcher Entscheidungen hatte den Vorteil, dass die Kammer verschiedene Verfahrensweisen testen konnte. So kann ein Zeuge nach einer Änderung der Verfahrenspraxis mit Aussagen anderer Zeugen konfrontiert werden, wenn letzterer erst noch in der Hauptverhandlung gehört werden muss. Andere Fragen sind noch ungeklärt. So muss z.B. noch über die Zulassung von Affidavits als Beweismittel entschieden werden.

Die späten Entscheidungen der Kammer und der Umgang mit den im Vergleich zu anderen Tribunalen starken Einflüssen des Civil Laws auf das Verfahren führten bei den Verfahrensbeteiligten hinsichtlich der anzuwendenden Vorgehensweise zu Unsicherheiten. Dies betraf z.B. die Unterschiede zwischen Zeugenbefragungen und der Befragung der Nebenkläger, die Funktionsweise des Dokumentenbeweises oder die Verwendbarkeit von Vernehmungsprotokollen als Beweismittel.[1978] Aus dieser Situation resultierten etliche zeitintensive und sich wiederholende Diskussionen. Die Unsicherheiten der Parteien wurden verstärkt, wenn und soweit die Kammer die von ihr selbst entwickelte Verfahrenspraxis nicht konsequent einhielt. So befragte sie beispielsweise einen Zeugen in Verfahren 002 nicht immer nach seiner Kenntnis von ihm vorgelegten Dokumenten. Die Kammer äußerte sich aber nicht, ob darin eine Änderung der Verfahrenspraxis aufgrund mangelnder Praxistauglichkeit oder eine im Einzelfall in ihrem Ermessen stehende Abweichung von selbst aufgestellten Grundsätzen zu sehen war. Dies macht es für die Beteiligten schwer, sich auf die Gültigkeit der auf Grundlage der Internal Rules entwickelten Verfahrenspraxis zu verlassen.

Die für alle Beteiligten ungewohnte Ausrichtung am Civil Law System[1979] mag auch ursächlich für die teilweise ungenügende Begründung einiger Entscheidungen der Kammer sein.[1980] Mit zunehmender Verfahrensdauer wurden die Entscheidungen der Kammer, wie z.B. die Entscheidung zur Zulässigkeit des Dokumentenbeweises anhand von Vernehmungsprotokollen, aber klarer strukturiert, umfassender begründet und hatten grundsätzlichen Charakter. Daraus können die Parteien zukünftig eindeutige Leitlinien für die Durchführung der Beweisaufnahme ableiten.

1978 KRT Trial Monitor, Case 002, Issue No. 6, Hearing on Evidence Week 2, 5–9 December 2011, S. 11, abrufbar unter http://krttrialmonitor.files.wordpress.com/2011/11/6-week-1_5-9dec2011-2. pdf.

1979 Grund war wohl auch die mangelnde Begründungspflicht im kambodschanischen Strafverfahren, an die sich auch der nationale Vorsitzende Richter der Kammer erst gewöhnen musste.

1980 Z. B. wenn der Zeuge erkrankt ist und eventuell im nächsten Verfahrensabschnitt nicht mehr erreichbar ist. KRT Trial Monitor, Case 002, Issue No. 6, Hearing on Evidence Week 2, 5–9 December 2011, S. 13, abrufbar unter http://krttrialmonitor.files.wordpress.com/2011/11/6-week-1_5-9dec2011-2.pdf.

2) Die Techniken des Verfahrensmanagements

Die Hauptverfahrenskammer hat das Verfahren mit zunehmender Verfahrenspraxis stärker aktiv geleitet und sich verschiedener Techniken zum Verfahrensmanagement bedient,[1981] um die Durchführung eines zügigen und effizienten Verfahrens zu gewährleisten. Die verschiedenen Techniken werden im Folgenden zusammenfassend dargestellt.

Zunächst ist allerdings darauf hinzuweisen, dass an den ECCC aufgrund der Ausrichtung am kontinentaleuropäischen Recht die an anderen Tribunalen gebräuchliche Verkürzung der Beweisaufnahme nach einem Geständnis des Angeklagten nicht möglich ist. Jedoch kann eine Beschleunigung der Beweisaufnahme durch eine Einigung der Parteien auf das Vorliegen von Tatsachen erreicht werden (Agreed Facts). Anders als an anderen Tribunalen ist die Kammer der ECCC aber wegen ihrer Pflicht zur umfassenden Wahrheitsermittlung nicht an eine solche Einigung gebunden. Auch gibt es an den ECCC nicht das an anderen Strafgerichtshöfen angewendete Instrument der Anerkennung von in einem anderen Verfahren gerichtlich festgestellten Tatsachen (Adjudicated Facts). An den ECCC kann das Verfahren aber beschleunigt werden durch die Einführung des Sitzungsprotokolls einer anderen Hauptverhandlung vor den ECCC als Beweismittel anstelle der erneuten Ladung eines Zeugen. Allerdings muss der Zeuge für eine erneute Vernehmung bereitstehen und bestätigen, dass er bei seiner Vernehmung den Inhalt des Sitzungsprotokolls wiederholen würde.

Die Kammer hat die Verfahrensmanagementtechnik der Verbindung bzw. Trennung von Verfahren umfassend genutzt, um die Verfahrenseffizienz zu steigern. Allerdings erklärte die Rechtsmittelkammer die Anordnung der Kammer zur Trennung des Verfahrens 002 in verschiedene Teilverfahren aufgrund des nicht repräsentativen Inhalts der Verfahren und der mangelnden Parteibeteiligung bei der Trennung für nichtig. Es bleibt abzuwarten, ob die Kammer eine neue Anordnung erlässt. Zur Optimierung der Beweisaufnahme trugen ebenso die vorgenommenen Kürzungen der Zeugen- und Dokumentenlisten der Parteien bei. Allerdings wurde eine Entscheidung der Hauptverfahrenskammer in Verfahren 002 über die zusätzlich erforderlichen Zeugenvernehmungen im Rahmen der nachträglichen Erweiterung der Beweisthemen aufgehoben. Die Rechtsmittelkammer rügte, dass die Streichungen der beantragten Zeugenvernehmung nicht ausreichend mit den Parteien abgesprochen worden waren. Bei einer Neuanordnung muss die Kammer daher einen stärkeren Ausgleich zwischen den Rechten des Angeklagten und der Nebenkläger sowie der Beweislast der Staatsanwaltschaft herstellen.

Des Weiteren hat die Kammer die Beweisaufnahme nach Themengebieten strukturiert, was sich im Wesentlichen vorteilhaft auswirkte. Diese Maßnahme erhöhte zwar die anfängliche Arbeitsbelastung der Kammer, da sie vor Hauptverhandlungs-

1981 Ausführlich hierzu Langer, Máximo, The Rise of Managerial Judging in International Criminal Law, 53 Am. J. Comp. L., 2005.

beginn umfassende Kenntnis von dem zu erwartenden Prozessinhalt erwerben musste. Jedoch konnte sie hierfür, anders als an anderen internationalen Tribunalen, auf die Akten des Ermittlungsverfahrens zurückgreifen. Des Weiteren erörterten die Parteien aufgrund dieser Strukturierung einen Anklagepunkt und die dazugehörigen Beweise unmittelbar nacheinander, was die Übersichtlichkeit der Präsentation der Beweismittel vereinfachte. Dagegen präsentiert in der Hauptverhandlung anderer Tribunale zunächst die Staatsanwaltschaft vollständig ihre Beweise und erst im Anschluss daran die Verteidigung.[1982] Zwischen den jeweiligen Präsentationen der Parteien vergeht daher viel Zeit und die Verfahrensbeteiligten müssen sich bei der Beweispräsentation der Verteidigung erneut in das Beweisthema einarbeiten.[1983]

In Verfahren 002 verwies die Kammer die Parteien zur Klärung von Verfahrensfragen des Weiteren konsequent auf den Schriftweg, um die Prozesse zu beschleunigen. Allerdings steht diese Vorgehensweise im Spannungsfeld zur Gewährleistung des Anspruchs auf rechtliches Gehör in der mündlichen Verhandlung. Dies zeigte sich insbesondere, wenn die Kammer das Mikrophon der Verteidigung ausschaltete. Solche Maßnahmen kann die Kammer aber ergreifen, um z.B. zu vermeiden, dass die Hauptverhandlung als politisches Forum genutzt wird. Dies war beispielsweise der Fall, als die Verteidigung in Verfahren 002 auf die vom ehemaligen Ermittlungsrichter Kasper-Ansermet angeregte, aber von der Staatsanwaltschaft abgelehnte Verfolgung von vier zusätzlichen potenziellen Beschuldigten oder auf die ablehnende Haltung der kambodschanischen Regierung gegenüber weiteren Prozesses vor den ECCC Bezug nahm und versuchte, die Verfahren vor den ECCC als unfair darzustellen.[1984] In anderen Fällen erklärte die Verteidigung dagegen, dass Unsicherheiten über die anzuwendende Verfahrenspraxis bestünden. Die Kammer hätte in diesen Situationen, um sich dem Vorwurf der mangelnden Gewährung rechtlichen Gehörs zu entziehen, anstelle des konsequenten Verweises auf den Schriftweg die Verfahrenspraxis kurz darlegen können. Den Vorschlag der Verteidigung, eine halbe Stunde Verfahrenszeit pro Woche zur Diskussion solcher Themen vorzusehen, sollte die Kammer daher umsetzen. Zusätzlich findet eine Entlastung der mündlichen Verhandlung bereits statt, indem der Senior Legal Officer der Kammer den Parteien offene Fragen beantwortet.

Die Kammer wirkte mit zunehmender Verfahrenspraxis verstärkt darauf hin, die Beweisaufnahmen auf die für den Schuldspruch erheblichen Beweise zu begrenzen. Für die Urteilsfindung unerhebliche Beweisvorbringen der Parteien wies sie von

1982 Dies fordert auch Eser, Albin, Vorzugswürdigkeit des adversatorischen Prozesssystems in der internationalen Strafjustiz? Reflektionen eines Richters, in Müller-Dietz, Heinz, Festschrift für Heike Jung, Baden-Baden, 2007, S. 174.

1983 Eser, Albin, Vorzugswürdigkeit des adversatorischen Prozesssystems in der internationalen Strafjustiz? Reflektionen eines Richters, in Müller-Dietz, Heinz, Festschrift für Heike Jung, Baden-Baden, 2007, S. 174.

1984 Open Society Justice Initiative, The Future of Cases 003/004 at the Extraordinary Chambers in the Courts of Cambodia, Oktober 2012, S. 16.

vornherein zurück, wodurch Verfahrenszeit eingespart wurde.[1985] Die Parteien können Rückschlüsse auf die Relevanz ihrer Beweisvorbringen für das Urteil aus der Strukturierung der Beweisaufnahme nach Themen, der Zulassung von Beweisanträgen, den Kürzungen der Zeugen- und Dokumentenlisten und Fragen der Kammer bei den Zeugenvernehmungen ziehen. Allerdings wäre es wünschenswert, wenn die Kammer den Parteien ihre Ansicht über Rechts- und Tatsachenfragen früher zu erkennen gäbe. Beispielsweist hat sich die Kammer erst spät zur Anwendbarkeit der Zurechnungsfigur der dritten Form der Joint Criminal Enterprise (JCE) geäußert. Diese stellt im Gegensatz zu anderen Zurechnungsfiguren geringere Anforderungen an den Nachweis der Tatbeteiligung.[1986] Eine frühzeitige Stellungnahme hätte die Diskussionen der Parteien hierum in der mündlichen Verhandlung begrenzt.[1987] Zu begrüßen ist aber, dass die Kammer in Verfahren 002 zur frühzeitigen Vorbereitung des Urteils die Einholung der abschließenden Schriftsätze der Parteien hinsichtlich der rechtlichen Fragestellungen schon vor Ende der Verhandlung angekündigte. Dies kann zu einer Entlastung bei der Erstellung des Urteils führen.

Eine im Gegensatz zu anderen Tribunalen aktive Rolle der Kammer in der Hauptverhandlung wurde durch ihre frühzeitige Aktenkenntnis begünstigt. Aufgrund dieser Kenntnis konnte sie die Beweisaufnahme, insbesondere die Zeugenbefragungen, wie im Civil Law System üblich, verstärkt leiten und irrelevante oder repetitive Fragen der Parteien konsequent zurückweisen. Die Richter handhabten diese Rolle dabei flexibel, z. B. überließen sie ihr Erstbefragungsrecht bei den Zeugenvernehmungen in Einzelfällen der Staatsanwaltschaft, da diese sich intensiver mit den Beweismaterialien beschäftigt hat und letztlich auch die Schuld des Angeklagten beweisen muss.[1988] Die Kammer versuchte des Weiteren unter Einbeziehung der Vorschläge der Verfahrensbeteiligten eine verbesserte Koordinierung der verschiedenen Anwälte der Verteidigung sowie der Vertreter von Staatsanwaltschaft und Nebenklage zu erreichen. Dies betraf beispielsweise die Frage, inwieweit die Zeugenvernehmungen durch die verschiedenen Verteidigerteams besser koordiniert werden können.[1989] Hierzu gehörte z. B. der Vorschlag, die Vernehmung nationaler

1985 Eser, Albin, Vorzugswürdigkeit des adversatorischen Prozesssystems in der internationalen Strafjustiz? Reflektionen eines Richters, in Müller-Dietz, Heinz, Festschrift für Heike Jung, Baden-Baden, 2007, S. 174.

1986 Kapitel D III. c).

1987 Eser, Albin, Vorzugswürdigkeit des adversatorischen Prozesssystems in der internationalen Strafjustiz? Reflektionen eines Richters, in Müller-Dietz, Heinz, Festschrift für Heike Jung, Baden-Baden, 2007, S. 173.

1988 Ein Beispiel hierfür ist die Erstbefragung des in Verfahren 001 Verurteilten in Verfahren 002 durch die Staatsanwaltschaft. Eser, Albin, Vorzugswürdigkeit des adversatorischen Prozesssystems in der internationalen Strafjustiz? Reflektionen eines Richters, in Müller-Dietz, Heinz, Festschrift für Heike Jung, Baden-Baden, 2007, S. 185, der ein Erstbefragungsrecht nicht für notwendig erachtet.

1989 Der Vorsitzende Richter stellte das Mikrophon der Verteidigung aus, sodass die Diskussion nicht inhaltlich gelöst wurde. KRT Trial Monitor, Case 002, Issue No.

Zeugen durch die nationalen Anwälte und die internationaler Zeugen durch internationale Anwälte eines Verteidigerteams durchzuführen. Die Verteidigerteams lehnten eine solche strikte Vorgabe durch die Kammer ab. Sie wollten sich einen Reaktionsspielraum in der Verhandlung bewahren und versprachen eine bessere Absprache vor den Vernehmungen. Die Kammer hat noch keine Entscheidung über die zukünftige Vorgehensweise getroffen.

Optimierungsbedarf besteht weiterhin hinsichtlich des Dokumentenmanagements mittels des sogenannten Shared Material Drives. Auf dieser elektronischen Datenbank sollen die Parteien wenige Schlüsseldokumente, auf welche sie in den Zeugenvernehmungen Bezug nehmen wollen, vorab bereitstellen. Hierdurch sollte der Kammer die Vorbereitung auf die Zeugenbefragungen erleichtert werden. Jedoch ist die Zahl der tatsächlich von den Parteien hochgeladenen Dokumente zu groß, um eine Vorbereitung zu ermöglichen. Dies ist jedoch dem Umstand geschuldet, dass die Parteien bei den Zeugenbefragungen ausschließlich die auf dem Shared Material Drive vorhandenen Dokumente nutzen dürfen. Daher stellen sie vor einer Befragung alle denkbar möglichen Dokumente bereit. Eine mögliche Lösung wäre es beispielsweise, die Parteien anzuhalten, Schlüsseldokumente zu identifizieren und die Dokumente nach Relevanz in verschiedene Unterdatenbanken einzuordnen.

a) Ein Vorschlag für weitere wissenschaftliche Arbeiten

Nicht nur an den ECCC, sondern auch am IStGH, stellt die Verbesserung der Koordinierung mehrerer Verteidigerteams sowie von Staatsanwaltschaft und Nebenklage in Zukunft eine Herausforderung dar. Die Verfasserin regt daher die Durchführung einer wissenschaftlichen, rechtsvergleichenden Studie über weitere denkbare Verfahrensmanagementtechniken im Hinblick auf eine verbesserte Koordinierung der Verfahrensbeteiligten an. In einer Studie wäre die mögliche Übernahme von Verfahrensmanagementtechniken aus anderen Großprozessen zu untersuchen. Interessant wäre ein Vergleich zu den bisher wenigen Prozessen nach nationalem Völkerstrafrecht sowie nationalem Wirtschaftsstrafrecht. Diese sind in ihrem Umfang und der Komplexität am ehesten mit Strafprozessen vor internationalen Tribunalen vergleichbar. Spezifischer Aufmerksamkeit bedarf vor allem das Zusammenspiel der Wahrung der Rechte der Verteidigung bei einer zusätzlichen Beteiligung von Nebenklägern am Prozess.

28, Hearing on Evidence Week 23, 18-20 July 2012, S. 12, abrufbar unter http://krt-trialmonitor.files.wordpress.com/2012/08/28-week-23_18-20-july_03aug_final.pdf.

3) Der Einfluss des Ermittlungsverfahrens auf das Hauptverfahren

Die Tatsachengrundlage für das Urteil ergibt sich unmittelbar aus den Erkenntnissen, die in der Hauptverhandlung gewonnen wurden (Inbegriff der Hauptverhandlung).[1990] Vorläufige Erkenntnisse werden allerdings bereits während des Ermittlungsverfahrens durch die Ermittlungsrichter gesammelt. Diese werden im streitigen Hauptverfahren nachvollzogen, gewürdigt und unter das materielle Recht subsumiert.[1991] In der Hauptverhandlung stellt sich aber aufgrund der Fülle der Beweise die Frage, inwieweit Ergebnisse des Ermittlungsverfahrens ohne erneute Erörterung als Beweismittel in die Hauptverhandlung eingeführt werden können, um das Verfahren zu beschleunigen.[1992] Von entscheidender Bedeutung für die Zulässigkeit einer solchen Präjudizierung von Tatsachen für das Hauptverfahren ist, dass eine gewisse „Sicherung der Beweisqualität und die Gewährleistung der Beteiligungsrechte des Beschuldigten" bereits im Ermittlungsverfahren erfolgt ist.[1993] Die Internal Rules halten gewisse Garantien für die Gewährleistung der Ordnungsmäßigkeit der Beweissammlung und der Beachtung der Rechte des Beschuldigten im Ermittlungsverfahren bereit. Hierzu zählen z.B. die Rechte des Beschuldigten bei seiner Vernehmung.[1994] Darüber hinaus besteht eine grundsätzliche Vermutung für einen erhöhten Beweiswert der ermittlungsrichterlichen Beweissammlung, da die Ermittlungsrichter verpflichtet sind, objektiv be- und entlastendes Beweismaterial zu sammeln.

Ein Beispiel für die Wahrung der Rechte des Beschuldigten ist die Entscheidung der Hauptverfahrenskammer in Verfahren 002, dass ermittlungsrichterliche Vernehmungsniederschriften nicht für den Beweis von Tatsachen, die Handlungen oder das Verhalten des Angeklagten betreffen, verwendet werden dürfen. Der Zeuge wird also für die Hauptverhandlung erneut geladen. Allerdings wird dem Zeugen vor seiner Vernehmung sein ermittlungsrichterliches Vernehmungsprotokoll vorgelegt. Bestätigt er die Richtigkeit seiner Aussage, können die Parteien nur über das Protokoll hinausgehende Fragen stellen. Es findet also keine umfassende Beweisaufnahme mehr statt. Es besteht aber die Gefahr, dass der Zeuge seine restliche Aussage auf

---

1990 Gleß, Sabine, Beweisrechtsgrundsätze einer grenzüberschreitenden Strafverfolgung, Baden-Baden, 2006, S. 97.

1991 Perron, Walter, Rechtsvergleichender Querschnitt und rechtspolitische Bedeutung, in Perron, Walter, Die Beweisaufnahme im Strafverfahrensrecht des Auslands, Freiburg, 1995, S. 561.

1992 Dogmatisch handelt es sich dabei um eine Durchbrechung bzw. Lockerung des materiellen Unmittelbarkeitsprinzips.

1993 Perron, Walter, Rechtsvergleichender Querschnitt und rechtspolitische Bedeutung, in Perron, Walter, Die Beweisaufnahme im Strafverfahrensrecht des Auslands, Freiburg, 1995, S. 602.

1994 Vgl. Kapitel I. II., III.

den Inhalt des Protokolls abstimmt.[1995] Jedoch können ihn die Parteien bei ihrer Vernehmung mit Diskrepanzen zwischen der Vernehmungsniederschrift und seiner Aussage in der Hauptverhandlung konfrontieren.[1996]

Nach der Entscheidung der Hauptverfahrenskammer kann aber die Vernehmungsniederschrift einer Zeugenbefragung im Ermittlungsverfahren zum Zweck der Verfahrensbeschleunigung als Beweis für begleitende Tatumstände ohne die erneute Ladung des Zeugen verwendet werden.[1997] Problematisch daran ist allerdings, dass den Parteien bei den Vernehmungen im Ermittlungsverfahren, außer im Falle der Gegenüberstellung des Zeugen mit dem Beschuldigten, kein Teilnahme- und Fragerecht zusteht. Erfolgt keine Gegenüberstellung, z. B. weil die Ermittlungsrichter sie ablehnen, ist das Recht der Parteien auf Konfrontation mit dem Zeugen nur umfassend gewahrt, wenn der Zeuge erneut in der Hauptverhandlung gehört wird. Aus diesem Grund haben die Parteien im französischen Recht das Recht, selbst einen Zeugen, der nicht zuvor konfrontativ befragt wurde, in der Hauptverhandlung zu laden.[1998] An den ECCC steht den Parteien aber kein solches absolutes Konfrontationsrecht zu, die Zeugenladung steht vielmehr im Ermessen der Kammer.

Eine Alternative zu dieser Regelung der Kammer in Verfahren 002 wäre es gewesen, ein umfassendes Teilnahme- und Fragerecht der Parteien bei Zeugenvernehmungen im Ermittlungsverfahren von Beginn an in den Internal Rules

---

1995 Auch ist kaum zu verhindern, dass ein Zeuge die Hauptverhandlung bereits vor seiner Vernehmung verfolgt, was seine weitere Aussage beeinflussen kann.

1996 Decision on Nuon Chea's request for a rule 35 investigation regarding inconsistencies in the audio and written records of OCIJ witness interviews, E142/3, 13. März 2012, Para. 13, abrufbar unter http://www.eccc.gov.kh/sites/default/files/documents/courtdoc/E142_3_EN-1.PDF.

1997 Der Vorteil einer solchen „Beweisreproduktion durch Protokolle“ wird normalerweise darin gesehen, dass der Zeuge im Ermittlungsverfahren unter dem aktuelleren Eindruck des Tatgeschehens aussagt, da das Ermittlungsverfahren mit weniger Abstand zum Tatzeitpunkt stattfindet, vgl. Geppert, Klaus, Der Grundsatz der Unmittelbarkeit im deutschen Strafverfahren, Berlin, 1979, S. 172. Dieser Aspekt entfällt an den ECCC aufgrund der Tatbegehung zwischen 1975–1979. Allerdings wird auch an den ECCC vermutet, dass der Zeuge die reinste Aussage bei seiner ersten Vernehmung im Ermittlungsverfahren abgibt, denn in den folgenden Vernehmungen stützt sich seine Aussage auch auf die Erinnerung dieser ersten Vernehmung. Im Rahmen der Beweisbewertung ist dann allerdings zu berücksichtigen, dass seine Zeugenaussage im Ermittlungsverfahren nicht unter dem unmittelbaren Eindruck der Hauptverhandlung erfolgte, was den Inhalt der Aussage beeinflussen kann.

1998 In Frankreich erfolgte im Rahmen der Strafverfahrensreform eine generelle Stärkung der Rechte der Verteidigung, die Einführung der einverständlichen Verfahrensbeendigung sowie Einschränkungen der Beschuldigtenrechte bei organisierter Kriminalität. Die Forderung nach der Abschaffung des Ermittlungsrichters setzte sich nicht durch. Eser, Albin, Entwicklung des Strafverfahrensrechts in Europa, ZStW 108, 1996, S. 89.

festzuschreiben, um die Beweisqualität zu verbessern und eine Verlängerung des Hauptverfahrens zu vermeiden.[1999] Zumindest aber hätte ein Teilnahme- und Fragerecht der Parteien an den Vernehmungen bei Vorliegen einer einmaligen Gelegenheit zur Durchführung der Befragungen in die Internal Rules aufgenommen werden können, da ein eventueller Verlust der Konfrontationsmöglichkeit im Hauptverfahren angesichts des hohen Alters der Angeklagten und Zeugen bereits zum Zeitpunkt der Errichtung der ECCC nicht auszuschließen war. Dieser auch am IStGH gewählte Ansatz eines stärkeren partizipatorischen Ermittlungsverfahrens kann nur noch für Verfahren 003/ 004 umgesetzt werden, denn in Verfahren 002 ist das Ermittlungsverfahren schon lange abgeschlossen.[2000]

Bedenken an der Vorgehensweise an den ECCC bestehen zudem, da als Beweismittel anstelle der vollständigen Vernehmungsprotokolle aus dem Ermittlungsverfahren nur Zusammenfassungen der Protokolle verwendet werden. Insbesondere wurden in diesen Written Records bereits inhaltliche Abweichungen zu den Wortprotokollen der Vernehmungen festgestellt.[2001] Daher hat die Kammer zur Wahrung des Rechts des Angeklagten auf ein faires Verfahren entschieden, die Verhörsperson für die Hauptverhandlung zu laden, wenn konkrete Zweifel an der Richtigkeit der Written Records bestehen.[2002] Diese Zweifel muss die antragsstellende Partei darlegen.[2003]

VIII. Der Regelvorschlag

Im Folgenden wird eine Regel vorgeschlagen, durch welche ein Beweisverlust bzw. eine wesentliche Minderung des Beweiswerts bei einer einmaligen Gelegenheit zur

---

1999 Grundsätzlich wäre es bei der Errichtung der ECCC auch denkbar gewesen, den Umfang des Ermittlungsverfahrens in den Internal Rules von Anfang an zu Gunsten einer Aufwertung der Hauptverhandlung zu beschränken. Allerdings fiel die grundsätzliche Entscheidung zu Gunsten eines richterlich geleiteten Ermittlungsverfahrens aus.

2000 Die Wirksamkeit der Bekanntgabe der Beendigung der Ermittlungen in Verfahren 003 allein durch den nationalen Ermittlungsrichter ist bisher nicht geklärt. Vgl. Kapitel F. II. III.

2001 Heindel, Anne, "Critical" Irregularities in Interview Procedures Highlighted During Witness Testimony, Phnom Penh, 30. August 2012.

2002 Aus dieser Vernehmung der Verhörsperson resultiert eine Verfahrensverzögerung. Zur Lehre der flankierenden Beweise vgl. Fuchs, Helmut, Die Ergebnisse des Vorverfahrens als Grundlage des Strafurteils, in Strafprozessreform: Konzepte und Orientierungen zum neuen Vorverfahren, Schriftenreihe des Bundesministeriums für Justiz. Nr. 54, Wien, 1991, S. 148.

2003 Stellt die Verteidigung den Antrag, muss sie also die Fehlerhaftigkeit der Beweise darlegen. Diese Regelung stellt keine unzulässige Verschiebung der Beweislast auf den Angeklagten dar, da sie nur für den Nachweis begleitender Tatumstände gilt und nicht die Schuld des Angeklagten betrifft. Seine Schuld muss weiterhin die Staatsanwaltschaft beweisen.

Durchführung einer Ermittlungsmaßnahme, wie z.B. einer Zeugenvernehmung, vermieden werden soll. Es ist zwischen dem Zeitpunkt der einmaligen Gelegenheit für die Ermittlungsmaßnahme vor Erlass der Closing Order sowie nach dem Erlass der Closing Order zu unterscheiden. Vor dem Erlass der Closing Order liegt die Kompetenz zur Durchführung von Maßnahmen bei den Ermittlungsrichtern bzw. der Vorverfahrenskammer, nach dem Erlass der Closing Order bei der Hauptverfahrens- und Rechtsmittelkammer.

Regel 1: Eine einmalige Gelegenheit zur Durchführung einer Ermittlungsmaßnahme vor Erlass der Closing Order

(1) Sind die Ermittlungsrichter der Auffassung, dass Ermittlungen eine einmalige Gelegenheit darstellen, mündliche oder schriftliche Zeugenaussagen zu erhalten oder Beweismittel zu prüfen, zu sammeln oder auf ihre Beweiskraft zu untersuchen, die für die Zwecke einer Verhandlung später möglicherweise nicht mehr verfügbar sein werden, prüfen sie insbesondere die Durchführung der in Regel 2 (2) b)-d) genannten Maßnahmen.

(2) Unter den gleichen Voraussetzungen können die Staatsanwälte oder die Verteidigung die Durchführung von Ermittlungen bei den Ermittlungsrichtern beantragen. Die Entscheidung der Ermittlungsrichter über einen solchen Antrag hat unverzüglich zu ergehen.

a) Besteht nach dem Ermessen der Ermittlungsrichter keine einmalige Gelegenheit oder entscheiden die Ermittlungsrichter nicht unverzüglich über den Antrag nach Regel 1 (2), können Staatsanwaltschaft und Verteidigung die Vorverfahrenskammer gemäß Regel 2 anrufen.

b) Besteht zwischen den Ermittlungsrichtern keine Einigkeit über das Vorliegen einer einmaligen Gelegenheit, findet Regel 72 Internal Rules (Disagreement-Verfahren) Anwendung. Ist einer der Ermittlungsrichter der Ansicht, dass aufgrund von Gefahr im Verzug eine Entscheidung der Vorverfahrenskammer nach Regel 72 Internal Rules nicht abgewartet werden kann, so kann er die Maßnahmen nach Regel 2 ohne Zustimmung des anderen Ermittlungsrichters durchführen.

Regel 2: Die Aufgabe der Vorverfahrenskammer bei einer einmaligen Gelegenheit der Ermittlungsmaßnahme vor Erlass der Closing Order

(1) Wurde die Vorverfahrenskammer durch die Staatsanwaltschaft oder die Verteidigung gemäß Regel 1 (3) angerufen, kann sie Maßnahmen anordnen, um die Wirksamkeit und Ordnungsmäßigkeit des Verfahrens zu gewährleisten und insbesondere die Rechte der Verteidigung zu wahren, wenn sie der Meinung ist, dass eine einmaligen Gelegenheit i. S. v. Regel 1 (1) gegeben ist.

(2) Die in Absatz 1 genannten Maßnahmen können Folgendes umfassen:

a) Die Abgabe von Empfehlungen oder Anordnungen die anzuwendenden Verfahren betreffend.

b) Die Vernehmung einer Person in Anwesenheit der Staatsanwaltschaft und des Verteidigers des Beschuldigten. Die Parteien sind mit Erlaubnis der Ermittlungsrichter befugt Fragen zu stellen.

c) Das Ergreifen etwaiger anderer zur Sammlung oder Sicherung von Beweismitteln erforderlicher Maßnahmen.

d) Die Bestellung eines Rechtsbeistands, der die Interessen der Verteidigung wahrnimmt und vertritt, falls eine Festnahme des Tatverdächtigen noch nicht erfolgt ist oder kein Verteidiger benannt wurde.

(3) Liegt nach der Ansicht zweier Richter der Vorverfahrenskammer Gefahr im Verzug vor, können sie die unverzügliche Durchführung der Maßnahmen durch die Ermittlungsrichter anordnen. Sollten die Ermittlungsrichter die Maßnahme nicht unverzüglich umsetzen, kann die Vorverfahrenskammer die Maßnahme unter eigener Leitung durchführen.

Regel 3: Die einmalige Gelegenheit der Ermittlungsmaßnahmen nach dem Erlass der Closing Order

(1) Ist die Hauptverfahrenskammer nach dem Erlass der Closing Order der Auffassung, dass eine einmalige Gelegenheit besteht, mündliche oder schriftliche Zeugenaussagen zu erhalten oder Beweismittel zu prüfen, zu sammeln oder auf ihre Beweiskraft zu untersuchen, die für die Zwecke einer Verhandlung später möglicherweise nicht mehr verfügbar sein werden, kann sie insbesondere die in Regel 2 (2) b), c) genannten Maßnahmen selbst durchführen.

(2) Ist die Staatsanwaltschaft oder die Verteidigung nach dem Erlass der Closing Order der Auffassung, dass eine einmalige Gelegenheit besteht, mündliche oder schriftliche Zeugenaussagen zu erhalten oder Beweismittel zu prüfen, zu sammeln oder auf ihre Beweiskraft zu untersuchen, die für die Zwecke einer Verhandlung später möglicherweise nicht mehr verfügbar sein werden, so unterrichten sie die Hauptverfahrenskammer dahin gehend und können die Durchführung von Maßnahmen nach Regel 2 (2) b)-c) durch die Hauptverfahrenskammer beantragen. Die Entscheidung der Hauptverfahrenskammer über den Antrag hat unverzüglich zu ergehen.

(3) Besteht nach dem Ermessen der Hauptverfahrenskammer keine einmalige Gelegenheit oder entscheidet sie nicht unverzüglich über den Antrag nach Regel 3 (2), können Staatsanwaltschaft und Verteidigung im Falle der Gefahr im Verzug Beschwerde vor der Rechtsmittelkammer gemäß Regel 104 Internal Rules einlegen. Die Rechtsmittelkammer entscheidet unverzüglich über die Beschwerde. Sie kann insbesondere die Durchführung der in Regel 2 (2) b), c) genannten Maßnahmen anordnen, wofür die Stimme von drei Richtern der Rechtsmittelkammer ausreicht.

Sollte die Hauptverfahrenskammer die Maßnahme nicht unverzüglich umsetzen, kann die Rechtsmittelkammer die Maßnahme unter eigener Leitung durchführen.

Anmerkung:

Ein Antragsrecht zur Durchführung von Ermittlungen gemäß Regel 1 (2), 3 (2) steht den Parteien bereits nach der bisherigen Fassung der Internal Rules zu. Allerdings sind die Ermittlungsrichter bzw. der Hauptverfahrenskammer nicht verpflichtet, unverzüglich über die Anträge der Parteien zu entscheiden. Vor allem bei Vorliegen einer einmaligen Gelegenheit zur Durchführung von Ermittlungsmaßnahmen sollten die Internal Rules aber die Unverzüglichkeit der Entscheidung anordnen. Das Hinauszögern einer Entscheidung könnte nämlich zu einer Erledigung der einmaligen Gelegenheit führen.

Nach der Rechtsprechung der Vorverfahrenskammer der ECCC kann die Vorverfahrenskammer im Rahmen ihrer Hilfszuständigkeit die Durchführung einstweiliger Maßnahmen anordnen, damit der Fortgang der Ermittlungen nicht durch sich über das Vorliegen einer einmaligen Gelegenheit uneinige Ermittlungsrichter verhindert werden kann. Diese wird im vorliegenden Regelvorschlag normiert.[2004] Liegt Gefahr im Verzug vor, dass die einmalige Gelegenheit zur Durchführung der Ermittlungen verstreicht, kann eine Entscheidung der Vorverfahrenskammer nach Regel 72 Internal Rules über die Uneinigkeit der Ermittlungsrichter nicht abgewartet werden. Dann muss ein Ermittlungsrichter die Maßnahmen nach Regel 1 (2) b) ohne Zustimmung des anderen Ermittlungsrichters durchführen können. Ergibt sich die Gefahr im Verzug erst, nachdem die Vorverfahrenskammer bereits mit der Meinungsverschiedenheit befasst ist, so ist nur die Stimme zweier Richter der Vorverfahrenskammer zur Durchführung einer Maßnahme erforderlich. In diesem Ausnahmefall soll aufgrund der Stimmverhältnisse nach der Supermajority-Regelung die Durchführung der Maßnahme nicht endgültig verhindert werden.

Auch bei der Entscheidung der Rechtsmittelkammer ist entgegen der Supermajority-Regelung nur die Stimme von drei Richtern erforderlich. Die Rechtsmittelkammer kann nur im Falle der Gefahr im Verzug angerufen werden. Zum einen kann die Hauptverfahrenskammer, wenn keine Gefahr im Verzug vorliegt, im Verlauf der Hauptverhandlung selbst z. B. die Terminierung der Zeugenladungen ändern und so eine Beweisaufnahme ermöglichen. Zum anderen sind Zwischenbeschwerden der Parteien gemäß Regel 104 Internal Rules nach der Rechtsprechung der Kammer nur zulässig, wenn kein Endurteil ergeht, sodass eine Erweiterung des Antragrechts restriktiv zu handhaben ist.[2005]

2004 Order suspending the enforcement of the "Order on International Co-Prosecutor's public statement regarding Case File 003", D14/1/2, 13. Juni 2011, Para. 4, abrufbar unter http://www.eccc.gov.kh/sites/default/files/documents/courtdoc/D14_1_2_EN.pdf.

2005 Vgl. Kapitel L II.

L. Das Rechtsmittelverfahren

Die Rechtsmittelkammer (Supreme Court Chamber) entscheidet über Beschwerden gegen Entscheidungen der Hauptverfahrenskammer (Immediate/ Interlocutory Appeal), Rechtsmittel gegen Endurteile der ersten Instanz (Appeal)[2006] und die Wiederaufnahme eines rechtskräftig abgeschlossenen Verfahrens. Des Weiteren gibt es den formlosen Rechtsbehelf der Gegenvorstellung vor der Vorverfahrens- und Rechtsmittelkammer. Diese Rechtsmittel werden im Folgenden dargestellt.

I. Allgemeines zum Rechtsmittelverfahren

Die Rechtsmittelkammer besteht aus vier kambodschanischen und drei internationalen Richtern.[2007] Für eine Entscheidung[2008] ist nach der Supermajority-Regel die Stimme von fünf Richtern notwendig.[2009] Wird diese Mehrheit nicht erreicht, bleibt die ursprüngliche Entscheidung der Hauptverfahrenskammer gemäß Regel 108 (4) Internal Rules aufrechterhalten.

Die Entscheidungen der Rechtsmittelkammer sind im Gegensatz zum ursprünglichen Vorschlag der kambodschanischen Regierung, welcher drei Instanzen beinhaltete, abschließend[2010] und für alle Parteien bindend.[2011] Durch die Verkürzung des Rechtswegs auf eine Rechtsmittelinstanz soll eine Verfahrensbeschleunigung erreicht werden, welche aufgrund des hohen Alters der potenziellen Angeklagten und den begrenzten finanziellen Ressourcen zweckmäßig ist.

2006 UN-RGC Abkommen, Artikel 36, ECCC Gesetz, Artikel 37 sichert dem Angeklagten im Rechtsmittelverfahren die gleichen Rechte zu wie im Hauptverfahren.

2007 UN-RGC Abkommen, Artikel 3 (1) (b).

2008 Die Entscheidungen sind zu begründen. Die Kammer kann Argumente der Parteien, welche ohne potenziellen Einfluss auf das Urteil oder offensichtlich unbegründet sind, aber ohne weitere Begründung zurückweisen. Case 001 Appeal Judgement, F28, 3. Februar 2012, Para. 20, abrufbar unter http://www.eccc.gov.kh/sites/default/files/documents/courtdoc/Case%20001Appeal JudgementEn.pdf.

2009 UN-RGC Abkommen, Artikel 4 (1) (b).

2010 Case 001 Appeal Judgement, F28, 3. Februar 2012, Para. 16, abrufbar unter http://www.eccc.gov.kh/sites/default/files/documents/courtdoc/Case%20001AppealJudgementEn.pdf.

2011 Die Urteile der ECCC können nachträglich nicht durch die nationale Justiz geändert werden. Nollkaemper, Andre/Kleffner, Jann K., The Relationship between Internationalized Courts and National Courts, in Cesare P.R./Nollkaemper, Andre/Kleffner, Jann K., Internationalized Criminal Courts: Sierra Leone, East Timor, Kosovo, and Cambodia, Oxford, 2004, S. 375. Case 001 Appeal Judgement, F28, 3. Februar 2012, Para. 16, abrufbar unter http://www.eccc.gov.kh/sites/default/files/documents/courtdoc/Case%20001AppealJudgementEn.pdf.

Das Rechtsmittelverfahren wird entsprechend den für das Hauptverfahren geltenden Regeln durchgeführt.[2012] Die Rechtsmittelkammer kann gemäß Regel 109 (1) Internal Rules eine mündliche Verhandlung ansetzen oder im schriftlichen Verfahren entscheiden. Die Rechtsmittelkammer kann den Parteien Fragen zur Beantwortung vor Beginn der mündlichen Verhandlung aufgeben.[2013] Zur Vereinfachung des Verfahrens kann der Vorsitzende Richter je einen nationalen und einen internationalen Richter zum Co-Berichterstatter für ausgewählte Themen bestellen.[2014] Diese fertigen einen schriftlichen Bericht an, in dem der Sachverhalt und die Details der aufgeworfenen Fragestellungen analysiert werden. Der Bericht wird sodann zu den Akten genommen.[2015] Die mündliche Rechtsmittelverhandlung wird anhand dieser Themen strukturiert[2016] und das jeweilige Thema mit dem Bericht des zuständigen Berichterstatters eingeleitet. In der mündlichen Verhandlung dürfen gemäß Regel 109 (6) Internal Rules ohne vorherige Genehmigung der Kammer keine Tatsachen oder rechtlichen Argumente angeführt werden, die nicht bereits in den schriftlichen Rechtsmittelbegründungen genannt wurden.[2017] Der Zweck der mündlichen Verhandlung ist damit nicht auf die Wiedergabe des Inhalts der Schriftsätze reduziert, sie dient vielmehr der Vertiefung der Argumente.[2018]

Rechtsmittelbefugt ist grundsätzlich jede Partei, soweit sie durch die angegriffene Entscheidung beschwert ist.[2019]

2012 Internal Rules, Regel 104bis.

2013 Order Scheduling Appeal Hearing, F20, 4. März 2011, a. E., abrufbar unter http://www.eccc.gov.kh/sites/default/files/documents/courtdoc/F20_EN.PDF.

2014 Order to appoint Co-Rapporteurs, F21, 14. März 2011, abrufbar unter http://www.eccc.gov.kh/sites/default/files/documents/courtdoc/F21_EN.PDF.

2015 Internal Rules, Regel 108 (6).

2016 In Verfahren 001 waren die Themen persönliche Gerichtsbarkeit, Verbrechen gegen die Menschlichkeit, Strafzumessung, Berufung der Nebenklage. Annex 1 to order scheduling appeal hearing: Timetable, F20.1, 25. März 2011, abrufbar unter http://www.eccc.gov.kh/sites/default/files/documents/courtdoc/F20.1_EN.pdf.

2017 Order Scheduling Appeal Hearing, F20, 4. März 2011, a. E., abrufbar unter http://www.eccc.gov.kh/sites/default/files/documents/courtdoc/F20_EN.PDF.

2018 Order Scheduling Appeal Hearing, F20, 4. März 2011, a. E., abrufbar unter http://www.eccc.gov.kh/sites/default/files/documents/courtdoc/F20_EN.PDF.

2019 Internal Rules, Regel 110 (1).

II. Die Beschwerde

Die Beschwerde[2020] ist gemäß Regel 104 (4) Internal Rules zulässig[2021] gegen „a) Entscheidungen der Hauptverfahrenskammer, die verfahrensbeendende Wirkung hätten,[2022] b) Entscheidungen über Haft und Kaution gemäß Regel 82, c) Entscheidungen über Schutzmaßnahmen gemäß Regel 29 (4), d) Entscheidungen über Eingriffe in die Rechtspflege gemäß Regel 35 (6), e) Entscheidungen, in denen ein Nebenklageantrag als unzulässig verworfen wird."[2023] Begründet werden kann die Beschwerde mit dem Vorliegen eines Rechtsirrtums, der die Entscheidung unwirksam macht, eines Tatsachenirrtums, der zu einer Fehlentscheidung geführt hat oder eines schwerwiegenden Ermessensfehlers der Hauptverfahrenskammer, aus dem eine Vorverurteilung des Angeklagten resultiert.[2024]

2020 Am JStGH wurde die Beschwerdemöglichkeit zu Gunsten des Ziels der Verfahrensbeschleunigung begrenzt, Regeln 72, 73 JStGH RPE. Der Ermessensspielraum der Hauptverfahrenskammer ist nur eingeschränkt überprüfbar, es muss ein offensichtlicher Fehler vorliegen. Prosecutor v. Kajelijeli, Appeals Chamber, ICTR-98-44A, 23. Mai 2005, Para. 201-207, abrufbar unter http://www1.umn.edu/humanrts/instree/ICTR/KAJELIJELI_ICTR-98-44A/KAJELIJELI_ICTR-98-44A-A.html. Am IStGH sind Zwischenbeschwerden nach Artikel 82 IStGH Statut möglich, der Überprüfungsumfang durch die Kammer ist allerdings noch nicht festgelegt. Friman, Hakan, Interlocutory Appeals in the early practice in the International Criminal Court, in Stahn, Carsten/Sluiter, Göran, The Emerging Practice of the International Criminal Court, Leiden, 2009, S. 527–552.

2021 Internal Rules, Regel 104 (1). Erfasst sind nicht Beschwerden der Nebenklage gegen den Beschluss der Hauptverfahrenskammer, dass den Nebenklagevertretern kein Fragerecht bezüglich des Charakters des Angeklagten zusteht. Des Weiteren sind keine Beschwerden gegen die Entscheidung möglich, dass die Nebenklage kein Antragsrecht im Rahmen der Strafzumessung hat. Decision on the Appeals filed by lawyers for Civil Parties (Groups 2 and 3) against the Trial Chamber's Oral Decisions of 27 August 2009, E169/1/2, 24. Dezember 2009, Para. 11, abrufbar unter http://www.eccc.gov.kh/sites/default/files/documents/courtdoc/E169_1_2_EN.pdf. Ebenso wenig ist ein Rechtsmittel gegen eine Entscheidung der Hauptverfahrenskammer möglich, nur den Lead Co-Lawyers der Nebenklage und nicht auch den übrigen Nebenklägervertretern Einsicht in die medizinischen Berichte der Sachverständigen über den Gesundheitszustand der Angeklagten zu gewähren. Decision on Notice of Appeal from Civil Party Lead Co-Lawyers, E62/3/10/5/l, 20. September 2011, abrufbar unter http://www.eccc.gov.kh/sites/default/files/documents/courtdoc/E62_3_10_5_1_EN-1.PDF.

2022 An anderen Tribunalen sind dies z. B. Entscheidungen, die die Zuständigkeit betreffen. JStGH/RStGH RPE, Regel 72.

2023 Internal Rules, Regel 104 (4).

2024 Die maximale Seitenzahl beträgt 30 Seiten gemäß Regel 5 (2), 5 (4) Practice Direction on Filing. Decision on Immediate Appeal against the Trial Chamber's Order to unconditionally release the Accused Ieng Thirith, E138/1/10/1/5/7, 14.

Die Beschwerdeeinlegung suspendiert gemäß Regel 104 Internal Rules nicht den Fortgang des Hauptverfahrens. Um das Recht der Waffengleichheit zu wahren, ist die Verteidigung immer beschwerdebefugt, wenn die Staatsanwaltschaft im umgekehrten Fall ein Recht zur Beschwerdeeinlegung hätte.[2025] Je nach Beschwerdebegründung gelten gemäß Regel 107 Internal Rules unterschiedliche Fristen für die Beschwerdeeinlegung.[2026] Die Entscheidung der Kammer über die Beschwerde hat gemäß Regel 108 (4bis) Internal Rules innerhalb von drei Monaten zu ergehen, ansonsten bleibt die ursprüngliche Entscheidung der Hauptverfahrenskammer bestehen. Diese Frist kann die Kammer nur im Fall einer Beschwerde gemäß Regel 104 (4) (a) Internal Rules auf maximal vier Monate nach Beschwerdeeinlegung verlängern.

1) Die Konkretisierung des Prüfungsumfangs

Der Prüfungsumfang der Rechtsmittelkammer über Beschwerden gegen Entscheidungen der Hauptverfahrenskammer war umstritten. Nach der herrschenden Meinung in der Rechtsmittelkammer ist der Rechtsweg nur eröffnet, wenn kein Endurteil ergeht.[2027] Alle anderen Fragen seien im Rahmen der Rechtsmitteleinlegung gegen das Endurteil zu klären. Die zeit- und ressourcenaufwendige Beschwerdemöglichkeit[2028] sei zur Wahrung des Prinzips der Waffengleichheit daher nicht notwendig.[2029] Gegen dieses enge Verständnis der Beschwerdemöglichkeit wendet sich die Minderheit der internationalen Richter der Rechtsmittelkammer. Sie orientieren sich an den Regelungen anderer internationaler Tribunale.[2030] Zweck der Beschwerde sei die Eröffnung eines Rechtswegs gemäß Artikel 33 neu ECCC Gesetz, wenn eine Entscheidung der Hauptverfahrenskammer das Recht auf ein faires und zügiges Verfahren oder das Endergebnis des Verfahrens tangiert und eine Entschei-

---

Dezember 2012, Para. 30, abrufbar unter http://www.eccc.gov.kh/sites/default/files/documents/courtdoc/20121217%2015:46/E138_1_10_1_5_7_EN.pdf.

2025 Decision on Ieng Sary's appeal against trial chamber's decision on Ieng Sary's rule 89 preliminary objections (ne bis in idem and amnesty and pardon), E5V15/V2, 20. März 2012, S. 1. abrufbar unter http://www.eccc.gov.kh/sites/default/files/documents/courtdoc/E51_15_1_2_EN.PDF.

2026 Stützt sich die Beschwerde auf Regel 104 (4) (a), (d), gilt eine 30-Tage-Frist nach der Bekanntgabe der Entscheidung. Stützt sie sich auf Regel 104 (4) (b), (c), beträgt die Frist 15 Tage.

2027 Decision on Ieng Sary's Appeal Against Trial Chamber's Decision on Co-Prosecutors' Request to Exclude Armed Conflict Nexus Requirement from the Definition of Crimes Against Humanity, E95/8/1/4, 19. März 2012, Para. 9, abrufbar unter http://www.eccc.gov.kh/sites/default/files/documents/courtdoc/E95_8_1_4_EN.PDF.

2028 Cryer, Robert, International Criminal Law and Procedure, Cambridge, 2010, S. 473.

2029 Decision on Ieng Sary's Appeal Against Trial Chamber's Decision on Co-Prosecutors' Request to Exclude Armed Conflict Nexus Requirement from the Definition of Crimes Against Humanity, E95/8/1/4, 19. März 2012, Para. 9, abrufbar unter http://www.eccc.gov.kh/sites/default/files/documents/courtdoc/E95_8_1_4_EN.PDF.

2030 JStGH RPE, Regel 72 (B) (ii), RStGH RPE, Regel 73 (B), IStGH Statut, Artikel 82 (1) (d).

dung der Rechtsmittelkammer das Verfahren gravierend verbessern würde.[2031] Zur Aufgabe der Rechtsmittelkammer gehöre es auch, durch ihre Entscheidung das Prozessrecht weiterzuentwickeln.[2032] Zusätzlich sei im vorliegenden Verfahren 002 mit einem Endurteil frühestens im Jahr 2014 zu rechnen. Ein umfassendes Beschwerderecht könne das spätere Rechtsmittelverfahren gegen das Endurteil verkürzen, da die Rechtsmittelkammer über strittige Fragen bereits im Rahmen der Beschwerde entscheiden könnte.[2033] Hierdurch würden auch bessere Rechtschutzmöglichkeiten für den Angeklagten im Hauptverfahren geschaffen, da Entscheidungen der Hauptverfahrenskammer frühzeitig korrigiert werden könnten.[2034] Die eingelegten Beschwerden waren aufgrund dieser Entscheidung der Rechtsmittelkammer regelmäßig unzulässig.[2035]

2) Beispiele für Beschwerden

Ein Beispiel für unzulässige Beschwerden waren Beschwerden gemäß Regel 104 (4) (a) Internal Rules, in denen die mangelnde Zuständigkeit der ECCC gerügt wurde.[2036] Darin wurde die Missachtung des Prinzips ne bis idem, res iudicata oder bestehender Amnestien geltend gemacht.[2037] Die Unzulässigkeit dieser Beschwerde ist kritisch zu sehen, da bei einer begründeten Zuständigkeitsrüge eine Hauptverhandlung und

---

2031 Decision on Ieng Sary's appeal against trial chamber's decision on Ieng Sary's rule 89 preliminary objections, Dissenting Opinion of Judges Klonowiecka-Milart and Jayasinghe, E51/15/1/2.1, 20. März 2012, Para. 1, abrufbar unter http://www.eccc.gov.kh/sites/default/files/documents/courtdoc/E51_15_1_2.1_EN.PDF.

2032 Safferling, Christoph, International Criminal Procedure, Oxford, 2011, S. 5.

2033 Decision on Ieng Sary's appeal against trial chamber's decision on Ieng Sary's rule 89 preliminary objections, Dissenting Opinion of Judges Klonowiecka-Milart and Jayasinghe, E51/15/1/2.1, 20. März 2012, Para. 2, abrufbar unter http://www.eccc.gov.kh/sites/default/files/documents/courtdoc/E51_15_1_2.1_EN.PDF.

2034 Decision on Ieng Sary's appeal against trial chamber's decision on Ieng Sary's rule 89 preliminary objections, Dissenting Opinion of Judges Klonowiecka-Milart and Jayasinghe, E51/15/1/2.1, 20. März 2012, Para. 2, abrufbar unter http://www.eccc.gov.kh/sites/default/files/documents/courtdoc/E51_15_1_2.1_EN.PDF.

2035 Z. B. Decision on Ieng Sary's appeal against Trial Chamber's order requiring his presence in court, E130/4/3, 31. Januar 2012, abrufbar unter http://www.eccc.gov.kh/sites/default/files/documents/courtdoc/E130_4_3_EN.PDF.

2036 Decision on Ieng Sary's Appeal Against Trial Chamber's Decision on Co-Prosecutors' Request to Exclude Armed Conflict Nexus Requirement from the Definition of Crimes Against Humanity, E95/8/1/4, 19. März 2012, Para. 8, abrufbar unter http://www.eccc.gov.kh/sites/default/files/documents/courtdoc/E95_8_1_4_EN.PDF.

2037 Decision on Ieng Sary's appeal against trial chamber's decision on Ieng Sary's rule 89 preliminary objections (ne bis in idem and amnesty and pardon), E5V15/V2, 20. März 2012, S. 1, abrufbar unter http://www.eccc.gov.kh/sites/default/files/documents/courtdoc/E51_15_1_2_EN.PDF.

Hauptverfahrenshaft des Angeklagten vermieden worden wäre.[2038] Unzulässig waren auch Beschwerden gegen Entscheidungen der Hauptverfahrenskammer über die Ablehnung von Beweismitteln gemäß Regel 87 Internal Rules. Problematisch daran ist, dass neues Beweismaterial nicht mehr in die Beweisbewertung des Endurteils mit einbezogen wird, wenn erst im Rechtsmittelverfahren gegen das Endurteil eine Fehlentscheidung der Hauptverfahrenskammer festgestellt wird.[2039] Abgelehnt wurde auch die Zulässigkeit einer Beschwerde gemäß Regel 104 (1), 104 (4) (d) und Regel 21 Internal Rules, die sich gegen eine Entscheidung der Hauptverfahrenskammer gegen die Überprüfung einer einseitigen Kommunikation eines ihrer Mitarbeiter mit der Staatsanwaltschaft richtete.[2040] An dieser Entscheidung ist zu kritisieren, dass eine solche rechtswidrige Absprache nach der Zurückweisung der Beschwerdemöglichkeit im Hauptverfahren nicht mehr ausgeglichen werden könnte.

Zulässig und begründet war dagegen die Beschwerde der Staatsanwaltschaft gegen die Aufteilung des Verfahrens 002 in verschiedene Teilverfahren durch die Hauptverfahrenskammer gemäß Regel 104 (4) (a) Internal Rules. Die Teilverfahrensanordnung der Hauptverfahrenskammer hatte nämlich quasi-verfahrensbeendende Wirkung. Das Verfahren sei hinsichtlich aller nicht vom ersten Teilverfahren erfassten Anklagepunkte de facto ausgesetzt. Es könne daher nicht davon ausgegangen werden, dass ein Urteil bezüglich dieser Anklagepunkte ergehen werde.[2041]

III. Die Urteilsbeschwerde

Im Rechtsmittelverfahren gegen das Endurteil ist zwischen der Rechtsmitteleinlegung, welche zur Wahrung der Frist ausreichend ist, und der Rechtsmittelbegründung zu unterscheiden. Die Urteilsbeschwerde kann sich auf verschiedene Gründe stützen, die im Folgenden dargestellt werden.

2038 Dissenting Opinion of Judges Klonowiecka-Milart and Jayasinghe, Decision on Ieng Sary's appeal against trial chamber's decision on Ieng Sary's rule 89 preliminary objections, E51/15/1/2.1, 20. März 2012, Para. 2, abrufbar unter http://www.eccc.gov.kh/sites/default/files/documents/courtdoc/E51_15_1_2.1_EN.PDF.

2039 KRT Trial Monitor, Case 002, Issue No. 28, Hearing on Evidence Week 23, 18-20 July 2012, S. 10, abrufbar unter http://krttrialmonitor.files.wordpress.com/2012/08/28-week-23_18-20-july_03aug_final.pdf.

2040 Decision on Ieng Sary's Appeal Against the Trial Chamber's Decision on its Senior Legal Officer's Ex Parte Communications, E154/1/1/4, 25. April 2012, abrufbar unter http://www.eccc.gov.kh/sites/default/files/documents/courtdoc/E154_1_1_4_EN.PDF.

2041 Decision on the Co-Prosecutors' immediate appeal of the Trial Chamber's decision concerning the scope of case 002/01, 8. Februar 2013, E163/5/1/13, Para. 25, abrufbar unter http://www.eccc.gov.kh/sites/default/files/documents/courtdoc/20130211%2018:23/E163_5_1_13_EN-1.PDF.

1) Die Rechtsmitteleinlegung

Das Rechtsmittel (Notice of Appeal) muss innerhalb von 30 Tagen nach Urteilsverkündung eingelegt werden. Die andere Partei erhält weitere 15 Tage Zeit für ihre Antwort auf den Schriftsatz der rechtsmitteleinlegenden Partei. Die Begründung des Rechtsmittels ist im Schriftsatz zu skizzieren.[2042] Eine detaillierte Rechtsmittelbegründung (Appeal Brief)[2043] ist nach weiteren 30 Tagen einzureichen.

2) Die Rechtsmittelbegründung

Die Urteilsbeschwerde kann sich, anders als die Beschwerde, nur auf zwei Gründe stützen. Sie kann erhoben werden[2044] wegen eines Rechtsirrtums, der das Urteil unwirksam macht[2045] oder eines Tatsachenirrtums, der zu einem Fehlurteil, also einem grob unfairen Ergebnis des Verfahrens,[2046] geführt hat.[2047] Die ursprünglich übernommene, nationale Regel,[2048] nach der jeder tatsächliche oder rechtliche Fehler gerügt werden konnte, wurde durch das Plenum im September 2008 eingeschränkt.[2049] Nun entspricht die Regelung der anderer internationaler Tribunale.[2050]

2042 Internal Rules, Regel 105 (2), Decision on Notice of Appeal from Civil Party Lead Co-Lawyers, E62/3/10/5/l, 20. September 2011, abrufbar unter http://www.eccc.gov.kh/sites/default/files/documents/courtdoc/E62_3_10_5_1_EN-1.PDF.

2043 Internal Rules, Regel 105 (3).

2044 Die Kammer gewährt den Parteien mehr als den in Regeln 5 (2), 5 (4) Practice Direction on Filing festgelegten Seitenumfang von 30 Seiten. In Verfahren 001 wurden den Parteien beispielsweise, trotz eines Vergleichs zum IStGH, an dem bis zu 100 Seiten möglich, 65 Seiten gewährt. Der in der Direction genannte Seitenumfang gelte für Beschwerden, in denen keine den ganzen Prozess erfassende, faktische und rechtliche Erläuterung nötig sei. Decision on Co-Prosecutors' two applications for extension of page limit for their appeal brief, F5/2, 18. Oktober 2012, abrufbar unter http://www.eccc.gov.kh/sites/default/files/documents/courtdoc/F5_2_EN.PDF_.pdf.

2045 Case 001 Appeal Judgement, F28, 3. Februar 2012, Para. 15, abrufbar unter http://www.eccc.gov.kh/sites/default/files/documents/courtdoc/Case%20001AppealJudgementEn.pdf.

2046 Case 001 Appeal Judgement, F28, 3. Februar 2012, Para. 19, abrufbar unter http://www.eccc.gov.kh/sites/default/files/documents/courtdoc/Case%20001AppealJudgementEn.pdf.

2047 ECCC Gesetz, Artikel 36.

2048 CCP, Artikel L 521-1.

2049 Ausführlich hierzu O'Neill, Lily/Sluiter, Goran, The Right to Appeal a Judgment of the Extraordinary Chambers in the Courts of Cambodia, 10 (2) Melb J Int'l Law, 2009, S. 596–630.

2050 JStGH Statut, Artikel 25, RStGH Statut, Artikel 24, SCSL Statut, Artikel 20, IStGH Statut, Artikel 81 (1). Zappala, Salvatore, Human rights in international criminal proceedings, Oxford, 2003, S. 166. „The [ICTY] Appeals Chamber has consistently held that a decision of a Trial Chamber on facts can be overturned only where it is

Die Rechtsmittelkammer überprüft das Urteil nur hinsichtlich der von den Rechtsmittelführern vorgetragenen Gründe. Nur in Ausnahmefällen kann die Kammer Fragen ex proprio motu klären, wenn diese von grundsätzlicher Bedeutung für die Rechtsprechung des Gerichts sind.[2051] Die Parteien müssen die Gründe konkret dar legen.[2052] Geht die Staatsanwaltschaft gegen einen Freispruch vor,[2053] muss sie darlegen, dass bei richtiger Tatsachenbewertung alle vernünftigen Zweifel bezüglich der Schuld des Angeklagten entfallen.[2054] Grund hierfür ist, dass die Staatsanwaltschaft die Schuld des Angeklagten „beyond reasonable doubt" zu beweisen hat.[2055] Die Nebenkläger müssen bei der Rechtsmitteleinlegung gegen das Endurteil zum einen den Umfang der staatsanwaltschaftlichen Rechtsmitteleinlegung wahren und zum anderen dürfen ihre Ausführungen nur den Schuldspruch, nicht das Strafmaß, betreffen.[2056] Wendet sich die Verteidigung gegen eine Verurteilung, muss die vorgetragene Rechtsmittelbegründung zu einem vernünftigen Zweifel der Kammer bezüglich der Schuld des Angeklagten nach dem Grundsatz in dubio pro reo führen.[2057] Die Parteien dürfen ihre Begründung nicht allein auf Argumentationslinien stützen, welche schon im Ausgangsverfahren erfolglos vorgetragen wurden. Eine Ausnahme

proven that such decision was based on an assessment of facts that no reasonable person could endorse. This standard, however, is very hard to apply in practice and the Appeals Chamber oscillates between a very restrictive approach and a broader one."

2051 Case 001 Appeal Judgement, F28, 3. Februar 2012, Para. 15, abrufbar unter http://www.eccc.gov.kh/sites/default/files/documents/courtdoc/Case%20001AppealJudgementEn.pdf.

2052 Die Parteien müssen die Stellen des Urteils konkret benennen, auf die sich ihre Begründung bezieht. Case 001 Appeal Judgement, F28, 3. Februar 2012, Para. 20, abrufbar unter http://www.eccc.gov.kh/sites/default/files/documents/courtdoc/Case%20001AppealJudgementEn.pdf.

2053 Die Staatsanwaltschaft ist hierzu im Civil Law wegen des Ziels der Wahrheitsfindung befugt. Im Gegensatz dazu konzentriert sich das Common Law auf den Schutz des Angeklagten vor einer nochmaligen Verfolgung durch den Staat. Cryer, Robert, International Criminal Law and Procedure, Cambridge, 2010, S. 471.

2054 Case 001 Appeal Judgement, F28, 3. Februar 2012, Para. 18, abrufbar unter http://www.eccc.gov.kh/sites/default/files/documents/courtdoc/Case%20001AppealJudgementEn.pdf.

2055 Case 001 Appeal Judgement, F28, 3. Februar 2012, Para. 15, abrufbar unter http://www.eccc.gov.kh/sites/default/files/documents/courtdoc/Case%20001AppealJudgementEn.pdf.

2056 Internal Rules, Regel 105 (1) (c).

2057 Case 001 Appeal Judgement, F28, 3. Februar 2012, Para. 18, abrufbar unter http://www.eccc.gov.kh/sites/default/files/documents/courtdoc/Case%20001AppealJudgementEn.pdf.

besteht, wenn die Zurückweisung der Argumente durch die Hauptverfahrenskammer so fehlerhaft war, dass die Rechtsmittelkammer darauf reagieren muss.[2058]

Die Rechtsmittelkammer kann zusätzliche Beweise erheben,[2059] um die Streitpunkte zu entscheiden.[2060] Dies können die Verfahrensbeteiligten gemäß Regel 108 (7) Internal Rules auch beantragen.[2061] Somit entspricht das Rechtsmittelverfahren einem „erweiterten Revisionsverfahren".[2062]

Die Rechtsmittelkammer überprüft bei einem gerügten Tatsachenirrtum, ob die Hauptverfahrenskammer die urteilsrelevanten[2063] Fakten angemessen festgestellt hat.[2064] Nur im Ausnahmefall kann sie die Tatsachenfeststellungen der Hauptverfahrenskammer durch eigene ersetzen. Dies ist der Fall, wenn jedes vernünftige Gericht die Beweise nicht akzeptiert hätte oder die Evaluierung der Beweise offensichtlich fehlerhaft ist.[2065]

Bei der Rüge eines Rechtsirrtums kann die Rechtsmittelkammer die von der Hauptverfahrenskammer vorgenommene Subsumtion der Tatsachenfeststellungen unter die Tatbestände ändern. Allerdings darf ihre abweichende Subsumtion nicht die konstitutiven Elemente des Tatbestands betreffen.[2066] Ein Beispiel für einen Rechtsirrtum ist die ungerechtfertigte Ablehnung eines Beweisantrags durch die

---

2058 Case 001 Appeal Judgement, F28, 3. Februar 2012, Para. 20, abrufbar unter http://www.eccc.gov.kh/sites/default/files/documents/courtdoc/Case%20001AppealJudgementEn.pdf.

2059 Die Erhebung zusätzlicher Beweise ist im Common Law unüblich. Wilhelmi, Theresa, Die Verfahrensordnung des Internationalen Strafgerichtshofs – Modell eines universalen Strafverfahrensrechts?, Rechtspolitisches Forum, Nr. 24, IRP, Trier, 2004, S. 50.

2060 Internal Rules, Regel 104 (1).

2061 Der Antrag muss die zusätzlichen Beweise beinhalten. Supreme Court Chamber Memorandum to Civil Parties Group 3 regarding to the requests for additional evidence, F18, 21. Februar 2011, Para. 2, abrufbar unter http://www.eccc.gov.kh/sites/default/files/documents/courtdoc/F18_EN. PDF. SCC Memorandum to co-lawyers for accused Kaing Guek Eav alias Duch regarding to the requests for additional evidence, F17, 21. Februar 2011, Para. 2, abrufbar unter http://www.eccc.gov.kh/sites/default/files/documents/courtdoc/F17_EN.PDF.

2062 Kirsch, Stefan, Verteidigung in Verfahren vor dem Internationalen Strafgerichtshof für das ehemalige Jugoslawien (JStGH), StV 2003, S. 637.

2063 Case 001 Appeal Judgement, F28, 3. Februar 2012, Para. 15, abrufbar unter http://www.eccc.gov.kh/sites/default/files/documents/courtdoc/Case%20001AppealJudgementEn.pdf.

2064 Case 001 Appeal Judgement, F28, 3. Februar 2012, Para. 17, abrufbar unter http://www.eccc.gov.kh/sites/default/files/documents/courtdoc/Case%20001AppealJudgementEn.pdf.

2065 Case 001 Appeal Judgement, F28, 3. Februar 2012, Para. 17, abrufbar unter http://www.eccc.gov.kh/sites/default/files/documents/courtdoc/Case%20001AppealJudgementEn.pdf.

2066 Internal Rules, Regel 110 (2).

Hauptverfahrenskammer, der die Entscheidung ungültig macht.[2067] Die Verletzung der richterlichen Aufklärungspflicht kann nur beanstandet werden, wenn im Falle eines Freispruchs Tatsachen lückenhaft festgestellt wurden und die Rechtsmittelkammer weitere Ermittlungen für notwendig erachtet.[2068] Mit der Verletzung des materiellen Unmittelbarkeitsprinzips[2069] kann ein Rechtsmittel nicht erfolgreich begründet werden. Die Beweisbewertung obliegt allein der Hauptverfahrenskammer und ist nicht überprüfbar.[2070] Die Hauptverfahrenskammer kann z. B. die Glaubwürdigkeit eines Zeugen durch den unmittelbar in der Hauptverhandlung gewonnenen Eindruck besser beurteilen. Sie muss nicht jeden Gedankenschritt der Beweisbewertung im Urteil nachzeichnen, sondern nur den Beweis der das Urteil tragenden Tatsachen.[2071] Wird ein Rechtsirrtum gerügt, müssen nicht alle Argumente vortragen werden, die Kammer kann auch eigene Gründe anführen.[2072]

3) Der Tenor

Die Kammer kann das Urteil erster Instanz bestätigen, aufheben oder abändern, ohne den Fall erneut umfassend zu verhandeln.[2073] Die Zurückverweisung des Verfahrens an die Hauptverfahrenskammer ist ausdrücklich untersagt.[2074] Strengt die Staatsanwaltschaft das Rechtsmittelverfahren an, kann ein Freispruch erfolgen oder das Urteil erster Instanz zum Vor- oder Nachteil des Angeklagten geändert werden. Geht die Staatsanwaltschaft allerdings gegen einen Freispruch vor, kann die Rechtsmittelkammer den Freispruch nicht aufheben,[2075] sondern nur die fehlerhaften

2067 Barth, Holger, Landesbericht Frankreich, in Perron, Walter, Die Beweisaufnahme im Strafverfahrensrecht des Auslands, Freiburg, 1995, S. 143.

2068 Barth, Holger, Landesbericht Frankreich, in Perron, Walter, Die Beweisaufnahme im Strafverfahrensrecht des Auslands, Freiburg, 1995, S. 143.

2069 Das materielle Unmittelbarkeitsprinzip bedeutet, dass für den Beweis einer Tatsache stets das naheliegendste Beweismittel heranzuziehen ist. Vgl. Kapitel K V. 1) c).

2070 Case 001 Appeal Judgement, F28, 3. Februar 2012, Para. 17, abrufbar unter http://www.eccc.gov.kh/sites/default/files/documents/courtdoc/Case%20001AppealJudgementEn.pdf.

2071 Case 001 Appeal Judgement, F28, 3. Februar 2012, Para. 17, abrufbar unter http://www.eccc.gov.kh/sites/default/files/documents/courtdoc/Case%20001AppealJudgementEn.pdf.

2072 Case 001 Appeal Judgement, F28, 3. Februar 2012, Para. 16, abrufbar unter http://www.eccc.gov.kh/sites/default/files/documents/courtdoc/Case%20001AppealJudgementEn.pdf.

2073 Internal Rules, Regel 110 (4). Ebenso JStGH Statut, Artikel 25, RStGH Statut, Artikel 24.

2074 ECCC Gesetz, Artikel 36. Die Möglichkeit der Zurückverweisung besteht aber an den anderen internationalen Tribunalen, vgl. z. B. IStGH Statut, Artikel 83 (2).

2075 Anders als an anderen Tribunalen. Starygin, Stan, Internal rules of the extraordinary chambers in the courts of Cambodia (ECCC): Setting an example of the rule of law by breaking the law?, 3 (2) JLCR, 2011, S. 16.

Annahmen im Urteil erster Instanz ändern.[2076] Legt nur die Verteidigung ein Rechtsmittel ein, kann die Kammer das Strafmaß nicht erhöhen, sondern das Urteil nur zu Gunsten des Angeklagten abändern (Verbot der reformatio in peius).[2077]

IV. Die Wiederaufnahme des Verfahrens

Die Wiederaufnahme des Verfahrens (Revision) kann gemäß Regel 112 Internal Rules beantragt werden.[2078] Das Rechtsmittel ist erfolgsversprechend, sofern neue Beweismittel aufgetaucht sind, die zum Zeitpunkt des Verfahrens ohne Verschulden der Parteien nicht zur Verfügung standen und deren Kenntnis zu einem anderen Urteil geführt hätte. Gleiches gilt, wenn das Urteil auf falschen Tatsachenannahmen beruht oder ein Fehlverhalten eines Ermitttlungs-/ Richters vorliegt, welches dessen Suspendierung gerechtfertigt hätte.[2079]

Antragsbefugt sind der Verurteilten oder, gemäß einer nachträglich eingeführten Sonderregel, im Falle seines Todes die Ehepartner, Kinder, Eltern oder eine andere schriftlich bevollmächtigte Person. Des Weiteren kann die Staatsanwaltschaft die Wiederaufnahme in ihrem Namen beantragen.

Bisher ist in den Internal Rules nicht geregelt, wie das Wiederaufnahmeverfahren ablaufen soll, falls das Tribunal seine Arbeit zum fraglichen Zeitpunkt schon beendet hat. Dies müsste in einer Abwicklungsstrategie thematisiert werden.[2080]

V. Die Gegenvorstellung

Die Gegenvorstellung (Reconsideration) ist in den Internal Rules nicht geregelt. Dieser formlose Rechtsbehelf ohne Devolutiveffekt ist aber zulässig, wenn sich während des Verfahrens neue oder bei der Entscheidung nicht berücksichtigte, tatsächliche oder rechtliche Gründe ergeben (z. B. neue Argumentationslinien), wenn die angegriffenen Entscheidung offensichtliche Fehler enthält oder eine Entscheidung zur

2076 Internal Rules, Regel 110 (4).

2077 Internal Rules, Regel 110 (3). Es gibt keine Hierarchie zwischen den Tatbeständen, sodass die Reformatio in peius kaum Anwendung finden kann. Cryer, Robert, International Criminal Law and Procedure, Cambridge, 2010, S. 471.

2078 Am JStGH und RStGH kann die Staatsanwaltschaft auch im Fall eines Freispruchs innerhalb eines Jahres die Wiederaufnahme beantragen gemäß JStGH RPE, Regel 120, RStGH RPE, Regel 119. Zuständig ist die originär mit der Sache befasste Kammer. Am IStGH kann die Staatsanwaltschaft dies gemäß Artikel 84 (1) IStGH Statut nur im Fall einer Verurteilung. Die Appeals Chamber ist dann für die Prüfung der Zulässigkeit, eine andere Kammer für die Durchführung des Verfahrens zuständig.

2079 Internal Rules, Regel 112.

2080 Heller, Kevin Jon, Completion Strategies, Melbourne Law School, 2009, S. 41, abrufbar unter http://www.ipp.ghum.kuleuven.be/publications/heller.pdf.

Vermeidung von Unrecht notwendig ist.[2081] Die Beurteilung der Zulässigkeit liegt im Ermessen der bereits vorher mit der Sache befassten Kammer. Allerdings ist sie nur statthaft, wenn zuvor die in den Internal Rules aufgeführten Rechtsmittelmöglichkeiten ausgeschöpft wurden.[2082] Die bisherigen Anträge waren erfolglos.

VI. Zusammenfassung

Entscheidungen der Rechtsmittelkammer sind abschließend. Die ursprüngliche Fassung der Internal Rules hat nur die Grundstrukturen der Möglichkeiten und des Verfahrens zur Einlegung von Rechtsmitteln an den ECCC vorgegeben. Die Rechtsmittelkammer hat diese im Verfahrensverlauf konkretisiert.

Zunächst können die Verfahrensbeteiligten gegen das Urteil erster Instanz Urteilsbeschwerde einlegen. Die Kammer hat ihren Prüfungsumfang dem anderer internationaler Tribunale angepasst. Sie überprüft Rechtsirrtümer, die das Urteil unwirksam machen, sowie Tatsachenirrtümer, die zu einem Fehlurteil geführt haben. Die Nebenklagevertreter sind auf den Umfang der Rechtsmitteleinlegung durch die Staatsanwaltschaft begrenzt und dürfen sich nur gegen den Schuldspruch wenden. Dieses Verfahren kann auch als ein „erweitertes Revisionsverfahren“ verstanden werden. Die Rechtsmittelkammer kann in Ausnahmefällen Fragen ex proprio motu klären, wenn diese von grundsätzlicher Bedeutung für die Rechtsprechung des Gerichts sind.

Das Beschwerderecht gegen Entscheidungen der Hauptverfahrenskammer im laufenden Verfahren hat die Rechtsmittelkammer allerdings stark eingeschränkt. Die Zwischenbeschwerde ist nach der mehrheitlichen Entscheidung der nationalen Richter nur möglich, wenn kein Endurteil ergeht. Diese Auslegung entspricht nicht der an anderen internationalen Gerichten gewählten Lösung und schwächt den Rechtschutz des Angeklagten im Hauptverfahren. So könnte beispielsweise eine erfolgreiche Beschwerde hinsichtlich einer möglichen Nichtanerkennung von Amnestien oder Begnadigungen durch die Hauptverfahrenskammer die Durchführung einer Hauptverhandlung und die Hauptverfahrenshaft eines Angeklagten verhindern.[2083] Anstelle dessen müssen nun alle Fragen im Rechtsmittelverfahren gegen das Endurteil geklärt werden, wodurch dieses verlängert wird.

2081 Decision on Application for reconsideration of civil party's right to address Pre-Trial Chamber in person, C22/I/68, 28. August 2008, Para. 25, abrufbar unter http://www.cambodiatribunal.org/sites/default/files/resources/ieng_sary_ptc_decision_on_application_for_reconsideration_of_civil_parties_right_to_address_pre_trial_chamber_in_person.pdf.

2082 Decision on Request to reconsider decision on proof of identify for civil party application (E2/36), E2/94/4, 10. August 2009, abrufbar unter http://www.eccc.gov.kh/sites/default/files/documents/courtdoc/E2_94_4_EN.pdf.

2083 Decision on Ieng Sary's appeal against trial chamber's decision on Ieng Sary's rule 89 preliminary objections, Dissenting Opinion of Judges Klonowiecka-Milart and

Die Wideraufnahme eines Verfahrens können der Verurteilte, sein Ehepartner, Verwandte 1. Grades oder von ihm schriftlich beauftragte Personen bzw. die Staatsanwaltschaft in deren Namen nach Erlass eines rechtskräftigen Urteils beantragen. Der genaue Verfahrensablaufs ist in den Internal Rules noch nicht konkretisiert.

Des Weiteren ist die nicht in den Internal Rules erwähnte Gegenvorstellung durch die Vorverfahrenskammer anerkannt. Dies ist ein formloser Rechtsbehelf ohne Devolutiveffekt.

Jayasinghe, E51/15/1/2.1, 20. März 2012, Para. 2, abrufbar unter http://www.eccc.gov.kh/sites/default/files/documents/courtdoc/E51_15_1_2.1_EN.PDF.

Abschließender, gesamtbetrachtender und ausblickender Teil

M. Gesamtbetrachtung der Strafverfahrenswirklichkeit an den ECCC

In dieser Dissertation wurde die Strafverfahrenswirklichkeit an den ECCC vor dem Hintergrund der Entstehungsgeschichte des Gerichts (Kapitel B), seiner Rechtsnatur, der Funktion des völkerstrafrechtlichen Verfahrens in Kambodscha, den zentralen Strafverfahrensrechten (Kapitel C), seines Mandats (Kapitel D) sowie der Sicherung der Verfahrensintegrität (Kapitel G) in den einzelnen Verfahrensstadien (Kapitel H: das Vorermittlungsverfahren, Kapitel I: das Ermittlungsverfahren, Kapitel J: das Verfahren vor der Vorverfahrenskammer, Kapitel K: das Hauptverfahren, Kapitel L: das Rechtsmittelverfahren) untersucht. Die Strafverfahrenswirklichkeit wurde dabei in Kontext zur Verfahrenspraxis anderer internationaler Tribunale gesetzt, um Gemeinsamkeiten und Unterschiede zwischen den internationalen Tribunalen sichtbar zu machen. Auf Grundlage dieser Analyse konnte ein Regelvorschlag zur Ergänzung der Internal Rules erarbeitet werden. (vgl. nachfolgend III. 2).[2084] Die wesentlichen Ergebnisse der Analyse (vgl. die Zusammenfassungen am Ende der einzelnen Kapitel) werden im Folgenden zusammenfassend betrachtet.

I. Die Grundlagen der Strafverfahrenswirklichkeit an den ECCC

Zunächst wurden in der vorliegenden Dissertation die Grundlagen, auf denen die Strafverfolgung an den ECCC basiert, analysiert. Die sich ergebenden wesentlichen Grundzüge und Besonderheiten werden nachfolgend zusammenfassend dargestellt.

Die ECCC basieren, anders als die Gerichte JStGH oder RStGH, auf einem völkerrechtlichen Vertrag zwischen den VN und der kambodschanischen Regierung, dem UN-RGC Abkommen, und werden durch freiwillige Beiträge der VN-Mitgliedstaaten finanziert.[2085] Zur ihrer Errichtung kam es, nachdem die kambodschanische Regierung die VN um Hilfe bei der Aufarbeitung der Verbrechen der Khmer Rouge ersucht hatte.[2086] Die nationalen Strafverfolgungsbehörden waren nämlich für eine

2084 Vgl. Kapitel J. VIII. Der Regelvorschlag soll verhindern, dass es im Fall einer einmaligen Gelegenheit zur Durchführung von Ermittlungen zu einem Beweisverlust kommt, indem die Parteien eine frühzeitige Beteiligungsmöglichkeit an der Beweisgewinnung erhalten.

2085 Vgl. zu den Konsequenzen dieser bislang unüblichen Finanzierungsform Kapitel F IV.

2086 Vgl. Kapitel B II. Es bestand kein politischer Wille für die Einrichtung anderer Aufarbeitungsmechanismen, wie z. B. eines internationalen Tribunals oder einer Wahrheitskommission ohne Strafbefugnis. Cryer, Robert, International Criminal Law and Procedure, Cambridge, 2010, S. 580.

eigenständige Strafverfolgung nicht ausgerüstet. Die Verhandlungen zwischen den beiden Parteien über die Ausgestaltung des Gerichts dauerten allerdings fast sieben Jahre, denn die kambodschanische Führung, worunter sich auch ehemalige Mitglieder der Roten Khmer befanden, legte gesteigerten Wert auf die Wahrung der kambodschanischen Autorität über die Strafverfolgung. Die Vorstellungen der Parteien lagen sogar so weit auseinander, dass die VN zwischenzeitlich einen Rückzug aus den Verhandlungen erwogen.[2087] Schließlich einigten sich die Parteien auf in das kambodschanische Gerichtssystem integrierte, internationalisierte Strafkammern, die ECCC, eine Konstruktion, die bei der Verfolgung völkerstrafrechtlicher Taten neuartig war.

Die Zuständigkeit der ECCC wurde auf die strafrechtliche Verfolgung der Verantwortlichen für die zwischen 1975 und 1979 von den Roten Khmer begangenen Verbrechen begrenzt. Danach können Personen verfolgt werden, die nach dem Ermessen der Staatsanwaltschaft zum Führungskreis der Roten Khmer gehört haben und bzw. oder für die Verbrechen „hauptverantwortlich" gewesen sind. Allein diese Zuständigkeitsbegrenzung macht deutlich, dass vor dem hybriden Tribunal nur „Musterprozesse" durchgeführt werden sollten. Dies ergibt sich zudem aus dem Umstand, dass da Gericht nicht auf Dauer eingerichtet wurde.[2088]

Die Staatsanwaltschaft hat beschlossen vier Strafverfahren, Verfahren 001-004, vor den ECCC zu initiieren. Das erste Verfahren gegen den geständigen und kooperationswilligen Angeklagten Kaing Guek Eav wurde bereits mit einem rechtskräftigen Urteil abgeschlossen, worin der Angeklagte zu einer lebenslangen Freiheitsstrafe verurteilt wurde.[2089] Dieses Urteil sichert nach mehr als dreißig Jahren der Straflosigkeit der Verbrechen der Roten Khmer einen gewissen Erfolg des Tribunals.[2090] Verfahren 002 gegen Nuon Chea und Kieu Samphan befindet sich im Hauptverfahren. Zunächst richtete sich dieses Verfahren auch gegen den inzwischen verstorbenen Ieng Sary und Ieng Thirith, die aufgrund einer irreversiblen Demenzerkrankung für verhandlungsunfähig erklärt und unter Auflagen freigelassen wurde. Die Verfahren 003/ 004 gegen weitere fünf, bisher namentlich nicht benannte Tatverdächtige befinden sich noch im Ermittlungsverfahren.

Zu den herausragenden Strafzwecken des Tribunals gehören neben der umfassenden Wahrheitsermittlung die Dokumentation der historischen Ereignisse sowie das Streben nach Opfergerechtigkeit und einer Versöhnung der Gesellschaft.[2091]

2087 Dies überrascht nicht, da der Einsatz des Völkerstrafrechts in Kambodscha ein politisches Instrument zur Aufarbeitung eines tiefgreifenden Konflikts darstellt. Cryer, Robert, International Criminal Law and Procedure, Cambridge, 2010, S. 583.

2088 Es sollen ausreichend Beweise für Verfahren gegen mehr als 60 Personen vorhanden sein. Linton, Suzannah, Putting Cambodia's Extraordinary Chambers into Context, 11 SYBIL, 2007, S. 227.

2089 Vgl. Kapitel F I.

2090 Inhaltlich ähnlich Cryer, Robert, International Criminal Law and Procedure, Cambridge, 2010, S. 584.

2091 Vgl. Kapitel C III.

Dementsprechend wurden z. B. Nebenkläger, deren Beteiligung ansonsten nur am IStGH vorgesehen ist, zu den Prozessen zugelassen. Die große Anzahl der Nebenkläger lässt bereits erkennen, wie sehr die kambodschanische Gesellschaft als Ganzes immer noch von den Folgen der Verbrechen betroffen ist. Daher werden wohl auch die im Urteil des Verfahrens 002 zu erwartenden Reparationsleistungen an die Opfer das Ziel, eine Versöhnung der Gesellschaft zu fördern, wiederspiegeln. Eine wesentliche Neuerung gegenüber Verfahren 001 ist hier, dass die Reparationen nun auch durch externe Ressourcen finanziert und vor nationalen Gerichten eingeklagt werden können. Ein weiterer Strafzweck, nämlich die Förderung des nationalen Werte- und Rechtssystems der kambodschanischen Gesellschaft, sollte nicht zuletzt durch den Standort des Gerichts am Tatort der Verbrechen und die Ausbildung kambodschanischen Personals gefördert werden. Für die Erfüllung der darüber hinausgehenden Erwartung an das Hybridtribunal, dass neben der täglichen zeitintensiven Tribunalsarbeit ein Aufbau der nationalen Justiz gelingt, müssten allerdings ausreichende finanzielle und personelle Ressourcen zur Verfügung gestellt werden. Allerdings können die Verfahren vor den ECCC den nationalen Gerichten unmittelbar als Musterbeispiel für die Durchführung fairer Prozesse dienen, z. B. soweit in den Gerichtsentscheidungen Rekurs auf internationale Verfahrensgrundsätze genommen wird, von denen das bisherige nationale Strafverfahrensrecht oder die Praxis der Gerichte abweicht.[2092] An den ECCC wurden des Weiteren wertvolle Erfahrungen mit der Durchführung umfassender Outreach-Programme in Zusammenarbeit mit zahlreichen NGOs, internationaler Universitäten und Prozessbeobachtern gesammelt, welche für zukünftige internationale Gerichte von Interesse sein könnten.[2093]

Die sich auf dieser Grundlage ergebende Strafverfahrenswirklichkeit an den ECCC ist im Wesentlichen durch die Konzeption und Art und Weise der Fortentwicklung des anwendbaren Strafprozessrechts geprägt (nachfolgend II). Deren in dieser Dissertation vorgenommene Analyse zeigt, dass sie spezielle verfahrensrechtliche Problemstellungen enthalten (nachfolgend III), aus deren rechtlicher Aufarbeitung Ansätze für neue Forschungsarbeiten entwickelt werden konnten (nachfolgend IV). Darüber hinaus ließ die vorliegende Untersuchung durch die vorgenommene Bezugnahme auf die Strafverfahrenswirklichkeit anderer internationaler Tribunale auch die Bedeutung der Strafverfahren vor den ECCC für das Völkerstrafprozessrecht insgesamt erkennen (nachfolgend V).

2092 Z. B. hinsichtlich der Begründungspflicht von Entscheidungen.

2093 Vgl. Kapitel C III.

II. Die Konzeption und Fortentwicklung des Strafprozessrechts

Die Grundstruktur des Strafverfahrensablaufs an den ECCC, der sich am kontinentaleuropäischen Recht orientiert, ist im UN-RGC Abkommen, dem ECCC Gesetz und den Internal Rules niedergeschrieben und soll kurz skizziert werden:[2094] Die beiden Ermittlungsrichter, ein nationaler und ein internationaler, führen das Ermittlungsverfahren im Anschluss an die staatsanwaltschaftlichen Voruntersuchungen, geleitet von einem nationalen und internationalen Staatsanwalt, durch. Erheben sie Anklage, wird die adversatorisch geprägte Hauptverhandlung unter Leitung des Vorsitzenden Richters der Hauptverfahrenskammer eröffnet. Rechtsmittelinstanz im Ermittlungsverfahren ist die Vorverfahrenskammer, das Hauptverfahren wird letztinstanzlich durch die Supreme Court Chamber überprüft.

Die Regelwerke der ECCC, insbesondere die Internal Rules, enthalten die verfahrensrechtlichen Mindestgarantien und Rechte des Beschuldigten bzw. Angeklagten aus Artikel 14 IPbpR, welche die Durchführung eines fairen, zügigen, effizienten und öffentlichen Strafverfahrens gewährleisten.[2095] Die Regelwerke genügen damit formal den internationalen Standards für die Durchführung eines fairen Verfahrens. An dem im Gefüge der internationalen Straftribunale eher vernachlässigten Gericht in Kambodscha wurden in den Prozessen erstmals Erfahrungen im Umgang mit einer ursprünglich am kontinentaleuropäischen Rechtssystem orientierten Prozessordnung gesammelt. Daher weicht die Ausgestaltung der wesentlichen Verfahrensgarantien aus Artikel 14 IPbpR, vor allem der Schutz der Rechte der Beschuldigten und Angeklagten, sowie die Verfahrensorganisation und die Rolle der Verfahrensbeteiligten, teilweise von der Verfahrenspraxis bisheriger Tribunalen ab.[2096]

Bestehende Regelungslücken werden durch richterliche Rechtsfortbildung oder das rechtssetzende Plenum der ECCC geschlossen. Den Verfahrensbeteiligten einen solch weiten Spielraum zur selbstständigen Ausgestaltung und Weiterentwicklung der Verfahrensordnung zu geben, hat sich, wie auch an anderen internationalen Gerichten, als zweckmäßig erwiesen. So kann auf verfahrensspezifische Problemstellungen flexibel reagiert und immer wieder erneut ein Gleichgewicht zwischen den Fair Trial-Grundsätzen, der Verfahrenseffizienz und der Verfahrensöffentlichkeit hergestellt werden. Eine Weiterentwicklung gegenüber den bisherigen Tribunalen ist es an den ECCC, dass die Stimmrechte im Plenum, ausgenommen Änderungen betreffend der Kernartikel der Internal Rules, nicht nur den Richter,[2097] sondern auch den Reserverichtern, der Staatsanwaltschaft, dem Büro der Verteidigung, der

2094 In die vom Common Law dominierten Verfahrensordnungen der Ad-hoc Gerichtshöfe wurden dagegen zu Zwecken der Verfahrensbeschleunigung Elemente des Civil Laws eingeführt.

2095 Vgl. Kapitel C IV.

2096 Vgl. Kapitel C IV. II.

2097 Am JStGH sind nur die Richter beteiligt.

Zeugen- und der Verwaltungsabteilung zustehen.[2098] Durch diese umfassende Einbeziehung der verschiedenen Gerichtsorgane wird die Legitimationsgrundlage für die Rechtsfortbildung oder Regeländerungen der Internal Rules durch das Plenum als Quasi-Gesetzgeber gestärkt.[2099] Eine Übernahme dieser Struktur an zukünftigen Tribunalen bietet sich daher an. Allerdings sollte der Zugang der Öffentlichkeit zu den Protokollen der Plenarsitzungen erweitert werden.[2100] Hieran lassen sich nämlich die verschiedenen Standpunkte der Beteiligten zu strafverfahrensrechtlichen Fragestellungen detailliert nachvollziehen, was den völkerstrafrechtlichen Diskurs bereichern würde. Zusätzlich würde durch deren Veröffentlichung die Legitimationsgrundlage der Rechtsetzung durch das Plenum weiter verbessert. In diesem Zusammenhang ist auch die Publikation des Protokolls eines Trial Management Meetings in Verfahren 002 als ein weiterer richtiger Schritt zu begrüßen.[2101]

Zur Auslegung des an den ECCC geltenden Strafprozessrechts wird zunächst das kambodschanische Strafverfahrensrecht herangezogen.[2102] Allerdings erwies sich das nationale Recht für den Völkerstrafprozess oft als unzulänglich,[2103] da es viele Rechtsfragen nicht behandelt oder seine Regeln für die völkerstrafrechtlichen Prozess ungeeignet waren. Ein Beispiel hierfür ist die Herstellung eines Ausgleichs zwischen den Beteiligungsrechten der vielen Nebenkläger und den gegenläufigen

---

2098 Vgl. Kapitel C II.

2099 Zur Fortentwicklung des Rechts tragen, neben dem aktiven Engagement aller Verfahrensbeteiligten im Plenum, die Unterstützung des Gerichts durch sogenannte Freunde des Gerichts (Amicus Curiae), die Antworten auf spezielle Rechtsfragen geben, und zahlreiche Nichtregierungsorganisationen, welche die Prozesse kommentieren, bei.

2100 Auch am JStGH sind die Protokolle der Plenumssitzungen nicht öffentlich. Boas, Gideon/Bischoff, James L./Reid, Natalie L./Taylor III, B. Don, The International Criminal Law Practitioner Library Volume III, International Criminal Procedure, Cambridge, 2011, S. 35.

2101 Vgl. Kapitel C V.

2102 Das kambodschanische Strafverfahrensrecht wurde im Hinblick auf die Arbeit der ECCC und die Anforderungen an ein faires Verfahren im Jahr 2007 reformiert. Diese Reform bedeutet an sich bereits einen Fortschritt für das kambodschanische Rechtssystem. Die Entscheidungen und Verfahrensweise an den ECCC können dabei der nationalen Justiz als Vorbild dienen und es wird die Auslegung des neuen nationalen Rechts nach internationalen Verfahrensgrundsätzen gefördert. Beispielsweise können in Entscheidungen der ECCC erfolgte Bezugnahmen auf Regeln des nationalen Rechts in die nationale Rechtsordnung übertragen werden.

2103 Guariglia, Fabricio, The Admission of Documentary Evidence and of Alternative Means to Witness Testimony in Proceedings Before the International Criminal Tribunal for the Former Yugoslavia, in Fischer, Horst/Kreß, Claus/Lüder, Sascha Rolf, International and National Prosecution of Crimes Under International Law, Current Developments, Bochumer Schriften zur Friedenssicherung und zum Humanitären Völkerrecht, Band 44, Berlin, 2001, S. 665-680.

Interessen der Verteidigung im Ermittlungs- und Hauptverfahren.[2104] Ferner wird die Nebenklage nach einem Beschluss des Plenums in Verfahren 002, ähnlich wie am IStGH, durch zwei Lead Co-Lawyers repräsentiert.[2105] Ein anderes Beispiel betrifft die Regeln zur Einführung von Beweismitteln in die Hauptverhandlung. Im kambodschanischen Recht gelten nämlich alle in der Verfahrensakte der Ermittlungsrichter enthaltenen Beweismittel als in den Prozess eingeführt. Die Übernahme dieser Regel bietet sich für den Völkerstrafprozess jedoch aufgrund der großen Anzahl der Beweismittel nicht an. Daher müssen die Parteien an den ECCC, entsprechend der Praxis am JStGH, eine Vorauswahl der Beweismittel durch das Erstellen von Zeugen- und Dokumentenlisten treffen. Ansonsten sind sie in ihrem Beweisvortrag präkludiert.[2106] Aufgrund solcher Rückgriffe auf die Verfahrenspraxis anderer internationaler Tribunale enthält das Strafprozessrecht der ECCC inzwischen auch adversatorische Elemente. So entspricht z. B. inzwischen die Praxis der Beweiszulassung weitestgehend dem an den Ad-hoc Tribunalen existierenden System, wie die Entscheidungen der Hauptverfahrenskammer in Verfahren 002 hinsichtlich der Zulässigkeit der Verwendung von Vernehmungsniederschriften aus dem Ermittlungsverfahren als Beweismittel im Hauptverfahren zeigt.[2107] In anderen Bereichen wurde die Ausrichtung des Verfahrens am kontinentaleuropäischen Recht dagegen beibehalten. Dies betrifft beispielsweise die Struktur der Beweisaufnahme (kein verkürztes Beweisverfahren bei einem Schuldgeständnis, keine Aufteilung in Prosecution und Defense Case, sondern eine thematische Gliederung, ein richterliches Erstbefragungsrecht von Zeugen),[2108] die Nichtanwendbarkeit gewisser (angloamerikanischer) Beweisregeln (kein Kreuzverhör, kein Hostile Witness, keine Adjudicated Facts)[2109] oder den Umgang mit Zeugen (z. B. werden die Zeugen solche des Gerichts angesehen, es gibt kein Witness Proofing).[2110] An den ECCC ist somit ein Mischsystem aus dem Civil und dem Common Law entstanden und es hat sich eine Prozessordnung sui generis entwickelt.[2111]

2104 Nach der Rechtsprechung der ECCC darf z. B. die Nebenklage Anträge im Rechtsmittelverfahren vor der Vorverfahrenskammer über die Anordnung der Untersuchungshaft einreichen, wenn sie zuvor am Ermittlungsverfahren nicht beteiligt war. Vgl. Kapitel I V. 1) c), Kapitel J II. 2) a).

2105 Vgl. Kapitel K V. 1) f).

2106 Vgl. Kapitel K III. 5). Der Angeklagte Nuon Chea verweigerte diese Vorauswahl in Verfahren 002 mit der Begründung, er werde dadurch rechtswidrig gezwungen, seine Verteidigungsstrategie offen zu legen. Nach Ansicht der Kammer steht es dagegen in ihrem Ermessen von der Verteidigung nicht benannte Beweismittel, außer es sind entlastende, zurückzuweisen Vgl Kapitel K III. 5).

2107 Vgl. Kapitel K V. 2) d) gg).

2108 Vgl. Kapitel K III. 1), 4), V. 2) b) dd).

2109 Vgl. Kapitel K III. 2), V. 2) b).

2110 Vgl. Kapitel K V. 2) b).

2111 Vgl. Kapitel C V., Kapitel K VII.

III. Die strafverfahrensrechtlichen Problemstellungen

Die Untersuchung der Strafverfahrenswirklichkeit an den ECCC hat gezeigt, dass einige strafprozessuale Regelungen die Durchführung fairer und zügiger Verfahren an den ECCC wesentlich beeinträchtigen. Hierzu zählen vor allem die nachfolgend dargestellte sogenannte Supermajority-Regel, sowie die Ausgestaltung der Kompetenzen der Ermittlungsrichter im Vorverfahren und die Absicherung der institutionellen Unabhängigkeit und personellen Unparteilichkeit der Verfahrensbeteiligten, auf die nun im Einzelnen eingegangen wird.

1) Die Supermajority-Regel

In den Gerichtskammern muss für eine Entscheidung die sogenannte Supermajority erreicht werden, das bedeutet die einfache Mehrheit plus eine zusätzliche Stimme. Eine einstimmige Entscheidung der Kammern erging aufgrund bestehender Diskrepanzen zwischen den internationalen und nationalen Richter der Kammern oft nicht. Beispiele sind die Entscheidungen zur Aussetzung des Hauptverfahrens bei schwerwiegender Krankheit eines Angeklagten,[2112] die Zulassung von Zwischenbeschwerden im Hauptverfahren[2113] oder die Berücksichtigung einer vor Errichtung der ECCC erfolgten, illegalen Internierung des Angeklagten durch nationale Behörden in der Strafzumessung.[2114]

Ursächlich für das Entstehen der Meinungsverschiedenheiten ist allerdings nicht allein die generell in den Internal Rules nur wenig detailliert erfolgte Regelung spezifischer Verfahrensfragen. Potenzielle Regeln hätten ebenso unbestimmte Rechtsbegriffe enthalten können und wären daher auch einer unterschiedlichen Rechtsauslegung durch die Richter zugänglich gewesen. Ein Beispiel hierfür ist die Entscheidung der Vorverfahrenskammer betreffend die Unterbrechung der Verjährungsfristen für nationale Straftatbestände. Die internationalen Richter waren der Ansicht, es habe in Kambodscha nach dem Jahr 1979 ein funktionierendes Rechtssystem gegeben, sodass die Verjährung nationaler Straftatbestände nicht unterbrochen worden sei. Daher wurde die Verfolgung nationaler Straftatbestände entgegen der Meinung der nationalen Richter in Verfahren 001 ausgeschlossen.[2115] Ein weiteres Beispiel betrifft die Entscheidung der Rechtsmittelkammer über die Unwirksamkeit einer

2112 Vgl. Kapitel C IV. 2) g).

2113 Vgl. Kapitel L II.

2114 Vgl. Kapitel D III. 1) e). Ähnliche Diskrepanzen entstanden im materiellen Völkerstrafrecht. Vgl. zur Anwendbarkeit der Zurechnungsfigur der Joint Criminal Enterprise Kapitel D III. 1) c) sowie zur unterschiedlichen Auslegung des Tatbestands der Verbrechen gegen die Menschlichkeit durch die Vor- und Hauptverfahrenskammer Kapitel D III. 2) b). Zur nicht erfolgten Kodifizierung des Verbrechens der „mass starvation“ an den ECCC vgl. Marcus, David, Famine crimes in International Law, 97 AJIL, 2003, S. 245.

2115 Vgl. Kapitel D III. 2) d).

in den Internal Rules enthaltenen Frist, bei deren Versäumen die Parteien ansonsten in ihrem Vortrag über das Fehlen von Prozessvoraussetzungen präkludiert gewesen wären.[2116] Solch unterschiedliche Rechtsansichten sind hinzunehmen, wenn die Richter ihr Amt entsprechend ihres Amtseides ausüben. Bedenken daran entstanden allerdings, weil die nationalen Richter der Vorverfahrenskammer ihre Entscheidung teilweise nicht begründeten und diese verkündeten, ohne den Ausgang der Beratungen der Kammer abzuwarten. Die internationalen Richter der Vorverfahrenskammer sahen sich daraufhin gezwungen, die nationalen Richter an die Begründungspflicht von Entscheidungen zu erinnern und ihre eigene abweichende Meinung entgegen der im Ermittlungsverfahren geltenden Geheimhaltungspflicht zu veröffentlichen.[2117] Diese Ereignisse zeigen die Grenzen der Rechtsanwendung und Rechtsdurchsetzung des Völkerstrafrechts an den ECCC auf. Diese liegen dort, wo ihr Erfolg allein vom Willen der entscheidungsbefugten Personen abhängt.[2118]

Das Hauptproblem der Supermajority-Regel liegt darüber hinaus darin, dass die Internal Rules nicht immer eine Regelung enthalten, wie das Verfahren fortzusetzen ist, wenn die qualifizierte Mehrheit in einer Kammer nicht hergestellt werden kann. Die daraus entstehenden Konsequenzen wurde in Verfahren 003/ 004 offensichtlich, nachdem sich der nationale und internationale Ermittlungsrichter nicht über die Durchführung zusätzlicher, staatsanwaltschaftlich beantragter Ermittlungen einigen konnten und auch im Disagreement-Verfahren vor der angerufenen Vorverfahrenskammer keine Supermajority erreicht wurde. Die Internal Rules schreiben in einem solchen Fall nur bei einer Meinungsverschiedenheit zwischen den Staatsanwälten den Verfahrensfortgang vor, bei Diskrepanzen zwischen den Ermittlungsrichtern besteht keine Regelung. Dadurch kam es zu einer Verfahrensstagnationen von fast einem Jahr und dem Rücktritt von drei internationalen Ermittlungsrichtern. Nach dem heutigen Stand der Verfahren bleibt abzuwarten, wie die Prozesse fortgesetzt werden.[2119]

2) Die Kompetenzen der Ermittlungsrichter im Vorverfahren

Für den Erfolg der Prozesse ist aufgrund der soeben geschilderten Problematiken die Gewährleistung der Rechte der Beschuldigten und Angeklagten auf ein faires Verfahren umso wichtiger. Zu Lasten der Rechte des Beschuldigten wirkt sich bislang allerdings die alleinige Kompetenz der Ermittlungsrichter zur Durchführung der Ermittlungen im Vorverfahren aus, ohne dass die Internal Rules die Sicherung der Beweisqualität der ermittlungsrichterlichen Beweissammlung und die Partizipation der Prozessbeteiligten daran vorsehen würden.[2120] Die Rechte der Parteien hätten

2116 Vgl. Kapitel K IV.
2117 Vgl. Kapitel I VI., VII.
2118 Zusätzlich wird die Arbeit der Verfahrensbeteiligten durch das unterschiedliche Sprach- und Kulturverständnis erschwert.
2119 Vgl. Kapitel F III., Kapitel I VI.
2120 An anderen Tribunalen ist allerdings der Umfang der Offenlegung des Beweismaterials durch die Staatsanwaltschaft (Disclosure) problematisch, vgl. Kapitel C IV. 1) c).

wesentlich gestärkt werden können, wenn die Internal Rules von Anfang an ein Recht der Parteien enthalten hätten, im Hauptverfahren selbst über die zu hörenden Zeugen zu bestimmen (Selbstladungsrecht) oder ein Teilnahme- und Fragerecht der Verfahrensbeteiligten bei den Zeugenvernehmungen im Ermittlungsverfahren kodifiziert worden wäre. Diese Rechte können an den ECCC nun nicht mehr umfassend eingeführt werden, da die Ermittlungsverfahren beinahe abgeschlossen sind. Allerdings könnte immer noch eine Regel in die Internal Rules aufgenommen werden, die diese Rechte zumindest bei Vorliegen einer einmaligen Gelegenheit für die Durchführung von Ermittlungsmaßnahmen festschreibt, z. B. die Ermöglichung einer Zeugenbefragung auch durch die Verfahrensbeteiligten, wenn absehbar ist, dass der Zeuge im Hauptverfahren nicht mehr gehört werden kann, weil er zeitnah versterben könnte.[2121] Durch eine solche Regel könnten vor allem in Verfahren 003/ 004 Beweisverluste vermieden werden, welche wegen der in Kambodscha gegebenen Situation des hohen Alters und des teils kritischen Gesundheitszustands der Beschuldigten, Angeklagten, Nebenkläger und Zeugen ansonsten zu erwarten stehen.

Kritisch zu beurteilen ist des Weiteren, dass die Internal Rules die Bestellung eines Verteidigers im Ermittlungsverfahren erst im Rahmen der Initial Appearance des Beschuldigten vorschreiben. Die Terminierung der Initial Appearance steht aber im Ermessen der Ermittlungsrichter, sodass das Ermittlungsverfahren, wie in Verfahren 003/ 004 geschehen, in weiten Teilen ohne anwaltliche Vertretung der Beschuldigten durchgeführt werden kann. Eine solche Verfahrenspraxis ist wegen des großen Gewichts der Beweissammlung des Ermittlungsverfahrens als Beweismittel im Hauptverfahren nur schwer zu rechtfertigen.

Zudem wirkte sich die späte Bekanntgabe der Identität der Beschuldigten und Sachverhalte, auf die sich die Ermittlungen beziehen, negativ auf die Beteiligungsrechte der Nebenkläger im Ermittlungsverfahren aus. Sie bedürfen dieser Informationen für die Begründung ihrer Zulassungsanträge, sodass sie diese erst kurz vor Abschluss des Ermittlungsverfahrens 003/ 004 einreichen konnten. Eine solche Situation ist insbesondere bedenklich, wenn die Prozesse an den ECCC dem korruptionsgeprägten kambodschanischen Justizsystem als Modell für ein faires Verfahren dienen sollen.

3) Die Absicherung der institutionellen Unabhängigkeit und personellen Unparteilichkeit

Für die Durchführung eines fairen Verfahrens ist daher die Absicherung der institutionellen Unabhängigkeit und personellen Unparteilichkeit der Verfahrensbeteiligten an den ECCC von entscheidender Bedeutung.[2122] Deswegen hat das rechtssetzende Plenum auch Regeln über die Befangenheit von Richtern in die

2121 Zum Vorschlag vgl. Kapitel K VIII.

2122 Vgl. vor allem zu den Problemen hinsichtlich der Zulassung der Verteidiger durch die kambodschanische Rechtsanwaltskammer (BAKC) Kapitel C. IV. 2) f) und den Berufsregeln für die Richter Kapitel G I. 1).

Internal Rules integriert. Des Weiteren haben die VN und die kambodschanische Regierung inzwischen Antikorruptionsprogramme eingerichtet, jedoch mangelt es der Verfolgung der erhobenen Korruptionsvorwürfe durch diese an Transparenz. Zum einen veröffentlichten die VN widersprüchliche Stellungnahmen über die Ergebnisse der Untersuchungen, zum anderen konnten die Verfahrensbeteiligten den Untersuchungsbericht nicht einsehen.[2123] Zusätzliche Bedenken an der unabhängigen Ausübung der Gerichtsbarkeit des Tribunals entstanden, nachdem es in Verfahren 002 Hinweise darauf gab, dass die kambodschanische Regierung Zeugen an ihrer Aussage vor den ECCC gehindert hatte.[2124] Allerdings ist nicht davon auszugehen, dass die Gerichtsarbeit und das Recht der Angeklagten auf ein faires Verfahren dadurch umfassend beeinträchtigt werden, solange der Nachweis der Verbrechen anhand anderer Beweismittel gelingt. Letztlich wird hierüber die Hauptverfahrenskammer entscheiden.

Abschließend festzuhalten ist, das die identifizierten Probleme – mit Ausnahme des Instituts der Ermittlungsrichter – weniger der Ausrichtung des Strafverfahrens an der kontinentaleuropäischen Rechtskultur geschuldet sind, als vielmehr auf die zwischen den VN und der kambodschanischen Regierung gefundenen Kompromisse bei der Errichtung der ECCC zurückzuführen sind. Das kontinentaleuropäische Rechtssystem hat sich – mit Ausnahme des Instituts der Ermittlungsrichter – somit als Grundlage für die Durchführung völkerstrafrechtlicher Prozesse als grundsätzlich geeignet erwiesen.

IV. Ansätze für weitere Forschungsarbeiten

Die vorliegende Untersuchung macht deutlich, dass für die Weiterentwicklung des internationalen Strafverfahrensrechts insbesondere der Umfang der Rechte des Beschuldigten während der langen Ermittlungsverfahren,[2125] vor allem seine Partizipationsrechte im Rahmen der Beweissammlung im Vorverfahren (z.B. bei Zeugenbefragungen), für weitere wissenschaftliche Arbeiten von Interesse ist. Auch die Ausgestaltung von Beweiserhebungsverboten und Beweisverwertungsverboten sowie die Fernwirkung von Beweiserhebungsverboten für das Urteil sind in der Wissenschaft bisher nicht umfassend analysiert worden, sodass hier weiterer Forschungsbedarf besteht.[2126]

Darüber hinaus ist die Weiterentwicklung effizienter Verfahrensmanagementtechniken von praktischer Relevanz für die ECCC und andere internationale Strafgerichte. An den ECCC wäre dies beispielsweise nützlich hinsichtlich des Umgangs mit mehreren Angeklagten in einem Verfahren, insbesondere bei der Handhabung der Zeugenbefragungen durch mehrere Verteidigerteams und der Koordinierung von Staatsanwaltschaft und Nebenklage. Eine umfassende Analyse fehlt bisher in

2123 Vgl. Kapitel G III.

2124 Vgl. Kapitel G II.

2125 Vgl. Kapitel C IV. 2), Kapitel K VII. 3).

2126 Vgl. Kapitel J III.

diesem Bereich. Durch ein verbessertes Verfahrensmanagement könnte den Verfahrensbeteiligten die Konzentration auf den eigentlichen Prozessgegenstand erleichtert werden, da in den Hauptverhandlungen weniger Zeit auf Diskussionen hierüber verwendet werden müsste.[2127] Dadurch könnten auch finanzielle Ressourcen geschont werden. Für die Entwicklung neuer Verfahrensmanagementtechniken wären Analysen der bisher vorhandenen Managementtechniken in anderen komplexen Prozessen, wie z. B. nationalen Völkerstrafrechtsprozessen, Wirtschaftsstrafrechtsprozessen oder Schiedsgerichtsprozessen interessant. Im nächsten Schritt wäre zu untersuchen, inwieweit die identifizierte Praxis auch auf internationale Strafprozesse übertragen werden kann. Für eine solche Bewertung könnte ein Blick auf die Historie und den Inhalt nationaler Reformdiskussionen und eine Analyse der daraus zu ziehenden Lehren für das noch junge Völkerstrafprozessrecht weiterhelfen.

Auch der Umgang mit der unüberschaubaren Zahl der Beweismittel, insbesondere das tägliche Dokumentenmanagement via des Shared Material Drives an den ECCC, ist noch nicht ausgereift. Auf dieser elektronischen Plattform müssen die Parteien die wahrscheinlich bei Befragungen verwendeten Dokumente im Vorhinein bereitstellen, damit den übrigen Beteiligten die Vorbereitung auf den Prozesstag durch die Kenntnis der Unterlagen erleichtert wird. Allerdings benennen die Parteien unzählige Dokumente, da sie in der Vorlage zusätzlichen Materials am Prozesstag ansonsten präkludiert sind. Eine Durchsicht der Dokumente wird damit jedoch unmöglich. Eine Lösung könnte in der Einrichtung von Ordnern im Shared Material Drive liegen, welche die Parteien zur Klassifizierung der Wichtigkeit der Dokumente zwingen würde.

V. Die Bedeutung der Strafverfahren an den ECCC im völkerstrafprozessualen Kontext

Die langfristige Entwicklung des Völkerstrafprozessrechtes wird vor allem beim IStGH liegen,[2128] da dies die einzige auf Dauer angelegte Institution zur Verfolgung von völkerstrafrechtlichen Verbrechen ist.[2129] Daneben gibt es bisher verschiedene temporäre internationalisierte Strafgerichte, wie den JStGH, den RStGH, die SCSL

2127 Dies käme auch Zeugen und Opfern zu Gute, für die der eigentliche Prozessgegenstand von größerer Relevanz ist. Vgl. Boas, Gideon/Oosthuizen, Gabriel, Suggestions for Future Lessons-Learned Studies: The Experience of other International and Hybrid Criminal Courts of Relevance to the International Criminal Court, Prepared on behalf of International Criminal Law Services (ICLS), Januar 2010, Para. 36.

2128 Die Dringlichkeit dieser supranationalen Instanz seit dem 11. September 2001 hervorhebend Prittwitz, Cornelius, Krieg als Strafe – Strafrecht als Krieg, Wird nach dem „11. September" nichts mehr sein, wie es war?, in Prittwitz, Cornelius/Baurmann, Michael/Günther, Klaus/Kuhlen, Lothar/Merkel, Reinhard/Nestler, Cornélius/Schulz, Lorenz, Festschrift für Klaus Lüderssen: zum 70. Geburtstag am 2. Mai 2002, Baden-Baden, 2002, S. 513.

2129 Safferling, Christoph, Internationales Strafrecht, Berlin, 2011, S. 43.

oder die ECCC. Ihnen ist der Zweck gemeinsam, faire, zügige und transparente Strafverfahren zur Aufarbeitung von Kriegsverbrechen durchzuführen. Alle Gerichte beschäftigen nationales und internationales Personal. Die Tribunale unterscheiden sich aber vor allem in ihrer Rechtsgrundlage, der zugrunde liegenden Rechtsfamilie, dem Standort, ihrer Zuständigkeit sowie dem anwendbaren materiellen und prozessualen Recht. Daraus resultieren eine andere Struktur des Strafverfahrens mit einem unterschiedlichen Verständnis der Rolle der Verfahrensbeteiligten sowie ein anderes Verfahrensmanagement, also eine unterschiedliche Strafverfahrenspraxis der Tribunale.

Eine kurzfristige Harmonisierung dieser unterschiedlichen Verfahrenspraxen an den Gerichten steht nicht zu erwarten, selbst wenn ihnen der Schutz der justiziellen Menschenrechte gemäß Artikel 14 IPbpR gemeinsam ist. Dafür ist das internationale Strafprozessrecht auf Grund der verschiedenen Prozessordnungen an den bisherigen Tribunalen zu sehr fragmentiert.[2130] Insbesondere an den nicht auf Dauer angelegten hybriden Gerichten gibt es starke Einflüsse des nationalen Prozessrechts, welche nicht für alle internationalen Verfahren übernommen werden sollten, wie z. B. das Institut der Ermittlungsrichter an den ECCC. Dennoch bieten die Prozesse vor hybriden Tribunalen ein Forum für das Sammeln praktischer Erfahrungen mit bisher in internationalen Strafverfahren nicht praktizierten Verfahrensweisen, so z. B. an den ECCC mit einer das Verfahren aktiv leitenden Hauptverfahrenskammer, der Integration der Nebenklage in den Prozess oder der Strukturierung der Beweisaufnahme nach Themengebieten. Die Verfasserin kommt daher zu dem Ergebnis, dass das kontinentaleuropäisch geprägte „Völkerstrafprozessordnung sui generis" der ECCC insofern einen nicht zu vernachlässigenden Teil der bisherigen gerichtsübergreifenden, nicht kodifizierten völkerstrafprozessrechtlichen „Rechtsordnung sui generis" darstellt.

2130 Es wird diskutiert, ob die Ausbildung unterschiedlicher Verfahrensordnungen an den internationalen Tribunalen und die Schaffung nationaler Völkerstrafprozessordnungen im Zuge der Errichtung des IStGHs, statt zu einer Harmonisierung des internationalen Strafprozessrechts, zu einer weiteren Fragmentierung dieses Rechtsgebiets führen wird. Braun, Leonie von, Internationalisierte Strafgerichte: eine Analyse der Strafverfolgung schwerer Menschenrechtsverletzungen in Osttimor, Sierra Leone und Bosnien Herzegowina, Berlin, 2008, S. 63. Dyrchs, Susanne, Das hybride Khmer Rouge-Tribunal, Frankfurt, 2008, S. 188.

N. Der Ausblick auf das zukünftige Verhältnis von hybriden Tribunalen zum IStGH und Harmonisierungsansätze

Die Zukunftsfähigkeit von Hybridtribunalen wie den ECCC wird aufgrund der Errichtung des ständigen IStGHs unterschiedlich eingeschätzt, überwiegend jedoch positiv gesehen.[2131] Gründe für die zukünftige Schaffung von Hybridtribunalen rekurrieren sich aus verschiedenen Überlegungen. Zum einen ist zu erwarten, dass es Sachverhalte geben wird, die der Gerichtsbarkeit des Internationalen Strafgerichtshofs nicht unterliegen. Diese können vom IStGH nur verfolgt werden, wenn der Sicherheitsrat dieses gemäß Artikel 13 (b) IStGH Statut i.V.m. Kapitel VII VN-Charta beschließt. Zum anderen ist der IStGH nur für die Verfolgung der hauptverantwortlichen Täter zuständig, sodass die Strafverfolgung darüber hinaus weiterhin in den Händen der Nationalstaaten liegen wird. Auch könnten Kapazitätsprobleme dazu führen, dass der IStGH Verfahren selbst nicht durchführen kann.[2132] Des Weiteren kann das Konzept eines Hybridtribunals in manchen Situationen politisch wünschenswert sein, vor allem weil eine Ansiedlung des Tribunals im Tatortstaat zu einer besseren Akzeptanz der Strafverfolgung in der Bevölkerung durch die Einbeziehung nationalen Rechts und Personals führen könnte.[2133] Dadurch wird meist auch ein positiver Effekt auf das nationale Rechtssystem und die Rechtstaatlichkeit erhofft.

Trotz der Zukunftsfähigkeit hybrider Tribunale neben dem IStGH gibt es bisher kaum konkrete Vorschläge, um die im vorherigen Kapitel erläuterte Fragmentierung des Völkerstrafprozessrechts an den Tribunalen einzudämmen und seine Harmonisierung langfristig – abgesehen von der ohnehin bereits praktizierten Bezugnahme der Gerichte auf Entscheidungen des IStGHs oder JStGH's – voranzutreiben.[2134] Möglicherweise wäre es zweckmäßig, zukünftig eine „Superrevisionskammer" für

2131 Mayr-Singer, Jelka, Internationaler Strafgerichtshof und ad-hoc Strafgerichtshöfe, in Schroeder, Werner/Mayr-Singer, Jelka, Völkerstrafrecht, Rechtsschutz und Rule of Law, Frankfurt, 2011, S. 64.

2132 Vgl. Wet, Erika, de, The relationship between the International Criminal Court and ad hoc tribunals: competition or symbiosis?, 10 Jahre Rom-Statut – IStGH, Die Friedens-Warte, Band 83, Heft 4, Berlin, 2008, S. 33.

2133 Dies wird auch durch den Vorschlag der Konrad Adenauer Stiftung (Bericht der Waki Kommission) zur Errichtung eines hybriden Tribunals in Kenia trotz dessen Unterzeichnung des IStGH Statuts deutlich. Vgl. Waki Report, 2008, S. 472.

2134 Für den Weg der passiven oder aktiven Adaption, im Rahmen derer es zu Veränderungen defizitärer Rechtssysteme kommt, auch Burchard, Christoph, Völkerstrafrecht als Global Governance, 10 Jahre Rom-Statut – IStGH, Die Friedens-Warte, Band 83, Heft 4, Berlin, 2008, S. 107.

hybride Tribunale am IStGH (nachfolgend I.) einzurichten und je eine Art zentraler Stelle für die unterschiedlichen Organe, angegliedert an den IStGH, (nachfolgend II.) zu schaffen. Diese sollten am IStGH angesiedelt sein, um die Trennung der VN von der Judikative im internationalen Strafrecht fortzuführen. Dies hätte auch zum Vorteil, dass auf bereits vorhandene Organisationsstrukturen des IStGHs zurückgegriffen werden könnte, was die Kosten ihrer Einrichtung senken würde. Ihre Schaffung könnte durch ein Fakultativprotokoll zum IStGH Statut oder als Nebenorgan in Anwendung von Artikel 112 (4) IStGH Statut, wofür es einer Zweidrittelmehrheit der Staatenversammlung bedürfte, umgesetzt werden. Ob ein entsprechender Wille der Staatengemeinschaft hierfür besteht, ist fraglich und diesen herzustellen, würde einige Zeit in Anspruch nehmen. Dennoch sollen im Folgenden die Grundstrukturen einer Superrevisionskammer und einer zentralen Stelle für Hybridtribunale entworfen werden.

I. Ein Vorschlag zur Schaffung einer Superrevisionskammer am IStGH für hybride Tribunale

Bevor die Grundstrukturen einer Superrevisionskammer für Hybridtribunale skizziert werden, ist die Frage zu beantworten, in welchem Verhältnis Hybridtribunale zum IStGH in Zukunft stehen werden. Dies richtet sich danach, wann die Gerichtsbarkeit des IStGHs eröffnet ist.

1) Das zukünftige Verhältnis des IStGHs zu hybriden Tribunalen nach dem IStGH Statut

Grundsätzlich sind die Staaten nach dem Statut des IStGHs weiterhin primär für die Strafverfolgung zuständig, der IStGH übt nur eine ergänzende Gerichtsbarkeit aus.[2135] Der Rechtsweg zum IStGHs kann aber gemäß Artikel 5-21 IStGH Statut eröffnet werden. Zunächst ist der IStGH für eine Strafverfolgung gemäß Artikel 13 (b) IStGH Statut zuständig, wenn der Sicherheitsrat einen Sachverhalt an das Gericht mittels einer Resolution gemäß Kapitel VII VN-Charta, wie im Fall Darfur, überweist. Des Weiteren können die Vertragsstaaten den IStGH gemäß Artikel 14 IStGH Statut selbst anrufen, so geschehen in den Situationen in Uganda, der Zentralafrikanischen Republik oder im Kongo. Des Weiteren kann die Anklagebehörde, wie in Kenia, Ermittlungen von Amts wegen (in proprio motu) gemäß Artikel 15 IStGH Statut veranlassen.[2136] Darüber hinaus ist der Anknüpfungspunkt für das Verhältnis

2135 IStGH Statut, Artikel 1, Präambel (10). Dies ist in der Literatur teilweise umstritten.

2136 Der Sachverhalt wird zunächst durch die Anklagebehörde des IStGHs beurteilt (Preliminary Examination). Besteht daraufhin aus ihrer Sicht eine hinreichende Grundlage für die Aufnahme von Ermittlungen, konsultiert sie den betroffenen Staat und alle Vertragsstaaten. (Hat die Anklagebehörde die Ermittlungen selbst

des IStGHs zu hybriden Tribunalen Artikel 17 (1) (a) IStGH Statut (Komplementaritätsprinzip), zu Ad-hoc Tribunalen, wie dem JStGH oder dem RStGH, Artikel 16 IStGH Statut i.V.m. Artikel 103 VN-Charta.

Vorliegend wird das Verhältnis von hybriden Tribunalen zum IStGH untersucht, sodass nachfolgend die Kriterien von Artikel 17 IStGH Statut darzustellen sind. Danach ist die Zuständigkeit des IStGHs – verkürzt gesprochen – dann ausgeschlossen,[2137] wenn der „die Strafverfolgung betreibende Staat willens und in der Lage ist, sie fair und ernsthaft durchzuführen, er also nicht den Beschuldigten allein vor internationaler Aburteilung schützen möchte."[2138] Fraglich ist hier, ob die Errichtung eines hybriden Tribunals den IStGH an der Strafverfolgung hindert. Dafür ist zu untersuchen, ob hybride Gerichte von der nationalstaatlichen Gerichtsbarkeit gemäß Artikel 17 (1) (a), (b) IStGH Statut erfasst sind. Entscheidend ist, wie der Begriff „Staat" zu verstehen ist.

---

initiiert, so muss die Vorverfahrenskammer diese gemäß Artikel 15 (4), 18 IStGH Statut genehmigen. Gegen die Entscheidung kann der betreffende Staat Rechtsmittel einlegen. Im Hauptverfahren kann die Zuständigkeit des IStGHs erneut vom Angeklagten oder dem betroffenen Staat angefochten werden.) Weist der betroffene Staat innerhalb eines Monats eigene Ermittlungen in dem betreffenden Sachverhalt nach, stellt die Anklagebehörde ihre Ermittlungen – vorbehaltlich einer anderen Entscheidung durch die Vorverfahrenskammer – zurück. Um den betreffenden Staat selbst zur Verfolgung der Verbrechen zu befähigen, kann ihn der IStGH in Zusammenarbeit mit internationalen Organisationen oder Nichtregierungsorganisationen vor Ort unterstützen. In diesem Zeitraum kann also auch die Verfolgung von Verbrechen durch ein hybrides Tribunal initiiert werden.

2137 Die Zuständigkeit des IStGHs ist ausgeschlossen, wenn „a) in der Sache von einem Staat, der Gerichtsbarkeit darüber hat, Ermittlungen oder eine Strafverfolgung durchgeführt werden, es sei denn, der Staat ist nicht willens oder nicht in der Lage, die Ermittlungen oder die Strafverfolgung ernsthaft durchzuführen; b) in der Sache von einem Staat, der Gerichtsbarkeit darüber hat, Ermittlungen durchgeführt worden sind, und der Staat entschieden hat, die betreffende Person nicht strafrechtlich zu verfolgen, es sei denn, die Entscheidung war das Ergebnis des mangelnden Willens oder des Unvermögens des Staates, eine Strafverfolgung ernsthaft durchzuführen; c) die betreffende Person wegen des Verhaltens, das Gegenstand des Tatvorwurfs ist, bereits gerichtlich belangt worden ist und die Sache nach Artikel 20 Absatz 3 nicht beim Gerichtshof anhängig gemacht werden kann; d) die Sache nicht schwerwiegend genug ist, um weitere Maßnahmen des Gerichtshofs zu rechtfertigen".

2138 Burchard, Christoph, Völkerstrafrecht als Global Governance, 10 Jahre Rom-Statut – IStGH, Die Friedens-Warte, Band 83, Heft 4, Berlin, 2008, S. 99.

a) Die Stellung hybrider Gerichte innerhalb der staatlichen Gerichtsbarkeit

Für die Auslegung des Begriffs „Staat“ bzw. staatlich gibt es verschiedene Möglichkeiten, die im Folgenden dargestellt werden.[2139]

aa) Die extensive Auslegung des Begriffs „Staat“

Teilweise wird in der Literatur eine extensive Auslegung des Begriffs „Staat“ befürwortet. Die Hybridtribunale seien Teil des staatlichen Gerichtssystems, da der Staat sich bei der Verfolgung der Verbrechen nur teilweise internationaler Unterstützung bediene.

bb) Die enge Auslegung des Begriffs „Staat“

Eine andere in der Literatur vertretene Ansicht nimmt dagegen eine enge Auslegung des Begriffs „Staat“ vor und qualifiziert hybride Tribunale aufgrund der vorhandenen internationalen Elemente grundsätzlich als nichtstaatlich.

cc) Die Auslegung nach dem Internationalisierungsgrad

Eine weitere Ansicht differenziert nach dem Internationalisierungsgrad der Hybridtribunale, also inwieweit die Gerichte tatsächlich in das nationale Rechtssystem integriert sind.[2140] Bei einer Einordnung nach dem Internationalisierungsgrad kommt es also auf die Konzeption und Struktur des Tribunals im Einzelfall an. Beispielsweise hat der Special Court for Sierra Leone (SCSL) eine eigene Rechtspersönlichkeit und sei aufgrund der Priorität seines Rechts gegenüber nationalem Recht und der Mehrheit der internationalen Richter in den Kammern von internationalem Charakter, sei also als nicht staatlich zu qualifizieren.[2141] Auch das Sondertribunal für den Libanon (STL) sei, da es durch eine Resolution nach Kapitel VII der VN-Charta errichtet wurde, vorrangig gegenüber der nationalen Gerichtsbarkeit und daher nicht staatlich.[2142] Schwieriger fällt die Abgrenzung im Falle der ECCC, welche durch einen bilateralen Vertrag errichtet wurden. Allerdings seien sie angesichts der nationalen Mehrheit der Richter, der Eingliederung ins nationale Gerichtssystem und der Anwendbarkeit auch nationalen Rechts als Teil nationaler Gerichtsbarkeit zu qualifizieren. Auch das Dili Panel in Osttimor und das Regulation 64 Panel im

2139 Ausführlich hierzu Mayr-Singer, Jelka, Internationaler Strafgerichtshof und ad-hoc Strafgerichtshöfe, in Schroeder, Werner/Mayr-Singer, Jelka, Völkerstrafrecht, Rechtsschutz und Rule of Law, Frankfurt, 2011, S. 66.

2140 Mayr-Singer, Jelka, Internationaler Strafgerichtshof und ad-hoc Strafgerichtshöfe, in Schroeder, Werner/Mayr-Singer, Jelka, Völkerstrafrecht, Rechtsschutz und Rule of Law, Frankfurt, 2011, S. 68, Fßn. 21.

2141 UN Doc. S/RES/1389 (2002), 16. Januar 2002, Artikel 11.

2142 Wet, Erika, de, The relationship between the International Criminal Court and ad hoc tribunals: competition or symbiosis?, 10 Jahre Rom-Statut – IStGH, Die Friedens-Warte, Band 83, Heft 4, Berlin, 2008, S. 41.

Kosovo[2143] seien wegen ihrer hauptsächlich nationalen Prägung staatlicher Natur, selbst wenn sie durch eine VN-Übergangsverwaltung eingerichtet wurden.[2144] Das Supreme Iraqi Tribunal sei aufgrund seiner geringen internationalen Beteiligung ebenso als staatlich einzuordnen.[2145] Tatsächlich staatlich sei aber nur die War Crimes Chamber of Bosnia and Herzegovina (WCC). An diese delegiert der JStGH unbedeutendere oder nicht abgeschlossene Verfahren, welche er aber bis zum Erlass eines endgültigen Urteils durch die WCC auch wieder an sich ziehen kann.[2146]

dd) Streitentscheidung

Die Darstellung zeigt, wie unterschiedlich internationalisierte Tribunale in ihrer Rechtsgrundlage, dem Standort, ihrer Zuständigkeit sowie dem anwendbaren materiellen und prozessualen Recht ausgestaltet seien können. Eine generelle Zuordnung zur staatlichen Gerichtsbarkeit oder die Qualifizierung als generell nicht staatlich kann ihrer Konzeption im Einzelfall daher widersprechen. Um die spezifischen Besonderheiten eines Tribunals beachten zu können, ist eine Einordnung nach dem Internationalisierungsgrad somit zweckmäßig. Danach sind die ECCC beispielsweise als nicht staatlich zu werten.

Im Folgenden werden die möglichen Konsequenzen, die sich aus der Einordnung eines internationalisierten Tribunals als staatlich bzw. nicht staatlich ergeben können, dargestellt. Dies wird insbesondere in der Situation relevant, wenn sowohl der IStGH als auch das Hybridgericht bereits ermittelnd tätig geworden sein sollten, denn dann wäre die Frage zu klären, in welchem Verhältnis die Ermittlungen bzw. die Gerichte zueinander stünden. Eine solche Situation ist denkbar, denn das ne bis in idem Prinzip beinhaltet kein Verbot zur Durchführung sich nur überschneidender Ermittlungen.[2147]

b) Die Konsequenzen der Einordnung eines Tribunals als „nicht staatlich"

Würde ein internationalisiertes Gericht im Verhältnis zum IStGH als nicht staatlich qualifiziert und würden Ermittlungen durch beide Gerichte gleichzeitig durchgeführt, könnte der daraus entstehende Kompetenzkonflikt durch die Anwendung des Prioritätsgrundsatzes aufgelöst werden. Danach wäre das Gericht

---

2143 Der JStGH ist vorrangig zu diesen. Wet, Erika, de, The relationship between the International Criminal Court and ad hoc tribunals: competition or symbiosis?, 10 Jahre Rom-Statut – IStGH, Die Friedens-Warte, Band 83, Heft 4, Berlin, 2008, S. 38.

2144 Wet, Erika, de, The relationship between the International Criminal Court and ad hoc tribunals: competition or symbiosis?, 10 Jahre Rom-Statut – IStGH, Die Friedens-Warte, Band 83, Heft 4, Berlin, 2008, S. 37, 49.

2145 Wet, Erika, de, The relationship between the International Criminal Court and ad hoc tribunals: competition or symbiosis?, 10 Jahre Rom-Statut – IStGH, Die Friedens-Warte, Band 83, Heft 4, Berlin, 2008, S. 40.

2146 JStGH RPE, Regel 11bis (F).

2147 Kinzler, Robin, Grenzüberschreitende Strafverfahren, Hamburg, 2010, S. 86.

zuständig, welches zuerst die Ermittlungen aufgenommen hat. Wäre dies das hybride Tribunal, so bliebe es, je nach Ausgestaltung des ihm zugrunde liegenden Rechts, voraussichtlich zuständig. Hätte der IStGH zuerst die Ermittlungen initiiert, könnte er seine Ermittlungen einstellen, wenn die Verbrechen nicht schwerwiegend genug i.S.v. Artikel 17 (d) IStGH Statut sein sollten. Ferner könnte der IStGH die Ermittlungen gemäß 18 (2) IStGH Statut aussetzen, um dem Staat die Möglichkeit zu geben, die Ermittlungen durch das zuständige Gericht, also das Hybridtribunal, durchzuführen. Der Ankläger kann dann seine Entscheidung über das Zurückstellen der Ermittlungen bis zum Beginn der Hauptverhandlung fortlaufend gemäß Artikel 18 (3) IStGH Statut überprüfen.

Es könnte auch nach dem Spezialitätsprinzip verfahren werden. Danach wäre die Strafverfolgung durch ein hybrides Gericht spezieller und somit vorrangig gegenüber der des IStGHs. Hierfür spricht, dass ein internationalisiertes Gericht grundsätzlich nur für die Untersuchung spezifischer Sachverhalte zuständig ist. Dabei ist davon auszugehen, dass in den Prozessordnungen die Mindeststandards aus Artikel 14 IPpbR enthalten sind, da es unter internationaler Beteiligung errichtet wurde.

Im Ergebnis könnte der IStGH also dem internationalisierten Gericht die Durchführung weiterer Ermittlungen überlassen bzw. wäre von vorneherein unzuständig.

c) Die Konsequenzen der Einordnung eines Tribunals als „staatlich“

Wird ein internationalisiertes Tribunal als Teil der nationalen Justiz eingeordnet, könnte der IStGH auch in diesem Fall seine eigenen Ermittlungen mangels ausreichender Schwere der Verbrechen einstellen, sodass das hybride Gericht zuständig wäre.

Ansonsten wäre Artikel 17 (a), (b) IStGH Statut anwendbar. Danach müsste der IStGH entscheiden, ob der Staat zur eigenen Strafverfolgung mittels des hybriden Tribunals nicht Willens oder in der Lage ist. Anhaltspunkte für einen fehlenden Willen des Staates zu ernsthafter Strafverfolgung sind in Artikel 17 (2) IStGH Statut aufgezählt.[2148] Erfasst sind Situationen, in denen der Staat ein Verfahren nur zum Schein durchführt, eine gegen den Strafverfolgungswillen sprechende Verfahrensverzögerung eintritt oder das Verfahren nicht unabhängig oder unparteiisch durchgeführt wird.[2149] Des Weiteren könnte die Unfähigkeit zur Strafverfolgung gemäß Artikel 17 (3) IStGH Statut die Zuständigkeit des IStGHs begründen. Unfähigkeit wäre dann anzunehmen, wenn der Staat völlig untätig ist, es einem Staat bzw. dem hybriden Tribunal wegen des Zusammenbruchs des innerstaatlichen Justizsystems nicht gelänge, der Beschuldigten habhaft zu werden oder Beweismittel zu

---

2148 Vogel, Joachim, Evaluation von Kriminaljustizsystemen, JZ 10/2004, S. 487.
2149 Vogel, Joachim, Evaluation von Kriminaljustizsystemen, JZ 10/2004, S. 487.

erlangen,[2150] oder ein Staat selbst einen Sachverhalt mittels des sogenannten Selfrefferals, also eines Verweises der Strafverfolgung an den IStGH, abgibt.

Letztlich bliebe die Beurteilung, ob ein Staat zur Durchführung einer eigenen Strafverfolgung Willens und in der Lage ist, also dem IStGH überlassen und er würde zur „Evaluierungsinstanz“[2151] des nationalen Justizsystems und ihrer Hybridgerichte. Welche Herausforderungen eine solche Situation mit sich bringen würde, wird im Anschluss an die nun folgende Darstellung des Verweises eines Sachverhalts an den IStGH durch einen Staat selbst (nachfolgend aa), erläutert (nachfolgend b).

aa) Der Verweis der Strafverfolgung an den IStGH

Im Folgenden wird die spezielle Situation untersucht, in der ein Nationalstaat die Verfolgung von Verbrechen mittels eines Verweises an den IStGH übergibt (Selfrefferal).[2152] Der IStGH könnte die Strafverfolgung in diesem Fall gemäß Artikel 53 IStGH Statut wegen mangelndem „Interesse der Gerechtigkeit“[2153] oder mangelnder Schwere der Verbrechen ablehnen. Sollte der IStGH eine Strafverfolgung aus den vorgenannten Gründen ablehnen, besteht die Gefahr der Entstehung von Strafverfolgungslücken, weil der entsprechende Staat versuchen könnte, seine eventuelle Untätigkeit bei der anschließenden eigenen Verfolgung der Verbrechen mit der Ablehnung des IStGHs politisch zu rechtfertigen. Eine solche Situation könnte vermieden werden, indem die VN solche Fälle weiterhin begleitet, z. B. indem sie den Staat beim Aufbau des eigenen Rechtssystems unterstützt oder zwischen dem entsprechenden Staat und den VN die Errichtung eines hybriden Tribunals vereinbart wird.

Sollte der IStGH den Verweis nicht aus den soeben aufgeführten Gründen ablehnen, könnte der verweisende Staat aber trotzdem im Nachhinein noch zu der Entscheidung

2150 Vogel, Joachim, Evaluation von Kriminaljustizsystemen, JZ 10/2004, S. 487.

2151 Burchard, Christoph, Völkerstrafrecht als Global Governance, 10 Jahre Rom-Statut – IStGH, Die Friedens-Warte, Band 83, Heft 4, Berlin, 2008, S. 101.

2152 Diese inzwischen am meisten genutzte Möglichkeit wird in der Literatur teilweise kritisiert, da die Staaten als Primaten der Strafverfolgung selbst zur Strafverfolgung verpflichtet seien. Die selbständige Strafverfolgung sei sogar zwingend und ein Staatenverweis bedeute eine Umgehung der vorrangigen nationalen Gerichtsbarkeit. Ferner könnten Verweise politisch motiviert sein, sodass nur bestimmte Situationen an den IStGH verwiesen würden. Müller, Andreas Th., Das Komplementaritätsprinzip in der frühen Praxis des Internationalen Strafgerichtshofs. Self-referrals und Gravitätsanalyse auf dem Prüfstand, in Schroeder, Werner/ Mayr-Singer, Jelka, Völkerstrafrecht, Rechtsschutz und Rule of Law, Frankfurt, 2011, S. 88.

2153 So Müller, Andreas Th., Das Komplementaritätsprinzip in der frühen Praxis des Internationalen Strafgerichtshofs. Self-referrals und Gravitätsanalyse auf dem Prüfstand, in Schroeder, Werner/Mayr-Singer, Jelka, Völkerstrafrecht, Rechtsschutz und Rule of Law, Frankfurt, 2011, S. 89.

gelangen, doch ein Hybridtribunal errichten zu wollen. Es stellt sich die Frage, ob die Errichtung eines internationalisierten Gerichts dann überhaupt noch möglich ist oder ob der Staat seine Strafgewalt nicht bereits durch den Verweis vollständig auf den IStGH übertragen hat. Eine in der Literatur vertretene Ansicht bewertet den Verweis eines Staates als endgültige Abgabe der Strafgewalt an den IStGH, sodass der Staat kein hybrides Tribunal mehr errichten könnte.[2154] Nach einer anderen Meinung stellt der Verweis lediglich einen sogenannten Waiver of Complementarity dar, also einen Verzicht auf das Komplementaritätsprinzip, wonach die Zuständigkeit des IStGHs nur in den in Artikel 17 IStGH Statut aufgeführten Situationen eröffnet ist. Für letztere Ansicht spricht, dass die Staaten die eigentlichen Primaten der Strafverfolgung sind und ihre Strafkompetenz auch durch einen Verweis an den IStGH nicht vollständig aufgeben. Daher kann ein Staat seinen Verweis implizit auch a majore ad minus zu einem vollständigen Verweis darauf begrenzen, dass er sich nicht doch noch für die Verfolgung der Verbrechen durch ein hybrides Tribunal entscheidet.[2155] Aufgrund dieser Argumente, die dem Sinn des IStGHs entsprechen, bleibt die Errichtung eines internationalisierten Gerichts auch bei einem Verweis des Falles an den IStGH möglich.

Ausgehend von dieser Annahme ist im Folgenden die Frage zu klären, bis zu welchem Zeitpunkt der Staat den entsprechenden Sachverhalt wieder an sich ziehen kann. Hier wäre Artikel 19 (4) IStGH Statut anwendbar. Danach haben die Staaten regelmäßig vor bzw. bei der Eröffnung der Hauptverhandlung die Möglichkeit, die Zuständigkeit des IStGHs anzufechten.[2156] In der vorliegenden Situation würde sich die Anfechtungsbegründung darauf stützen, dass der Staat seine eigene Strafverfolgung mittels eines hybriden Tribunals durchführt bzw. diese ernsthaft beabsichtigt. Die Anfechtung der Zuständigkeit des IStGHs wäre hier nicht als vernire contra factum prorium zu werten, weil der vorherige Selbstverweis des Staates nur einen begrenzten „Waiver of Complementarity" darstellte und eben keine vollständige Übertragung der Strafgewalt an den IStGH. Ein Staat könnte also bis zum Beginn der Hauptverhandlung die Strafgewalt wieder an sich ziehen und ein hybrides Tribunal errichten.

d) Die Konsequenz der Qualifizierung eines hybriden Tribunals für seine Evaluation

Je nach Einordnung eines hybriden Tribunals als staatlich oder nicht staatlich, kann es zukünftig zu unterschiedlichen Zuständigkeiten in der Evaluation der Strafverfolgung durch das Gericht kommen.

2154 Williams, Sarah Jane, Hybrid and Internationalized Criminal Tribunals: Jurisdictional Issues, 2009, S. 119.

2155 Vgl. Benzing, Markus, The Complementarity Regime of the International Criminal Court: International Criminal Justice between State Sovereignty and the fight against impunity, Max Planck UNYB Vol. 7, 2003, S. 631.

2156 Gegen die Entscheidung der Vor- bzw. Hauptverfahrenskammer könnten die Verfahrensbeteiligten wiederum Rechtsmittel gemäß Artikel 19 (6), 82 IStGH Statut einlegen.

Wird ein Tribunal als nicht staatlich angesehen, so obliegt die Evaluation der Strafverfolgung durch ein hybrides Tribunal wie bisher den VN. Diese haben z.B. für den Fall, dass die Strafverfolgung durch die ECCC nicht den internationalen Mindeststandards genügt, eine Austrittsklausel aus der Strafverfolgung vereinbart.[2157] Eine Inanspruchnahme dieses Rechts durch die VN würde aber wohl zu einer diplomatischen Krise mit Kambodscha führen und steht nicht zu erwarten. Um ein solches Ergebnis der Evaluation eines hybriden Tribunals durch die VN und eventuelle politische Auswirkungen zu vermeiden, könnte die Zuständigkeit einer „Superrevisionskammer" in den Statuten neuer hybrider Tribunale verankert werden, welche die Rechtmäßigkeit der Verfahren überprüft.[2158]

Wird ein Tribunal als Teil staatlicher Gerichtsbarkeit betrachtet, so wird der IStGH in den soeben dargelegten Situationen für die Beurteilung der Frage zuständig, ob ein Staat zur Durchführung einer eigenen Strafverfolgung Willens und in der Lage ist, sodass er eventuell die Arbeit des Hybridtribunals beurteilen müsste. Für den Fall des Staatenverweises könnte es des Weiteren zu der Situation kommen, dass der IStGH seine Ermittlungen, z. B. mangels vorhandenen Interesses der Gerechtigkeit, einstellt und der Staat im Folgenden ein hybrides Tribunal mit Hilfe der VN errichten möchte. Denkbar ist auch, dass der Staat seine Strafkompetenz trotz des Verweises wieder an sich ziehen und die Strafverfolgung mittels eines hybriden Tribunals betreiben möchte. Auch in diesen Fällen könnte die „Superrevisionskammer" für die hybriden Tribunale zuständig sein.

Welche Grundstrukturen eine solche „Superrevisionskammer" haben könnte, wird nachfolgend skizziert.

2) Die mögliche Grundstruktur einer Superrevisionskammer am IStGH

Aufgabe der Superrevisionskammer wäre es, durch die Überprüfung der Entscheidungen der hybriden Tribunale zu gewährleisten, dass vor diesen ein faires, effizientes und transparentes Strafverfahren durchgeführt wird. Als Vorbild könnte der Europäische Gerichtshof für Menschenrechte (EGMR) oder der Interamerikanische Gerichtshof für Menschenrechte (IGMR) dienen.[2159] Der Superrevisionskammer könnte also im System zukünftiger hybrider Gerichte die Funktion einer Internationalen Strafgerichtskammer für justizielle Menschenrechte (International Criminal Chamber for Judicial Human Rights, ICCJHR) zu kommen.

Das anzuwendende Recht ergäbe sich aus dem IPbpR, welcher insbesondere die in Artikel 14 IPbpR niedergeschriebenen Mindestgarantien für den Beschuldigten

2157 UN-RGC Abkommen, Artikel 28.

2158 Langfristig könnte diese, wenn der entsprechende politische Wille vorhanden ist, sogar als supranationale Instanz für nationale Völkerstrafverfahren zuständig sein.

2159 Der EGMR ist z.B. zuständig für Individual- und Mitgliedstaatenbeschwerden über Verletzungen der Europäischen Menschenrechtskonvention, EMRK, Artikel 33, 34.

auf Durchführung eines fairen Strafverfahrens enthält, die sich bereits in den Statuten der bisherigen Tribunale wiederfinden, was auch in Zukunft zu erwarten ist.[2160] Der Vertrag wurde inzwischen von 167 Staaten ratifiziert, sodass er auch eine gewisse allgemeine Gültigkeit besitzt.[2161] Die Einhaltung dieser Rechte hätte die Superrevisionskammer zu prüfen.

Antragsbefugt könnten die Parteien nach Ausschöpfung des Rechtswegs vor dem hybriden Tribunal sein.[2162] Ein Beispielsfall aus der Strafverfahrenspraxis der ECCC wäre die Verzögerung der Zuordnung eines Verteidigers aufgrund der späten Terminierung der Initial Appearance der Beschuldigten im Vorverfahren. Auch die Kammern könnten die Superrevisionskammer anrufen, um Fragen von grundsätzlicher Bedeutung für das internationale Strafverfahren klären zu lassen.[2163] Ein Beispiel aus der Praxis der ECCC hierfür wäre die Möglichkeit der Fortführung des Verfahrens nach der Entscheidung der Vorverfahrenskammer über die Meinungsverschiedenheit zwischen den internationalen Ermittlungsrichtern in Verfahren 003/ 004.

Es wäre zudem zu klären, wie das Verhältnis der hybriden Gerichte zu einer Superrevisionskammer am IStGH ausgestaltet sein sollte. Für die Beantwortung der Frage wäre das Verhältnis der einzelnen Gerichte der Mitgliedstaaten des EGMR‘s zum EGMR zu analysieren. Ein Beispiel hierfür wäre die „Solange-Rechtsprechung“ des deutschen Bundesverfassungsgerichts.[2164]

Eine solche errichtete Superrevisionskammer stünde zu den bisherigen Institutionen nicht in Konkurrenz. Vor allem bestünden keine Zuständigkeitskonflikte mit dem VN-Menschenrechtsausschuss (Human Rights Committee), der bisher die Einhaltung der Rechte aus dem IPbpR[2165] politisch überwacht, denn ihm obliegt nur die Evaluation der Berichte der Mitgliedstaaten über die Situation der Menschenrechte im jeweiligen Staat. Nationale Gerichtsentscheidungen können nur gemäß

2160 Vgl. Kapitel A, C IV. Zur Relevanz dieses Prinzips vgl. Report of the Secretary General pursuant to paragraph 2 of Security Council Resolution 808 (1993), S/25704, 3. Mai 1993, Para. 106. Vgl. weiterführend zur Ausgestaltung des Rechts auf ein faires Verfahren Kamardi, Christiane, Die Ausformung einer Prozessordnung sui generis durch das ICTY unter Berücksichtigung des Fair-Trial-Prinzips, Berlin, 2009, S. 66 ff.

2161 Zum Ratifizierungsstand vgl. United Nations Treaty Collection, abrufbar unter http://treaties.un.org/Pages/ViewDetails.aspx?src=TREATY&mtdsg_no=IV4&chapter=4&lang=en.

2162 Vgl. EMRK, Art. 28.

2163 Am EGMR können z. B. sowohl Individual- als auch Staatenbeschwerden eingereicht werden. Die Entscheidungen des EGMRs sind bindend.

2164 Nach der Maastricht-Entscheidung „übt das Bundesverfassungsgericht seine Rechtsprechung über die Anwendbarkeit von abgeleitetem Gemeinschaftsrecht in Deutschland in einem „Kooperationsverhältnis“ zum Europäischen Gerichtshof aus“, vgl. BVerGE 89, 155, Einleitung Abs. 7.

2165 Der Ausschuss kontrolliert auch die Einhaltung des Internationalen Paktes über wirtschaftliche, soziale und kulturelle Rechte (IPWSKR).

dem Fakultativprotokoll,[2166] das jedoch nur wenige Staaten ratifiziert haben, im Rahmen von Individualbeschwerden überprüft werden.[2167] Für die Überprüfung der Entscheidungen internationaler oder hybrider Tribunale ist das Komitee dagegen nicht zuständig. Daher hat der VN-Menschenrechtsausschuss bisher auch kaum Entscheidungen erlassen, welche für das internationale Strafverfahren von Relevanz wären.[2168]

Durch die Einrichtung einer Superrevisionskammer könnte somit langfristig, ähnlich wie durch den EGMR bezweckt,[2169] eine Vereinheitlichung der Beschuldigtenrechte und Verfahrensgarantien in Völkerstrafverfahren und damit eine gewisse Harmonisierung des Völkerstrafprozessrechts ermöglicht werden.

II. Die mögliche Grundstruktur einer zentralen Stelle für hybride Tribunale

Bei der Betrachtung der Organisation der Verfahrensbeteiligten und Organe an den internationalen Tribunalen zeigt sich ein weiterer struktureller Verbesserungsbedarf, nämlich dass die internationalen Juristen der verschiedenen internationalen Tribunale nicht institutionell koordiniert werden. Zwar orientieren sich die Organe meist an der Spruchpraxis und den Rechtsprechungsansätzen anderer internationaler Tribunale, in der Praxis werden allerdings oft zeitintensive Lösungsstrategien für ähnliche Fragestellungen z.B. von jeder Staatsanwaltschaft eines Gerichts neu erarbeitet. Der gegenseitige Erfahrungsaustausch ist bislang meistens auf die transnationalen Netzwerke,[2170] Konferenzen[2171] und das sogenannte Tribunal Hopping[2172]

2166 Fakultativprotokoll zum IPbpR, 19. Dezember 1966, UNTS Bd. 999, S. 302.

2167 Problematisch ist weiter, dass dieser Ausschuss mit Regierungsvertretern besetzt ist, sodass die Berichte das Ergebnis diplomatischer Verhandlungen sind und damit nur begrenzte Auswirkung haben.

2168 Kamardi, Christiane, Die Ausformung einer Prozessordnung sui generis durch das ICTY unter Berücksichtigung des Fair-Trial-Prinzips, Berlin, 2009, S. 72.

2169 Esser, Robert, Auf dem Weg zu einem europäischen Strafverfahrensrecht, Die Grundlagen im Spiegel der Rechtsprechung des Europäischen Gerichtshofs für Menschenrechte (EGMR) in Straßburg, Berlin, 2002, S. 10.

2170 Z. B. die „International Criminal Defence Lawyers Association". Vgl. des Weiteren Baylis, Elena, Tribunal-Hopping with the Post-Conflict Justice Junkies, Oregon Review of International Law Vol. 10, 2008, S. 376.

2171 Z. B. das Treffen der internationalen Staatsanwälte auf dem „Prosecutor's Colloquium". Allerdings wird der tatsächliche Nutzen solcher Treffen unterschiedlich bewertet. Boas, Gideon/Oosthuizen, Gabriel, Suggestions for Future Lessons-Learned Studies: The Experience of other International and Hybrid Criminal Courts of Relevance to the International Criminal Court, Prepared on behalf of International Criminal Law Services (ICLS), Januar 2010, Para. 9.

2172 Es bezeichnet die Tatsache, dass die völkerstrafrechtlichen Juristen meist von einem Tribunal zu einem anderen „ziehen" und ist geprägt durch folgende Charakteristika: „(1) short duration postings; (2) social-professional networks; (3) narrowly

der an den Tribunalen tätigen Juristen begrenzt. An den ECCC wurden darüber hinaus bereits Juristen des IStGHs für einen Erfahrungsaustausch eingeladen, welcher allerdings nur das Institut der Nebenklage betraf. Des Weiteren wurde am IStGH ein „Legal Tools Project" initiiert, welches die Schaffung einer internationalen Recherchedatenbank zum Völkerstrafrecht und Völkerstrafprozessrecht zum Ziel hat, auf die die Juristen zurückgreifen können.[2173]

Es stellt sich die Frage, ob neben diesen bisherigen Kooperationen nicht langfristig die Schaffung einer übergreifenden zentralen Stelle für gleichgelagerte Organe der Gerichte zweckmäßig wäre, um die Effektivität des „internationalen Strafprozesses als Ganzem mit allen seinen internationalen Gerichten" zu steigern und so langfristig finanzielle Mittel einsparen zu können. Denkbar wäre z. B. die Schaffung einer Zentrale für die internationale Staatsanwaltschaft, internationale Richterschaft und internationale Verteidigung und in Zukunft auch die internationale Nebenklage, welche einen Wissenstransfer[2174] unter den Juristen koordinieren könnte. Um die Übernahme der bürokratischen Verwaltungsapparaten oft anhaftenden Schwerfälligkeit weitestgehend zu vermeiden, wäre hier ein Blick auf Knowledgemanagement- und Knowledgetransfersysteme global arbeitender Großunternehmen interessant, welche eventuell übertragbare, kosteneffektive Arbeitsstrukturen entwickelt haben. Für die Klärung der Frage von Umfang, Struktur, Kompetenz und personeller Besetzung einer solchen zentralen Stelle bietet sich eine Analyse der zentralen Organisation unterschiedlicher nationaler und supranationaler Justizorgane und ihrer Reformen an. Auch wäre eine weitergehende Eingliederung internationaler Forschungsinstitute zu überlegen, die bereits für verschiedene Teilbereiche des Legal Tools Projects des IStGHs verantwortlich sind.

Abschließend ist festzuhalten, dass die Schaffung effizienterer Strukturen für eine langfristige, praktikable und finanziell machbare Gestaltung von internationalen Gerichten notwendig ist. Hierzu Anregungen zu geben wurden in der vorliegenden Dissertation im Hinblick auf die ECCC und im anschließenden Ausblick auf das zukünftige Verhältnis von hybriden Tribunalen zum IStGH versucht.

---

defined work duties and (4) temporary local networks." Baylis, Elena, Tribunal-Hopping with the Post-Conflict Justice Junkies, Oregon Review of International Law Vol. 10, 2008, S. 361–390. Allerdings resultiert daraus eine hohe Fluktuation des Personals an den Tribunalen.

2173 Das Legal Tools Project ist einsehbar unter http://www.legal-tools.org/en/go-to-database/.

2174 Dieser Wissenstransfer betrifft vor allem „analogical, technical, legal, networking, bureaucratic, and cultural knowledge". Baylis, Elena, Tribunal-Hopping with the Post-Conflict Justice Junkies, Oregon Review of International Law Vol. 10, 2008, S. 377.

Literaturverzeichnis

Abdul Kadir, Mohamed Faizal Mohamed, The Rule in Browne v. Dunn in Cross Examination: A Singapore Perspective, abrufbar unter www.lawgazette.com.sg/ 2011-07/155.htm.

Adam, Dawne, The Tuol Sleng Archives and the Cambodian Genocide, Archivaria 45, 1998, S. 6–27.

Ambos, Kai, Internationales Strafrecht, 3. Aufl., Beck, München, 2011.

Ambos, Kai, Zur Rechtsgrundlage des Internationalen Strafgerichtshofs, ZStW 111, 1999, S. 175–210.

Ambos, Kai/ *Steiner*, Christian, Vom Sinn des Strafens auf innerstaatlicher und supranationaler Ebene, JuS 41, 2001, S. 9–13.

Ambach, Philipp, Laufen Hybride Tribunale dem Internationalen Strafgerichtshof den Rang ab? Eine Bestandsaufnahme, HuV-I (18) 2/2005, S. 106–117.

Arzt, Gunther, Der Internationale Strafgerichtshof und die formelle Wahrheit, in Arnold, Jörg/ Burkhardt, Björn, Menschengerechtes Strafrecht: Festschrift für Albin Eser zum 70. Geburtstag, Beck, München, 2005, S. 691–704.

Barth, Holger, Landesbericht Frankreich, in Perron, Walter, Die Beweisaufnahme im Strafverfahrensrecht des Auslands. Rechtsvergleichendes Gutachten im Auftrag des Bundesministeriums der Justiz, Ed. Iuscrim, Max-Planck-Institut für ausländisches und internationales Strafrecht, Freiburg, 1995, S. 89–148.

Bates, Alex, Atlas Project, Armed Conflicts – Peacekeeping – Transitional justice, Law as Solution, Transitional Justice in Cambodia: Analytical Report, Oktober 2010, abrufbar unter http://projetatlas.univparis1.fr/IMG/pdf/ ATLAS_Cambodia_Report_FINAL_EDITS_Feb2011.pdf.

Baylis, Elena, Tribunal-Hopping with the Post-Conflict Justice Junkies, Oregon Review of International Law Vol. 10, 2008, S. 361–390.

BBC, World Bank blocks Cambodia loans amid Boeung Kak row, 9. August 2011, abrufbar unter http://www.bbc.co.uk/news/world-asia-pacific-14457573.

Beigbeder, Yves, Judging Criminal Leaders: the Slow Erosion of Impunity, Vol. 55, Kluwer Law International, The Hague/ New York, 2002, S. 97–120.

Benzing, Markus, The Complementarity Regime of the International Criminal Court: International Criminal Justice between State Sovereignty and the fight against impunity, Max Planck UNYB, Vol. 7, 2003, S. 591–632.

Beulke, Werner, Strafprozessrecht, 12. Aufl., Müller, Heidelberg/ München/ Landsberg/ Frechen/ Hamburg, 2012.

Beulke, Werner, Konfrontation und Strafprozessreform. Art. 6 Abs. 3 lit. d EMRK und ein „partizipatorisches" Vorverfahren anstelle einer Hauptverhandlung in ihrer bisherigen kontradiktorischen Struktur, in Hanack, Ernst-Walter/ Mehle, Volkmer/ Hilger, Hans/ Widmaier, Gunter, Festschrift für Peter Riess zum 70. Geburtstag, de Gruyter, Berlin/ New York, 2002, S. 3–30.

Boas, Gideon, A Code of Evidence and Procedure for International Criminal Law? The Rules of the ICTY, in Boas, Gideon/ Schabas, William A., International Criminal Law Developments in the Case Law of the ICTY, Martinus Nijhoff Publishers, Leiden, 2004, S. 1–33.

Boas, Gideon/ *Bischoff*, James L./ *Reid*, Natalie L./ *Taylor III*, B. Don, The International Criminal Law Practitioner Library Volume III, International Criminal Procedure, Cambridge University Press, Cambridge/ New York/ Melbourne, 2011.

Boas, Gideon/ *Oosthuizen*, Gabriel, Suggestions for Future Lessons-Learned Studies: The Experience of other International and Hybrid Criminal Courts of Relevance to the International Criminal Court, Prepared on behalf of ICLS, Januar 2010, abrufbar unter http://www.iclsfoundation.org/wp-content/uploads/2012/02/icls-report-lessonslearnedgapsstudy-final.pdf.

Bock, Stefanie, Das Opfer vor dem internationalen Strafgerichtshof, ZStW 119, 2007, S. 664–680.

Bohlander, Michael/ *Winter*, Renate, Internationale Strafgerichte auf nationaler Ebene, in Kirsch, Stefan, Internationale Strafgerichtshöfe, 1. Aufl., Nomos, Baden-Baden, 2005, S. 261–280.

Bothe, Michael, Die Bedeutung der Rechtsvergleichung in der Praxis internationaler Gerichte, ZaöRV 36, 1976, S. 280–299.

Bowman, Herbert D., Not Worth the Wait: Hun Sen, the UN, and the Khmer Rouge Tribunal, 24 UCLA Pac. Basin L. J., 2006, S. 51–80.

Burchard, Christoph, Völkerstrafrecht als Global Governance, 10 Jahre Rom-Statut – IStGH, Die Friedens-Warte/Journal of International Peace and Organization, Band 83, Heft 4, Berlin, 2008, S. 73–113.

Burkhardt, Sven/ *Graebsch*, Christine, Völkerstrafrechtlicher Umgang mit Makrokriminalität, in Prittwitz, Cornelius/ Böllinger, Lorenz/ Jasch, Michael/ Krasmann, Susanne/ Peters, Helge/ Reinke, Herbert/ Rzepka, Dorothea/ Schumann, Karl F., Kriminalität der Mächtigen, 1. Aufl., Nomos, Baden-Baden, 2008, S. 212–235.

Braun, Leonie von, Internationalisierte Strafgerichte: eine Analyse der Strafverfolgung schwerer Menschenrechtsverletzungen in Osttimor, Sierra Leone und Bosnien Herzegowina, Dissertation Humboldt-Universität Berlin, Berliner Wissenschafts-Verlag, Berlin, 2008.

Byrne, Rosemary, The new public international lawyer and the hidden art of international criminal trial practice, Conn. J. Int'l L., Vol. 25, 2004, S. 243–303.

Cambodian Human Rights Action Committee, Comments on the ECCC Draft Internal Rules, Phnom Penh, 17. November 2006, abrufbar unter http://www.licadho-cambodia.org.

Cassese, Antonio, International Criminal Law, 2. Aufl., Oxford University Press, Oxford, 2008.

Ciorciari, John D./ *Ly*, Sok-Kheang, The ECCC's Role in Reconciliation, in Ciorciari, John D./ Heindel, Anne, On Trial: The Khmer Accountability Process, Documentation Center of Cambodia, Phnom Penh, 2009, S. 294–347.

Chace, Amanda, Four Khmer Rouge leaders charged with genocide, 17 No. 2 Hum. Rts. Brief, S. 57.

Chandler, David, Voices from S-21, Terror and History in Pol Pot's Secret Prison, University of California Press, Berkeley/ Los Angeles, 2000.

Chandler, David, A History of Cambodia, 4. Aufl., Westview Press, Boulder, 2008.

Clarens, Margarita, Analysis of the ECCC Closing Order Indicting Kaing Guek Eav (Duch), in Documentation Center of Cambodia Magazine, Searching for the truth, Phnom Penh, Special English Edition, Third Quarter, 2008, S. 30–33, abrufbar unter http://www.d.dccam.org/Tribunal/Analysis/pdf/Analysis_of_the_ECCC_Closing_Order_Indicting_Kaing_Guek_Eav_(Duch).pdf.

Claussen, Kathleen, Up to the Bar? Designing the Hybrid Khmer Rouge Tribunal in Cambodia, 33 Yale J. Int'l L., 2008, S. 253–513.

Corell, Hans, Press Briefing, UN Legal Counsel, Negotiations Between the UN and Cambodia Regarding the Establishment of the Court to Try Khmer Rouge Leaders, 8. Februar 2002, abrufbar unter http://www.un.org/news/dh/infocus/cambodia/corell-brief.htm.

Corey-Boulet, Robbie, Corruption Counsel's Role at ECCC Unclear, Phnom Penh Post, 23. September 2009.

Cryer, Robert/ *Friman*, Hakan/ *Robinson*, Darryl/ *Wilmshurst*, Elizabeth, An Introduction to International Criminal Law and Procedure, 2. Aufl., Cambridge University Press, Cambridge/ New York/ Melbourne, 2010.

Creifelds, Carl, Rechtswörterbuch, 20. Aufl., Beck, München, 2011.

Damaška, Mirjan R., The Faces Of Justice And State Authority: A Comparative Approach to the Legal Process, Yale University, New Haven/ London, 1986.

Damaška, Mirjan R., Negotiated Justice in International Criminal Courts, 2 J. Int. Criminal Justice, 2004, S. 1018–1039.

Damaška, Mirjan R., The Competing Visions of Fairness: The Basic Choice for International Criminal Tribunals, N.C. J. Int'l L. & Com. Reg. Vol. 36, 2011, S. 365–387.

Dearing, Christopher, An Analysis of Corruption, Bias, and the High Presumption of Impartiality in the Extraordinary Chambers in the Courts of Cambodia, Magazine: Searching for the Truth, Documentation Center of Cambodia, Phnom Penh, Januar 2009.

Deloitte, Touché Tohmatsu India Pvt. Limited, Report on the Special HRM Review, HRM Review Team, 15. April 2008, abrufbar unter http://www.eccc.gov.kh/english/cabinet/fileUpload/36/Report_of_HRM_Review_Team-15_April.pdf.

Dervieux, Valérie, The French System, in Delmas-Marty, Mireille/ Spencer, John R., European Criminal Procedures (Cambridge Studies in International and Comparative Law), Cambridge University Press, Cambridge, 2002, S. 218–291.

Di Certo, Bridget, Hamill Granted Civil Party Status, Phnom Penh Post, 27. Februar 2012, abrufbar unter http://www.phnompenhpost.com/index.php/KRTalk/hamill-granted-civil-partystatus.html.

Di Certo, Bridget, Budget dry for cases 003, 004, Phnom Penh Post, 12. März 2012, abrufbar unter http://www.phnompenhpost.com/index.php/KRTalk/budget-dry-for-cases-003-004.html.

Drake, Anna Katherine, Updates from the International Criminal Courts, 15 No. 2 Hum. Rts. Brief 38, S. 40–49.

Dyrchs, Susanne, Das hybride Khmer Rouge-Tribunal: Entstehung, Entwicklung und rechtliche Grundlagen, Kölner Schriften zu Staat und Recht, Band 36, Dissertation Universität Köln, Peter Lang, Frankfurt/ Berlin/ Bern, 2008.

Eser, Albin, Vorzugswürdigkeit des adversatorischen Prozesssystems in der internationalen Strafgerichtsbarkeit? Reflektionen eines Richters, in Müller-Dietz, Heinz, Festschrift für Heike Jung, Baden-Baden, 2007, S. 167–187, abrufbar unter www.freidok.uni-freiburg.de/volltexte/6295.

Eser, Albin, Reflexionen zum Prozesssystem und Verfahrensrecht internationaler Strafgerichtsbarkeit, in Sieber, Ulrich/ Dannecker, Gerhard/ Kindhäuser, Urs/ Vogel, Joachim/ Walter, Tonio, Strafrecht und Wirtschaftsstrafrecht – Dogmatik, Rechtsvergleich, Rechtstatsachen – Festschrift für Klaus Tiedemann zum 70. Geburtstag, Carl Heymanns Verlag, München, 2008, S. 1453–1472, abrufbar unter www.freidok.uni-freiburg.de/volltexte/6275.

Eser, Albin, Entwicklung des Strafverfahrensrechts in Europa, ZStW 108, 1996, S. 86–127.

Eser, Albin, Zur Sache Völkerstrafrecht: Wo die Welt zu ihrem Recht kommt, in MaxPlanckForschung 3/2008, S. 14–18, abrufbar unter www.freidok.uni-freiburg.de/volltexte/6305.

Eser, Albin, The „Adversarial" Procedure: A Model Superior to Other Trial Systems in International Criminal Justice?, in Krüssmann, Thomas, ICTY: Towards a Fair Trial. Neuer Wissenschaftlicher Verlag, Wien, 2008, S. 207–227, abrufbar unter www.freidok.uni-freiburg.de/volltexte/6317.

Esmein, Adhemar, A history of continental criminal procedure with special reference to France, The Lawbook Exchange, New Jersey, 2000.

Esser, Robert, Auf dem Weg zu einem europäischen Strafverfahrensrecht, Die Grundlagen im Spiegel der Rechtsprechung des Europäischen Gerichtshofs für Menschenrechte (EGMR) in Straßburg, Dissertation Universität Trier, de Gruyter, Berlin, 2002.

Etcheson, Craig, The Politics of Genocide Justice in Cambodia, in Romano, Cesare P.R./ Nollkaemper, Andre/ Kleffner, Jann K., Internationalized Criminal Courts: Sierra Leone, East Timor, Kosovo, and Cambodia, Oxford University Press, Oxford, 2004, S. 178–202.

Etcheson, Craig, Accountability beckonds during a year of worries for the Khmer Rouge Leadership, 6 ILSA J. Int'l & Comp. L., 2000, S. 507–518.

Fähnders, Till, Obama in Kambodscha – Unangenehmer Besuch beim Autokraten, FAZ, 20. November 2012, abrufbar unter http://www.faz.net/aktuell/politik/ausland/obama-in-kambodscha-uangenehmer-besuch-beim-autokraten11966034.html.

Federal Judicial Center, Manual for Complex Litigation, Fourth, 2004, abrufbar unter https://public.resource.org/scribd/8763868.pdf.

Ferrie, Jared, Cambodia's troubled tribunal, International Justice Tribune, No. 129, 25. Mai 2011, abrufbar unter http://sites.rnw.nl/pdf/ijt/ijt129.pdf.

Freeman, Joe, Pauw, Pestman and Ianuzzi leave Khmer Rouge court "farce" behind, Phnom Penh Post, 21. Dezember 2012, abrufbar unter http://www.phnompenhpost.com/2012122160404/KRTalk/nuon-chea-readies-for-change.html.

Friman, Hakan, Interlocutory Appeals in the early practice in the International Criminal Court, in Stahn, Carsten/ Sluiter, Göran, The Emerging Practice of the International Criminal Court, Martinus Nijhoff Publishers, Leiden, 2009, S. 527–552.

Ford, Stuart, How Leadership in International Criminal Law is Shifting From the U.S to Europe and Asia: An Analysis of Spending on and Contributions to International Criminal Courts, 55 St. Louis U. L. J., 2010, S. 953–995, abrufbar unter http://papers.ssrn.com/sol3/papers.cfm?abstract_id=1674063.

Foster, Alice/ *Chansy*, Chhorn, Prosecutor Says Tribunal Lacks Money, Time, The Cambodia Daily, 18. März 2011, S. 23.

Fuchs, Helmut, Die Ergebnisse des Vorverfahrens als Grundlage des Strafurteils, in Strafprozessreform, Konzepte und Orientierungen zum neuen Vorverfahren, Schriftenreihe des Bundesministeriums für Justiz, Nr. 54, Wien, 1991, S. 141–173.

Gallmetzer, Reinhold, The Trial Chamber's Discretionary Power to Devise the Proceedings Before it and its Exercise in the Trial of Thomas Lubanga Dylio', in Stahn, Carsten/ Sluiter, Göran, The Emerging Practice of the International Criminal Court, Martinus Nijhoff Publishers, Leiden, 2009, S. 501–524.

Geppert, Klaus, Der Grundsatz der Unmittelbarkeit im deutschen Strafverfahren, Habilitationsschrift Universität Freiburg, de Gruyter, Berlin/ New York, 1979.

Gibson, Kate/ *Rudy*, Daniella, A new model of international criminal procedure? The progress of the Duch Trial at the ECCC, 7 J. Int. Criminal Justice, 2009, S. 1005–1022.

Gibbs, Sir Harry, The selection of Judges, in Fürst, Walther/ Herzog, Roman/ Umbach, Dieter C., Festschrift für Wolfgang Zeidler, Band 1, de Gruyter, Berlin/ New York, 1987, S. 147–152.

Gillison, Douglas, ECCC Funding Delayed Over Graft Claims, The Cambodia Daily, 6. August 2008.

Gillison, Douglas, KRT Chief, Khmer Judges in Anti-Graft Pledge, The Cambodia Daily, 16./ 17. August 2008.

Gillison, Douglas, Tribunal Budget Under the Knife, UN Rep Says, The Cambodia Daily, 1. April 2011, S. 22.

Gillison, Douglas/ *Ana*, Phann, UN, Gov't Agree to Joint Review of ECCC, The Cambodia Daily, 11. Dezember 2008.

Gillison, Douglas/ *Thul*, Prak Chan, Phnom Penh Court Halts ECCC Investigation, The Cambodia Daily, 7./ 8. Februar 2009.

Giry, Stéphanie, Necessary Scapegoats? The Making of the Khmer Rouge Tribunal, The New York Review of Books, 23. Juli 2012, abrufbar unter http://www.nybooks.com/blogs/nyrblog/2012/jul/23/necessary-scapegoats-khmer-rouge-tribunal/.

Glaspy, Padraic J., Justice delayed? Recent developments at the Extraordinary Chambers in the Courts of Cambodia, 21 Harv. Hum. Rts. J., 2008, S. 143–154.

Gleß, Sabine, Funktion und Zusammensetzung des Gerichts, in Eser, Albin/ Rabenstein, Christiane, Strafjustiz im Spannungsfeld von Effizienz und Fairness: konvergente und divergente Entwicklungen im Strafprozessrecht; internationales Kolloquium 8.–11. Mai 2002 auf Schloss Ringberg, Duncker und Humblot, Berlin, 2004, S. 337–348.

Gleß, Sabine, Beweisrechtsgrundsätze einer grenzüberschreitenden Strafverfolgung, Habilitationsschrift Universität Münster, Nomos, Baden-Baden, 2006.

Goldstein, Abraham S., Reflections on Two Models: Inquisitorial Themes in American Criminal Procedure, 26 Stan. L. Rev., 1974, S. 1009–1025.

Gordon, Amy, The Renakse Petitions: Background and Suggestions for Future Use, Documentation Center of Cambodia, Phnom-Penh, 2007.

Gordon, Gregory S., Toward an International Criminal Procedure: Due Process Aspirations and Limitations, 45 (3) Colum. J. Transnat'l L., 2007, S. 635–710.

Gottesman, Evan R., Cambodia after the Khmer Rouge: Inside the politics of nation building, Yale University Press, New Haven/ London, 2003.

Guariglia, Fabricio, The Rules of Procedure and Evidence – An Overview, in Cassese, Antonio/ Gaeta, Paola/ Jones, John R.W.D., The Rome Statute of the International Criminal Court: a commentary, Vol. VI, Oxford University Press, Oxford/ New York, 2002, Kapitel 28.

Guariglia, Fabricio, The Admission of Documentary Evidence and of Alternative Means to Witness Testimony in Proceedings Before the International Criminal Tribunal for the Former Yugoslavia, in Fischer, Horst/ Kreß, Claus/ Lüder, Sascha Rolf, International and National Prosecution of Crimes Under International Law, Current Developments, Bochumer Schriften zur Friedenssicherung und zum Humanitären Völkerrecht, Band 44, Berlin, 2001, S. 665–680.

Gurd, Tracey, "When Witnesses Change their Stories...". The Lubanga Trial at the International Criminal Court, 10. Februar 2009, abrufbar unter http://www.lubangatrial.org/2009/02/10/when-witnesses-change-their-stories% E2%80%A6/.

Hall, John, Opinion: New Corruption Allegations Pose Test for Future of KR Tribunal, The Cambodia Daily, 15. August 2008.

Harding, Christopher, Überblick über die verschiedenen Formen des Strafverfahrens, in Eser, Albin/ Rabenstein, Christiane, Strafjustiz im Spannungsfeld von Effizienz und Fairness: konvergente und divergente Entwicklungen im Strafprozessrecht; internationales Kolloquium 8.-11. Mai 2002 auf Schloss Ringberg, Duncker und Humblot, Berlin, 2004, S. 3–18.

Haveman, Roelof, The Context of the Law, Common Law v. Civil Law, in Kavran, Olga/ Nicholls, Julian/ Haveman, Roelof, Supranational criminal law: A System sui generis, Vol. 1, Intersentia, Antwerp/ Oxford/ New York, 2003, S. 33–37.

Hay, Peter, US-Amerikanisches Recht, Ein Studienbuch, 5. Aufl., Beck, München, 2011.

Heder, Steven, A Review of the Negotiations Leading to the Establishment of the Personal Jurisdiction of the Extraordinary Chambers in the Courts of Cambodia, London/ Paris, 1. August 2011.

Heder Steven, Seven Candidates for Prosecution: Accountability for the Crimes of the Khmer Rouge, War Crimes Research Office, Washington College of Law, American University and Coalition for International Justice, Juni 2001.

Heindel, Anne, "Critical" Irregularities in Interview Procedures Highlighted During Witness Testimony, Documentation Center of Cambodia, Phnom Penh, 30. August 2012.

Heller, Kevin Jon, Completion Strategies, Melbourne Law School, 2009, S. 1–41, abrufbar unter http://www.ipp.ghum.kuleuven.be/publications/heller.pdf.

Helmert, Volker, Der Straftatbegriff in Europa: eine rechtsvergleichende Untersuchung der allgemeinen Voraussetzungen der Strafbarkeit in Deutschland, England, Frankreich und Polen, Dissertation Universität Marburg, Duncker und Humblot, Berlin, 2011.

Henrion, Hervé, Der Einführungsartikel des französischen Code de procédure pénale: Versuch einer Exegese, ZStW 113, 2001, S. 929–946.

Hermann, Joachim, Der amerikanische Strafprozess, in Jung, Heike, Der Strafprozess im Spiegel ausländischer Verfahrensordnungen: Frankreich, Österreich, Schweiz, UdSSR, USA, de Gruyter, Berlin/ New York, 1990, S. 133–160.

Hübner, Ulrich/ *Constantinesco*, Vlad, Einführung in das französische Recht, Schriftenreihe der Juristischen Schulung, Band 16, Ausländisches Recht, 4. Aufl., Beck, München, 2001.

Hughes, Rachel, Memory and Sovereignty in Post-1979 Cambodia: Choeung Ek and Local Genocide Memorials, in Cook, Susan E., Genocide in Cambodia and Rwanda: New Perspectives, New Jersey, 2005, S. 269–292.

Human Rights Committee, CCPR General Comment No 13, 21st Session 1984, abrufbar unter http://www.unhcr.org/refworld/docid/453883f90.html.

Human Rights Center University of California Berkeley, After the first trial, A Population-Based Survey on Knowledge and Perception of Justice and the ECCC, Juni 2011.

Human Rights Center University of California Berkeley, So we will never forget, A population-based survey, Januar 2009.

Human Rights Watch, Cambodia: Judges Investigating Khmer Rouge Crimes should Resign, 3. Oktober 2011, abrufbar unter http://www.hrw.org/news/2011/10/03/cambodia-judges-investigating-khmer-rouge-crimes-should-resign.

Human Rights Watch, Cambodia: Government Interferes in Khmer Rouge Tribunal, 5. Dezember 2006, abrufbar unter http://www.hrw.org/english/docs/2006/12/05/cambod14752.htm.

Human Rights Watch, Cambodia Tribunal Must Meet International Standards, Press Release, 12. Februar 2002.

Jackson, Charles C., Progress and problems: defense counsel at the Extraordinary Chambers in the Courts of Cambodia, Mai 2010, abrufbar unter http://www.cambodiatribunal.org/sites/default/files/resources/ctm_eccc_defense_charles_jackson.pdf.

Jain, Neha, Between the Scylla and charybdis of prosecution and reconciliation: The Khmer Rouge trials and the promise on international criminal justice, 20 Duke J. Comp. & Int'l L., 2009, S. 247–290.

Jaques, Mallesons Stephen, Humanitarian Law Perspectives 2001 The ECCC – from Case 001 to Case 002 – Findings and the future, Australian Red Cross, Mai 2011, abrufbar unter http://www.redcross.org.au/files/2011_the_eccc__from_case_001_to_case_002__findings_and_the_future.pdf.

Jörg, Nico, Pitfalls of the Convergence of Criminal Procedure Systems, in Eser, Albin/ Rabenstein, Christiane, Strafjustiz im Spannungsfeld von Effizienz und Fairness: konvergente und divergente Entwicklungen im Strafprozessrecht; internationales Kolloquium 8.–11. Mai 2002 auf Schloss Ringberg, Duncker und Humblot, Berlin, 2004, S. 221–230.

Jung, Heike, La mise en état des affaires pénales. Zwei Kommissionsberichte als Wegbereiter für ein neues Modell des Strafverfahrens, ZStW 105, 1993, S. 204–220.

Kamardi, Christiane, Die Ausformung einer Prozessordnung sui generis durch das ICTY unter Berücksichtigung des Fair-Trial-Prinzips, Dissertation Universität Frankfurt a. M., Springer, Berlin/ Heidelberg/ New York, 2009.

Karbaum, Markus, Kambodscha unter Hun Sen, Informelle Institutionen, politische Kultur und Herrschaftlegitimität, Humboldt-Universität Berlin, Lit, Berlin/ Münster, 2008.

Kashyap, Subhash C., The framework of the prosecutions in Cambodia, in Ambos, Kai/ Othman, Mohamed, New Approaches in International Criminal Justice: Kosovo, East Timor, Sierra Leone and Cambodia, Ed. Iuscrim, Max-Planck-Institut für ausländisches und internationales Strafrecht, Freiburg, 2003, S. 189–205.

Kaufmann, Christine/ *Marschner*, Laura, Eine kritische Bestandsaufnahme aktueller Entwicklungen der Außerordentlichen Kammern an den Gerichten von Kambodscha, ZIS 10/2011, S. 811–821.

Kerckhoff, Gerhard, Beweisverbote im französischen Strafprozess, Dissertation Universität Trier, Hochschulschriften Trier, 1992.

Kiernan, Ben, Historical and political background to the Conflict in Cambodia, 1945–2002, in Ambos, Kai, New Approaches in International Criminal Justice: Kosovo, East Timor, Sierra Leone and Cambodia, Freiburg, 2003, S. 173–188.

Kilpatrick Jr., Richard L., Judicial Notice as a Means of Preserving Judicial Economy at the Extraordinary Chambers in the Courts of Cambodia, Documentation Center of Cambodia, Phnom Penh, 2012.

Kinzler, Robin, Grenzüberschreitende Strafverfahren, Dissertation Fernuniversität Hagen, Kovač, Hamburg, 2010.

Kirsch, Stefan, Verteidigung in Verfahren vor dem Internationalen Strafgerichtshof für das ehemalige Jugoslawien (JStGH), StV 2003, S. 636–640.

Kirsch, Stefan, Tätigkeit vor internationalen Strafgerichtshöfen, in Ahlbrecht, Heiko/ Böhm, Klaus Michael/ Esser, Robert/ Hugger, Heiner/ Kirsch, Stefan/ Rosenthal, Michael, Internationales Strafrecht in der Praxis, Müller, Heidelberg, 2008, S. 423–558.

Krauß, Detlef, Richter und Sachverständige im Strafverfahren, ZStW 85, 1973, S. 320–359.

Kreicker, Helmut, § 51 Strafrechtliche Garantien der EMRK, in Sieber, Ulrich/ Böse, Martin/ Brüner, Franz H./ Heintschel-Heinegg, Bernd von/ Satzger, Helmut, Europäisches Strafrecht, 1. Aufl., Nomos, Baden-Baden, 2011, S. 789–813.

Kreß, Claus in Grützner, Heinrich/ Pötz, Paul-Günter, Internationaler Rechtshilfeverkehr in Strafsachen: die für die Rechtsbeziehungen der Bundesrepublik Deutschland mit dem Ausland in Strafsachen maßgeblichen Bestimmungen, Loseblatt-Ausgabe mit 5 Ordnern, 3. Aufl., Müller, Heidelberg, 2007.

Kreß, Claus/ *Wannek*, Felicitas, Von den beiden internationalen Ad-Hoc-Tribunalen zum internationalen Strafgerichtshof, in Kirsch, Stefan, Internationale Strafgerichtshöfe, 1. Aufl., Nomos, Baden-Baden, 2005, S. 231–260.

Kreuzer, Elisabeth, Die Bestimmung des Umfangs der Beweisaufnahme im deutschen, französischen und italienischen Strafprozess, Dissertation Universität Freiburg, Freiburg, 1964.

KRT Trial Monitor, Reports Case 001 und 002, Updates on cases before the ECCC from Trial Monitors of the Asian International Justice Initiative (AIJI), abrufbar unter http://krtmonitor.org.

Kühne, Hans-Heiner, Strafprozessrecht: Eine systematische Darstellung des deutschen und europäischen Strafverfahrensrechts, Heidelberg, 2010.

Langer, Máximo, From Legal Transplants To Legal Translations: The Globalization of Plea Bargaining and the Americanization Thesis in Criminal Procedure, 45 Harv. Int'l L. J., 2004, S. 7–17.

Langer, Maximo, The Rise of Managerial Judging in International Criminal Law, UCLA School of Law Research Paper No. 05-16, 53 Am. J. Comp. L., 2005, S. 835–909.

Lampell, Zachery, Handbook on Establishing an International War Crimes Tribunal, The Public International Law & Policy Group, 2007.

Ledgerwood, Judy, The other day I saw a Monster: Reflections on the Khmer Rouge Tribunal, Documentation Center of Cambodia Magazine: Searching for the Truth, Debate Section, August 2009.

Lejmi, Mohamed Ali, Cambodian Extraordinary Chambers – Justice at a long last? Prosecuting Cambodian Genocide, 4 J. Int'l Criminal Justice, 2006, S. 300–306.

Lindblad, Johanna, The Incorporation of International Justice Standards into the Extraordinary Chambers in the Courts of Cambodia, Master Thesis University of Lund, 2005.

Linton, Suzannah, Putting Cambodia's Extraordinary Chambers into Context, 11 SYBIL, 2007, S. 195–259.

Linton, Suzannah, Safeguarding the Independence and Impartiality of the Cambodian Extraordinary Chambers, 4 (2) J. Int. Criminal Justice, 2006, S. 327–341

Lüderssen, Klaus, Die strafrechtsgestaltende Kraft des Beweisrechts, ZStW 85, 1973, S. 288–319.

MacDonald, Laura, Border clashes between Vietnam and Cambodia; procedural clashes between the prosecution and the defense, Cambodia Tribunal Monitor, 25. Mai 2009, S. 2.

MacDonald, Laura, Procedural decision opens a can of worms, Cambodia Tribunal Monitor, 20. Mai 2009, S. 2.

Malumphy, Christine/ *Pierce*, B. J., Opportunities and Challenges for the Extraordinary Chambers in the Courts of Cambodia, Berkeley, Februar 2009.

Marcus, David, Famine crimes in International Law, 97 AJIL, 2003, S. 245–281.

Mayr-Singer, Jelka, Internationaler Strafgerichtshof und ad-hoc Strafgerichtshöfe, in Schroeder, Werner/ Mayr-Singer, Jelka, Völkerstrafrecht, Rechtsschutz und Rule of Law: das Individuum als Herausforderung für das Völkerrecht; Beiträge zum 34. Österreichischen Völkerrechtstag 2009 in Tramin/ Südtirol, Lang, Frankfurt/ Berlin/ Bern, 2011, S. 55–74.

Mehlich, Andreas, Die Bedeutsamkeit der Strafzwecklehre im Völkerstrafrecht, in Friedrichs, Christian/ Mehlich, Andreas/ Müller, Natascha Ivonne, Völkerstrafrecht, GRIN Verlag, München, 2010, S. 9–36.

Meyer, Jürgen, Unter welchen Bedingungen können Äußerungen gegenüber Polizeiorganen und die hierüber allfällig aufgenommenen Protokolle oder deren Inhalt als Beweismittel in der Hauptverhandlung verwendet und im Urteil verwertet werden?, in Strafprozessreform, Konzepte und Orientierungen zum neuen Vorverfahren, Schriftenreihe des Bundesministeriums für Justiz. Nr. 54, Wien, 1991, S. 175–201.

Misser, François, Spart sich die Welt ihr Gericht?, TAZ, 15. November 2012, abrufbar unter http://www.taz.de/Strafgerichtshof-in-Den-Haag/!105541/.

Möller, Christina, Völkerstrafrecht und Internationaler Strafgerichtshof-kriminologische, straftheoretische und rechtspolitische Aspekte, Dissertation Universität Münster, Lit, Münster/ Hamburg/ London, 2003.

Montesano, Marea, Current International Efforts in Cambodia: Developing a court system to protect human rights, 71 J. L. & Soc. Challenges, Spring 2009, S. 72–94.

Müller, Andreas Th., Das Komplementaritätsprinzip in der frühen Praxis des Internationalen Strafgerichtshofs. Self-referrals und Gravitätsanalyse auf dem Prüfstand, in Schroeder, Werner/ Mayr-Singer, Jelka, Völkerstrafrecht, Rechtsschutz und Rule of Law: das Individuum als Herausforderung für das Völkerrecht; Beiträge zum 34. Österreichischen Völkerrechtstag 2009 in Tramin/ Südtirol, Lang, Frankfurt/ Berlin/ Bern, 2011, S. 75–112.

Müller, Natascha Ivonne, Der Zeuge vom Hörensagen im JStGH Statut und der StPO, in Friedrichs, Christian/ Mehlich, Andreas/ Müller, Natascha Ivonne, Völkerstrafrecht, GRIN Verlag, München, 2010, S. 37–62.

Nette, Andrew, Cambodia: Locus Standi for Victims at Khmer Rouge Trials?, Inter-Press Service, 3. März 2008. Documentation Center of Cambodia, Project Design Evaluation: Victim Participation Project, 4. Februar 2008, abrufbar unter http://www.dccam.org/Projects/Tribunal_Response_Team/Victim_Participation/Victim_Participation.htm.

Neubacher, Frank, Strafzwecke und Völkerstrafrecht, NJW 59, Heft 14, 2006, S. 966–970.

Neubacher, Frank, Grund und Zweck von Straf im internationalen Strafrecht, in Prittwitz, Cornelius/ Böllinger, Lorenz/ Jasch, Michael/ Krasmann, Susanne/ Peters, Helge/ Reinke, Herbert/ Rzepka, Dorothea/ Schumann, Karl F., Kriminalität der Mächtigen, 1. Aufl., Nomos, Baden-Baden, 2008, S. 110–125.

Neumann, Ulfrid, Funktionale Wahrheit im Strafverfahren, in Philipps, Lothar/ Frommel, Monika, Jenseits des Funktionalismus: Arthur Kaufmann zum 65. Geburtstag, Decker und Müller, Heidelberg, 1989, S. 73–83.

Neumann, Ulfrid, Rechtspositivismus, Rechtsrealismus und Rechtsmoralismus on der Diskussion um dies strafrechtliche Bewältigung politische Systemwechsel, in Prittwitz, Cornelius, Cornélius Prittwitz / Baurmann, Michael/ Günther, Klaus/ Kuhlen, Lothar/ Merkel, Reinhard/ Nestler, Cornélius/ Schulz, Lorenz, Festschrift für Klaus Lüderssen: zum 70. Geburtstag am 2. Mai 2002, 1. Aufl., Nomos, Baden-Baden, 2002, S. 109–126.

Neumann, Ulfrid, Wahrheit im Recht, Zu Problematik und Legitimität einer fragwürdigen Denkform, Würzburger Vorträge zur Rechtsphilosophie, Rechtstheorie und Rechtssoziologie, Heft 32, 1. Aufl., Nomos, Baden-Baden, 2004.

Nice QC, Geoffrey/ Vallières-Roland, Philippe, Procedural Innovations in War Crimes Trials, 3 J. Int'l Criminal Justice, 2005, S. 354–380.

Nollkaemper, André/ *Kleffner*, Jann K., The Relationship Between Internationalized Courts and National Courts, in Romano, Cesare P.R./ Nollkaemper, Andre / Kleffner, Jann K., Internationalized Criminal Courts: Sierra Leone, East Timor, Kosovo, and Cambodia, Oxford University Press, Oxford, 2004, S. 359–378.

O'Brien, Patricia, Letter from the Under-Secretary-General for Legal Affairs, UN Office of Legal Affairs to Michiel Pestman, Victor Koppe, and Andrew Ianuzzi, legal counsel for Nuon Chea, 30. September 2009.

Ohlin, Jens David, Meta-Theory of International Criminal Procedure: Vindicating the Rule of Law, 14 UCLA J. Int'l L. Foreign Aff., 2009, S. 77–120.

O'Neill, Lily/ *Sluiter*, Goran, The Right to Appeal a Judgment of the Extraordinary Chambers in the Courts of Cambodia, 10 (2) Melb. J. Int'l Law, 2009, S. 596–630.

Open Society Justice Initiative, Recent Developments at the Extraordinary Chambers for the Courts of Cambodia, abrufbar unter http://www.opensocietyfoundations.org.

Open Society Justice Initiative, The Duch Trial at the Extraordinary Chambers in the Courts of Cambodia, März 2009, abrufbar unter http://www.opensociety foundations.org.

Open Society Justice Initiative, The Future of Cases 003/004 at the Extraordinary Chambers in the Courts of Cambodia, Oktober 2012, abrufbar unter http://www.opensocietyfoundations.org.

Osborne, Milton, Khmer Rouge tribunal problems, again, 21. Juni 2011, abrufbar unter http://www.lowyinterpreter.org/post/2011/06/21/Khmer-Rouge-tribunal-problems-again.aspx.

O'Toole, James, UN Keeps Corruption Probe Confidential, Phnom Penh Post, 18. Oktober 2010.

Pati, Rosa, The ICC and the Case of Sudan's Omar Al Bashir: Is Plea Bargaining a Valid Option?, 15 U.C. Davis J. Int't L. & Pol'y, 2009, S. 265–327.

Perron, Walter, Rechtsvergleichender Querschnitt und rechtspolitische Bedeutung, in Perron, Walter, Die Beweisaufnahme im Strafverfahrensrecht des Auslands, Ed. Iuscrim, Max-Planck-Institut für ausländisches und internationales Strafrecht, Freiburg, 1995, S. 549–608.

Petit, Robert/ *Ahmed*, Anees, A Review of the Jurisprudence of the Khmer Rouge Tribunal, 8 (2) Nw. U. J. Int'l Hum., Spring 2010, S. 166–189.

Pfefferkorn, Jan, Einführung in das französische Strafverfahren: eine systematische Darstellung der procédure pénale, Schriften zum Straf-, Strafprozess- und Strafvollzugsrecht, Band 4, Lit, Hamburg/ Münster, 2006.

Pfeiffer, Gerd, Einleitung, in Karlsruher Kommentar zur Strafprozessordnung und zum Gerichtsverfassungsgesetz mit Einführungsgesetz, 5. Aufl., Beck, München, 2003.

Pfützner, Peggy/ Adams, Sabine/ Neumann, Leveke, Landesbericht Frankreich, in Sieber, Ulrich/ Cornils, Karin, Nationales Strafrecht in rechtsvergleichender Darstellung: Allgemeiner Teil, Band 1 Grundlagen, Duncker und Humblot, Berlin, 2010, S. 191–276.

Pheaktra, Neth, KRT Forms New Anti-Corruption Committee, The Mekong Times Daily, 18. August 2008.

Prittwitz, Cornelius, Skizzen zu Strafrecht und Kriminalpolitik in Zeiten der Globalisierung, in Prittwitz, Cornelius/ Manoledakis, Ioannis, Strafrechtsprobleme an der Jahrtausendwende: deutsch-griechisches Symposium, Rostock, 1999, 1. Aufl., Nomos, Baden-Baden, 2000, S. 163–175.

Prittwitz, Cornelius, Krieg als Strafe – Strafrecht als Krieg, Wird nach dem „11. September" nichts mehr sein, wie es war?, in Prittwitz, Cornelius/ Baurmann, Michael/ Günther, Klaus/ Kuhlen, Lothar/ Merkel, Reinhard/ Nestler, Cornélius/ Schulz, Lorenz, Festschrift für Klaus Lüderssen: zum 70. Geburtstag am 2. Mai 2002, 1. Aufl., Nomos, Baden-Baden, 2002, S. 499–515.

Prittwitz, Cornelius, Regierungskriminalität und Kriminalität der Mächtigen, in Prittwitz, Cornelius/ Böllinger, Lorenz/ Jasch, Michael/ Krasmann, Susanne/ Peters, Helge/ Reinke, Herbert/ Rzepka, Dorothea/ Schumann, Karl F., Kriminalität der Mächtigen, 1. Aufl., Nomos, Baden-Baden, 2008, S. 185–199.

Prittwitz, Cornelius, Die Rolles des Strafrechts im Menschenrechtsregime, in Pilgram, Arno/ Böllinger, Lorenz/ Jasch, Michael/ Krasmann, Susanne/ Prittwitz, Cornelius/ Reinke, Herbert/ Rzepka, Dorothea, Einheitliches Recht für die Vielfalt der Kulturen?: Strafrecht und Kriminologie in Zeiten transkultureller Gesellschaften und transnationalen Rechts, Schriften zur Rechts- und Kriminalsoziologie, Band 4, Lit, Wien, 2012, S. 23–39.

Peters, Karl, Die strafrechtsgestaltende Kraft des Strafprozesses, Recht und Staat in Geschichte und Gegenwart, Heft 276/277, Mohr, Tübingen, 1963.

Report of the Expert Group to Conduct a Review of the Effective Operation and Functioning of the International Tribunal for the Former Yugoslavia and the International Criminal Tribunal for Rwanda, UN Doc. A/54/634, 22. November 1999, abrufbar unter http://daccess-dds-ny.un.org/doc/UNDOC/GEN/N00/230/32/IMG/N0023032.pdf?OpenElement.

Report of the Group of Experts for Cambodia Pursuant to General Assembly Resolution 52/135, 18. Februar 1999, Annex des United Nations Documents, Identical Letters, 15. März 1999 des Generalsekretärs an die Präsidenten der Generalversammlung und des Sicherheitsrats, UN GAOR, 53rd Sess., Agenda Item 110(b), UN Doc. A/53/850 and S/1999/231 (1999), abrufbar unter http://www1.umn.edu/humanrts/cambodia-1999.html.

Report of the Secretary-General on Khmer Rouge Trials, UN Doc. 757/769, 31. März. 2003, abrufbar unter http://www.unakrt-online.org/Docs/SG%20Reports/A-57-769.pdf.

Report of the Secretary General pursuant to paragraph 2 of Security Council Resolution 808 (1993), S/25704, 3. Mai 1993, abrufbar unter http://www.unhcr.org/refworld/country,,,RESOLUTION,HRV,,3b00f21b10,0.html.

Report of the Special Rapporteur on the independence of judges and lawyers, Leandro Despouy, Communications to and from Governments, UN Doc. A/HRC/8/4/Add.1, 28. Mai 2008, abrufbar unter http://www2.ohchr.org/english/bodies/hrcouncil/8session/reports.htm.

Report of the Special Representative on the situation of human rights in Cambodia, UN Doc. E/CN.4/1997/85, 31. Januar 1997, abrufbar unter http://daccess-dds-ny.un.org/doc/UNDOC/GEN/ G97103/74/PDF/G9710374.pdf?OpenElement.

Riess, Peter, Prolegomena zu einer Gesamtreform des Strafverfahrensrechts, in Hassenpflug, Helwig, Festschrift für Karl Schäfer zum 80. Geburtstag am 11. Dezember 1979, de Gruyter, Berlin/ New York, 1980, S. 155–221.

Robinson, Patrick L., Ensuring Fair and Expeditious Trials at the International Criminal Tribunal for the Former Yugoslavia, 11 EUR. J. Int'L L., 2000, S. 569–589.

Robinson, Patrick L., Rough Edges in the Alignment of Legal Systems in the Proceedings at the ICTY, 3 J. Int. Criminal Justice, 2005, S. 1037–1058.

Roggemann, Herwig, Die Internationalen Strafgerichtshöfe: Einführung, Rechtsgrundlagen, Dokumente, 2. Aufl., Arno Spitz, Berlin, 1998.

Romano, Cesare P.R., The Judges and Prosecutors of Internationalized Criminal Courts and Tribunals in Cambodia, in Romano, Cesare P.R./ Nollkaemper, Andre / Kleffner, Jann K., Internationalized Criminal Courts: Sierra Leone, East Timor, Kosovo, and Cambodia, Oxford University Press, Oxford, 2004, S. 235–270.

Romano, Cesare P.R., in Panel: The Impending Extraordinary Chambers of Cambodia to prosecute the Khmer Rouge, Santa Clara J. Int'l L., 2007, S. 326–344.

Roxin, Claus, Strafverfahrensrecht: ein Studienbuch, 27. Aufl., Beck, München, 2012.

Safferling, Christoph Johannes Maria, Internationales Strafrecht: Strafanwendungsrecht, Völkerstrafrecht, europäisches Strafrecht, Springer, Berlin/ Heidelberg, 2011.

Safferling, Christoph Johannes Maria, International Criminal Procedure, Oxford University Press, Oxford, 2011.

Safferling, Christoph Johannes Maria, Towards an international criminal procedure: how to reconcile continental and Anglo-American criminal procedure in an international procedural order from a human rights perspective, Dissertation Universität München, München, 1999.

Saliba, Michael, Allegations of Corruption at ECCC: Overview, Cambodia Tribunal Monitor, 28. September 2009, abrufbar unter http://www.cambodiatribunal.org /blog/2009/09/allegations-of-corruption-at-eccc.html.

Schachter, Oscar, Creativity and Objectivity in International Tribunals, in Bernhadt, Rudolf/ Geck, Karl Wilhelm/ Jaenicke, Günter/ Steinberger, Helmut, Völkerrecht als Rechtsordnung – internationale Gerichtsbarkeit – Menschenrechte: Festschrift für Hermann Mosler, Beiträge zum ausländischen öffentlichen Recht und Völkerrecht, Band 81, Springer, Berlin/ Heidelberg/ New York, 1983, S. 813–821.

Scheffer, David, Memorandum on the Application of International Standards of Due Process by the Extraordinary Chambers in the Courts of Cambodia, Open Society Justice Initiative, April 2006.

Scheffer, David, The Extraordinary Chambers in the Courts of Cambodia, in Bassiouni, M. Cherif, International Criminal Law, Volume III: International Enforcement, Martinus Nijhoff Publishers, Leiden, 2008, S. 219–256.

Schulz, Sabine, Transitional Justice und hybride Gerichte: Zur strafrechtlichen Verfolgung von völkerstrafrechtlichen Verbrechen unter besonderer Berücksichtigung des kambodschanischen Sondergerichts (Extraordinary Chambers), Beiträge zur Strafrechtswissenschaft, Band 16, Dissertation Universität Jena, Lit, Berlin, 2009.

Schomburg, Wolfgang, Internationalisierte Strafgerichtsbarkeit-Eine Einführung, in Kirsch, Stefan, Internationale Strafgerichtshöfe, 1. Aufl., Nomos, Baden-Baden, 2005, S. 9–18.

Schwind, Hans-Dieter, Kriminologie-Eine praxisorientierte Einführung in Beispielen, Grundlagen, Band 28, 21. Aufl., Kriminalistik, Hüthig, Jehle, Rehm, Heidelberg/ München/ Landsberg, 2011.

Selbmann, Frank/ *Wesemann*, Dorette, Der Pol Pot-Ieng Sary-Prozess revisited – Anmerkung zum Prozess gegen führende Rote Khmer im Jahr 1979, ZIS 2/2010, S. 116–125.

Sieber, Ulrich, The punishment of serious crimes: a comparative analysis of sentencing law and practice, Ed. Iuscrim, Max-Planck-Institut für ausländisches und internationales Strafrecht, Freiburg, 2004.

Sluiter, Göran, The Law of International Criminal Procedure and Domestic War Crimes Trials, 6 Int'l Crim. L. Rev., 2006, S. 605–635.

Staggs Kelsall, Michelle/ *Baleva*, Mary Kristerie A./ *Nababan*, Aviva/ *Chou*, Vineath/ *Guo*, Rachel/ *Ehlert*, Caroline/ *Nget*, Sovannith/ *Pheak*, Savornt, Lessons learned from the "Duch" Trial, a comprehensive review of the first case before the Extraordinary Chambers in the courts of Cambodia, A report produced by the Asian International Justice Initiative's KRT Trial Monitoring Group, Dezember 2009.

Stamp, Frauke, Die Wahrheit im Strafverfahren: eine Untersuchung zur prozessualen Wahrheit unter besonderer Berücksichtigung der Perspektive des erkennenden Gerichts in der Hauptverhandlung, Kieler rechtswissenschaftliche Abhandlungen, Band 16, 1. Aufl., Nomos, Baden-Baden, 1999.

Starygin, Stan, Internal rules of the extraordinary chambers in the courts of Cambodia (ECCC): Setting an example of the rule of law by breaking the law?, 3 (2) JLCR, 2011, S. 20–42.

Stolle, Peer/ *Singelnstein*, Tobias, On the Aims and Actual Consequences of International Prosecution, in Kaleck, Wolfgang, International Prosecution of Human Rights Crimes, Springer, Berlin/ Heidelberg/ New York, 2007, S. 37–54.

Stratenwerth, Günter/ *Kuhlen*, Lothar, Strafrecht Allgemeiner Teil, 6. Aufl., Franz Vahlen, Köln/ Berlin/ München, 2011.

Studzinsky, Silke, Nebenklage vor den Extraordinary Chambers of the Courts of Cambodia (ECCC) – Herausforderung und Chance oder mission impossible?, ZIS 1/2009, S. 44–50.

Swart, Bert, Internationalized Courts and Substantive Criminal Law, in Romano, Cesare P.R./ Nollkaemper, Andre / Kleffner, Jann K., Internationalized Criminal Courts: Sierra Leone, East Timor, Kosovo, and Cambodia, Oxford University Press, Oxford, 2004. S. 291–316.

Temminck Tuinstra Jarinde P. W., Defence Counsel in International Criminal Law, 1. Aufl., T.M.C. Asser Press, Den Haag, 2009.

Theofanis, Rosa, The Doctrine of Res Judicata in International Criminal Law, 3 Int'l Crim. L. Rev., 2003, S. 195–216.

Tochilovsky, Vladimir, Legal Systems and Cultures in the International Criminal Court: The Experience from the International Criminal Tribunal for the Former Yugoslavia, International and national Prosecution of Crimes under International Law, Arno Spitz, Berlin, 2001.

Touch, Bora, The Khmer Rouge and Justice, Khmer Institute, Part I, 2004, abrufbar unter www.khmerinstute.org.

Trechsel, Stefan, Human Rights in criminal proceedings, Oxford University Press, Oxford, 2005.

United Nations Development Programme, United Nations Development Programme's Human Development Report 2011, abrufbar unter http://hdr.undp.org/en/reports/global/hdr2011/.

UN Statement SG/SM/13642, United Nations Rejects "Media Speculation" that Judges Received Instructions to Dismiss Case before Extraordinary Chambers in Courts of Cambodia, 14. Juni 2011, abrufbar unter http://www.un.org/News/Press/docs/2011/sgsm13642.doc/.htm.

Vitu, André, Die Grundzüge des französischen Strafverfahrens, in Jung, Heike, Der Strafprozess im Spiegel ausländischer Verfahrensordnungen: Frankreich, Österreich, Schweiz, UdSSR, USA, de Gruyter, Berlin/ New York, 1990, S. 7–46.

Vogel, Joachim, Evaluation von Kriminaljustizsystemen, JZ 10/2004, S. 487–494.

Wald, Patricia M., To Establish Incredible Events by Credible Evidence: the Use of Affidavit Testimony in Yugoslavia War Crimes Tribunal Proceedings, 42 (2) Harv. Int'l L. J., 2001, S. 535–553.

Wald, Patricia M., The International Criminal Tribunal for the Former Yugoslavia Comes of Age: Some Observations on Day-To-Day Dilemmas of an International Court, 5 Wash. U. J. L. & Pol'y 87, 2001, S. 87–118.

Wannek, Felicitas, Zur Verwertbarkeit außergerichtlicher Zeugenaussagen im Völkerstrafprozess, Kölner kriminalwissenschaftliche Schriften, Band 52, Dissertation Universität Köln, Duncker und Humblot, Berlin, 2008.

Weeramantry, Christopher G., The Function of the International Court of Justice in the Development of International Law, 10 LJIL 1997, S. 309–340.

Wet, Erika, *de*, The relationship between the International Criminal Court and ad hoc tribunals: competition or symbiosis?, 10 Jahre Rom-Statut – IStGH, Die Friedens-Warte, Band 83, Heft 4, Berlin, 2008, S. 33–58.

Werle, Gerhard, Menschenrechtsschutz durch Völkerstrafrecht, ZStW 109, 1997, S. 808–828.

Werle, Gerhard, Principles of international criminal law, T.M.C. Asser Press, Cambridge, 2005.

Werle, Gerhard, unter Mitarbeit von Burchards, Wulf/ Jeßberger, Florian/ Nerlich, Volker/ Burghardt, Boris/ Viebig, Petra/ Bornkamm, Paul, Völkerstrafrecht, 3. Aufl., Mohr Siebeck, Tübingen, 2012.

Wigginghaus, Nils, Synergieeffekte zwischen Straf- und Zivilprozess: eine Untersuchung zur prozessökonomischen Verbindung von Straf- und Zivilprozess unter besonderer Berücksichtigung des Problems doppelter Beweiserhebungen, Konstanzer Schriften zur Rechtswissenschaft, Band 233, Dissertation Universität Konstanz, Hartung-Gorre, Konstanz, 2007, S. 81.

Wilhelmi, Theresa, Die Verfahrensordnung des Internationalen Strafgerichtshofs – Modell eines universalen Strafverfahrensrechts?, in Hoffmann, Bernd von/ Robbers, Gerhard, Rechtspolitisches Forum, Nr. 24, Institut für Rechtspolitik an der Universität Trier (IRP), 2004.

Wilkins, Georgia, Defence Lawyers Condemn Halt of KR Tribunal Probe, Phnom Penh Post, 9. Februar 2009.

Williams, Sarah Jane, Hybrid and Internationalized Criminal Tribunals: Jurisdictional Issues, E-Theses Durham University, 2009, abrufbar unter http://etheses.dur.ac.uk/38/1/Final_PDF_version.pdf.

Zappala, Salvatore, Human rights in international criminal proceedings, Oxford University Press, Oxford/ New York, 2003.

Zolo, Danilo, Peace trough Criminal Law?, 2 J. Int. Criminal Justice, 2004, S. 727–734.

FRANKFURTER KRIMINALWISSENSCHAFTLICHE STUDIEN

Band 1 Peter Böning: Die Lehre vom Unrechtsbewußtsein in der Rechtsphilosophie Hegels. 100 S., 1978.

Band 2 Wolfgang Schneider: Kriminelle Straßenverkehrsgefährdung (§ 315c Abs. 1 Ziff. 2, Abs. 3 StGB). Eine kriminologische und strafrechtliche Untersuchung zur Problematik dieser Verkehrsstraftaten unter Berücksichtigung ausländischer Rechte. 342 S., 1978.

Band 3 Lothar Kuhlen: Die Objektivität von Rechtsnormen. Zur Kritik des radikalen labeling approach in der Kriminalsoziologie. 178 S., 1978.

Band 4 Günther Grewe: Straßenverkehrsdelinquenz und Marginalität. Untersuchungen zur institutionellen Regelung von Verhalten. 148 S., 1978.

Band 5 Dieter Haberstroh: Strafverfahren und Resozialisierung. Eine Studie über Verstehen und Nicht-Verstehen, über Verstanden-Werden und Nicht-Verstanden-Werden und deren Bedingungen in der Hauptverhandlung. 202 S., 1979.

Band 6 Thomas Vogt: Die Forderungen der psychoanalytischen Schulrichtungen für die Interpretation der Merkmale der Schuldunfähigkeit und der verminderten Schuldfähigkeit (§§ 51 a.F., 20, 21 StGB). 182 S., 1979.

Band 7 Andreas Michael: Der Grundsatz in dubio pro reo im Strafverfahrensrecht. Zugleich ein Beitrag über das Verhältnis von materiellem Recht und Prozeßrecht. 214 S., 1981.

Band 8 Ilias G. Anagnostopoulos: Haftgründe der Tatschwere und der Wiederholungsgefahr (§§ 112 Abs. 3, 112 a StPO). Kriminalpolitische und rechtssystematische Aspekte der Ausweitung des Haftrechts. 1984.

Band 9 Helga Müller: Der Begriff der Generalprävention im 19. Jahrhundert. Von P.J.A. Feuerbach bis Franz v. Liszt. 1984.

Band 10 Frowin Jörg Kurth: Das Mitverschulden des Opfers beim Betrug. 1984.

Band 11 Martin J. Worms: Die Bekenntnisbeschimpfung im Sinne des § 166 Abs. 1 StGB und die Lehre vom Rechtsgut. 1984.

Band 12 Jong-Dae Bae: Der Grundsatz der Verhältnismäßigkeit im Maßregelrecht des StGB. 1985.

Band 13 Helmut Fünfsinn: Der Aufbau des fahrlässigen Verletzungsdelikts durch Unterlassen im Strafrecht. 1985.

Band 14 Christoph Krehl: Die Ermittlung der Tatsachengrundlage zur Bemessung der Tagessatzhöhe bei der Geldstrafe. 1985.

Band 15 Walter-Hermann Kiehl: Strafrechtliche Toleranz wechselseitiger Ehrverletzungen - Zur ratio legis der §§ 199, 233 Strafgesetzbuch -. 1986.

Band 16 Matthias Krahl: Die Rechtsprechung des Bundesverfassungsgerichts und des Bundesgerichtshof zum Bestimmtheitsgrundsatz im Strafrecht (Art. 103 Abs. 2 GG). 1986.

Band 17 Patrick Carroll Campbell: § 220a StGB. Der richtige Weg zur Verhütung und Bestrafung von Genozid? 1986.

Band 18 Winfried Hassemer (Hrsg.): Strafrechtspolitik. Bedingungen der Strafrechtsreform. 1987.

Band 19 Felix Herzog: Prävention des Unrechts oder Manifestation des Rechts. Bausteine zur Überwindung des heteronom-präventiven Denkens in der Strafrechtstheorie der Moderne. 1987.

Band 20 Astrid Michalke-Detmering: Die Mindestanforderungen an die rechtliche Begründung des erstinstanzlichen Strafurteils. Zur Auslegung des § 267 StPO. 1987.

Band 21 Lothar Kuhlen: Die Unterscheidung von vorsatzausschließendem und nichtvorsatzausschließendem Irrtum. 1987.

Band 22 Michael Buttel: Kritik der Figur des Aufklärungsgehilfen im Betäubungsmittelstrafrecht (§ 31 BtMG). 1988.

Band 23 Matthias Kögler: Die zeitliche Unbestimmtheit freiheitsentziehender Sanktionen des Strafrechts. Eine vergleichende Untersuchung zur Rechtslage und Strafvollstreckungspraxis in der Bundesrepublik Deutschland und den USA. 1988.

Band 24 Klaus Lüderssen / Cornelius Nestler-Tremel / E wa Weigend(Hrsg.): Modernes Strafrecht und ultima-ratio-Prinzip. 1990.

Band 25 Jürgen Taschke: Die behördliche Zurückhaltung von Beweismitteln im Strafprozeß. 1989.

Band 26 Daniela Westphalen: Karl Binding (1841-1920). Materialien zur Biographie eines Strafrechtsgelehrten. 1989.

Band 27 Sigrid Jans: Die Aushöhlung des Klageerzwingungsverfahrens. 1990.

Band 28 Dimitris Spirakos: Folter als Problem des Strafrechts. Kriminologische, kriminalsoziologische und (straf-)rechtsdogmatische Aspekte unter besonderer Berücksichtigung der Folterschutzkonvention und der Pönalisierung der Folter in Griechenland. 1990.

Band 29 Stephan Moll: Strafrechtliche Aspekte der Behandlung Opiatabhängiger mit Methadon und Codein. 1990.

Band 30 Stefan Werner: Wirtschaftsordnung und Wirtschaftsstrafrecht im Nationalsozialismus. 1991.

Band 31 Xanthi Bassakou: Beiträge zur Analyse und Reform des Absehens von Strafe nach § 60 StGB. 1991.

Band 32 Rainer Runte: Die Veränderung von Rechtfertigungsgründen durch Rechtsprechung und Lehre. Moderne Strafrechtsdogmatik zwischen Rechtsstaatsprinzip und Kriminalpolitik. 1991.

Band 33 Olaf Hohmann: Das Rechtsgut der Umweltdelikte. Grenzen des strafrechtlichen Umweltschutzes. 1991.

Band 34 Klaus Jochen Müller: Das Strafbefehlsverfahren (§§ 407 ff. StPO). Eine dogmatisch-kriminalpolitische Studie zu dieser Form des schriftlichen Verfahrens unter besonderer Berücksichtigung der geschichtlichen Entwicklung – zugleich ein Beitrag zum StVÄG 1987. 1993.

Band 35 Sang-Don Yi: Wortlautgrenze, Intersubjektivität und Kontexteinbettung. Das strafrechtliche Analogieverbot. 1991.

Band 36 Birgit Malsack: Die Stellung der Verteidigung im reformierten Strafprozeß. Eine rechtshistorische Studie anhand der Schriften von C. J. A. Mittermaier. 1992.

Band 37 Rüdiger Schäfer: Die Privilegierung des "freiwillig-positiven" Verhaltens des Delinquenten nach formell vollendeter Straftat. Zugleich ein Beitrag zum Grundgedanken des Rücktritts vom Versuch und zu den Straftheorien. 1992.

Band 38 Cornelius Nestler-Tremel: AIDS und Strafzumessung. 1992.

Band 39 Christine Gutmann: Freiwilligkeit und (Sozio-)Therapie – notwendige Verknüpfung oder Widerspruch? 1993.

Band 40 Walter Kargl: Der strafrechtliche Vorsatz auf der Basis der kognitiven Handlungstheorie. 1993.

Band 41 Jürgen Rath: Zur strafrechtlichen Behandlung der aberratio ictus und des error in objecto des Täters. 1993.

Band 42 Martin Fischer: Wille und Wirksamkeit. Eine Untersuchung zum Problem des *dolus alternativus*. 1993.

Band 43 Regina Harzer: Der Naturzustand als Denkfigur moderner praktischer Vernunft. Zugleich ein Beitrag zur Staats- und Rechtsphilosophie von Hobbes und Kant. 1994.

Band 44 Helmut Pollähne: Lockerungen im Maßregelvollzug. Eine Untersuchung am Beispiel der Anwendung des nordrhein-westfälischen Maßregelvollzugsgesetzes im Westfälischen Zentrum für Forensische Psychiatrie (Lippstadt). 1994.

Band 45 Hans-Joachim Leonhardt: Rechtsmittelermessen der Staatsanwaltschaft. Eine Gegenüberstellung von § 296 StPO mit Nummern 147 und 148 Richtlinien für das Strafverfahren und das Bußgeldverfahren (RiStBV). 1994.

Band 46 Rolf Grünebaum: Zur Strafbarkeit des Therapeuten im Maßregelvollzug bei fehlgeschlagenen Lockerungen. 1996.

Band 47 Barbara Bialas: Promille-Grenzen, Vorsatz und Fahrlässigkeit. 1996.

Band 48 Christine Pott: Die Außerkraftsetzung der Legalität durch das Opportunitätsdenken in den Vorschriften der §§ 154, 154a StPO. Zugleich ein Beitrag zu einer kritischen Strafverfahrensrechtstheorie. 1996.

Band 49 Wolfgang Köberer: *Iudex non calculat*. Über die Unmöglichkeit, Strafzumessung sozialwissenschaftlich-mathematisch zu rationalisieren. 1996.

Band 50 Institut für Kriminalwissenschaften Frankfurt a.M. (Hrsg.): Vom unmöglichen Zustand des Strafrechts. 1995.

Band 51 Petra Kamberger: Treu und Glauben (§ 242 BGB) als Garantenstellung im Strafrecht? 1996.

Band 52 Anastassios Triantafyllou: Das Delikt der gefährlichen Körperverletzung (§ 223a StGB) als Gefährdungsdelikt. (Zugleich ein Beitrag zur Dogmatik der Gefährdungsdelikte). 1996.

Band 53 Norbert Kissel: Aufrufe zum Ungehorsam und § 111 StGB. Grundrechtlicher Einfluß bei der Feststellung strafbaren Unrechts. 1996.

Band 54 Susanne Ehret: Franz von Liszt und das Gesetzlichkeitsprinzip. Zugleich ein Beitrag wider die Gleichsetzung von Magna-charta-Formel und Nullum-crimen-Grundsatz. 1996.

Band 55 Stefan Braum: Geschichte der Revision im Strafverfahren von 1877 bis zur Gegenwart. Zugleich eine Kritik der Kontinuität politischer Macht im Recht. 1996.

Band 56 Katja Diel: Das Regreßverbot als allgemeine Tatbestandsgrenze im Strafrecht. 1997.

Band 57 Christoph Koller: Die Staatsanwaltschaft – Organ der Judikative oder Exekutivbehörde? Die Stellung der Anklagebehörde und die Gewaltenteilung des Grundgesetzes. 1997.

Band 58 Frank Schößler: Anerkennung und Beleidigung. Rechtsgut und Strafzweck des § 185 StGB. 1997.

Band 59 Regina Engelstädter: Der Begriff des Unfallbeteiligten in § 142 Abs. 4 StGB. Zugleich eine Kritik an aktuellen Zurechnungslehren. 1997.

Band 60 Jörg Reinhardt: Der Ausschluß und die Ablehnung des befangen erscheinenden Staatsanwaltes. 1997.

Band 61 Jens Christian Müller-Tuckfeld: Integrationsprävention. Studien zu einer Theorie der gesellschaftlichen Funktion des Strafrechts. 1998.

Band 62 Peter Maria Rohe: Verdeckte Informationsgewinnung mit technischen Hilfsmitteln zur Bekämpfung der Organisierten Kriminalität. Zugleich eine rechtsvergleichende Analyse der polizeilichen Abhörbefugnisse in den U.S.A. 1998.

Band 63 Dirk Fabricius: Was ein Lehrbuch lehrt ... Eine exemplarische Untersuchung von Jakobs *Strafrecht – Allgemeiner Teil*. 1998.

Band 64 Stefan Sinner: Der Vertragsgedanke im Strafprozeßrecht. 1999.

Band 65 Sebastian Schattenfroh: Die Staatsphilosophie Giovanni Gentiles und die Versuche ihrer Verwirklichung im faschistischen Italien. 1999.

Band 66 Athanassia Dionyssopoulou: Der Tatbestand der Geldwäsche. Eine Analyse der dogmatischen Grundlagen des § 261 StGB. 1999.

Band 67 Klaus von Lampe: *Organized Crime*. Begriff und Theorie organisierter Kriminalität in den USA. 1999.

Band 68 Christian Hanssen: "Trennung der Märkte". Rechtsdogmatische und rechtspolitische Probleme einer Liberalisierung des Drogenstrafrechts. 1999.

Band 69 Institut für Kriminalwissenschaften und Rechtsphilosophie Frankfurt a.M. (Hrsg.): Irrwege der Strafgesetzgebung. 1999.

Band 70 Konstantinos Chatzikostas: Die Disponibilität des Rechtsgutes Leben in ihrer Bedeutung für die Probleme von Suizid und Euthanasie. 2000.

Band 71 Bettina Wirmer-Donos: Die Strafrechtstheorie Karl Christian Friedrich Krauses als theoretische Grundlage des spanischen Korrektionalismus. 2001.

Band 72 Christine Löw: Die Erkundigungspflicht beim Verbotsirrtum nach § 17 StGB. 2001.

Band 73 Florian Ufer: Der Verwertungswiderspruch in Theorie und Praxis. Prozessuale Obliegenheiten des Verteidigers und ihre Bedeutung für die Rechtsposition des Beschuldigten. 2002.

Band 74 Katja Melzer: Psychisch kranke Straftäterinnen. Frauen im Maßregelvollzug. 2001.

Band 75 Gregor Kuntze-Kaufhold: Lebenswelt und Unparteilichkeit. Kriterien für eine Rechtsanwendungslehre am Beispiel der Analyse von fünf Hauptverhandlungen in Strafverfahren. 2002.

Band 76 Iris Kristina Passek: Die erstinstanzliche Zuständigkeit der Oberlandesgerichte in Staatsschutzstrafsachen. Historische Entwicklung und aktuelle Probleme. 2002.

Band 77 Michael Krebs: Die Weisungsgebundenheit des Staatsanwalts unter besonderer Berücksichtigung des rechtstatsächlichen Aspekts. 2002.

Band 78 Kerstin Degenhardt: Europol und Strafprozeß. Die Europäisierung des Ermittlungsverfahrens. 2003.

Band 79 Domenico Siciliano: Das Leben des fliehenden Diebes: Ein strafrechtliches Politikum. 2., überarbeitete und ergänzte Auflage. 2013.

Band 80 Marc Colussi: Produzentenkriminalität und strafrechtliche Verantwortung. 2003.

Band 81 Thilo Lars Hild: Grenzen einer strafrechtlichen Regulierung des Kapitalmarktes. Eine kriminalrechtliche Untersuchung von Börsengängen und Aktienhandel in Deutschland und den USA. 2004.

Band 82 Philipp Rau: Schweigen als Indiz der Schuld. Ein Vergleich des deutschen und englischen Rechts zur Würdigung des Schweigens des Beschuldigten. 2004.

Band 83 Alexandra Pfeiffer: Die Regelung der Lebendorganspende im Transplantationsgesetz. 2004.

Band 84 Elena Fischer: Recht auf Sterben?! Ein Beitrag zur Reformdiskussion der Sterbehilfe in Deutschland unter besonderer Berücksichtigung der Frage nach der Übertragbarkeit des Holländischen Modells der Sterbehilfe in das deutsche Recht. 2004.

Band 85 Jörg Ziethen: Grundlagen probabilistischer Zurechnung im Strafrecht. 2004.

Band 86 Stefanie Schork: Ausgesprochen schuldig. Dogmatische und metadogmatische Untersuchungen zum Schuldspruch. 2005.

Band 87 Claudia Schubert: Verbotene Worte? Versuch einer Neubestimmung im Umgang mit rassistischen Äußerungen jenseits des Strafrechts. 2005.

Band 88 Ulfrid Neumann / Cornelius Prittwitz (Hrsg.): Kritik und Rechtfertigung des Strafrechts. 2005.

Band 89 Denis Basak: Die Zuständigkeitsregeln internationaler Strafgerichte und Art. 101 GG. Zum Verhältnis der deutschen Strafgerichtsbarkeit zu den Internationalen Tribunalen für Jugoslawien und Ruanda sowie zum Ständigen Internationalen Strafgerichtshof. 2005.

Band 90 Hsiao-Wen Wang: Der universale Strafanspruch des nationalen Staates. Eine Untersuchung über das Weltrechtsprinzip im Internationalen Strafrecht. 2005.

Band 91 Leonie Frenz: Faktizität des Rechts in der forensischen Psychiatrie. Eine Untersuchung im LKH Moringen. 2005.

Band 92 Eva-Maria Unger: Schutzlos ausgeliefert? Der Europäische Haftbefehl. Ein Beispiel für die Missachtung europäischer Bürgerrechte. 2005.

Band 93 Marcus Bastelberger: Die Legitimität des Strafrechts und der *moralische Staat*. Utilitaristische und retributivistische Strafrechtsbegründung und die rechtliche Verfassung der Freiheit. 2006.

Band 94 Marc Reiß: Rechtliche Aspekte der Präimplantationsdiagnostik. Unter besonderer Berücksichtigung der Rechte der von einem Verbot betroffenen Paare. 2006.

Band 95 Alexander Kolz: Einwilligung und Richtervorbehalt. 2006.

Band 96 Vasco Reuss: Eine Kritik der juristischen Vernunft. Rezeptionsversuche der Negativen Dialektik Adornos für die Dogmatik des Strafrechts. 2007.

Band 97 Lutz Eidam: Die strafprozessuale Selbstbelastungsfreiheit am Beginn des 21. Jahrhunderts. 2007.

Band 98 Christiane Rüdiger: Schutzinteresse und Deliktsstruktur der „Bestechungsdelikte“ (§§ 331 ff. StGB). 2007.

Band 99 Urte Eisenhardt: Das nemo tenetur-Prinzip: Grenze körperlicher Untersuchungen beim Beschuldigten. Am Beispiel des § 81a StPO. 2007.

Band 100 Institut für Kriminalwissenschaften und Rechtsphilosophie Frankfurt a. M. (Hrsg.): Jenseits des rechtsstaatlichen Strafrechts. 2007.

Band 101 Nils Möckelmann: Die rechtliche, psychiatrische und gesellschaftliche Beurteilung jugendlicher Straftäter in der jüngeren deutschen Geschichte. Eine Analyse anhand zweier Strafverfahren mit Gutachten des Psychiaters Ernst Rüdin aus den Jahren 1915/1917 unter Berücksichtigung der Entwicklungen bis zur Gegenwart. 2007.

Band 102 Alexa Albrecht: Zur Erosion der Menschenrechte im demokratischen Rechtsstaat. Reaktionen der Systeme und der Zivilgesellschaft. 2007.

Band 103 Dirk Lange: Die politisch motivierte Tötung. 2007.

Band 104 Ulfrid Neumann / Cornelius Prittwitz (Hrsg.): „Personale Rechtsgutslehre“ und „Opferorientierung im Strafrecht“. 2007.

Band 105 Lisa Kathrin Sander: Grenzen instrumenteller Vernunft im Strafrecht. Eine Kritik der Präventionsdoktrin aus strafrechtsgeschichtlicher und empirischer Perspektive. 2007.

Band 106 Stephan Werner: Zur Notwendigkeit der Verteidigeranwesenheit während der polizeilichen Beschuldigtenvernehmung. 2008.

Band 107 Inti Schubert: Europol und der virtuelle Verdacht. Die Suspendierung des Rechts auf informationelle Selbstbestimmung. 2008.

Band 108 Bong-Jin Ko: Menschenwürde und Biostrafrecht bei der embryonalen Stammzellenforschung. 2008.

Band 109 Wanja Andreas Welke: Die Repersonalisierung des Rechtskonflikts. Zum gegenwärtigen Verhältnis von Straf- und Zivilrecht. 2008.

Band 110 Jan Helmrich: Die Berufung gewerblicher Sicherheitskräfte auf Notwehr und Nothilfe. Zugleich ein Beitrag zu den Grundlagen des Notwehr- und Nothilferechts. 2008.

Band 111 Alexander Köstler-Loewe: Strafrecht US-Style: „Three Strikes and You're Out!" Baseball, Rückfall und Kriminalpolitik? 2008.

Band 112 Christina Bott: Die Medienprivilegien im Strafprozess. Zeugnisverweigerungsrecht und Beschlagnahmeverbot zum Schutz der Medien im Strafverfahren. 2009.

Band 113 Mario Riechmann: Organisierte Kriminalität und Terrorismus. Zur Funktionalisierung von Bedrohungsszenarien beim Abbau eines rechtsstaatlichen Strafrechts. 2009.

Band 114 Dirk Simon: Präzeptoraler Sicherheitsstaat und Risikovorsorge. 2009.

Band 115 Stefan Kirsch: Der Begehungszusammenhang der Verbrechen gegen die Menschlichkeit. 2009.

Band 116 Heng-da Hsu: Zurechnungsgrundlage und Strafbarkeitsgrenze der Fahrlässigkeitsdelikte in der modernen Industriegesellschaft. 2009.

Band 117 Dennis Teschner: Die soziale Kontrolle im virtuellen Raum. Eine juristische, soziologische und soialpsychologische Untersuchung der Instrumentalisierbarkeit von Internetkriminalität. 2009.

Band 118 Daniel Schilling: Fragmentarisch oder umfassend? Wege strafrechtlichen Zugriffs bei der Veruntreuung fremden Vermögens am Beispiel des deutschen und des italienischen Untreuestrafrechts. 2009.

Band 119 Andreas Stüdemann: Die Entwicklung der zwischenstaatlichen Rechtshilfe in Strafsachen im nationalsozialistischen Deutschland zwischen 1933 und 1945. Kontinuität und Diskontinuität im Auslieferungsrecht am Beispiel der Rechtsentwicklung im NS-Staat. 2009.

Band 120 Matthias Achenbach: Strafrechtlicher Schutz des Wettbewerbs? Eine kritische Analyse von Sinn und Zweck der Straftatbestände zum Schutz des Wettbewerbs. 2009.

Band 121 Vera Backhaus: Der gesetzliche Richter im Staatsschutzstrafrecht. Zur Verfassungsmäßigkeit des § 120 Abs. 2 GVG. 2010.

Band 122 Verena Maria Brenneis: Rechtspolitische Implikationen von Gefährlichkeitsprognosen im Vollzug von Maßregeln nach § 63 StGB. Zum Subjektstatus von Eingewiesenen. 2010.

Band 123 Maike Hoenigs: Zur Existenzberechtigung des Straftatbestandes der Rechtsbeugung. Korrelat oder Widerspruch zur richterlichen Unabhängigkeit. 2010.

Band 124 Christine Würfel: Freiheit als Grundlage der Schuld. 2012.

Band 125 Charlotte Rau: Compliance und Unternehmensverantwortlichkeit. Materiellrechtliche Fragen der sanktionsrechtlichen Unternehmensverantwortlichkeit unter Berücksichtigung von Compliance-Maßnahmen. 2010.

Band 126 Marc Fornauf: Die Marginalisierung der Unabhängigkeit der Dritten Gewalt im System des Strafrechts. 2010.

Band 127 Sabine Benthin: Subventionspolitik und Subventionskriminalität. Zur Legitimität und Rationalität des Tatbestandes zum Subventionsbetrug (§ 264 StGB). 2011.

Band 128 Philipp Horrer: Bestechung durch deutsche Unternehmen im Ausland. Strafrechtsentwicklung und Probleme. 2011.

Band 129 Marianne Varwig: Zum Tatbestandsmerkmal des Vermögensschadens (§ 263 StGB). Eine kritische Untersuchung mittels der vier klassischen Auslegungsmethoden. 2011.

Band 130 Alexander Rieger: Verfassungsrechtliche Legitimationsgrundlagen richterlicher Unabhängigkeit. Zugleich eine Auseinandersetzung mit der Debatte um eine Selbstverwaltung der Justiz. 2011.

Band 131 Moritz von Schenck: Pönalisierung der Folter in Deutschland – de lege lata et ferneda. 2011.

Band 132 Kerstin Bohn: Der gesetzliche Richter als rechtsstaatstragendes Prinzip in europäischen Staaten. Eine Untersuchung der Fallzuteilung unter besonderer Berücksichtigung Englands. 2011.

Band 133 Cornelius Trendelenburg: Ultima ratio? Subsidiaritätswissenschaftliche Antworten am Beispiel der Strafbarkeit von Insiderhandel und Firmenbestattungen. 2011.

Band 134 Susana Campos Nave: Rechtsstaatliche Regeltreue? Corporate Compliance als zwingende Antwort des freiheitsliebenden Unternehmens im Wirtschaftsstrafrecht. 2012.

Band 135 Christine Ditscher: Europäische Beweise. Der Rahmenbeschluss über die Europäische Beweisanordnung zur Erlangung von Sachen, Schriftstücken und Daten zur Verwendung in Strafsachen. 2012.

Band 136 Fedor Brunner: Das Phänomen des Mietnomaden in der Rechtspraxis. Strukturelle Hintergründe, zivilrechtliche Mechanismen und Perspektiven. 2012.

Band 137 Konstantinos Diakonis: Die Geringfügigkeitsvorschriften als Teil der Problematik der Kollision zwischen primären und sekundären Prinzipien des Rechts. 2012.

Band 138 Gustavo Chan Mora: Kritik des Schuldbegriffs im Jugendstrafrecht. Eine metadogmatische Begründung des Schuldfähigkeits- und Verbotsirrtumsbegriffs. 2012.

Band 139 Julia Anna Bargenda: *Australian Law Reform Commission.* Ein Modell für Deutschland? 2012.

Band 140 Katharina Schermuly: Grenzen funktionaler Integration. Anforderungen an die Kontrolle europäischer Strafgesetzgebung durch den EuGH. 2013.

Band 141 Florian Conradi: Die Sicherungsverwahrung – Ausdruck einer zunehmenden Sicherheitsorientierung im Strafrecht? Die Entwicklung der Sicherungsverwahrung im Kontext des Spannungsverhältnisses von Freiheit und Sicherheit. 2013.

Band 142 Hyun Kyong Joo: Die positive Generalprävention im Straßenverkehr. 2013.

Band 143 Ulfrid Neumann / Cornelius Prittwitz / Paulo Abrão / Lauro Joppert Swensson Jr. / Marcelo D. Torelly (Hrsg.): Transitional Justice. Das Problem gerechter strafrechtlicher Vergangenheitsbewältigung. 2013.

Band 144 Frederico Figueiredo: Zur Möglichkeit des unmöglichen Strafrechts. Ein Versuch über die Dissonanz im System der ultima ratio. 2014.

Band 145 Moritz Bermel: Banken und Pflichten. Moderne Bankmanager und traditionelles Strafrecht. 2014.

Band 146 Björn Kruse: Compliance und Rechtsstaat. Zur Freiheit von Selbstbelastung bei Internal Investigations. 2014.

Band 147 Charlotte Schultz: Spiegelungen von Strafrecht und Gesellschaft. Eine systemtheoretische Kritik der Sicherungsverwahrung. 2014.

Band 148 Daniel Wegerich: Moderne Kriminalgesetzgebung: Produzent von Parteiverrat? Auswirkungen strafprozessualer Absprachen und Aufklärungshilfen auf den Parteiverrat in Strafsachen (§ 356 StGB). 2015.

Band 149 Lauro Joppert Swensson Jr: Vor dem Gesetz. *Transitional Justice* in Brasilien und die Problematik der strafrechtlichen Verantwortung für Straftaten der Militärdiktatur. 2015.

Band 150 Frederic Raue: Steueramnestien, Selbstanzeige und die verfassungsrechtliche Bewertung von Straffreiheitsgesetzen. Eine Untersuchung anlässlich des gescheiterten deutsch-schweizerischen Steuerabkommens. 2015.

Band 151 Ali Mosfer: Fragilitäten des Rechtsstaates seit dem 11. September 2001 im Spiegel der Rechtsprechung des Bundesverfassungsgerichts. 2015.

Band 152 Johann Amos Münch: Kollektive Haftung im Wirtschaftsstrafrecht. Ein kompetitiver und evaluativer Vergleich der Sanktionssysteme Deutschlands, Großbritanniens und Italiens. Unter besonderer Berücksichtigung von Dogmatik, Gerechtigkeit und Zweckmäßigkeit. 2016.

Band 153 Madeleine Arens: Die Strafverfahrenswirklichkeit am Khmer Rouge Tribunal im völkerstrafprozessualen Kontext. Eine Analyse der strafprozessualen Verfahrenspraxis an den ECCC und ihre Bedeutung für zukünftige Völkerstrafprozesse. 2016.

www.peterlang.com

www.ingramcontent.com/pod-product-compliance
Ingram Content Group UK Ltd.
Pitfield, Milton Keynes, MK11 3LW, UK
UKHW021829290926
8980IPUK00004B/337

9 783631 667279